Oswald Mathias Ungers
Bauten und Projekte

Für Lo

Oswald Mathias Ungers

Bauten und Projekte 1991–1998

Deutsche Verlags-Anstalt · Stuttgart

Die Deutsche Bibliothek – CIP-Einheitsaufnahme

Ungers, Oswald M.:
Bauten und Projekte 1991–1998 /
Oswald Mathias Ungers. – Stuttgart :
Deutsche Verlags-Anstalt, 1998
ISBN 3-421-03137-1

© 1998 Electa, Mailand
© 1998 Deutsche Verlags-Anstalt GmbH, Stuttgart
(für die deutsche Ausgabe)
Alle Rechte vorbehalten
Lektorat: Renate Jostmann
Redaktionelle Mitarbeit: Kristina Hajek
Umschlagentwurf:
Brigitte und Hans Peter Willberg, Eppstein
Printed in Italy
ISBN 3-421-03137-1

An erster Stelle geht mein Dank für den vorliegenden zweiten Teil meiner Werkmonographie an Gabriella Borsano und Anja Albers. Ohne ihren engagierten und steten Einsatz wäre es nicht möglich gewesen, das Buch in so kurzer Zeit fertigzustellen. Sie haben die Texte und Abbildungen mit großem Einfühlungsvermögen ausgewählt und zusammengestellt. Sie haben eine geradezu aufopfernde Arbeit geleistet, damit die unterschiedlichen Phasen einwandfrei ablaufen konnten. Ihnen verdanken wir das vorliegende Buch.
Mein Dank gebührt aber auch Laura De Tomasi und Myriam Tosoni für ihre gewissenhafte redaktionelle Arbeit. Elisa Seghezzi und Stefano Tosi danke ich für die graphische Aufarbeitung. Dank auch an Gerardo Brown-Manrique, der in jahrelanger geduldiger Arbeit eine vollständige Bibliographie zusammengestellt hat.
Schließlich möchte ich Francesco Dal Co als dem eigentlichen Initiator des vorliegenden Bandes meine Anerkennung aussprechen. Seine Ermutigungen und seine ständige kritische Präsenz waren für mich immer von großem Wert. Es war mir eine große Freude, mit ihm zusammenzuarbeiten.

O.M.U.

Inhalt

6 Per artem et ex voluntate
Francesco Dal Co

9 Aphorismen zur Architektur
Oswald Mathias Ungers

23 Projekte

151 Bauten

301 Werkverzeichnis

345 Anhang

346 Curriculum Vitae

347 Bibliographie
herausgegeben von Gerardo Brown-Manrique

358 Photonachweis

Per artem et ex voluntate
Francesco Dal Co

»Mit der Architektur verhält es sich wie mit der Natur. Sie hat wie diese die Fähigkeit, sich von einer Gestaltform in eine andere zu verwandeln. Architektur heißt nicht Erfinden, sondern Entdecken. Denkt man in reduzierten Dimensionen, dann liegt der Schluß nahe, Architektur ist Material und Geometrie.« Wir könnten ausführlich mit einer Reihe von Zitaten fortfahren, die aus Oswald Mathias Ungers´ Buch »Gedanken über die Architektur« entnommen sind. Diese Zitate bilden die Einleitung zu dem vorliegenden Werk, dem zweten Band des »Vollständigen Werkberichts« von Oswald Mathias Ungers. Der erste Band, der 1991 erschien, umfaßte seine Arbeiten von 1951 bis 1990 – angefangen bei der Wohnbebauung an der Aachener Straße in Köln bis zu dem Bibliotheksbau, den Ungers in den Garten seines Hauses in Köln-Müngersdorf eingefügt hat. Der zweite Band stellt die Arbeiten der letzten zehn Jahre vor und Projekte, die erst im neuen Jahrtausend abgeschlossen sein werden. Beide Bände zeigen eine kritische Interpretation der Werke dieses vielbeachteten deutschen Architekten, der mit seiner Hartnäckigkeit und Eindeutigkeit zu den herausragenden Protagonisten der Architekturgeschichte der letzten fünfzig Jahre zählt.

Betrachtet man seine Arbeit vor diesem Hintergrund, wird es denjenigen, die sich dem Werk von Ungers nähern wollen, nicht schwerfallen festzustellen, wie der Kölner Architekt auf all die Modeerscheinungen zeitgenössischer Architektur mit entschlossener, konsequenter Gleichgültigkeit reagiert hat. Nur wenige Planer haben wie er einen eigenen, unverwechselbaren Stil, der allerdings aus einer erklärten Aversion gegen intellektuelle Gewohnheiten und berufliche Laxheit entstanden ist, die in der jüngeren Zeit den Unterschied zwischen Stil und Mode fast verwischt haben. Die Architektur von Ungers ist rigoros modern und findet ihren Ausdruck als ständige Weigerung, sich den aktuellen Verlockungen hinzugeben. »Substraktion« und »Geometrie« sind die Chiffren; »Maß« und »Funktion« die Gegensätze; »Zahl« und »Proportion« die Grundlagen, wie wir von den alten Meistern wissen, die auch Ungers besonders schätzt. Auf dieser Grundlage kann er, ganz wie es die Tradition verlangt, behaupten, daß die »Verhaltensformen der Architektur, denen der ›Natur‹ ähnlich sind.« Diese These hat nichts mit den Vorstellungen von Organismus und Naturalismus gemein, die bei der heutigen Architektur weit verbreitet sind. Diese Aussage beinhaltet keinerlei Ideologie, sondern eher die Feststellung, daß jedes Projekt nichts anderes ist als das Streben, die Regeln, welche die Einmaligkeit der Welt ausmachen, nachzuahmen und sich nach ihnen zu richten, was durch jedes gelungene Bauwerk bestätigt wird. Diese Übereinstimmung ist das Thema, auf das sich die Forschungen von Ungers konzentrieren, und damit wird die Erklärung für die ständige Substraktion seines Werkes geliefert, die sich in seiner Architektur ausdrückt und deren Ergebnis sie ist. Jedem unangemessenen Versuch, von der zeitgenössischen Kultur zu behaupten, sie sei ein Abbild des Niedergangs der Architektur als Konsequenz dessen, daß man ihre heiligen und symbolischen Werte vergessen hat, setzt Ungers seine eigensinnige Arbeit entgegen, die sich grundlegend mit der Analogie zwischen Natur und Projekt beschäftigt, und zwar in der Erkenntnis des Primats der Zahlen, auf denen jeder »Akt der schöpferischen Beschränkung« basiert, wie es die Tradition wieder einmal suggeriert.

Die Arbeiten von Ungers sind regelmäßige, auf einfachen Zahlenverhältnissen basierende Konzeptionen; es sind geometrische Architekturen, die sich trotz aller Einfachheit nicht dem Primat von Zweck und Funktion unterwerfen. Seine Architektur, die auf jede Art von Schmuck und Dekoration verzichtet, besitzt eine Wesentlichkeit, der nichts ferner steht als das Streben nach Zerstreuung. Sie zeigt den Zusammenhang der Welt, das stete Vorwärtsschreiten auf dem Weg von der Einheit in die Quadratur. Die Entwürfe von Ungers zeigen, daß das »Messen«, »Ordnen«, »Planen« und »Bauen« sich auf eine einzige Wurzel zurückführen lassen. Zugleich ist sein Werk aber auch Ausdruck seines Wesens.

Es ist nicht so, daß – und die Leser des vorliegenden Buches werden dies bemerken – im Laufe der Jahre eine in dieser Hinsicht äußerst vielsagende »Form« eine zentrale Rolle in der Forschung von Ungers eingenommen hat, es handelt sich um die Gestalt der Kuppel, auf die in unterschiedlichen Varianten und zahlreichen Projekten Bezug genommen und die immer wieder ganz bewußt verwendet wird. Wenn man der Sache analytisch nachgeht, begreift man, daß es nicht eine Sammlerlaune war, daß Ungers in der Mitte der Wunderkammer, in der er in seinem Haus die Modelle einiger der großen Baudenkmäler des Abendlandes aufbewahrt, auch ein in den letzten Jahren angefertigtes Modell des Pantheon aufgestellt hat. Perfekter Ausdruck der Erhabenheit, den die Architektur dem Vergessen, das ihre Zukunft bedroht, hat entgegensetzen können, drückt das Pantheon in höchster Form die Intuition aus, die vor mehr als fünfzig Jahren Barabudur dem Mus einflüsterte: »Das Haus und die Welt sind zwei gleichwertige Summen.« Kein anderes Bauwerk bringt diese Gleichwertigkeit so deutlich zum Ausdruck wie das Pantheon. Keine andere Form als die Kuppel beweist so gut, wie man »von der Einheit zur Quadratur mittels eines Dreiecks gelangen« kann und zeigt, welche gestalterischen Möglichkeiten die Geometrie bietet. In der Gestalt der Kuppel erweist sich das Wissen des Geometers als die Kunst, Grundfiguren so zu kombinieren, daß sie dem, was Riegl als »die spürbare Darstellung der fühlbaren Einheit der Form« definiert, mit Leben erfüllt. Dies ist das Ziel der planerischen Forschungsarbeit von Ungers. Riegl fährt fort: »Mehr als jeder andere Innenraum auf der Welt, hat das Pantheon in vollendeter Form den Abschluß und die Klarheit beibehalten, bei der es keinerlei Reflexion bedarf.« Mit dem Pantheon ist der Beweis erbracht, daß »entdecken« und »bauen« Synonyme des Verbes »betrachten« sind, von dem sich bei dem römischen Baudenkmal, das »als kubische Materie« behandelt wird, das »mit absolut gleichen und deshalb klaren Maßen fixiert wurde«, die Lösung für das Problem des »Innenraums« ableitet. Die Obsession für das Quadrat, das die Architektur von Ungers durchdringt, ist die Konsequenz des unaufhörlich wiedergegebenen Echos dieser lebhaften Erinnerungen und eine Demonstration, daß die Strenge im Bauen des deutschen Architekten ihre Wurzeln in sehnsuchtsvollen Nostalgiegedanken hat. In seinen Untersuchungen über die Gestalt der Kuppel zeichnet sich der Prozeß der »Transformation von einer Form in eine andere« ganz klar ab. Dort verhalten sich Architektur und Natur tatsächlich gleich und beweisen, daß jedes seiner Projekte nichts anderes ist als eine Gelegenheit, die Unveränderlichkeit der Grundlagen zu bekräftigen, auf denen diese originäre und notwendige Übereinstimmung basiert.

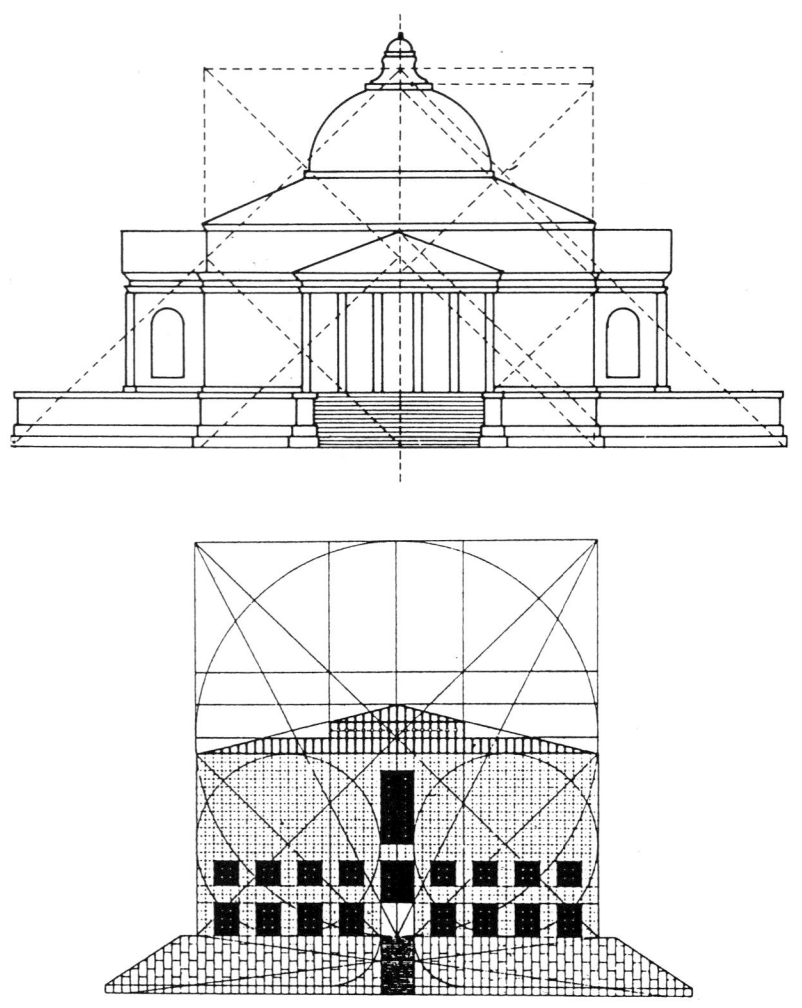

Aphorismen zur Architektur
Oswald Mathias Ungers

Architektur wird von zwei wesentlichen Bezügen beeinflußt: einmal dem Bezug zum Ort – nicht nur dem realen Ort, sondern auch dem geistigen und geschichtlichen – zum anderen von dem formalen Typus, den der jeweilige Bau ausdrückt.

Architektur heißt nicht Erfinden, sondern Entdecken, ein immer wieder neues Interpretieren bekannter Begriffe, die Welt mit anderen Augen sehen, neu erleben, wiederfinden und mit ungewohnten Inhalten beleben. Architektur erschaffen heißt auch, die Wirklichkeit mit einer Idee, einer veränderten, andersartigen Sicht erfüllen. Typologisches Denken ist hierfür Voraussetzung und Methode zugleich.

Das stereotype Denken in der Architektur des 20. Jahrhunderts zeigt sich in zwei fundamentalen Irrtümern, die trotz ihrer gegensätzlichen Positionen im Intellektuellen grundsätzliche Mißverständnisse ausdrücken. Das eine ist das Schlagwort von der Form, die der Funktion folgt, das andere ist das noch weit mehr um sich greifende Klischee von der Architektur als der »dekorierten Hütte«. Führte das erste Dogma geradewegs in einen alles diskriminierenden Pragmatismus als das allzu praktische Phänomen eines empirischen Optimismus und damit gleichzeitig zum Verlust der Architektur selbst, so war die Wirkung der zweiten Phrase noch verheerender, denn damit wurde der Inhalt der architektonischen Kultur endgültig negiert.

Morphologisches Denken und Handeln setzt zwei Dinge voraus, erstens das Erkennen und Entdecken von Archetypen, zweitens die Sicht der Realitäten in komplementären Bezügen.

Die eigentliche Ordnung liegt in den immer wieder andersartigen Variationen architektonischer Grundtypen und ihrer Anpassung an den jeweiligen Ort und in ihrem unterschiedlichen Grad an Komplexität.

Deshalb hat die Reduktion der Form, die Beschränkung auf wenige Stilmittel und die Verwendung von strengen geometrischen Grundfiguren den Vorrang vor formalen Auswucherungen und Zufällen. Die architektonischen Figurationen sind nicht ein Ergebnis zufälliger Eingebung, sondern jeder einzelne Fall wird von einer in sich schlüssigen gestalterischen Logik bestimmt. Wenn das einmal festgelegte Thema gefunden und gesetzt, gewissermaßen die Grundhypothese aufgestellt ist, dann sind alle weiteren Schritte, sowohl die praktisch notwendigen als auch die gestalterisch beziehungsreichen, mehr oder weniger Stufen der Widerlegung der einmal angenommenen und vorgegebenen Hypothese.

Sicherlich ist eine der wesentlichen Aufgaben der Architektur die Umsetzung und Sichtbarmachung von Ideen, Gedanken und Konzepten in eine gebaute Realität. Eine nicht weniger bedeutungsvolle Voraussetzung ist aber auch die Überhöhung und Verwandlung des Ortes, der Umgebung, von der die Architektur ein Teil ist, durch die sie neue Interpretationen erfährt und durch die sie ein neues Bewußtsein vorher nicht vorhandener Erfahrung vermittelt.

Architektur ist nicht beliebig versetzbar, für irgendeinen neutralen Ort gemacht, sondern sie hat einen bestimmten Platz, der unverrückbar ist, und in den sie eingebunden und mit dem zusammen sie erlebt wird. Die Architektur des Ortes ist gleichzeitig aber

Andrea Palladio, Villa Rotonda, Proportionsstudie. Die vier Bücher zur Architektur, 1570.
O. M. Ungers, Fassade der Kunsthalle in Hamburg, 1986, Proportionsstudie.

auch eine Intensivierung, eine Verdeutlichung, eine Bezeichnung des Ortes, an dem sie steht.

Jede Form hat die ihr zugehörige komplementäre Gegenform, jede Gestalt die ihr zugeordnete verwandelte Gegengestalt.

Das Bauen, verstanden als ein Prozeß der Modifikation, ist weniger destruktiv, da undogmatisch, weniger irrational, da reflektiert, weniger ideologisch, da rational als das übliche auf Dogmen und fixen Vorstellungen beruhende Bauen. Die Vielfalt der Möglichkeiten, die sich für die Architektur mit dem Gedanken der Modifikation zeigen, führen gleichzeitig aus der Enge der Einfalt.

Die Architektur kennt zwei Grundtypen, Arche und Lade. Der eine Typ symbolisiert das Bleibende, das Beständige, er ist von Dauer und an den Ort gebunden. Der andere Typ, die Lade, ist beweglich, hat etwas Temporäres und Veränderbares. Er kann ständig den Ort wechseln und hat keinen festen Platz. In der Arche drückt sich die Dauerhaftigkeit, in der Lade die Vergänglichkeit aus.

Ein Gebäude zu machen, das ein reines Gebäude ist, so rein wie unter Umständen eine Zeichnung, das ist natürlich die höchste extreme Abfolge in dieser morphologischen Reihe. Also ging es mir darum, das Gebäude zu entmaterialisieren. Die Farbe Weiß habe ich gewählt, nicht weil ich aus ideologischen Gründen weiße Flächen haben will, ich kann genausogut grüne machen, das spielt keine Rolle, sondern es ging mir um eine Entmaterialisation, es ging mir um ein Gebäude.

Jede Entwurfsarbeit fängt mit der Hypothese an, und alle weiteren Prozesse, die aufgrund von Vorschriften in der Auseinandersetzung mit Behörden und Bauherren oder aus anderen Gründen abgelaufen sind, sind Widerlegungsfilter oder Widerlegungsprozesse.

Die Literatur kann beschreiben, die Malerei kann abbilden, die Skulptur kann abbilden, die Architektur kann es nicht. Sie ist insofern, was die Kunst angeht, eine noch reinere Disziplin als irgendeine der anderen – außer der Musik –, weil sie die Themen setzen muß.

Ich suche nicht nach irgendeinem formalen Inhalt, sondern konzentriere mich ganz entschieden auf eine elementare Formensprache. Die Klarheit, Eindeutigkeit und Askese geometrischer Grundformen, die starke Präsenz einfacher Körper und Volumen, die eindeutige Begrenzung der Räumlichkeit, die Wandhaftigkeit, die Harmonie der römischen Antike, die komplizierte Geometrie der Romantik, die klassischen Proportionen der Renaissance, die Rationalität der Revolutionsarchitektur und die kühle Metaphysik der neuen Sachlichkeit sind meinem Verständnis von Architektur näher als die entmaterialisierte Transzendenz der Gotik, die formalen Ausschweifungen des Barocks, die Verschlungenheit orientalischer Ornamentik oder die Wildheit spontaner Bauformen.
In meinem Denken fühle ich mich den geistigen Einflüssen, Regeln und Formgesetzen von Denkern wie Hadrian, Bischof Bernward, Scamozzi, Boullée, Schinkel, Mies van der Rohe und Rudolf Schwarz mehr verwandt als den Extravaganzen barocker Baumeister oder den Expressionisten. Die Konstantin-Basilika in Trier, die Villa Hadrian in Tivoli, St. Michael in Hildesheim, die Villa Rocca im Veneto, Schloß Glienicke in Berlin, das Haus Lange in Krefeld und die Fronleichnams-

kirche in Aachen sind Bauten, die, wie ich meine, aus den gleichen Quellen schöpfen, von denen auch mein Denken geprägt ist.
Hier liegt für mich der ungeheuer reiche Erfahrungsschatz, den mir die Baugeschichte hinterlassen hat. Nicht um ihn als einen Katalog formaler Vorbilder auszubeuten und zu verschleudern, sondern, um darin die vielfältige Metamorphose eines begrenzten Vorrats an Bildern und Ideen zu erkennen und sie mit meinen Mitteln und Möglichkeiten weiterzuführen und ständig neu und anders zu interpretieren. Hierin sehe ich die Chance, eine architektonische Kultur, die aus Vergangenheit kommt, über die eigenen Wünsche und Vorstellungen hinaus weiterzuführen und zu erhalten.
Meine Art zu denken steht im Einklang mit der These von der coincidentia oppositorum.

Ideologischer Fanatismus und einseitiger Dogmatismus sind mir fremd, denn derjenige, der in Doktrinen lebt, denkt und argumentiert, und der nur eine einzige Methode des Bauens anerkennt, übernimmt damit auch die Verantwortung, aufzurufen zu einer intellektuellen Diffamierung gegen jede andere Denk- und Ausdrucksform. Er vertritt eine künstlerische Tyrannei, die nur darauf abzielt, die geistige Freiheit des Andersdenkenden einzuschränken und, wenn möglich, zu verhindern.

Das humanistische Denken bezieht sich nicht auf die Ausschließlichkeit, sondern wegen seiner historischen Bezüge auf die Vielfältigkeit der geistigen und künstlerischen Zusammenhänge. Dieses Denken sucht die Brüche und die Diskontinuität. Nichts liegt ihm ferner, als die Gegensätze aufzuheben nach Art der Fanatiker und Systematiker, die alle Werte auf einen Nenner und alle Blumen auf eine Form und Farbe bringen möchten.

Nur der Ungebildete und Unbelehrbare wird sich der Tatsache verschließen, daß die Geschichte nicht aus einem Einheitsgeist lebt, sondern aus der Antike und der Gotik, aus der Renaissance und dem Barock, dem Klassizismus und der Romantik, dem Historismus und der Moderne, dem Konstruktivismus und dem Funktionalismus, dem Organischen und dem Kristallinen gleichzeitig gespeist wird.

Die Suche nach einem einheitlichen und alles umfassenden Baustil, nach einer einzigen Methode, einer einzigen Idee, wäre nicht nur ein Anachronismus, sondern mehr noch ein Verlust an Werten und ein Rückschritt in einen dogmatischen Atavismus. Wir müssen lernen, mit gegensätzlichen Thesen zu leben und umzugehen. Wir müssen wissen, daß es nicht nur eine Art zu bauen gibt, sondern daß viele diametral gegeneinanderstehen und bestehen werden.

Bauen ist Kommentar und Kompliment des einen zum anderen. Es ist Eindeutigkeit im einzelnen und Gemeinsamkeit im ganzen, es ist geschieden und doch zusammen. So jedenfalls kann Bauen verstanden werden als etwas, was aus unterschiedlichen Wurzeln und Temperamenten entspringt und zu etwas Neuem zusammenwächst. Hierin manifestiert sich mein Verständnis von der Komplexität, von der Vielschichtigkeit des Bauens. Es ist eine Architektur der komplementären Gegensätze, eine Architektur der geschichtlichen und urbanen Bezüge, eine Architektur der Stadt. Es ist, wie ich meine, eine humanistische, eine aus der abendländischen Tradition erwachsene Architekturauffassung, die sich in der europäischen Stadt manifestiert.

Der Architekt wird sich an den Gedanken gewöhnen müssen, daß er mit Orten umgeht, die schon da waren und in denen viele Erinnerungen, Wünsche, Träume und Hoffnungen verborgen sind. Er muß sich nach manchen verzweifelten Anstrengungen darüber bewußt sein, daß er sein Werk in einen sinnvollen geistigen Zusammenhang mit der Vergangenheit zu stellen hat.

Das Entweder-Oder der Formen und Gedanken bestimmt nicht das Motiv seines Handelns. Er ist kein Mann, der starrsinnig auf der Ausschließlichkeit seiner Meinung beharrt, damit er um so ungenierter seine Dogmen und Ideologien verkünden kann. Er muß lernen zu vervollständigen, fortzuführen, zu ergänzen und nicht zu beseitigen und zu vernichten. Ihm ist jeder Ort, jedes Zeugnis, jeder Baugedanke ein Anlaß, der ernstgenommen und beantwortet sein will.
Nicht der Zeitgeist macht seine Gedanken und Ideen wertvoll, sondern die in seiner Zeit enthaltene provokative Kraft.

Hadrians Villa kann man als das Ende des Zeitalters der Kreativität sehen, aber es ist sicher auch der Anfang eines Denkens im Sinne der Bereicherung der Kultur als einer Schöpfung, die sich durch Generationen hinzieht. Die Villa ist der erste Beweis einer »Architektur der Erinnerung«, in der Stücke aus der Geschichte angesammelt und gegenübergestellt sind. Es war in der Idee ein pluralistisches Konzept. Jeder Teil ist eine Entdeckung, ein Ort. Es ist eine Ansammlung von Ereignissen, von Stücken und Fragmenten.

Hadrians Villaidee, verwirklicht in seiner Idealvilla, veranschaulicht den Wendepunkt im Denken vom metrischen Raum der Einheit zum visionären Raum der zusammenhängenden Beziehungen. Es ist der Übergang vom Konzept der Homologie, »der Einheitlichkeit«, zum Konzept der Morphologie – der vielfachen Bezüge.
In diesem Sinne stellt Hadrians Idee auch eine Transformation von Gedanken, Fakten, Objekten und Bedingungen dar, die sich in einem historischen Kontinuum befinden.

Der Entwerfer ist ein Kolumbus, ständig auf Entdeckungsreise, neue Welten und Systeme zu finden, von denen er ahnt, daß es sie geben könnte. Er ist ein Archäologe, der Schichten abträgt und Formen freilegt, der ständig gräbt und findet. Mal Spektakuläres, mal auch nur Banales. Schicht für Schicht abtragen in der Hoffnung, das zu finden, was er sucht. Manchmal ohne zu wissen, es gefunden zu haben. Entwerfen ist ein Abenteuer, vielleicht das letzte Abenteuer, das noch geblieben ist. Nicht auf das Wissen, das technologische Raffinement, die neueste Erfindung kommt es an, sondern auf die Bereitschaft, sich auf das Abenteuer der Entdeckung einzulassen. Er muß Sand waschen bis zur Erschöpfung, in der Hoffnung, den großen Nugget zu finden, den er sucht.

Denkt man in reduzierten Dimensionen, dann liegt der Schluß nahe, Architektur ist Material und Geometrie. Dies sind die beiden Komponenten, die den architektonischen Entwurf bestimmen. Das Material, dessen Behandlung und Erschließung als die Konkretisierung, die Geometrie, deren Logik, Proportion und Verhältnisse als die innere Struktur des Gebäudes gelten. Die Geometrie bestimmt die Anordnung, die Größe und Gestalt der Räume und Körper. Sie ist die Grammatik, die Syntax des architektonischen Entwurfs. Das Material bestimmt die Ausführung, die Realität.

Alberti hat den Kernsatz am Anfang der Moderne geprägt, die »Varietà in unità«, die Verschiedenheit in der Einheit. Zur gleichen Zeit propagierte Nikolaus von Kues den Zusammenfall der Gegensätze. Beide Paradigmen, Albertis »Varietà in unità« und die »Coincidentia oppositorum« des Cusanus, gehen von gleichen Voraussetzungen aus, einem alles verbindenden Grundprinzip sowie den unbegrenzten Variationen dieses Prinzips. Die einheitliche Grundform und die vielfältige Variation der Anpassung an jeweilige Bedingungen. Nicht Exklusivität, das Ausschließen von Widersprüchen, sondern deren Einbeziehung. Dies erfordert nicht konträres, sondern komplementäres Denken.

Der Architekt ist Handwerker, Archäologe, Abenteurer, Entdecker. Ein falscher Schritt, eine falsche Entscheidung, und das Werk war umsonst. Alle Bewegungen erfordern höchste Konzentration und Erfahrung. Er ist ein Handwerker im besten Sinne des Wortes – ein Artisani, dessen Handwerk zur Kunstform mutiert. Sein Streben ist die Vollkommenheit, die Makellosigkeit, die Perfektion. Auch wenn er im Dienste der Vollkommenheit versagt, entbindet ihn das nicht seiner ethischen und moralischen Pflicht, das Werk so sorgfältig und dauerhaft wie möglich zu begreifen.

Im Vordergrund des Denkens und Handelns steht die Gestalt, das heißt die Form. »Das Problem der Form ist das Problem der Kunst überhaupt«, sagt Hildebrand. Die geometrischen Urformen – Kreis, Gerade, Kugel, Kegel, Zylinder, Kubus und Ellipse – liefern das Gerüst, um die Vorstellung des Geistes und der Seele in ein Sinnbild zu übersetzen. Die ideale Gestalt, die perfekte Form, wollten schon die Humanisten finden, um den Schöpfungsgedanken darzustellen. Das Wesen der Kunst und der Architektur ist die Zahl, das Maß, die Proportion. Durch sie allein drückt sich Erhabenheit aus.

Die formale Sprache der Architektur ist eine rationale, eine intellektuelle, eine Sprache der Vernunft. Die Emotionen, die Phantasie werden kontrolliert durch die Ratio. Diese wiederum stimuliert die Vorstellung. Der dialektische Prozeß zwischen den beiden Polaritäten – Vernunft und Emotion, Ratio und Phantasie, Idee und Realität – ist im schöpferischen Akt immanent und bewirkt die ständige Entwicklung von Ideen, Konzepten, Räumen, Elementen und Formen. Er involviert den Gedanken der Abstraktion, das Erkennen des Objektes in seiner elementaren Form und die Erscheinung in ihrer klarsten Gestalt.

So wie die Natur, sagt Semper, hat auch die Architektur nur wenige Normaltypen. Scharf formuliert gibt es in der Architektur nur zwei Grundtypen: Das Zelt und die Höhle, die Arche und die Lade, der Bau und das Gestell. Den einen Typ repräsentiert das Parthenon, den anderen das Pantheon. Um diese beiden Grundtypen dreht sich die ganze Architektur. Parthenon und Pantheon, Stütze und Wand, Stab und Scheibe, Gefügtes und Geformtes. Das eine entsteht durch Zusammensetzen, das andere durch Aushöhlen, das eine ist das Akkumulations- und das andere das Abbelationsprinzip. Parthenon und Pantheon umfassen den gesamten Horizont der Architektur. Mehr ist nicht gedacht worden, mehr wird auch nicht gedacht werden. Um diese beiden Pole dreht sich das ganze Geschäft. Die Architekturgeschichte von der Antike bis heute ist nur Variation dieser beiden Grundmodule. Es werden keine weiteren hinzukommen, das geistige Repertoire, die Grammatik, die Sprache der Architektur ist gesetzt. Häuser werden nicht fliegen und sich auch nicht in Luft auflösen. Was bleibt, sind Entdeckungen und die ständig neue Variation der Grundschemen.

Der Sturm der kybernetischen Apokalypse hat die Dächer abgetragen und die Wände durchlöchert, die Plätze und Straßen zerstört. Das öffentliche Leben findet vor dem Bildschirm statt, auf dem sich jede beliebige Realität simulieren läßt. Virtuelle Welten werden dargestellt, keine reellen Orte.
Die Orte, die Identität prägen und geben, sind zerfasert und aufgelöst. Sie verschwinden im Informationsnetz, orientierungslos und ohne Geschichte. Nichts Neues entsteht, wenn es keinen Ort mehr gibt, keine Zeit mehr, um sich festzusetzen. Auflösung, Chaos, ständiger Wechsel, der immanente Prozeß verhindert jeden Ansatz, jeden geschichtlichen Bezug.

Die Stadt ist nicht für Nomaden gemacht. Sie ist für die Seßhaften, die Hausbauer und -bewohner, für die Bleibenden und nicht für die Fahrenden. Orte sind es, die die Stadt prägen, die Geschichte, Erinnerung und Identität geben.
Es sei denn, das Ende der Geschichte wäre gekommen. Wir würden uns selbst überholen – wie Baudrillard meint – und als eine »telematische« Gesellschaft in diesem immateriellen Netz umherirren. Wir sind dabei, uns auf und davon zu machen.

Architektur ist nicht transitorisch, sie hat eine bleibende Sprache. In »Eupalinos oder der Architekt« läßt Paul Valéry in einem simulierten Gespräch Phaidros zu Sokrates sagen: »Er sagte diesem unförmigen Haufen von Steinen und Balken, die um uns herumlagen, ihre gestaltete Zukunft voraus... Er gab ihnen nur Befehle und Zahlen.«
Später antwortete Sokrates: »Was gibt es geheimnisvolleres als die Klarheit?«

Am Anfang der Neuzeit hat Cavalcante den Kernsatz der Renaissance, dessen Gültigkeit heute noch relevant ist, geprägt: »...und laßt die Luft vor Klarheit erzittern.« Was wir brauchen, ist eine neue Renaissance, eine neue Aufklärung.

Ich lebe in verschiedenen Welten. Eine meiner Wahlverwandtschaften ist sicherlich die Welt Magrittes. Die Umkehrung, Vertauschungen, das Spiel der Verwechselung der Begriffe, der Entfremdung der Bilder und Gegenstände, die Philosophie der verschachtelten Vorstellungswelt und die Verschiebung der Betrachtungsebenen, alles das ist sicherlich auch mein geistiges Zuhause. Ich will damit Realitäten aus ihren realen Zwängen befreien und sie zugänglich machen für die Phantasie. Wie bei Magritte sind auch meine Arbeiten ein Wechselspiel zwischen Rationalität und Phantasie, zwei an sich gegensätzliche Komponenten, die sich aber gegenseitig bedingen und ergänzen. Es geht nicht um das Absurde und Surreale, sondern darum, die Phantasie und ihre unbegrenzten Möglichkeiten abzutasten.

Die Architektur ist nicht eine Funktion von etwas anderem. Sie ist kein Ersatz und kann weder wirtschaftliche noch soziale

Probleme lösen. Architektur hat ihre eigene Sprache. Sie ist autonom. Das Geistige in der Architektur nimmt auf praktische Fragen keine Rücksicht. Wie sont wären Parthenon, das Pantheon, die Basilika, der Dom und viele andere Wunderwerke der Architektur entstanden? Nicht das Zweckdenken hat die Architektur geprägt, sondern das »Kunstwollen«. Die Idee.

Architektur, die nur funktioniert, ist trivial. Was überhaupt ist Funktion und warum dieses alles dominierende Funktionsdiktat, wenn man in einer Fabrik Theater spielen, in einer Kirche wohnen und in einem Wasserwerk regieren kann. Die Funktion paßt sich dem Raum, der Form an. Der Raum, die Gestalt, haben einen Wert an sich. Die Schönheit des Pantheonraumes bleibt ewig, unabhängig von seiner Funktion.

Die Poetisierung des Ortes ist eine ontologische Entwurfsauffassung. Sie meint die Akzeptanz der Situation, wie sie ist, die Wirklichkeit als direkte unverfälschte Seins-Wirklichkeit mit allen Unzulänglichkeiten, Widersprüchen, Gegensätzlichkeiten und in ihrer zum Teil totalen Zusammenhanglosigkeit. Es geht um die künstlerische, geistige, bildhafte Umsetzung dieser Wirklichkeit in eine thematisierte, eine poetisierte Realität. Die Umsetzung ist realitätsbezogen und nicht abstrakt, existentiell und nicht aphoristisch, ontologisch, seinshaft und nicht anekdotisch. Die Postmoderne gibt sich mit der Attitüde zufrieden und sucht den Witz und die Manier statt einer dem jeweiligen Ort gemäßen künstlerischen Sprache. Die Postmoderne bedient sich im Feinkostladen der Geschichte und lebt nicht in der historischen Realität. Der Voyeurismus der Postmoderne hat die Architektur in einen albernen Dekorativismus und einen geistigen Tinnefladen verwandelt.

Die morphologische Verwandlung setzt typologisches Denken voraus. Sie bezieht sich zunächst auf das Erkennen von Archetypen und dann auf deren Metamorphose. Es ist wie mit einem Samenkorn, das in der Entwicklung vom Keim zur fertigen Pflanze und bis zur Vollendung des Kreislaufs zurück zum Samenkorn immer wieder neue veränderte Formen annimmt: das Korn, der Sprößling, der Stamm, das Blatt, die Krone, die Blüte, die Verwesung, der Verfall und wieder der neue Samen. So ist auch die Geschichte der Kultur eine ständige Verwandlung von einem Zustand in einen anderen. Sie ist wie eine Metamorphose der natürlichen Dinge.

So wie das Samenkorn ein Teil im Lebenszyklus der Pflanze ist, so sind auch der Steinblock und der Glasblock, das Feste und das Durchlöcherte, das Geschlossene und das Offene, das Neue und das Alte, das Gegliederte und das Strenge, die Klarheit und die Verworrenheit, das Labyrinth und das Absolute, das Natürliche und das Künstliche, das Empirische und das Idealistische, die Abstraktion und die Einfühlung ein Teil ein und desselben Zyklus. Die Architektur des morphologischen Idealismus ist gegensätzlich in ihrer universellen Einheitlichkeit. Sie ist nicht pluralistisch und willkürlich, aber dialektisch und komplementär.

Die Verschachtelung ist nur eines von vielen möglichen Themen, die durch Architektur, das heißt durch Raum und Körper, sinnlich erlebbar sind. Das Bild der russischen Puppe ist ein Urbild. Man trifft es immer wieder.

Die Sinnenhaftigkeit liegt auf der Hand. Es ist auch das Bild von Blüte und Fruchtstengel, vom weiblichen und männlichen Element, das sich in einem Gesamtbild vereinigt. Mit der Verwirklichung des Bildes vom »Haus im Haus« bin ich wohl meiner Auffassung vom Bildhaften in der Architektur am nächsten gekommen.

Die Architektur als Bühnendarstellung betrifft den städtebaulichen Aspekt der Architektur. Jede räumliche Anordnung von Baukörpern kann auch als Bühnenarrangement gesehen werden. Die Anordnung von Objekten im Raum ist gleichzeitig das Arrangieren einer Bühne für menschliche Aktivitäten, für Rollen der Akteure, für das Leben, das auf dieser Bühne stattfindet. So gesehen wird jedes Grundstück, jeder Ort zur Architekturbühne, in der das Spiel des einzelnen, solange es eine Privatbühne, oder aller, wenn es sich um die öffentliche Bühne, die Stadt, handelt, stattfindet.

Ein anderer Aspekt der Abstraktion in der Architektur ist in der Existenz des Archetypus zu sehen, des zugrundeliegenden Prinzips, der Grundregeln, der Grundordnung oder wie immer man es nennen will. Die Frage des Archetypus führt zu der Erkenntnis, daß das Grundprinzip der Architektur nicht in stilistischen Unterschieden und Ornamentierungen ausgedrückt wird – diese sind nur Formen der Anwendung und gehören daher zu den angewandten Künsten -, vielmehr daß die Grundprinzipien in der Präsenz grundlegender räumlicher Konzepte dargestellt werden. Die archetypische oder prototypische Ordnung des Raumes existiert nicht auf emotionaler oder psychologischer, sondern auf konzeptioneller Ebene, unabhängig von Zeit, Ort, sozialen und psychologischen Bedingungen und individuellen Ausdrucksformen. Sie erfaßt im allgemeinen neue Abstraktion, sie soll nicht die Illustration von psychologischen Empfindungen oder von Funktionen bestimmter sozio-ökonomischer oder physischer Bedingungen sein, sondern sie besitzt ihr eigenes, unabhängiges und abstraktes Prinzip der »Gestalt«.

Wenn man über neue Abstraktion in der Architektur spricht, sollte man sie auch deutlich abheben von der Architektur, die historische Stile wiederzubeleben sucht, sei es Klassizismus, Konstruktivismus, Expressionismus, Jugendstil oder irgendeine andere frühere Epoche. Die Wiederbelebung von Stilperioden führt bestenfalls zu neuen Wellen des Historismus, die den kreativen Aspekt und die Ordnung der Architektur sowohl leugnen als auch eingrenzen. Solche Bemühungen müssen früher oder später in der Nachbarschaft des Kitsches oder in esoterischem Akademismus enden. Ebenso oberflächlich ist die Naivität des Versuchs, Architektur bestimmten regionalen oder nationalen Bedingungen zuzuordnen. Regionalismus in der Architektur hat seinen Höhepunkt in einer folkloristischen Architektur, und gewöhnlich fällt er zurück in ein Stadium des Primitivismus, reaktionären Sentiments oder lokaler Dummheit.

Die neue Abstraktion in der Architektur benutzt eine rationale Geometrie mit klaren und regelmäßigen Formen sowohl im Grundriß als auch in der Ansicht. In diesem Zusammenhang ist der Grundriß nicht das Ergebnis von buchstäblicher Interpretation der Funktionen und konstruktiven Bedingungen, sondern von logischen geometrischen Systemen.

Diese basieren auf Proportionsverhältnissen und zusammenhängenden Sequenzen, wie dies der Fall war in dem »gebundenen System« der mittelalterlichen Architektur, in den palladianischen Grundrissen und Durands Architekturlehre.

Die Formensprache einer solchen Architektur ist rational und intellektuell und beruht nicht auf Zufälligkeiten und plötzlichen subjektiven Einfällen. Die Emotion wird durch das rationale Denken kontrolliert und das rationale Denken durch Intuition stimuliert. Die Dialektik der beiden Polaritäten ist entscheidend in einem kreativen Prozeß, der auf eine allmähliche Verbesserung der Ideen, Konzepte, Räume, Elemente und Formen zielt. Er beinhaltet den Prozeß der Abstraktion, bis das Objekt in seiner grundlegenden Struktur, das Konzept in seiner klarsten Geometrie und das Thema in seiner eindrucksvollsten Gestalt erscheint.

Schöpferische Kunst ist ohne geistige Auseinandersetzung mit der Tradition nicht denkbar.

Architektur ist partielle Schöpfung. Jeder schöpferische Vorgang aber ist Kunst. Ihm gebührt der höchste geistige Rang.

Form ist Ausdruck des geistigen Gehalts.

Freiheit lebt nur in der ständigen Auseinandersetzung des einzelnen mit der Realität und im Erkennen der persönlichen inneren Verantwortung gegenüber Ort, Zeit und Mensch.

Jeder Bau, der sich nicht selbst zum Thema hat, ist geistig gesehen eine Trivialität. Er mag zwar durchaus notwendige Zwecke und Bedürfnisse erfüllen und auch berechtigten technischen Ansprüchen genügen, wenn er sich aber nicht über die reine Zweckerfüllung hinaus auch als eine Idee erfüllt, bleibt er vom Anspruch der Architektur als ein Ausdruck geistiger Universalität her gesehen eine Banalität. Schinkel ging es bei seiner Architektur nicht nur um die Erfüllung von Bedürfnissen, sondern vor allem um die Universalität der Gedanken.

Ars sine scientia nihil est. Der französische Baumeister Jean Mignot hat mit diesem Satz das Kunstverständnis der Renaissance entscheidend geprägt. Die mathematische Regel und das geometrische Ordnungsprinzip waren in der Antike das Fundament der Architektur. Der antike Schönheitsbegriff bezog sich nicht allein auf die Erscheinung, sondern auf ein System von Regeln und Proportionen. »Arte sine scientia esse non posse«, sagt Cicero, und Platon schreibt: »Wenn jemand von allen Künsten die Lehre von Zahl, Maß und Gleichgewicht scheiden wollte, dann würde sprichwörtlich überall nur mehr ein kümmerlicher Rest übrigbleiben.«

Die Pythagoräer waren der Auffassung, das Wesen aller Dinge sei die Zahl. Die göttliche Weltordnung sei mathematischer Natur, und darauf beziehe sich das Wesen der gebauten Realität. Diesen Gedanken greift der frühchristliche Philosoph und Kirchenlehrer Augustinus auf, indem er den Spruch der Weisheit Salomons zitiert: »Du hast alles geordnet nach Maß, Zahl und Gewicht.« Gott ist der Ursprung aller Schönheit, ihr liegen Maß, Zahl und Harmonie zugrunde. Für Augustinus ist das Bauen eine Wissenschaft, die auf der Anwendung geometrischer Gesetze beruht.

Ohne ein geschichtliches Bewußtsein läßt sich eine Architektur nicht für den Ort, für den sie geschaffen ist, denken. Sie lebt aus dem Ort, an dem etwas gewesen ist. Eine Architektur, die auf die historischen Bezüge verzichtet, bleibt abstrakt und theoretisch, sie wird niemals sinnvoll und lebendig. In der geschichtlichen Tradition liegen die Wurzeln einer neuen Gestaltung, und es ist dieses humanistische Bewußtsein, das den schöpferischen Anlaß gibt, aus dem heraus eine Architektur des Ortes entsteht, der allein nur ihm zukommt, wie es Schinkel in seinen Schriften formuliert hat.

Erst aus dem Bewußtsein von Geschichte kann eine neue Entwicklung entstehen. Vorausgesetzt, Geschichte pervertiert nicht zum Reservoir von Formen und Stilen. Will man aus der Geschichte schöpfen, so kann es nur darum gehen, die metaphysischen Werte und die Grundprinzipien hinter den äußeren Erscheinungsformen zu erkennen. Geschichte ist kein Rezeptbuch, sondern ein enzyklopädisches Lexikon der Entwicklung menschlichen Geistes. Dieses Lexikon enthält das Vokabular der schöpferischen Auseinandersetzung mit der Realität. Es enthält aber auch den Schlüssel für die Herausforderung mit den Aufgaben der Gegenwart. Eine Architektur, die auf diesen geistigen Fundus verzichtet, kann selbst nicht Träger geistiger Werte sein. Jede schöpferische Architektur ist eingebunden in ein geschichtliches Kontinuum. Im Bewußtsein dieses zeitlichen Kontinuums liegt die wesentliche Erkenntnis des Humanismus.

Aus dem Prinzip der Ausschließlichkeit erklärt sich auch die Tatsache, daß die auf einem Dogma basierende Architektur puristisch, eindimensional und lebensfeindlich ist.

Die historische Architektur dagegen ist reich, widersprüchlich und lebensnah. Sie ist komplex und umfassend. Sie verbindet, wo das Dogma trennt. Sie schafft Zusammenhänge zwischen Realitäten, wo das Dogma isoliert. Sie sucht die Einheit der Teile in einer Komposition, wo das Dogma sich lediglich mit dem Teil selbst und dessen Systematisierung beschäftigt. Die historische Architektur sucht die Gestalt, die dogmatische die Funktion.

Moderne Städte sind komplexe Gebilde und können aufgrund ihrer komplexen Anforderung nicht mehr mit einem einzigen, einheitlichen und reinen System erfaßt werden. Noch die frühe Moderne in ihrer heroischen Periode propagiert von Corbusier, Mies van der Rohe oder Gropius hat geglaubt, ein verbindliches System für eine einheitlich strukturierte Stadt zu finden und anbieten zu können. Die städtebaulichen Vorschläge der Protagonisten einer neuen Zeit, sei es der marxistische Zeilenbau von Gropius und Genossen, sei es die gigantische Vision der Ville radieuse von Le Corbusier, seien es die linearen urbanen Netze der Konstruktivisten oder die ökologischen Muster von Mies und Hilberseimer, sind alle kläglich gescheitert und nur als verstümmelte Fragmente in die Geschichte der Urbanität eingegangen. Jeder gutgemeinte, mit großem ideologischen Aufwand beladene Versuch kann bestenfalls als eine Laboratoriums-Anordnung begriffen werden, auf dem schwierigen Weg, die komplexen Probleme der Stadt einigermaßen geordnet in den Griff zu bekommen.
Wir sind an einem Punkt angelangt, an dem jeder Versuch, ein vollständiges und in sich geschlossenes System für die Stadt zu finden, von vornherein zum Scheitern verurteilt ist. Die Moderne hat an diesem Punkt versagt,

weil auch ihr Denken von überalteten und überholten Denkstrukturen bestimmt war. Eine Erfüllung der Hoffnungen der Moderne, das für alle passende System doch noch zu finden, kann nicht mehr ernsthaft diskutiert werden. Das Versagen liegt nicht in dem mangelnden Bemühen oder in den nicht vorhandenen Chancen, sondern im intellektuell falschen Ansatz der Bestrebungen. Es wurde in Gegensätzen, in Antagonismen, alt gegen neu, traditionell gegen modern, progressiv gegen reaktionär gedacht und nicht in Ergänzungen, Überlagerungen und komplementären Argumenten.

Statt These und Antithese miteinander zu verknüpfen, wurde These und Gegenthese einander gegenübergestellt und ausschließlich behandelt. Der Städtebau der Moderne ist an der Exklusivität der These gescheitert und hat in der endideologischen Realität zu den heterogenen Wucherungen und bekannten Erscheinungen geführt, die das heutige Unbild der Stadt prägen. Die Ideologie der Moderne hat das genaue Gegenteil, nämlich das chaotische, unübersichtliche und völlig entartete Stadtgemenge erzeugt, das sich keiner mehr traut wahrzunehmen, weil es hoffnungslos verkommen und aussichtslos zerfallen ist. Nicht zufällig fallen die Architekten zurück in einen reaktionären Aktivismus und stürzen sich mit ihrer ganzen Energie auf die Fassaden und Materialien ihrer Häuser, um das angerichtete urbane Desaster zu vergessen und ihr verlorenes Alibi als Protagonisten der Umwelt wieder herzustellen.

Während die einen in einer nomadisierenden Architektur ihr Heil suchen, und die Welt an den hektischen Improvisationen genesen soll, versetzen sich die anderen in eine Art historische Trance und graben alte, vergessene Stadtbilder aus, die sich in der Realität bewährt haben. Sie verlassen sich ausschließlich auf ihren Kunstinstinkt und ihr malerisches Gefühl. Ihre bildnerische und metaphorische Vorstellungskraft ersetzen jede vernünftige und rationale Überlegung. Der urbane Raum wird zum Gegenstand subjektiver Spekulation und der bildnerischen Fähigkeit zufälliger Einfälle, die keiner Erklärung und Rechtfertigung bedürfen und sich ausschließlich nach der Erlebniskraft des jeweiligen Genius richten. Dabei werden erstaunliche Leistungen erzielt, die jedem touristischen und voyeuristischen Geschmack Genüge tun. Man bewegt sich hart am Rande von Phantasialand und total verkitschter Mimikry.

Das Dilemma der Städte ist aber nicht allein ein soziales, wirtschaftliches und technisches Problem, sondern vor allem ein Dilemma der Planung. Jede Stadtplanung beschäftigt sich in der Hauptsache mit der Frage, Ordnung in einen durch Zufälle, faktische Zwänge und soziale Notwendigkeiten entstandenen Empirismus zu bringen, Methoden vorzuschlagen, wie die sich zum Teil gegenseitig ausschließenden Fakten in einem rationalen System oder in halbwegs logische Strategien gefaßt werden können. Die bisherigen planerischen Mittel reichen nicht mehr aus, Strategien für die aktuelle Stadt anzubieten.

Im Unterschied zum Dorf, zur Kleinstadt oder zur Idealstadt hat die aktuelle Großstadt keine einheitliche Form mehr. Sie ist eine heterogene Ansammlung unterschiedlicher Elemente, Systeme und Funktionen. Die Metropole besteht aus Bruchstücken. Sie ist fragmentarisch und eine offene Struktur, die aufgrund der vielfältigen, in sich widersprüchlichen Ansprüche nicht mehr als ein schlüssiges System zu erfassen ist. Die aktuelle Stadt ist dialektisch, These und Antithese zugleich. In ihr werden nicht nur die Widersprüche der Gesellschaft, sondern auch die der technischen Systeme sichtbar. Es lassen sich keine einheitlichen Formen, keine widerspruchslosen Lösungen mehr finden, die aus einem einzigen System bestehen.

Die Wertigkeit kommt nur aus dem Ort selbst und nicht aus einer Idealvorstellung. Deshalb sind alle Bauformen, Hochhaus- oder Flachbebauung, Großform oder Solitär, grundsätzlich möglich. Die Baustruktur ist nicht exklusiv, sondern inklusiv, vielfältig und möglichst heterogen. Es wird nach Vielfalt, nach Mannigfaltigkeit und nicht nach Einheitlichkeit gesucht. Der Widerspruch, die Gegensätzlichkeit, sind Teil des Systems und bleiben unaufgelöst bestehen. Nicht ihre Auflösung wird angestrebt, sondern die möglichst klare und eindeutige Trennung. Jedes Teil, jeder Ort existiert zunächst für sich und in sich und entfaltet sich erst in seiner komplementären Beziehung zum anderen, in sich geschlossenen Ort. Die Orte sind wie Monaden, wie kleine Mikrokosmen, selbständige Welten, mit all ihren Eigenarten, Vorzügen und Nachteilen, eingebunden in einen größeren urbanen Makrokosmos, der sich aus den kleinen Welten zu einer Metropole und Landschaft zusammensetzt.
Die urbane Kunst besteht darin, die Orte im städtischen Chaos zu finden, sie zu benennen und ihre Eigenart herauszuarbeiten. Es ist also eine Stadtbaukunst des Entdeckens und nicht des Erfindens. Keine neuen Systeme – technische oder andere – werden beigetragen.
Das Vorhandene aus dem Zufall, dem Zwang, der Unzulänglichkeit Entstandene wird akzeptiert und als eine Folie zugrunde gelegt.

Aus den vorgefundenen Elementen und Teilen, aus den Bruchstücken und Fragmenten wird eine andere, eine neue Stadtstruktur, werden Orte und Plätze gebaut und entwickelt. Die Stadt der komplementären Orte ist offen und interpretationsfähig, gemischt und anpassungsfähig zugleich, nützlich, unideologisch und unprätentiös zugänglich für Innovationen, genausogut wie bewahrend.

Es geht mir um die reine Form, um die Abstraktion, um den Grundtypus, den elementaren Bau. Keine natürlichen Materialien, die inhaltlich belastet sein können, keine architektonischen Details, die eine Geschichte des Fensters, des Eingangs und des Hauses erzählen mit Gesimsen, Abdeckungen und Gewänden, den Unterschieden zwischen Basis und Bekrönung.
Es geht um die reine Kiste, die einfachste Form der Interpretation eines ständig vorkommenden Elements. Ohne Aufregung, ohne Vor- und Rücksprünge, ohne die üblichen Unterscheidungen. Ein Element, so klar und deutlich, so direkt und unverhüllt wie möglich.
Keine Zwischentöne, keine Verbindlichkeiten, radikal und ohne schmückendes Beiwerk. Die Kiste in ihrer elementaren Form. Kein Ausdruck von etwas, kein Synonym für etwas, heruntergeschliffen auf den absoluten Kern, so pur und eindeutig wie möglich.
Nichts Metaphysisches, kein Sinnbild für einen wie auch immer gearteten Zustand. Nur die direkte, unverfälschte Form. Es bewegt sich nichts, nichts ist verdeckt, verschlüsselt oder verborgen. Es ist nichts dahinter, alles, was gemeint ist, wird sichtbar, wird unvermittelt, tritt hervor.
Es gibt nichts zu deuten und zu interpretieren; die Dinge sind, wie sie sind, und wollen

nichts anderes sein als das, was sie sind. Alle Räume sind gleich, der Inhalt verschieden. Die Fassaden sind gleich. Keine Vorder- und Rückseite mehr.
Es ist eine gegenstandslose Architektur, die gesucht wird, der Raum an sich, das Haus ohne Eigenschaften, durch nichts belastet, bestimmt lediglich von Geometrie und Proportionen. Abhängig vom Regelwerk der Zahlen und Verhältnisse.
Nicht die mystischen und wie auch immer gearteten erzieherischen Themen werden beansprucht und strapaziert, ob sie nun Freiheit, Offenheit oder Kreativität signalisieren. Nur die Ordnung der Zahlen ist maßgebend, die Verhältnisse untereinander, die Proportionen von Länge, Breite und Höhe.
Am Ende einer langen, wechselvollen Geschichte, inhaltsbeladen und voller Sinnbilder und Metaphern, steht der geometrisch gesäuberte Bau.

Ich will entdecken, und mein ganzer Entwurfsvorgang ist ein Vorgang des Entdeckens. Mich hat ein Besuch in Herculaneum sehr beeindruckt. Man hat dort Schichten freigelegt, und immer mehr Architekturen kamen zum Vorschein. In einem Ascheberg liegen die ganzen Botschaften versteckt, man muß nur die notwendigen Schichten freilegen. Der beeindruckendste Moment war das Auffinden einer freigelegten antiken Plastik in einer Höhle im Berg. So könnte man sich vorstellen, das alles versteckt liegt, vergraben, und daß es nur durch Freilegen von Schichten zu finden ist. Michelangelo hat darüber gesprochen, daß aus dem rohen Stein durch Freilegen von Schichten die Skulptur hervorkommt. Sie ist also nicht erfunden und hineingekommen von außen, sondern dadurch entstanden, daß Schichten weggenommen wurden. Ich versuche, Schichten freizulegen, um die Architektur, die ich suche, zu entdecken.

Mir ging es nie darum, eine Schule zu gründen im Sinne einer stilistischen Schule. Aber Architektur als ein Teil einer Existenz oder Architektur als eine existentielle, persönliche Erfahrung zu erleben, das ist das Wesentliche, was ich versuchte zu vermitteln. Natürlich immer wieder auch ein Bewußtsein für Geschichte, für eine architektonische Kultur. Jeder ist auf seine Weise ein hervorragender Architekt. Ich schätze sie alle und glaube, es ist wichtig, daß das Gespräch weitergeht, daß das Denken über Architektur nicht aufhört und daß sie ganz sicher dazu etwas beitragen und beigetragen haben. Ich freue mich, daß ich immer noch an diesem Gespräch teilhaben kann. Es ist ein Nehmen und Geben. Ich habe ja nie doziert, sondern wir haben miteinander gesprochen und gearbeitet und mir hat der Dialog viel bedeutet. Er war für mich sehr wichtig, für meine Entwicklung, wie, so hoffe ich, umgekehrt für die Entwicklung derer, die mit mir zu tun hatten.

Projekte

Berlin morgen – Das neue Berlin, 1990

Mitarbeit: Volker Busse, Michael Croce, Andreas Geitner, Walter Noebel, Martina Röhr, Karl-Heinz Winkens

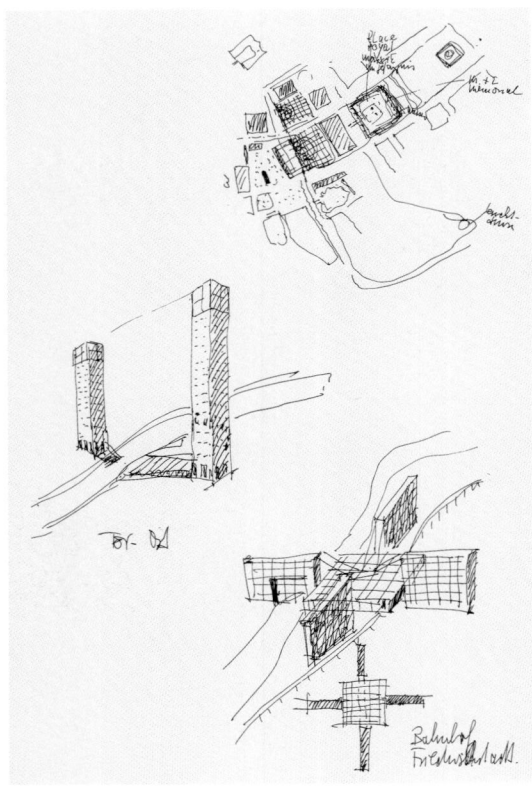

Berlin ist der typische Fall einer Stadt, die in ihrer siebenhundertjährigen Geschichte ein immer wieder anderes Schicksal gehabt und Veränderungen erfahren hat, die ihr Erscheinungsbild besser als jede Funktionsanalyse erklären. Am Anfang bestand Berlin aus zwei Städten, die eine für Fischer, die andere für Kaufleute. Bald war es ein Marktplatz freier Bürger, dann Residenzstadt und Sitz des Königs, der es zum Militärlager umfunktionierte und zur Hauptstadt seines Königreichs und schließlich zur Festung ausbaute. Dann wurde es Reichsstadt eines neuen Imperiums und danach die größte Industriestadt Europas. Es wurde Metropole und Kapitale eines wiederum neuen, »tausendjährigen« Reichs. Am Ende des Zweiten Weltkriegs war es nur noch ein Schuttplatz – der größte Europas. Es wurde geteilt in Ostberlin und Westberlin. Heute kann es wiederum Metropole und zum dritten Mal Hauptstadt werden – diesmal des wiedervereinigten Deutschlands. Seine urbane Struktur ist mithin die Folge von Ideen, Entscheidungen und historischen Prozessen; geplante und zufällige Ereignisse, konstruktive und destruktive Kräfte haben es geformt und seine divergierende Vielfältigkeit bewirkt. Sein Grundriß ist wie ein Buch, das voller Geschehnisse steckt und in dem alle prägenden Erlebnisse seiner Geschichte festgehalten sind; eher ein gigantisches Puzzle aus unzähligen Teilen als ein logisch geordnetes Ganzes. Jede Generation hat eine Ansammlung von in ständiger Evolution begriffenen Fragmenten an die nächste Generation weitergegeben, aber keiner ist es gelungen, ein wirkliches Schlußwort zu schreiben. Die Stadt ist und bleibt – glücklicherweise – ein fragmentarisches, diskontinuierliches, veränderliches Ensemble, und eben deshalb ist und bleibt sie lebhaft und reich facettiert. Ein Element der Kontinuität steckt allein in dem dialektischen Prozeß, demzufolge einer These immer die Antithese entgegengesetzt wird.

Jedes Projekt für Berlin muß daher das Problem seiner Geschichte in Betracht ziehen und die entsprechenden Strategien für die Zukunft entwickeln. Zuvor müssen jedoch zwei illusorische Vorstellungen aus dem Weg geräumt werden – zum einen der Gedanke, daß es möglich sei, die Stadt in ihrer historischen Form zu rekonstruieren. Das entspricht keineswegs den tatsächlichen Erfordernissen und Erwartungen. Zum anderen darf es aber auch nicht zu einer zufälligen Erneuerung kommen: das würde zwangsläufig einer chaotischen, ungeregelten und mithin destruktiven Entwicklung den Weg bereiten. Daß eine Neuorientierung unumgänglich ist, kann als eine Erkenntnis angesehen werden, die immer hinter den Manifestationen einer simulierten und damit falschen Vitalität verborgen liegt. Die gleiche Erkenntnis kann aber auch so etwas wie ein Experimentalprojekt ergeben, welches das Erlebnis der Stadt als architektonisches und urbanes Ambiente im Sinne eines komponierten Ensembles intensiviert. Angesichts seines extremen und idiosynkratischen Charakters erscheint Berlin mehr als andere Städte prädestiniert, zum Laboratorium für die Lösung neuer Problemstellungen zu werden. Wie schon öfter in der Geschichte könnte Berlin wieder die Rolle des Pilotprojekts übernehmen, das sich zur Demonstration neuer und exemplarischer Konzepte im größeren europäischen Zusammenhang der dialektischen Stadt eignet.

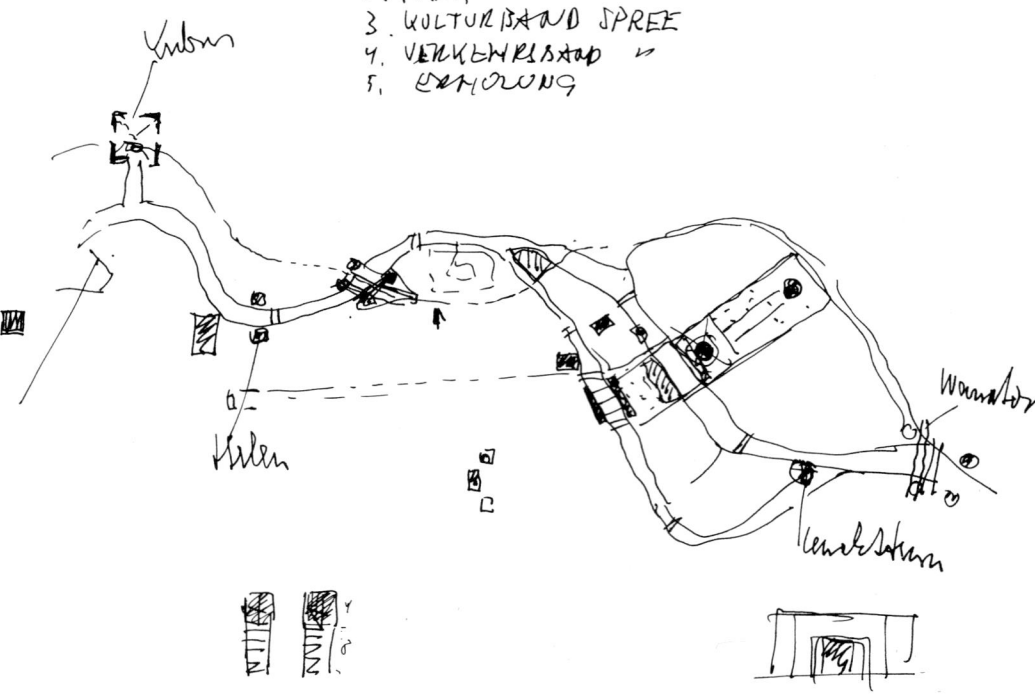

Konzeptuelle Entwicklung des Projekts: Identifizierung der Funktionen und Bedeutungen; Ergänzung der Fragmente; Aufzeigen der Typologien anhand historischer Beispiele; Erarbeitung von Modellen.

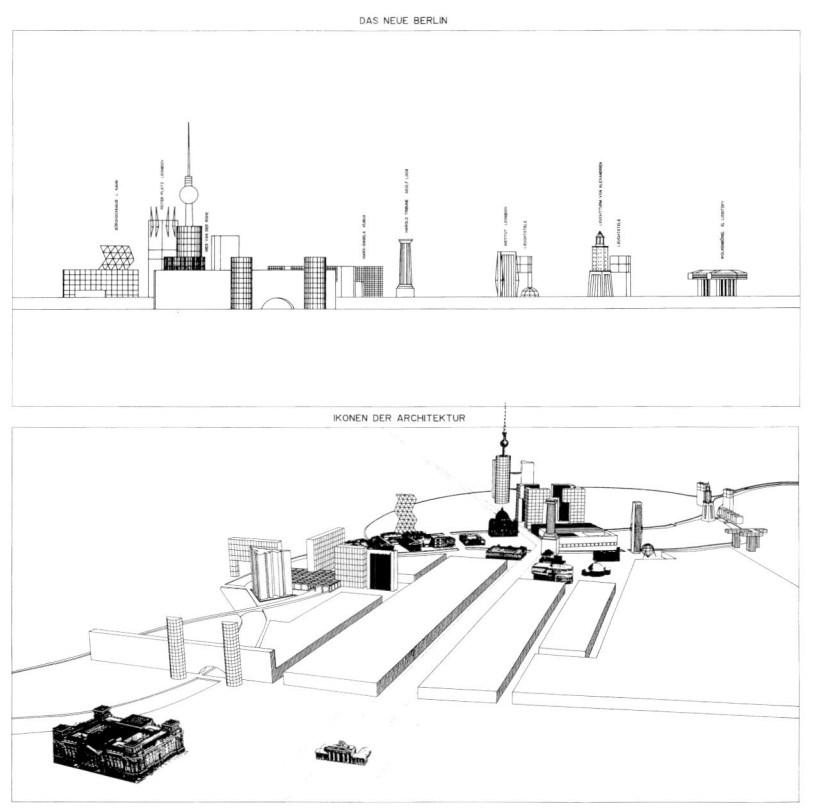

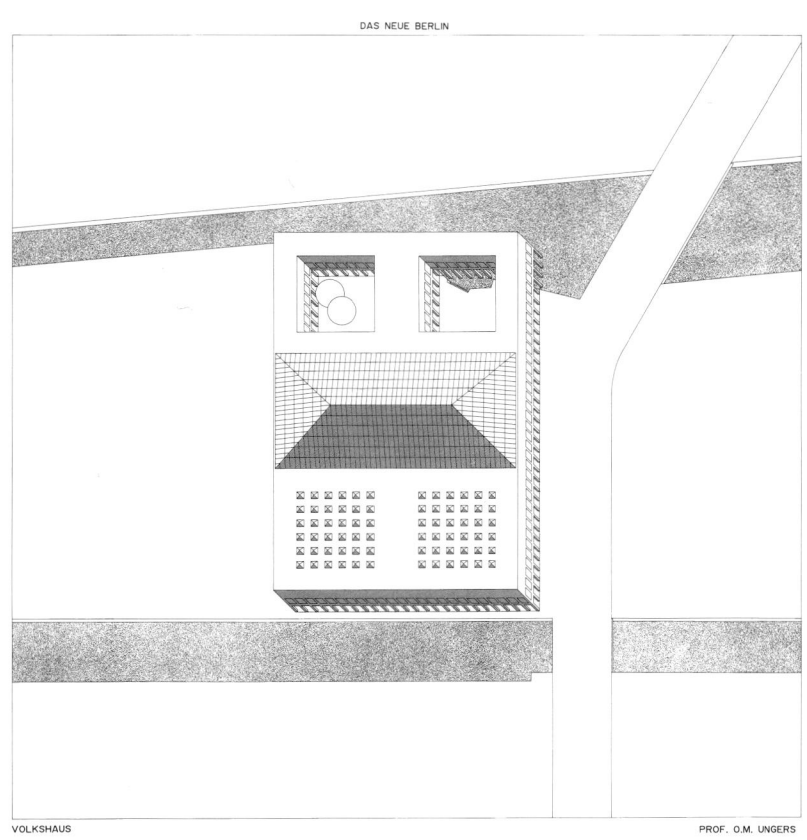

Wettbewerbsentwurf für das Gebiet Potsdamer/Leipziger Platz, Berlin, 1991, 1992

mit Stefan Vieths

Mitarbeit:
städtebaulicher Wettbewerb: Volker Busse, Andreas Geitner, Jarno Nillesen, Lukas Baumewerd, Markus Müller, Katja Schulz, Thomas Duda

Daimler-Benz-Areal: Benedikt Baumewerd, Lukas Baumewerd, Albert Brauns, Volker Diekmann, Knud Ehm, Johannes Götz, Kai-Uwe Lompa, Georg Malat, Johannes Martini, Jarno Nillesen, Ingo Schweers, Joachim Sieber, Philippe Vernin, Frank Wieschemann

Nirgendwo, in keiner deutschen Stadt, auch nicht in Europa, hat sich Geschichte, alte und neuere, vergangene und Tagesgeschichte, auf so engem Raum konfliktreich abgespielt wie auf dem inneren Stadtgebiet Berlins. Vor dem Zweiten Weltkrieg war dieser Bereich dicht besiedelt und besaß den verkehrsreichsten Platz Europas; seit Kriegsende und bis zum Jahr 1989 war er nicht mehr als ein ödes und von Trümmern verstelltes Areal. Nach dem Fall der Mauer wurde es an vier große Investoren verkauft. Der erste Wettbewerb von 1991 bezog sich auf den gesamten Bereich, während der spätere, an dem Ungers sich ebenfalls beteiligte, der Gestaltung des Daimler-Benz-Areals galt.

Dieser besondere Ort kann nicht verstanden, analysiert und neu interpretiert werden, ohne die Geschichte der Stadt Berlin als Ganzes zu verstehen, denn die Stadtgeschichte Berlins ist die Geschichte einer Stadt von vielen verschiedenen Orten. Im Planungsgebiet sind unterschiedliche städtebauliche Strukturen relevant. Diese sind erstens der historische Blockraster der Friedrichstadt mit der systemimmanenten Blockbebauung sowie der geometrisch strengen Dominanz des Leipziger Platzes, zweitens die ursprüngliche Parzellierung der außerhalb der Friedrichstadt gelegenen Bebauung, deren Koordinatennetz ihre stadtgestaltende Wirkung beibehalten hat; drittens die nach dem Krieg erfolgte Festlegung der Straßen und Verkehrszüge zwischen Kemper- und Leipziger Platz, durch die eine faktische Neuverteilung der Grundstücksverhältnisse stattgefunden hat.

Die Berücksichtigung dieser historischen Strukturen ist die Grundlage der Neuplanung. Durch die Überlagerung der Blockstruktur der Friedrichstraße mit dem aktuellen Straßen- und Verkehrsnetz und einer weiteren Überdeckung eines gleichmäßigen Hochhausrasters, basierend auf den historischen Koordinaten der ehemaligen Parzellenstruktur am Tiergarten, entsteht ein dichtes, komplex strukturiertes und differenziertes Netz von Straßen und Baublöcken unterschiedlicher Größe, Form und Bedeutung, das den vorhandenen Grundstücksverhältnissen und den

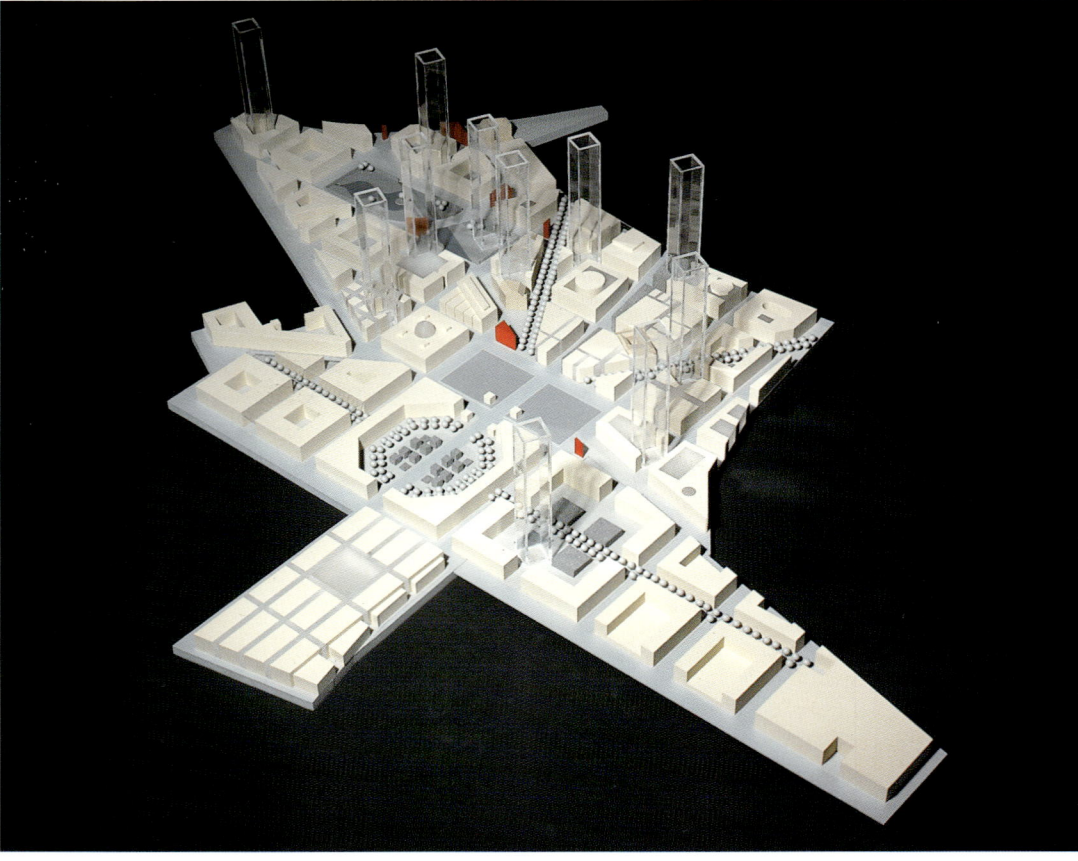

Ansicht Modell städtebaulicher Wettbewerb; Nutzungsdiagramme; perspektivische Ansichten.

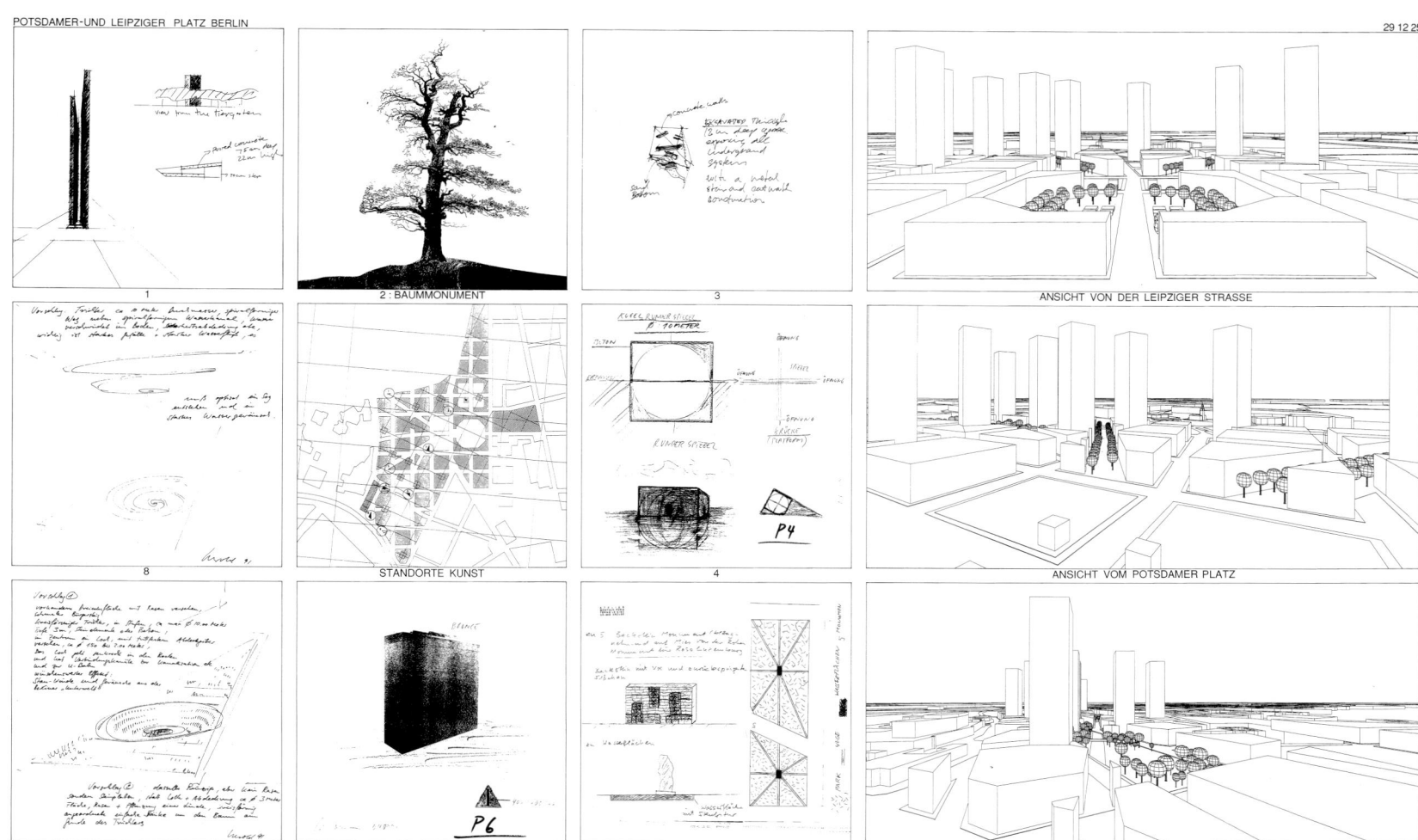

unterschiedlichen Nutzungserfordernissen Rechnung trägt. Die differenzierte Block- und Straßenstruktur ermöglicht ein Maximum an Flexibilität in der Bebauung und im Freiraum. Vom zentralen Park, über kleinere Plätze, Alleen (ehemalige Potsdamer Straße), Boulevards, Fußgängerstraßen, Passagen bis zu Verkehrsachsen, repräsentativen Plätzen und Anlagen (Potsdamer/Leipziger Platz) sind alle denkbaren Typen städtischer Freiräume vereint. Nutzungsanforderungen unterschiedlichster Erfordernisse können innerhalb einer variantenreichen Baustruktur erfüllt werden. Dabei ist das Einzelhaus (Weinhaus Huth an der ehemaligen Potsdamer Straße), der historische Bestand (Esplanade), der Superblock mit maximaler Büronutzung oder der Block mit komplexer Mischnutzung integrierter Bestandteil des gesamten Stadtgefüges.

Der Entwurf ermöglicht ein Maximum an Individualität in der Wahl der Materialien und in der stilistischen Ausformung. Die Regel sind 22 Meter Blockhöhe als oberste Begrenzung und 180 Meter für die Türme. Die Türme sind gleichförmige Fußabdrücke im dichten Geflecht der Blockstruktur. Der Kontrast zwischen Turm- und Blockstruktur ist gewollt und erzeugt die für einen komplexen Plan notwendige Zufallssituation.

Die Kunst ist Bestandteil des städtebaulichen Konzepts und keine bloße Dekoration. Durch die Überlagerung der Strukturen verbleiben größere und kleinere Restflächen. An dieser Nahtstelle zwischen Nutzungsmöglichkeiten und nutzloser Fläche setzt die Kunst ein und führt mit eigenen Mitteln das architektonische und stadträumliche Konzept in Extremsituationen, Über- oder Untertreibungen ergänzend fort. So entstehen Plätze mit eingestellten Skulpturen, Einzelobjekten, Kanten und Ecken. Architektur, Städtebau und Nutzung, Geschichte und Realität sind als eine komplexe Einheit zu verstehen.

Der städtebauliche Wettbewerb wurde 1991 vom Büro Hilmer und Sattler gewonnen; auf der Basis von dessen Vorgaben nahm Ungers auch an dem weiteren Wettbewerb für das Daimler-Benz-Areal am Potsdamer Platz teil.

Die formalen Kriterien lauteten: Beibehaltung des bestehenden Straßensystems; Überlagerung der Friedrichstadt mit einem Raster von Häuserblöcken; Differenzierung des Rasters mittels Größe und Funktion der einzelnen Blöcke; Akzentuierung durch Hochhäuser an strategisch wichtigen Punkten. So wurde das Projekt ausgearbeitet, in einigen Bereichen differenziert, vervollständigt und den konkreten Forderungen des Programms angepaßt. Zentraler Punkt der neuen Planung ist der Potsdamer Platz; er und der Leipziger Platz bleiben wohldefinierte geometrische Grundfiguren: das historische Oktogon des Leipziger Platzes wird mit dem neuen quadratischen Potsdamer Platz verbunden.

Der erstere ist als grünes Fußgänger-, Geschäfts- und Freizeitareal gedacht; der zweite ist ein Kommunikationsknoten, an dem Straßen aus verschiedenen Richtungen strahlenförmig zusammenlaufen. Pointiert wird er von einem Kranz von Hochhäusern, die sich am spitzen Ende der keilförmig um den Platz gruppierten Bauten erheben. Diese

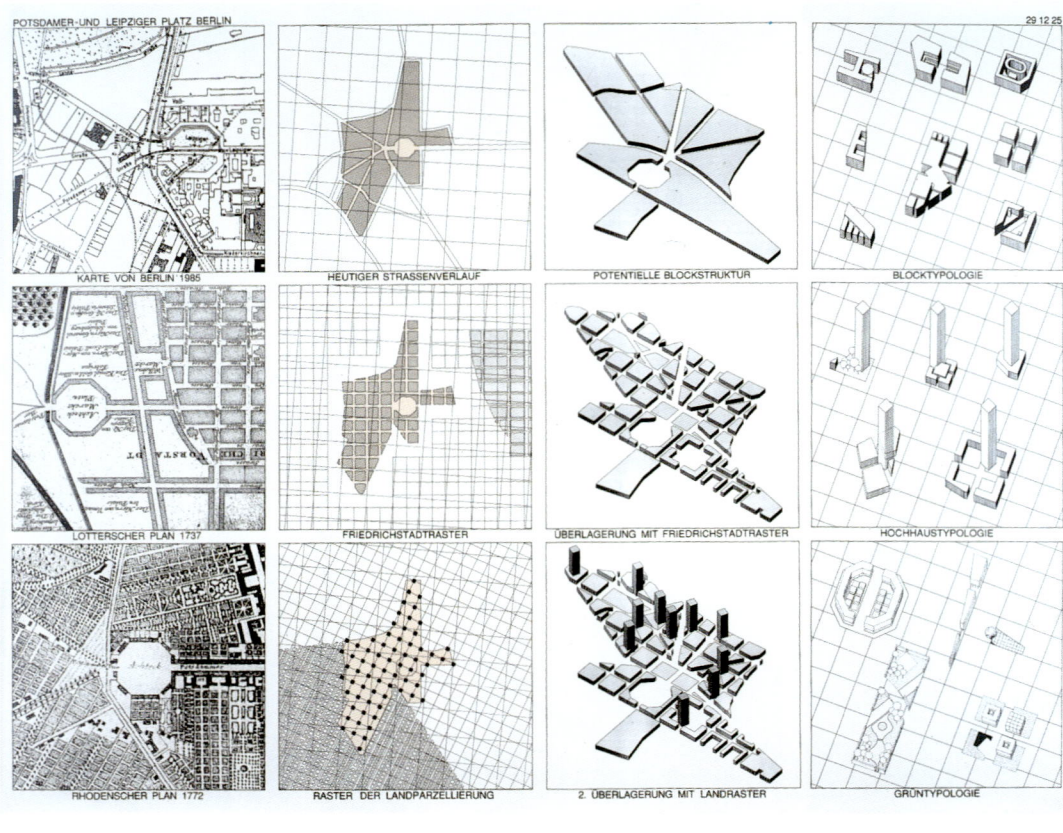

Nutzungsdiagramme.

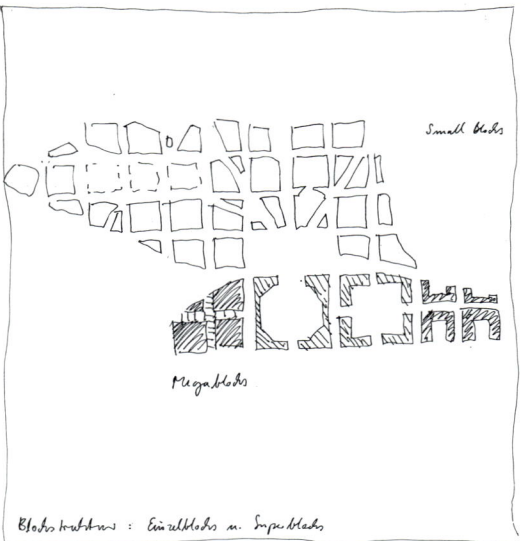

Skizze.

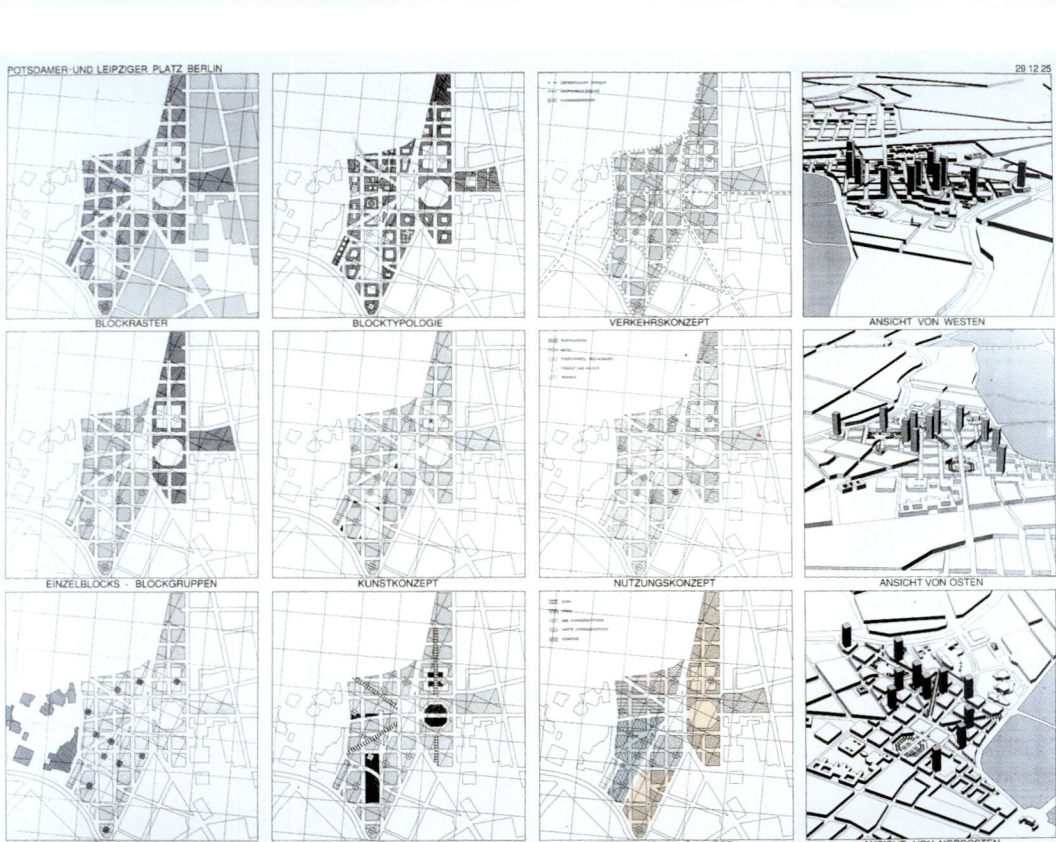

Nutzungsdiagramme;
perspektivische Ansichten.

Lageplan.

Dachaufsicht;
Entwurfsskizze.

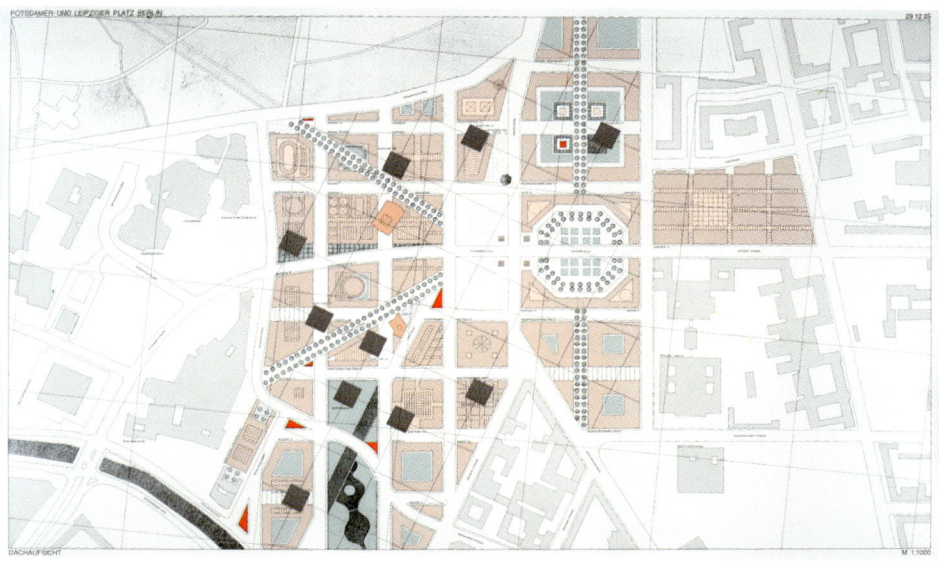
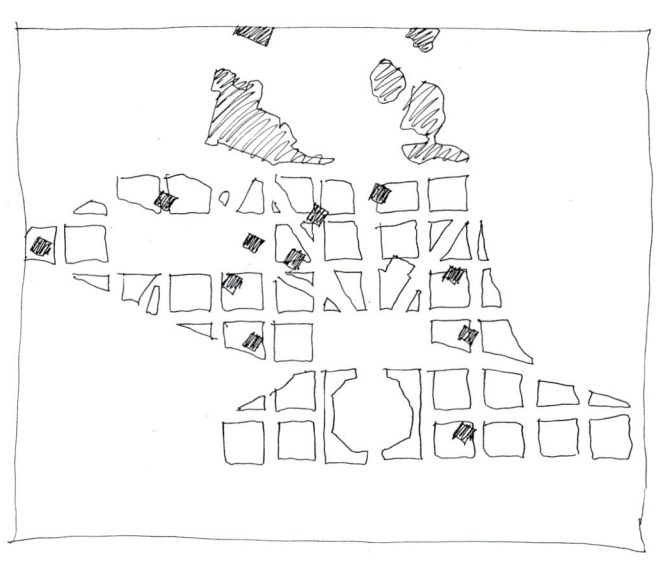

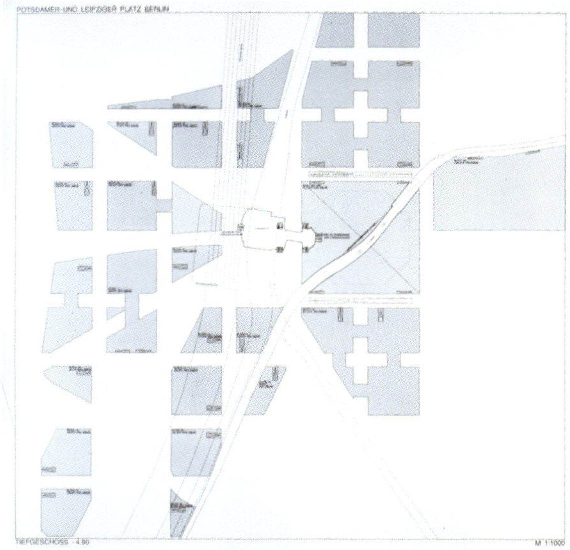

Grundriß Untergeschoß;
Ansicht des Leipziger Platzes
im Jahr 1957; Lageplan und
Fotomontage.

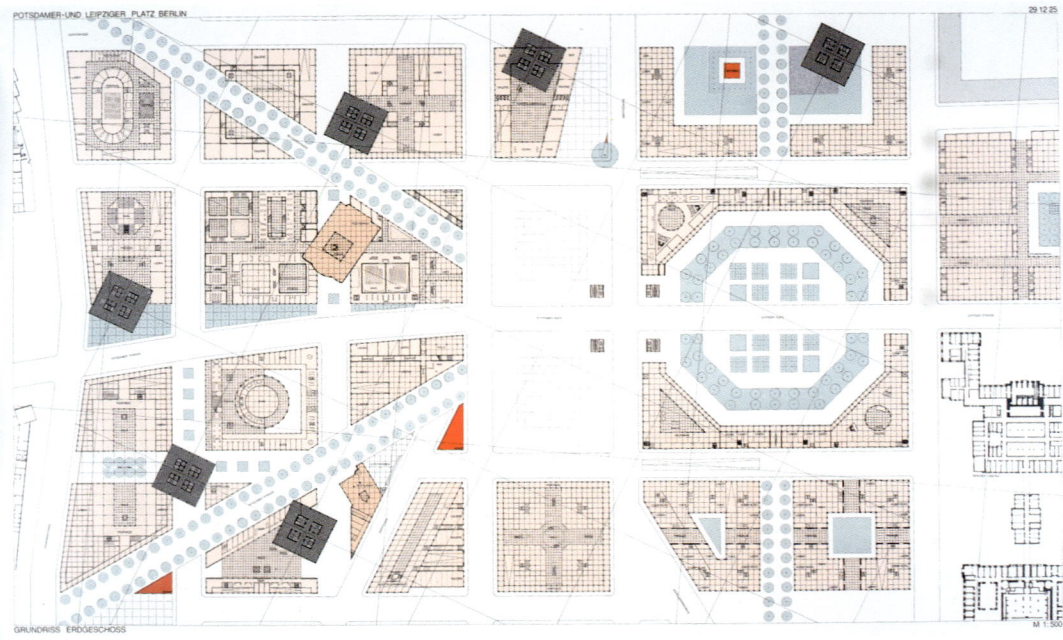

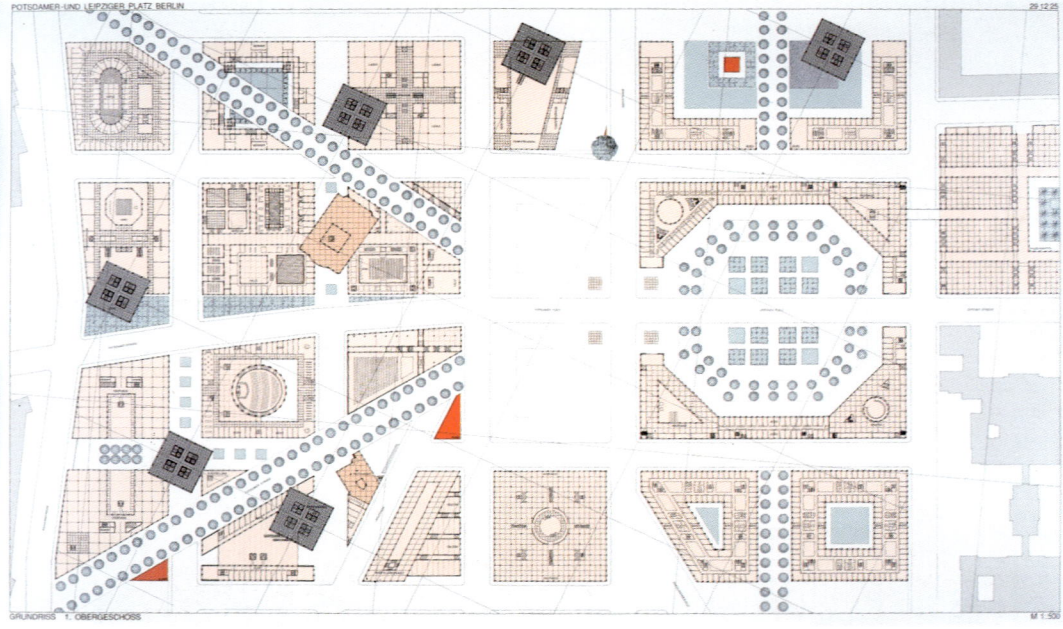

Projekt für das Daimler-Benz-Areal, Grundriß Erdgeschoß und erstes Obergeschoß.

Projekt für das Daimler-Benz-Areal, Skizze und Übersichtsplan.

punktförmigen Hochhäuser sind einerseits Bestandteil der Blockbebauung, andererseits sind sie autonome Strukturen, weil sie diese Bebauung dank ihrer Zweiteilung überragen: Sie bestehen aus einem der umliegenden Bebauung entsprechenden Sockel und einer Suprastruktur, einem klimatisierten glasgeschlossenen Kubus.

Kontrapunkt zu diesem Kranz von Hochhäusern am Potsdamer Platz ist ein außerhalb des Wettbewerbsareals in der Nähe des Kulturforums gelegener Doppelturm. Er bezeichnet den Eingang zum Stadtzentrum und – sichtbar mit den Türmen des Potsdamer Platzes verbunden – zugleich die neue Potsdamer Straße, eine Achse, die ebenfalls Platzform hat. Das Resultat ist eine Triade offener Bereiche, bestehend aus dem Oktogon des Leipziger Platzes, dem Quadrat des Potsdamer Platzes und dem langen Rechteck der platzartigen Potsdamer Straße.

Am Ende der alten Potsdamer Straße, die ihren ursprünglichen Charakter als Allee behält, ist darüber hinaus ein rechteckiger grüner Bereich mit halbrundem Abschluß vorgesehen, der den Charakter eines Stadtgartens haben soll und der seitlich von der Rückseite der Staatsbibliothek begrenzt wird.

Der zugrundeliegende Blockraster mißt 50 m x 50 m. Aus diesem Modul entwickelt sich die radiale Figur, die, ausgehend vom Potsdamer Platz, drei unter stadträumlichem Aspekt gleiche, aber von ihrer Funktion her verschiedene Verkehrsringe erschafft.

Beim ersten, der den Platz unmittelbar umgibt, handelt es sich um eine gedeckte Galerie, beim zweiten um eine normale baumbestandene Stadtstraße, die auch die zufließenden Verkehrsbewegungen aufnimmt; der dritte Ring ist eine verkehrsreiche Straße, die ihrerseits mit den Hauptverkehrsachsen der Stadt in Verbindung steht. Zwischen der alten und der neuen Potsdamer Straße wird ein weitläufiges System von Galerien vorgeschlagen, das drei Häuserblocks umfaßt, die um Innenhöfe angelegt sind und Geschäfte in den unteren, Büros in den oberen Geschossen aufnehmen. Am Südende der Potsdamer Straße liegt ein Geschäftszentrum um ein kuppelbekröntes Atrium. Damit erhält dieser Standort einen auch inhaltlich besonders starken Akzent. Am Nordeingang der alten Potsdamer Straße befindet sich das Ausstellungsgebäude der Deutschen Bahn; die beiden unteren Geschosse der zum Potsdamer Platz hin orientierten Spitze des Blocks nehmen neben den

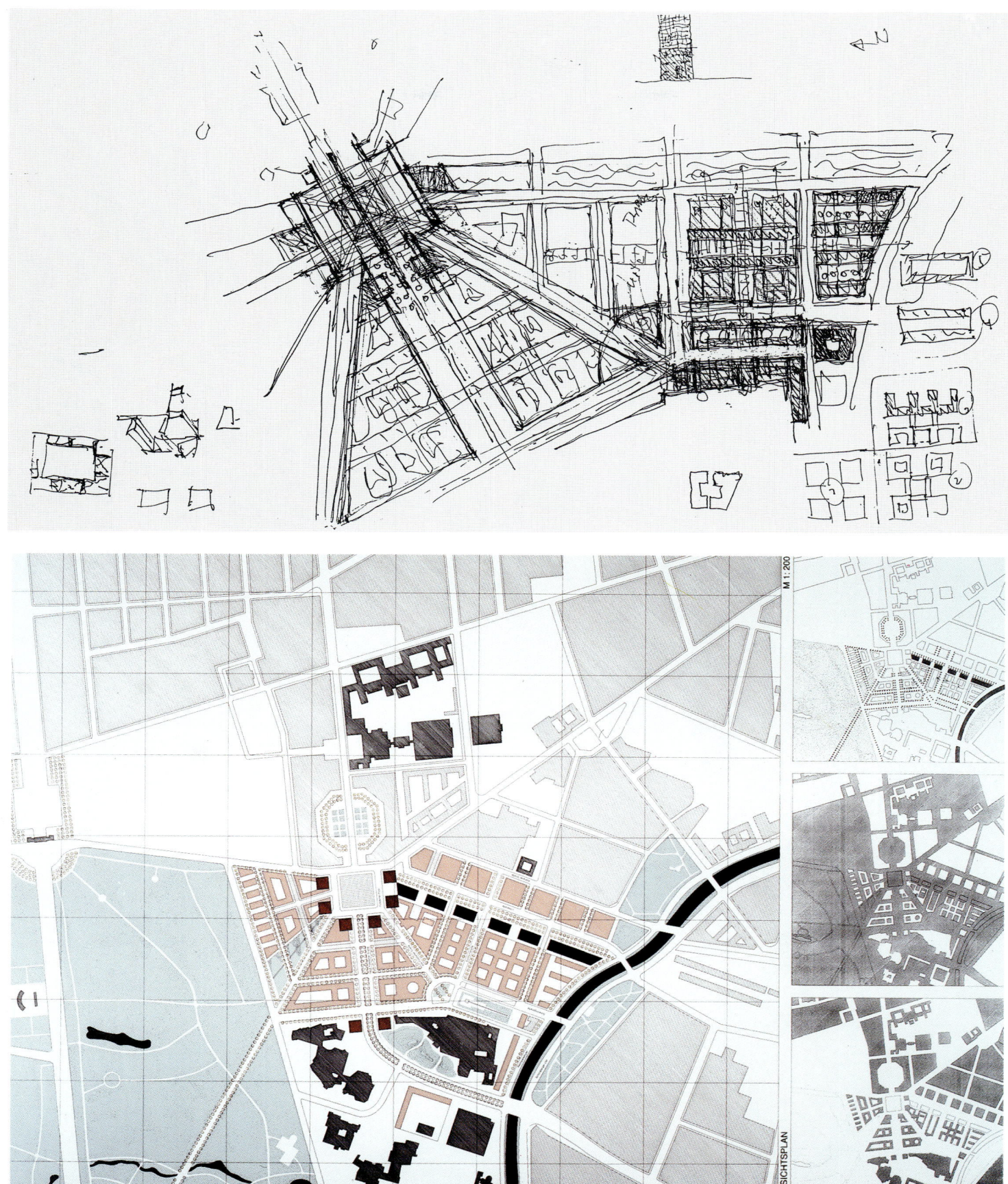

Projekt für das Daimler-Benz-Areal, Dachaufsicht und Entwurfsskizze.

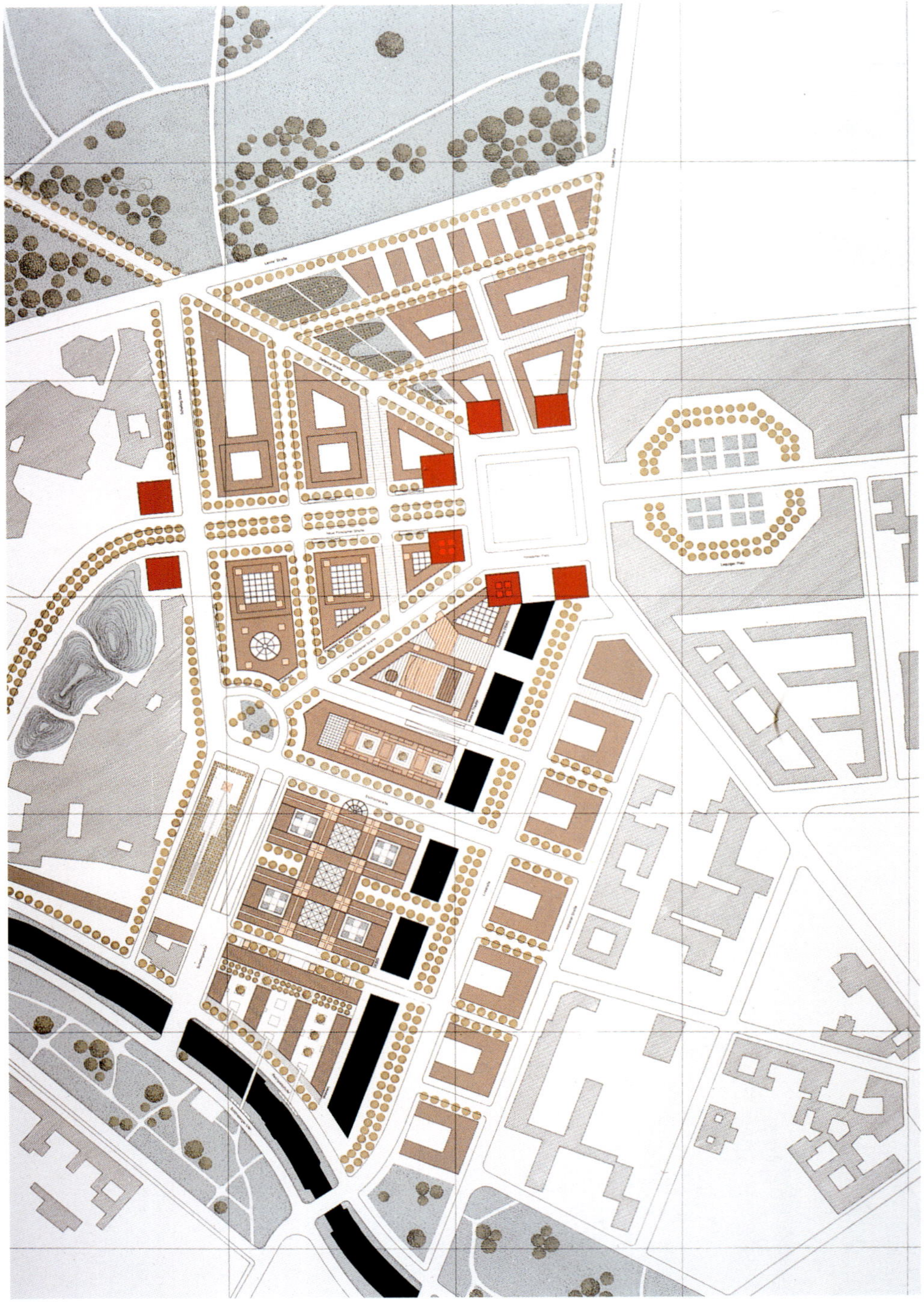

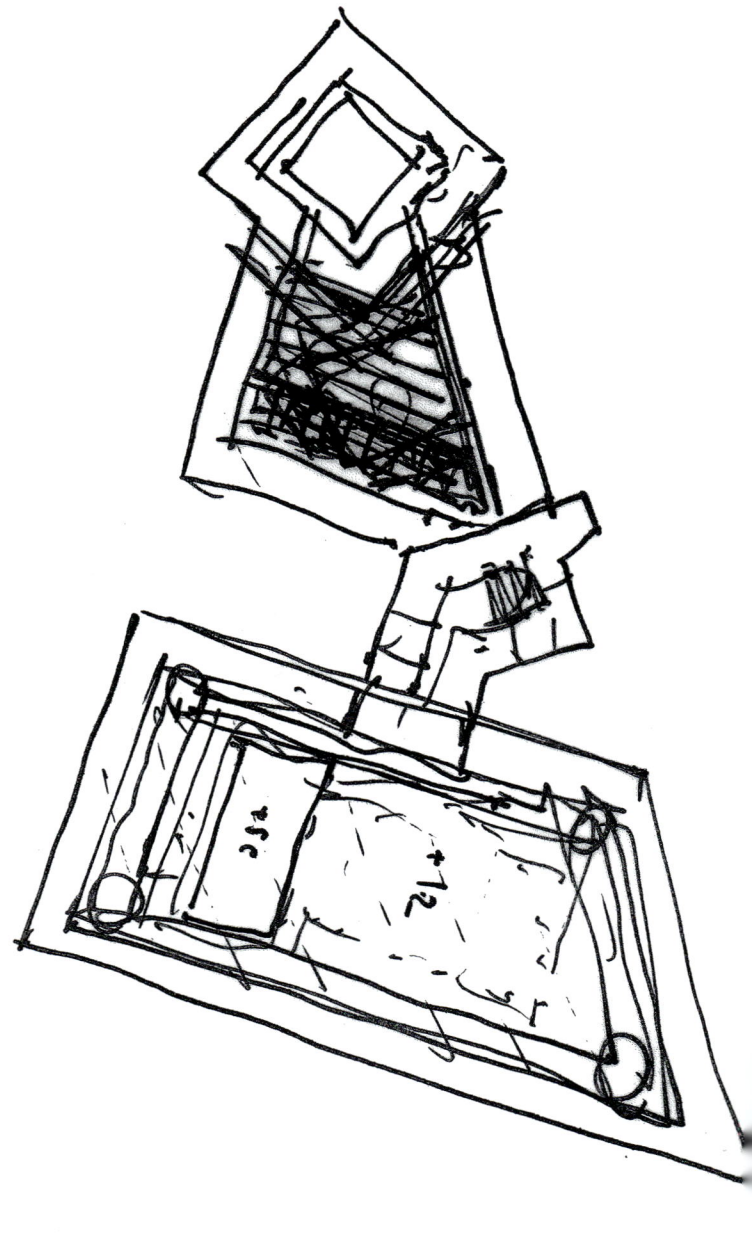

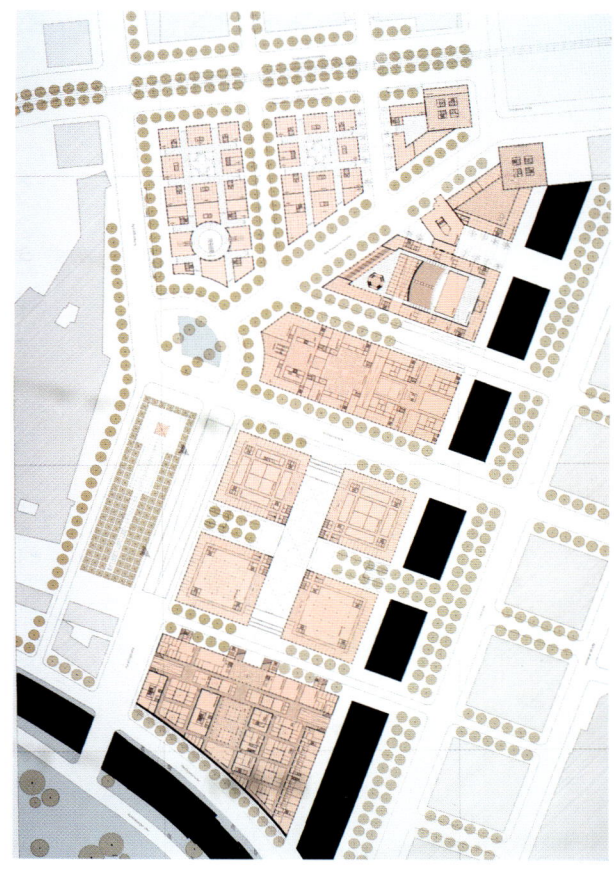
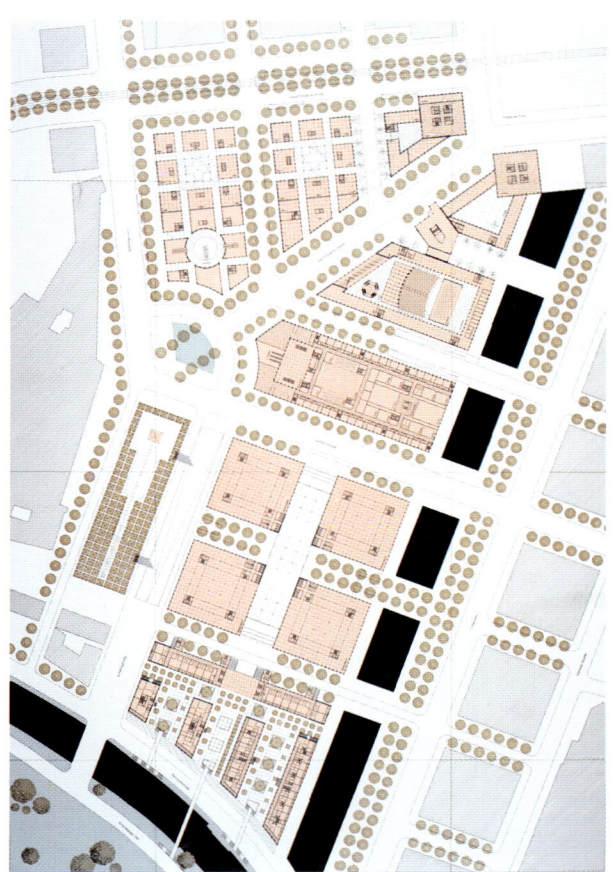
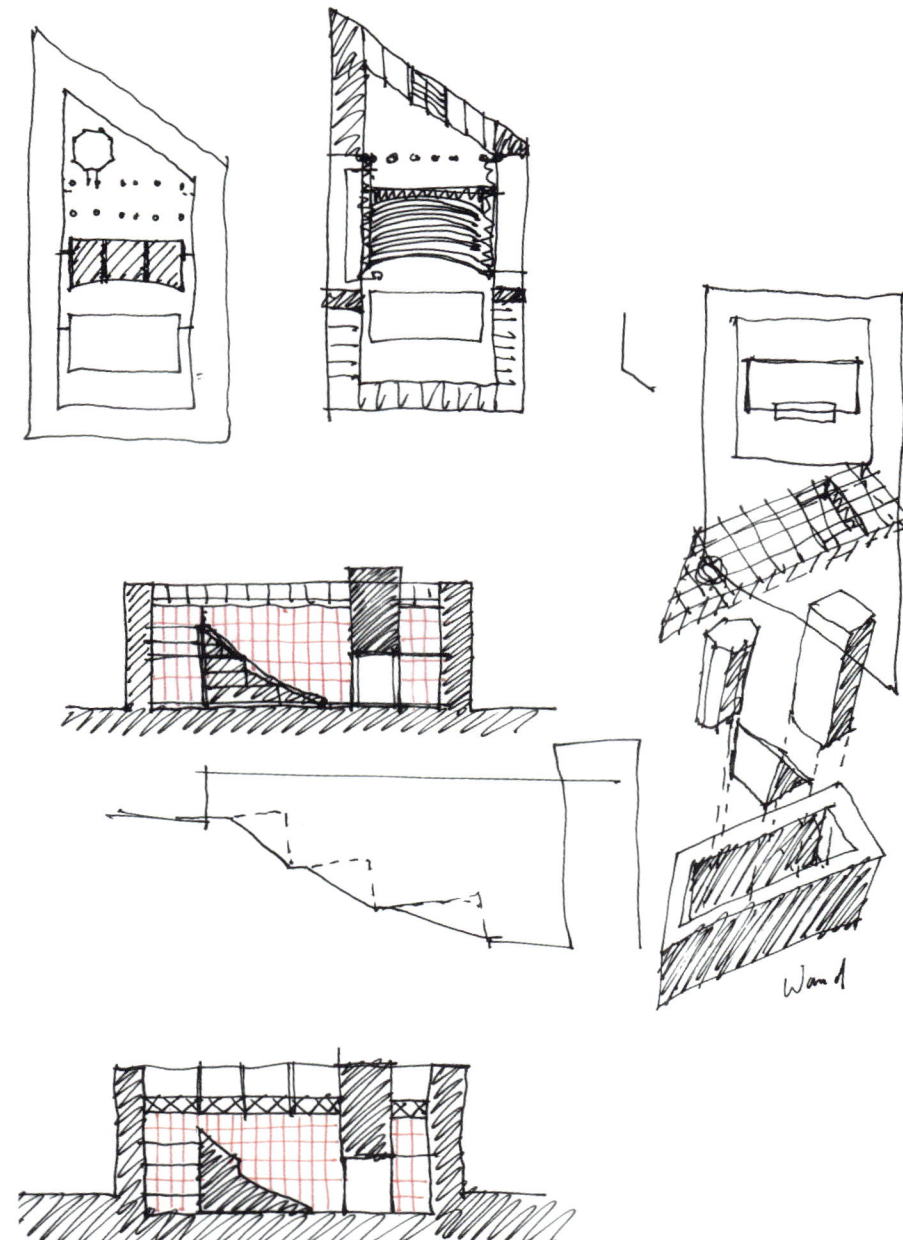

Projekt für das Daimler-Benz-Areal, Grundriß Erdgeschoß und erstes Obergeschoß; Entwurfsskizze Musical-Theater.

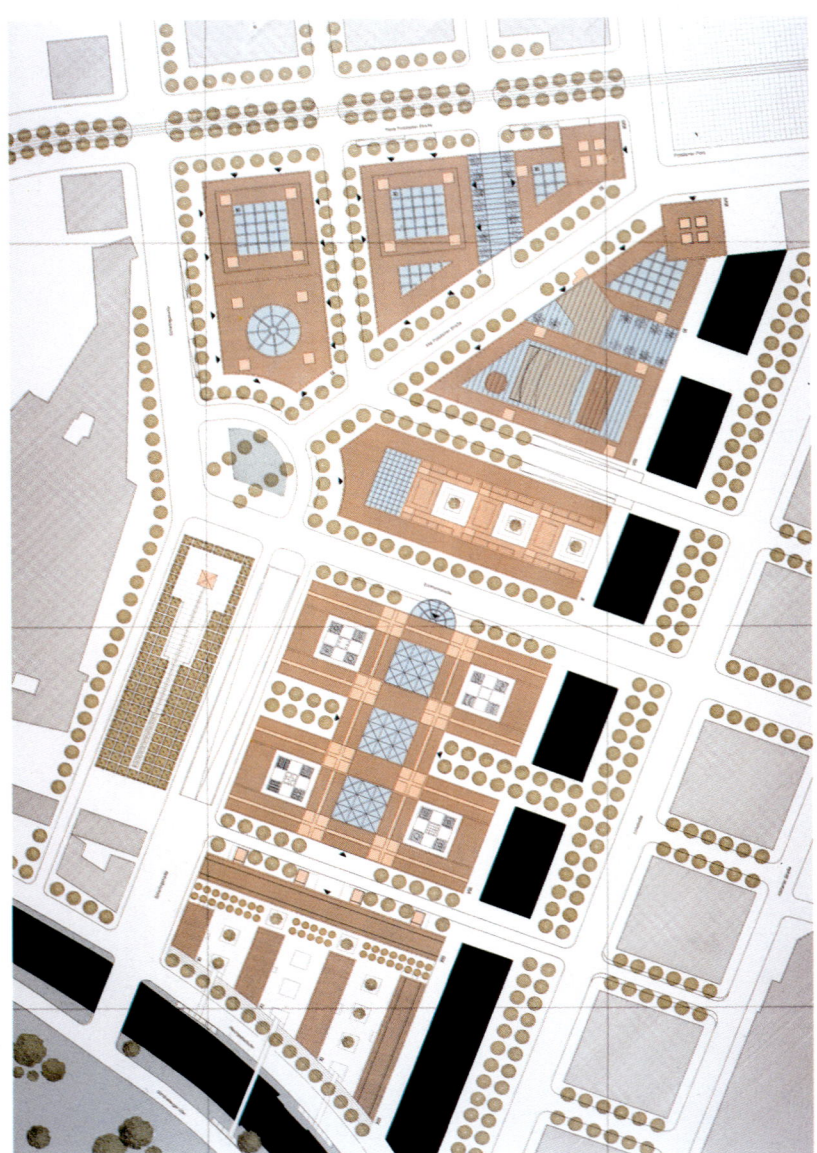 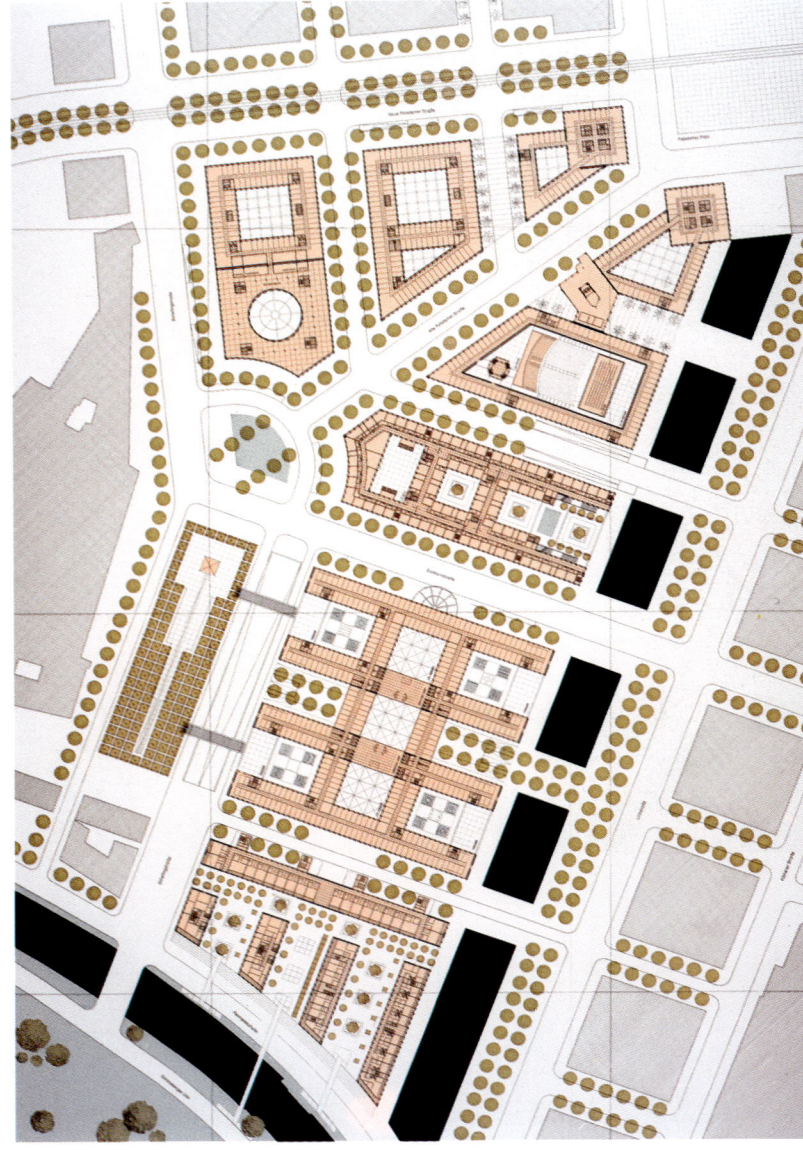

Ausstellungsräumen die Serviceräume auf. Der Mercedes-Büroturm erhält im obersten Geschoß einen Wintergarten. Die oberen Geschosse werden durch eine klimatisierte Verkleidung auf natürliche Weise belüftet. Das ehemalige Weinhaus Huth wird angesichts seiner historischen Bedeutung rekonstruiert und soll mehrere Restaurants aufnehmen. Unterhalb der großen Galeriebedachung, auf dem Dach der Enothek, ist eine Freiluftbar vorgesehen.

Das Musical-Theater orientiert sich mit seinem großen offenen Foyer auf die alte Potsdamer Straße. Man erreicht das Foyer, das so hoch ist wie das Gebäude, durch einen niedrigen Eingangsbereich, in dem sich die Garderobe befindet. Vom Foyer gelangt man ohne Niveauunterschied in den Zuschauerraum.

Das Hotel ist auf den Platz orientiert, an dem sich Hans Scharouns Staatsbibliothek erhebt, und definiert zusammen mit dem Geschäftszentrum diesen neuen städtischen Raum. Der Hotelbetrieb nimmt die oberen Geschosse ein, die durch ein System von Höfen und kaskadenartig angelegten Terrassen strukturiert sind; im Untergeschoß befinden sich Konferenzräume und ein Fitness-Zentrum.

Der Debis-Komplex setzt sich aus vier um eine gemeinsame Zugangsgalerie angeordneten Elementen zusammen. Die U-förmigen Baukörper sind mit ihren Terrassen einerseits an der Galerie und andererseits am Park an der Schellingstraße und dem Grünbereich an der Linkstraße orientiert.

Die kammartig am Landwehrkanal angeordnete Wohnanlage realisiert ein vielfältiges Wohnprogramm: Altenwohnungen, Maisonettes und andere Wohnungen unterschiedlicher Größe. Sie stehen auf einem Sockel, der Serviceeinrichtungen, Ladengeschäfte sowie den Therapiebereich für die Altenwohnungen aufnimmt und zugleich als öffentlich zugängliche Terrasse dient, die auf den Landwehrkanal blickt.

Die vorgesehene Neuordnung der Bebauung beschränkt sich nicht auf die Zone um den Potsdamer Platz; in das Gesamtprojekt ist auch das Kulturforum einbezogen. Ausgangs- und Bezugspunkt ist Mies van der Rohes Nationalgalerie. Zwei Maßnahmen betonen die besondere historisch-kulturelle Bedeutung dieses Gebäudes: Die Verlängerung der Wohnzeile nach Süden, parallel zum Landwehrkanal, die einen räumlichen Abschluß entlang des

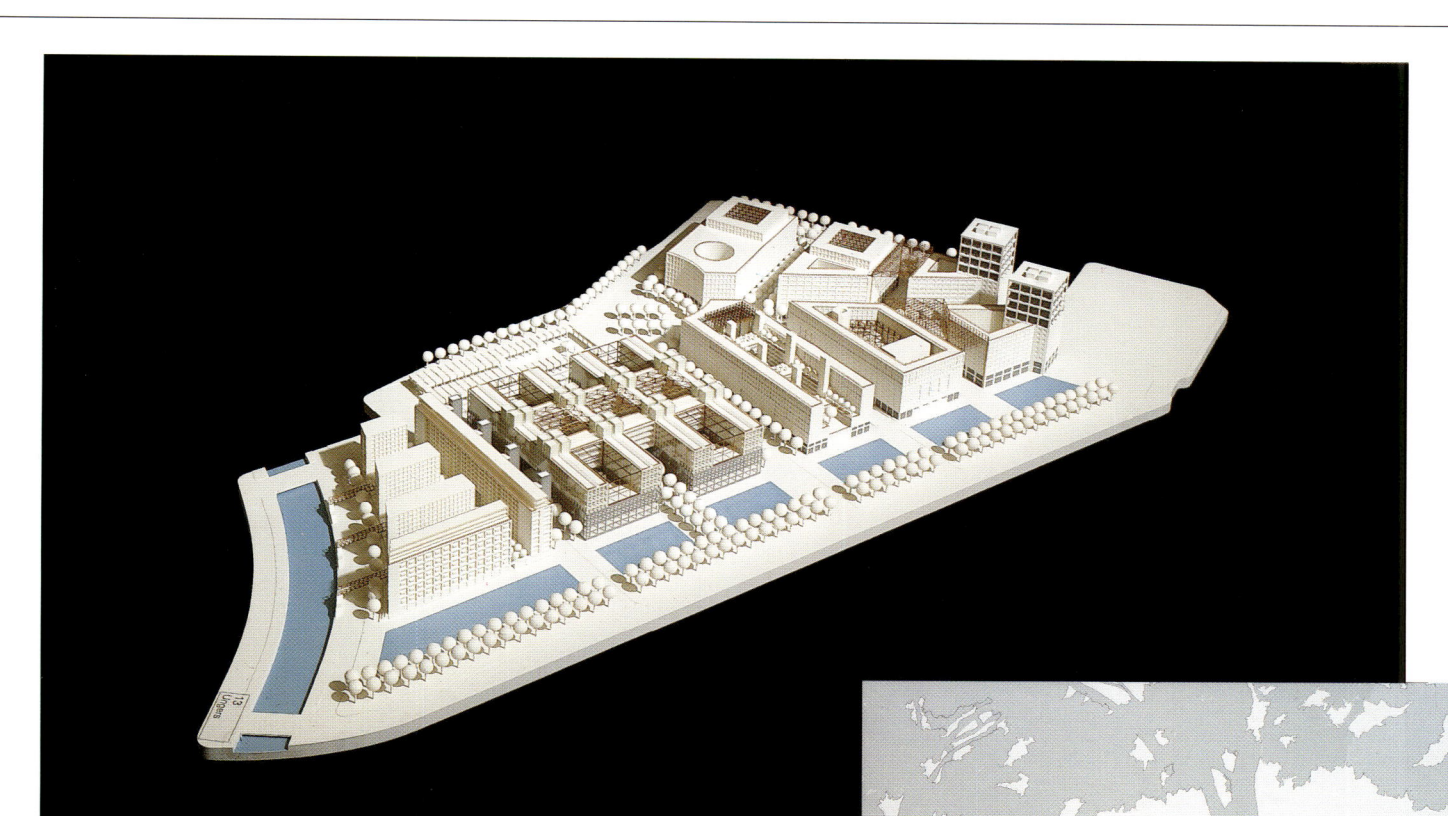

nächste Seite
Projekt für das Daimler-Benz-Areal, Ansicht und Schnitt der Linkstraße mit den Wohnbauten, dem Debis-Komplex, dem Hotel, dem Musical-Theater und dem Daimler-Benz-Gebäude.

Projekt für das Daimler-Benz-Areal, Dachaufsicht; Grundriß Erdgeschoß; Modell und Perspektiven.

Wasserlaufs bildet, und der Einschluß eines Platzes im Bereich des Kulturforums, gegenüber der Nationalgalerie. Der Bau Mies van der Rohes findet sich damit an einem strategisch und geometrisch dominanten Punkt, und die maßstablose und amorphe Masse der Nationalbibliothek findet Aufnahme in einer räumlichen Struktur, die sie in städtebaulicher Hinsicht verträglicher macht: gleichsam ein zackiges Gebirge innerhalb eines großen, urbanistisch umschriebenen Areals.

36

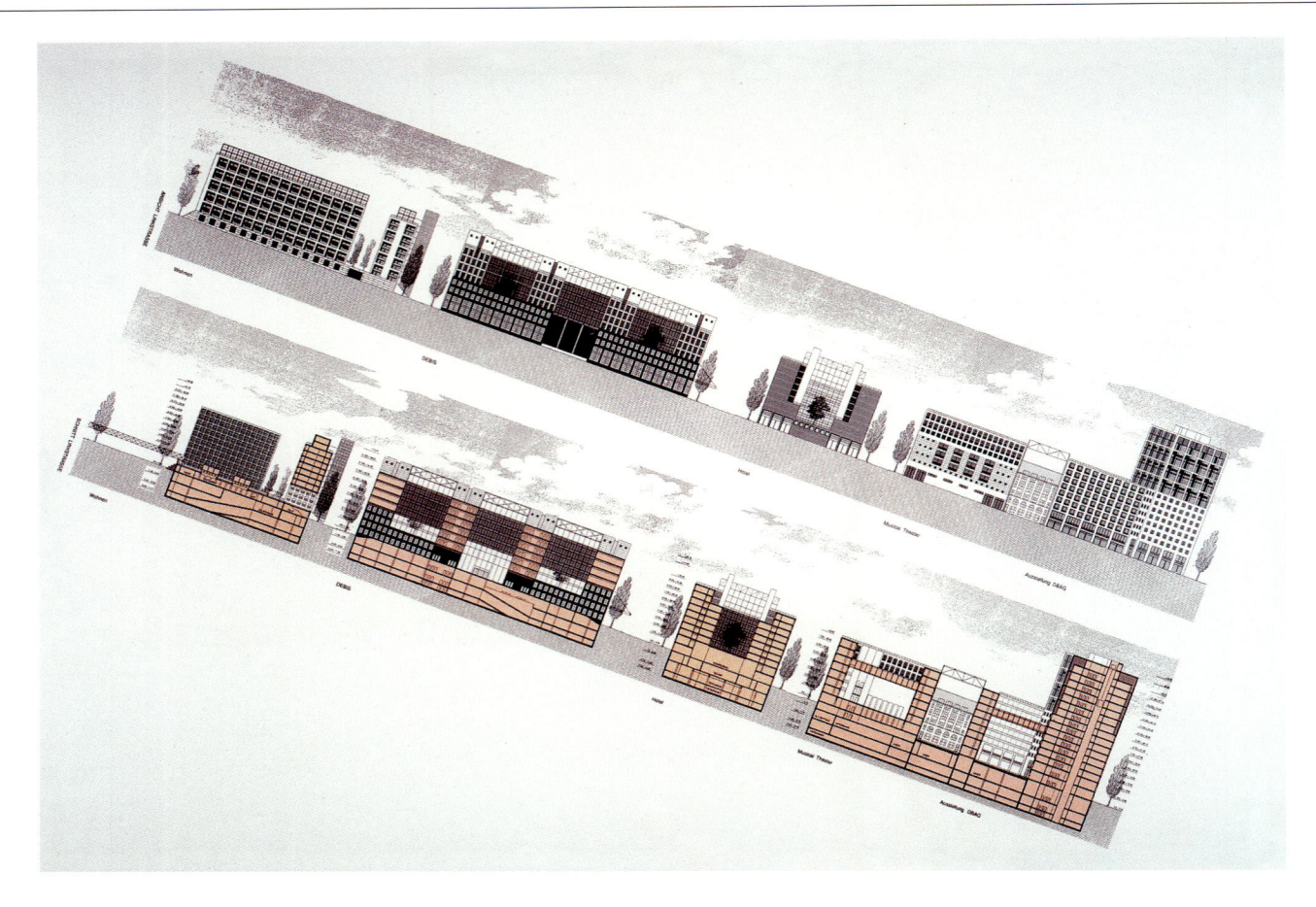

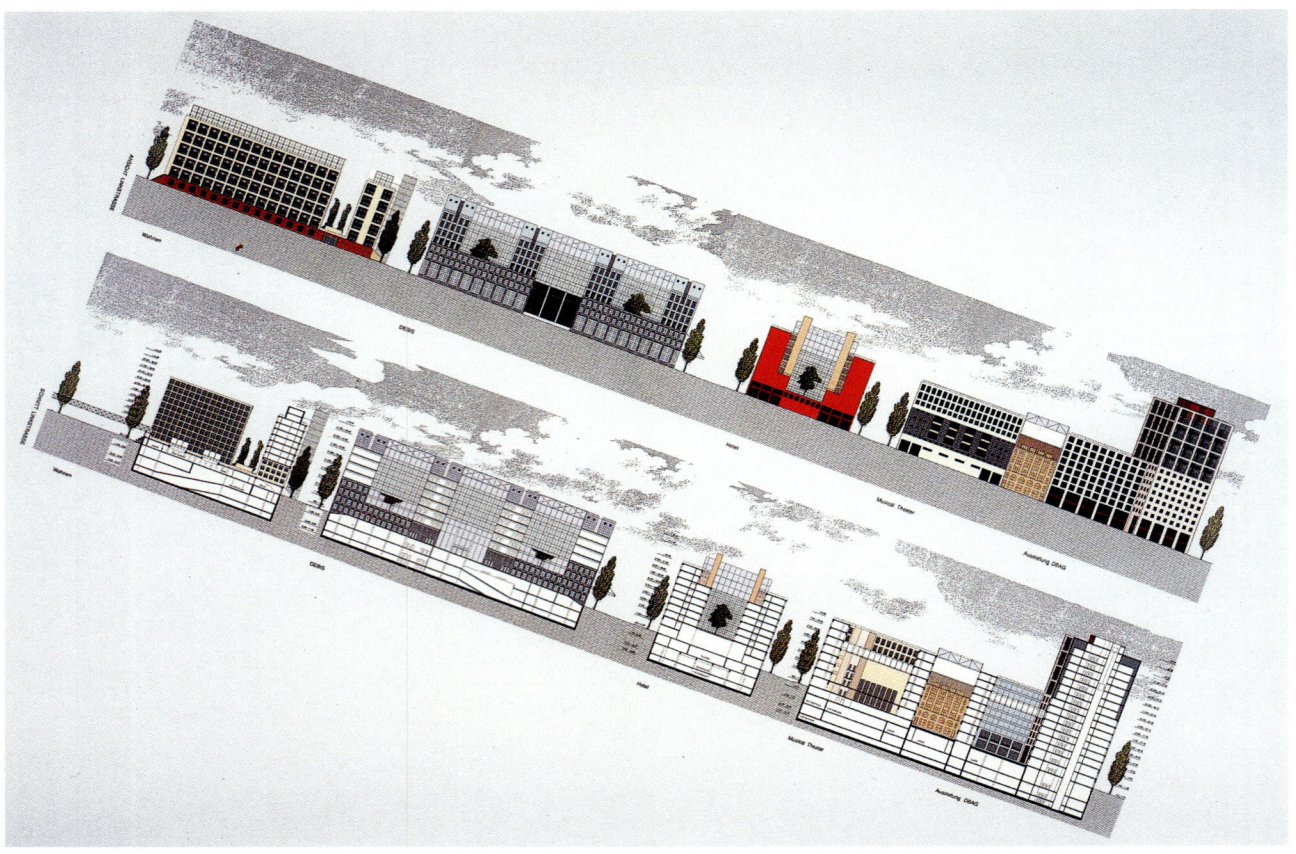

Wettbewerbsentwurf
Olympia-Arena, Berlin, 1991

Mitarbeit: Axel Balzereit, Benedikt Baumewerd, Lukas Baumewerd, Sharon Chung-Klatte, Johannes Götz, Sebastian Klatt, Jörg Lenschow, Ulrich Müller, Joachim Sieber, Dominic Snellgrove, Tanja Treversian

Olympiaquartier Berlin: Nutzungsdiagramme.

Das Bauprogramm sieht eine Mehrzweckarena mit 15000 Sitzplätzen und Nebenräumen sowie eine weitere Bebauung mit etwa 18000 m² Bruttogeschoßfläche in einer Mischung zwischen Gewerbe und Wohnen vor.

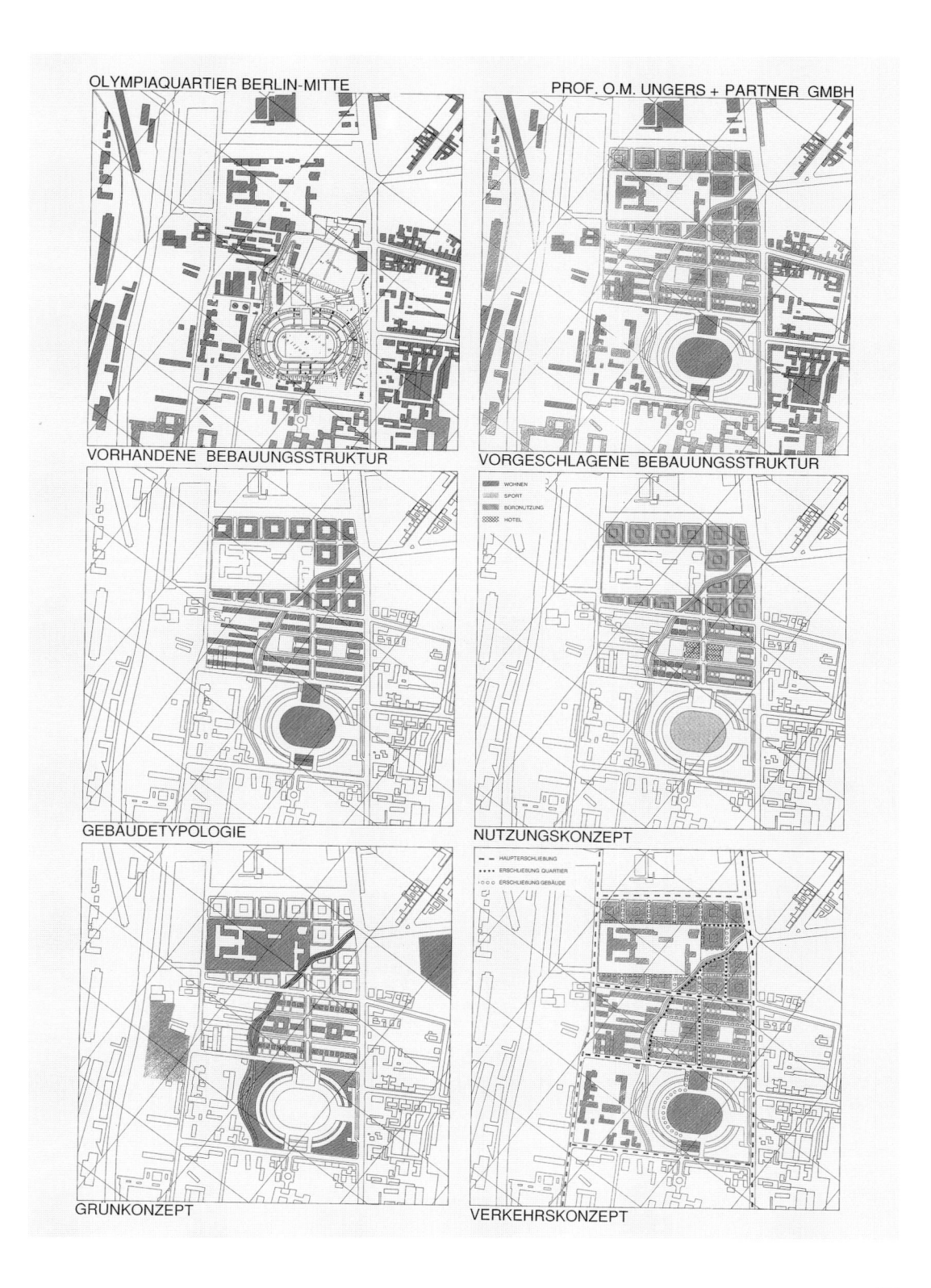

Das Gelände liegt am Rande der eigentlichen Kernstadt (Friedrichstadt, Unter den Linden, Spreebogen etc.) und wird von der Chausseestraße im Osten, der Scharnhorststraße und dem Berlin-Spandau-Schiffahrtskanal im Westen, der Boyenstraße im Norden und der Habersaathstraße im Süden begrenzt. Es zeigt eine für den Stadtteil Moabit typische Mischung von Wohnbebauung und großmaßstäblichen Institutionen und Einrichtungen. Die für die historische Stadt, insbesondere die Friedrichstadt, typische Blockbebauung ist nur noch rudimentär vorhanden. Dominierend sind die Einzelbauten wie die Charité, der Hamburger Bahnhof, Eltron, das Naturkunde-Museum oder Schering. Das Stadtbild ist stadträumlich ungegliedert und heterogen wie der Straßengrundriß, der nicht nur wegen der Trennung durch die Mauer, sondern auch durch die Einlagerung größerer Bauflächen in das Straßennetz unvollständig, wenig zusammenhängend und viel zu großmaschig für eine sinnvolle bauliche Nutzung ist. Die Planung sieht deshalb zunächst eine Ergänzung und Neuordnung des Straßenrasters vor, um sowohl die unmaßstäblichen Bebauungsflächen besser zu gliedern als auch gleichzeitig eine differenzierte Blockstruktur zu schaffen. Parallel zur Habersaathstraße werden zwei neue Erschließungsstraßen eingeführt, die eine Verbindung zwischen Chaussee- und Scharnhorststraße schaffen. Zusammen mit der Seller- und der Boyenstraße entstehen somit fünf etwa gleich große Blocks unterschiedlicher Nutzung. Darin spiegelt sich der hohe Komplexitätsgrad der umliegenden Stadtstruktur. Das Prinzip einer dialektischen Stadtgestalt bestimmt den Vorschlag, der die Vielfalt in der Einheit reflektiert.

Im ersten Block zwischen Invaliden- und Habersaathstraße befinden sich hauptsächlich Wohnungen und das Naturkunde-Museum. Der zweite Block enthält die neue Berlin-Arena, die in den bestehenden Wall des Stadions der Weltjugend eingelagert ist. Die Lage im vorhandenen Wall dient nicht nur der optischen Verträglichkeit eines so großen Baus in einem Wohngebiet, sondern schafft vor allem ökologisch günstige Bedingungen (Schallschutz). Der dritte Block besteht aus einer ost-westlich verlaufenden Zeilenbebauung von etwa dreißig Metern Höhe mit einer gemischten Nutzung für Wohnen und Gewerbe. Die Zeilen werden durch zwei eingelagerte Grünplätze unterbrochen und öffnen sich zum wiederhergestellten Flußlauf der Panke, der sich als Grün- und Erholungszug durch das gesamte Gebiet zieht. Der vierte Block enthält einen ausgedehnten Krankenhauskomplex und eine ergänzende Struktur von 50 x 50 m gro-

Entwurfsskizze und Lageplan.

Ansichten;
Ansichten Modell.

OLYMPIAQUARTIER BERLIN-MITTE PROF. O.M. UNGERS + PARTNER GMBH

ANSICHT VON NORDOSTEN

ANSICHT VON SÜDWESTEN

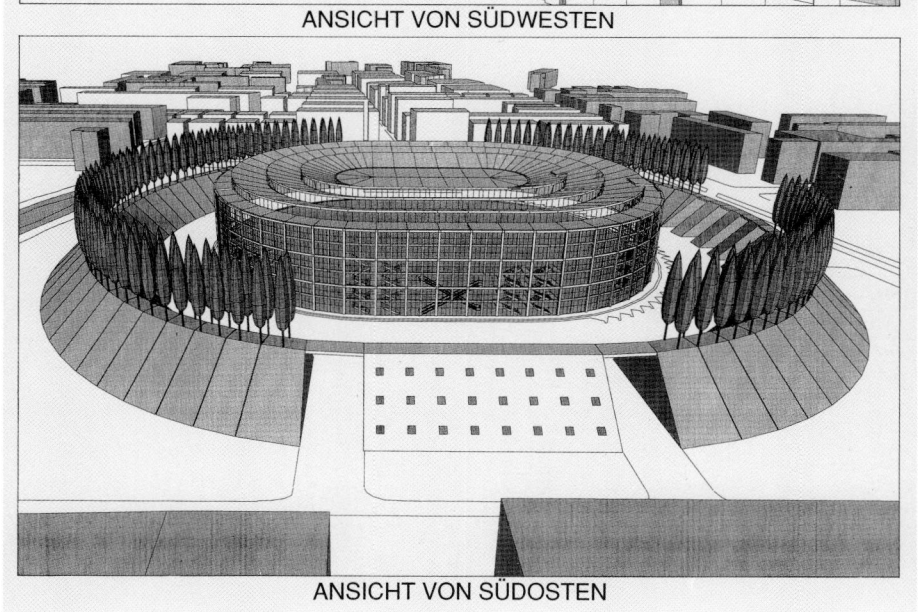

ANSICHT VON SÜDOSTEN

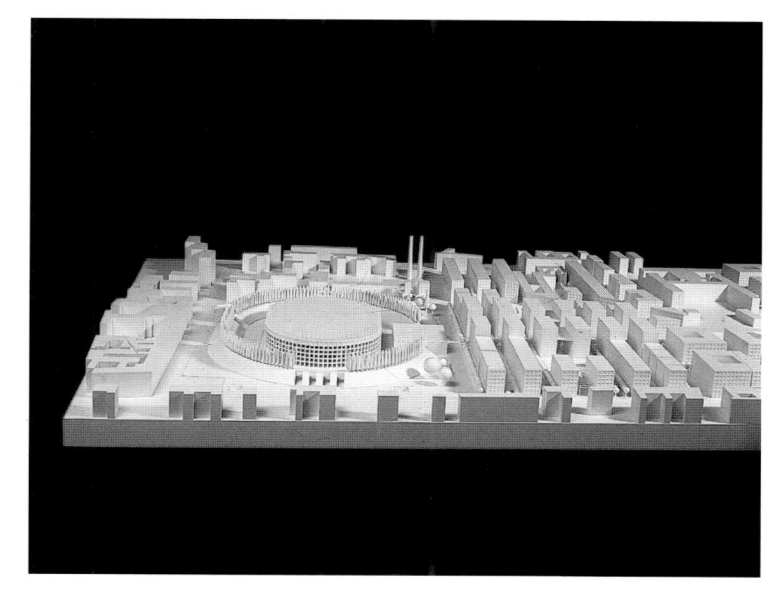

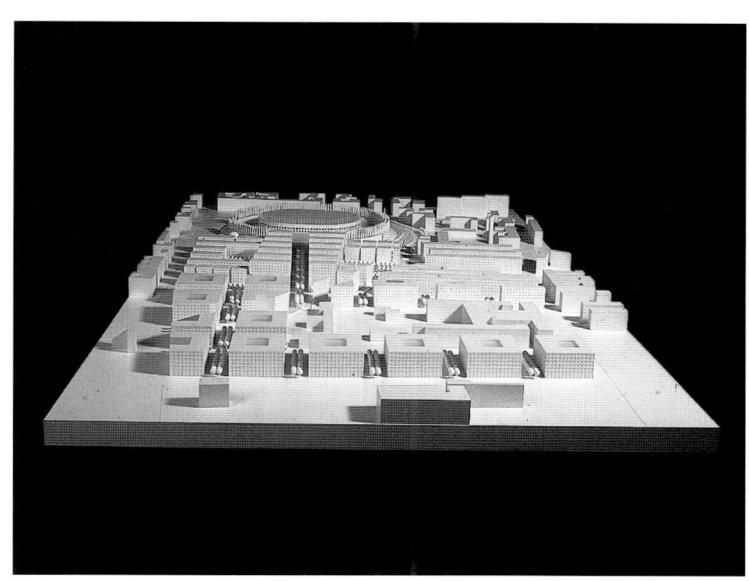

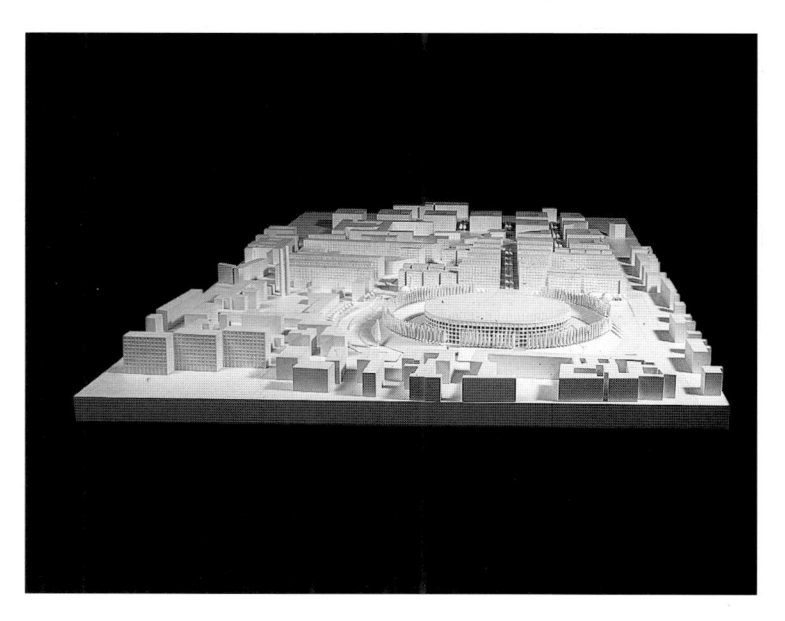

Entwurfsskizze; Ansicht; Grundriß; Schnitt; perspektivische Ansichten.

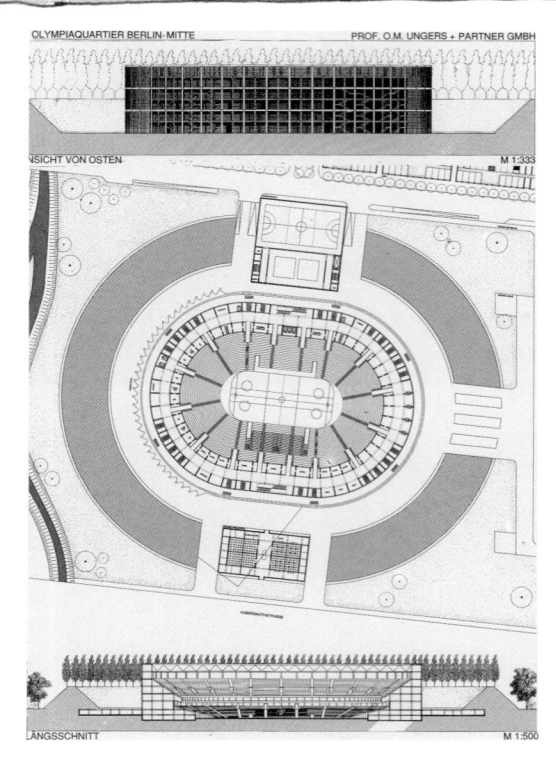

ßen Baublocks für Büro-, Instituts- und weitere Wohnnutzung. Der fünfte Block hat eine gemischte Bebauung mit dem vorhandenen Eisstadion, dem Umspannwerk und verschiedenen Schering-Instituten. Wohnungen können ergänzt werden.

Innerhalb des städtischen Ensembles bildet das Arena-Grundstück gleichzeitig einen öffentlichen Park. Die Arena selbst wird in einen Grünwall eingebettet, der mit einer Allee bepflanzt ist und als Jogging-Ring dienen wird. Gleichzeitig wird die Panke zu einem Grünbereich ausgebaut, der sich als durchgehendes Band durch die einzelnen Blocks hindurchzieht. Dieser Grünzug soll durch fließendes Wasser, kleine Inseln und vor allem Kleinarchitekturen (Brücken, Stege, Plateaus, Terrassen, Bänke, Verweilplätze, Pavillons), die von verschiedenen Künstlern ausgeführt werden, belebt werden. Als Vorlage dient hier das Bild eines klassizistischen oder auch manierierten Gartens – gewissermaßen eine kleine künstlerisch überhöhte Naturlandschaft in der Stadt.

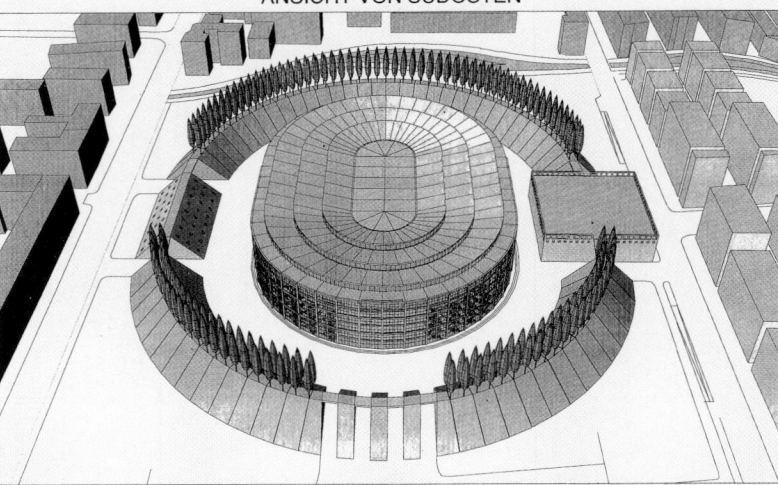

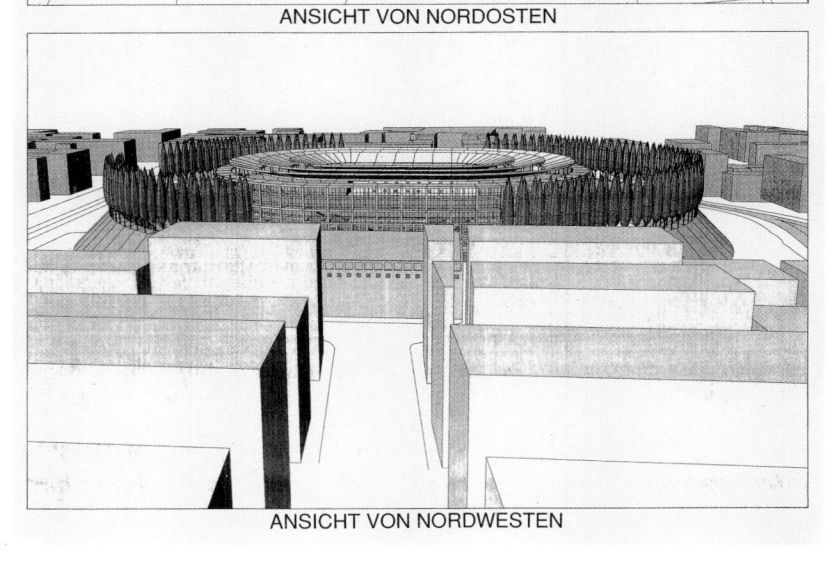

Wetbewerbsentwurf Hochhaus am Landtag, Düsseldorf, 1991

mit Volker Busse

Mitarbeit: Stefan Vieths, Lukas Baumewerd, Benedikt Baumewerd

Es ist ein Haus zu entwerfen, das die Zufahrt zur Innenstadt markiert, ein hochkarätiges architektonisches Ensemble ergänzt, in die Zukunft weisen soll, Attraktivität und Novität ausstrahlt, Identität vermittelt und gleichzeitig Symbol und Wahrzeichen für die Stadt Düsseldorf ist.

Die Metapher ist der »magische Würfel« (»magic cube«) – ein schwebender Kubus, bei Tag ein geheimnisvoller schwarzer Würfel, bei Nacht ein strahlend leuchtender Glaskörper über der Stadt, eine Lichtstelle, ein Leuchtwürfel. Ein Gebäude mit zwei Gesichtern, hell und dunkel, verschlossen und offen, transparent und homogen zugleich. Ein schwebender Idealkörper, losgelöst von den Bedingungen des Orts, deshalb von höchster Rationalität und Perfektion. Ein technologischer »Wunderwürfel«, geprägt von den absoluten Gesetzen der Geometrie und der Reinheit der Proportion, verbunden mit der Erde durch ein Gerüst von schlanken Stahlstützen und gläsernen Schächten, zerbrechlich erscheinenden Beinen, die Labilität des Kubus unterstreichend. Darunter der massive Sockel aus rotem Granit, die unregelmäßige Form der Straße und des Geländes als gewollter Gegensatz zur Idealform des Kubus aufnehmend.

Im vier bis sechs Meter hohen Sockel liegt der Eingang mit Empfang; über Rolltreppen erreicht man die Eingangshalle auf dem Plateau. Im Sockelbereich sind 34 Einstellplätze und Technikräume vorgesehen.

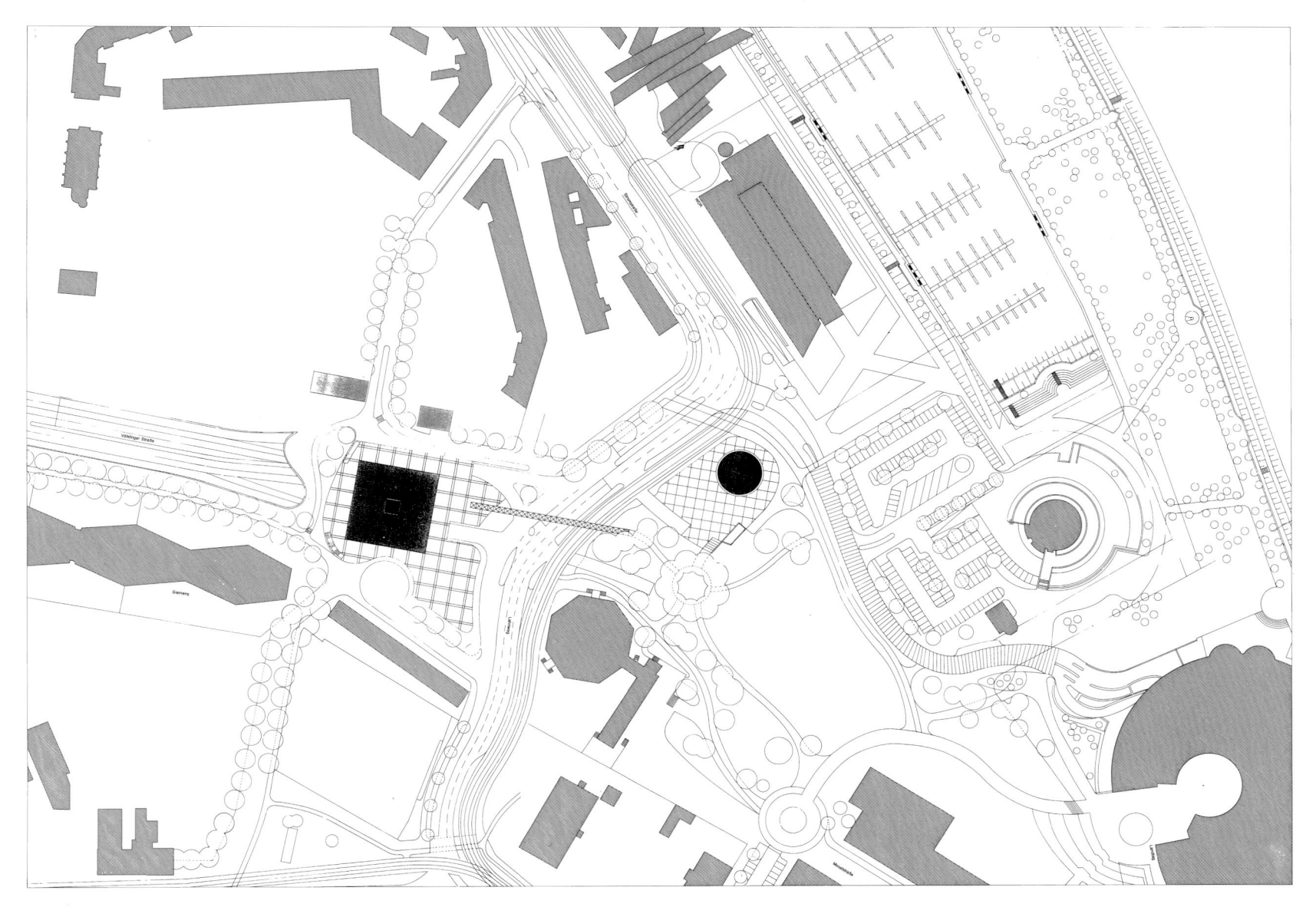

Lageplan.

Nacht- und Tagesansicht;
Grundriß auf Höhe des
Sockels; Schnitt.
Ansichten Modell.

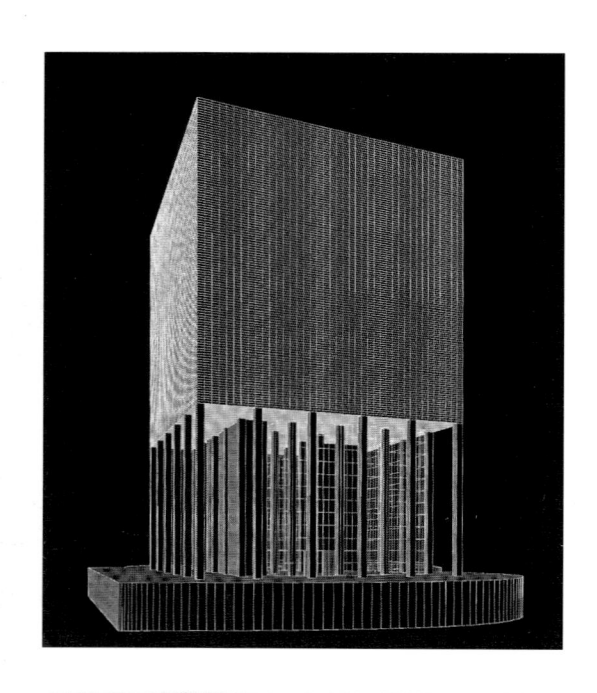

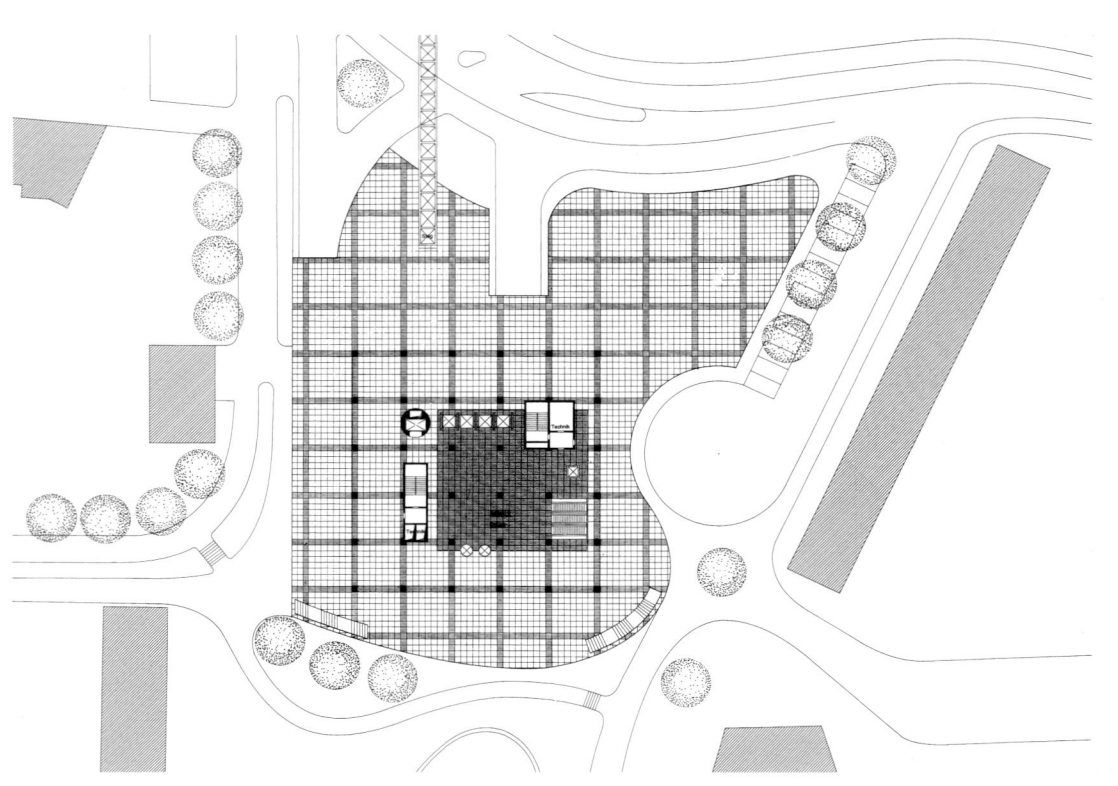

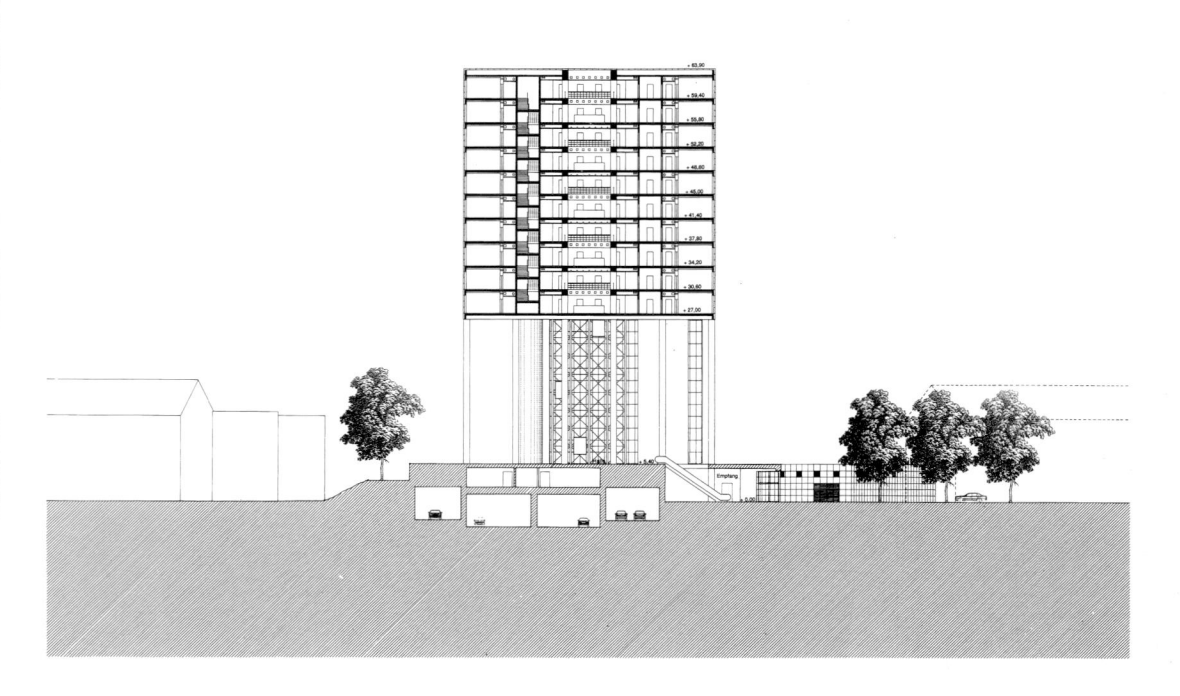

42

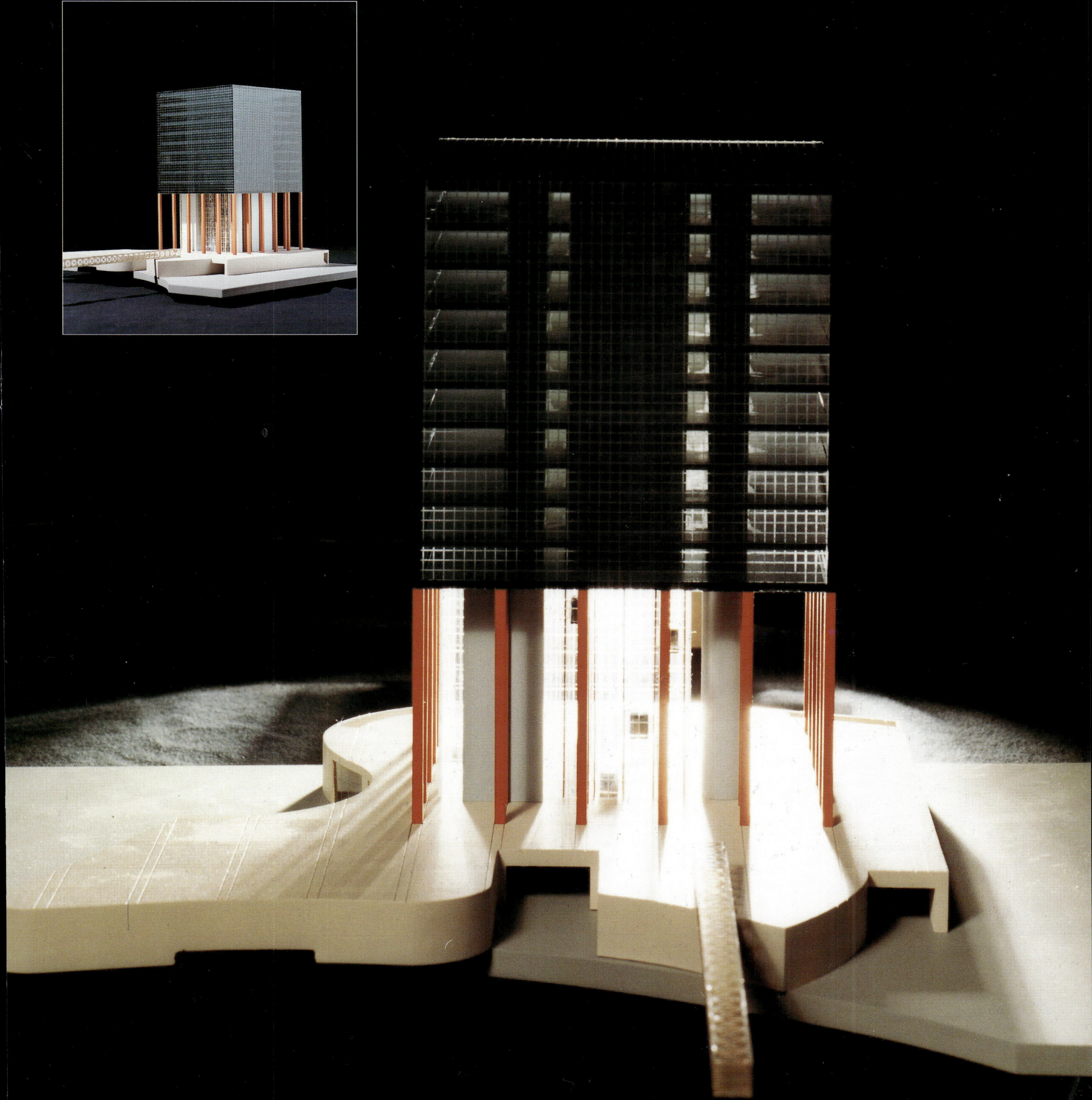

Wettbewerbsentwurf Stadtportalhäuser, Frankfurt am Main, 1991

mit Stefan Vieths

Mitarbeit: Benedikt Baumewerd, Lukas Baumewerd, Kai-Uwe Lompa, Markus Müller, Axel Steudel

Der Entwurf ist das Ergebnis verschiedener Interpretationsmöglichkeiten, die sich mit der Frage einer Torbildung auseinandersetzen. Die beiden Hochhäuser markieren das westliche Eingangstor zur Stadt an der Theodor-Heuss-Allee in Höhe der Emserbrücke. Sie haben die gleiche Grundfigur und -höhe, sind aber verschieden in Aufbau und Gestaltung, die durch die städtebauliche Einbindung, funktionale Nutzungen und technologische Bedingungen bestimmt wird.

Der Messeturm – ein Bürogebäude – komplettiert die fehlende Ecke der Messehalle 8 und betont deren nordöstliche Kante. Bei einem innenliegenden massiven Kern und einer äußeren Schale aus einer leichten Stahlkon-

Ansicht Modell und Grundriß.

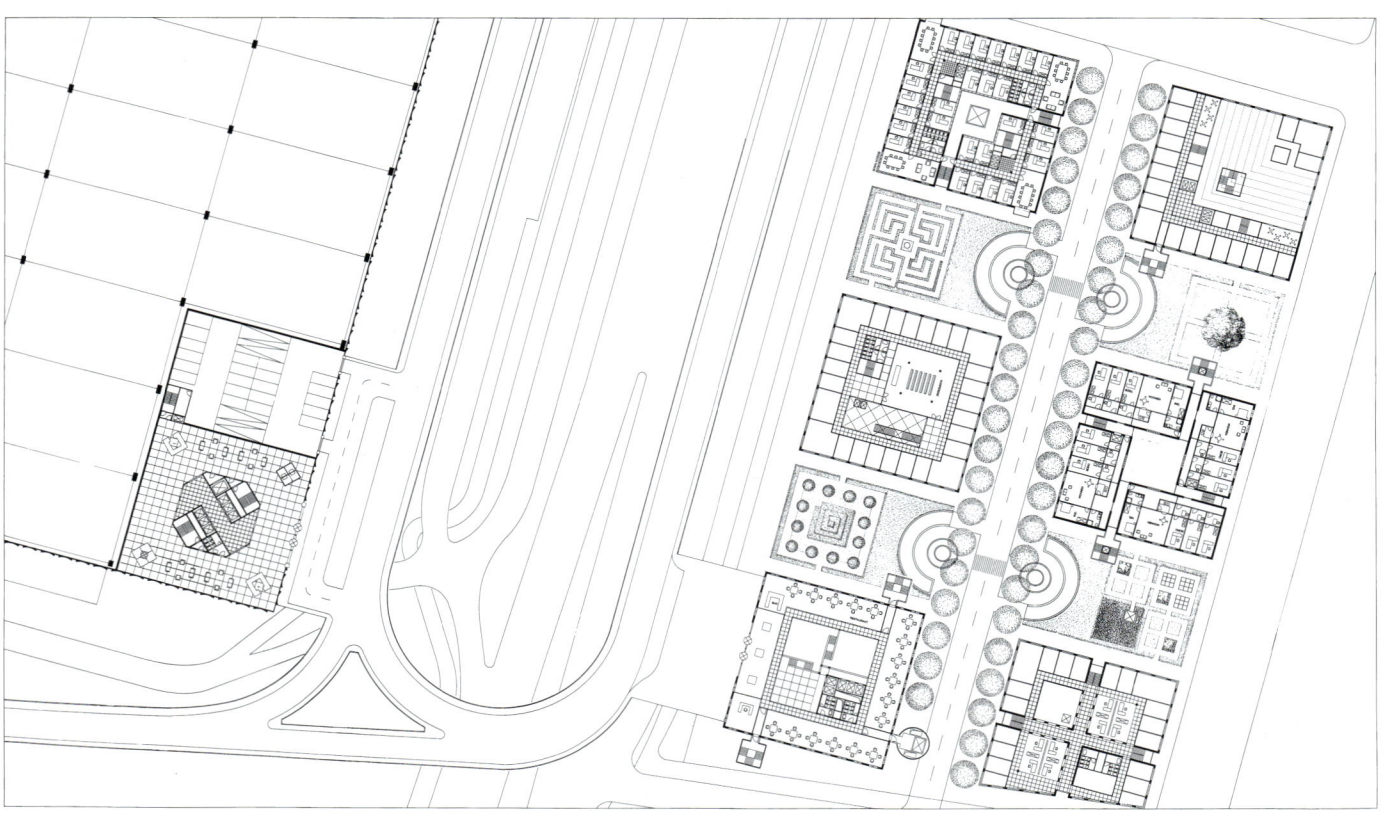

gegenüberliegende Seite Grundrisse auf verschiedenen Höhen: links Messe-Turm, rechts Bosch-Turm; Fassadendetail Bosch-Turm.

Entwurfsskizze.

struktion hat er eine Klimahülle über alle Geschosse. In den oberen zehn Stockwerken verändert sich die Grundform von einem quadratischen zu einem rechteckigen Grundriß. Der umlaufende Klimabereich ist zweigeschossig und wird zur Begrünung genutzt. Der Messe-Turm hat einen Zugang und eine Vorfahrt auf der Ebene + 6,50 m. Der Garagentrakt liegt gesondert neben dem Hochhaus. Das Erdgeschoß unter dem Turm bleibt offen. Hier erfolgt die überdeckte Anlieferung der Messehalle 8.

Der Bosch-Turm ist Teil einer sechs Gebäude umfassenden Einzelblockbebauung auf dem Boschgrundstück und markiert deren südöstliche Kante. Bei einem minimierten Kern und außenliegenden Entsorgungstürmen hat er drei sich nach oben verändernde Technikkonzepte. Der untere Bereich ist eine massive Schale mit beliebigen Öffnungen und natürlicher Be- und Entlüftung. Im mittleren Bereich ist eine teils natürliche, teils künstliche Be- und Entlüftung vorgesehen, die je nach Bedarf genutzt werden kann. Der obere Bereich besteht aus einer Klimahülle und ist mechanisch be- und entlüftbar. Der Turm hat zwei Eingänge: auf Niveau ±0,00 m von der inneren Blockerschließung aus und auf Niveau +6,50 m in Verbindung mit der neuen Messebrücke. Die beiden Lobbies (für das Büro und für das Hotel) sind verbunden. Die Parkflächen für den gesamten Block sind in einer linearen zweigeschossigen unterirdischen Garage unter der inneren Erschließungsstraße zusammengefaßt.

Das Hochhaus hat eine Mischnutzung als Hotel und Bürogebäude. Die Büronutzung kann variiert werden, so daß Einzel-, Kombi- und Großraumbüros und Mischformen möglich sind. Auch individuelle Nutzungen über mehrere Geschosse können eingerichtet werden.

Die restlichen fünf Bauten auf dem Boschgelände haben eine Nutzfläche von jeweils etwa 10 000 m². Nutzung und Gestaltung können variiert werden, solange die Grundregeln – ein Kubus von 35 x 35 m, Massivbau – eingehalten werden. Zwischen den Häusern sind Architekturgärten als Komposition aus Heckenräumen und Bäumen vorgesehen. Eine innere Allee, an der die Hauseingänge liegen, faßt die Bebauung zu einem städtischen Ensemble zusammen.

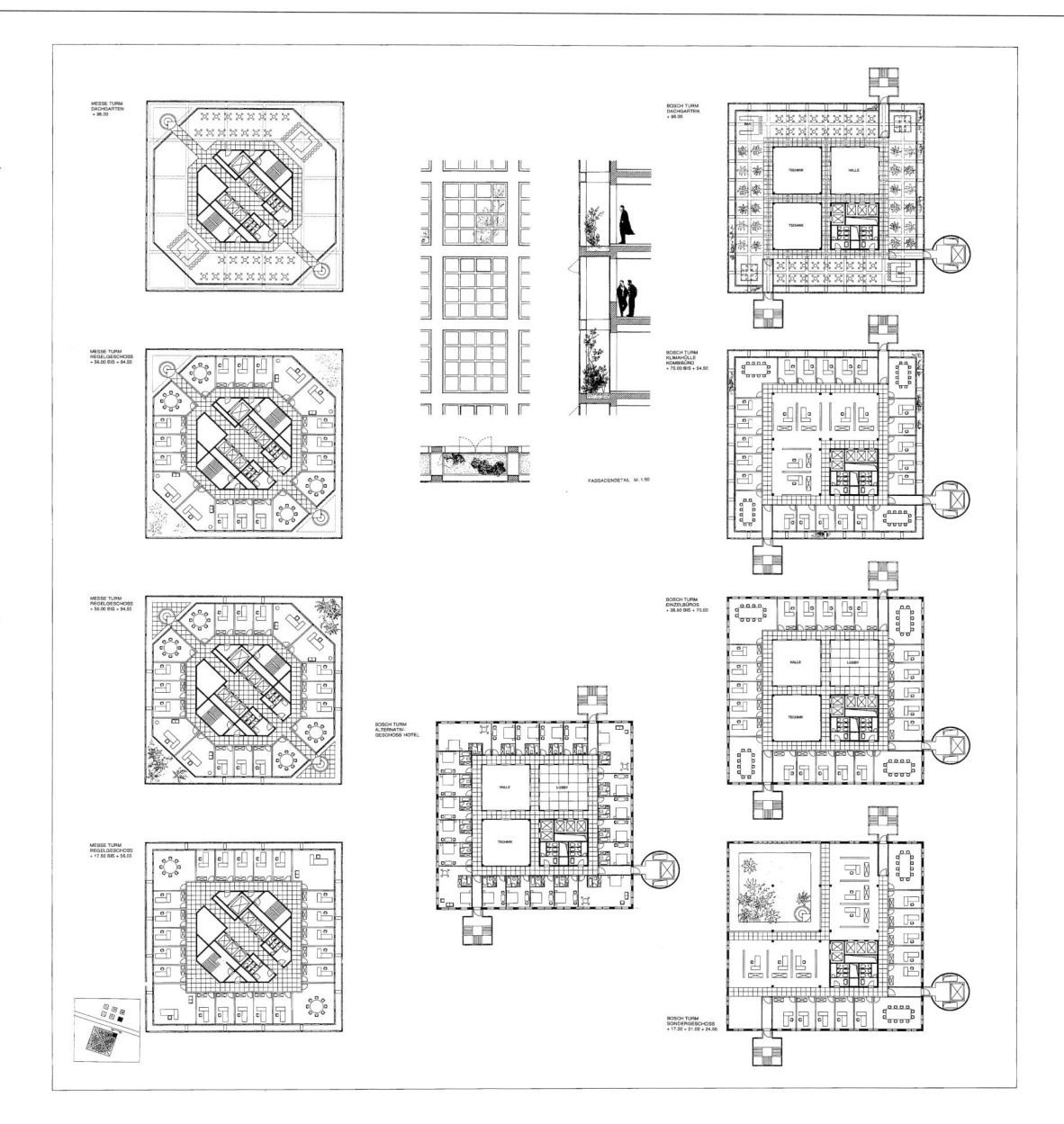

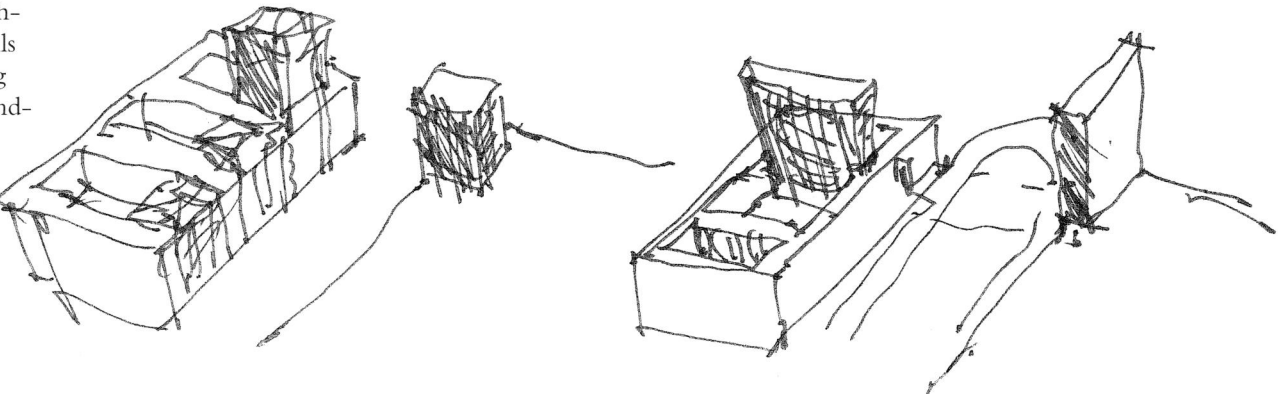

Bosch-Komplex, Entwurfs-
skizzen und Ansicht.

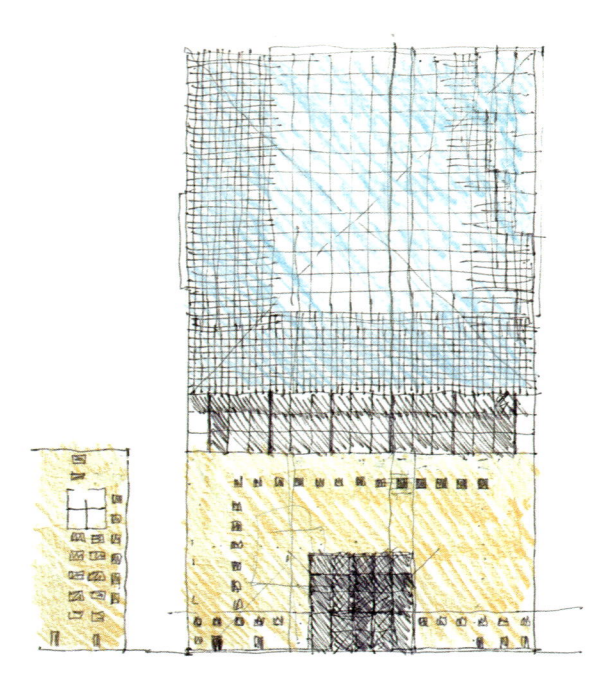

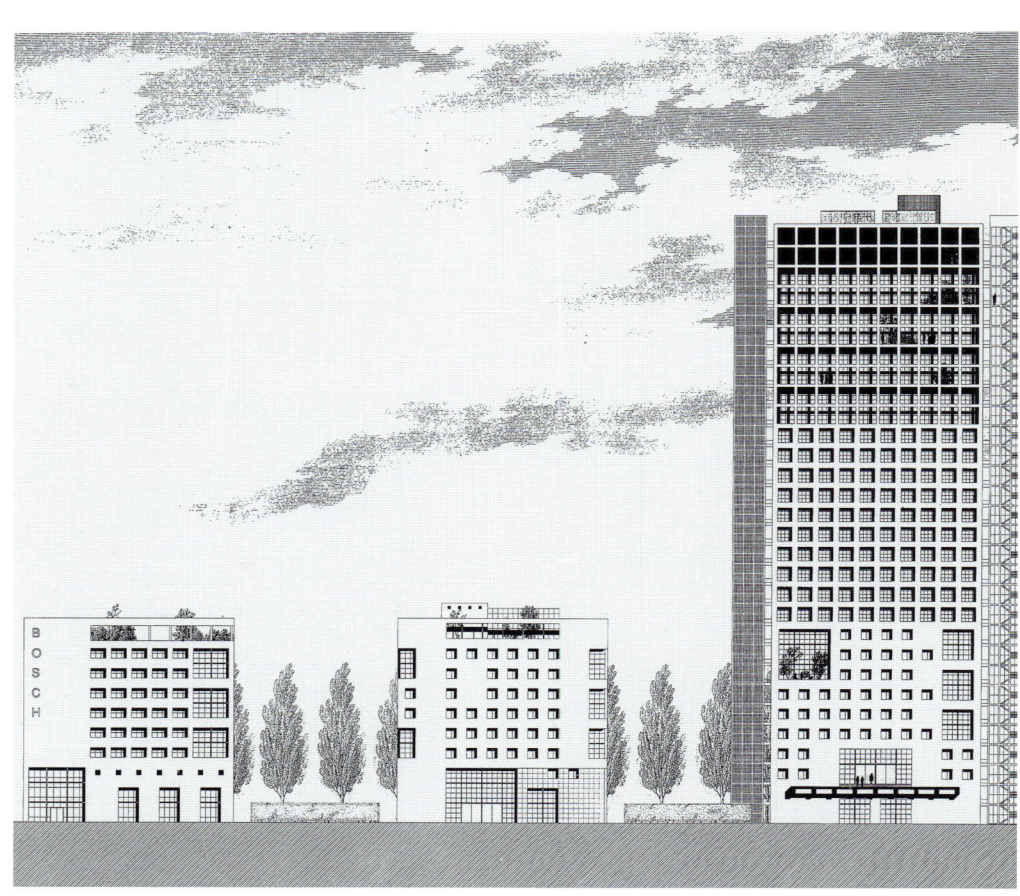

46

Ansichten des Bosch- und des Messe-Turms.

Schnitte.

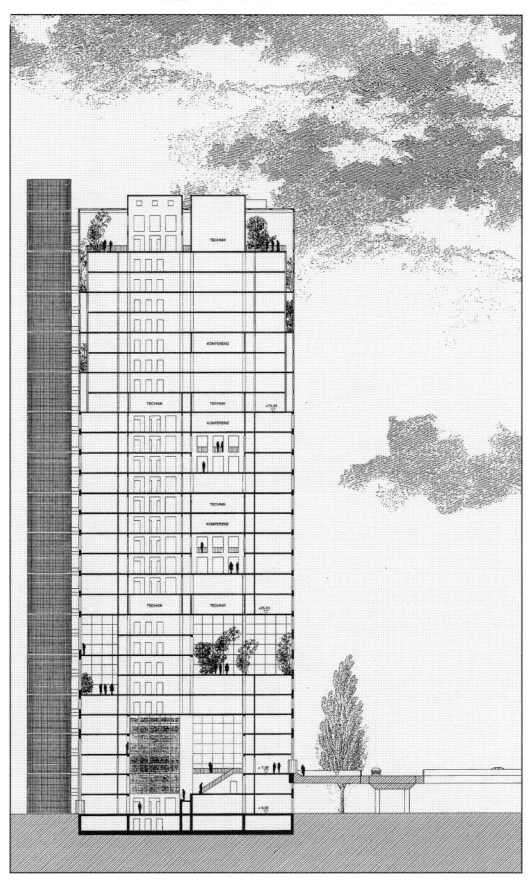

Projekte Neuss, Neuss-Hammfeld, 1991, 1994, 1995

Mitarbeit:
städtebauliche Planung: Lukas Baumewerd, Andreas Geitner, Volker Busse, Eun Young Yi; Neuss-Hammfeld II und III: mit Stefan Vieths, Mitarbeit: Marvin Keim, Peter Pfertner, David Koralek, Philippe Vernin, Kai-Uwe Lompa, Frank Wieschemann, Michael Laudert; Neuss-Turm: Lukas Baumewerd, Boris von Glasenapp

1991 entstand ein Entwurf im Rahmen eines städtebaulichen Projekts für Neuss-Hammfeld, ein neues Viertel am Stadtrand, das durch eine heterogene Bauentwicklung von Büro- und Geschäftshäusern gekennzeichnet ist.
Es handelte sich für Ungers darum, drei unterschiedliche Baukörper zu entwerfen, die sich auf historische Gebäudetypologien beziehen: Castrum, Campanile und Tor. Es ist der Versuch, diese Bautypen in transformierter und

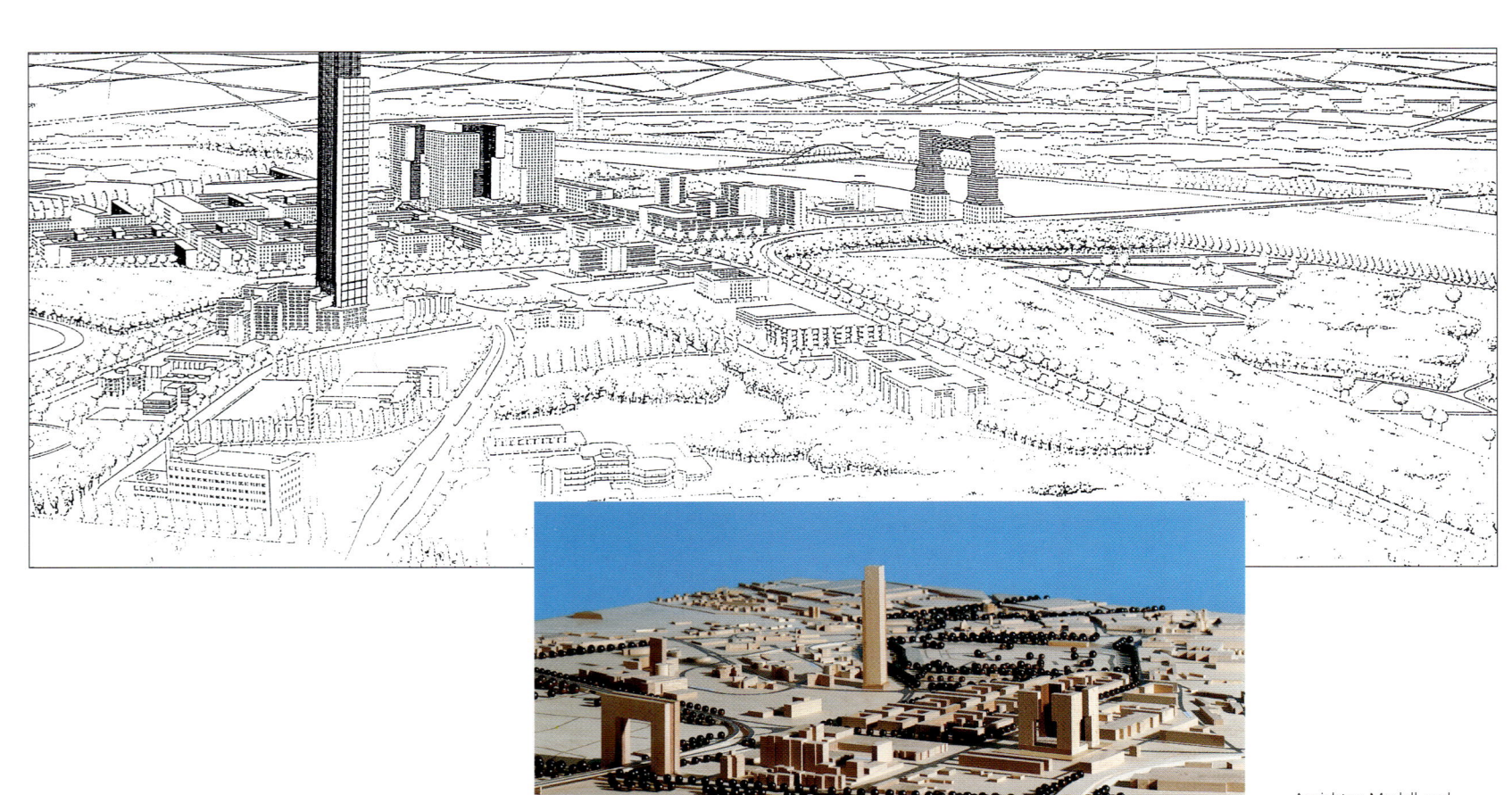

Ansichten Modell und perspektivische Zeichnung des städtebaulichen Projekts.

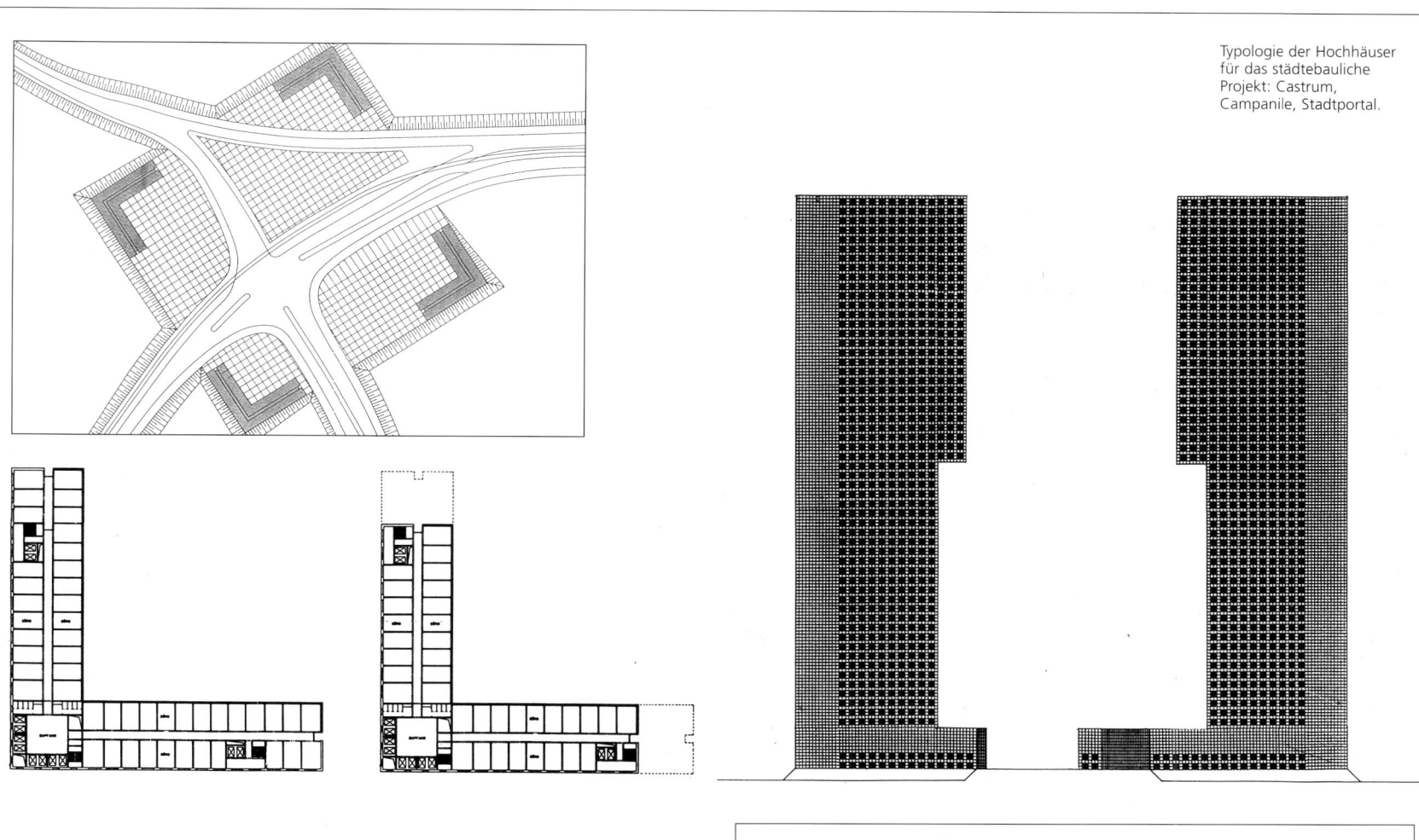

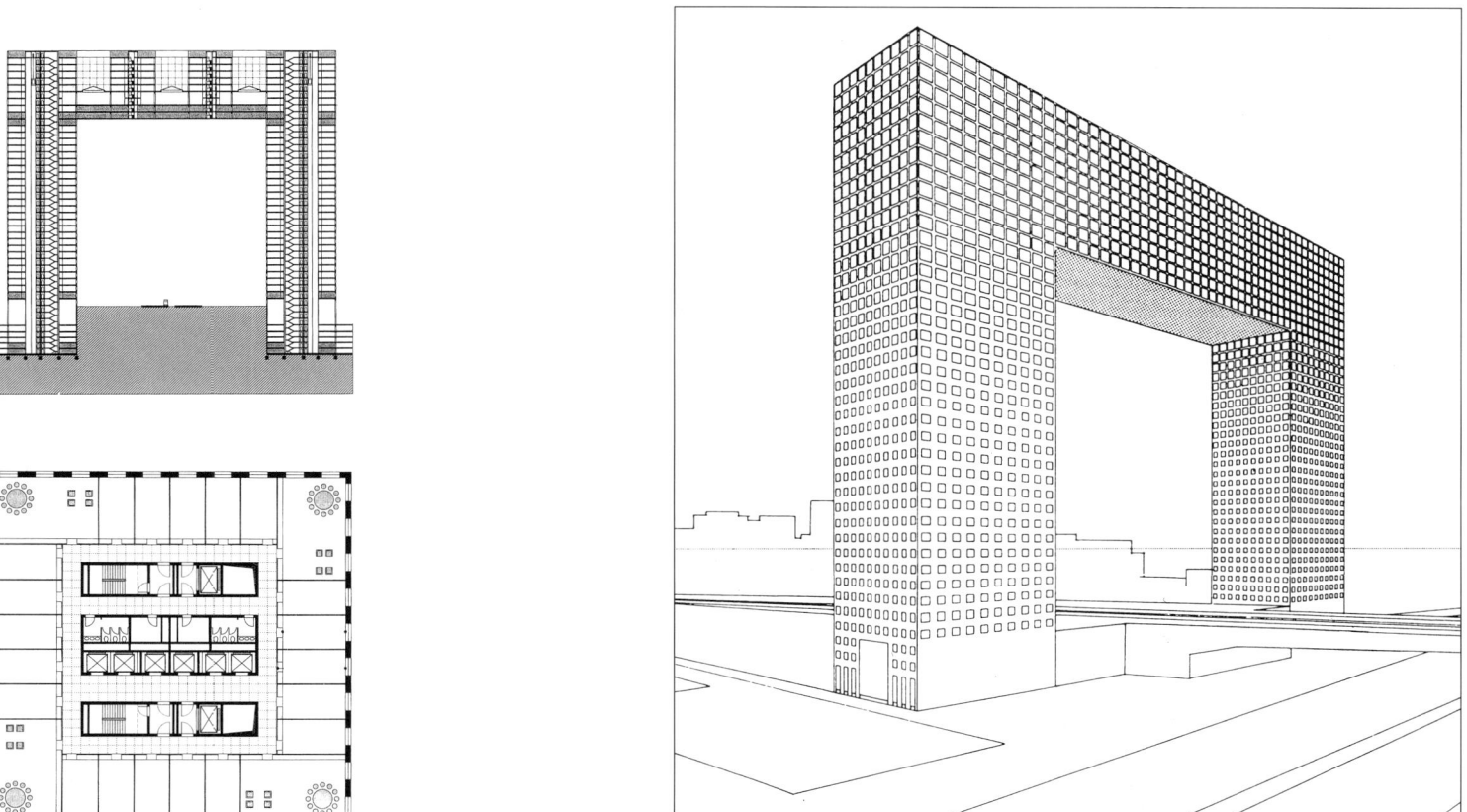

Typologie der Hochhäuser
für das städtebauliche
Projekt: Castrum,
Campanile, Stadtportal.

Projekt Campanile:
Grundrisse und Ansicht.

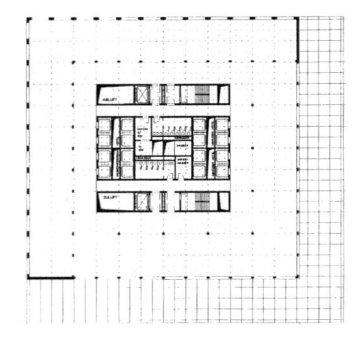

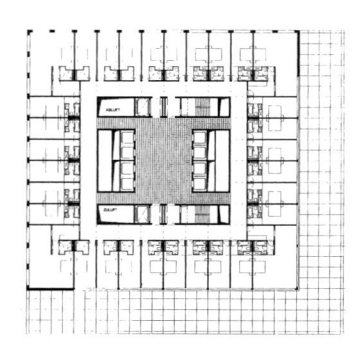

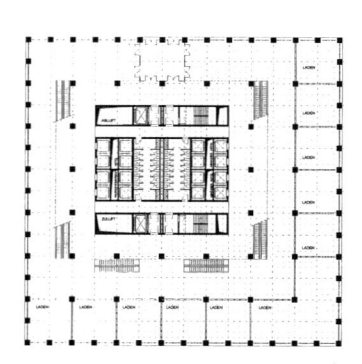

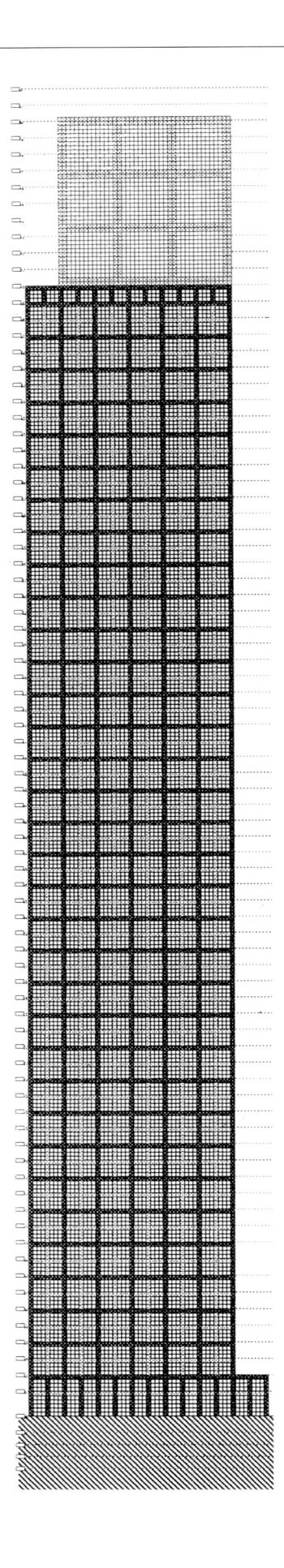

überdimensionierter Form im Stadtbild auftreten zu lassen, um weithin sichtbar Bilder zu evozieren, die sich mit der Silhouette verbinden. Wie schon beim Messehochhaus in Frankfurt ist Ungers der Überzeugung, daß dieses Verfahren der »Vergrößerung« von den technischen Möglichkeiten her legitimiert werden und sich aus der Nutzung eines Hochhauses ergeben kann. Er legt dem potentiellen Hochhaus ein Thema zugrunde, das er durchkonjugiert. Hier treibt Ungers den Torhausgedanken auf die Spitze: Die Abstraktion ist lesbar als ein urarchitektonisches Thema, nämlich das der »Balken auf zwei Stützen«; mithin »Tragen und Lasten« bzw. »Stehen und Liegen«. Dabei wird – als weitere Abstraktion – in der Dimensionierung und in der sich ergebenden Öffnung ein gigantisches quadratisches Modul zugrunde gelegt. In der Vertikalen kommt eine letzte Abstraktion hinzu: die sich zu den oberen Geschossen hin verjüngenden Joche zwischen den Fenstern, mithin die langsame Auflösung der schweren Wand (als Lochfassade) zu einer Art Gitterstruktur. Das Gliederungsthema kann gelesen werden als transformatorische Verwandlung eines Rasters, das aus der Verschiebung einer positiven zu einer negativen Komplementärform gebildet wird. *(Marvin Keim)*

1994 präsentierte Ungers einen Entwurf für das Planungsgebiet Neuss-Hammfeld II und III, das durch das Achsenkreuz der Straßen Am Pfauenhof und Hammer Landstraße in vier Quadranten geteilt wird. Diese Quadranten bilden die Grundstruktur der vorgeschlagenen städtebaulichen Entwicklung.

Außer im unbebauten südwestlichen Quadranten (Hammfeld II) nimmt das Projekt die bestehende Bebauung auf und vervollständigt sie zu einem zusammenhängenden Stadtbild. Die bereits bestehenden Grünflächen und Straßen mit Gehwegen werden beibehalten. Vorgegeben ist, daß die Bebauung der Grundstücke den Blockumrissen folgen muß, und die einheitliche Traufhöhe von etwa 25 Metern.

Weiteren Vorgaben entsprechend wird in Hammfeld II und III vor allem eine Büronutzung mit zusätzlichem Kinocenter, Hotel, Musical-Theater und einigen Wohnungen geplant. Aus diesen verschiedenen Nutzungen werden beispielhaft Gebäudetypen abgeleitet. Die Hammer Landstraße als zentrale Achse verbindet den neuen Stadtteil mit der Altstadt von Neuss. Es wird der Ausbau der Straße zu einem großzügigen Boulevard vorgeschlagen,

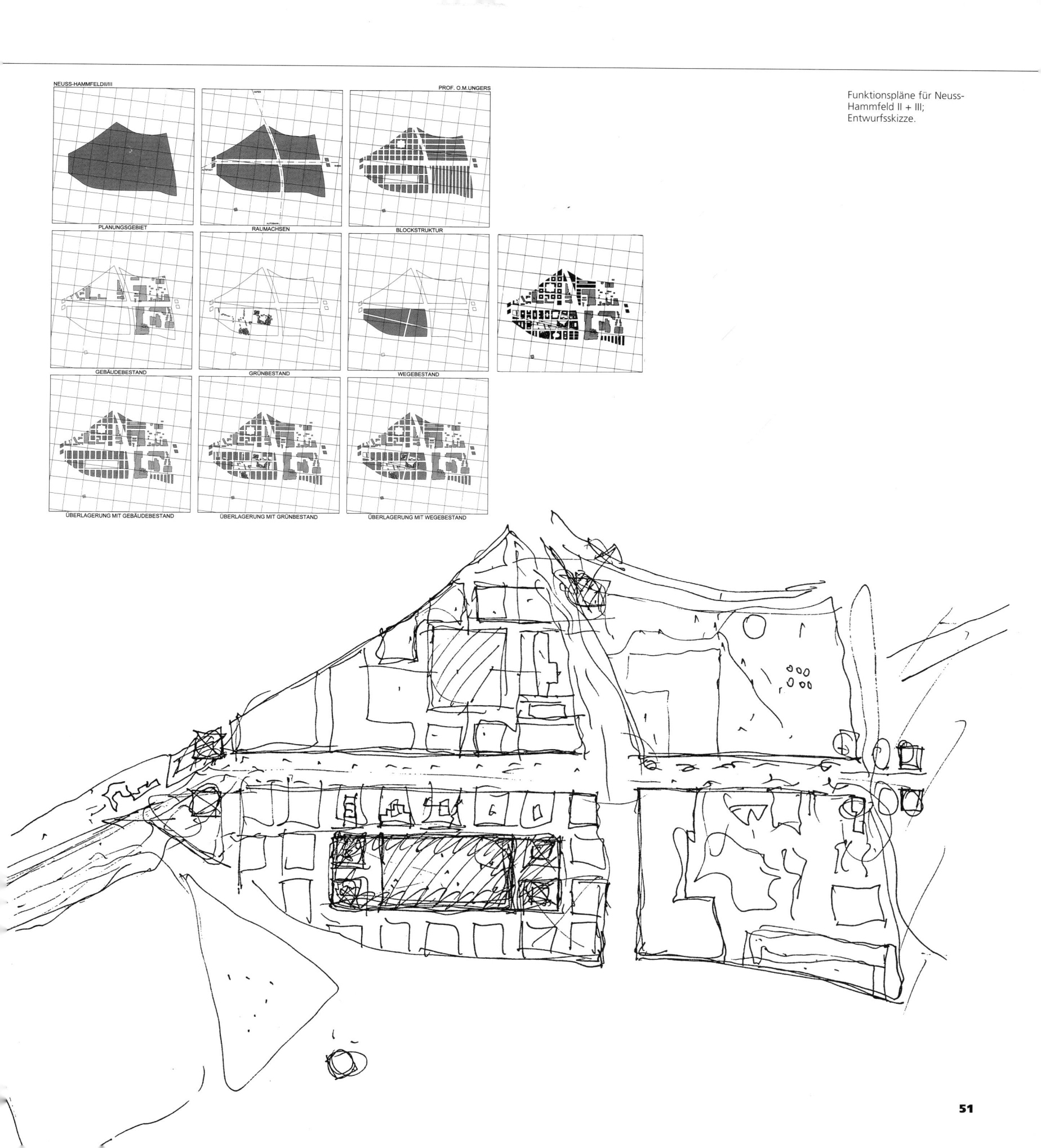

Funktionspläne für Neuss-Hammfeld II + III; Entwurfsskizze.

NEUSS-HAMMFELD II/III   PROF. O.M.UNGERS

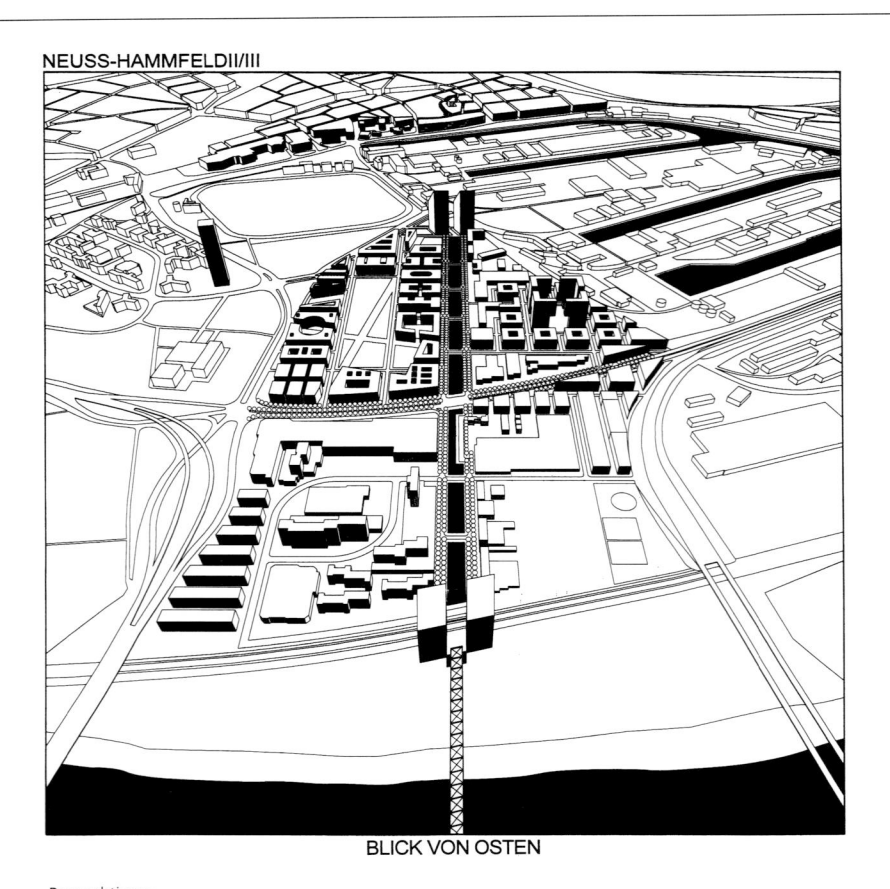

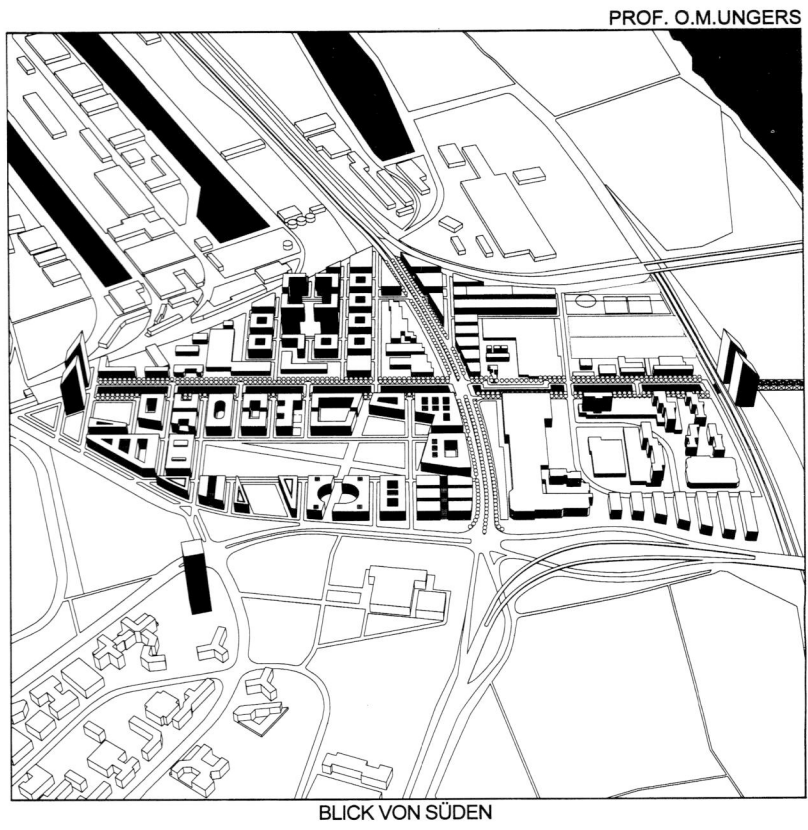

BLICK VON OSTEN   BLICK VON SÜDEN

Perspektiven;
Ansichten des Modells.

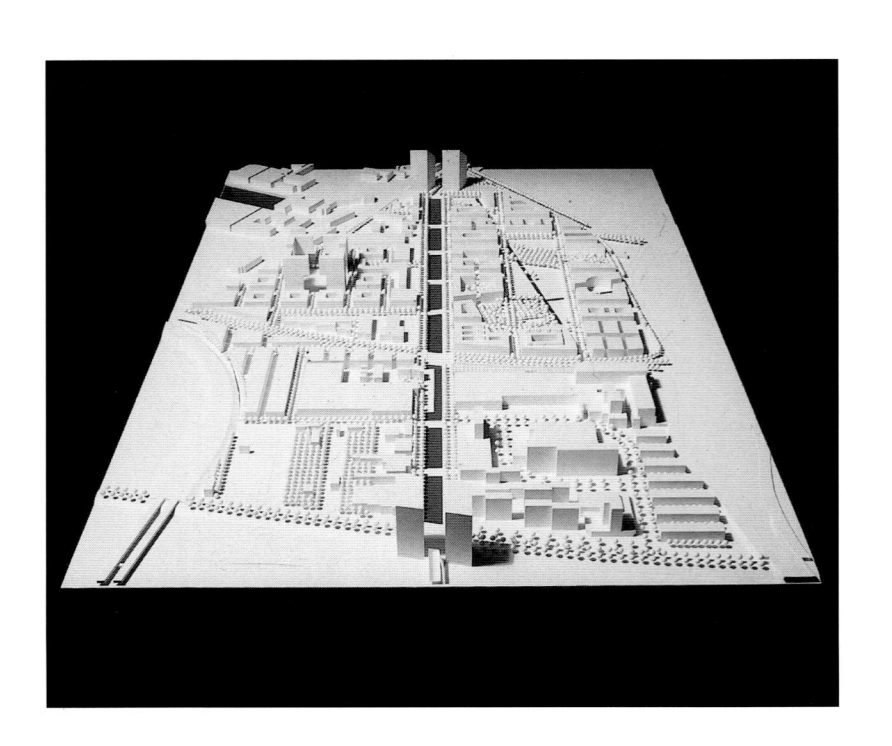

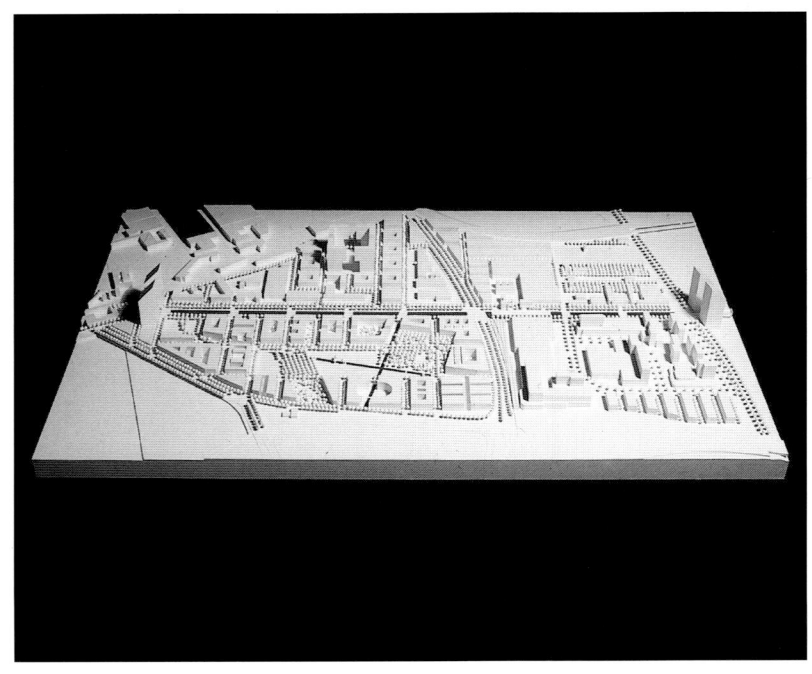

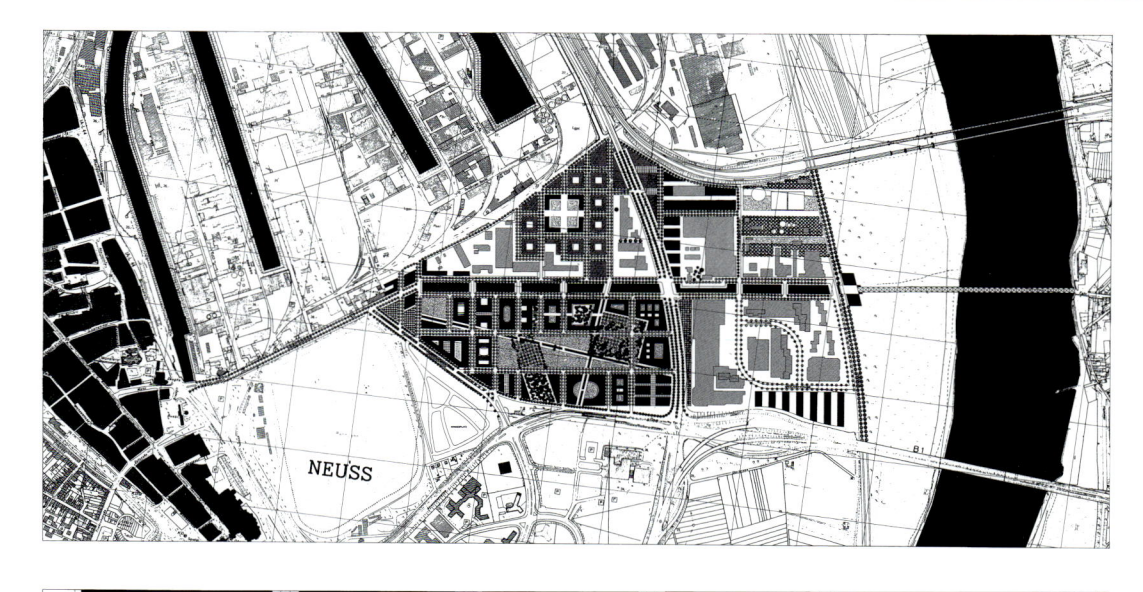

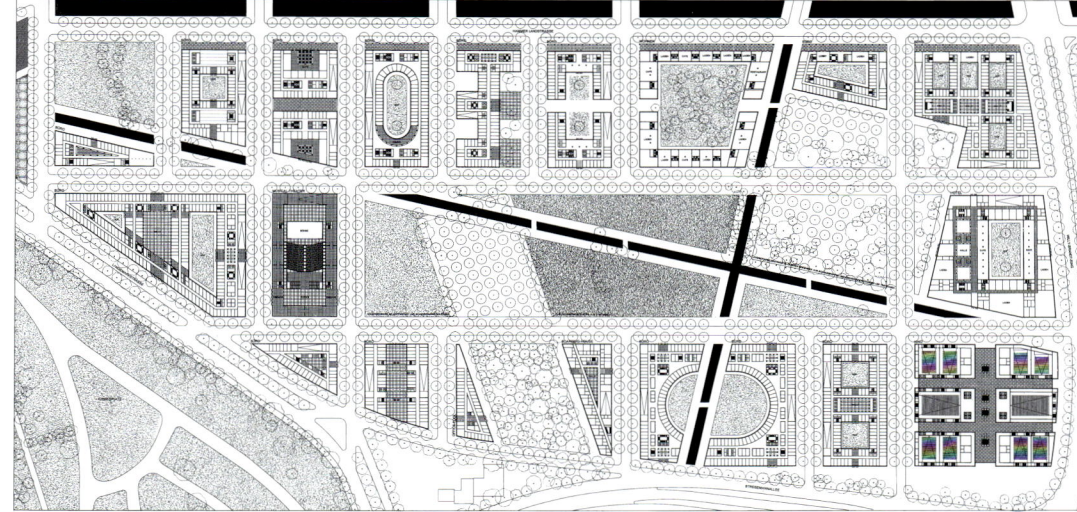

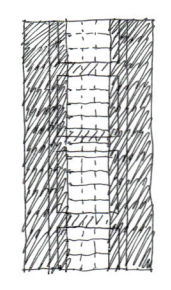

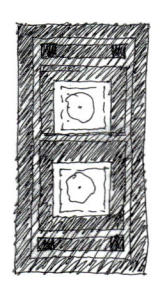

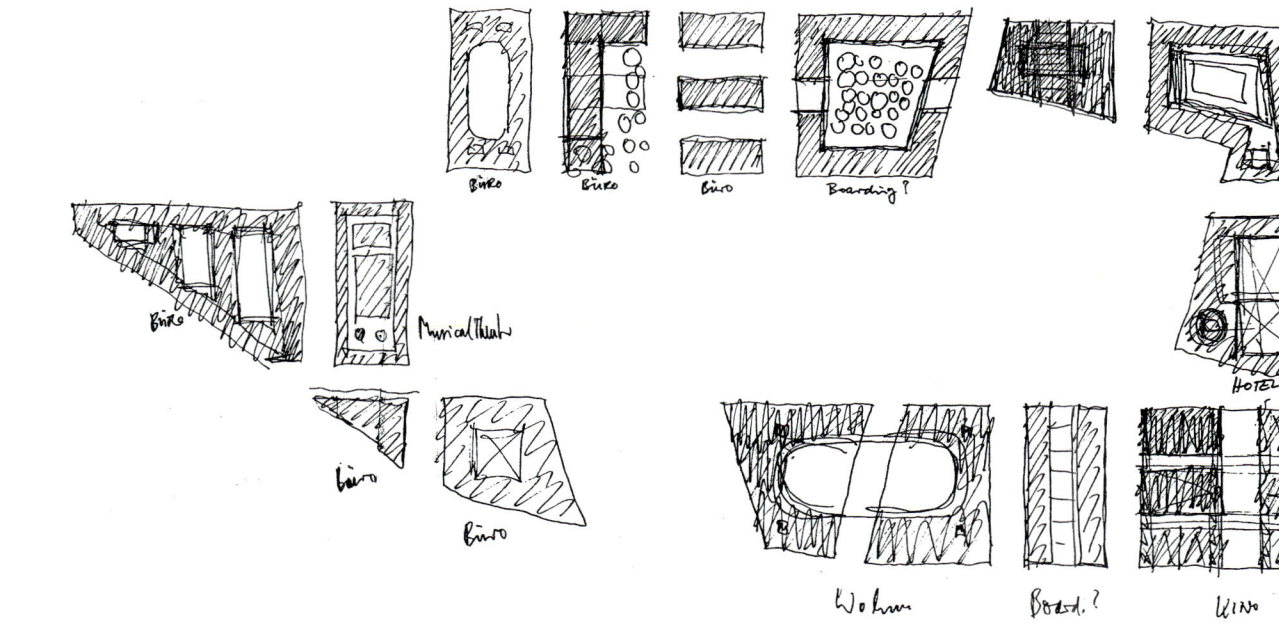

Übersichtsplan für Neuss-Hammfeld II + III;
Grundriß Erdgeschoß;
Grundrisse und Typologien der Häuserblocks.

54

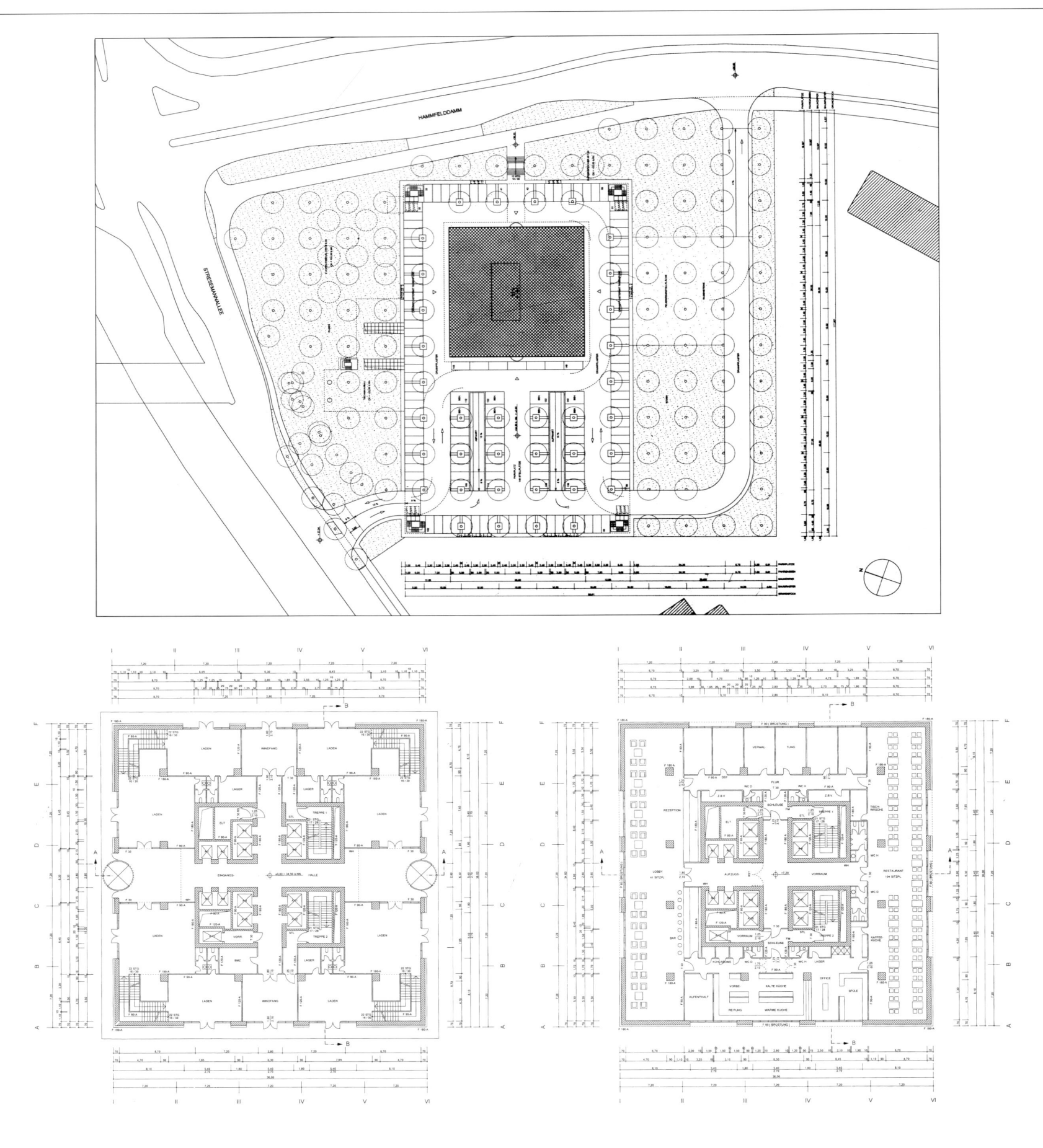

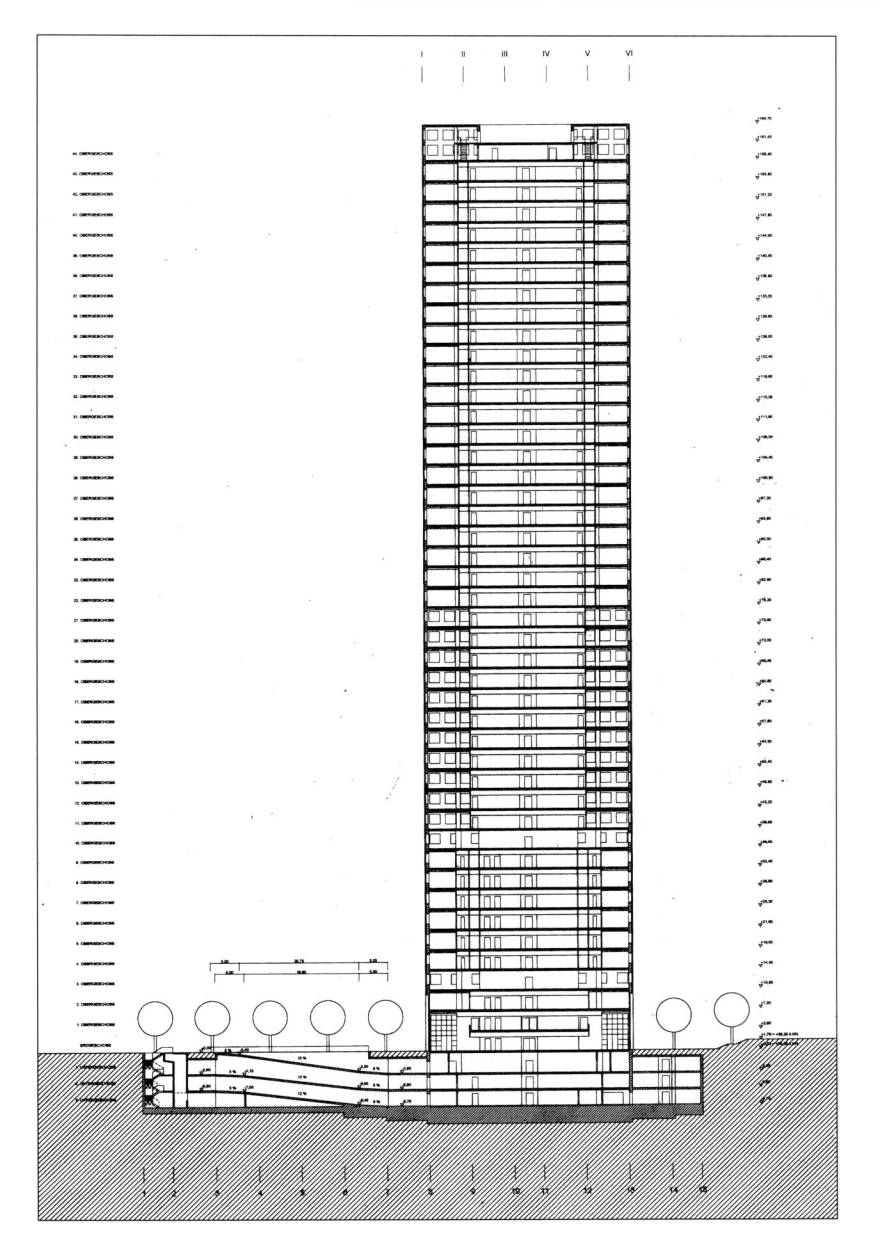

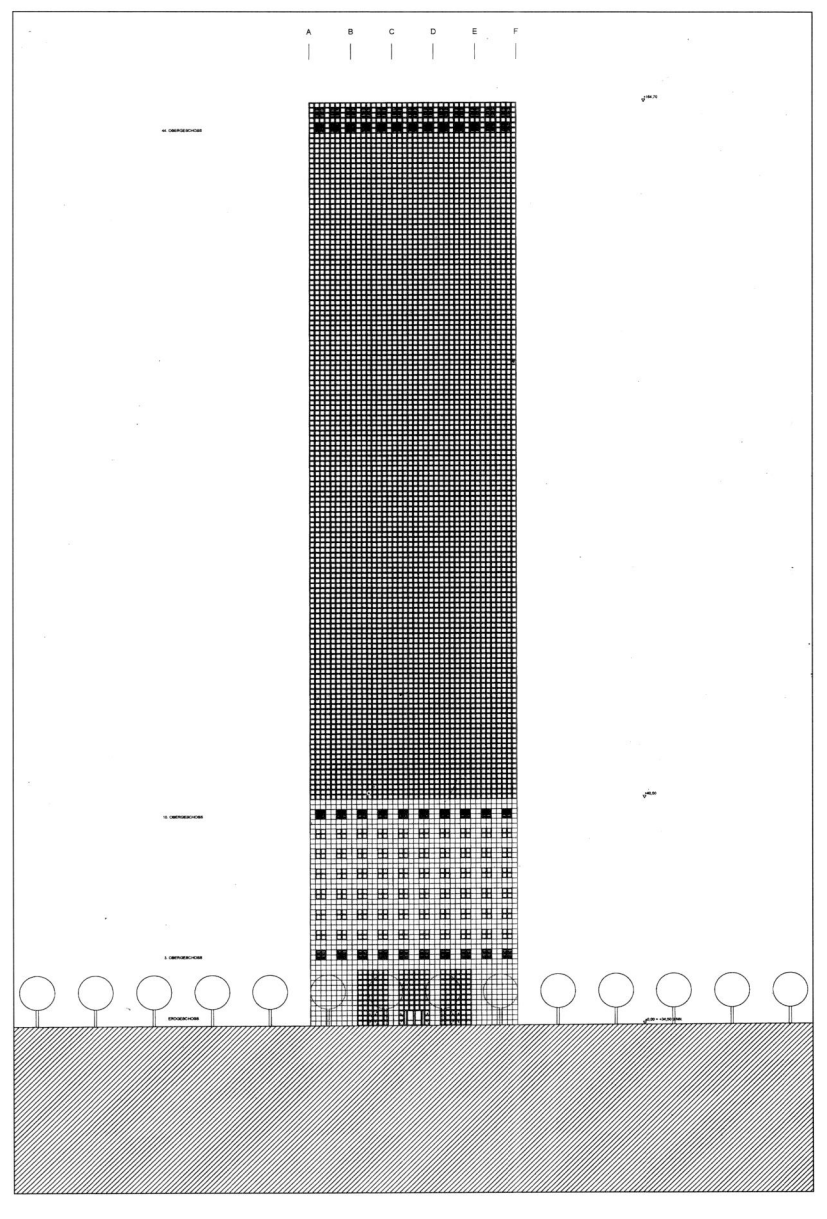

der von der Altstadt bis zu den Rheinauen führt und schließlich in einer Fußgängerbrücke über den Rhein endet. Diese Hauptachse wird durch zwei Hochhäuser gefaßt, so daß ein Tor zur Altstadt und eines zum Rhein entsteht. Eine weitere Hochhausbebauung wird im Zentrum des Quartiers Hammfeld III vorgeschlagen: Vier Winkel bilden ein Castrum, das diesem kleineren Quartier eine deutliche eigene Identität gibt.

Neuss-Turm, Lageplan; Grundriß Erdgeschoß und 2. Obergeschoß; Schnitt und Ansicht.

Zusammen mit dem geplanten Neuss-Turm bilden die Torhäuser und das Castrum ein Ensemble von markanten Bauten, das den neuen Stadtteil in der Rheinauenlandschaft klar positioniert.

1995 nahm Ungers das Projekt erneut und diesmal mit Bezug auf den Neuss-Turm auf, der sich auf einer Eckparzelle in der Nähe des Planungsgebiets Hammfeld erheben soll. Der Turm soll den umstehenden Bauten eine sichtbare Einheit verleihen und, indem er das im übrigen undifferenzierte und unartikulierte urbane Profil betont, einen Identifikationspunkt für die ganze Zone bilden. Für eine Büro- und Hotelnutzung bestimmt, ist er 165 Meter hoch und besteht aus einem massiven steinernen Sockel in Kubusform, dessen Höhe derjenigen der benachbarten Bauten entspricht, und dem eigentlichen – verglasten – Turmkörper. Im Innern des Sockels, der sich von der durch die Hotelfenster perforierten Fassade des Turmes durch eine in der ganzen Höhe geschlossene Oberfläche auszeichnet, befinden sich die große Halle mit der Hotelrezeption sowie, in den vier Ecken des Gebäudes, jeweils acht Ladengeschäfte; die Geschosse im verglasten Teil des Turms nehmen Büros auf. Der Sockel ist mit hellfarbigem Sandstein verkleidet, passend zum grüngrauen Glas des Turms. Der Rest der Parzelle wird von einem baumbestandenen Parkplatz eingenommen (unter dem sich in drei Untergeschossen weitere Stellplätze befinden).

Wettbewerbsentwurf städtebauliche Planungen Euroforum KHD, Musical-Theater, Köln, 1992, 1995

mit Stefan Vieths

Mitarbeit: Wettbewerbsentwurf: Frank Wieschemann, Don Dimster, Lukas Baumewerd, Johannes Götz, Joachim Sieber, Philippe Vernin, Albert Brauns, Kai-Uwe Lompa
Stadtplanung: Peter Pfertner
Musical-Theater: Marvin Keim, Axel Steudel, Kai-Uwe Lompa, David Koralek, Frank Wieschemann

Das Wettbewerbsgebiet nimmt im städtebaulichen Gefüge Kölns eine markante Stelle ein: Unmittelbar am Rhein gelegen, wird es von der Anfahrt zur Zoobrücke überspannt und bildet so einen der Hauptzugänge zur Innenstadt. Das städtebauliche Umfeld des Areals steht dabei in spannungsvollem Gegensatz zum Kölner Zentrum. Es ist von großen Industrieanlagen und Verkehrsbauten geprägt, die unvermittelt an Wohngebiete und Messebauten stoßen. Der Entwurf soll dem neuen Quartier eine eigene räumliche Ordnung und Identität geben, aber erhaltenswerte Gebäude integrieren. Dem Muster bestehender Strukturen soll ein weiterer, autonomer Baustein hinzugefügt werden.
Ein großer Park vor dem KHD-Gebäude liegt in der Mitte des Euroforums. Das große Tor soll eine städtebauliche Dominante bilden, die das Euroforum in einen Bezug zu anderen Großbauten der Stadt (Dom, Fernsehturm) stellt, und zugleich einen Stadteingang bezeichnen.
Ausgehend von einem Grundmodul von 2,70 x 2,70 m wird ein strenger Blockraster etabliert, dessen Ausrichtung sich an der bestehenden KHD-Scheibe orientiert. Die Stan-

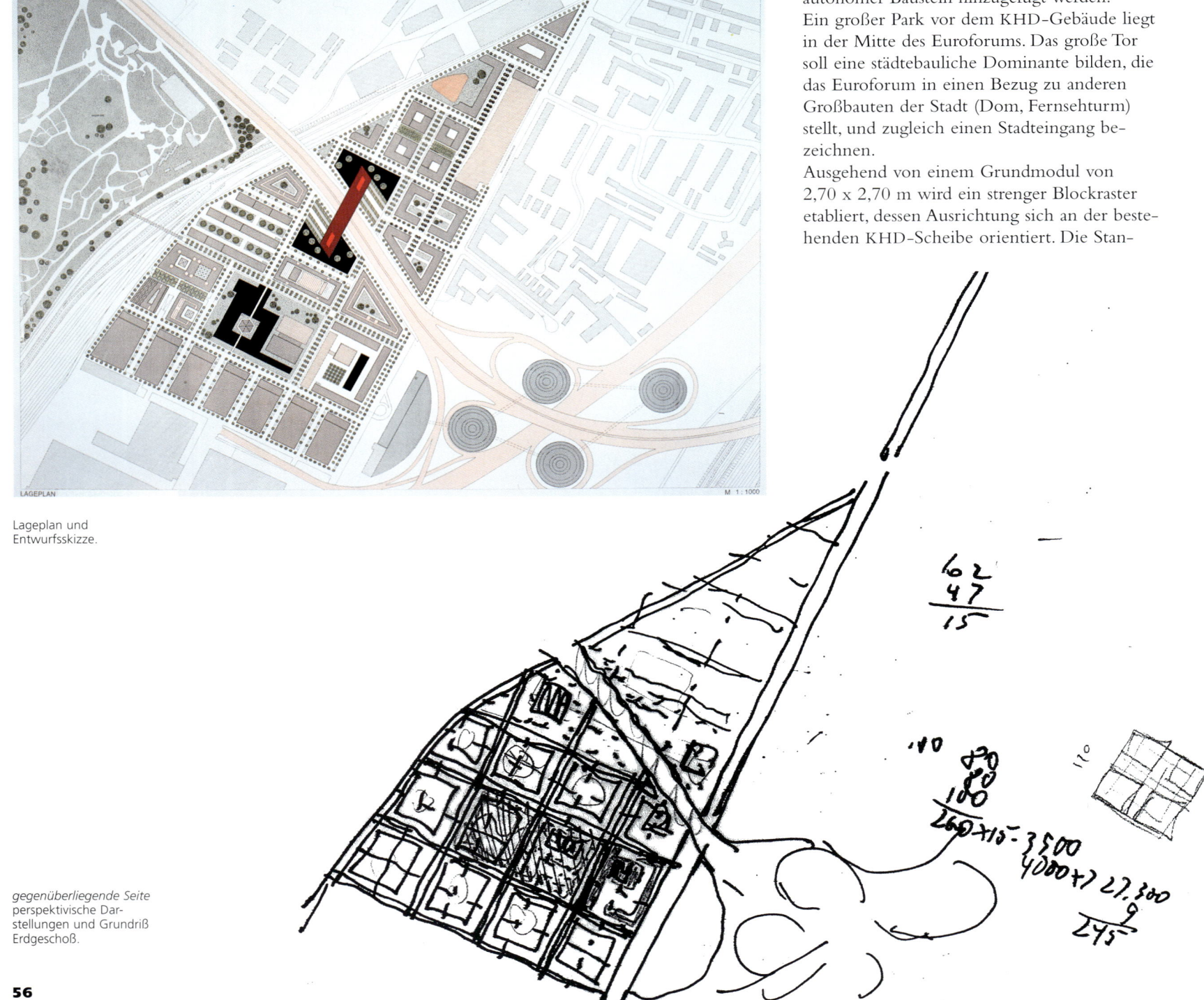

Lageplan und Entwurfsskizze.

gegenüberliegende Seite
perspektivische Darstellungen und Grundriß Erdgeschoß.

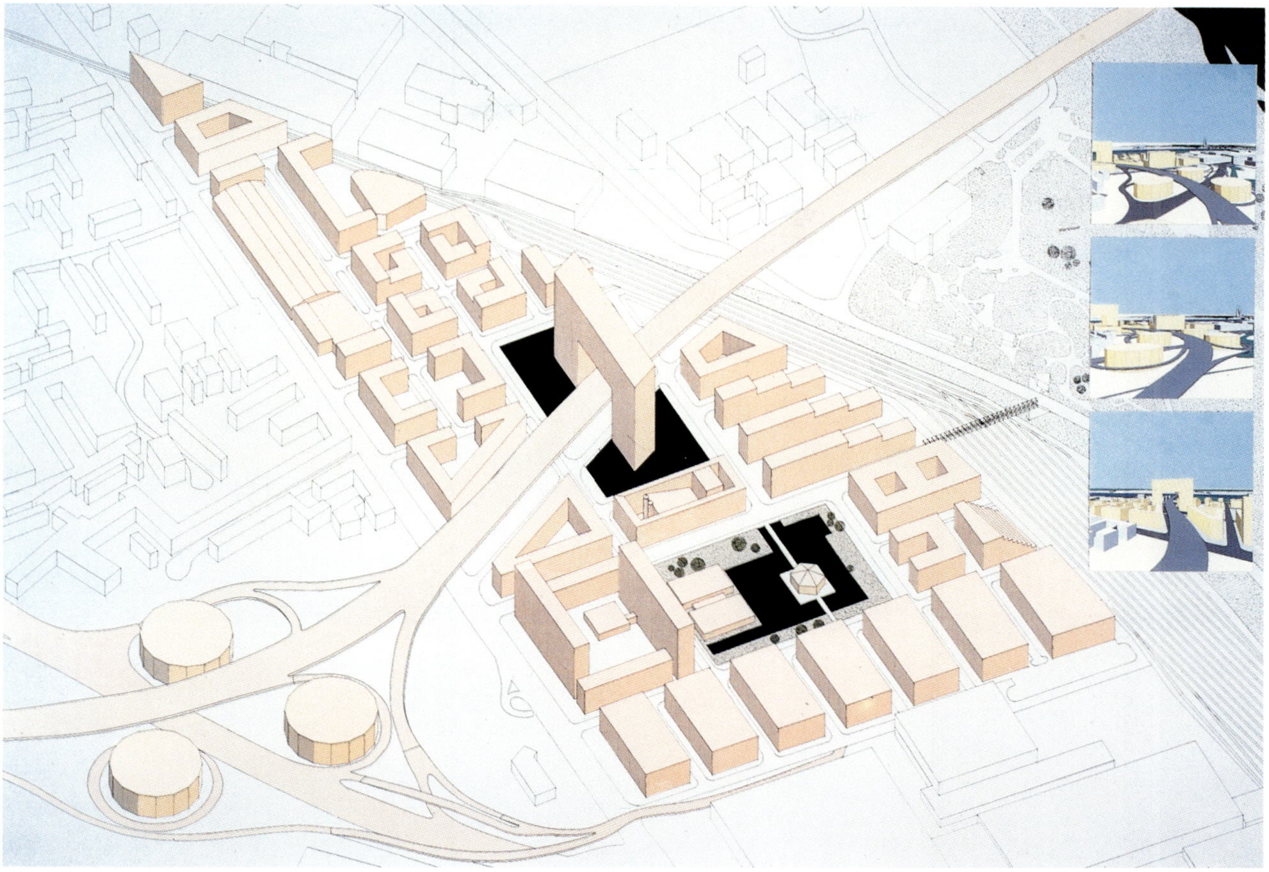

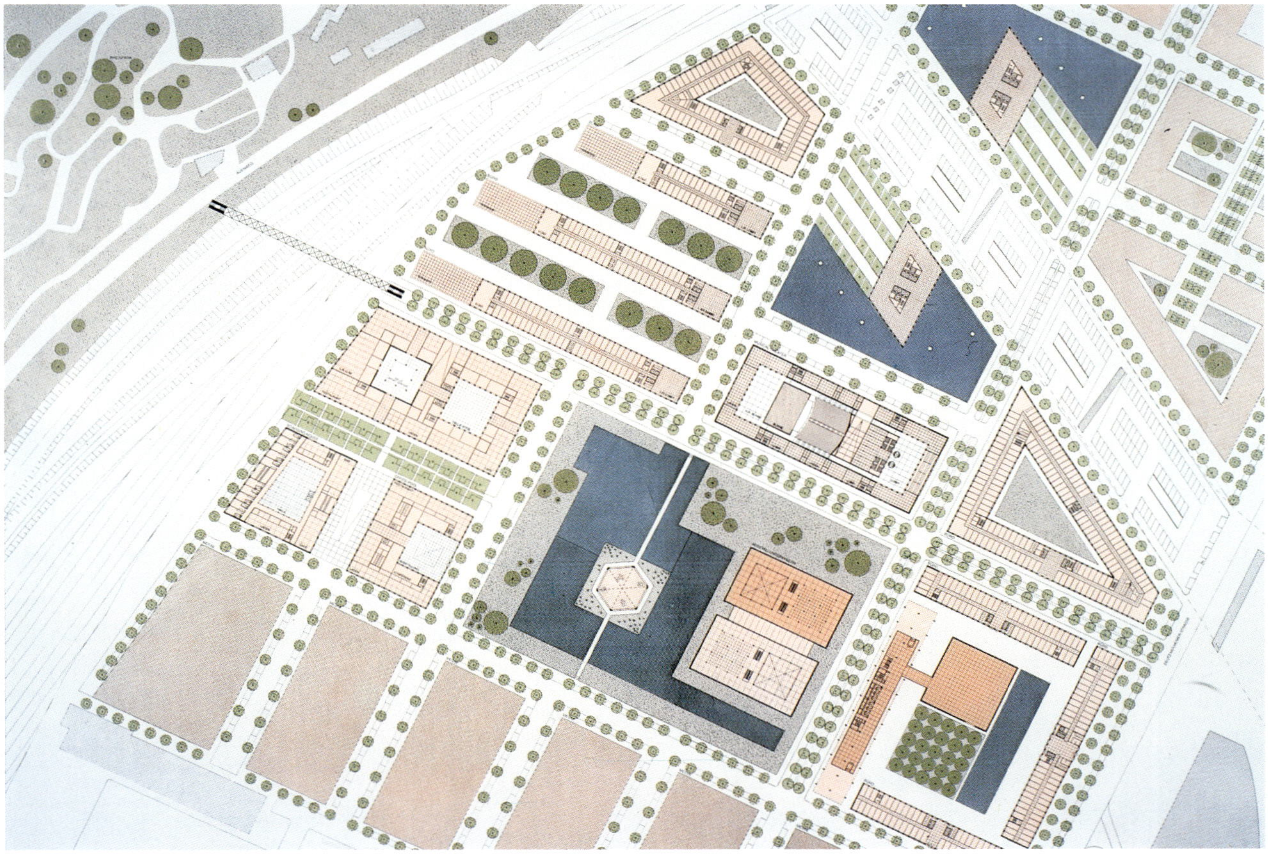

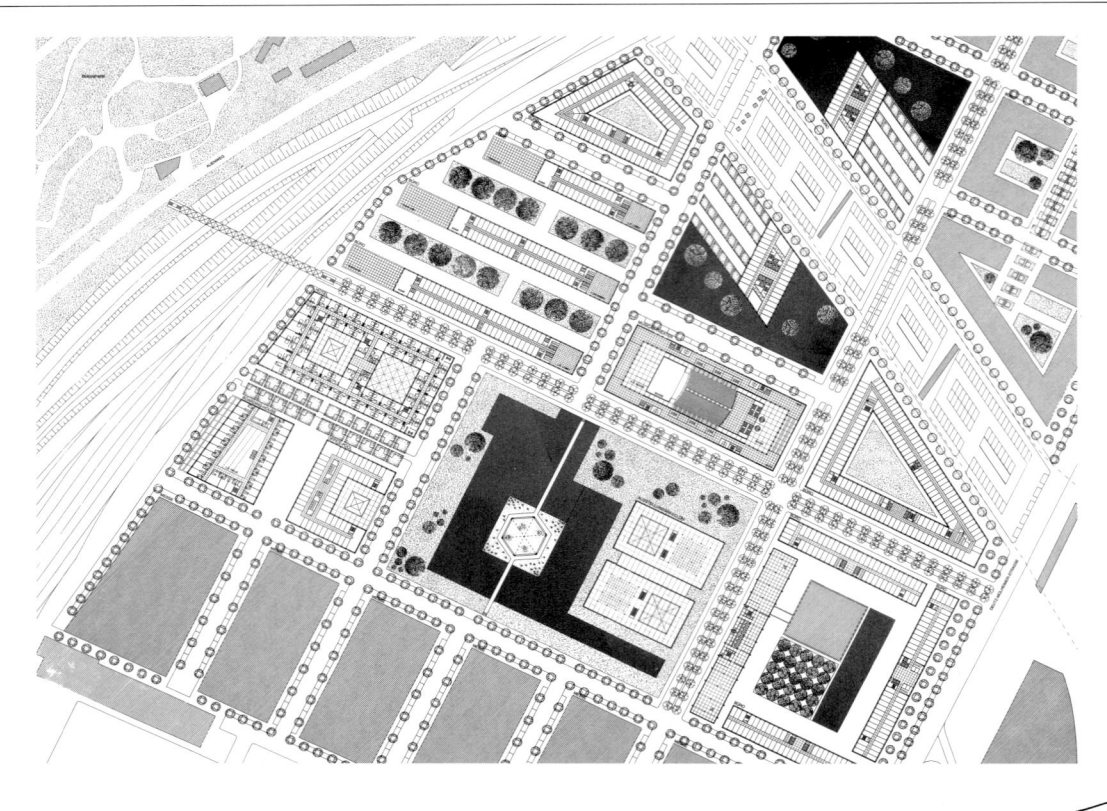

Grundriß Regelgeschoß und Entwurfsskizzen für zwei Gebäudetypologien.

Ansichten und Schnitte; Entwurfsskizzen des Hotels und des Musical-Theaters.

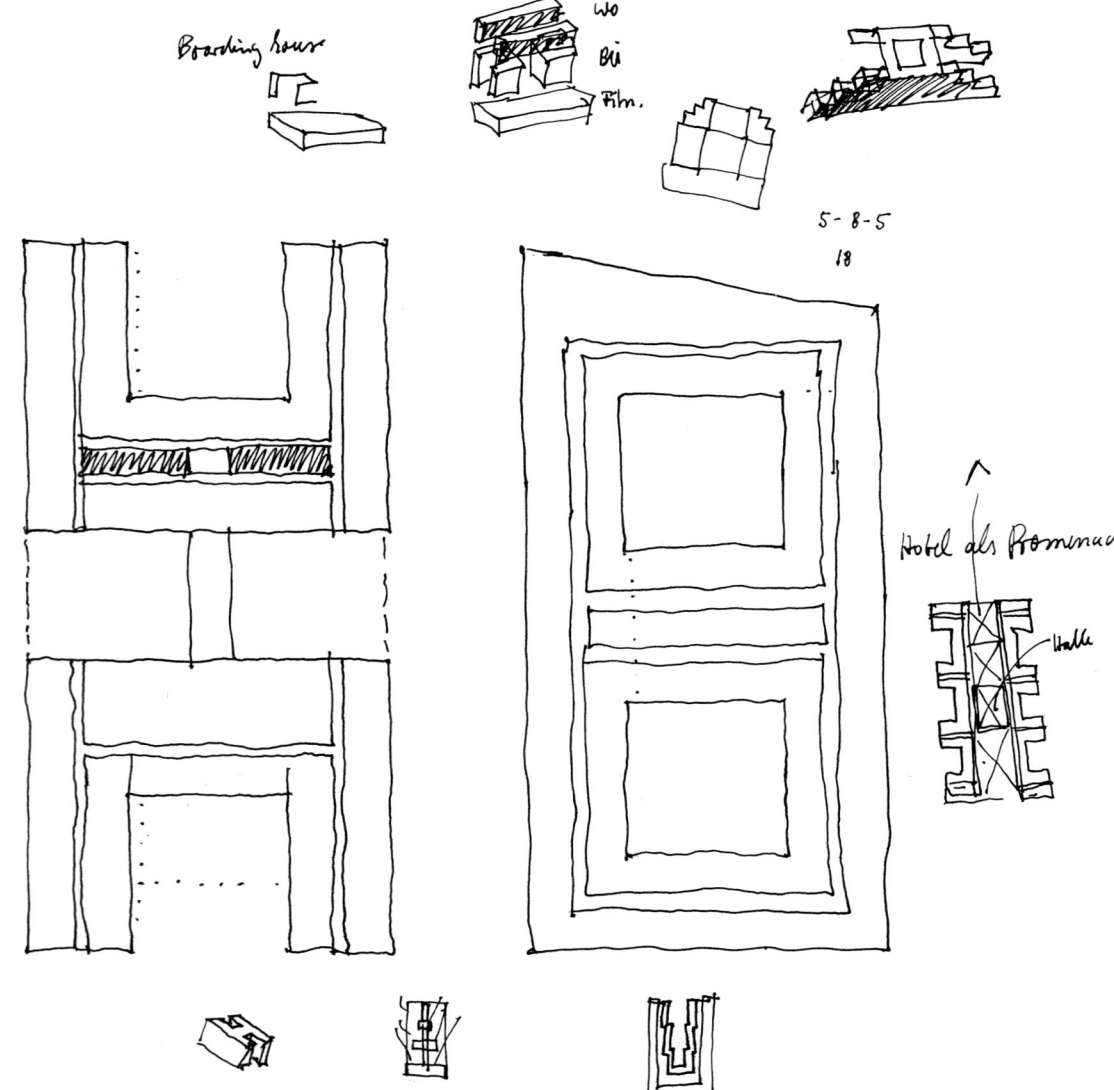

Boarding house

Hotel als Promenade
Halle

EUROFORUM KÖLN
29 12 25
SCHNITTANSICHT VON SÜDOSTEN
SCHNITTANSICHT VON SÜDWESTEN
SCHNITTE HOTEL
SCHNITTE MUSICAL-THEATER
M 1:500

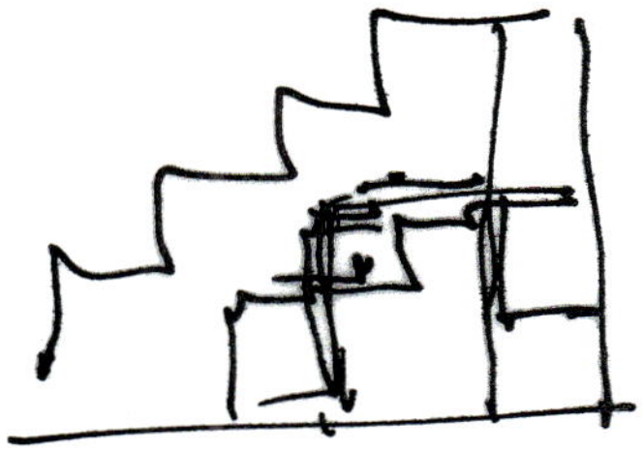

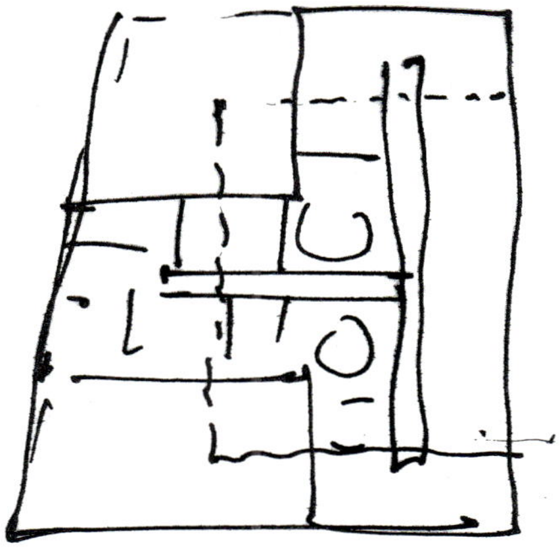

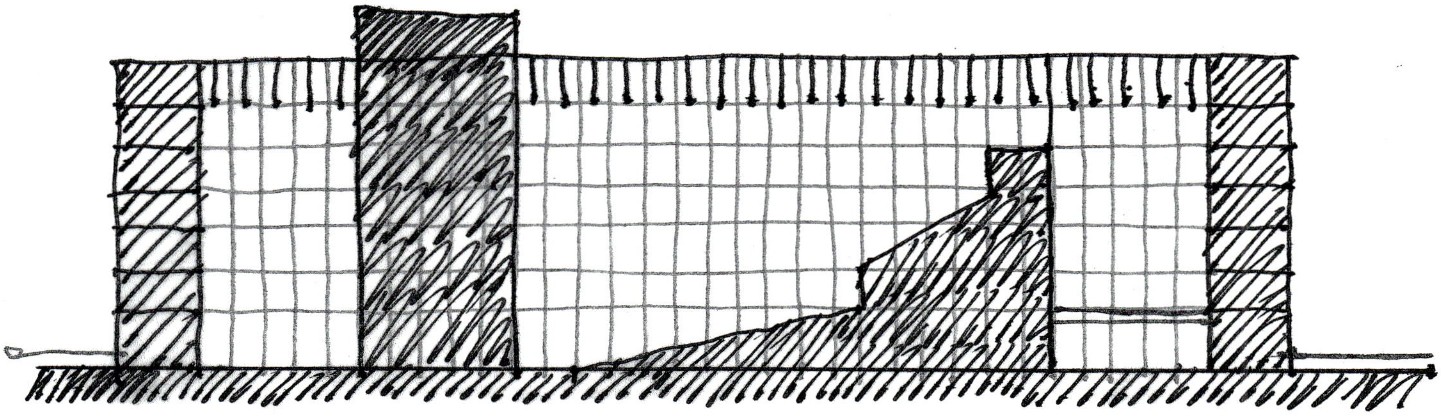

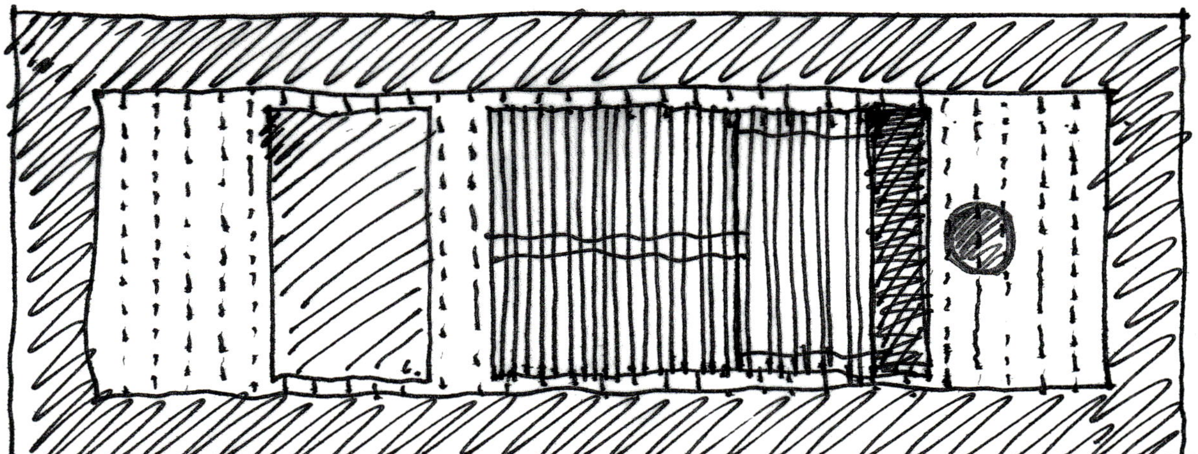

Lageplan; Grundriß
Erdgeschoß und Ansicht
Modell.

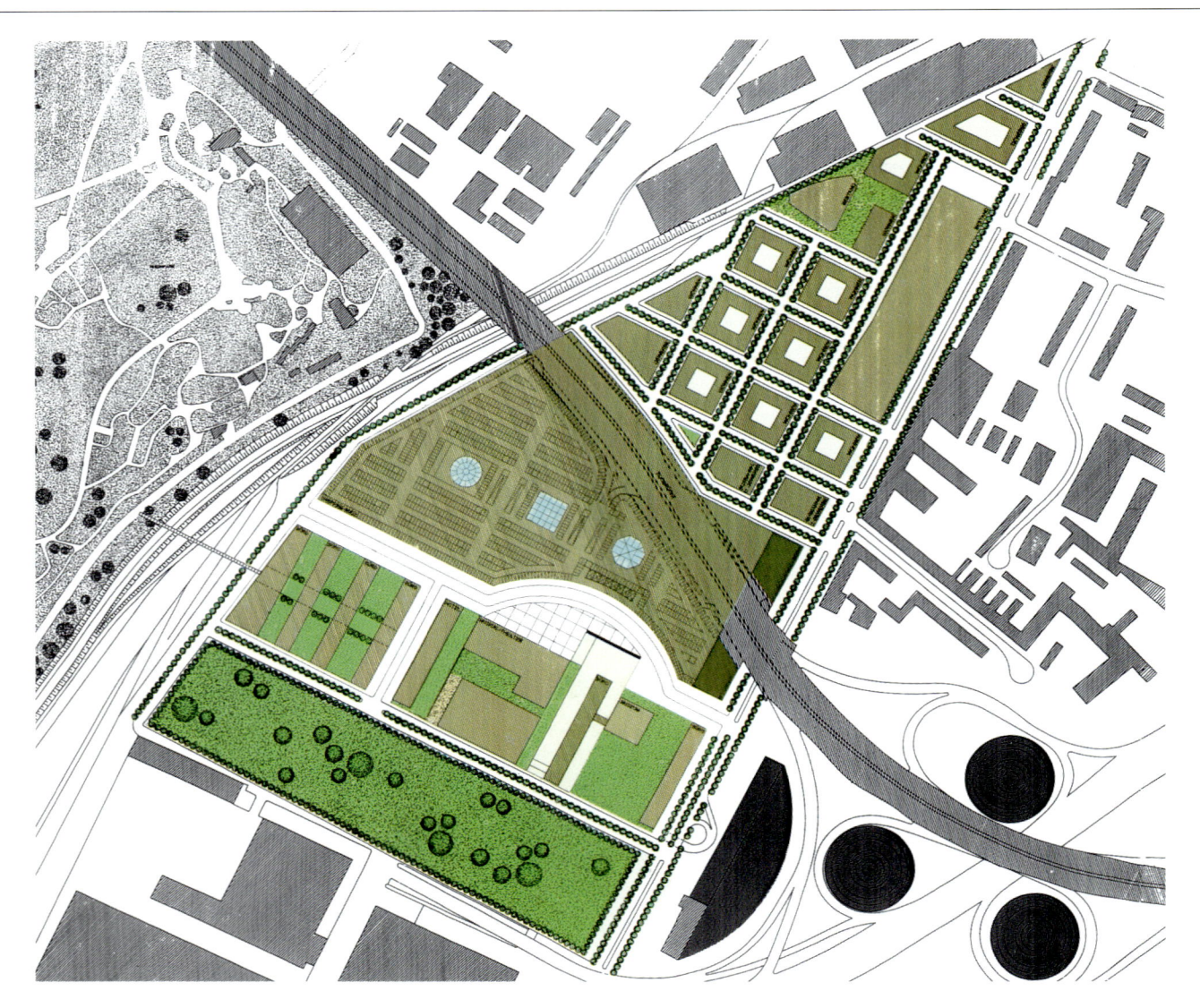

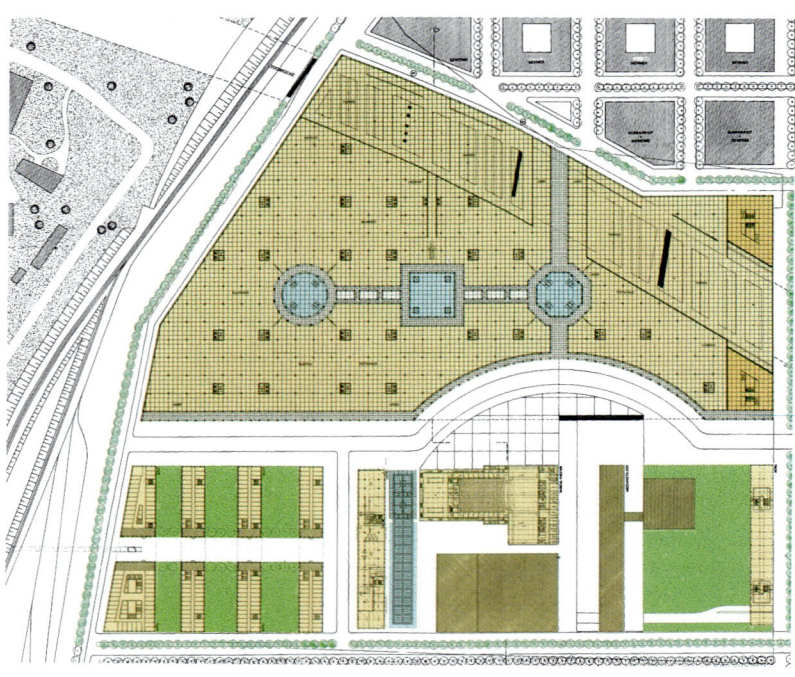

60

dartgröße eines Blocks beträgt 41 x 41 m, kann jedoch entsprechend den Gegebenheiten des Grundstücks und den Forderungen des Programms variiert werden. Die Blocks für Bürogebäude können verschiedene Formen haben: Beim Vierscheiben-Block wird die KHD-Scheibe mit drei neuen Scheiben zu einem Hof ergänzt, der U-Block öffnet sich zum Park, die Perimeterblocks fassen das Quartier zur Autobahn hin und der Drei-Zeilen-Block gewährleistet einen Durchblick zum Rhein. Ein Hotel steht als Doppelblock zwischen Rhein und Park. Als Trennblock ist ein Boarding-House mit Terrassen zum Rhein ausgebildet. Das Musical-Theater ist ein Block mit eingestellten Elementen. Eine mauerartige Perimeterbebauung definiert einen inneren Platz, in dem Bühne und Zuschauerränge als Objekte angeordnet sind.

Die Bebauung des inneren Wettbewerbsgebiets (Grundstück A) wird auf den Grundstücken B und C ergänzt: Die an die Messe angrenzenden Blocks sind als Hallen zur Messeerweiterung konzipiert. Ihnen wird ein Bürotrakt vorgelagert. Winkelblocks auf dem Grundstück C nehmen Wohnungen auf, die sich mit bestehenden Bauten zu einem Ensemble ergänzen und entlang einer ruhigen Wohnstraße angeordnet sind. Der Blocktypologie entspricht eine Straßentypologie. Zwei Boulevards mit mittig gesetzten Baumreihen kennzeichnen die Hauptachsen des Quartiers, Alleen sind der Standardtyp und ruhige Straßen in Wohnbereichen erhalten durch »dachbildende« Bäume fast einen Innenraumcharakter. Der Park ist durch mehrere Seerosen-Wasserbecken geprägt, die eine Insel mit einem Glashaus für eine Lotuspflanzenvegetation bilden. Ein umlaufendes Wegesystem führt an Bambushainen vorbei auf Brückenstege zu.

In Zusammenhang mit diesen städtebaulichen Planungen entstand der Entwurf für das Musical-Theater. Gefordert war ein klassisches Theatergebäude mit vollständiger Bühnenanlage und einer Zuschauerkapazität von 1800 Personen. Der Zuschauerraum ist mit zwei Rängen äußerst kompakt geplant, so daß für alle Sitzplätze gute Sichtverhältnisse gegeben sind. Die vorgeschlagene Konzeption faßt Zuschauerraum und Foyer zu einem Raumkontinuum zusammen. Über seitliche Kolonnadengänge findet vom Foyer aus ein fließender Übergang in den Zuschauerraum mit den verschiedenen Rängen statt. Der Zuschauerraum ist als großer, städtischer Raum gedacht, in den innere Fassaden ausgebildet werden. Die kritische Verbindung zur Bühne wird über eine perspektivische Abstaffelung des Vorbühnenbereichs hergestellt. Der innere massive Korpus des Theaters wird von einer gläsernen Erschließungszone eingefaßt. Hier werden sowohl die Haupterschließungstreppen und die notwendigen Fluchttreppen angeordnet.

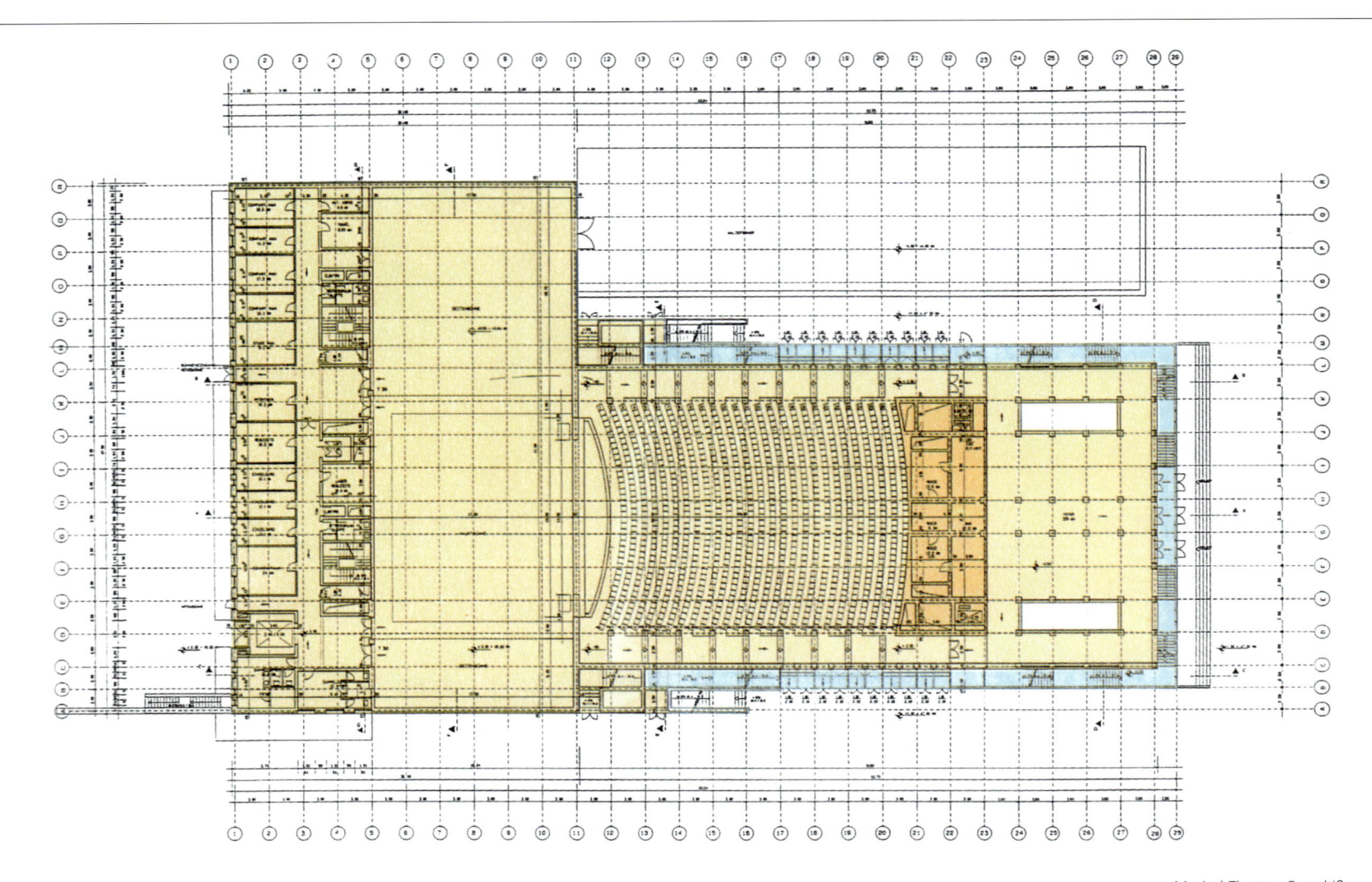

Musical-Theater, Grundriß;
Ansichten und Schnitt durch
den Bühnenraum.

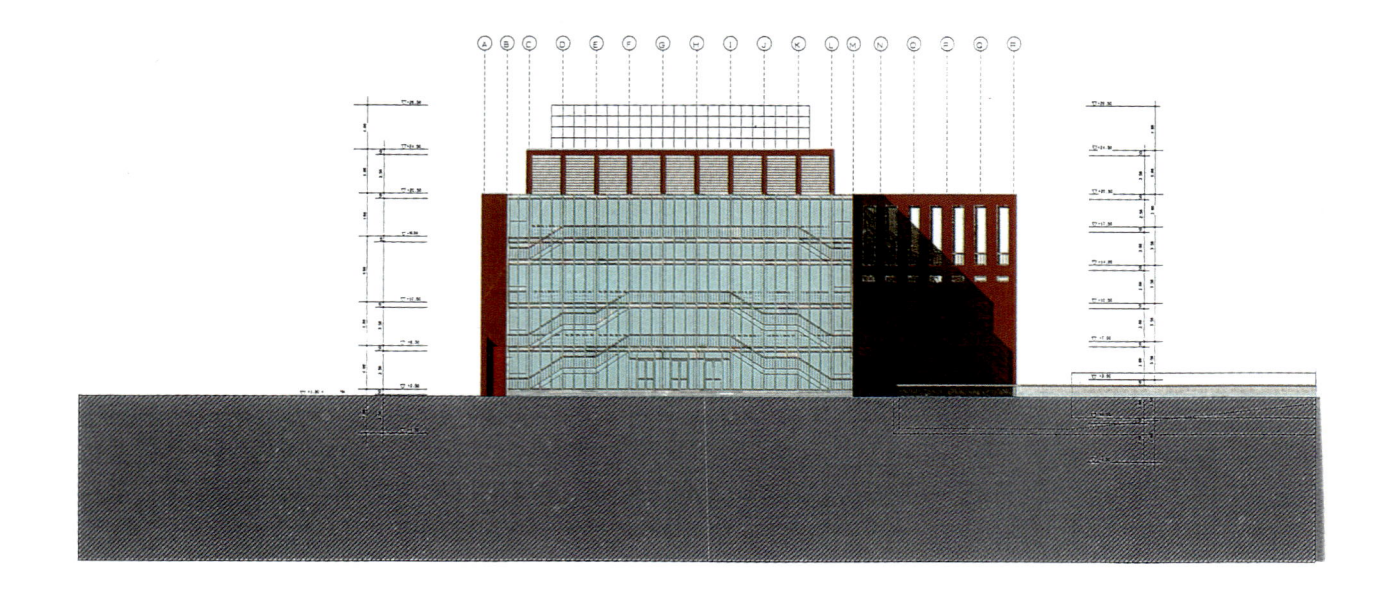

63

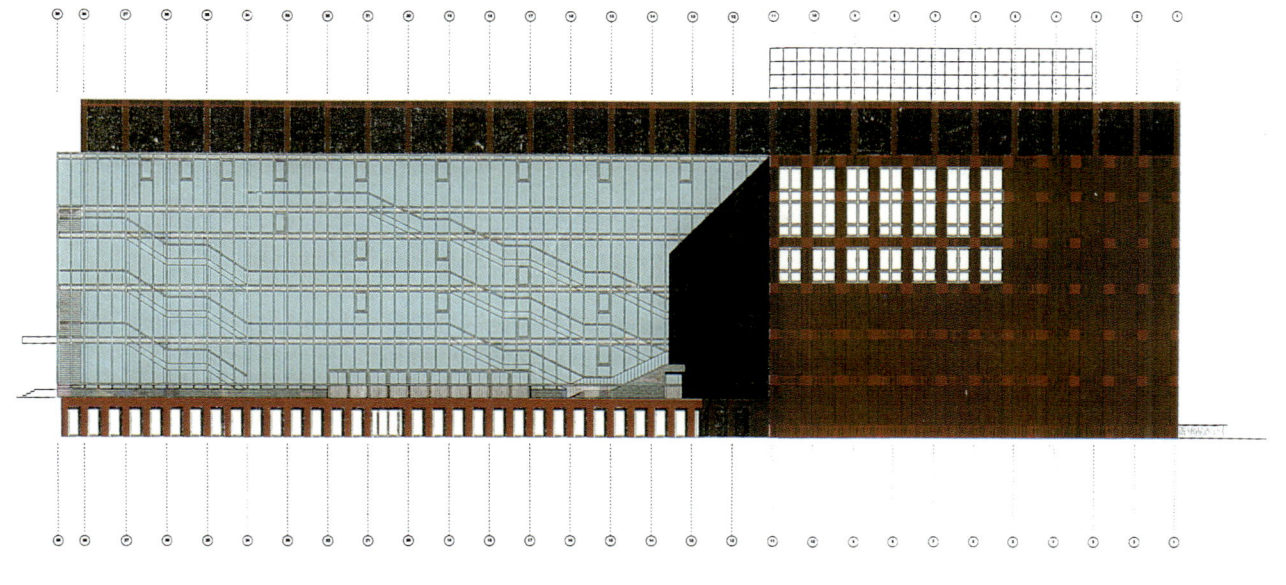

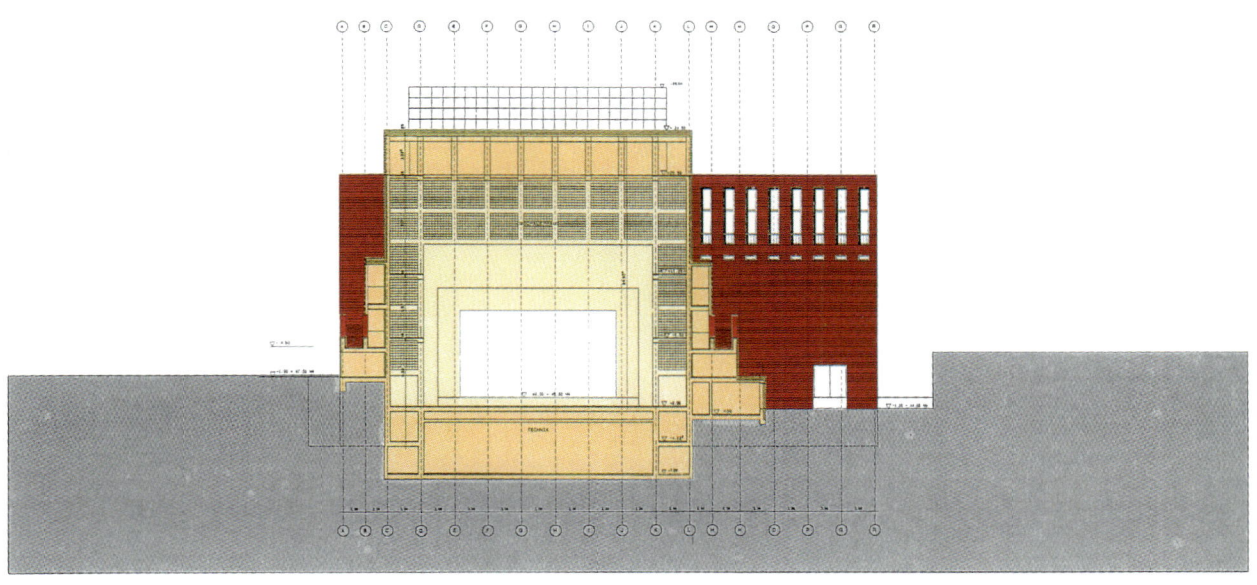

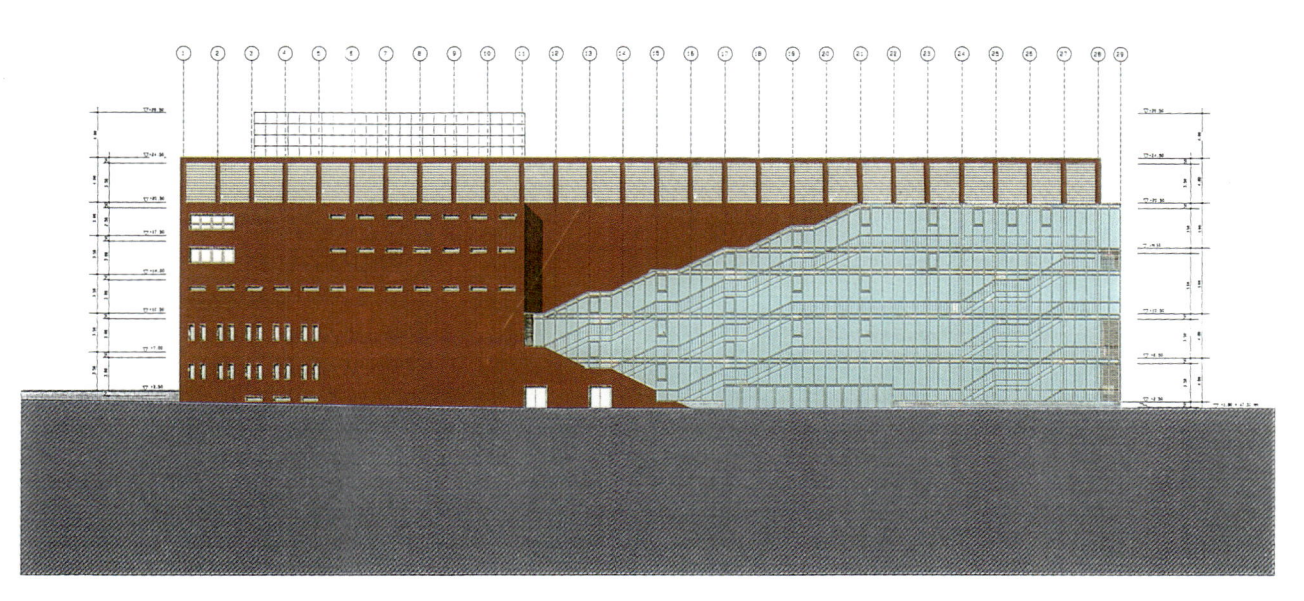

Wettbewerbsentwurf Domplatz, Magdeburg, 1993

mit Stefan Vieths

Lageplan mit Nutzungsdiagrammen.

Mitarbeit: Don Dimster, Lukas Baumewerd, Johannes Götz, Frank Wieschemann, Raimund Fein, Michael Haase, Volker Diekmann

Das städtebauliche Umfeld des Magdeburger Doms befindet sich in einem Zustand, der in krassem Gegensatz zu der kulturellen und historischen Bedeutung des Orts steht. Die vorhandenen Gebäudestrukturen stehen oft zusammenhangslos nebeneinander und sind kaum raumbildend wirksam, so daß sich die urbane Textur in weite, ungegliederte Räume auflöst, die fast landschaftlichen Charakter annehmen. Der desolaten städtebaulichen Gesamtsituation steht die Vielfalt und Qualität der vorhandenen Stadtfragmente gegenüber:

Es gibt Objekte von hoher kultureller und historischer Bedeutung, wie den Dom und das Kloster »Unserer lieben Frauen«. Daneben gibt es aber auch unterschiedlichste Typen profaner Bauten für Wohn- und Gewerbenutzung. Sie sind alle prototypische Grundelemente unterschiedlicher Stadtmodelle des Mittelalters und des Barocks, der Stadt des 19. Jh. und der Stadt der Wiederaufbauzeit. In dem dichten, kontrastreichen Gegeneinander dieser gebauten Stadtideen liegt die latente Qualität des Wettbewerbsgebiets.

Das Entwurfskonzept bezieht sich auf die vorhandenen Stadtfragmente und ergänzt sie. Es werden drei städtebauliche Bereiche identifiziert, die jeweils einen bestimmten Stadttypus

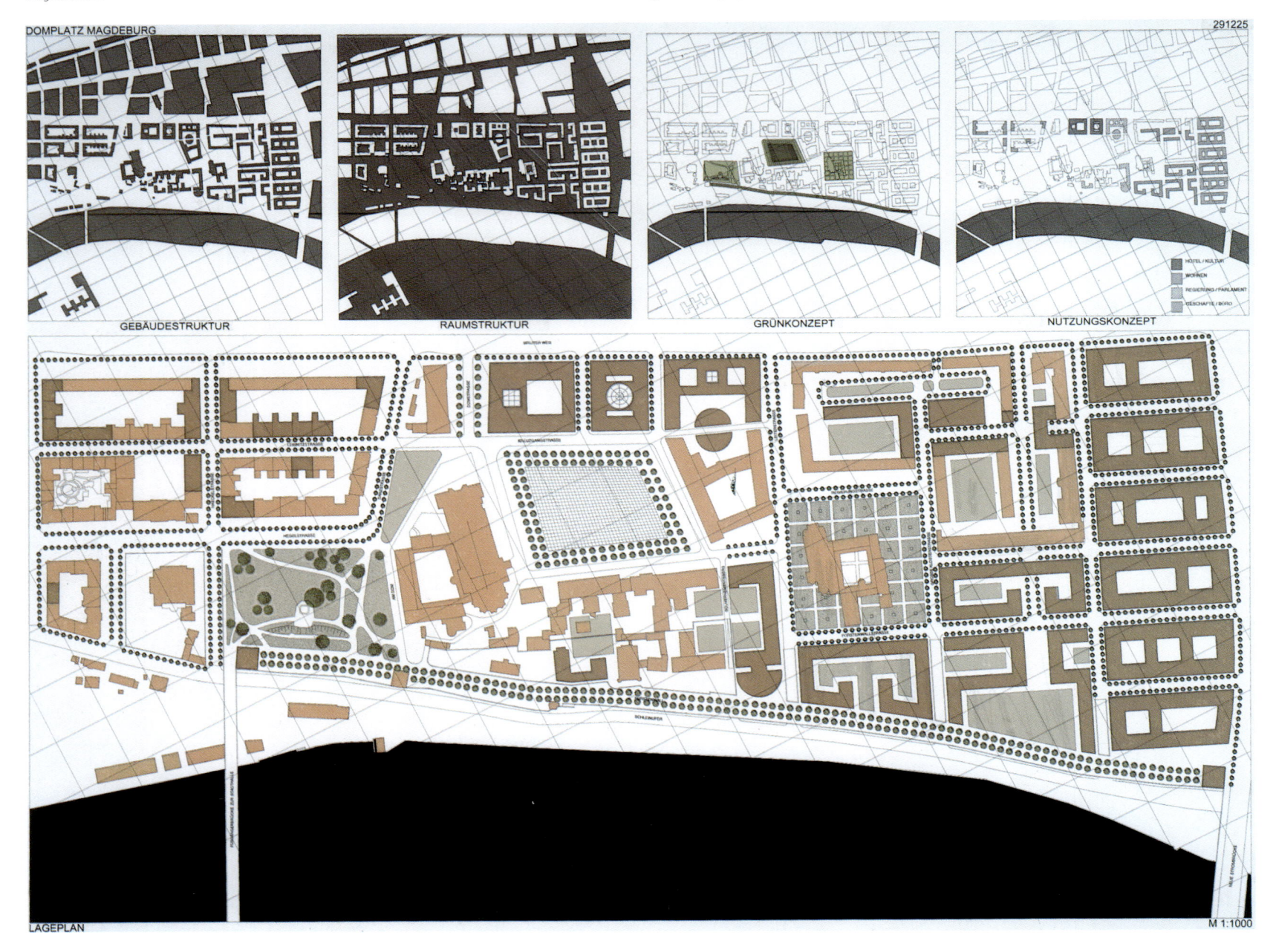

Ansichten; Ansicht von der Elbe.

repräsentieren: Der Dombezirk, die Wohnbebauung um das Kloster »Unserer lieben Frauen« und die Gründerzeitbauten südlich des Doms. Kennzeichen sind ein spezifischer Bebauungstyp und eine eigene Art der Raumbildung. In einem zweiten Schritt werden Neubauten ergänzt, die die jeweilige Syntax der Raum- und Blocktypologie aufnehmen. So entstehen drei Quadrate unterschiedlicher Identität, die jeweils um eine eigene räumliche Mitte organisiert sind.

Der Dombezirk als zentrales Quartier wird so ergänzt, daß der Platz wieder klar gefaßt und die Großform der Bebauung zur Elbe hin vervollständigt wird. Die Neubebauung nimmt dabei das Konzept des Pochéblocks auf, das die bestehenden Bauten charakterisiert. Sie besteht aus vier Bauten, die den funktionalen Anforderungen des Ortes entsprechen: Das Hotel an der Domstraße bietet eine repräsentative Unterkunft für Besucher des Domplatzes und Gäste der Staatsregierung. Ein Museum dient der Dokumentation der Geschichte des Dombezirks und seiner kulturellen Bedeutung. Das Abgeordnetenhaus am Breiten Weg ergänzt das bestehende Regierungsgebäude und schafft zusätzliche Flächen für Parlament und Regierung. Im neu entstandenen Hof befinden sich eine Bibliothek und ein Café. Der Baukomplex am Fürstenwall wird durch das Parlamentsgebäude vervollständigt. Der Plenarsaal ist als halbrundes Volumen zum Fluß hin

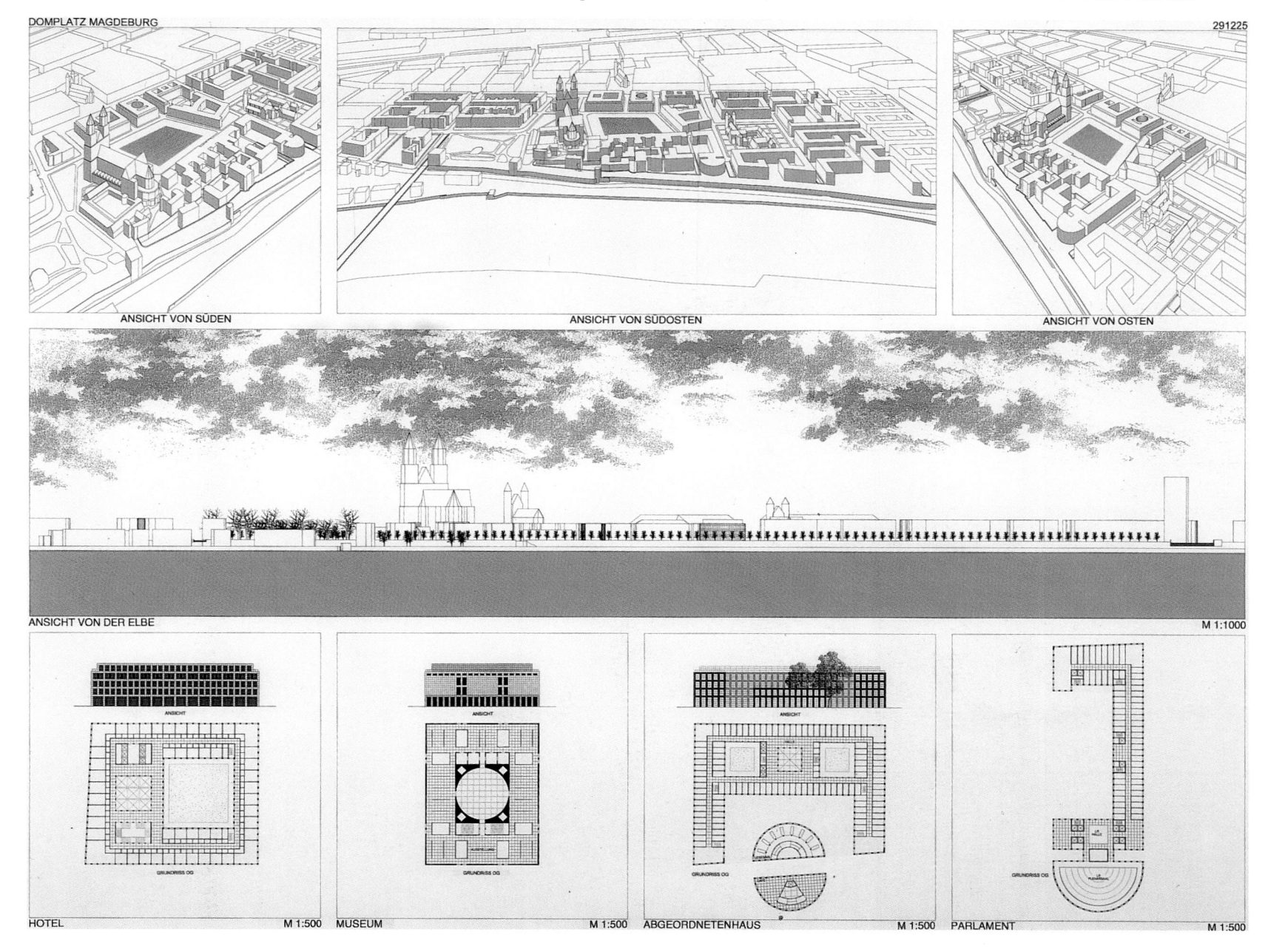

Skizze Lageplan mit
Grünflächen; Studien zum
Museum.

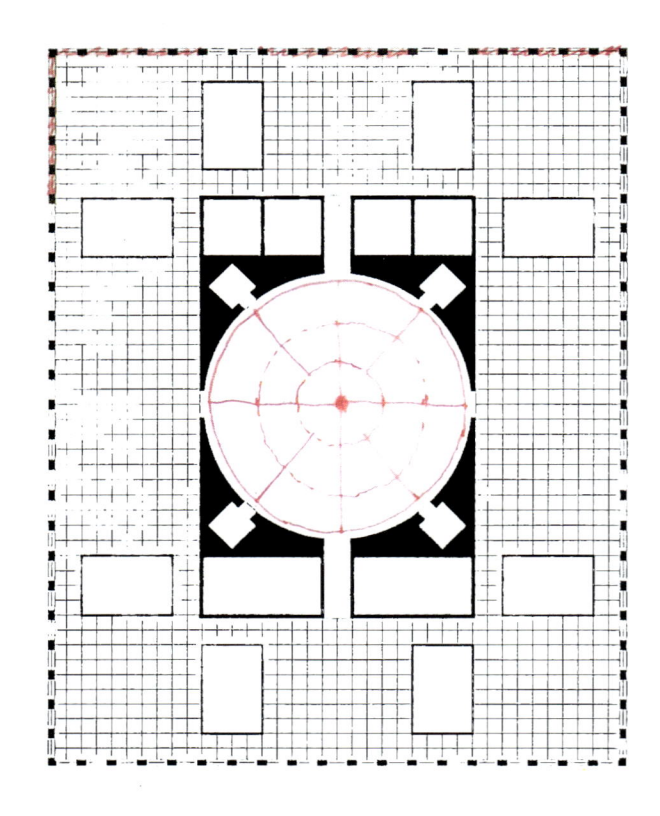

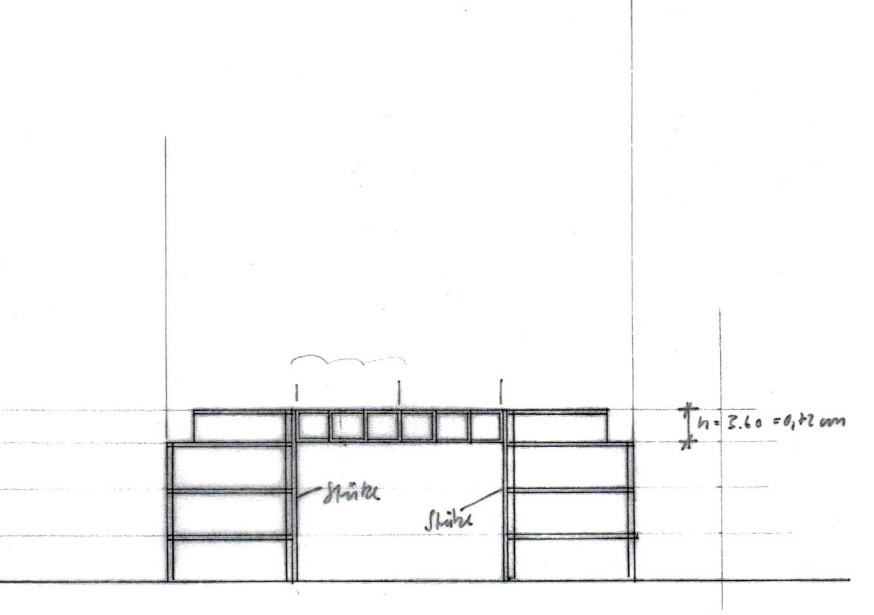

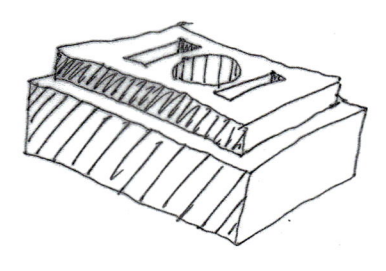

gegenüberliegende Seite
Grundriß und Entwurfs-
skizze Parlament; Nutzungsdiagramme; Ansicht Modell.

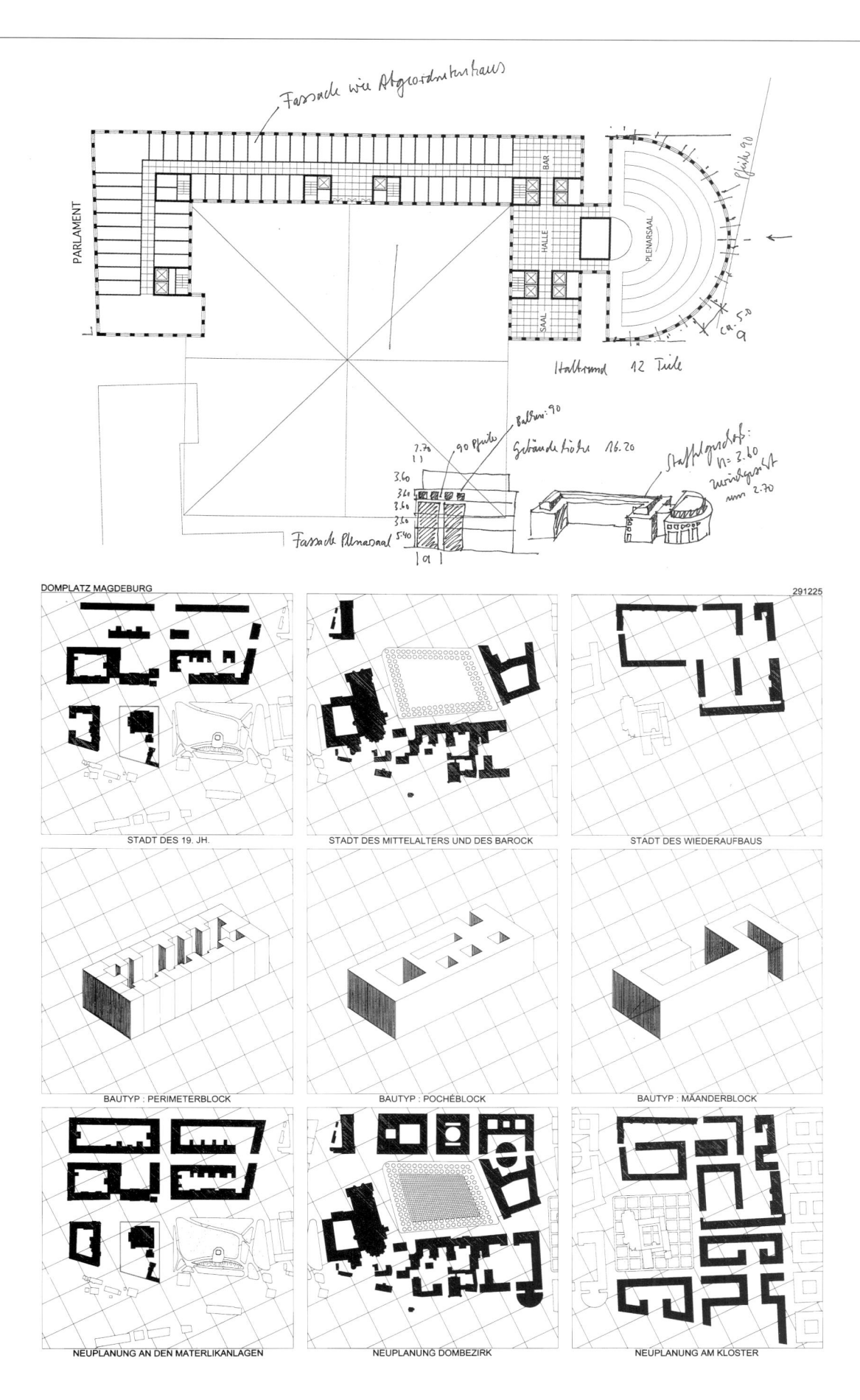

orientiert. Im Sockel des Gebäudes befinden sich Parkgaragen. Um das Kloster »Unserer lieben Frauen« wird die offene, zeilenartige Bebauung aus der Zeit des Wiederaufbaus zu mäanderförmigen Blocks ergänzt und bis zum Fürstenwall weitergeführt. In der Mitte liegt ein Skulpturenpark, der die Klosteranlage gleichsam als ein Objekt aufnimmt. Die Neubauten enthalten Wohnungen, Läden und Restaurants in den Erdgeschossen. Der Block am Parlamentsgebäude nimmt Abgeordnetenwohnungen auf. Südlich des Domplatzes, an den Materlikanlagen, ist die Stadterweiterung des 19. Jahrhunderts mit ihrem orthogonalen Straßenraster und den parzellenweise bebauten Perimeterblocks noch deutlich erkennbar. Diese Blocks werden vervollständigt und die Straßenüberbauung im Bereich Leibniz-/Danzstraße entfernt. Analog zu diesen drei Quartieren wird für den zentralen Innenstadtbereich entlang der Ernst-Reuter-Allee ein weiterer Blocktypus vorgeschlagen, der hochverdichtete Geschäfts- und Büronutzung enthält. Zusammengebunden werden diese Stadtbausteine einerseits durch ein vervollständigtes Straßennetz und die räumliche Beziehung der drei zentralen Grünräume zueinander. Andererseits erhalten sie durch die Wallpromenade in der Elbansicht eine gemeinsame Basis. Die bestehende Wallpromenade wird dabei bis zur Neuen Strombrücke verlängert. Das notwendige Anheben des Terrains erfolgt durch einen gebauten Sockel, der Parkgaragen aufnimmt. Das südliche Ende der Promenade bildet eine neue Fußgängerbrücke, die Regierungsviertel und Stadthalle verbindet.

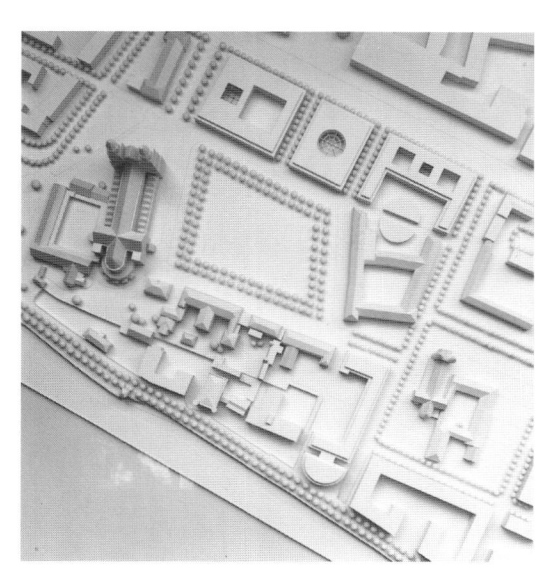

Entwurf
Alfred-Wegener-Institut, Potsdam, 1993–1998

Mitarbeit: Tobias Scheel, Karl-Heinz Winkens, Birgit Schindler

Die Forschungsstelle Potsdam des Alfred-Wegener-Instituts für Polar- und Meeresforschung (AWI) in Bremerhaven hat 1992 ihre Arbeit begonnen und soll das wissenschaftliche Potential der Antarktisforschung der ehemaligen DDR erhalten und weiterentwickeln. Hauptarbeitsgebiete sind geowissenschaftliche Studien am Rand der Inlandeise und in den Permafrostgebieten sowie die Physik und Chemie der Atmosphäre über den polaren Landmassen, die das bisher auf die Meere orientierte Forschungsprogramm des AWI ergänzen. Die ostdeutschen Polarforscher widmen sich nicht mehr nur der Antarktis, sondern verstärkt auch der Arktis, weil dort der Schlüssel zum Verständnis des Klimageschehens in Europa liegt.

Beim Neubau handelt es sich um eine Erweiterung sowie um Lagerflächen für zu verzollende Güter, Geräte und Chemikalien. Beide Gebäude erhalten oberirdische Parkplätze. Außerdem ist ein zentraler Pausenraum vorgesehen. Der Entwurf für die Erweiterung auf dem Telegraphenberg bezieht seine Lage und Gestalt aus den funktionalen Erfordernissen eines Labor- und Verwaltungsbaus, jedoch vor allem aus einer Auseinandersetzung mit dem vorhandenen Gelände und seinen denkmalwerten Bauten für Wissenschaft und Forschung. Der neue Baukörper ergibt sich aus einem scheinbar zufälligen und doch geordneten Durcheinander von Solitärbauten, die einen Gesamtorganismus erzeugen. Städtebauliches Hauptmerkmal ist die Anordnung von solitären Baukörpern, welche in Achsenbeziehungen zu benachbarten Gebäuden treten und Einzelensembles bilden. Diese stehen durch ein übergeordnetes Achssystem in einem räumlichen Zusammenhang, so daß sich zusammen mit ihrer jeweiligen topographischen Lage ein spannungsreiches einzigartiges Gesamtbild ergibt. Provisorische Erweiterungsbauten stören diese Anordnung empfindlich, anstatt sie zu bereichern. Folgende denkmalpflegerischen Aspekte sind zu berücksichtigen: Der Neubau soll den Berg nicht dominieren, sondern in einer moderaten Höhenlage die bestehende Gebäudeanordnung sinnvoll bereichern und im Volumen und in der Höhenentwicklung auf den Bestand abgestimmt werden. Am Rand des eigentlichen Institutsgeländes gelegen, bildet der Erweiterungsbau eine nun definierte Kante des Telegraphenbergs im Osten.

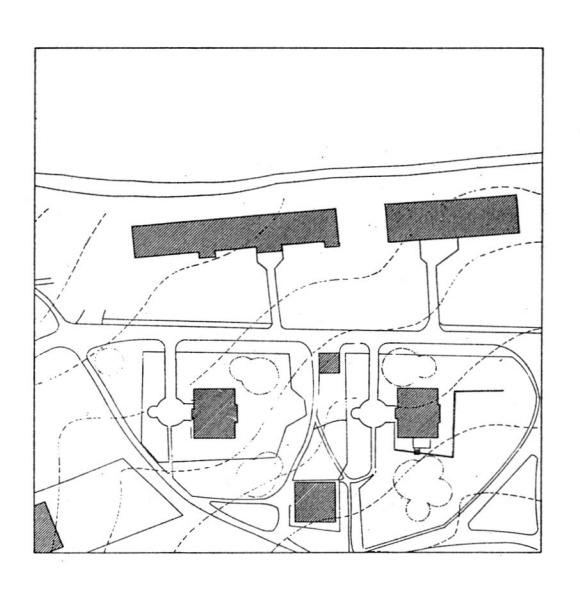

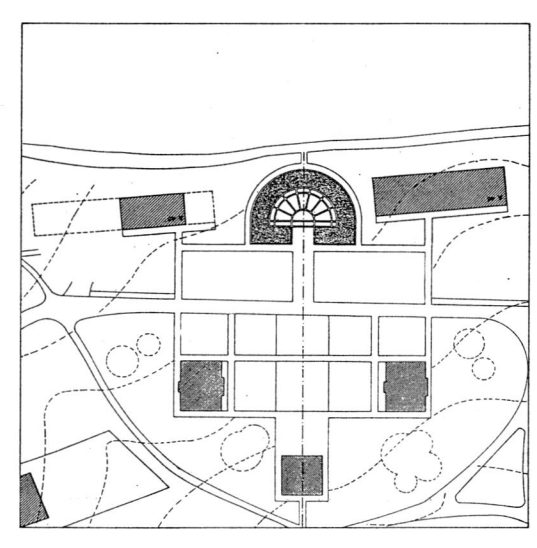

Historischer Plan um 1890; Isometrie mit Neuplanung; Baustufen.

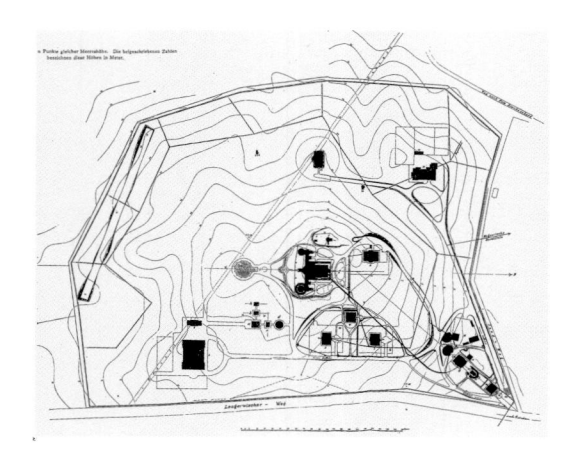

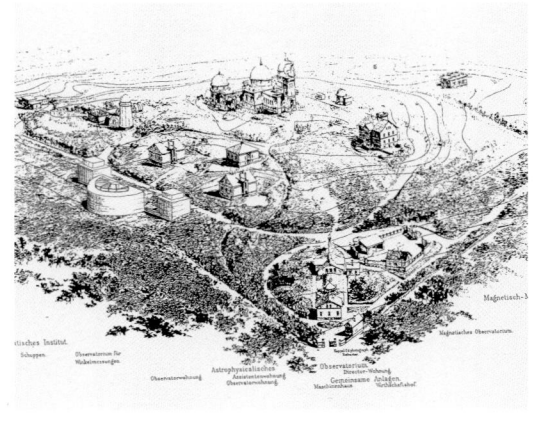

Grundrisse auf verschiedenen Ebenen.

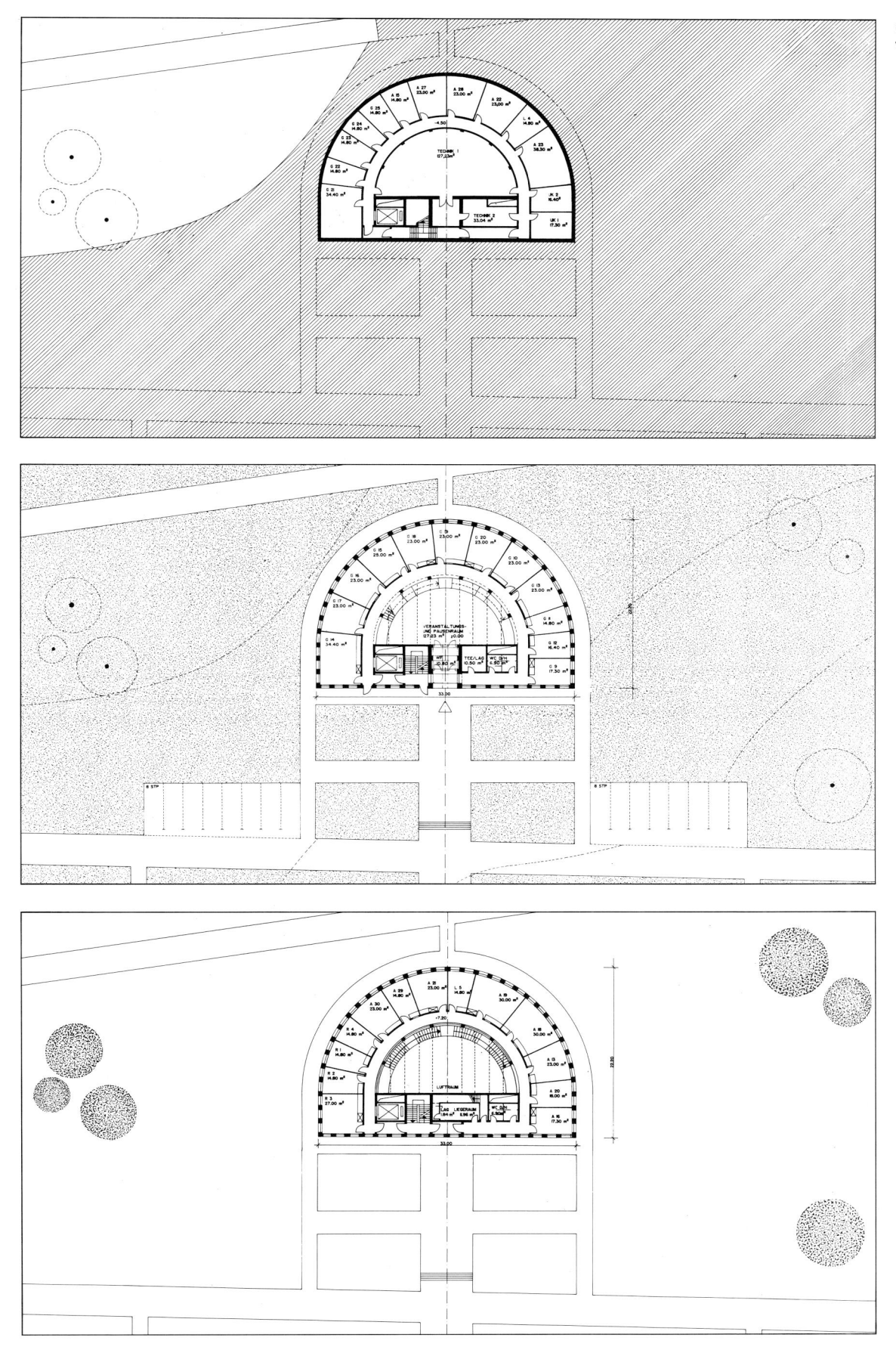

Schnitt und Ansichten.

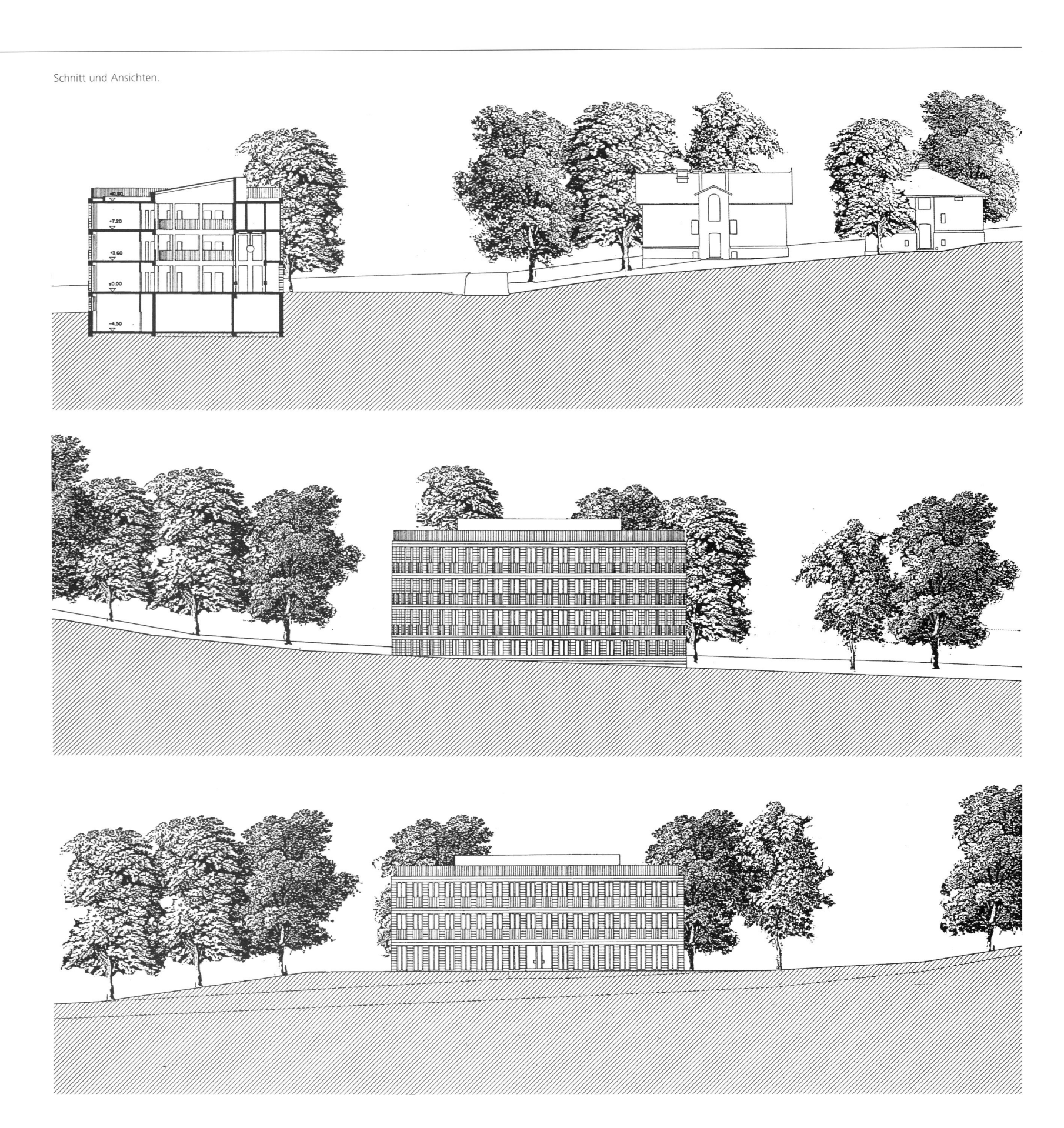

**Wettbewerbsentwurf
Erweiterung der Königlichen
Porzellan-Manufaktur KPM,
Berlin, 1993**

mit Stefan Vieths

Mitarbeit: Don Dimster, Axel Steudel, Johannes Götz, Frank Wieschemann

Das Gelände der Königlichen Porzellan-Manufaktur bildet im städtischen Gefüge Berlins einen zentralen Gelenkpunkt, der charakterisiert ist durch die Lage an der Straße des 17. Juni, der großen städtischen Achse Berlins, die hier von der S-Bahn gekreuzt wird, sowie durch die Grenzsituation zwischen der dichten Bebauung Charlottenburgs und der landschaftlichen Weite des Tiergartens und durch die Position des Areals zwischen Spree und Landwehrkanal. Diese Grenz- und Kreuzungssituation findet ihre Entsprechung in der morphologischen Struktur der vorhandenen Bebauung: Es treffen hier Bauten unterschiedlichster Typologie, Nutzung und Orientierung unvermittelt aufeinander: Die alte KPM-Bebauung aus dem 19. Jahrhundert besteht aus den

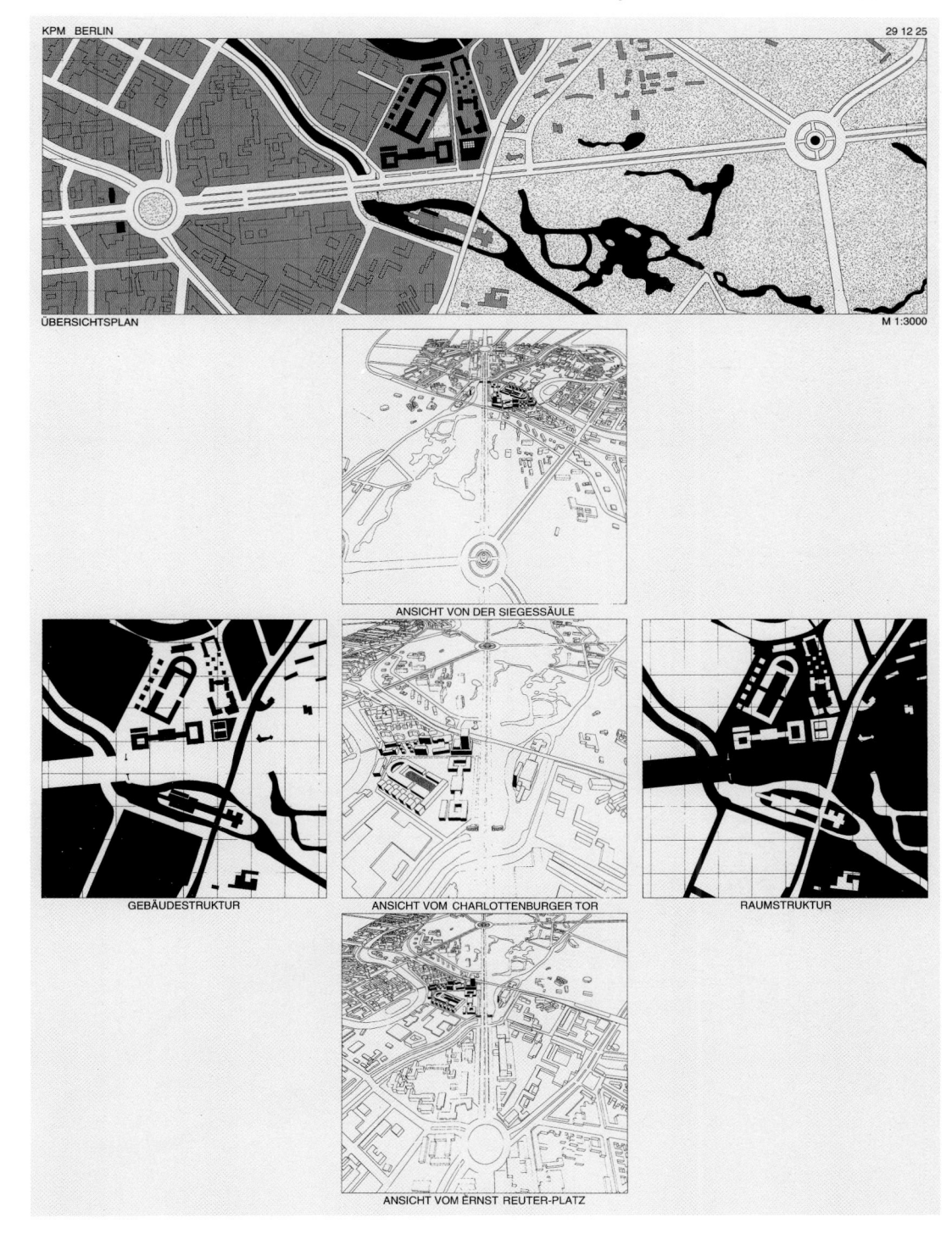

Übersichtsplan; Ansichten und Nutzungsdiagramme.

Lageplan.

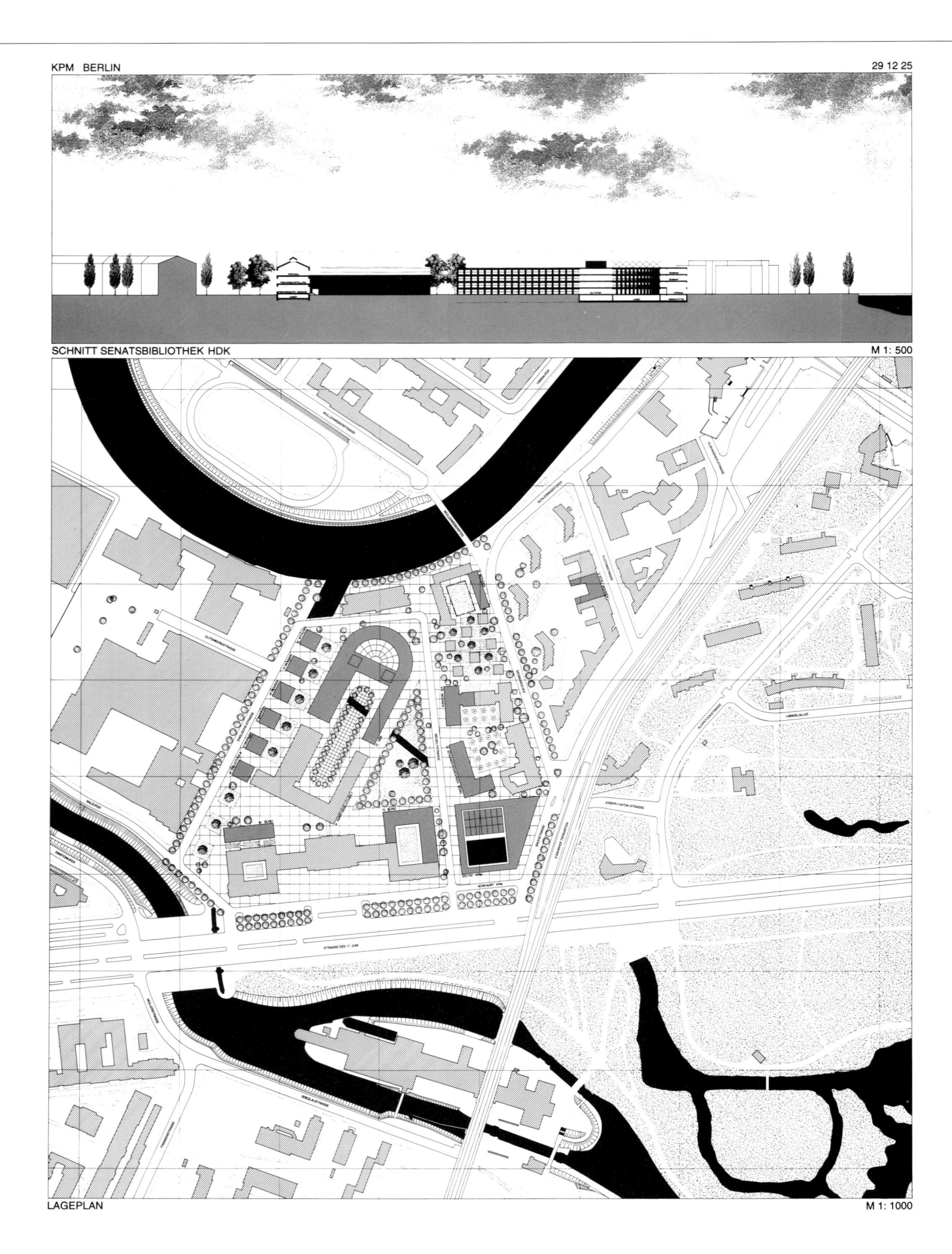

KPM BERLIN   29 12 25

SCHNITT SENATSBIBLIOTHEK HDK   M 1:500

LAGEPLAN   M 1:1000

Entwurfsskizzen.

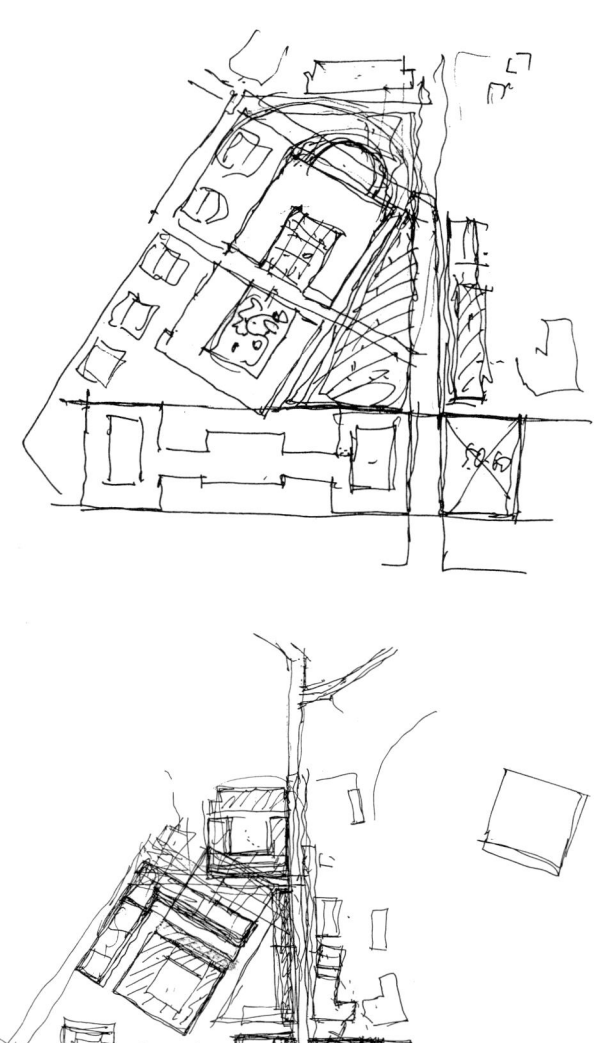

Gewerbebauten westlich des Areals und ihren Ergänzungsbauten aus den fünfziger Jahren. Die Wohnhäuser am Siegmunds Hof umfassen ein ganzes Kompendium an Wohnungstypen aus dem 19. Jahrhundert bis in die fünfziger Jahre und lehnen sich in ihrer Grundhaltung an die aufgelockerte Bebauung des östlich angrenzenden Hansaviertels. Das freistehende Universitätsinstitut an der Spree stammt aus den siebziger Jahren; das Ernst-Reuter-Haus ist ein exemplarisches Beispiel für einen repräsentativen Verwaltungsbau aus der Jahrhundertwende, der sich eindeutig an der Straße des 17. Juni orientiert. Diese Fragmente sind zum Teil von hoher Qualität und stellen – jedes für sich – eine spezifische Idee von Stadt und somit Berliner Geschichte dar. Das unvermittelte Nebeneinander dieser gegensätzlichen und individuellen Objekte bildet ein bauliches und räumliches Potential, das die Basis des Entwurfskonzepts darstellt.

Das vorgeschlagene Konzept akzeptiert die fragmentarische und widersprüchliche Struktur der Bebauung als städtische Qualität und thematisiert sie. Anstatt einer vereinheitlichenden Systematik werden die Zufälligkeiten des Bestehenden zum Anlaß genommen, in Anknüpfung an Schinkels Planungskonzept für die Spreeinsel eine städtebauliche Komposition aus Solitären zu entwickeln. Dabei wird das Zufällige in eine rationale Komposition eingebunden und die vorhandenen Fragmente zu städtebaulichen Einheiten vervollständigt und durch neue Objekte ergänzt. Dieses Konzept erlaubt ein kontinuierliches Fortschreiten der Bautradition, indem es das Vorhandene weitgehend erhält und in ein neues Gesamtkonzept überführt. Zudem wird eine Gebäude-

Grundriß Erdgeschoß;
Entwurfsskizze.

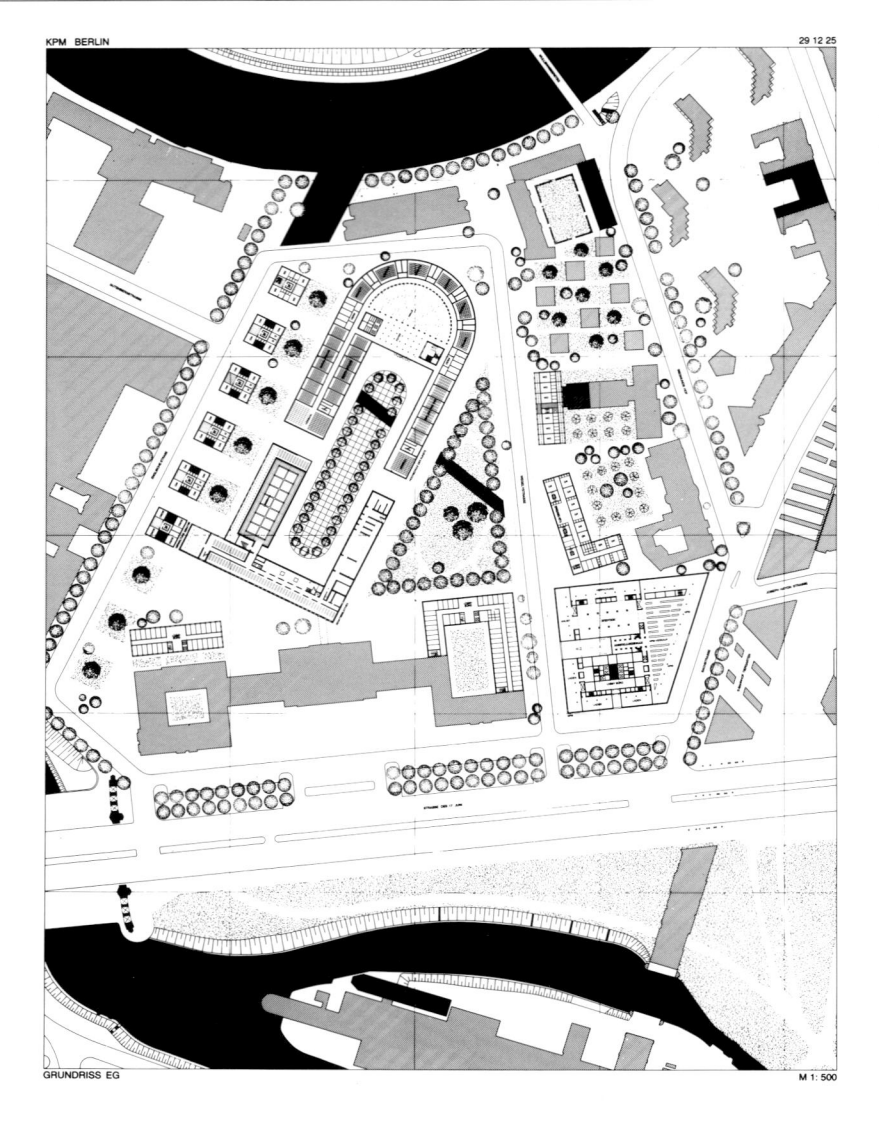

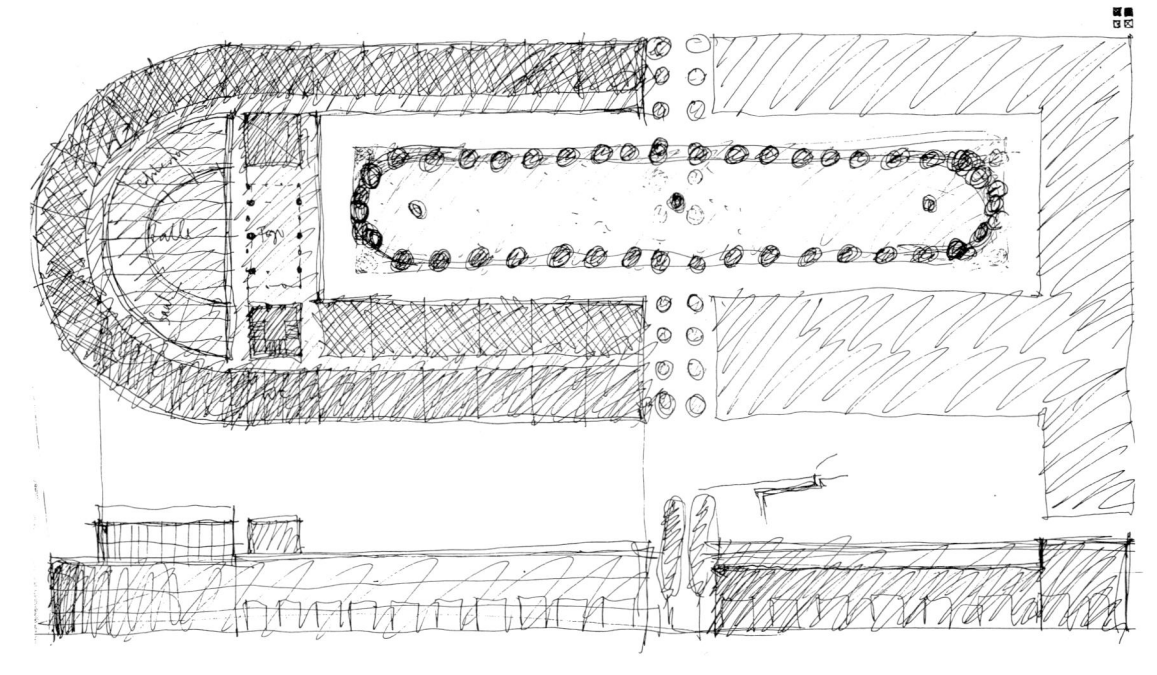

typologie ermöglicht, die in ihrer Vielfältigkeit den geplanten Nutzungen Rechnung trägt. Analog dazu entsteht eine Typologie präziser Außenräume, vom Garten über den Innenhof bis zum Campus.

Die Mitte bildet ein dreieckiger Raum, das heißt ein von Solitärbauten definierter begrünter Freiraum. Er bindet die bereits vorhandenen Studentenwohnungen mit der Hochschule der Künste (HdK) und der Senatsbibliothek zu einem neuen eigenständigen Hochschulstandort zusammen, der die anderen Einrichtungen in der näheren Umgebung ergänzt. Im einzelnen wird die städtebauliche Komposition von Solitären gebildet, die jeweils einen spezifischen Gebäudetyp darstellen. An der städtebaulich prägnanten Eingangssituation zum Tiergarten wird ein Turmhaus, der KPM-Turm, vorgeschlagen. Der Bezug zum Ernst-Reuter-Haus wird durch einen Sockel hergestellt, in den zwei unterschiedliche Baukörper eingestellt sind: der schlanke Büroturm und der geschlossene Kubus der Ofenhalle. Das Hippodrom ist ein Bauensemble mit einem langgestreckten, hippodromartigen Innenhof, das auch das U-förmige KPM-Gebäude einbezieht und Senatsbibliothek und HdK aufnimmt. Das Ernst-Reuter-Haus als repräsentative Doppelhofanlage wird durch Anbauten vervollständigt, die ebenfalls der Büronutzung dienen. Der westliche Riegel ist als Ersatzbau für das freigehaltene Grundstück der Deutschen Bahn an der Englischen Straße vorgesehen. Die Blockrandbebauung am Siegmunds Hof wird mit einem zweiten Winkel zum Doppelwinkel zu einem Hof ergänzt. Die achtgeschossige Scheibe wird mit einer zweiten Scheibe zu einem H-förmigen Ensemble vervollständigt. Westlich des Hippodroms sind sechs Stadtvillen geplant, die hauptsächlich Wohnungen beinhalten und die Anlage zur Englischen Straße hin abschließen. Die geforderte Nutzungsmöglichkeit für KPM wird in einem Turm an der Straße des 17. Juni konzentriert, so daß zusammen mit dem Turm des Forschungsinstituts von Ludwig Leo ein städtisches Tor zum Tiergarten entsteht. Diese Gebäudekonzeption bietet etliche Vorteile: Die KPM erhält ein städtebaulich signifikantes Gebäude, das der historischen Bedeutung des Unternehmens für Berlin gerecht wird. Die repräsentative Lage an der Straße des 17. Juni und am S-Bahnhof Tiergarten wird durch Gewerbenutzung optimal genutzt. So werden die Wohn- und Institutsbauten im hinteren Grundstücksteil von

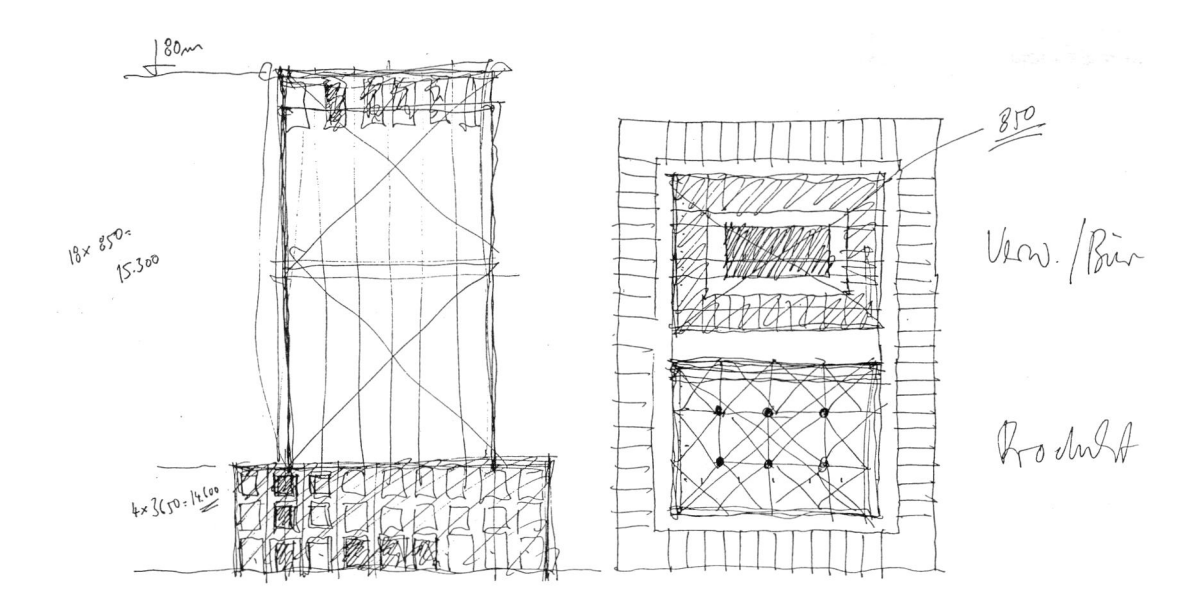

Störungen freigehalten. Die Nutzungsverdichtung in einem Turmhaus erlaubt es, einen großzügigen Campus anzulegen.

Typologisch betrachtet stellt der KPM-Turm eine Neuinterpretation des traditionellen Berliner Wohn- und Geschäftshauses dar, ein hybrides, multifunktionales Gebäude, das unter einem Dach verschiedenste Nutzungen aufnimmt: Der Turm enthält Büros und Wohnungen, im Sockelbereich befinden sich Produktions- und Ausstellungsräume, die über eine großzügige Treppenanlage miteinander verzahnt sind, so daß die Produktion der KPM zu einem Teil der Selbstdarstellung wird. Den Endpunkt der Treppe bilden ein repräsentativer Ausstellungsbereich und ein Restaurant, die sich auf eine große Dachterrasse mit Blick zum Tiergarten öffnen.

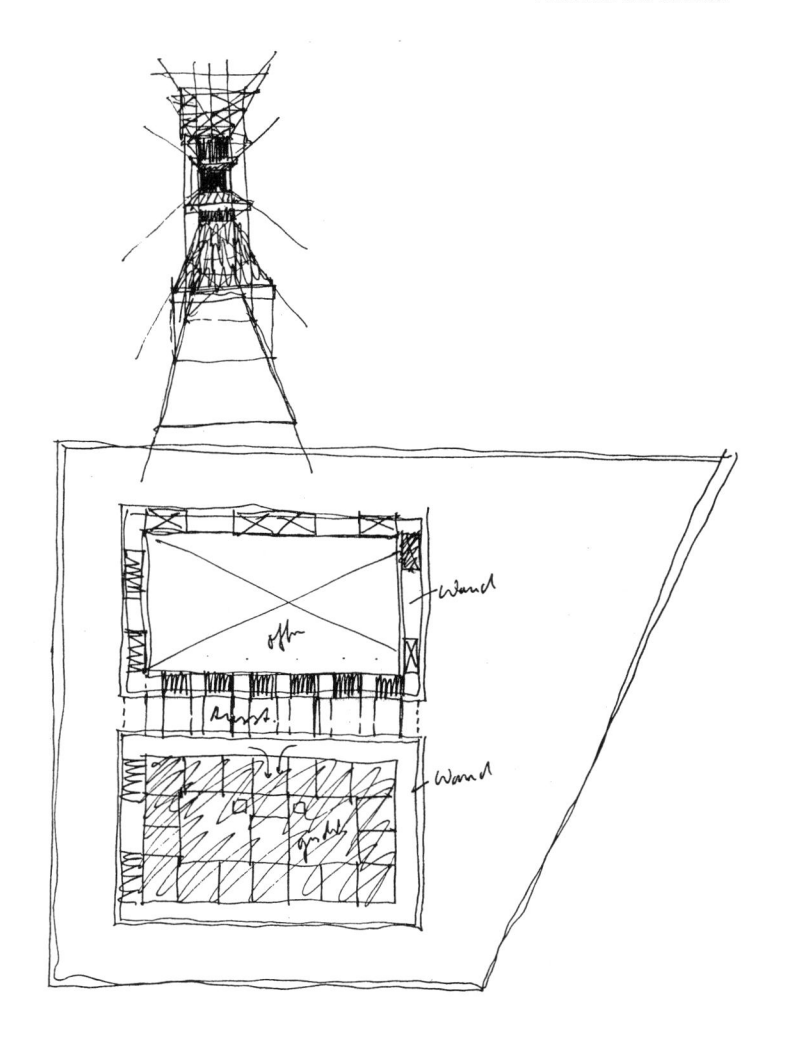

Entwurfsskizzen für den KPM-Turm; Grundrisse; Ansichten und Schnitte.

Wettbewerbsentwurf Spreeinsel, Berlin, 1993, 1994

mit Stefan Vieths

Mitarbeit: erste Phase: Peter Pfertner, Johannes Götz, Axel Steudel, Frank Wieschemann; zweite Phase: Peter Pfertner, Marvin Keim, Don Dimster, Kai-Uwe Lompa, Axel Steudel, Elke Stumm, Frank Wieschemann, Johannes Götz, Michel Laudert

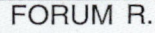

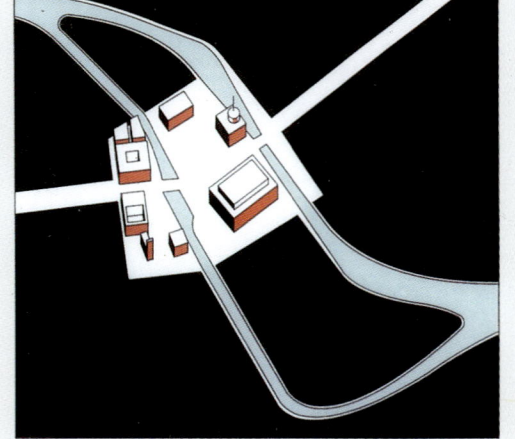

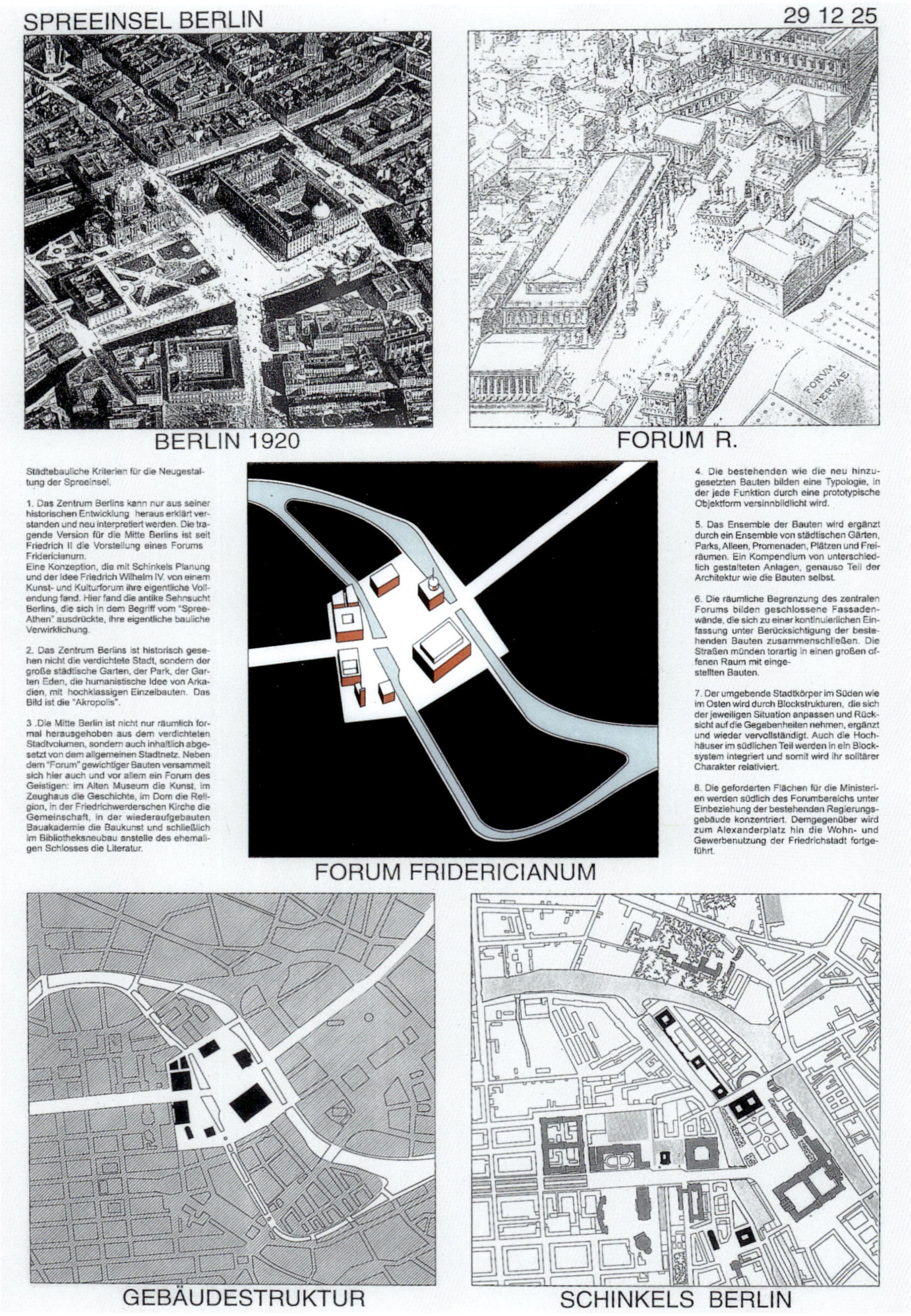

Die Spreeinsel ist ein Gebiet von grundlegender Bedeutung für das historische Zentrum Berlins – einer der frühesten Siedlungskerne und Platz des Schlosses der preußischen Könige. So kann das Zentrum Berlins nur aus seiner historischen Entwicklung heraus neu interpretiert werden. Die tragende Vorstellung ist seit Friedrich II. das Forum Fridericianum. Dieses Konzept wurde mit Schinkels Planung und der Idee Friedrich Wilhelms IV. von einem Kunst- und Kulturforum vollendet. Hier fand die Sehnsucht Berlins, ein »Spree-Athen« zu sein, ihre Vollendung – auch architektonisch mit einer Art »Akropolis«. Neben dem Forum politisch gewichtiger Bauten soll sich hier ein Forum des Geistigen bilden: Altes Museum, Zeughaus, Friedrichwerdsche Kirche, Bauakademie, ein Bibliotheksneubau.

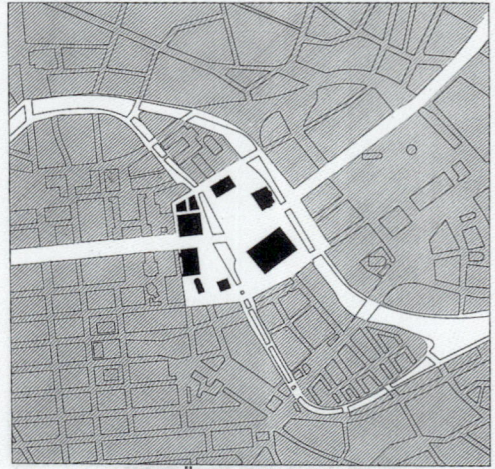

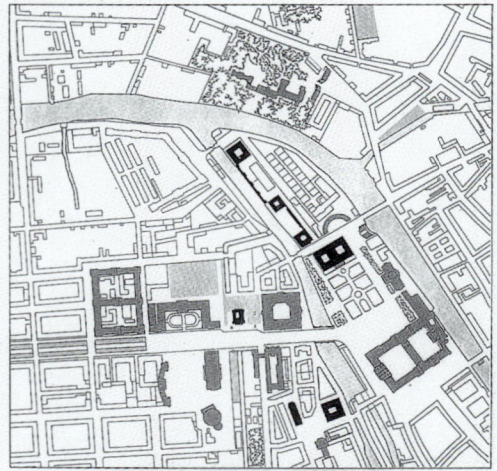

Im Wettbewerb soll eine Lösung der städtebaulichen Problematik für die zukünftige Mitte Berlins gefunden werden. Im Vordergrund steht die Frage, Abbruch oder Erhalt des Palasts der Republik und Wiederherstellung (Ersatz) des historischen Stadtschlosses. Der Palast der Republik, asbestverseucht und bereits zum Abbruch freigegeben, ist ein, wenn auch für viele fragwürdiges, aber trotzdem bedeutendes, nicht wegzudiskutierendes Zeugnis der DDR. Im großen Sitzungssaal wurde 1990 die historische Entscheidung für die Wiedervereinigung Deutschlands gefällt; er war Parlamentssitz, Kongreßzentrum und Showbühne in einem. Ein Haus des Volks, gebaut mit den größten Anstrengungen aller und sichtbarer Ausdruck eines Leistungsvermögens einer ganzen Generation vom Schicksal Benachteiligter. Der Erinnerungswert dieses Palasts ist unschätzbar und nicht zu verkennen. Das Schloß, nach dem Kriege noch als Ruine erhalten, mußte dem neuen Staatsbewußtsein weichen. Ein Wiederaufbau verbietet sich nicht nur aus Respekt vor der Geschichte, sondern auch aus technischen und ökonomischen Gründen. Attrappen können die Realität nicht ersetzen, und der schmerzliche Verlust läßt sich nicht durch schlechte Kopien aufheben. Der Wiederaufbau könnte nur durch Vernichtung des anderen historischen Dokuments stattfinden. Bei dieser Problematik möchte der Entwurf den Palast unter Denkmalschutz stellen und in seiner ursprünglichen Form erhalten. Im Sinne des ursprünglichen Entwurfs soll die Ästhetik im Inneren und Äußeren nicht angetastet und

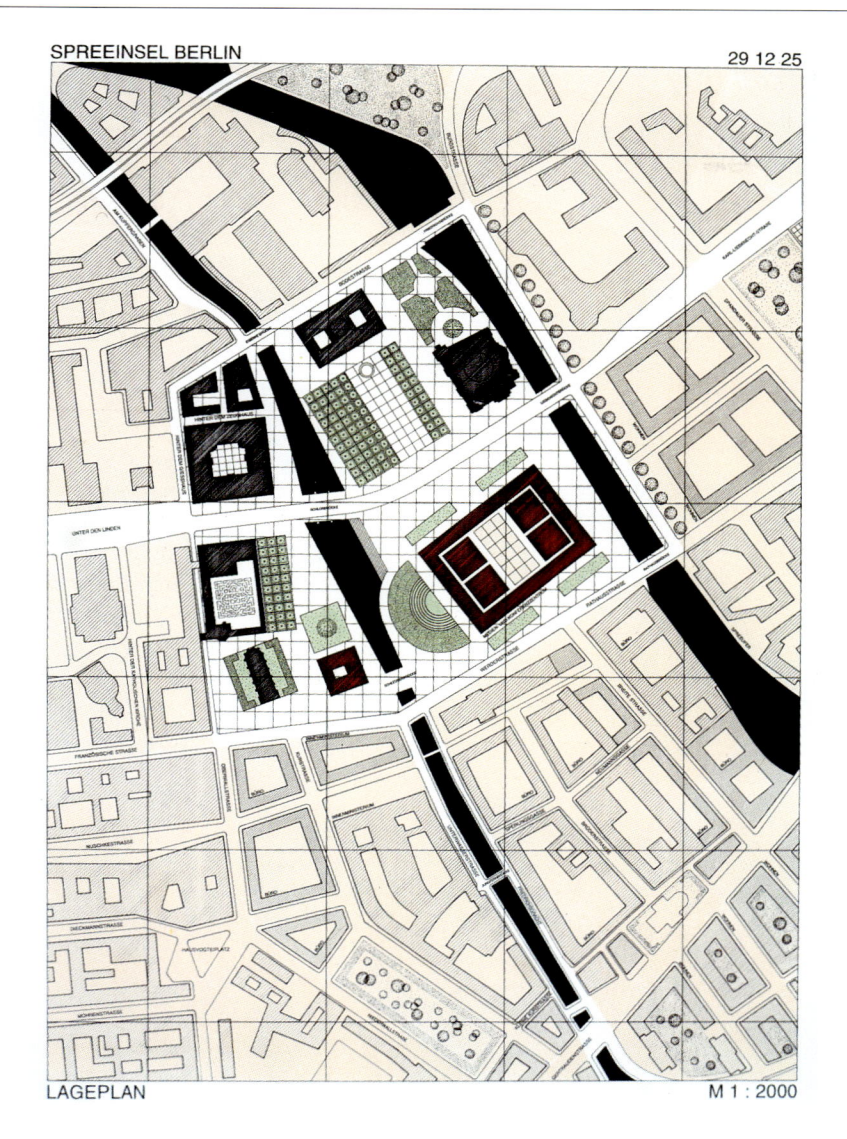

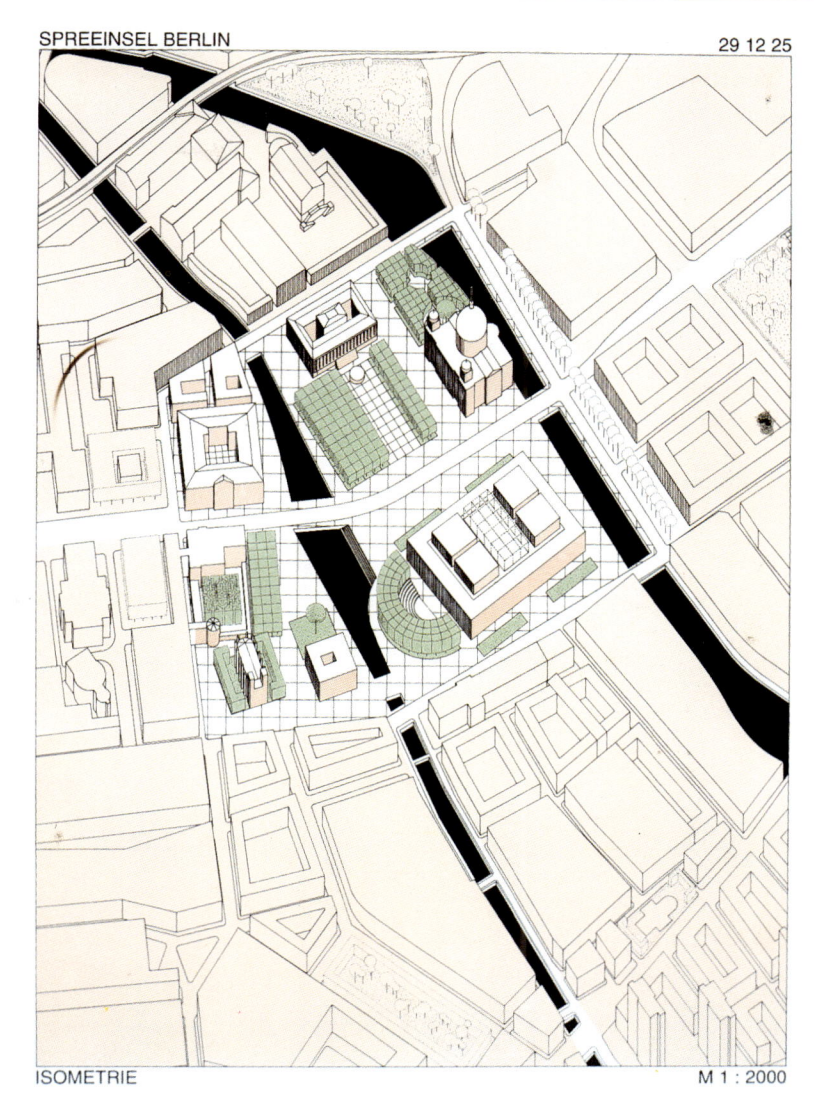

Lageplan und Isometrie.

gegenüberliegende Seite
Nutzungsdiagramme.

folgende Seiten
Lageplan mit Nutzungsdiagrammen; Grundriß Regelgeschoß und Erdgeschoß; Ansichten, Grundrisse und Schnitte durch Medienzentrum und Ministerien.

sorgfältig restauriert werden. Die monumentale Stellung des Palasts sollte aber relativiert werden, um ihn nicht als Solitär, sondern als Straßenblock in ein geschlossenes Stadtvolumen zu integrieren. Daher wird die Blockbebauung konsequent bis zur Straße Unter den Linden vorgezogen, damit sie zusammen mit der Stirnseite des Palasts einen geschlossenen Hintergrund zum Lustgarten bildet. So setzt sich das dichte Netz der Bebauung auf der Spreeinsel bis zu dieser Kante fort, und der Lustgarten erhält eine räumliche Fassung, in die die Solitärbauten Dom, Altes Museum und Zeughaus eingestellt sind.

Auch aus Rücksichtnahme auf die Geschichte verbietet es sich, den Grund des ehemaligen Schlosses zu bebauen, der daher in der Blockstruktur räumlich ausgespart bleibt und einen Negativ-Raum bildet. Der Platz des Schlosses zeichnet sich im Grundriß als ein offener, baulich allseits eingefaßter Raum ab, der als historischer Park genutzt werden kann und durch noch vorhandene Bauelemente (Säulen, Kapitelle, Basen) belebt wird. Das historische Kellergewölbe, in dem sich unter anderem der Staatsschatz befand, soll freigelegt und zugänglich gemacht werden. Vor allem aber soll das Eosandertor, das wohl noch erhalten ist und die Gestalt eines Triumphbogens hat, an alter Stelle aufgerichtet werden, und das Denkmal des St. Georgsritters soll wieder den ursprünglichen Platz im Innenhof einnehmen. Neben den großen Architekturrelikten auf der Museumsinsel – Pergamonaltar, Ägyptische Tempelanlagen, Ischtartor – entstünde hier ein weiteres Ausstellungsfeld für Architekturelemente der preussischen Vergangenheit. Die Verschmelzung von zwei sich in der Geschichte gegenseitig auslöschenden Ideologien zu einer stadträumlichen Einheit würde nicht nur den Prozeß des geschichtlichen Ablaufs in Szene setzen, sondern könnte auch dann noch

78

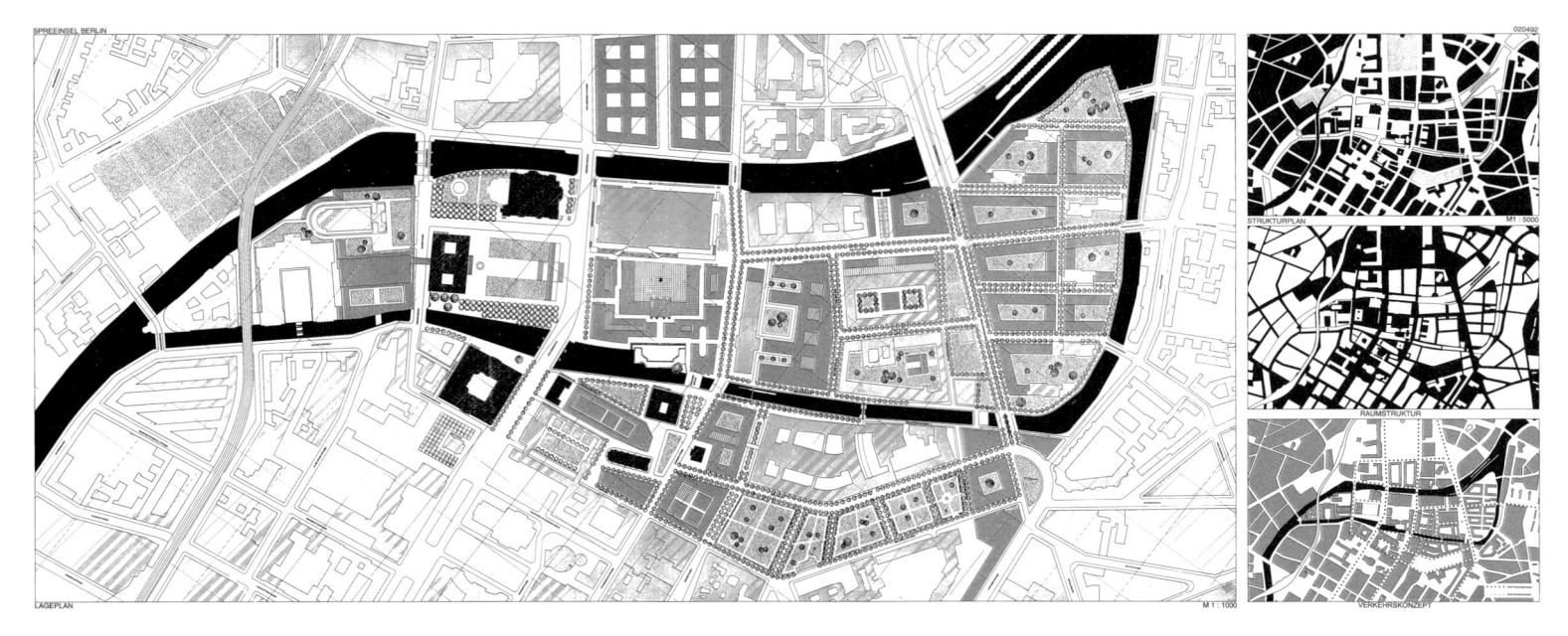

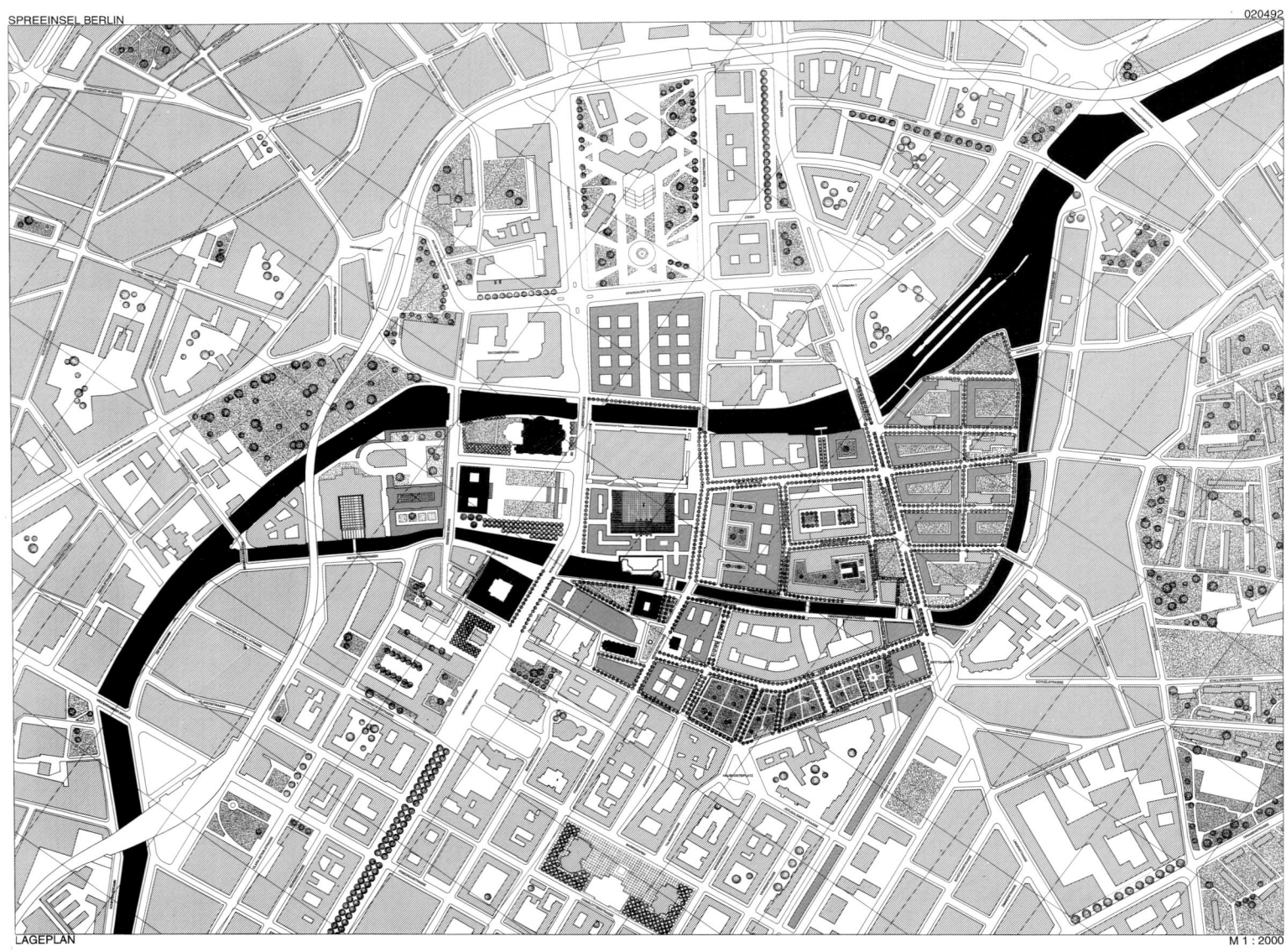

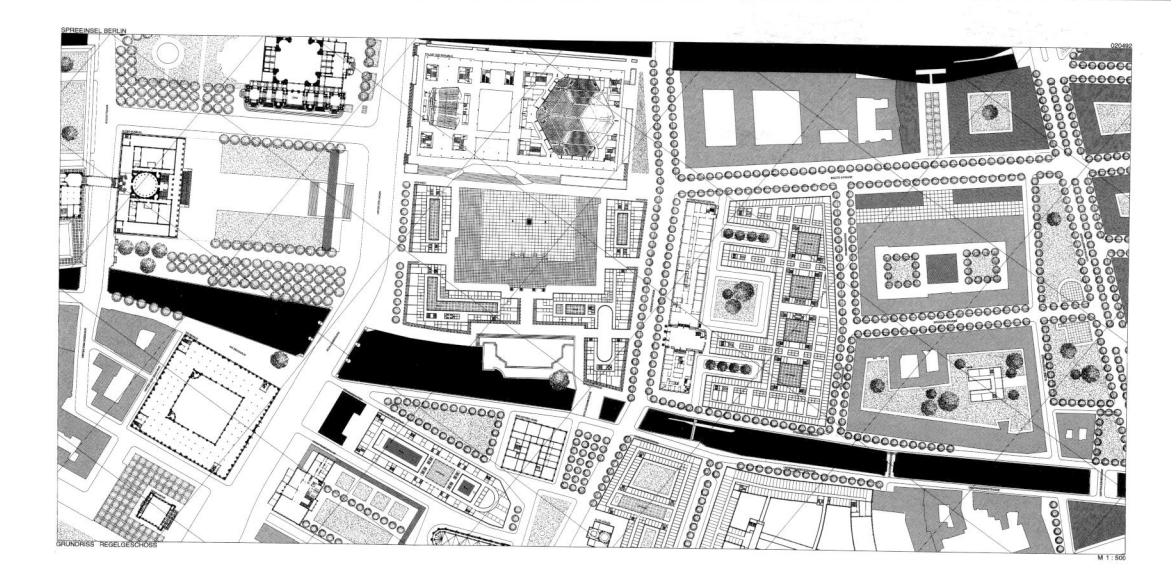

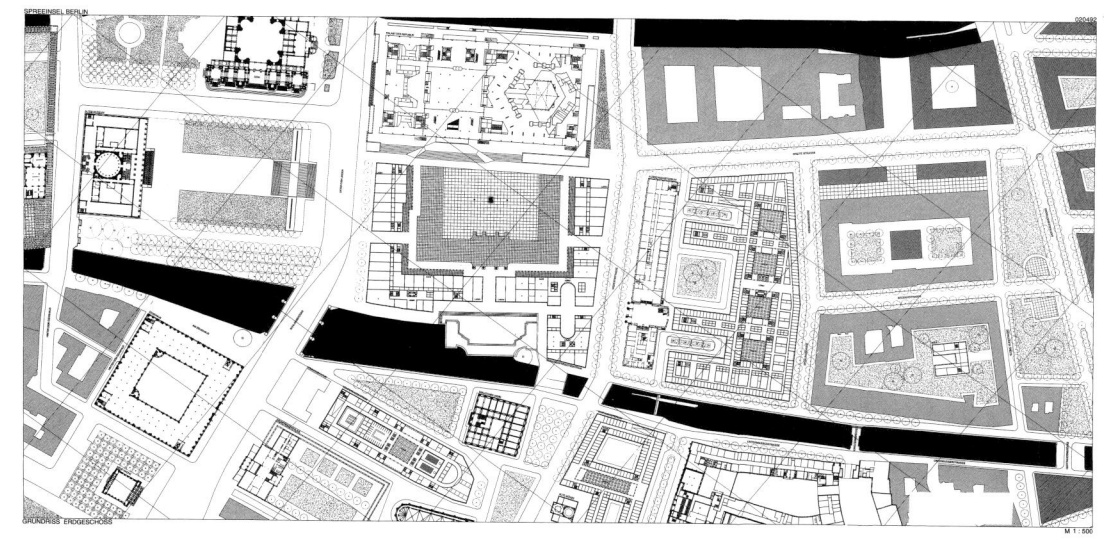

funktionieren, wenn sich die Abbruchverteidiger durchsetzen. Wenn man davon ausgeht, daß einerseits der Palast, aus welchen Gründen auch immer, abgebrochen würde, andererseits aber das Schloß aus ethischen oder sonstigen Erwartungen nicht wieder aufgebaut werden sollte, bleibt das Konzept des negativen Raums immer noch tragfähig. Der offene Raum in Form des Schloßgrundrisses wäre dann aus dem dichten Stadtvolumen als historischer Park ausgespart.

Der städtebauliche Gedanke für die Neuordnung der Spreeinsel beruht auf dem von Schinkel in seinem Berlin-Plan von 1851 vorgeprägten Konzept der in die allgemeine Stadtstruktur eingelagerten Solitärbauten. Schinkel hat durch vorsichtige Ergänzungen von Einzelbauten den allgemeinen Stadtgrundriß überhöht und ein wechselvolles Spiel zwischen architektonischen Höhepunkten und allgemeiner Straßenrandbebauung inszeniert. Im gleichen Sinne funktioniert der Entwurf: Solitärbauten wie die Friedrichswerdersche Kirche, das Staatsratsgebäude, zusammen mit der vorgeschlagenen Wiederherstellung der Kommandantur, der Bauakademie, der alten Münze, des Sockels für das Denkmal Wilhelms I. sowie einiger architektonischer Kleinode im Blockinneren bilden räumliche und architektonische Höhepunkte im profanen Stadtgefüge. Durch die Ergänzung zu geschlossenen Blöcken entsteht ein klares System aus öffentlichem Straßenraum, Blockrandbebauung und begrünten Innenhöfen. Das Staatsratsgebäude bildet mit dem Außenministerium einen vielfältigen

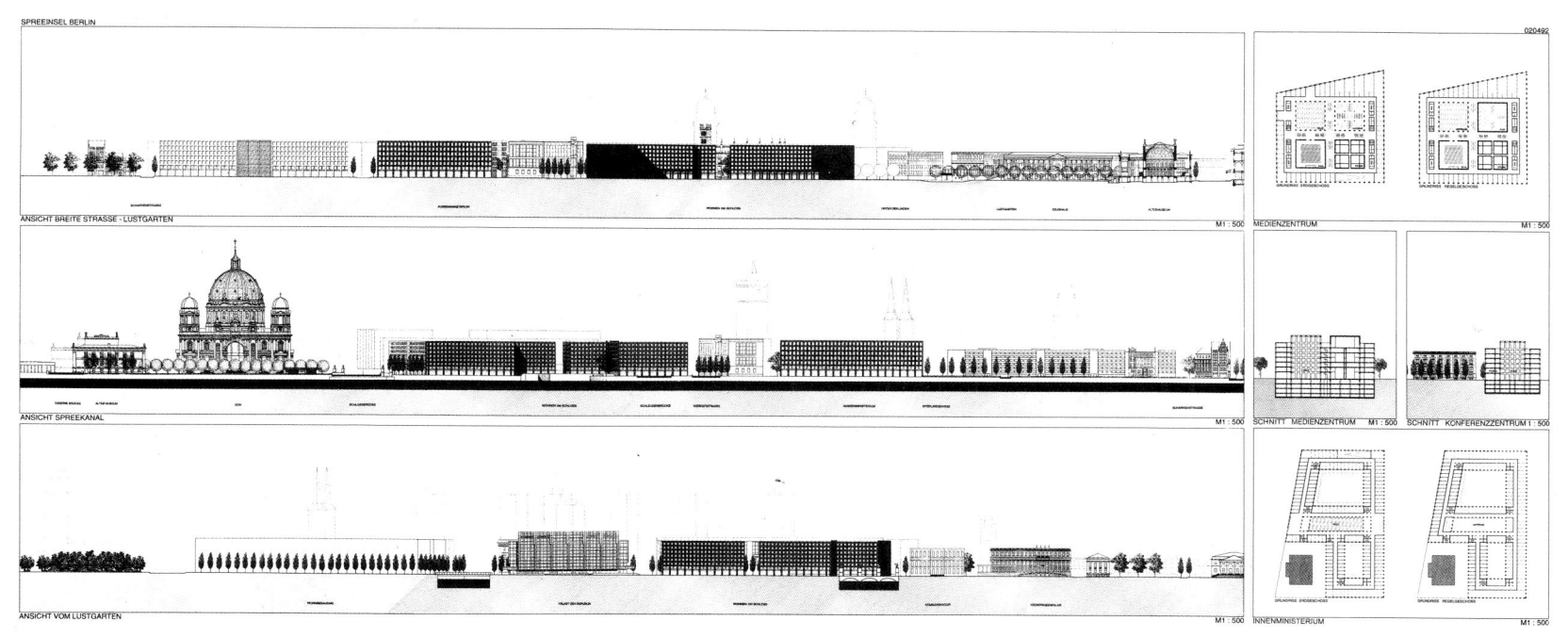

SPREEINSEL BERLIN

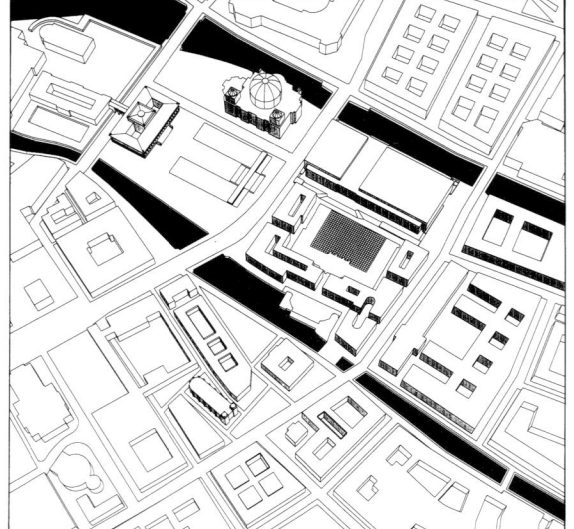

BLICK VON SÜDWESTEN 1. BA

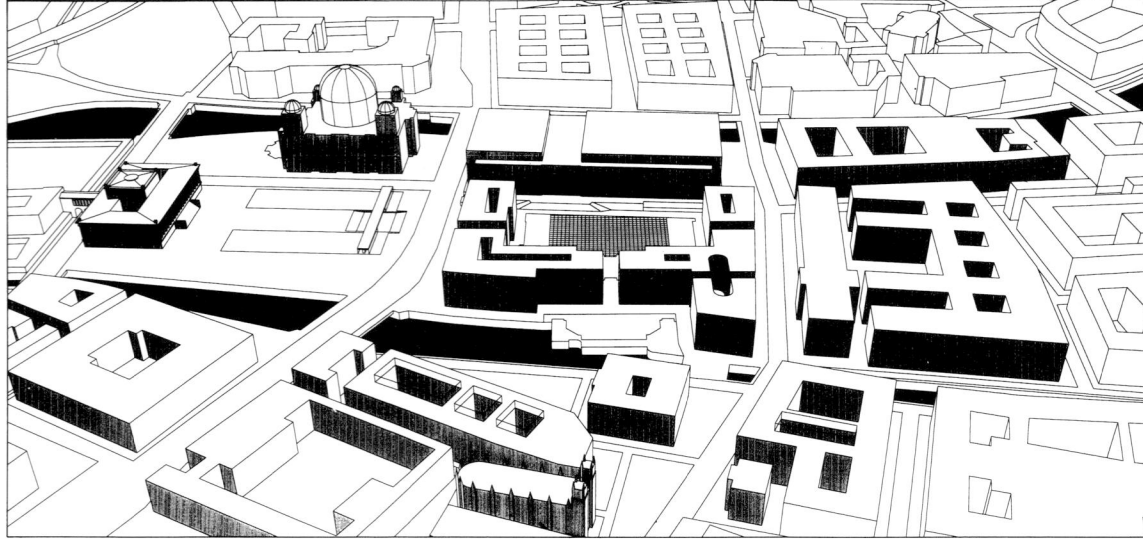

PERSPEKTIVE KUPFERGRABEN

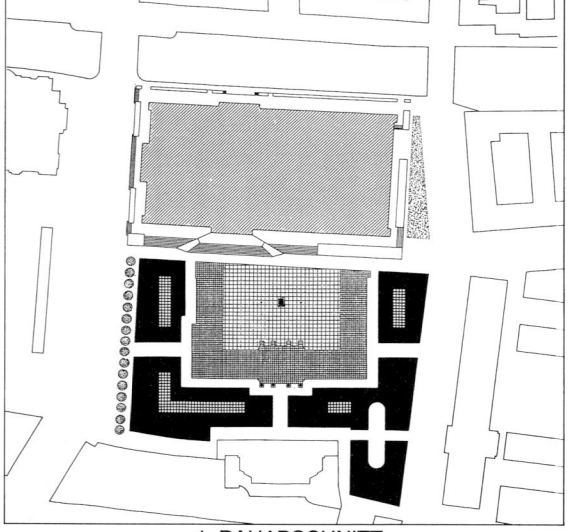

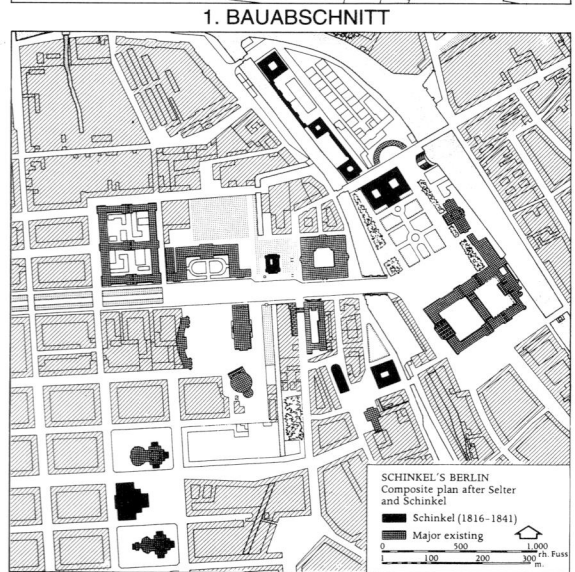

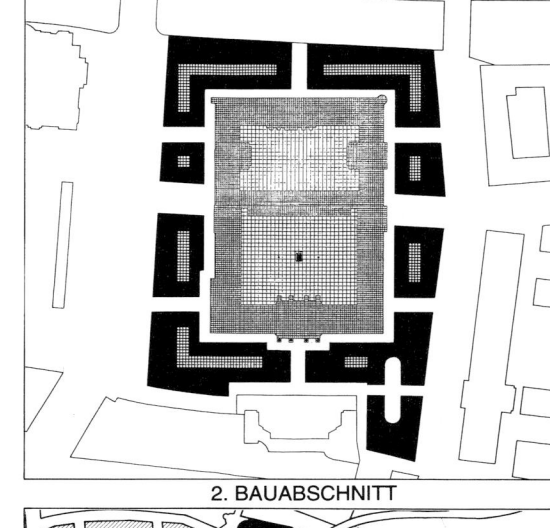

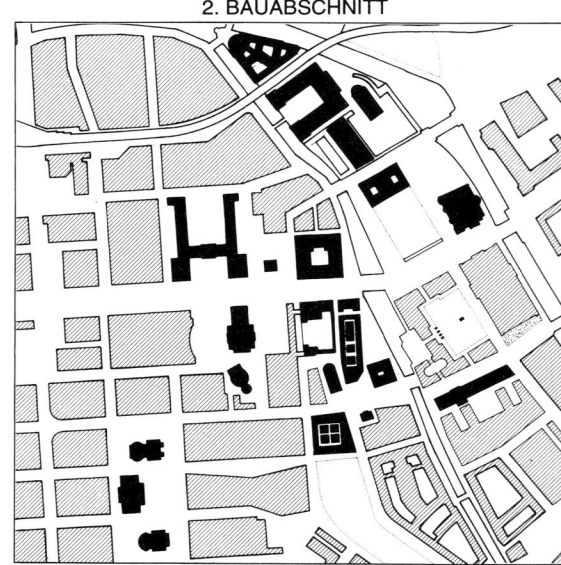

1. BAUABSCHNITT

2. BAUABSCHNITT

SCHINKEL'S BERLIN
Composite plan after Selter and Schinkel
■ Schinkel (1816–1841)
▨ Major existing

KONZEPT SCHINKEL

ENTWURFSVORSCHLAG

80

020492

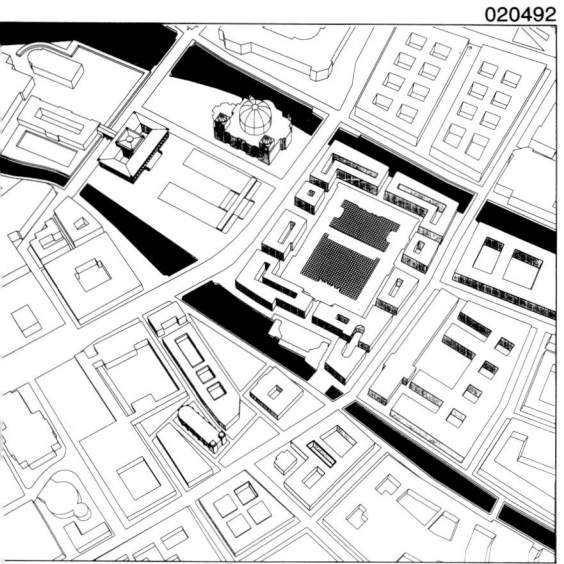

BLICK VON SÜDWESTEN 2. BA

Lösungsvorschläge für den Bereich des Schlosses; seitlich der Bildtafel: Ansicht Stadtschloß 1916, und Place des Vosges in Paris.

Ansicht Modell.

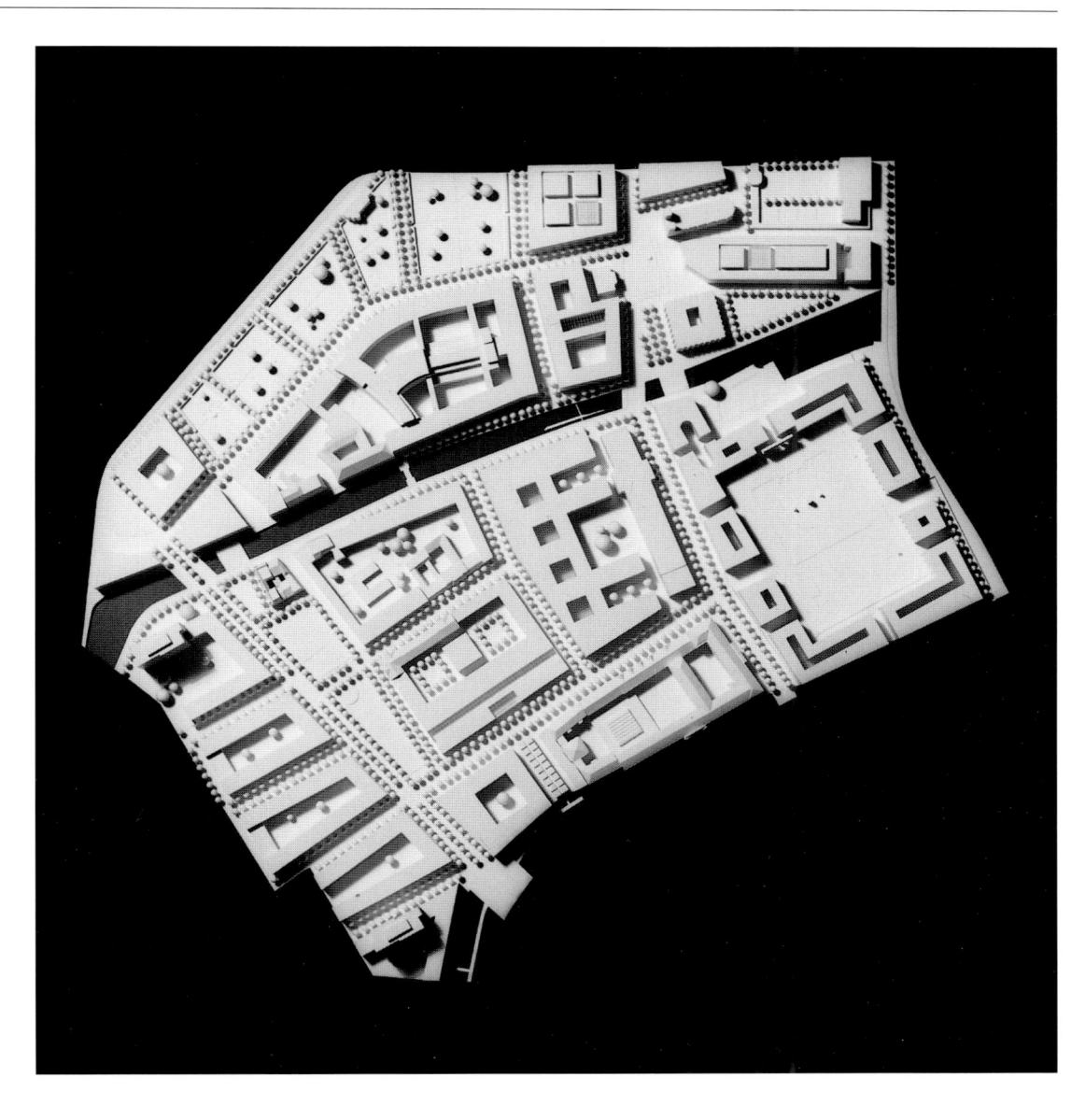

Block mit Innenhöfen, Plätzen und Durchwegungen. Für das Innenministerium wird das alte Reichsbankgebäude genutzt. Ein Eingangsblock mit innenliegender Passage schafft die Verbindung zum Werderschen Markt. Die alte Münze von Gentz könnte in diesem Ensemble wiederhergestellt und als Empfangsgebäude genutzt werden.

Der Charakter des alten Werderschen Marktes sollte wieder erreicht werden. Neben der Kirche wäre die Neuerrichtung der Bauakademie, die als Amerika-Gedenkbibliothek genutzt werden könnte, ein wichtiges Element. Die alte Blockbebauung böte sich als Konferenzzentrum an und wird durch das Medienzentrum abgerundet. Die Bebauung um den zukünftigen Schloßplatz sollte eine möglichst dichte urbane Mischung enthalten: Läden und Kultureinrichtungen im Erdgeschoß mit Arkaden zum »Schloßplatz«, darüber Büros und Praxen und oben Wohnungen.

Die geschlossene Blockbebauung der Spreeinsel wird im Osten vom Wasserlauf der Spree und im Süden und Westen von einem ringförmigen Grünzug eingefaßt, in den einzelne Gebäude eingelagert sind; er folgt den alten Wallanlagen. Aus der Grünfläche ausgespart werden der Grundriß der Petri-Kirche, deren Fundamente freigelegt werden, und noch vorhandene Stadtspuren.

Der Plan ist ein Versuch, die Mitte Berlins durch vorsichtige Ergänzungen im Sinne eines vielfältigen Stadtsystems zu komplettieren.

Wettbewerbsentwurf Gebiet Lehrter Bahnhof, Humboldtkolonnaden und »Kubus«, Berlin, 1994, 1995

mit Stefan Vieths

Mitarbeit:
erste Phase: Karl-Heinz Winkens, Marvin Keim, David Koralek, Axel Steudel, Peter Pfertner, Philippe Vernin, Michael Laudert, Frank Wieschemann, Chase McCarthy, Bill Mannarelli, Volker Diekmann, Kai-Uwe Lompa;
zweite Phase: Karl Heinz Winkens, N. Cadez, Axel Steudel, David Koralek, Marvin Keim, Chase McCarthy, Philippe Catoir, Volker Diekmann, Johannes Götz, Michael Laudert, Kai-Uwe Lompa, Bill Mannarelli, Peter Pfertner, Joachim Sieber, Philippe Vernin, Frank Wieschemann;
"Kubus": Karl-Heinz Winkens, Hugo Daiber, Tobias Scheel, Robert Beyer

Das Wettbewerbsgebiet für das neu zu planende Stadtquartier Lehrter Bahnhof bildet den nördlichen Abschluß des Tiergartens im Bereich des Spreebogens und liegt in unmittelbarer Nähe des Reichstags und des zukünftigen Regierungsviertels. Es ist heute im wesentlichen unbebaut und wird von den Wasserflächen der Spree und des Humboldthafens geprägt, die in ihrer streng geometrischen Anlage auf die Planungen von Lenné im 19. Jahrhundert zurückgehen. Auf diesem Areal soll in den nächsten Jahren der neue Lehrter Bahnhof realisiert werden, dem aufgrund seiner günstigen Lage eine zentrale Rolle in der Berliner Verkehrskonzeption zukommt. Die Planung für den Bahnhof ist bereits so weit fortgeschritten, daß seine Lage und bauliche Gestalt festliegen und ebenso Wettbewerbsvorgabe sind wie die dazugehörigen stadtraumprägenden Gleisbauwerke. So stellt der Wettbewerb im wesentlichen zwei Aufgaben: die übergeordnete städteräumliche Definition von Spreebogen und Humboldthafen und die Integration der bestehenden Bahnhofsplanung in ein neues Quartier.

Der städtebauliche Grundgedanke der Neuplanung zielt darauf ab, die bereits von Lenné angelegte stadträumliche Konzeption des Spreebogens fortzuführen und in ihrer Wirksamkeit zu steigern. Die vorhandenen Elemente sind der halbkreisförmig angelegte Spreebogen und die axial darauf bezogene Figur von Schiffahrtskanal und Humboldthafen. Hinzu kommt die von Axel Schultes geplante lineare Baustruktur für die Regierungsbauten, die ebenso wie die vorgelagerten Solitärbauten des Reichstags und des Bundesratsgebäudes Bezug auf die mittig durch den Humboldthafen verlaufende Nord-Süd-Achse nehmen.

Als angemessener Abschluß im Norden wird vorgeschlagen, dem Humboldthafen eine bauliche Fassung durch ein Kolonnadengebäude zu geben. Die sehr schöne, aber heute kaum wahrnehmbare städtebauliche Figur des Hafens erhält so die Qualität eines städtischen Raums von einzigartigem Charakter. Dadurch wird eine präzise, dem halbkreisförmigen Verlauf der Spree folgende Stadtkante ausgebildet, durch die Spreebogen und der Tiergarten eine klare räumliche Definition erhalten, die dem städtischen Charakter dieses größten Berliner Parks gerecht wird.

Im ersten von Ungers präsentierten Vorschlag zog sich die Kolonnade den ganzen Spreebogen entlang; im zweiten definiert sie nur den Bahnhofsplatz, der, im Osten von einem Park und im Westen von einem weiteren Platz flankiert, an einer urbanen Komposition teilhat, zu der noch zwei andere Figuren gehören, ein Büroturm und ein Kubus, der ein Hotel aufnehmen soll. Am Westende des Bahnhofs ist ein Häuserblock wiederum für Büronutzung vorgesehen.

Damit ist eine Konfiguration von drei verschiedenen »Bändern« urbaner Strukturen gegeben, die, ausgehend von der Invalidenstraße, bis zur Spree reichen: Das Kolonnadengebäude, das in seiner architektonischen Struktur unmittelbar auf die Gegebenheiten des Ortes reagiert; die Komposition der bereits bestehenden Bahnhofsplanung (Brücke, Kubus, Wasserader); die kompakte Blockbebauung. Die Verschiedenheit aller dieser Elemente verleiht dem neuen Quartier einen ausgesprochen urbanen, spannungs- und kontrastreichen Charakter, typisch für ein Bahnhofsumfeld.

Die Transformation des Humboldthafens läßt einen Stadtraum entstehen, der mit seiner prägnanten Form Bezug nimmt auf die Berliner Tradition großer geometrischer Platzfiguren, wie der Leipziger Platz, der Pariser Platz und der Mehringplatz.

Das Thema der Kolonnaden wird dabei in aller Vielfalt durchgespielt: Teilweise sind sie offen, teilweise umfangen sie Gebäude, die wiederum Passagen und Plätze am Wasser aufnehmen. Ein Niveausprung zwischen äußerer und innerer Kolonnaden ermöglicht einen Rundgang um den Humboldthafen auf dem Niveau der alten Ladestraßen. So entsteht eine vielfältige Raumstruktur, die den Bezug zum Wasser in verschiedenster Weise formuliert und zahlreiche Nutzungen (Restaurants, Cafés, Büros, Hotels) ermöglicht.

Die Idee des Bahnhofsplatzes als offener Raum, in den architektonische Objekte eingestellt sind, schafft eine optimale räumliche Verbindung mit der als Laufstraße wichtigen Invalidenstraße, dem Tiergarten und dem Regierungsviertel im Süden. Der Turm im Norden bezeichnet die Position des Bahnhofs an der Invalidenstraße; der Kubus des Hotels markiert den Übergang vom Bahnhof zum großen offenen Raum des Tiergartens. Bahnhofsplatz und Humboldtkolonnaden bilden zusammen eine Doppelplatzanlage zweier antagonistischer Stadträume. Analog zum Platzpaar Leipziger Platz/Potsdamer Platz entsteht eine spannungsreiche Raumkomposition aus einem ruhigen, geschlossenen

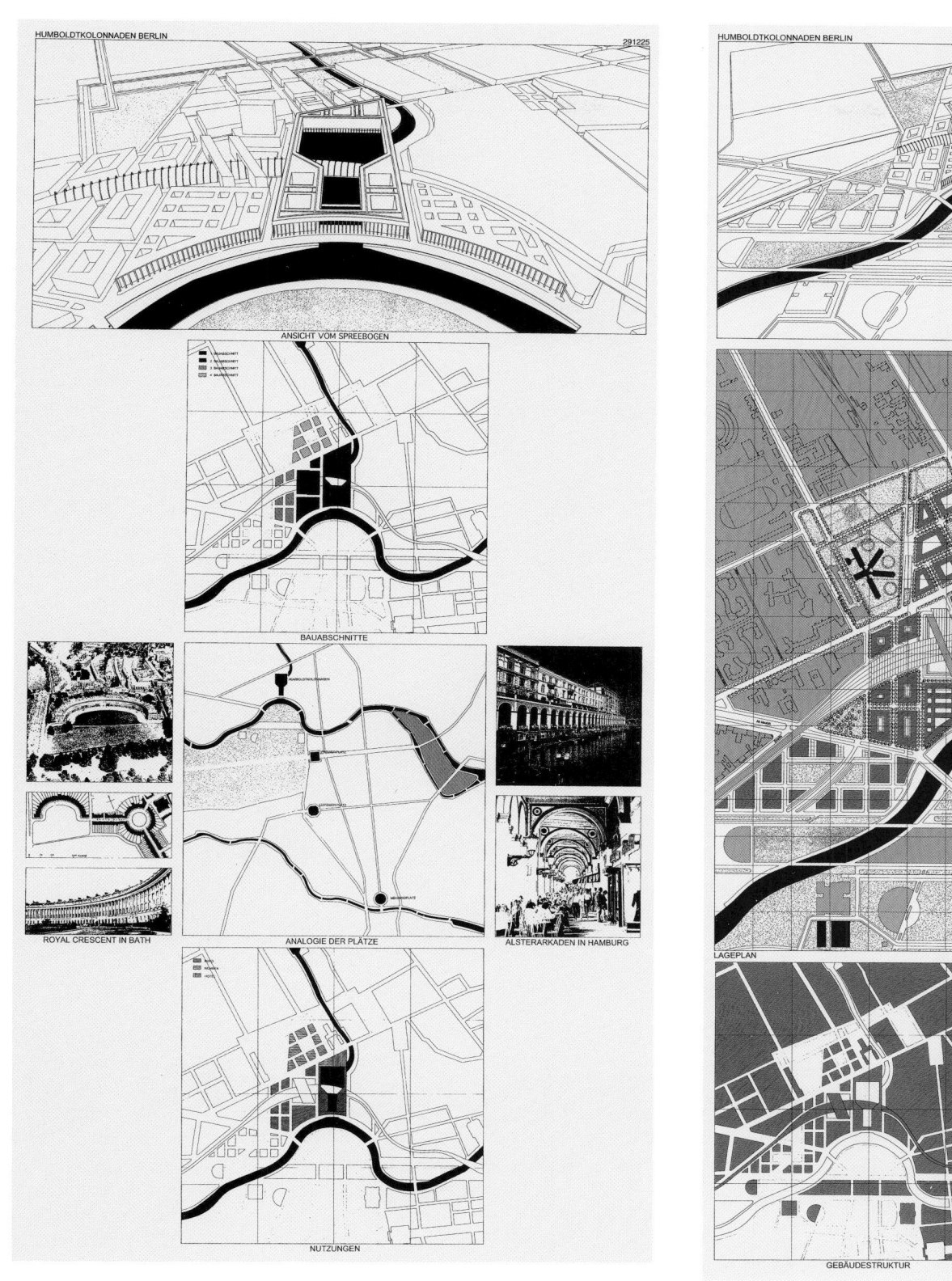

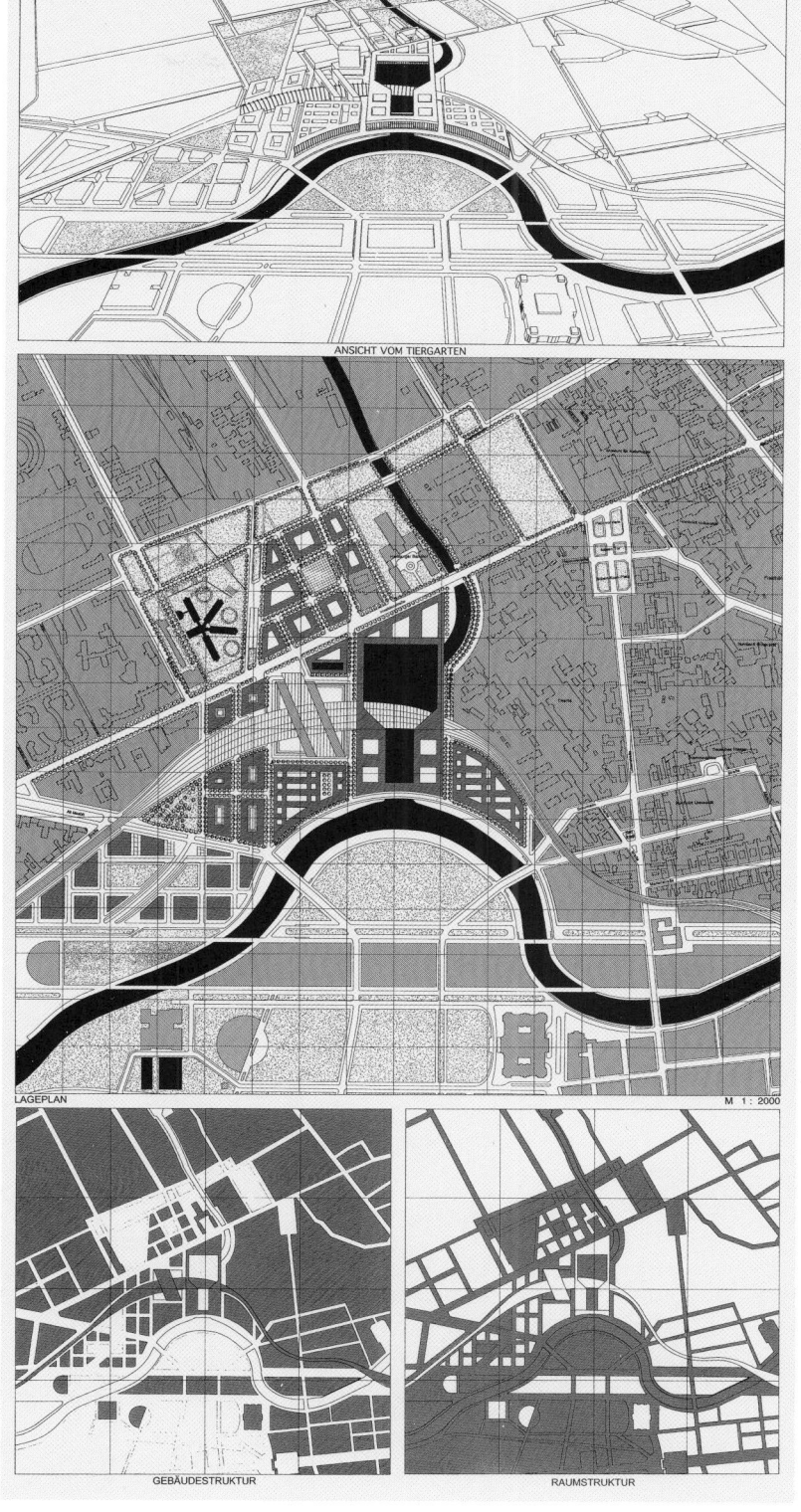

Erster Vorschlag:
Perspektiven; Lageplan und
Nutzungsdiagramme.

Erster Vorschlag:
Grundriß Erdgeschoß;
Ansichten und Schnitt.

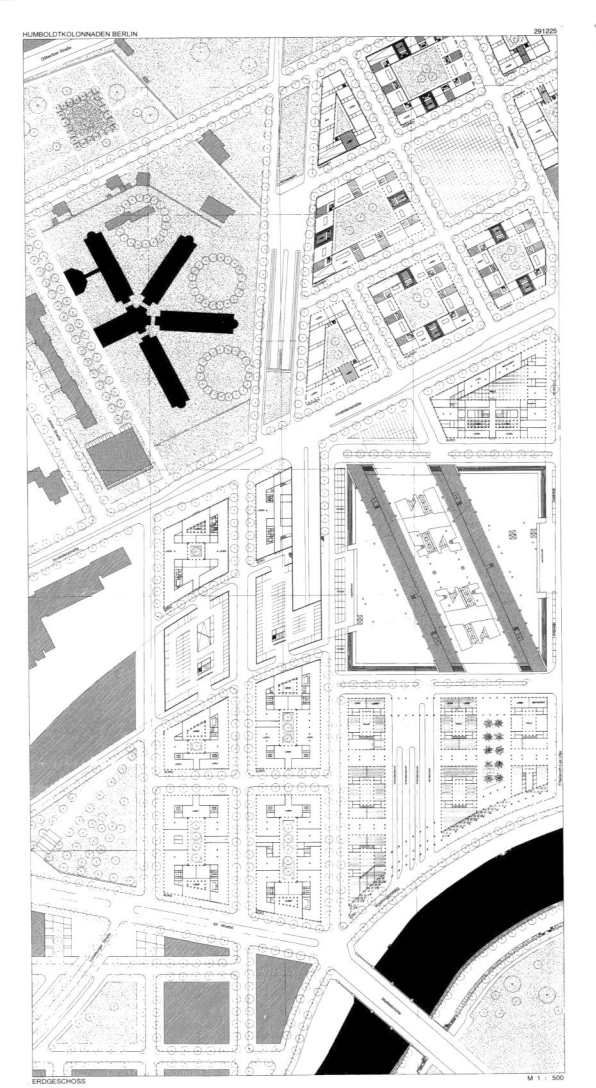

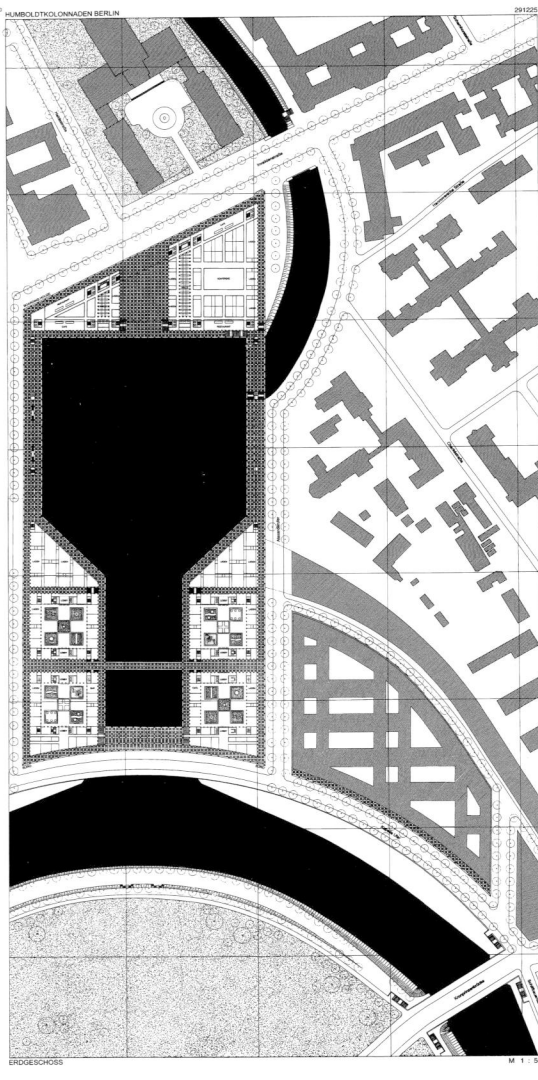

Zweiter Vorschlag:
Entwurfsskizzen; Lageplan mit Perspektiven und Ansicht Modell.

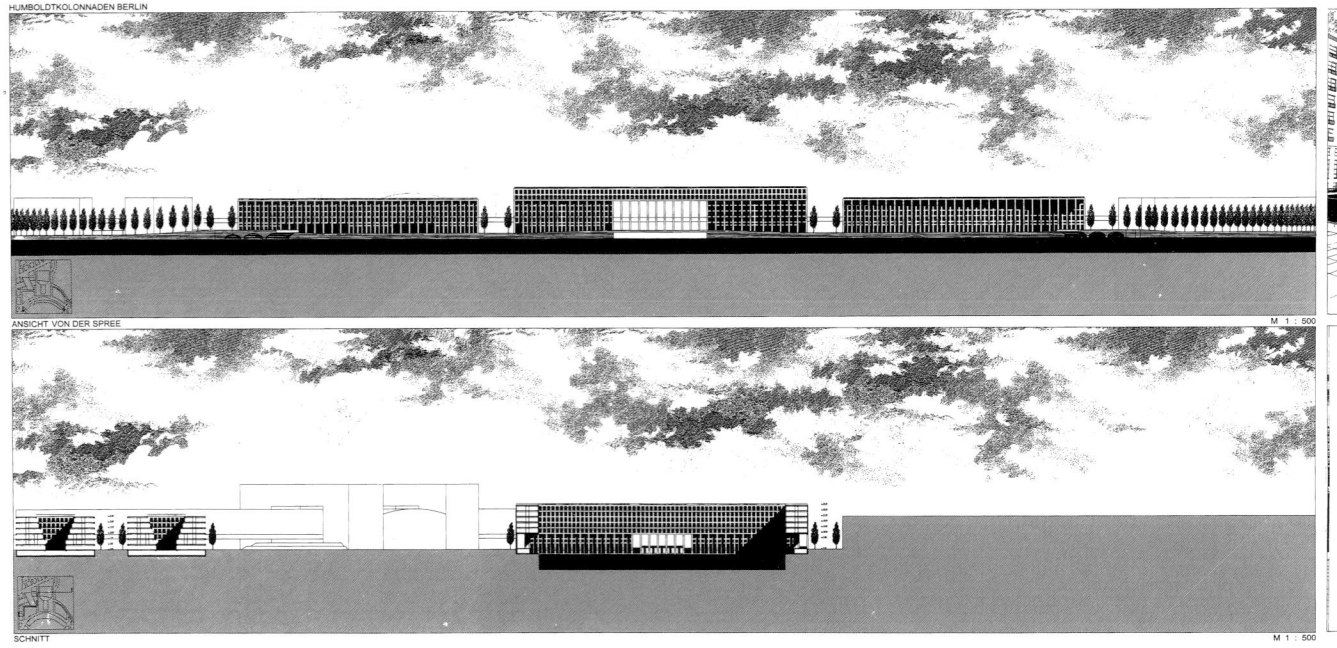

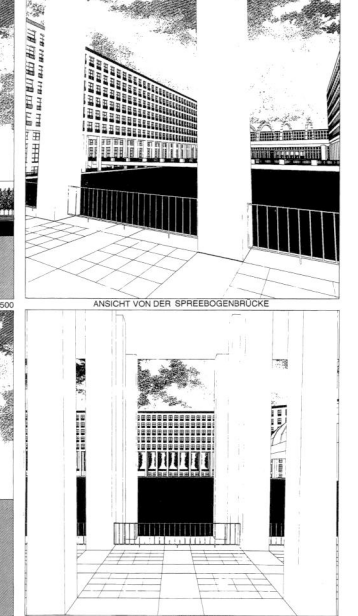

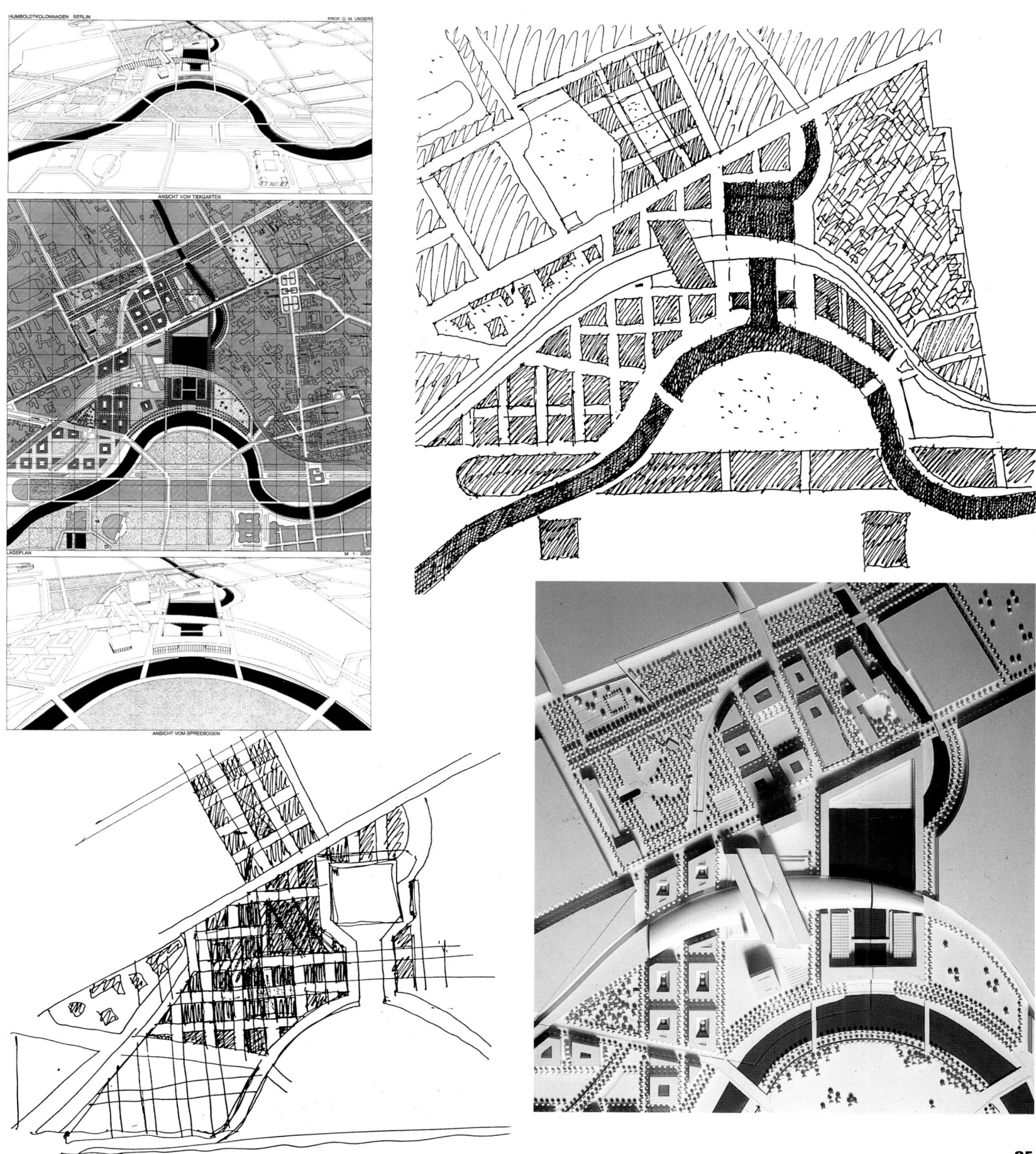

HUMBOLDTKOLONNADEN BERLIN — PROF. O. M. UNGERS

ANSICHT VOM TIERGARTEN

LAGEPLAN — M 1:2000

ANSICHT VOM SPREEBOGEN

85

HUMBOLDTKOLONNADEN BERLIN · PROF. O. M. UNGERS

ANSICHT VOM REGIERUNGSVIERTEL

BLOCKSTRUKTUR · STÄDTISCHE OBJEKTE · KOLONNADENGEBÄUDE

FRIEDRICHSTADT · GENDARMENMARKT · ALSTERARKADEN

UNTERGESCHOSS — M 1 : 2000
2. OBERGESCHOSS — M 1 : 2000

Zweiter Vorschlag:
perspektivische Ansicht;
Nutzungsdiagramme;
historische Beispiele;
Entwurfsskizzen; Grundrisse.

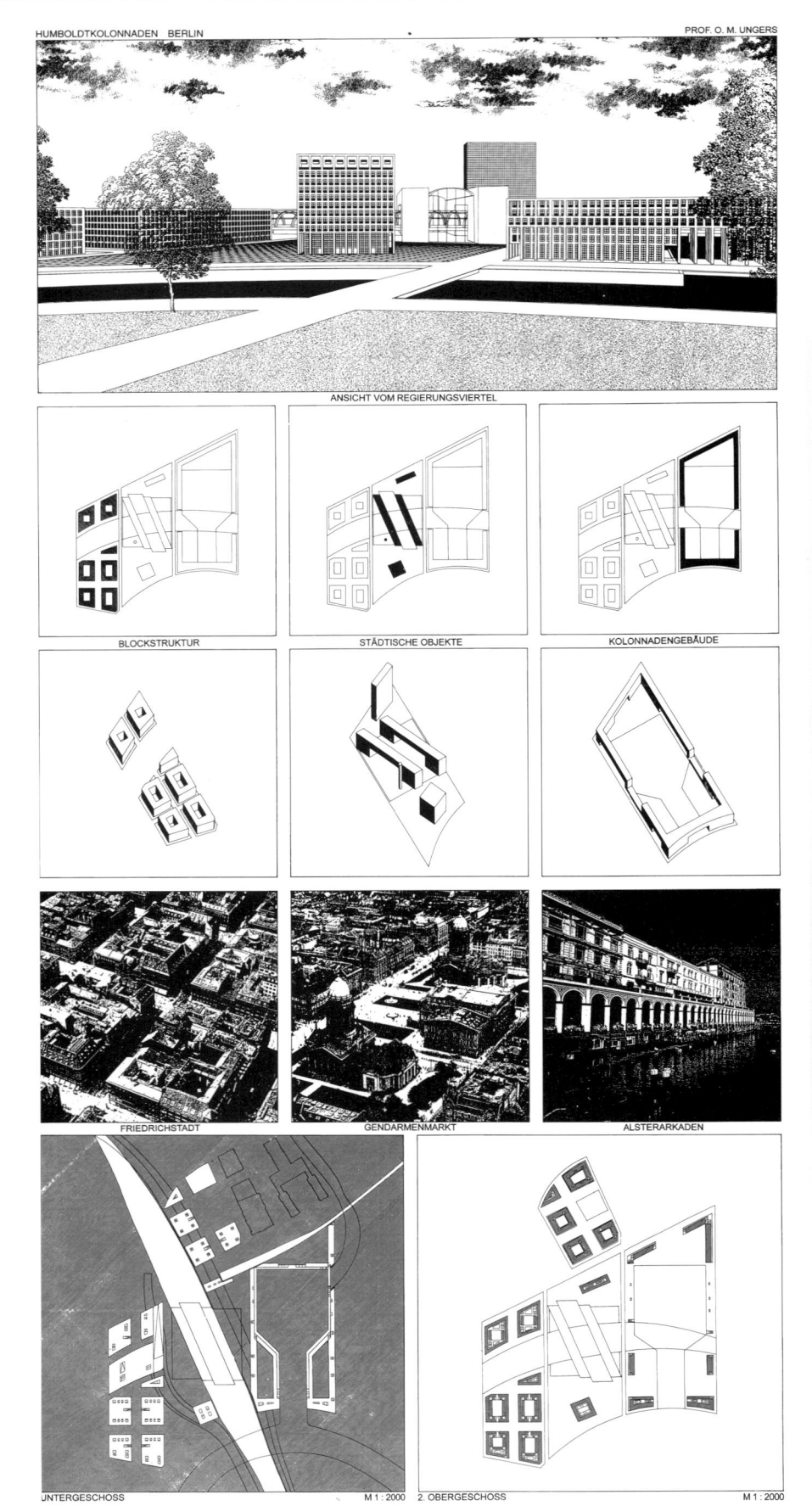

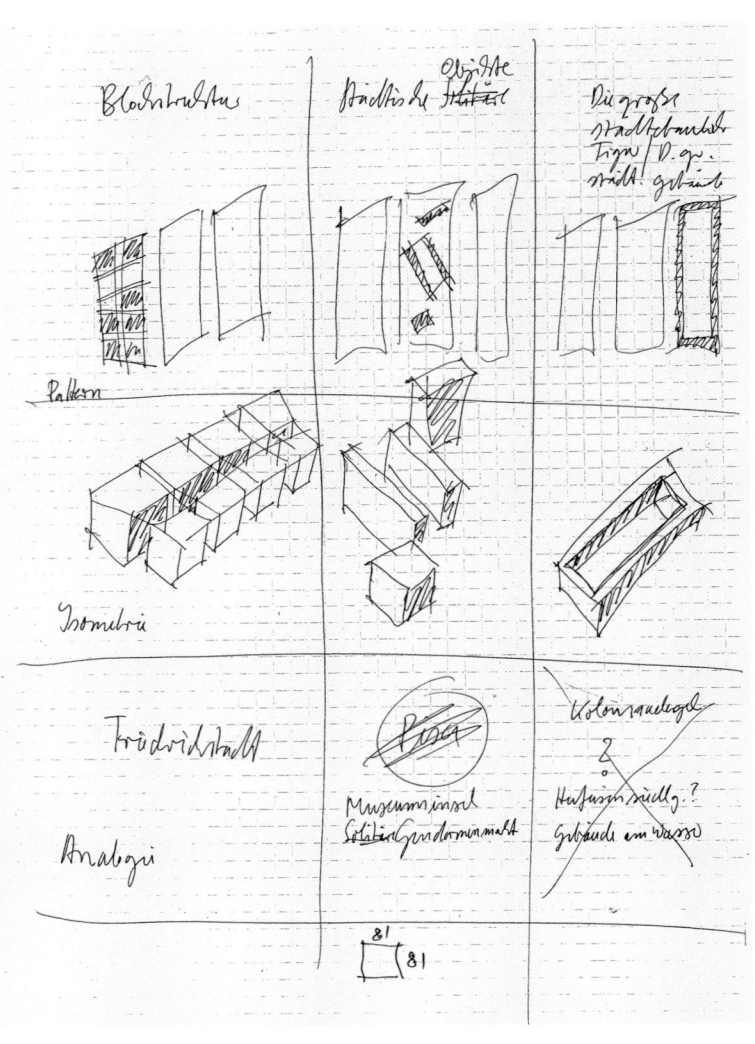

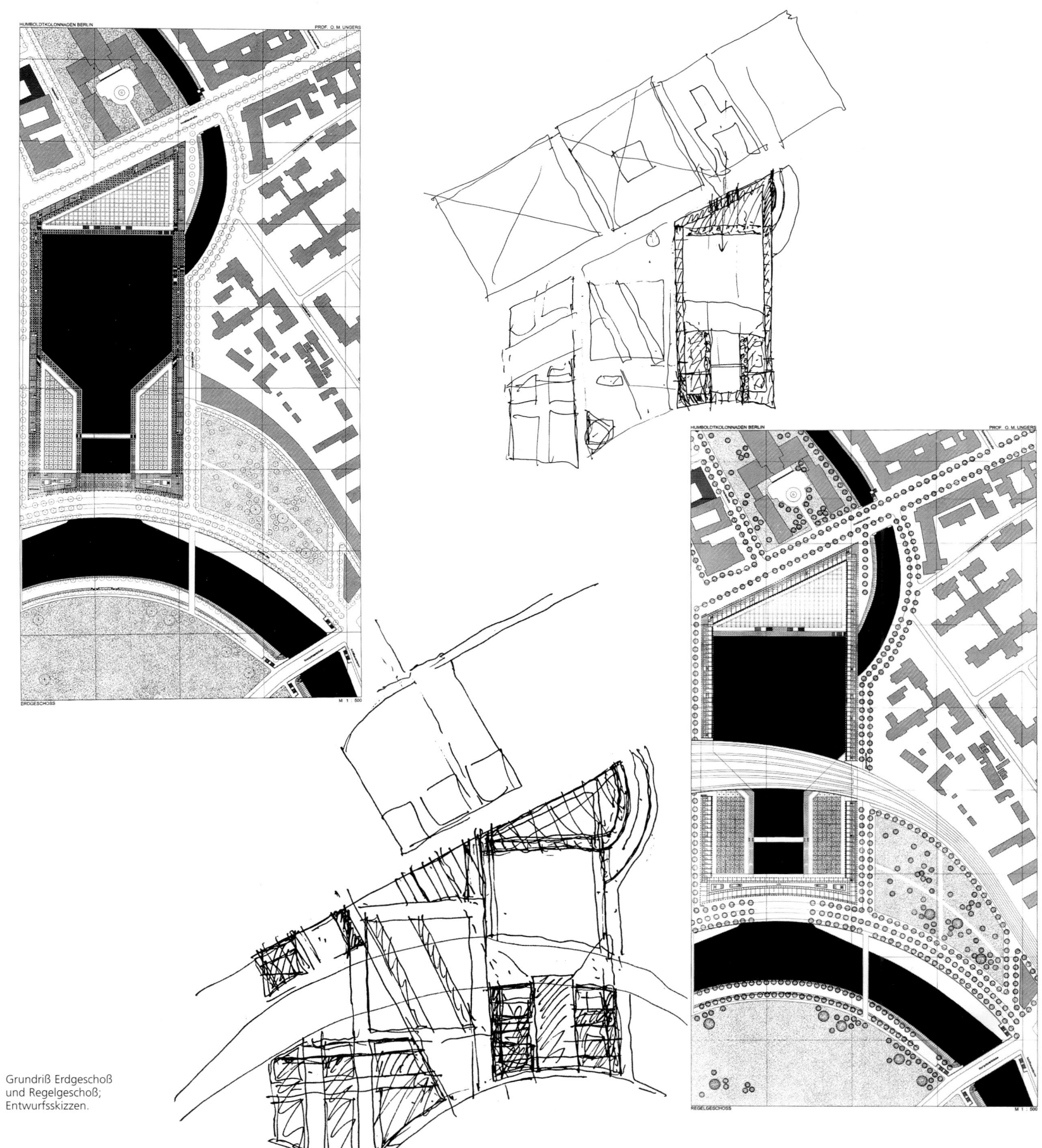

Grundriß Erdgeschoß
und Regelgeschoß;
Entwurfsskizzen.

87

Grundriß Erdgeschoß und Regelgeschoß; Ansicht von der Spree; Schnitt und Perspektive.

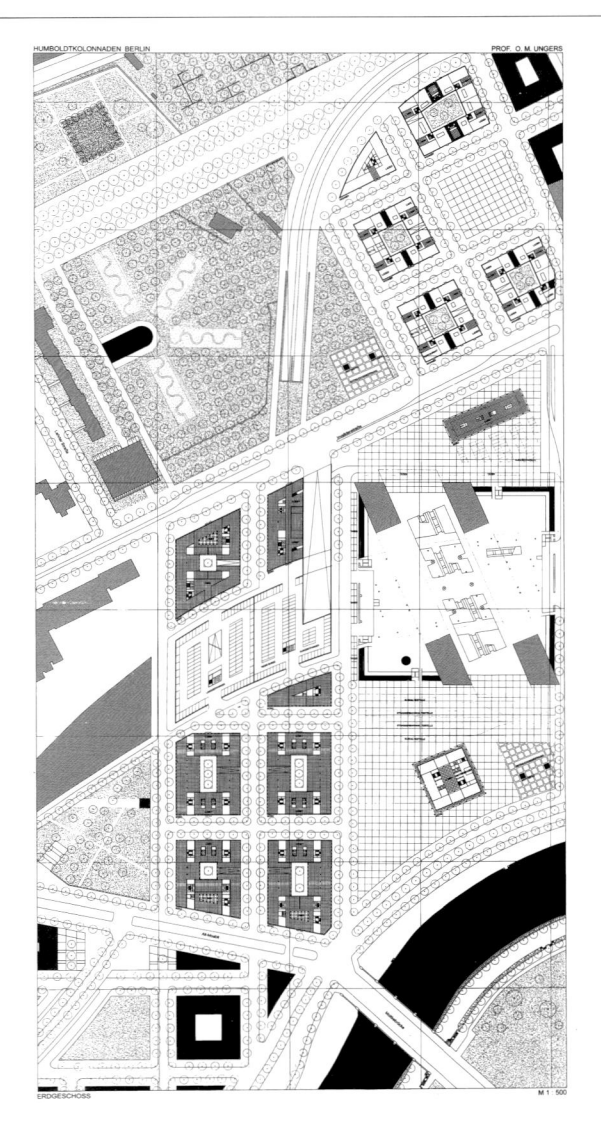

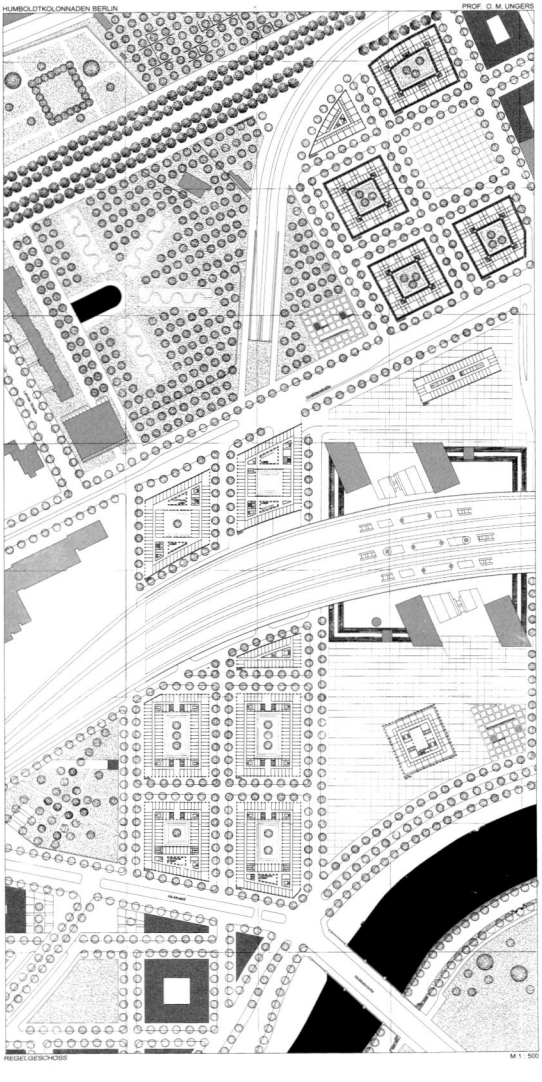

nebenstehende Seite
Ansicht; Schnitt; Perspektiven und Ansicht Modell.

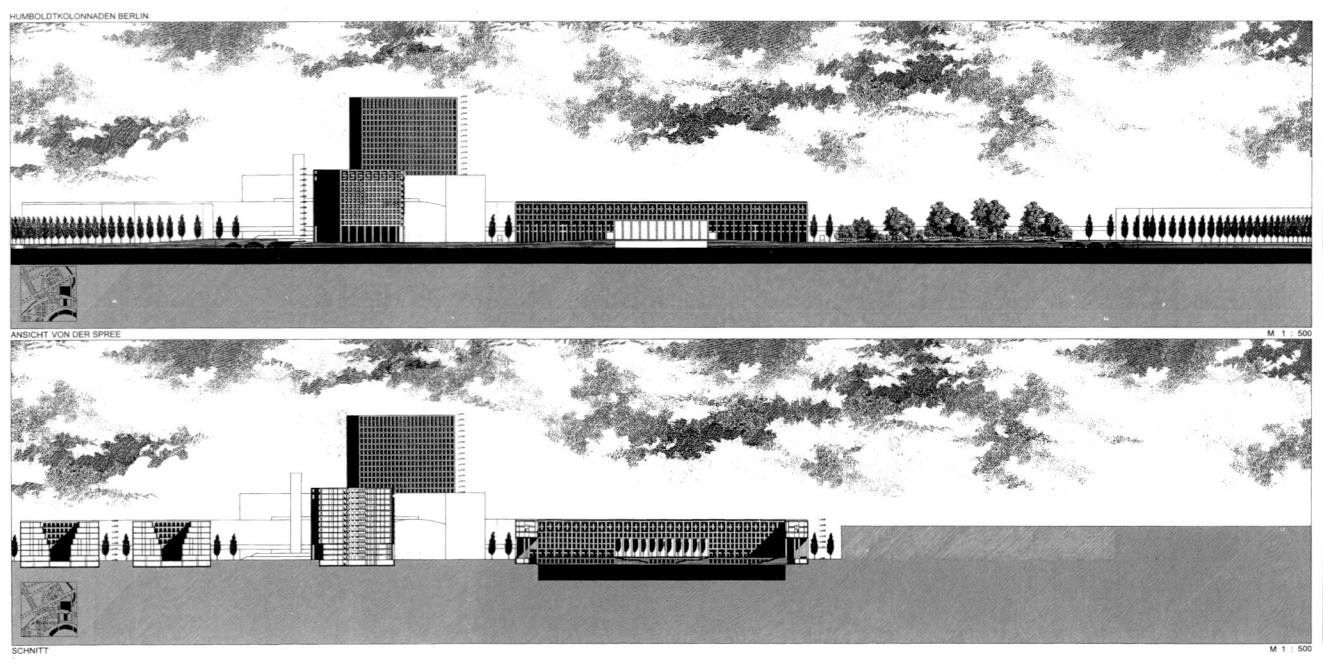

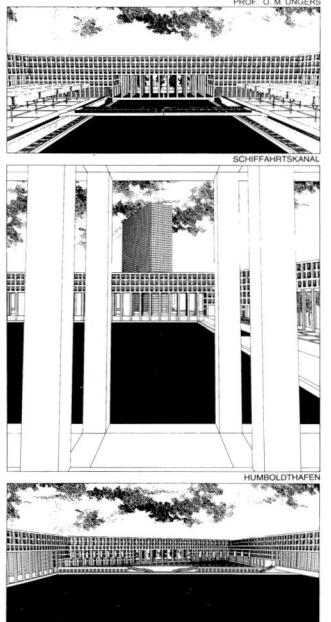

88

89

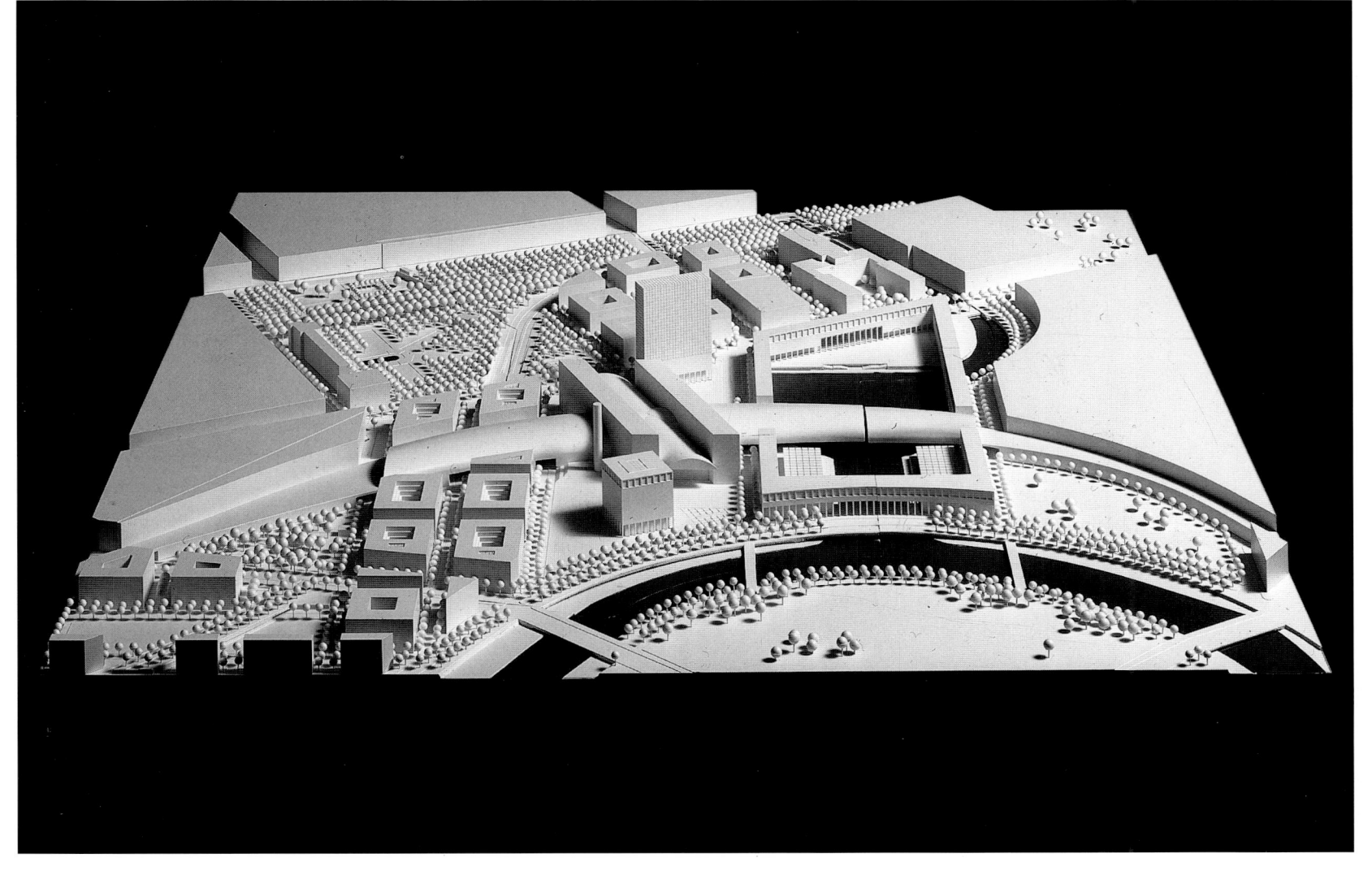

Computersimulation und Studien zum Bürogebäude.

Wasserplatz und einem pulsierenden Verkehrsplatz.

Das neue Stadtquartier wird durch die Invalidenstraße in zwei Teile geteilt. Beide Teilquartiere erhalten eine geschlossene Blockbebauung, die die typische Berliner Höhe von 22 Metern aufweist. Das südliche Quartier wird in Nutzung und Ausrichtung der Blockstruktur durch den vorgegebenen Bahnhofsentwurf und die Humboldtkolonnaden bestimmt. Im Zentrum liegt der Lehrter Bahnhof, an dem sich östlich die Humboldtkolonnaden anschließen, die Büros, ein Boarding-House, ein Hotel, ein Restaurant, Läden und Cafés sowie eine Anlegestelle der Weißen Flotte aufnehmen. Im Süden und im Norden wird das Quartier durch die drei architektonischen Objekte Kolonnade, Turm und Kubus definiert.

Ein Grünzug im Norden verbindet das neue Wohnquartier mit den bestehenden Wohnbauten im Westen und Osten und erschließt die Sportanlagen im Norden, das Poststadion und das ehemalige Stadion der Weltjugend.

1995 wurde Ungers mit dem Projekt für einen Solitär westlich des Humboldthafens beauftragt. Charakteristisch für das kubusförmige Gebäude ist die klare Gliederung in einen fünfgeschossigen Sockelbau und drei darüber aufsteigende Turmbauten mit jeweils neun Geschossen. Bewußt wird hier ein über die Berliner Traufhöhe von 22 Metern weit hinausragendes städtebauliches Zeichen gesetzt. Der Kubus wird somit zu einem Hochhaussolitär, der über die unmittelbare Bebauung und den Tiergarten hinweg mit den geplanten Bauten am Potsdamer Platz und am Alexanderplatz in Verbindung tritt.

Einem historischen Gebäudetyp folgend, orientieren sich die drei Turmbauten über dem Sockelgebäude mit ihrer gemeinsamen Mitte zur Lennéschen Stadtlandschaft der Spree und der südlichen Grünflächen. Der Typus des sich öffnenden Solitärs ermöglicht die Wahrnehmung dieser besonderen Lage: Die umgebende städtische Szenerie wird zum elementaren Teil des Entwurfskonzepts. Das Motiv des geschlossenen Sockels und der drei

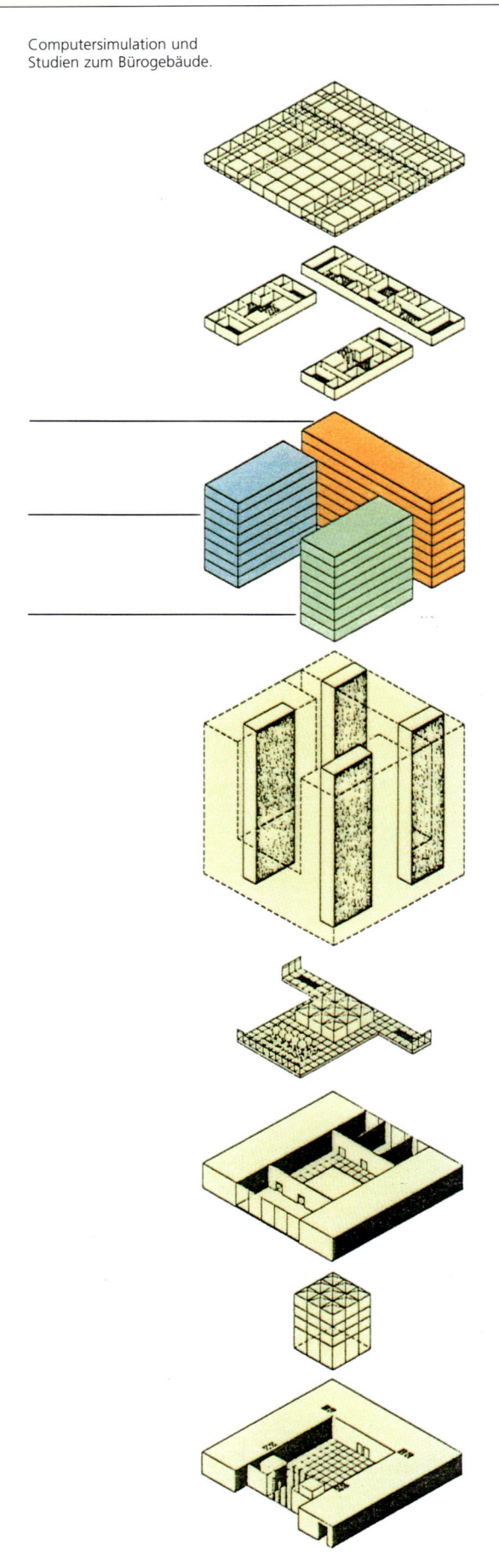

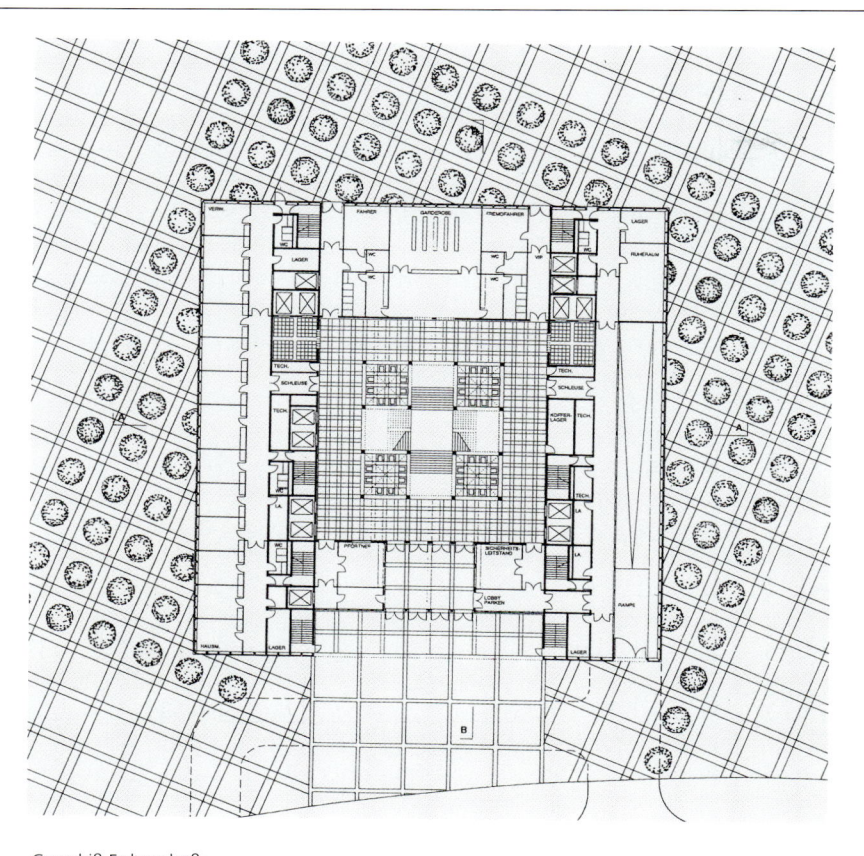

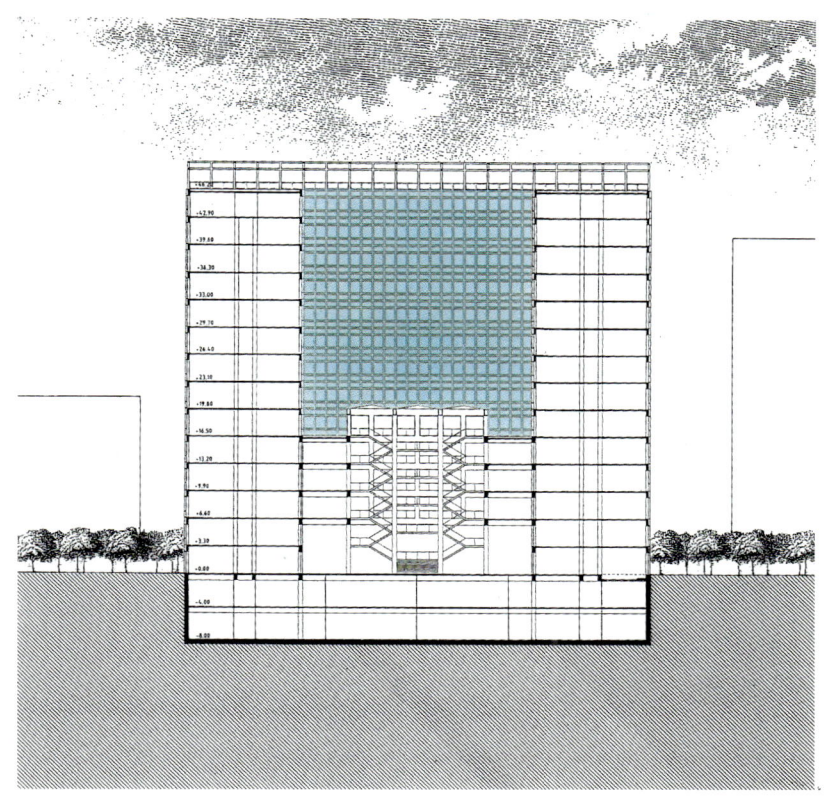

Grundriß Erdgeschoß;
Schnitt; Computersimulation
des großen zentralen
Atriums.

von ihm aufstrebenden Türme thematisiert die Absicht verschiedener Institutionen, ein gemeinsames Gebäude zu nutzen und gleichzeitig ihre organisatorische Autonomie zu demonstrieren.

In dem tiefen Einschnitt, der sich zur Spree hin öffnet, befindet sich der Haupteingang, der in die große Halle führt. Im Innern definieren Wasserflächen und Pflanzen diesen Raum als ein Belvedere, das den Blick auf die Regierungsbauten freigibt. Das Material – transparentes Glas – unterstreicht bei Tageslicht die Besonderheit des Kubus im Gegensatz zur Stadtlandschaft, in der Stein als Baumaterial vorherrscht; nachts wirkt das Gebäude wie ein lichterfüllter Würfel. Dieser Übergang vom Hellen zum Dunklen und der Kontrast zwischen Transparenz und Opazität bestimmen den Charakter dieses städtebaulich wichtigen Gebäudes. Das Thema des gläsernen Körpers wird im Innern in der Halle mit dem gläsernen Dach wieder aufgenommen.

Wettbewerbsentwurf Bundeskanzleramt, Berlin, 1994

mit Stefan Vieths

Mitarbeit: Peter Pfertner, Marvin Keim, Axel Steudel, David Koralek, Kai-Uwe Lompa, Philippe Vernin, Frank Wieschemann, Michel Laudert, Joachim Sieber, Volker Diekmann

Das Grundstück des Bundeskanzleramts bildet den westlichen Abschluß der von Axel Schultes geplanten linearen Regierungsbebauung nördlich des Reichstags. Durch die Spree wird das Gebiet annähernd mittig geteilt: Der westliche, auf dem Moabiter Werder gelegene Teil ist der Kanzlerpark, im östlichen Bereich liegt das eigentliche Bundeskanzleramt. Zusammen mit der geplanten Bebauung für das Forum und das Abgeordnetenhaus bildet es auf dem Spreebogen eine Stadtkante aus, vor der die Solitärbauten von Reichstag, Bundesrat und Kongreßhalle angeordnet sind.

Der städtebauliche Charakter des Standorts ist also zweideutig: Zum einen ist er Teil einer urbanen Figur, zum anderen wird er von dem landschaftlichen Charakter des Spreeraums bestimmt. Diese Ambiguität wird zum Thema der Gebäudekonzeption, die aus einem städtischen Kolonnadengebäude und einem darin eingestellten Solitärbau besteht. Dabei ergeben sich städtebauliche Kanten, wie sie vom linearen Bebauungskonzept für die Regierungsbauten gefordert werden, während die repräsentative Spreelage des Grundstücks genutzt wird. Die spannungsreiche Komposition von raumbildendem Gebäude und Gebäudeobjekt zeigt zudem die Funktionsstruktur des Bundeskanzleramts, das de facto aus zwei Gebäuden besteht: Der Solitärbau über der Spree nimmt die Leitungsfunktionen auf, während das Rahmengebäude den Verwaltungs- und Nebenfunktionen dient. Die zweischalige Gebäudestruktur entspricht darüber hinaus den hohen Sicherheitsanforderungen, die an das Bundeskanzleramt gestellt werden.

Beide Gebäude fassen den Platz des protokollarischen Zeremoniells ein, der so einen eindeutig städtischen Charakter erhält. Das Rahmengebäude wird in Kolonnadenreihen aufgelöst, so daß der Bezug zu Tiergarten und Spreebogenpark stets gewahrt bleibt. Dem streng gefaßten Platz des Zeremoniells steht

Ansicht Modell.

Perspektivische Ansichten; Übersichtsplan.

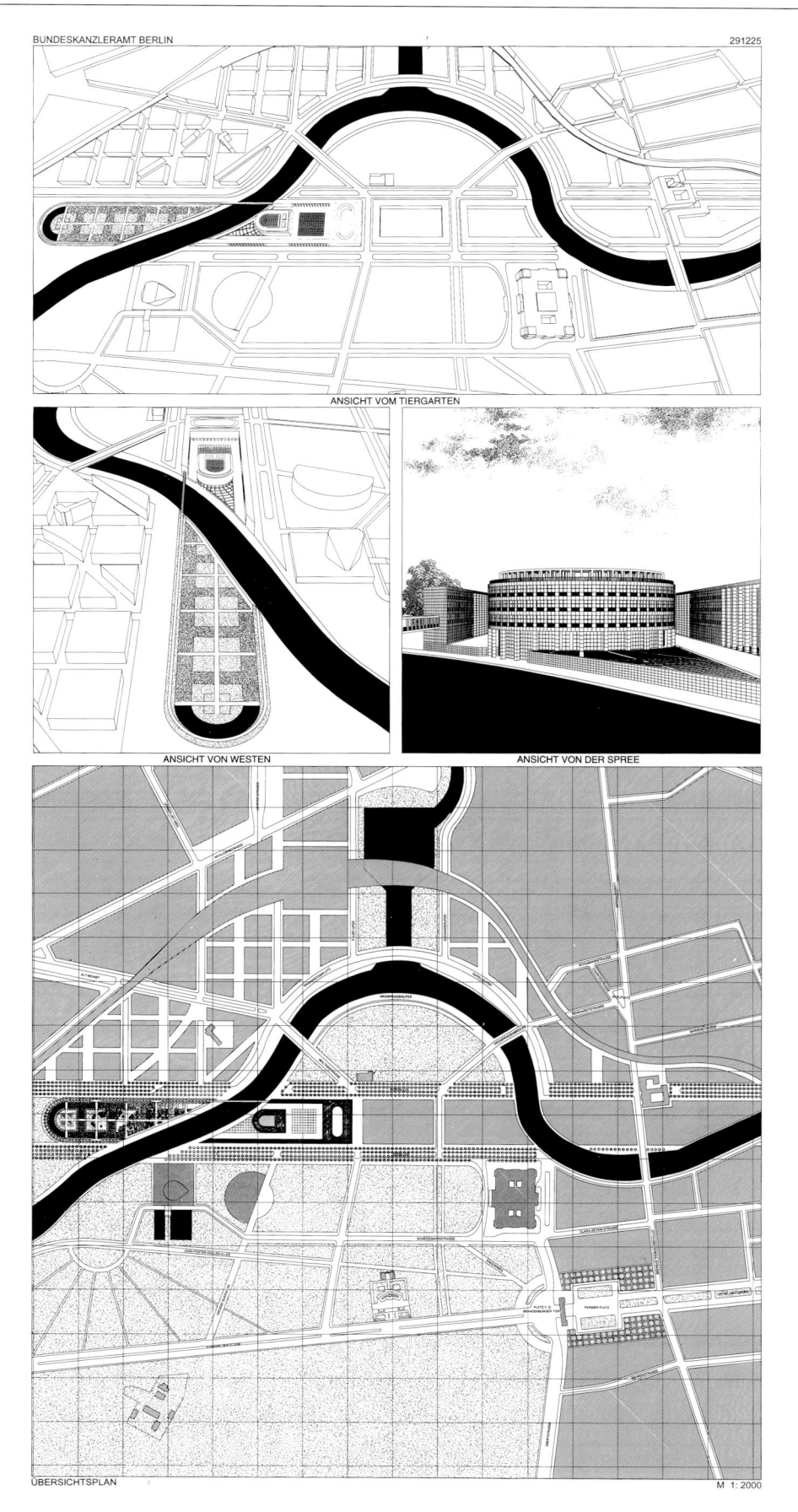

auf der Westseite des Leitungsgebäudes eine offene Spreeterrasse gegenüber.

Westlich der Spree findet das Bundeskanzleramt mit dem Kanzlergarten eine komplementäre Ergänzung: Ein baumbestandener Erdwall definiert einen Parkraum, in den verschiedene geometrische Grünvolumen eingestellt sind. Hier wird das Motiv der Ministergärten aufgenommen, die traditionell das Bild des Tiergartenrands prägten. Die verschiedenen Grünflächen umfangen das Robinienwäldchen und ergänzen es zu kompakten Grünräumen, wobei eine thematische Abfolge vom dichten Wäldchen zum Rosengarten entsteht.

Die Funktionszuweisung ergibt sich aus der Konzeption zweier eigenständiger Baukörper. Die Leitungsfunktionen werden in dem Solitärgebäude an der Spree angeordnet, das um eine großzügige überdachte Halle organisiert ist. Der internationale Konferenzsaal befindet sich im Erdgeschoß und hat direkten Zugang zur Spreeterrasse. Darüber – ebenfalls zur Spree hin orientiert – befinden sich in den verschiedenen Geschossen von unten nach oben die protokollarischen Räume, der Kabinettssaalbereich und die Räume des Bundeskanzlers. Eine große Dachterrasse bildet den oberen Abschluß des Gebäudes.

Die Verwaltung befindet sich im östlichen Flügel des Kolonnadengebäudes, mit einem arenaartigen Hof. Im Erd- und Untergeschoß liegt ein Großteil der zentralen Sonderflächen; weitere befinden sich in den seitlich gelegenen Flügelbauten: Im nördlichen Flügel befindet sich der Fahrdienst, im südlichen die Hauptwache, die Unterkunft des Bundesgrenzschutzes und die Räume für die Presse.

Die Tiefgarage schließt im Norden an den Gebäudekomplex an und liegt frei unter der Nordallee mit direktem Zugang zum Fahrdienst und zu den zentralen Sonderflächen des Verwaltungsgebäudes. Die Kantine ist in der südwestlichen Spitze des Kolonnadengebäudes unmittelbar an der Spree.

Die geplante zentrale Halle zwischen den Büroflächen und den Sonderflächen dient der vertikalen und horizontalen Verteilung von Personal- und Besucherströmen und als Warte- und Ruhezone mit Cafeteria, Empfang und Ausstellungsflächen. Sie hat etwa in Höhe des Dachgeschosses ein Glasdach und ist zum zentralen Eingangsbereich im Erdgeschoß und in den Geschossen an die Außenfassade angebunden.

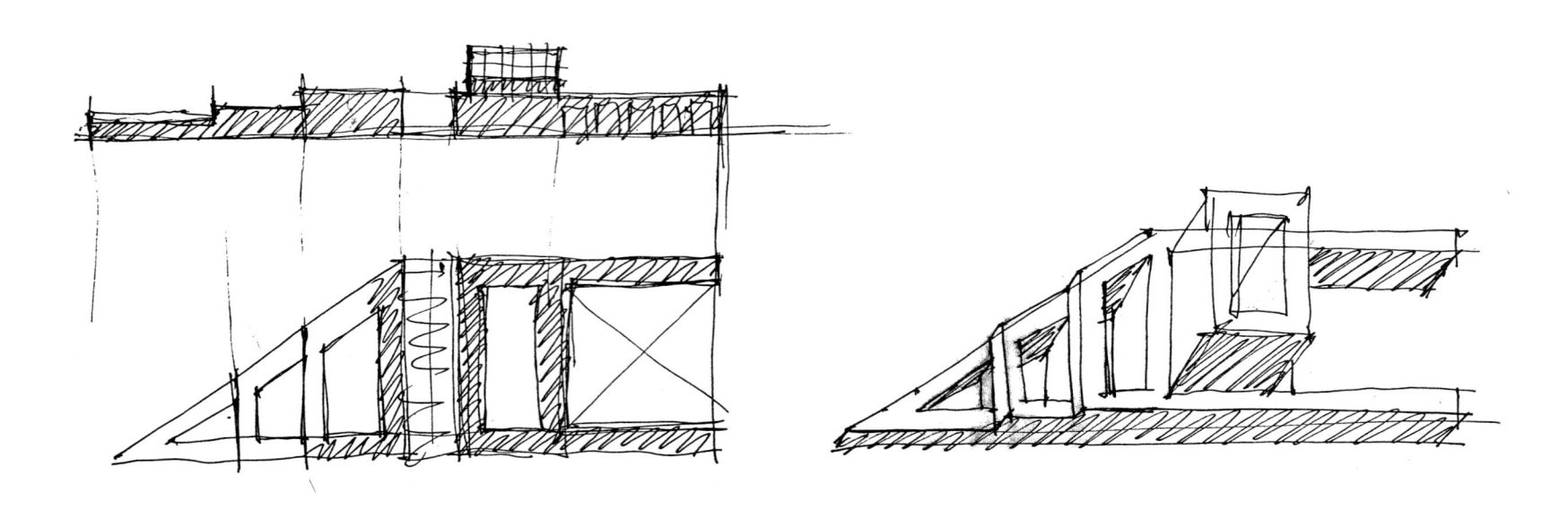

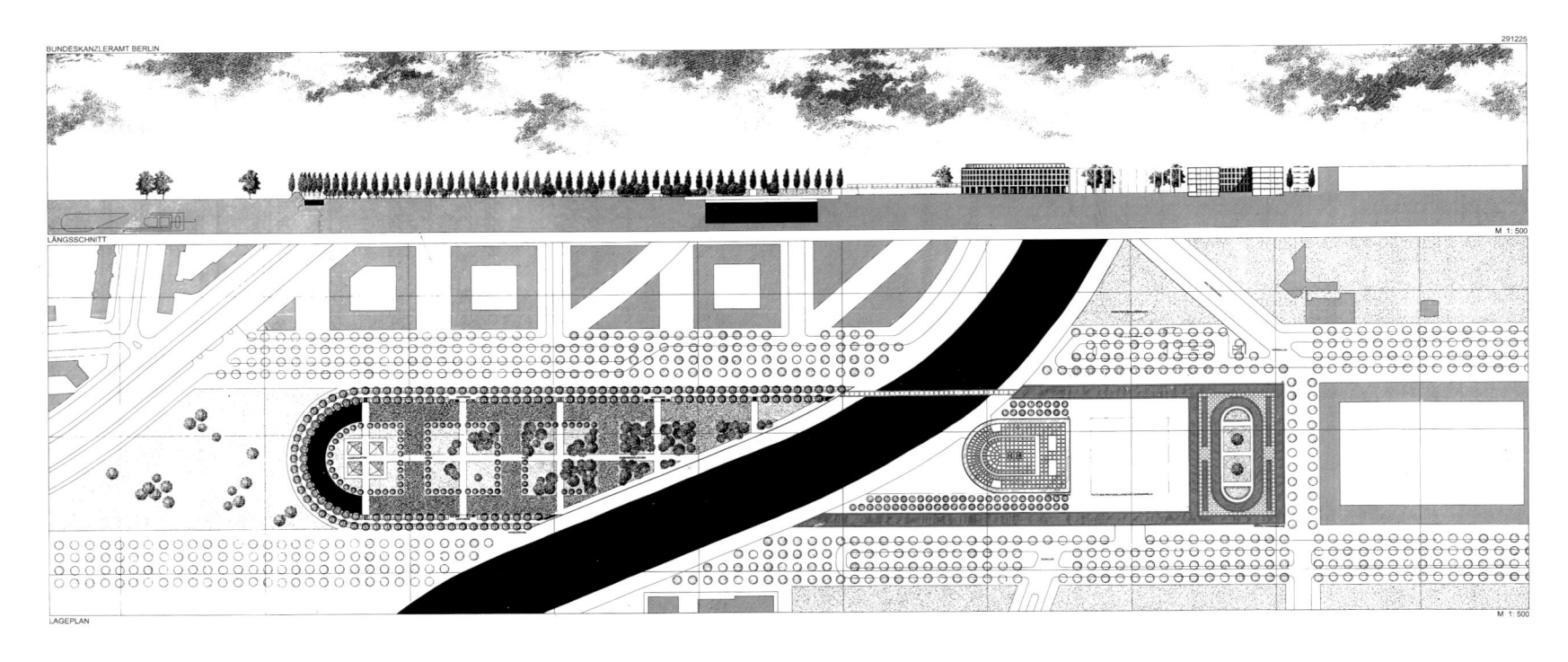

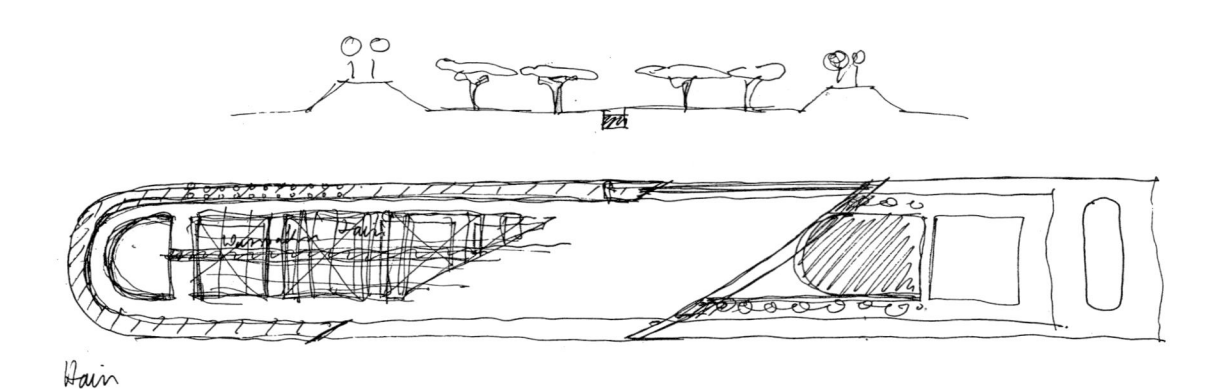

Entwurfsskizzen; Längsschnitt; Lageplan; Grundriß Erdgeschoß.

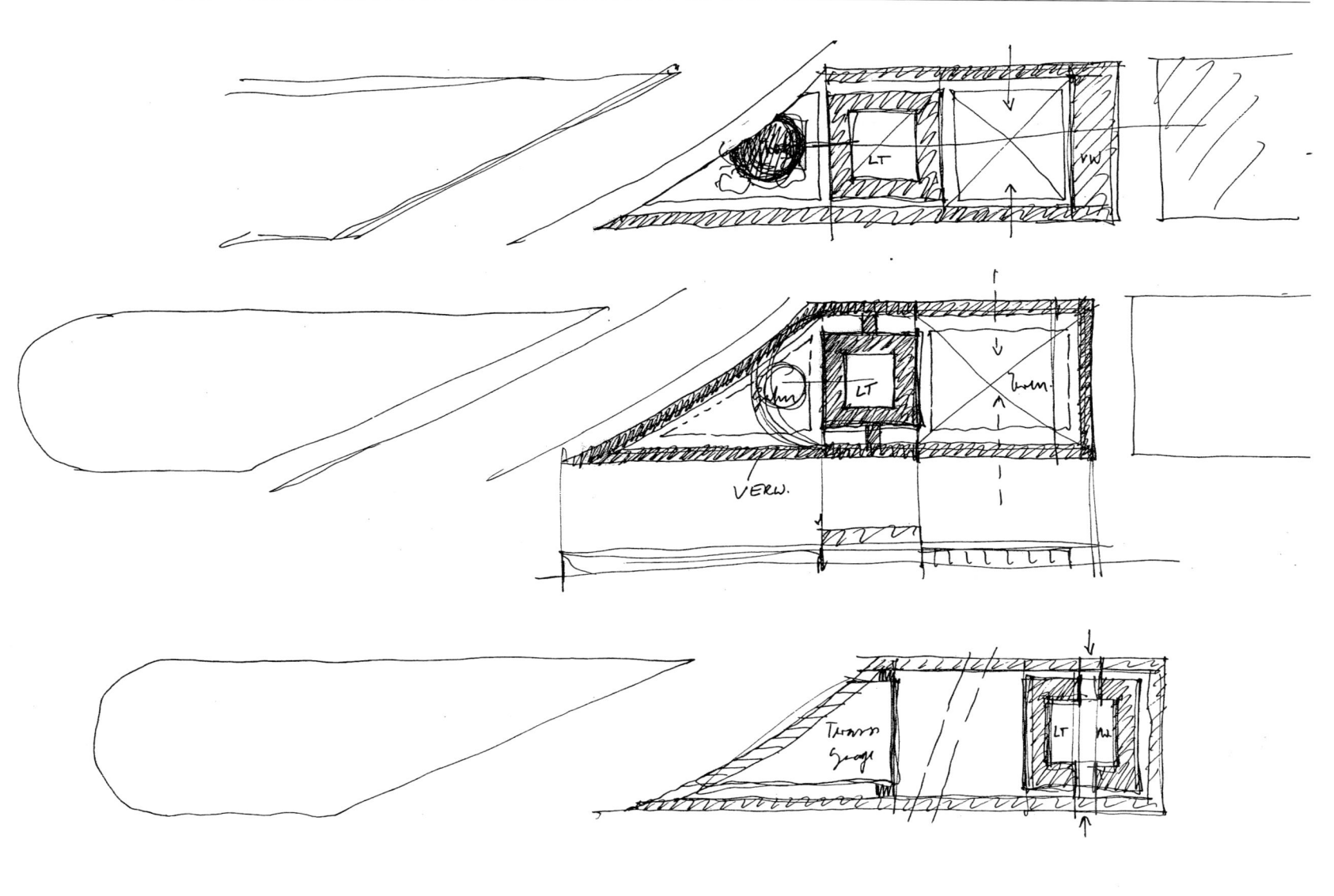

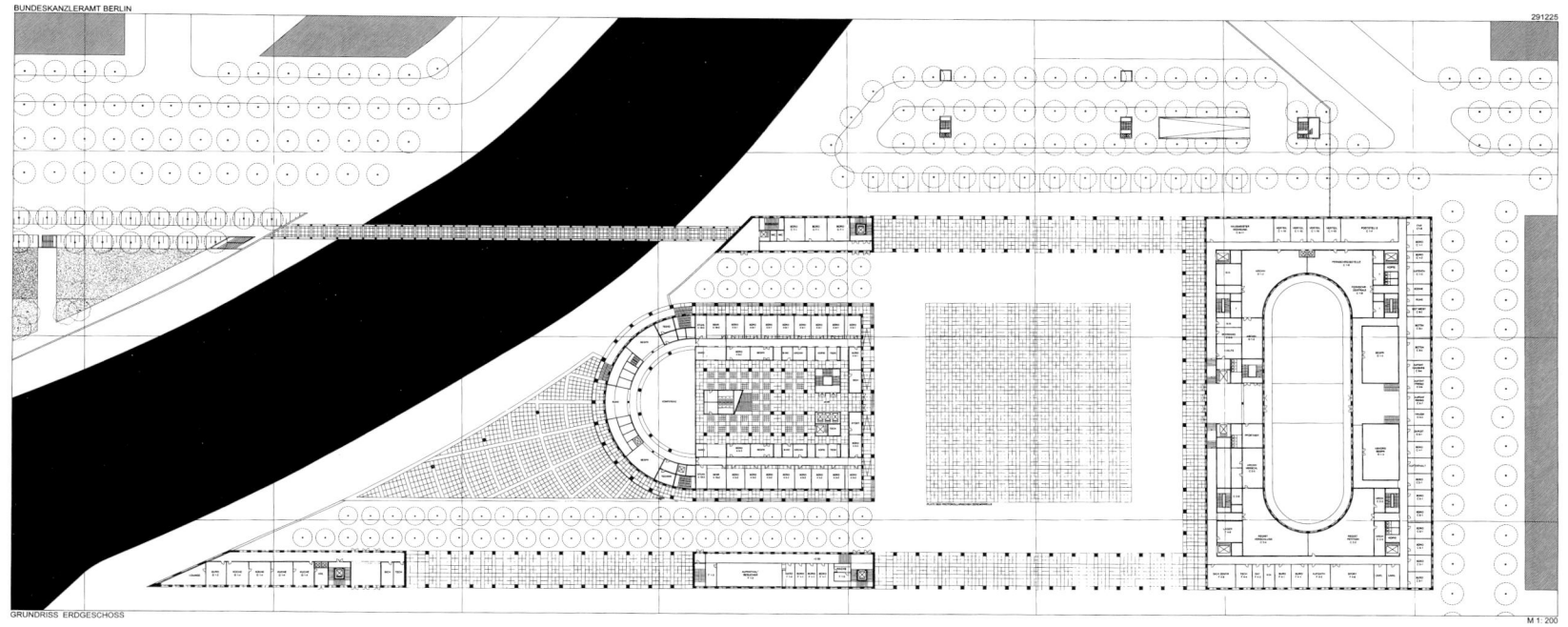

BUNDESKANZLERAMT BERLIN

GRUNDRISS ERDGESCHOSS   M 1:200

95

**Entwurf
Dresdner Bank, Pariser Platz,
Berlin-Mitte, Berlin, 1994**

mit Karl-Heinz Winkens und Tobias Scheel

Ansicht Modell.

gegenüberliegende Seite
Lageplan und Nutzungsdiagramme.

Mitarbeit: Chase McCarthy, Christoph Sauter

Der Pariser Platz entstand als einer der drei geometrisch geformten Stadttorplätze Berlins im Zuge der 1734 begonnenen großen barokken Stadterweiterung. Mit dem Brandenburger Tor, das 1791 nach einem Entwurf von Langhans fertiggestellt worden war, und einer in Maßstab, Proportionen und Höhenentwicklung auf das Tor bezugnehmenden Bebauung (überwiegend aus dem 19. Jahrhundert) bildete er bis zu seiner Zerstörung den zentralen, repräsentativen Eingangsplatz in das historische Zentrum der Stadt an der Achse Charlottenburger Chaussee – Unter den Linden. Die ursprüngliche Wohnnutzung der palaisartigen Randbebauung wich seit der zweiten Hälfte des 19. Jahrhunderts allmählich der Ansiedlung von Behörden und Gesandtschaften. Durch die Zerstörungen und Veränderungen des Zweiten Weltkriegs und der Nachkriegszeit erscheint der Platz heute als Stadtfragment mit den Einzelbauten Brandenburger Tor und Akademie der Künste.

Der Pariser Platz soll in den nächsten Jahren wieder in seiner ursprünglichen klassizistischen Grundstruktur hergestellt werden. Eine detaillierte Gestaltungssatzung schränkt die Gestaltungsfreiheit der Einzelbauwerke zugunsten des städtischen Platzraums ein. Vor diesem Hintergrund stellt der Wettbewerb im wesentlichen zwei Aufgaben: Eine ausgewogene stadträumliche Lösung im Rahmen der Wiederherstellung des Pariser Platzes ist zu finden, und der Dresdner Bank ist ein repräsentatives Erscheinungsbild nach innen und außen zu verleihen. Der Entwurf bezieht den ganzen Block mit ein, um einen optimalen Lösungsansatz für die eng zu bebauenden Grundstücke zu gewinnen.

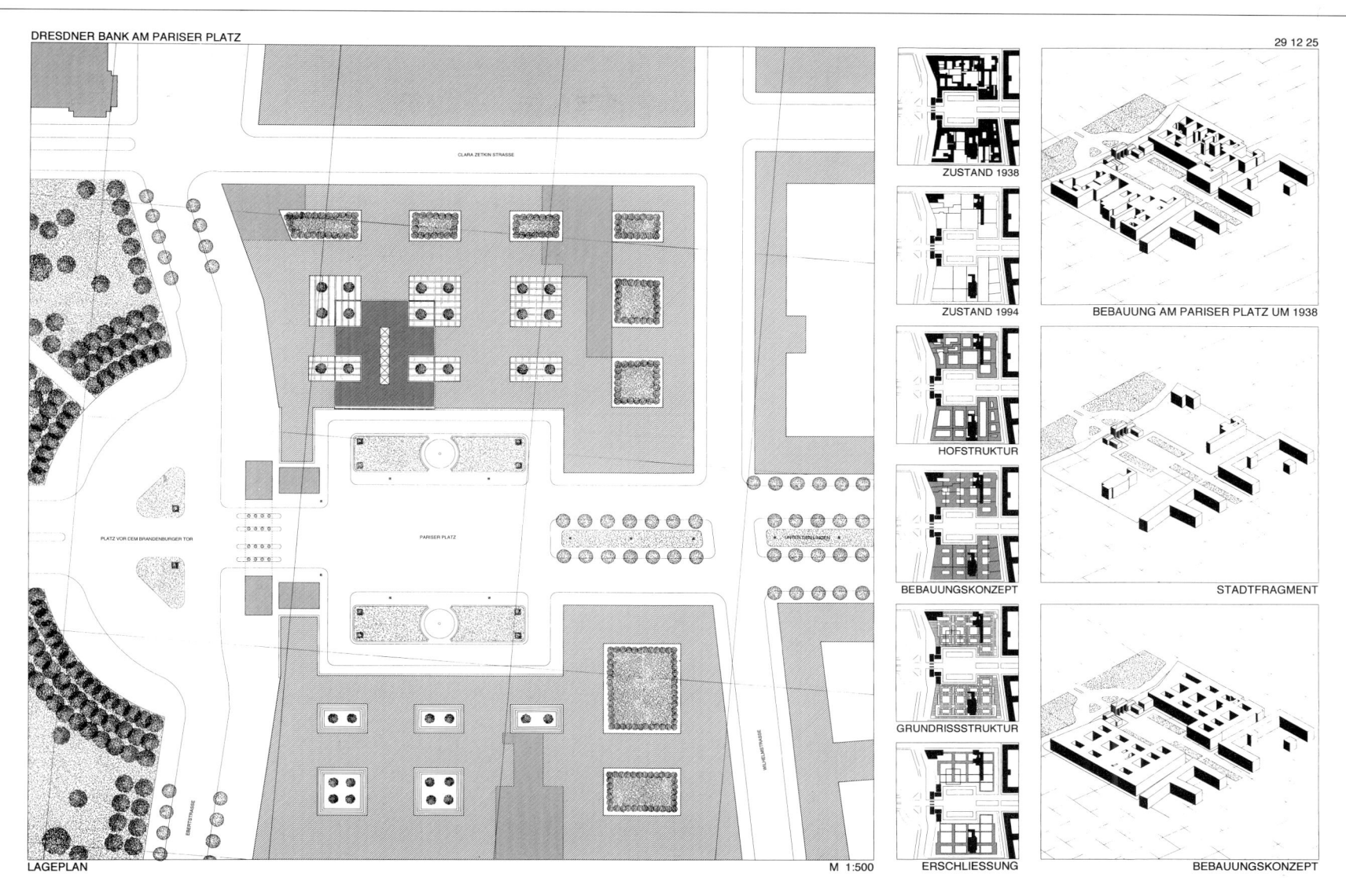

Die Typologie des auf die Parzelle beschränkten Einzelhofs wird zugunsten einer raumübergreifenden Hofstruktur aufgegeben, so daß nun verschiedene kleinere Höfe aneinandergrenzen und dadurch eine optimale Ausnutzung und Belichtung für die Einzelbauwerke geschaffen werden kann.

Der Entwurfsvorschlag ist in seiner Struktur einfach, aber sehr spannungsreich. Die Baulücke wird mit einem klaren Baukörper geschlossen, der sich an der Gestaltungssatzung orientiert und eine unprätentiöse Eleganz ausstrahlt. So erhält das Gebäude trotz der disziplinierten städtebaulichen Einbindung eine individuelle, einprägsame Gestalt, die seiner Bedeutung entspricht.

Die Proportionierung und Materialwahl der Fassade knüpfen an die große Berliner Tradition des funktionalen, aber eleganten Bürogebäudes an. Die Fassade ist klassisch dreigeteilt: Der Sockel besteht aus großformatigen Natursteinplatten, der Mittelteil mit seinen französischen Fenstern ist mit kleinformatigerem, hellerem Jurakalkstein verkleidet, und das zurückliegende Staffelgeschoß erhält abschließend einen feinen, geschliffenen Lehrenputz.

Zentrum ist eine große Halle mit einer eingestellten Treppenanlage. Diese wird in der Mittelachse des Gebäudes erschlossen. Das »Treppenhaus« ist Repräsentations- und Ausstellungsfläche und gleichzeitig Öffentlichkeitsbereich.

Vom Treppenhaus aus erschließen sich die zweibündigen Bürozonen, die jeweils um einen quadratischen Hof gruppiert sind. Die Organisation des Gebäudes ist programmatisch: Im Obergeschoß sind repräsentative Wohnsuiten, die zum Pariser Platz orientiert sind, sowie Club- und Konferenzräume mit dazugehörigen Service-Einrichtungen. Im ersten bis dritten Obergeschoß liegen Büros. Im Erdgeschoß befinden sich – zum Pariser Platz orientiert – Räume für die Pontostiftung und das Konsulat. Außerdem sind hier zwei Clubräume und die Geschäftsstelle für Vermögensberatungskunden untergebracht. Das Souterrain ist räumlich mit dem Erdgeschoß verknüpft. Durch die quadratischen Lichthöfe und raumhohen Fenstertüren ist auch dieses Geschoß genügend belichtet.

Schnitte; Grundrisse und
Schnittisometrie.

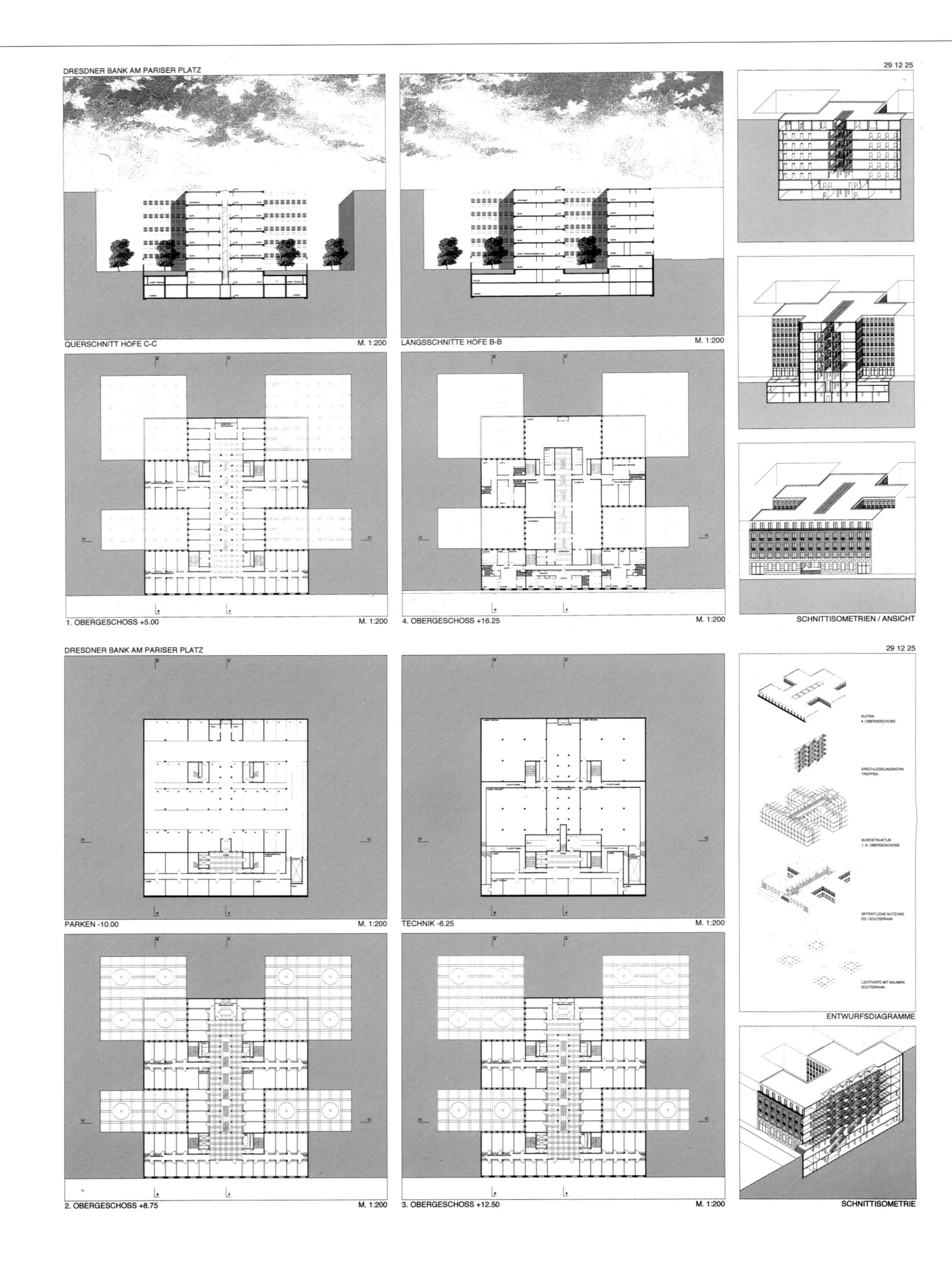

DRESDNER BANK AM PARISER PLATZ

QUERSCHNITT HÖFE C-C — M. 1:200
LÄNGSSCHNITTE HÖFE B-B — M. 1:200

1. OBERGESCHOSS +5.00 — M. 1:200
4. OBERGESCHOSS +16.25 — M. 1:200

SCHNITTISOMETRIEN / ANSICHT

DRESDNER BANK AM PARISER PLATZ

PARKEN -10.00 — M. 1:200
TECHNIK -6.25 — M. 1:200

2. OBERGESCHOSS +8.75 — M. 1:200
3. OBERGESCHOSS +12.50 — M. 1:200

ENTWURFSDIAGRAMME

SCHNITTISOMETRIE

DRESDNER BANK AM PARISER PLATZ

29 12 25°

ANSICHT PARISER PLATZ M. 1:200	LÄNGSSCHNITT HALLE A-A M. 1:200
ERDGESCHOSS +1.25 M. 1:200	SOUTERRAIN -2.50 M. 1:200

HALLE

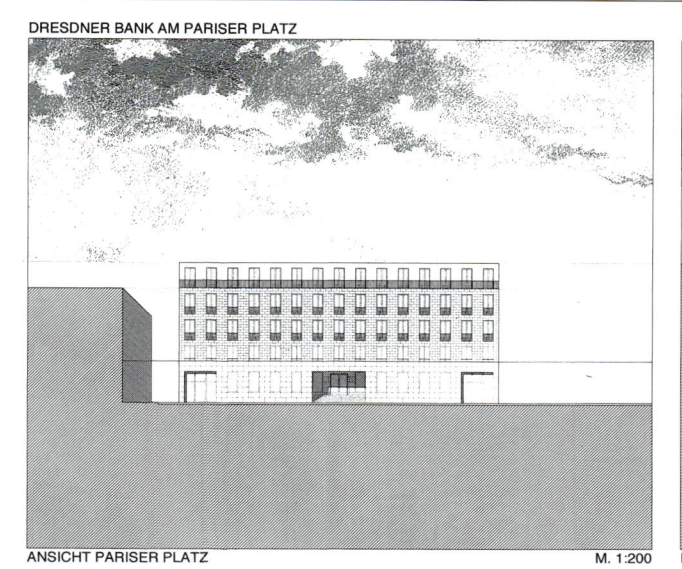

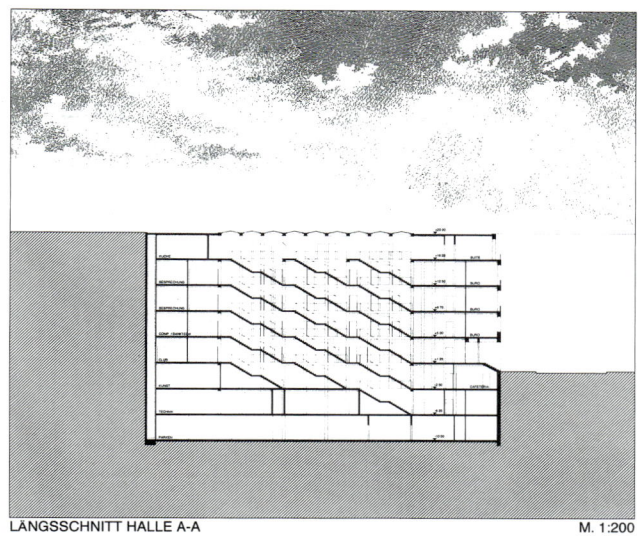

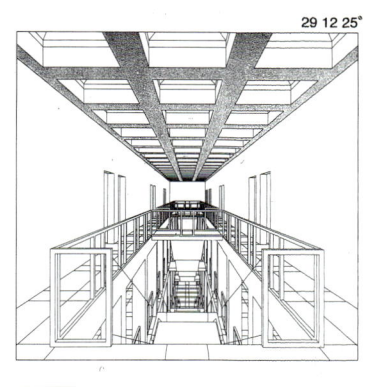

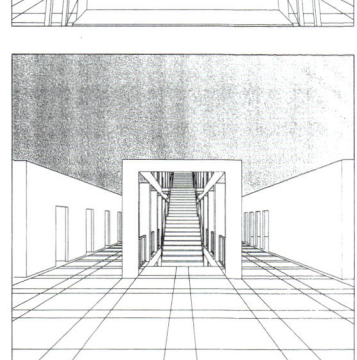

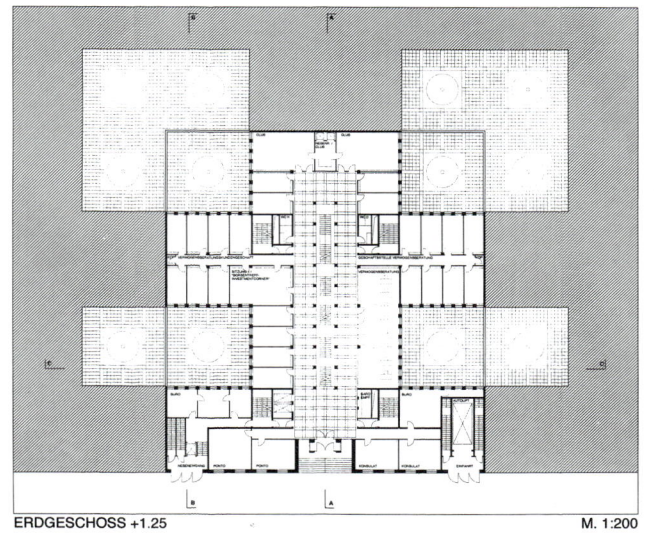

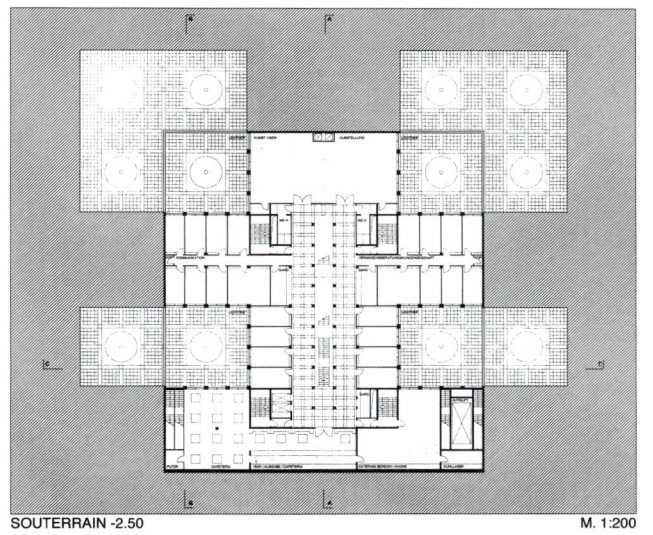

Ansicht; Schnitt; Grundrisse; Perspektiven und Ansicht Modell.

Entwurf für einen Wohnturm in Heerlen, Niederlande, 1995

Mitarbeit: Boris von Glasenapp

Der Wohnturm in Heerlen ist Teil eines umfassenden städtebaulichen Gesamtentwurfs, der die Reurbanisierung der durch die Planungen der sechziger und siebziger Jahre geprägten Heerlener Innenstadt vorsieht.
Der Standort des Turms liegt am Rand des Burgemeester von Grunsvenplein. Dieser Platz bildet den Übergang von der historischen, auf die Römer zurückgehenden Stadtstruktur zu den umliegenden Stadterweiterungen des 20. Jahrhunderts.
Der Platz wird von einer einheitlichen Wohnbebauung begrenzt. An der Ostseite liegt der alte Stadtkern mit seiner kleinteiligen Bebauung, ihm gegenüber dominiert das Stadttheater als freistehendes Einzelprojekt den Platz. Am nördlichen Rand sind die Raumkanten nicht klar formuliert, so daß der Platz in die Geerstraat in Richtung Bahnhof fließt. An dieser Stelle markiert der geplante Wohnturm die Ecke des Platzes und bildet mit den benachbarten Hochhäusern am Apollolaan sowie Het Loon ein Ensemble aus Hochbauten am Eingang zur Innenstadt Heerlens. Der Wohnturm ist der höchste Bau der Stadt: Der Baukörper ist auf Höhe der umliegenden Hochhäuser zurückgetreppt und überragt diese mit seinem schlankeren Teil. Eine zweigeschossige Arkade bildet die Sockelzone des Hauses am Burgemeester von Grunsvenplein.
Auf der Rückseite, an der stark befahrenen Geerstraat, fungiert der aus der Schnittfläche des Baukörpers herausragende Treppenturm als weithin sichtbares Zeichen. Er ist wie der übrige Baukörper einheitlich verklinkert. Neben den großen Vierzimmerwohnungen in den oberen Geschossen liegen in den unteren 15 Geschossen je zwei Dreizimmerwohnungen auf einer Etage. Im Erdgeschoß nutzen ein Café mit außenliegender Terrasse, im ersten Obergeschoß Büroräume die attraktive Lage am Burgemeester von Grunsvenplein.

Lageplan; auf den folgenden Seiten Ansicht und perspektivische Darstellungen; Grundrisse und Schnitt.

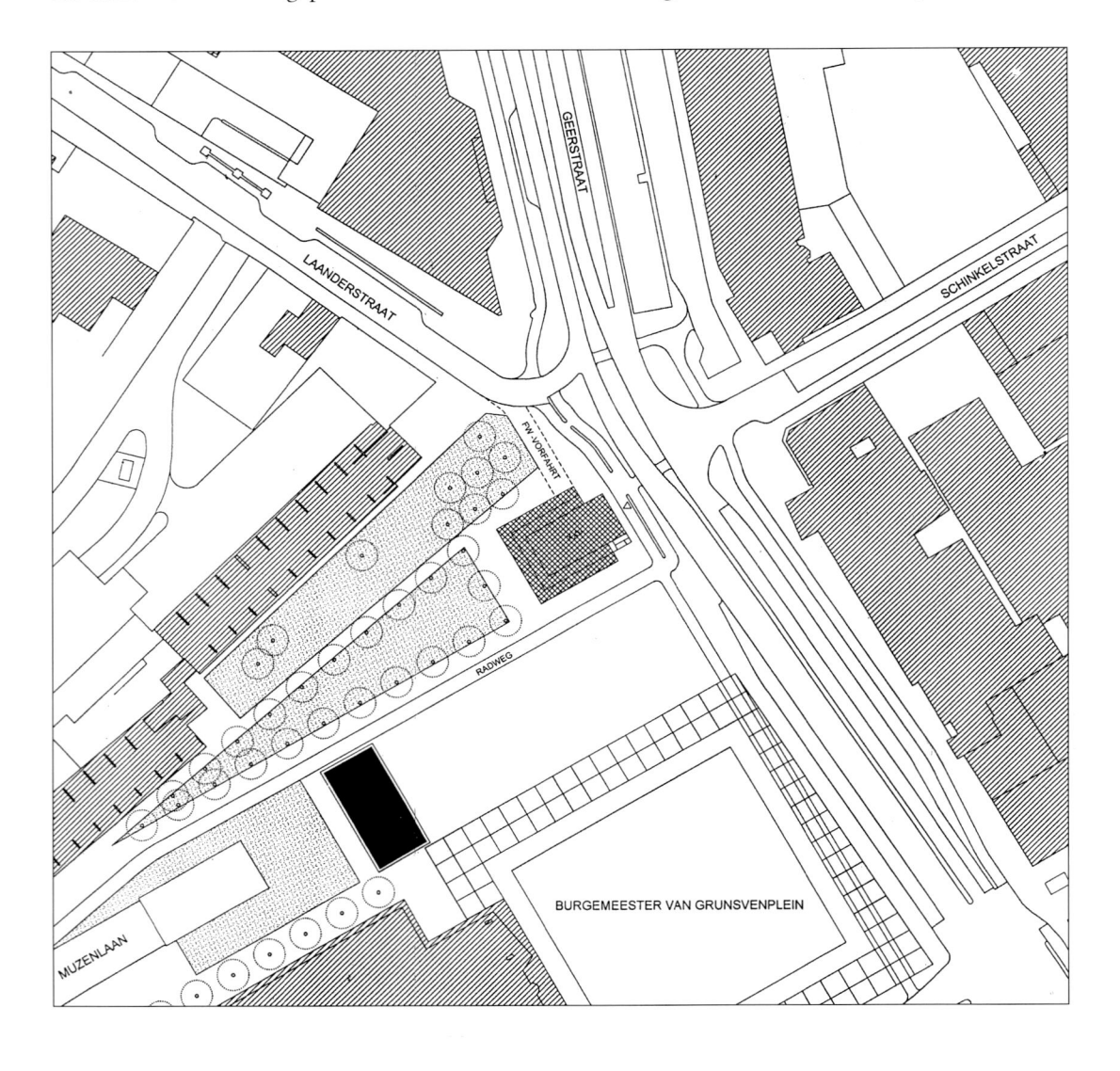

101

102

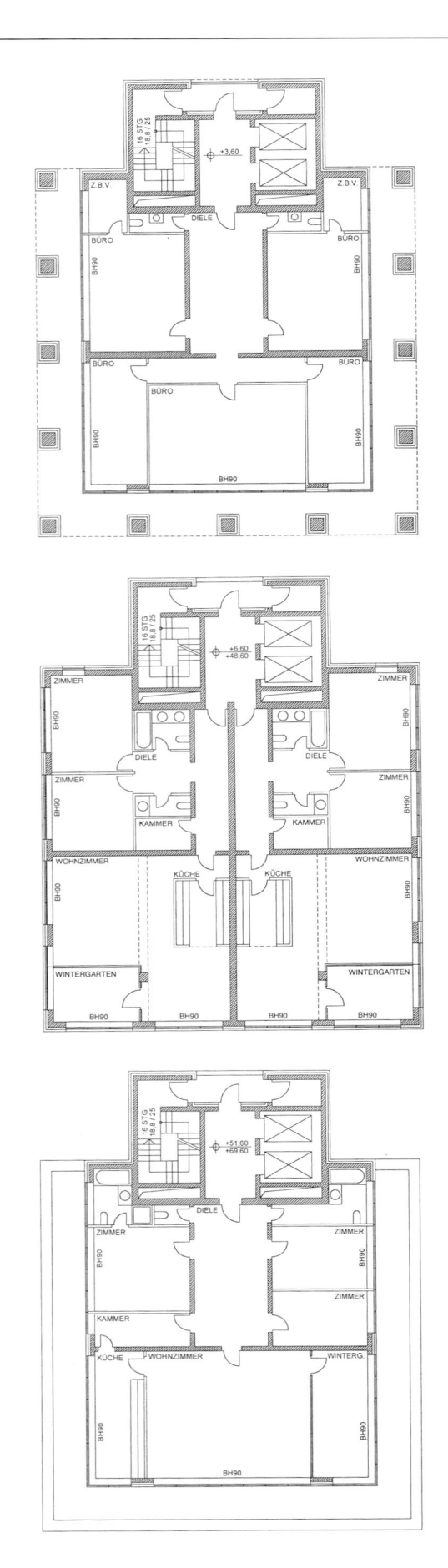

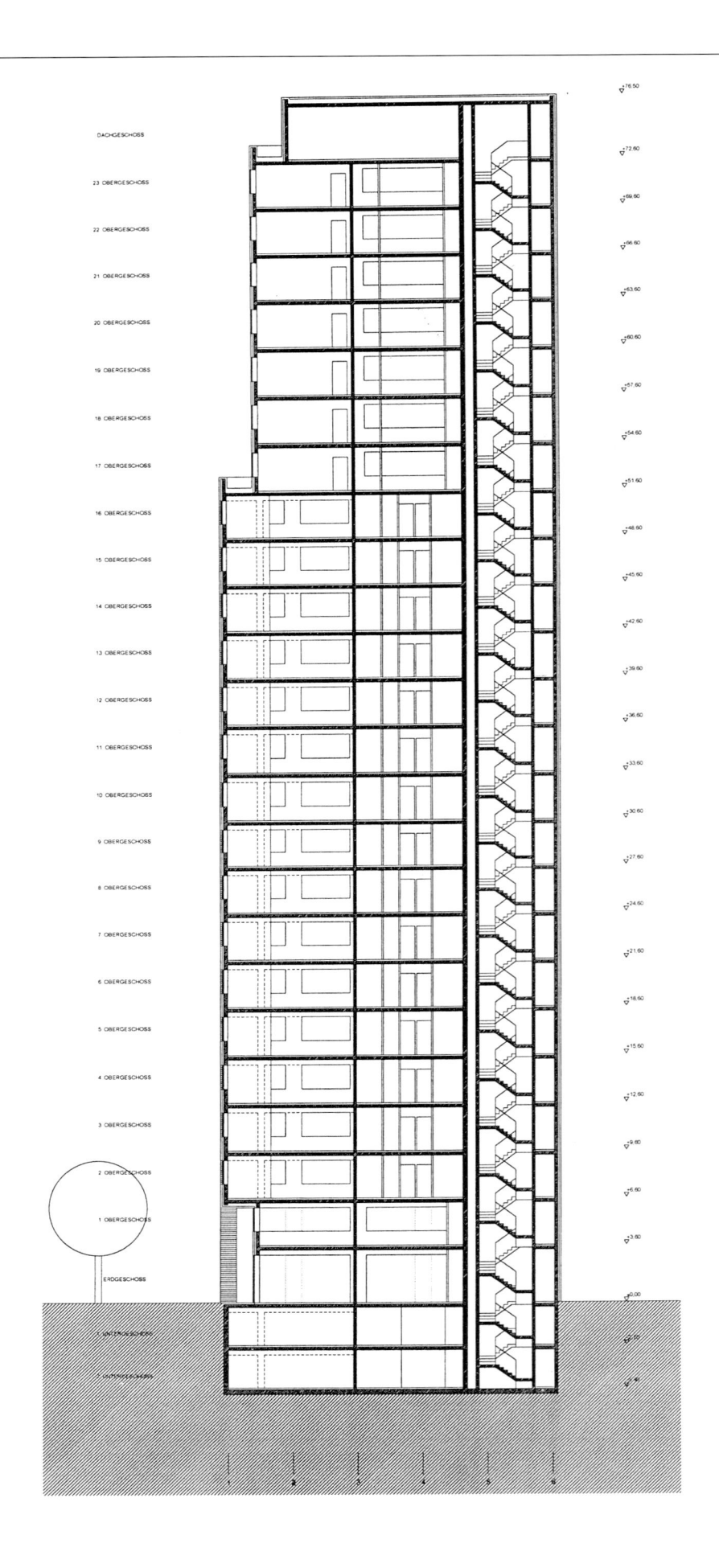

Städtebaulicher Entwurf für Rostock-Reutershagen, 1995

mit Stefan Vieths

Mitarbeit: Axel Steudel, Marvin Keim, Christine Combe, Peter Pfertner, Volker Diekmann, Frank Wieschemann, Anja Albers

Das Wettbewerbsgebiet umfaßt den zentralen Bereich von Reutershagen, einem nördlichen Stadtteil Rostocks, der im wesentlichen in der Nachkriegszeit errichtet wurde. In seiner Struktur folgt er Grundsätzen des modernistischen, offenen Städtebaus dieser Zeit mit seiner objekthaften Bebauung und wenig definierten städtischen Räumen. Dies gilt insbesondere für das hier zu untersuchende Stadtzentrum, das eine mit provisorischen Bauten versehene Brachfläche darstellt.
Der Entwurf sieht vor, diese »leere« Mitte zu füllen und dort einen »Stadtkern« zu implantieren.
Wie die historische Innenstadt, bildet auch der neue Stadtkern Reutershagen eine eigenständige, leicht ablesbare städtebauliche Einheit, deren autonome Struktur noch durch die klare Grundfigur betont wird. Wie die Innenstadt ist sie durch kompakte, hier sechsgeschossige Bauten geprägt, in die präzisen städtischen Räume gleichsam eingeschnitten und hebt sich deutlich von den offenen, fließenden Räumen der bestehenden Bebauung ab.
Der Stadtkern wird durch ein Wegekreuz der bestehenden Straßenzüge in vier Blocks aufgeteilt. Innerhalb dieser vier Blocks werden zwei Plätze definiert: zum einen der Marktplatz, der durch seine Nutzung, aber auch durch seine Proportionen und Gestaltung den räumlichen Mittelpunkt des öffentlichen Lebens in Reutershagen markiert. Zum anderen entsteht in der Achse der Ulrich-von-Hutten-Straße ein zweiter Platz, der den Eingang des Stadtzentrums bildet und als Schmuck- und Verkehrsplatz konzipiert ist. Da der Entwurf präzise auf die bestehenden Strukturen eingeht, stehen Bestand und Neu-

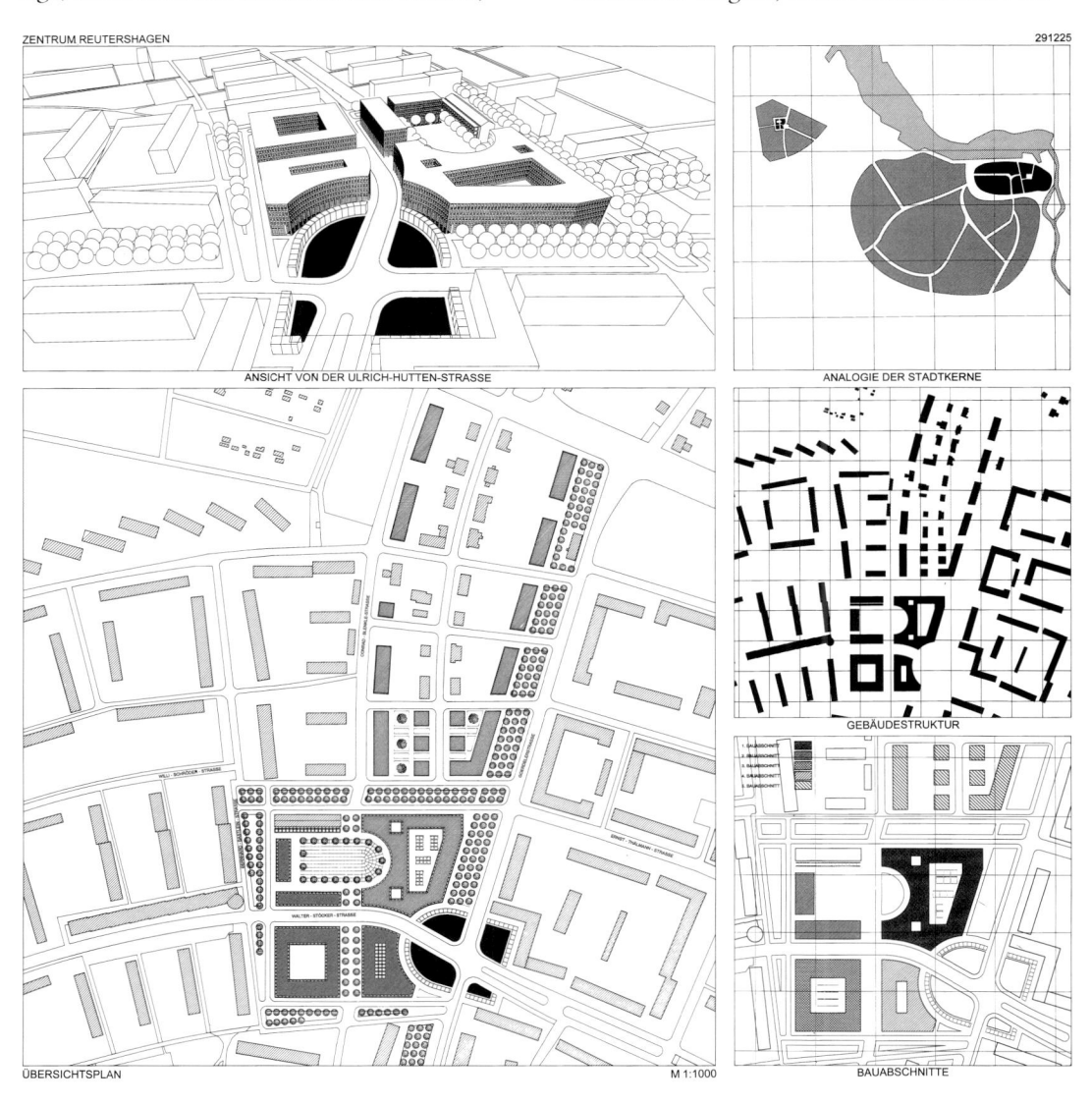

Perspektivische Ansicht; Übersichtsplan; Nutzungsdiagramme.

auf den folgenden Seiten perspektivische Darstellung Marktplatz; Lageplan; Nutzungskonzepte; Grundriß Erdgeschoß; Ansicht und Schnitte.

ZENTRUM REUTERSHAGEN

291225

ANSICHT MARKTPLATZ

VERKEHRSKONZEPT — M 1:1000

GRÜNKONZEPT — M 1:1000

LAGEPLAN — M 1:500

PARKEN IM UG

ZENTRUM REUTERSHAGEN 291225

ANSICHT VOM MARKTPLATZ — M 1:200

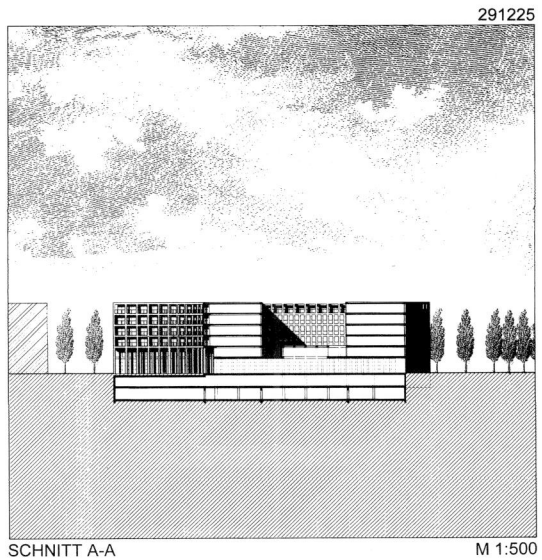

SCHNITT A-A — M 1:500

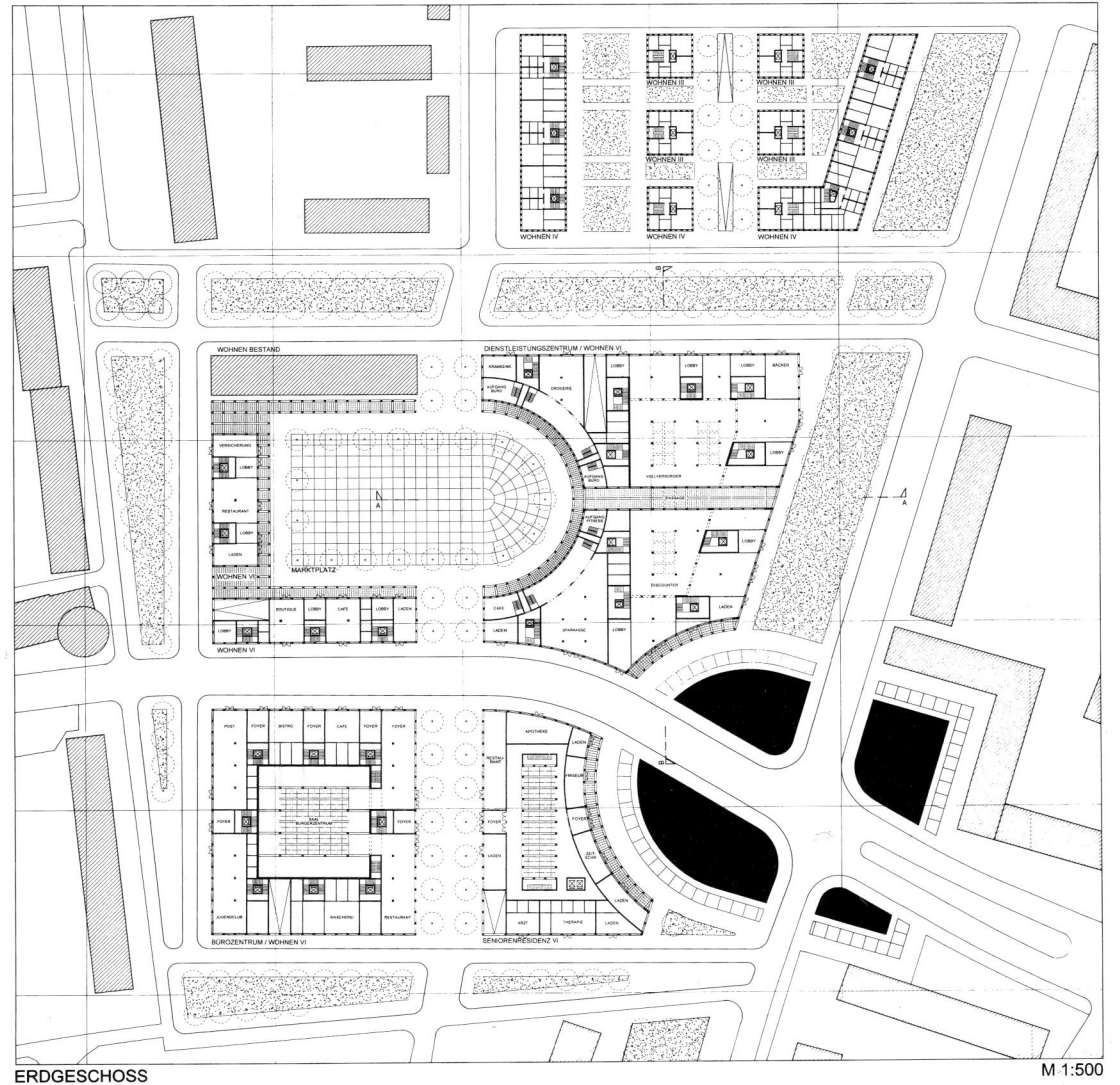

ERDGESCHOSS — M 1:500

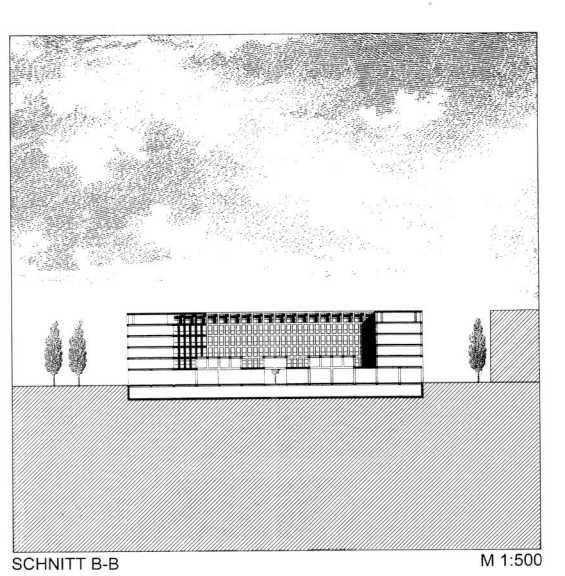

SCHNITT B-B — M 1:500

ZENTRUM REUTERSHAGEN

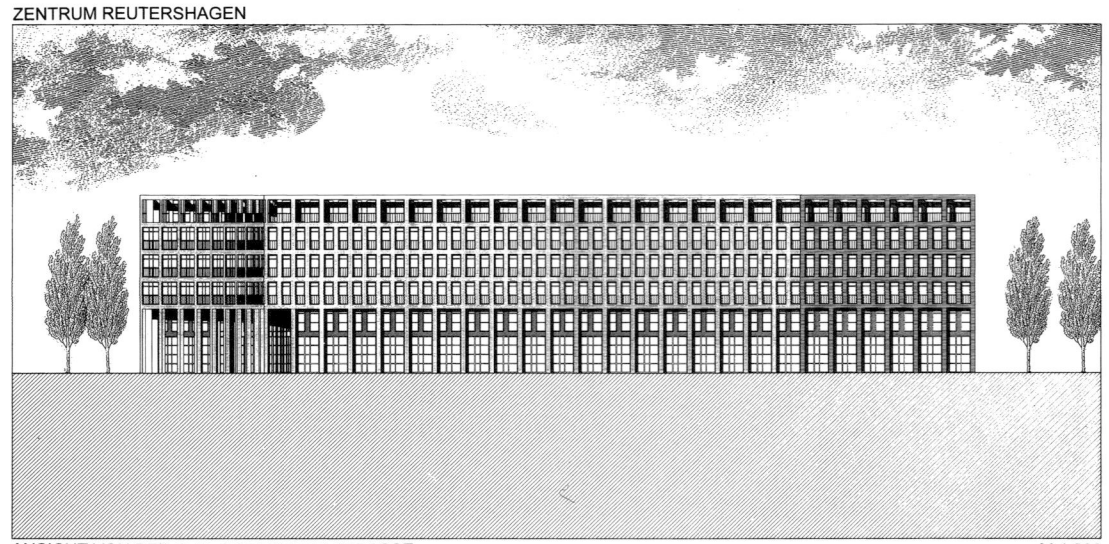

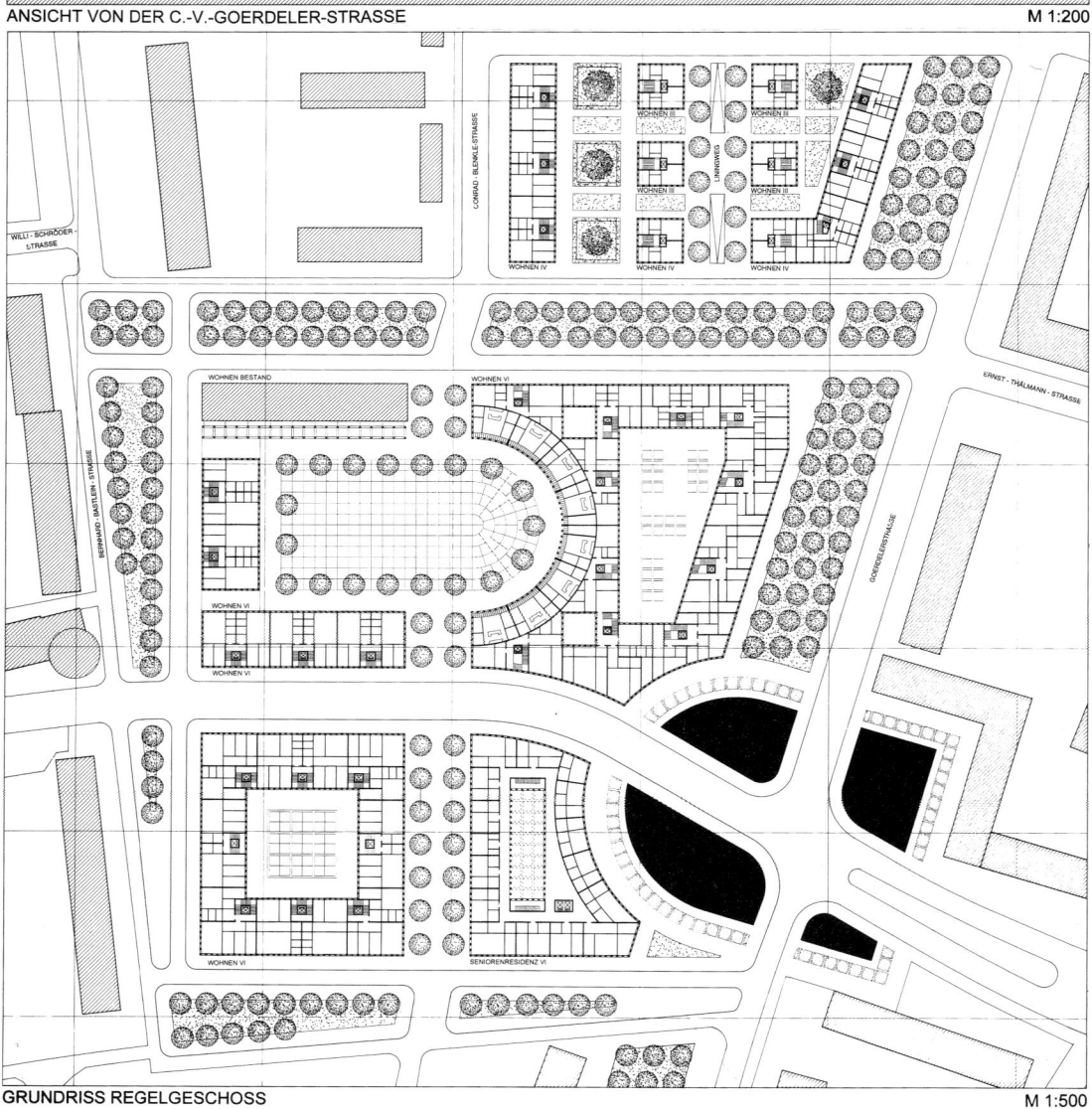

291225

ANSICHT VON DER C.-V.-GOERDELER-STRASSE   M 1:200

ANSICHT VON NORDEN   M 1:500

ANSICHT VON SÜDEN   M 1:500

GRUNDRISS REGELGESCHOSS   M 1:500

planung also nicht unverbunden nebeneinander.

Der neue Stadtkern wird wie die Wallanlagen der Rostocker Innenstadt von einer begrünten Ringstraße eingefaßt, die den Übergang zu der bestehenden Bebauung vermittelt und der Organisation des Verkehrs im Zentrum dient. Das Nutzungskonzept sieht eine konzentrierte städtische Mischung verschiedener Funktionen vor. Der nordöstliche Block an der Kreuzung Ulrich-von-Hutten-/Carl-Goerdeler-Straße nimmt das geforderte Dienstleistungszentrum auf: Hier sind im Erd- und ersten Obergeschoß Supermarkt, Discounter, Sparkasse, Drogeriemarkt, Café und verschiedene kleinere Läden und Praxen geplant. In den Obergeschossen befinden sich Wohnungen. Die westlich anschließende Bebauung, die den Marktplatz einfaßt, weist eine ähnliche, wenn auch kleinteiligere Nutzungsstruktur auf.

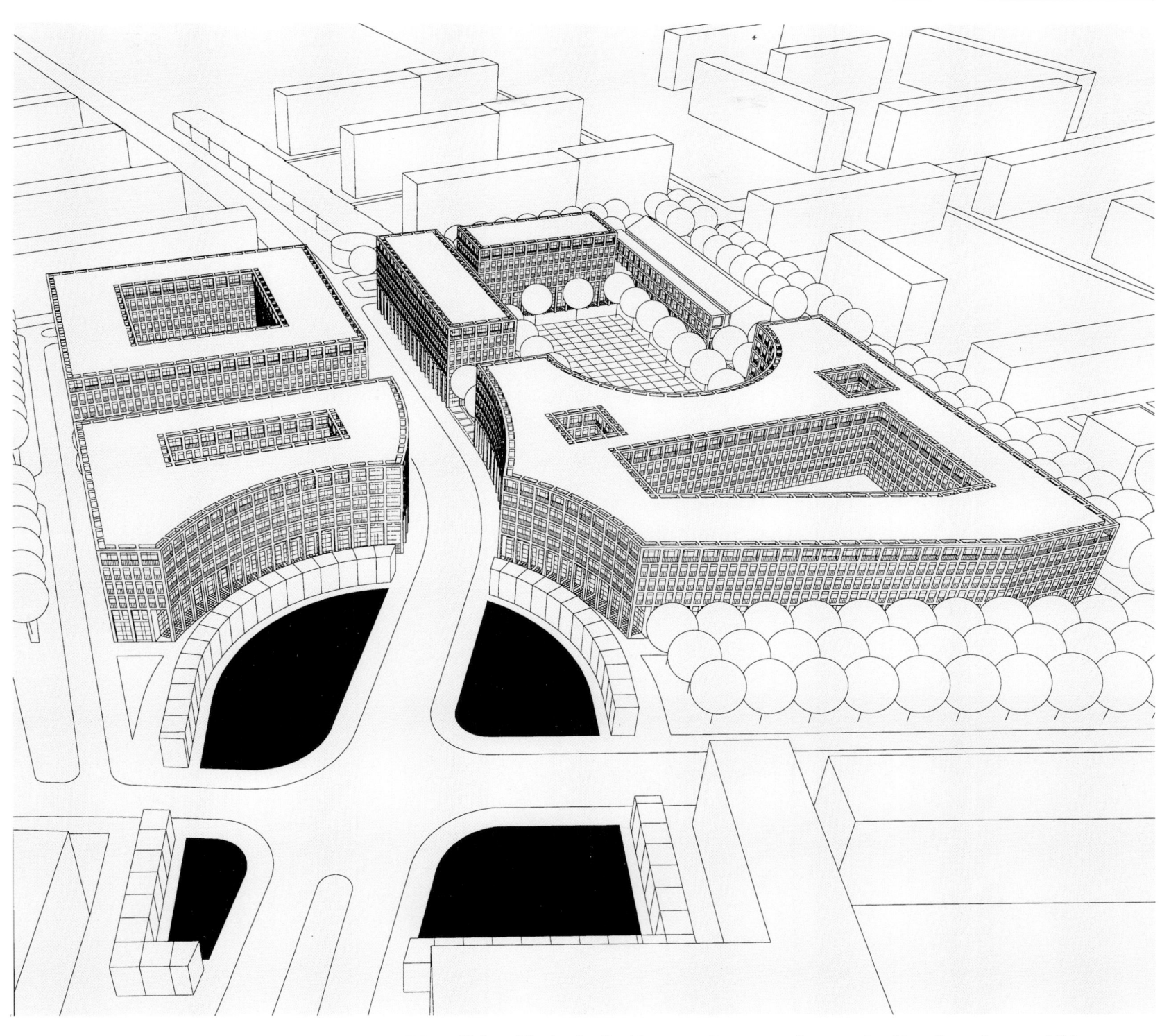

Perspektive.

linke Seite
Ansichten; Grundriß Regelgeschoß.

Die südlichen Blocks des Stadtkerns ergänzen die um den Marktplatz vorgesehenen gewerblichen Nutzungen durch eine Seniorenresidenz und das geforderte Bürgerzentrum. Nördlich des Stadtkerns wird die bestehende Bebauung durch mehrere Wohngebäude ergänzt, die konzeptionell die vorhandene, objekthafte Baustruktur fortführen. An der Carl-Goerdeler-Straße wird durch Zeilenbauten eine klare Raumkante gebildet, um diesen wichtigen städtischen Boulevard besser zu fassen. Im Blockinneren wird die kleinteilige Wohnbebauung durch Stadtvillen ergänzt.

Der Grünzug entlang der Carl-Goerdeler-Straße wird zu einer Allee ergänzt und so zu einem städtischen Boulevard, der das Zentrum mit der Hamburger Straße verbindet.

Wettbewerbsentwurf und Realisierung Kunstpalast, Düsseldorf, 1995

mit Stefan Vieths

Mitarbeit: Kai-Uwe Lompa, Boris von Glasenapp, Frank Wieschemann, Marvin Keim, Johannes Götz, Guido Lohmann, Matthias Weiher, Gloria Amling

Das vorgeschlagene Konzept für die Neuordnung des Kunstpalasts Düsseldorf umfaßt zwei Maßnahmen: die Ergänzung der Ehrenhofanlage durch einen neuen Gebäudeflügel, der den Kunstpalast aufnimmt, und den Bau eines halbkreisförmigen Solitärs in den städtischen Innenraum hinter dem neuen Kunstpalast. Der neue Flügel entwickelt sich unter Beibehaltung der historischen Fassade aus der bestehenden Anlage und führt sie fort. Die großzügige städtebauliche Komposition entlang des Rheins zwischen Ehrenhof und Tonhalle wird behutsam ergänzt und in ihrer Wirkung nicht gestört. Der Bereich hinter dem Neubau wird durch die knappe Ausbildung des neuen Kunstpalasts zu einem eindeutig gefaßten Hofraum. In diesem Raum wird ein Galeriegebäude eingestellt, das durch seine klare Geometrie dem zufälligen Charakter der angrenzenden heterogenen Bebauung aus Victoria-Versicherung, Wohnbebauung und Kunstpalast ein ordnendes Element entgegensetzt.

Die Struktur des Kunstpalasts entwickelt sich aus dem Rhythmus der historischen Ehrenhoffassade: Der Wechsel von Wand und Fenster

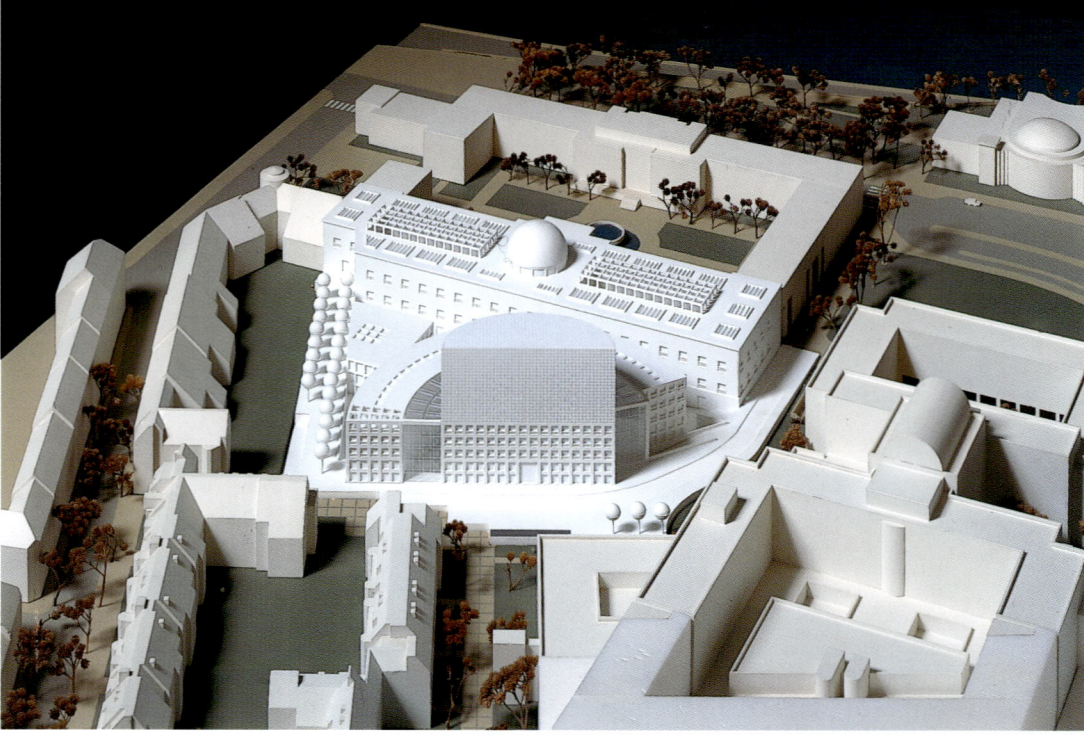

Ansicht Modell;
Entwurfsskizzen, perspektivische Darstellung und Dachaufsicht.

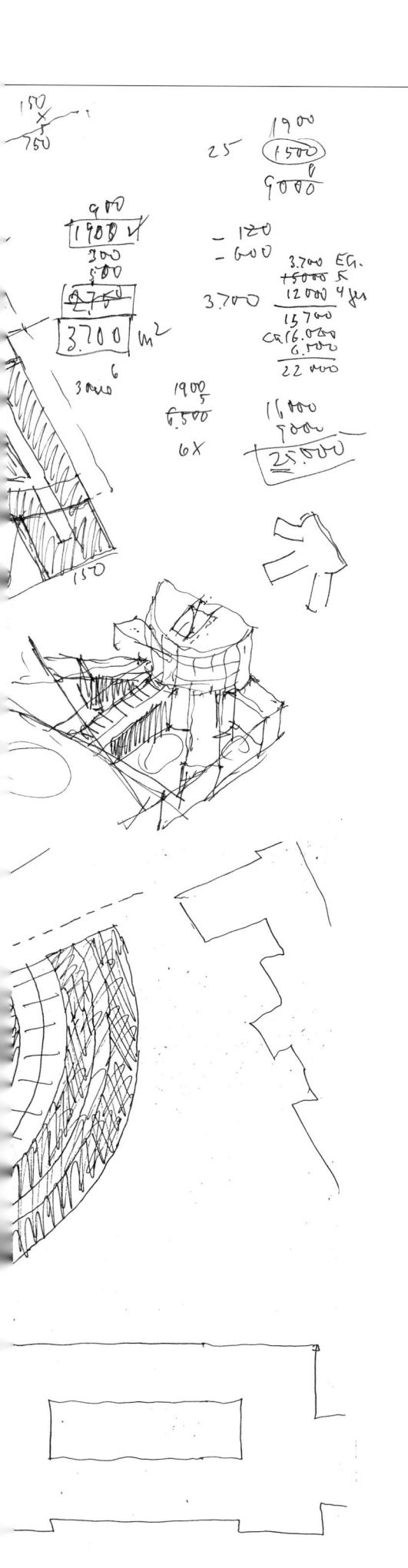

KUNSTPALAST DÜSSELDORF — PROF. O.M. UNGERS

PERSPEKTIVE — M 1:500

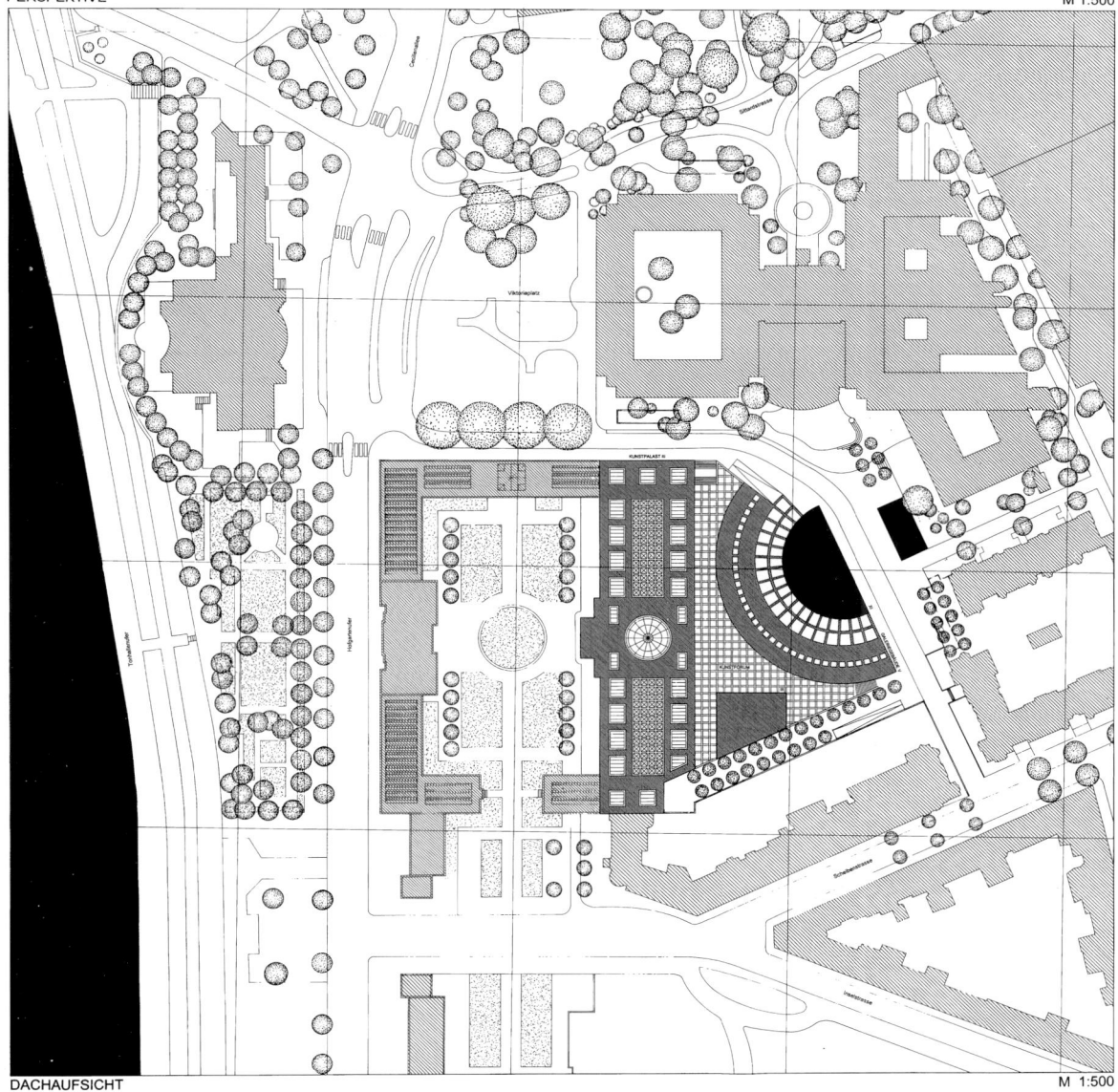

DACHAUFSICHT — M 1:500

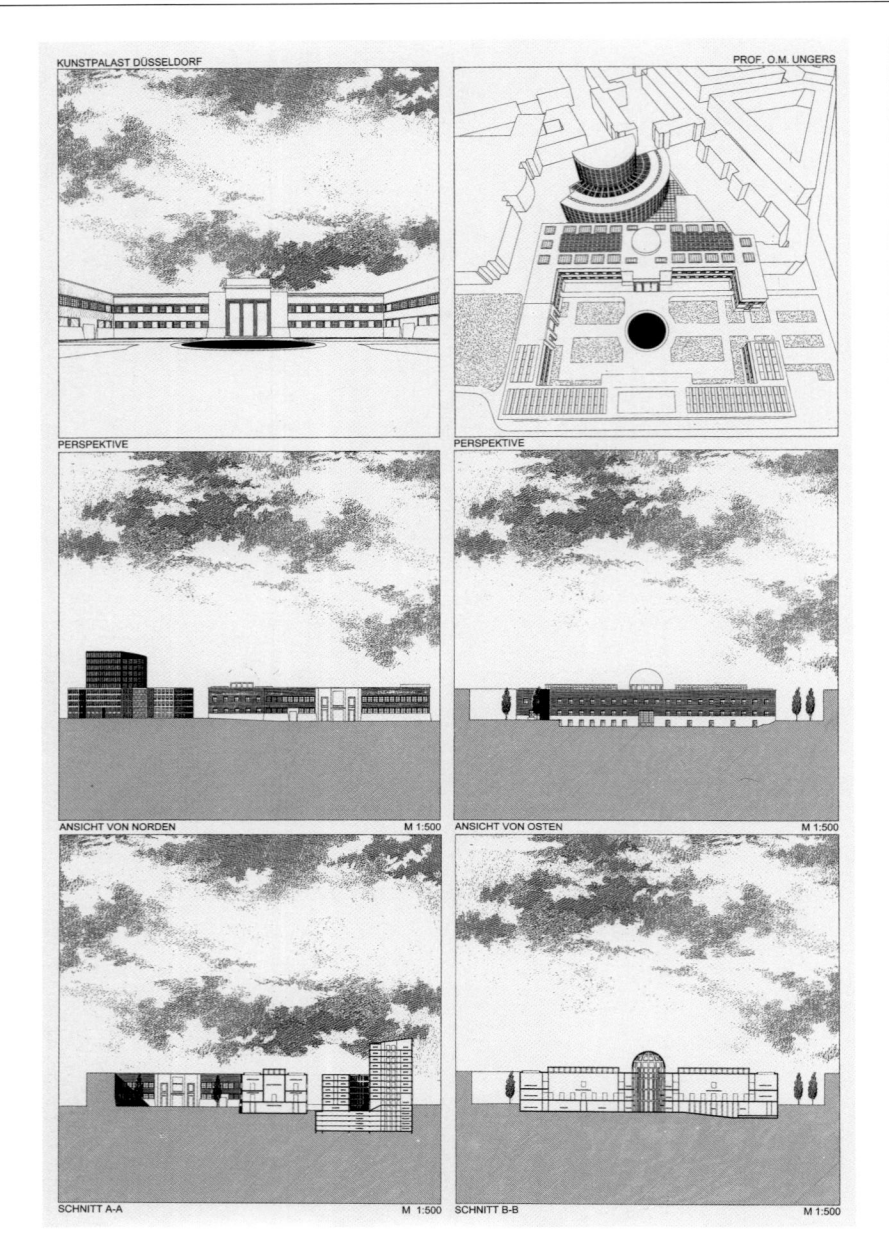

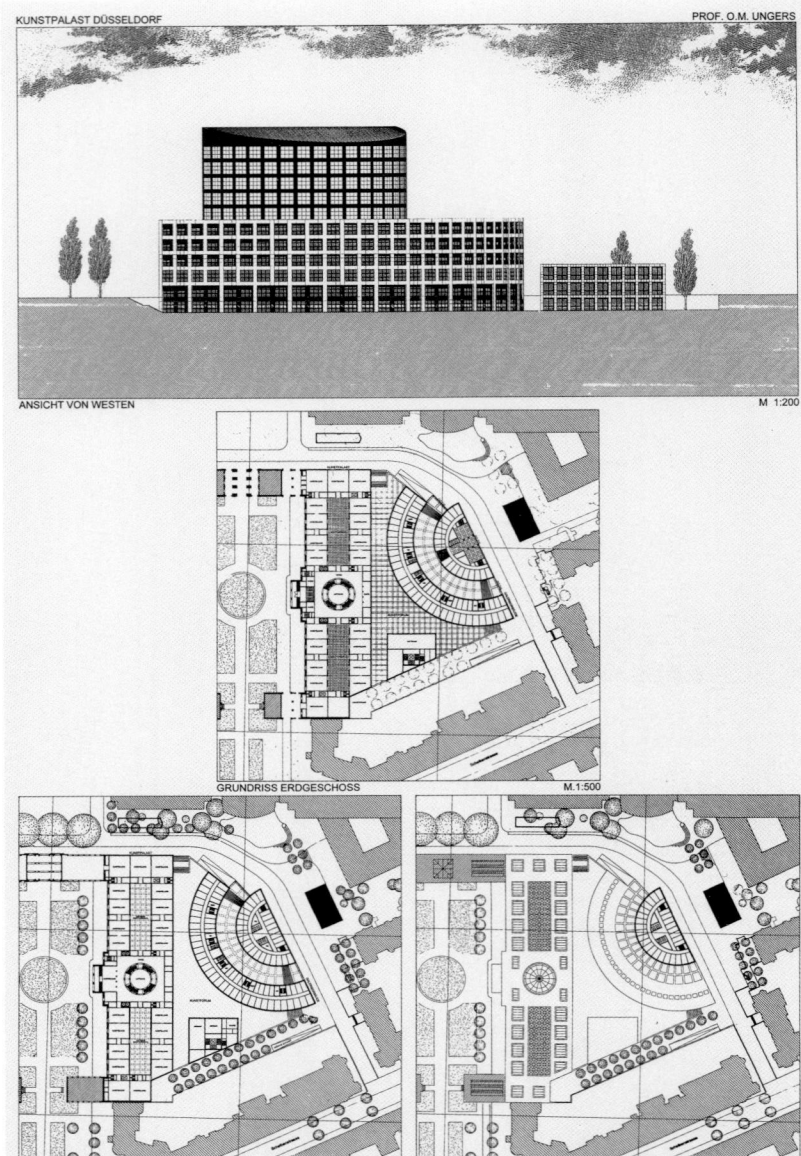

bildet das Grundmodul für das neue Gebäude. Die Eingangshalle ist folgerichtig auf den bestehenden Portiko bezogen. Sie verbindet die verschiedenen Geschosse miteinander und wird von einer Kuppel überspannt, die an die historische Kuppel des Kunstpalasts erinnert. Zu beiden Seiten der zentralen Eingangshalle schließen sich Skulpturenhöfe mit Glasdächern an. Um diese Räume werden auf zwei Geschossen die übrigen Ausstellungsräume angeordnet.

Der Robert-Schumann-Saal befindet sich im Sockelgeschoß und wird über ein Foyer erschlossen, das in einer gebäudehohen Halle mit der Eingangsebene des Kunstpalasts zusammengefaßt ist. Der Saal hat einen weiteren Eingang und Fluchtwege zum Kunstforum.

Die Anlieferung für den Kunstpalast erfolgt von der Brüderstraße im Bereich der Restaurierungswerkstatt. Für die Fassade des Neubaus wird Klinker wie bei der Ehrenhoffassade vorgeschlagen.

Das halbkreisförmige Galeriegebäude setzt sich aus drei Gebäudeteilen zusammen: ein niedriger Gebäuderiegel, der die Höhe des Kunstpalasts aufnimmt, ein Turmgebäude, dessen abgeschrägtes Dach durch die Sichtlinien vom Ehrenhof aus bestimmt ist, und eine Galerie, die Turmgebäude und Riegel miteinander verbindet.

Das Galeriegebäude ist als Bürogebäude konzipiert. Lediglich im Erd- und Sockelgeschoß werden Galerien, Ateliers oder Läden vorgeschlagen. Die Erschließung erfolgt über die Brüderstraße. Die Fassade des Galeriegebäudes wird bis zur Höhe des Kreisriegels in Naturstein, darüber in Glas ausgeführt.

Zwischen Kunstpalast und Galeriegebäude befindet sich ein abgesenkter Platz, der zu einem Ort des Austauschs zwischen Kultur und Wirtschaft werden könnte: das Kunstforum. Hier befinden sich Galerien, die Zugänge zu Kunstpalast und Robert-Schumann-Saal und ein Seminargebäude, so daß hier ein funktional dichter und komplexer Stadtraum entsteht.

linke Seite
Perspektiven; Ansichten;
Schnitte und Grundrisse.
perspektivische Darstellung
des Galeriegebäudes und
Grundriß 1. Obergeschoß.

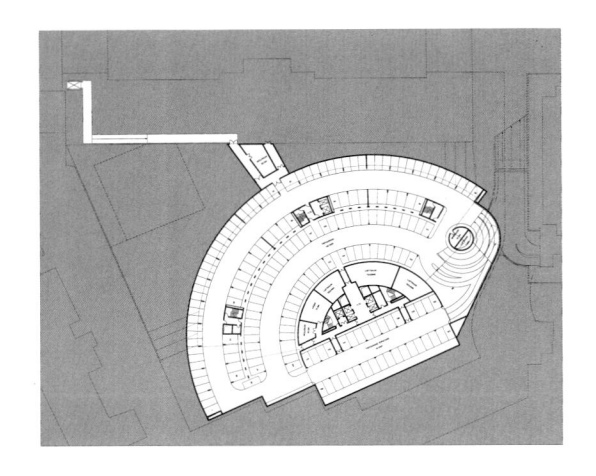

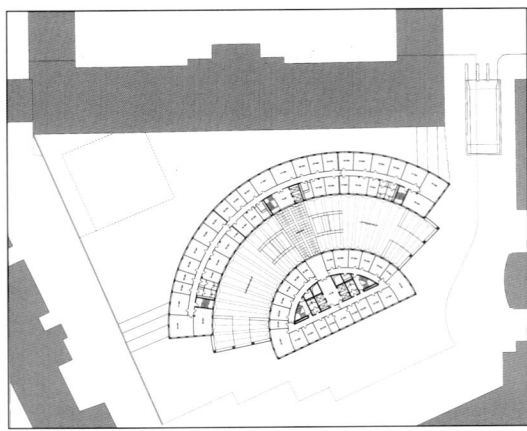

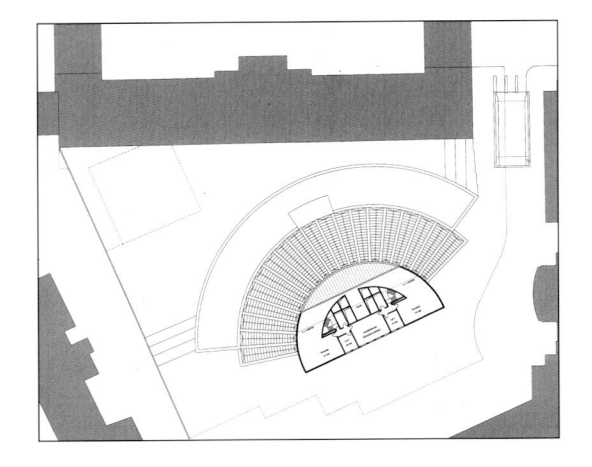

Grundrisse; Ansichten
und Schnitte des Galerie-
gebäudes.

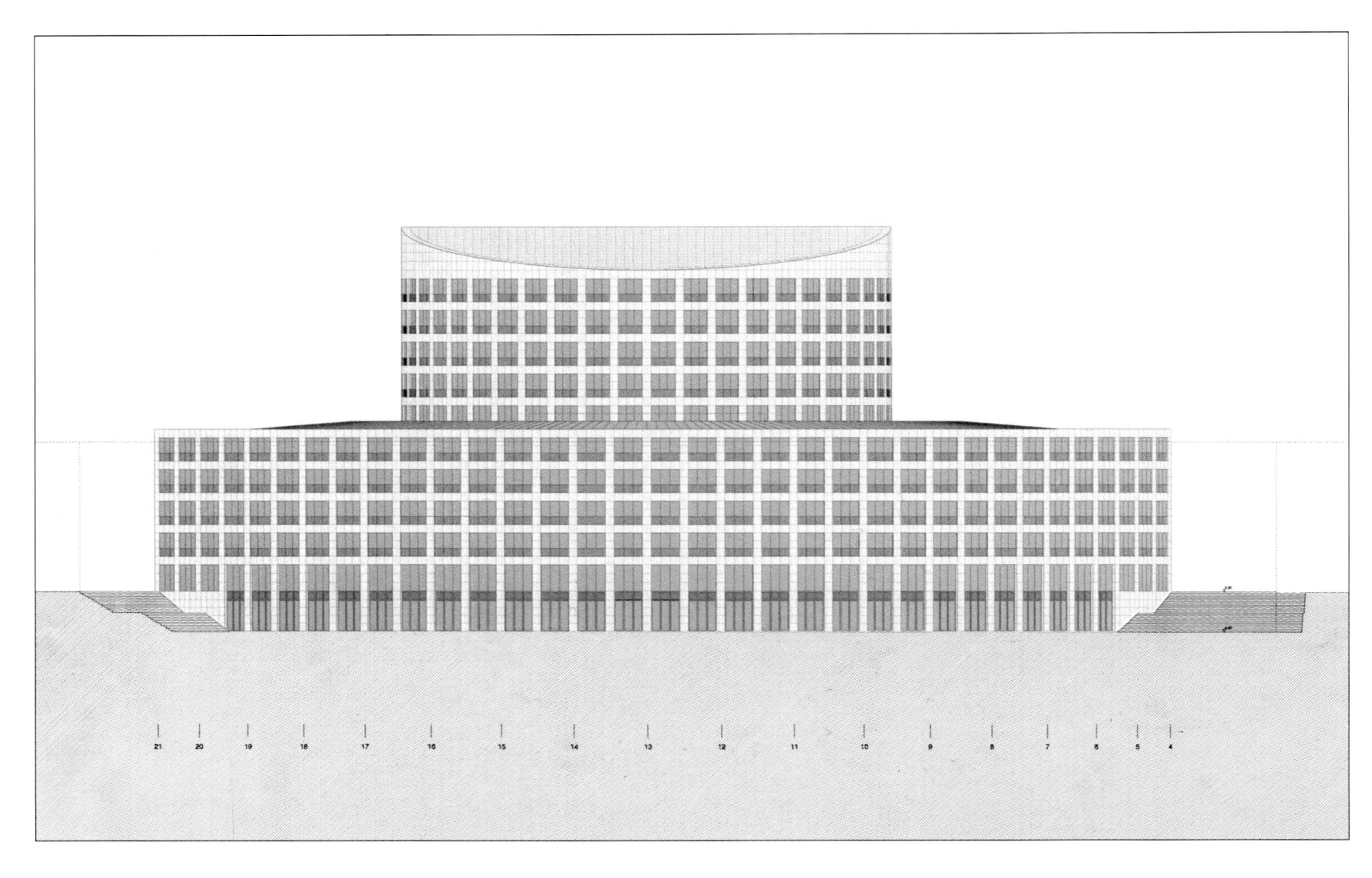

112

113

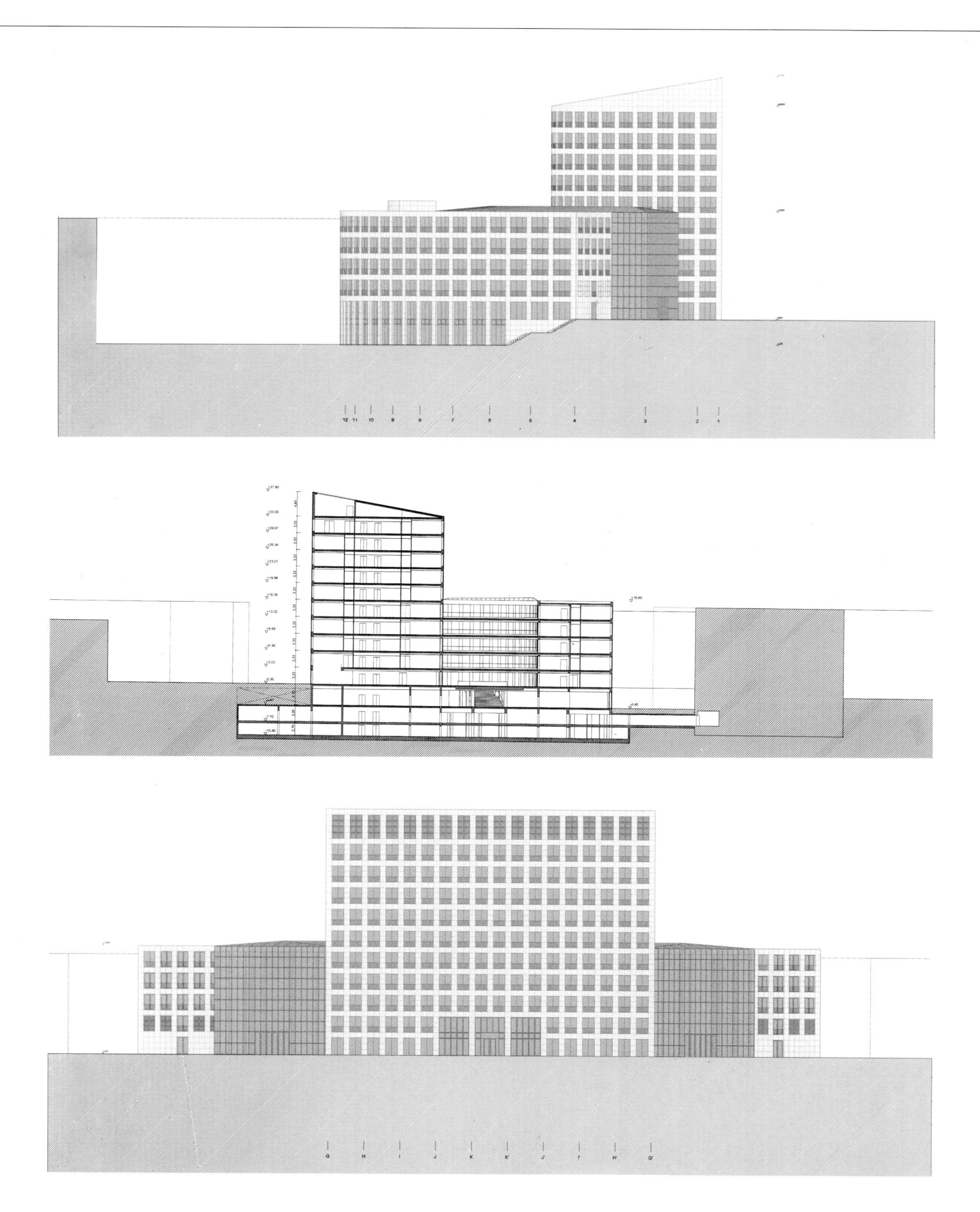

Computersimulation: perspektivische Darstellung Innenräume Galeriegebäude und Grundrisse Kunstpalast.

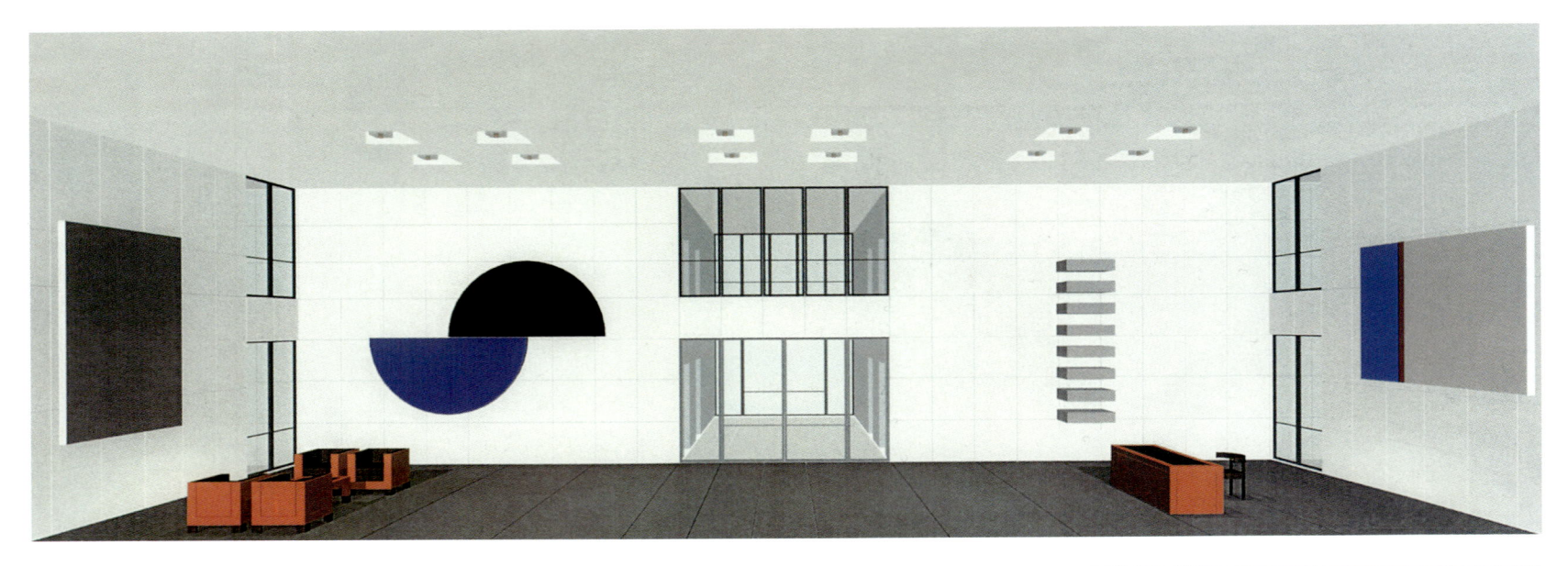

114

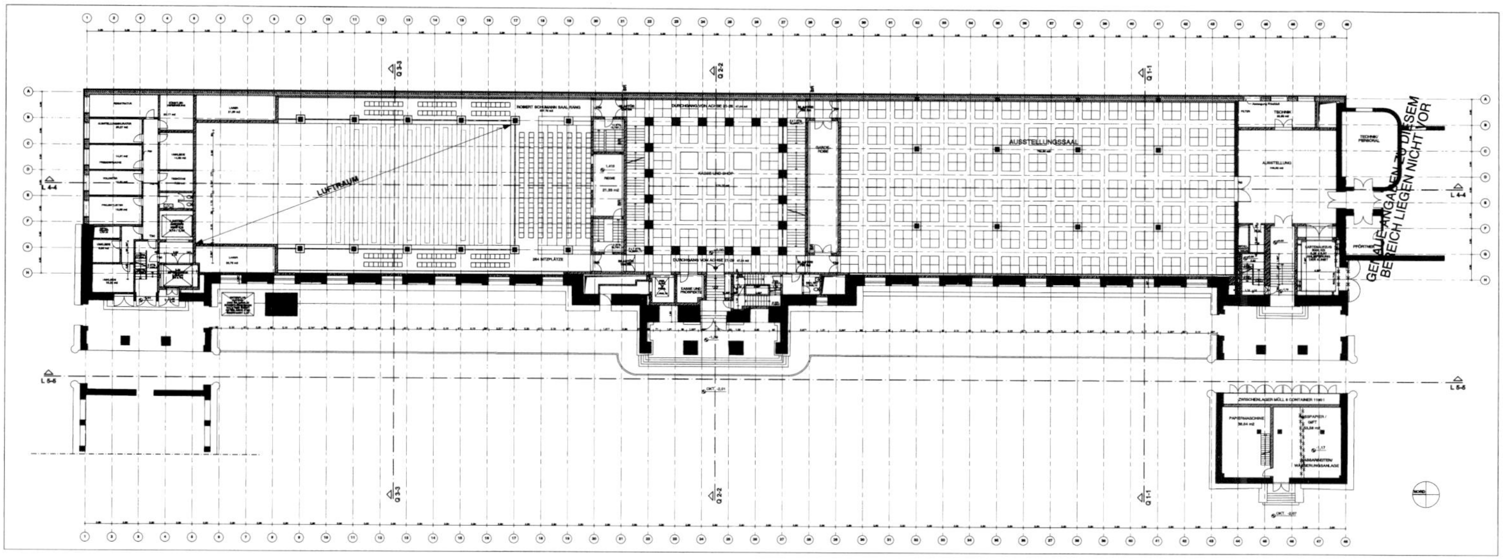
LUFTRAUM
AUSSTELLUNGSSAAL
GENAUE ANGABEN ZU DIESEM BEREICH LIEGEN NICHT VOR

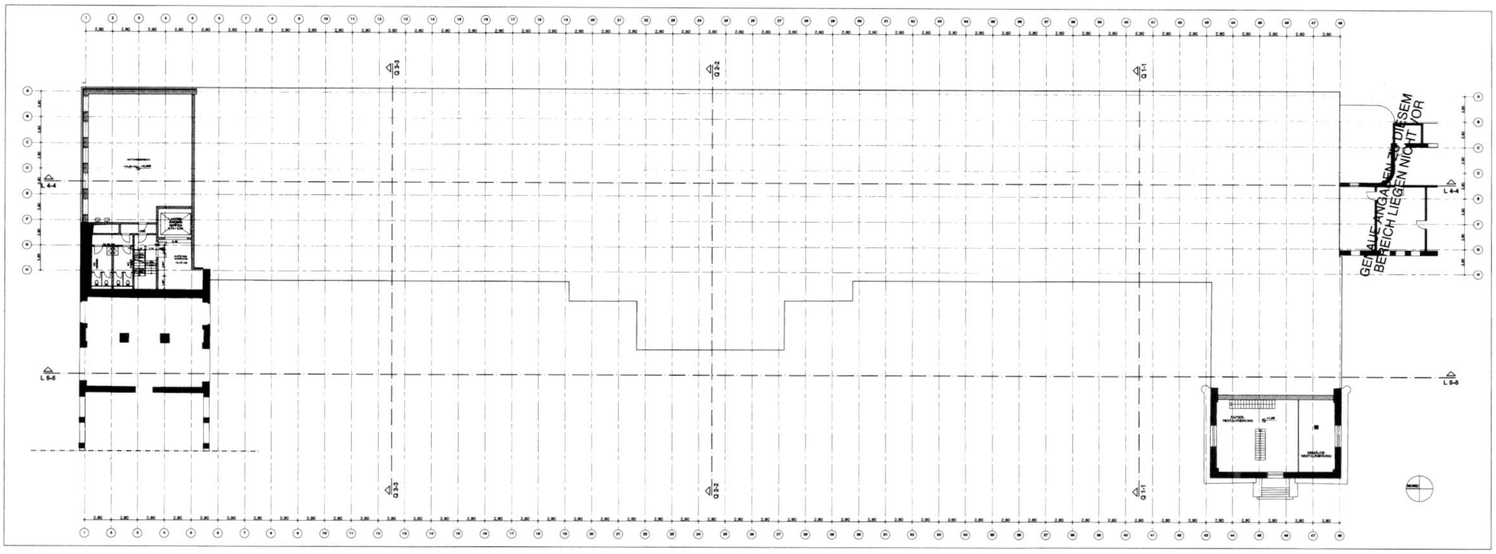
GENAUE ANGABEN ZU DIESEM BEREICH LIEGEN NICHT VOR

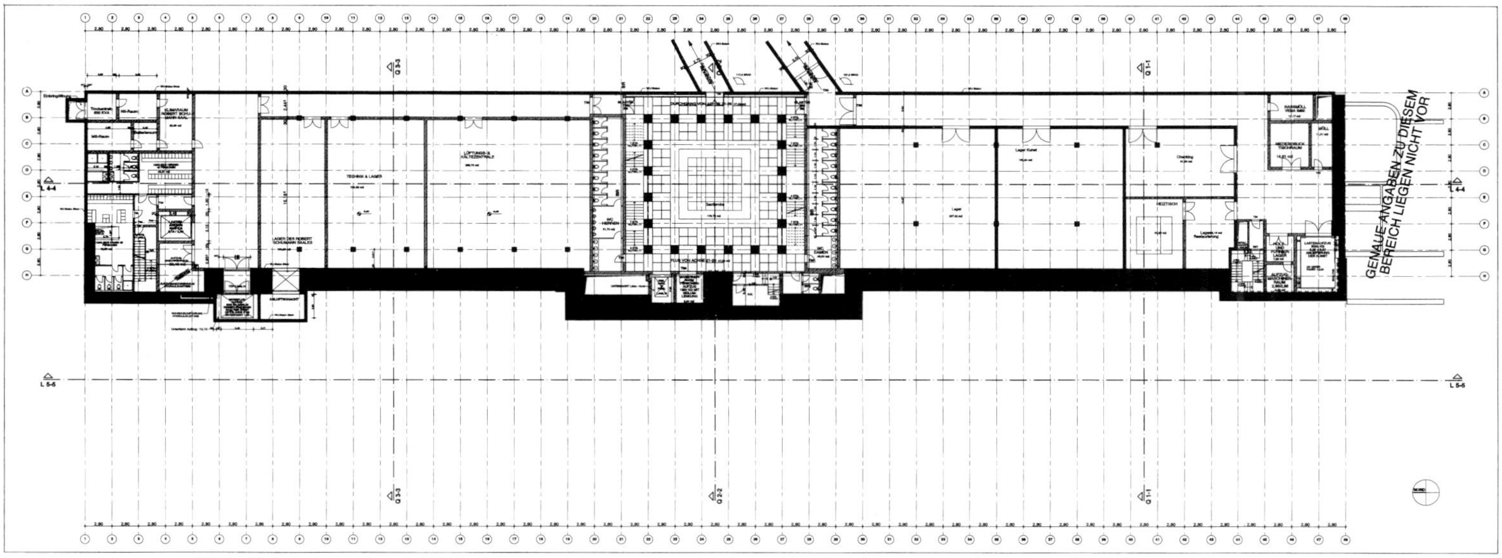
GENAUE ANGABEN ZU DIESEM BEREICH LIEGEN NICHT VOR

Ansichten und Schnitte
Kunstpalast.

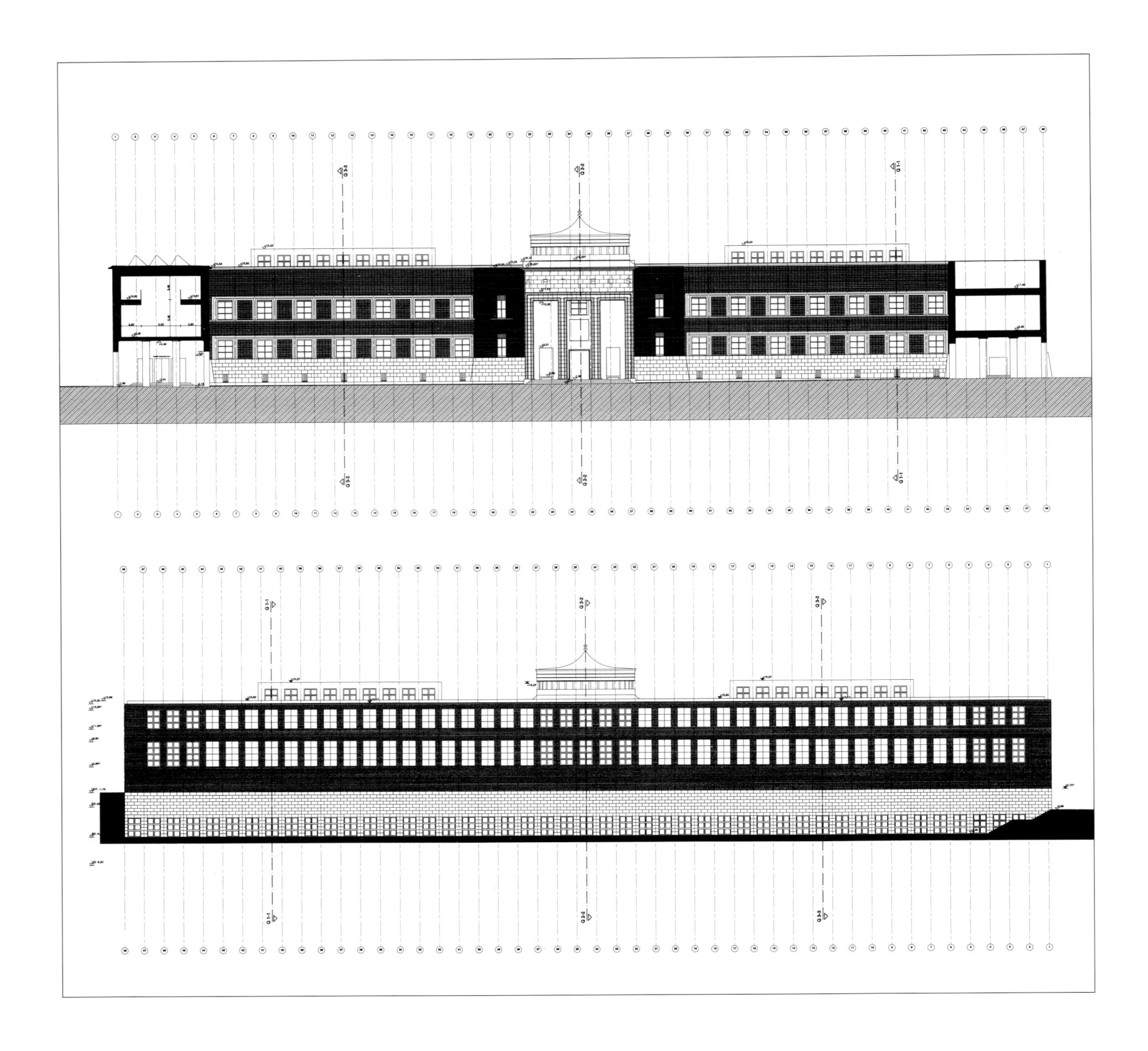

117

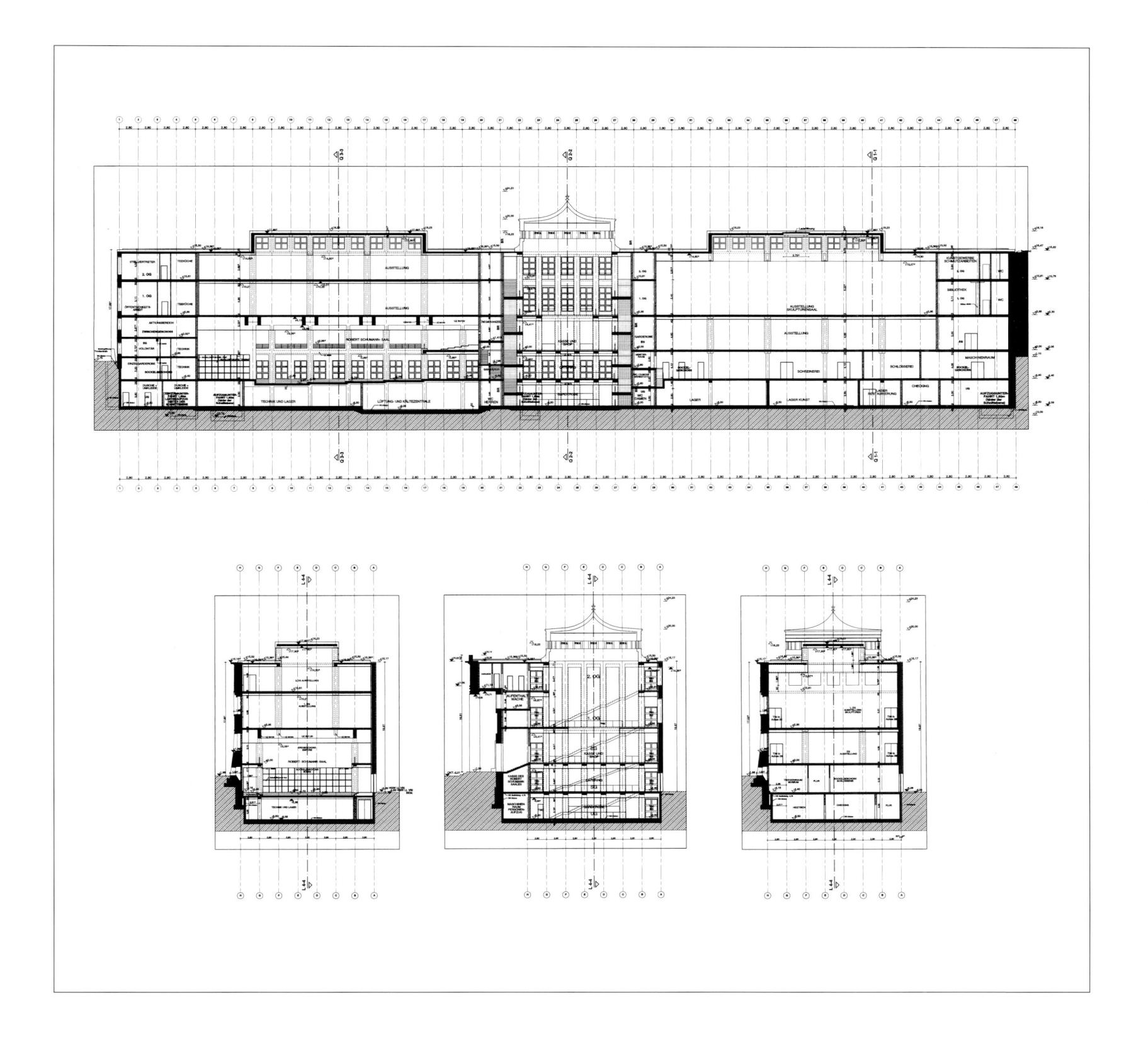

**Entwurf »Torhäuser«
Leipziger Platz,
(Eingang U-Bahnhof
Potsdamer Platz),
Berlin, 1995**

mit Stefan Vieths

Ansichten Modell; perspektivische Darstellungen und Grundriß Erdgeschoß.

Mitarbeit: Marvin Keim

Der Entwurf sieht zwei Pavillonbauten vor, die auf ihre wesentlichen Elemente reduziert sind: ein Baukörper für den Aufzug, drei Stützen und die Dachplatte. Als Material wird glatter anthrazitgrauer Sichtbeton vorgeschlagen, aus dem das Gebäude homogen gefügt ist. Die Bodenplatten sind ebenfalls aus Beton.
Die unprätentiöse Form des Bauwerks entspricht den funktionalen Notwendigkeiten und gewinnt durch die Homogenität von Material und Form eine skulpturale Qualität, die ihrer stadträumlichen Bedeutung als Torhäuser entspricht. Im Bereich der Öffnung zur unterirdischen Passage werden unter der Dachplatte Leuchtstoffröhren vorgesehen, die den Übergang des Unterirdischen in das Oberirdische inszenieren. Die Bauten werden dadurch in der Nacht zu Lichtskulpturen. Das Spiel der Überhöhung einer einfachen Form in ein Kunstobjekt setzt sich in der Beschriftung fort: Umlaufend wird ein Band aus Messinglettern um die Dachplatte geführt.

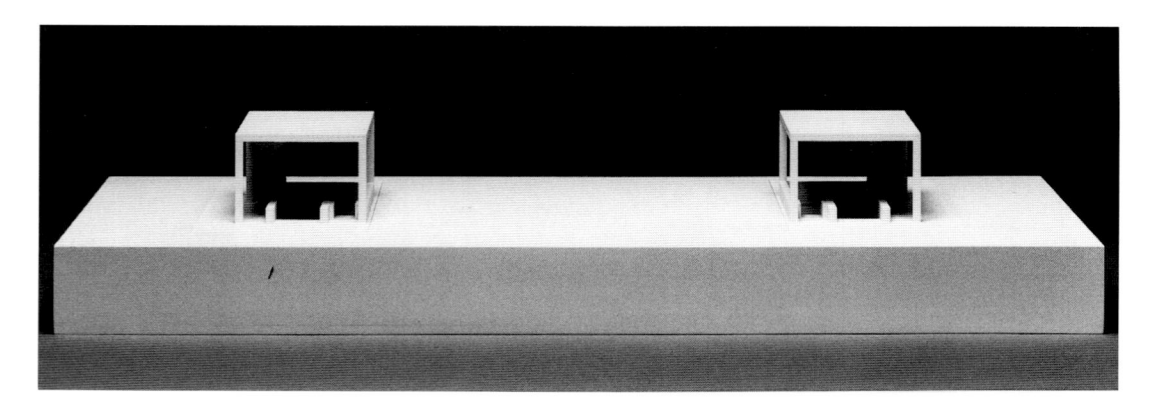

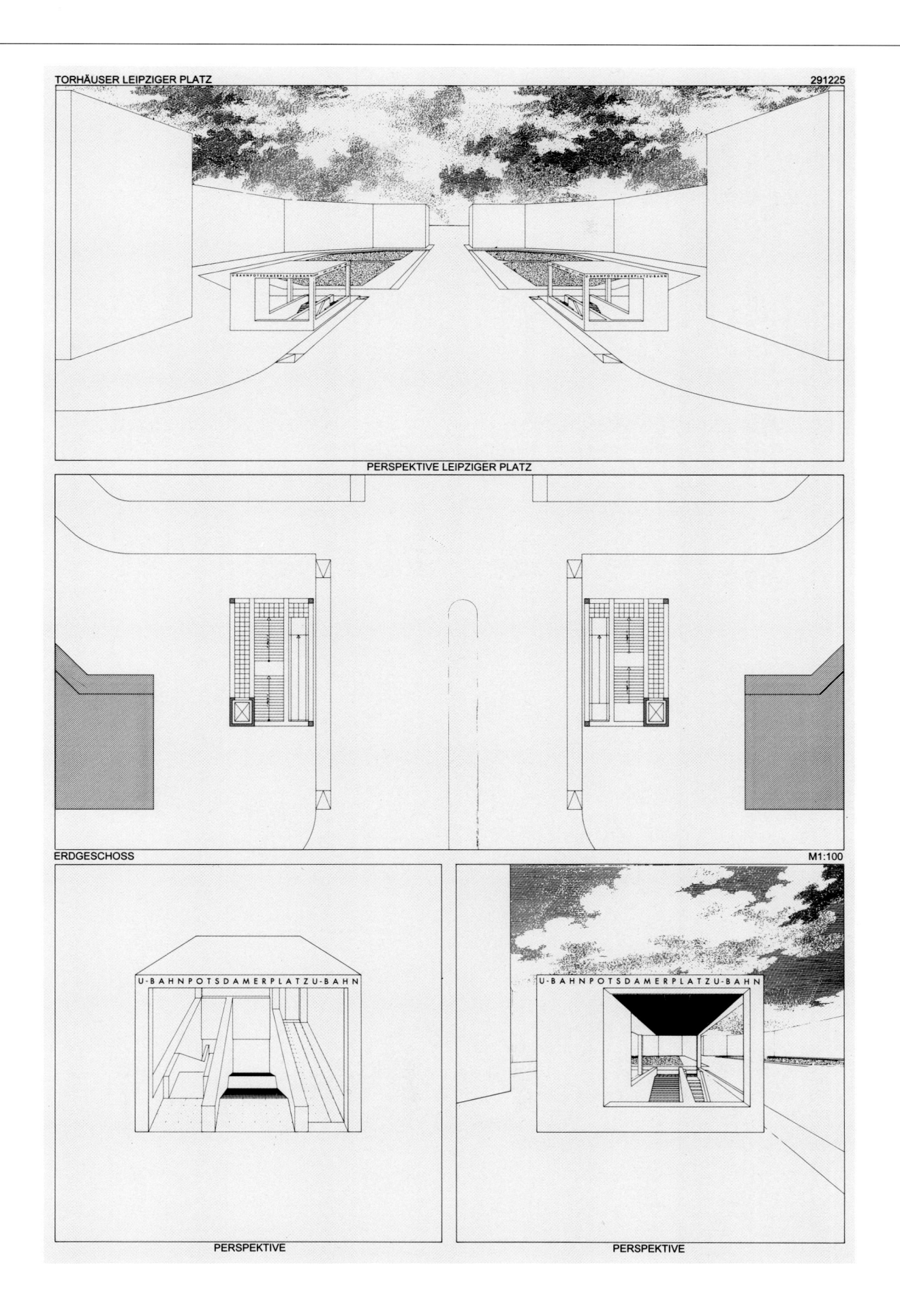

TORHÄUSER LEIPZIGER PLATZ 291225

PERSPEKTIVE LEIPZIGER PLATZ

ERDGESCHOSS M1:100

PERSPEKTIVE

PERSPEKTIVE

Schnitte und Grundrisse.

TORHÄUSER LEIPZIGER PLATZ 291225

LÄNGSSCHNITT M 1:50 QUERSCHNITT M 1:50

SCHNITT M 1:10

GRUNDRISS + 31.16 M 1:50 GRUNDRISS + 35.32 M 1:50

Ansichten und Grundrisse.

TORHÄUSER LEIPZIGER PLATZ 291225

ANSICHT LEIPZIGER STRASSE M 1:50

ANSICHT POTSDAMER PLATZ M 1:50

ANSICHT LEIPZIGER PLATZ M 1:50

GRUNDRISS +30.15 M 1:50

GRUNDRISS +35.32 M 1:50

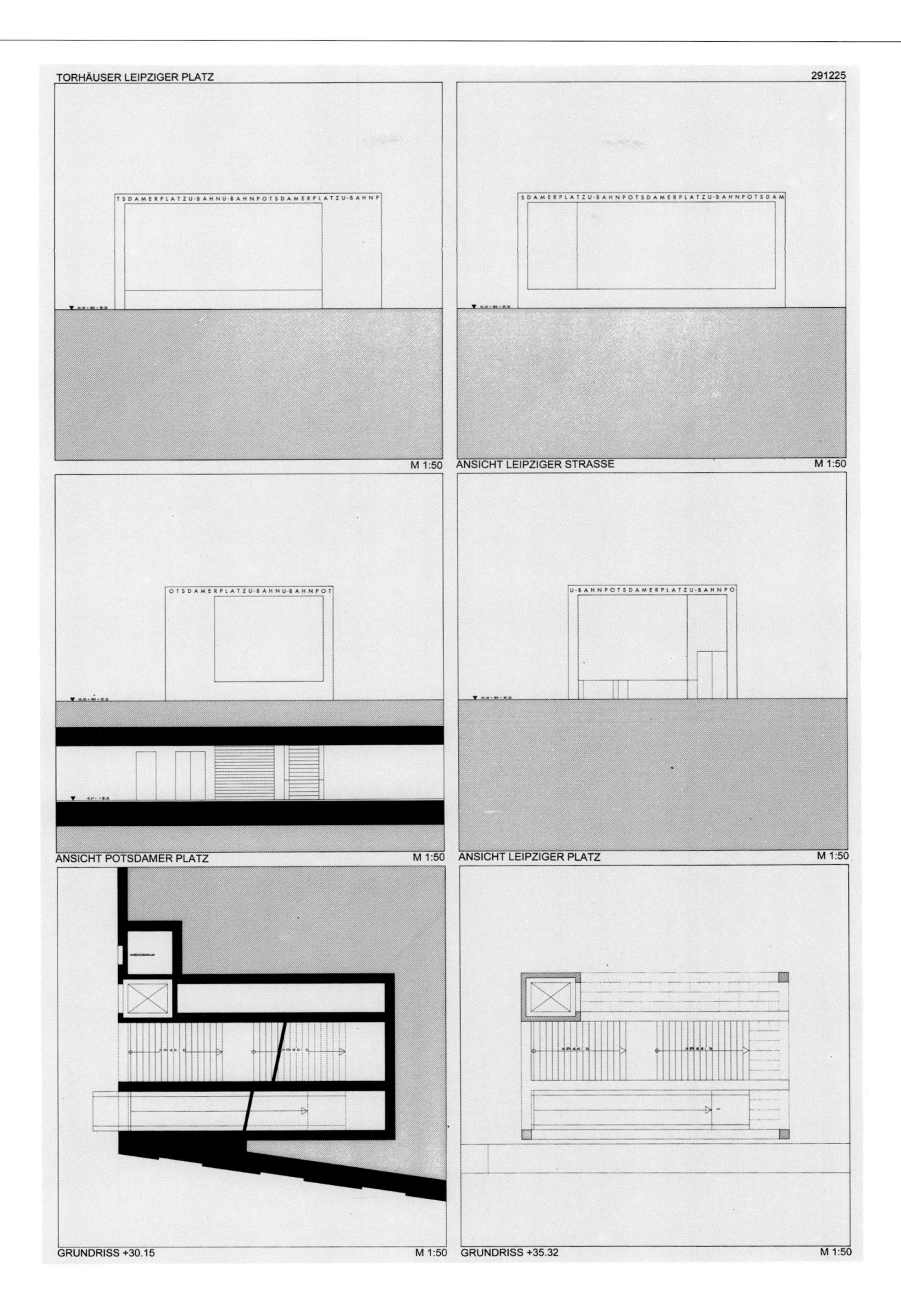

121

Wettbewerbsentwurf »Postcenter« Münsterplatz, Bonn, 1995

mit Stefan Vieths

Mitarbeit: Marvin Keim, Michael Garçon

Das Wettbewerbsgebiet umfaßt einen weitgehend bebauten Block im Zentrum der Bonner Altstadt, der den nordwestlichen Abschluß des Münsterplatzes bildet. Die vorhandene Bebauung besteht aus solitären, typologisch sehr unterschiedlichen Baustrukturen verschiedener Epochen, darunter das Fürstenbergpalais, das die Fassade zum Münsterplatz dominiert. Die Vervollständigung und Restrukturierung dieser Blockstruktur ist Aufgabe des Wettbewerbs.

Die Entwurfskonzeption für die Fürstenbergpassagen entwickelt sich aus der collageartigen Struktur der Bestandsbebauung: Die vorhandenen Gebäude (Postbauten aus dem 19. Jahrhundert, Münsterschule, Eckbebauung ab der Vivatgasse und Fürstenbergpalais) werden durch zwei Solitäre, typologisch prägnante Baukörper – einen Winkel und eine Stufenpyramide – ergänzt und durch ein Passagensystem miteinander verknüpft, so daß eine Abfolge von Volumen und Räumen entsteht, die eine »Stadt in der Stadt« bilden.

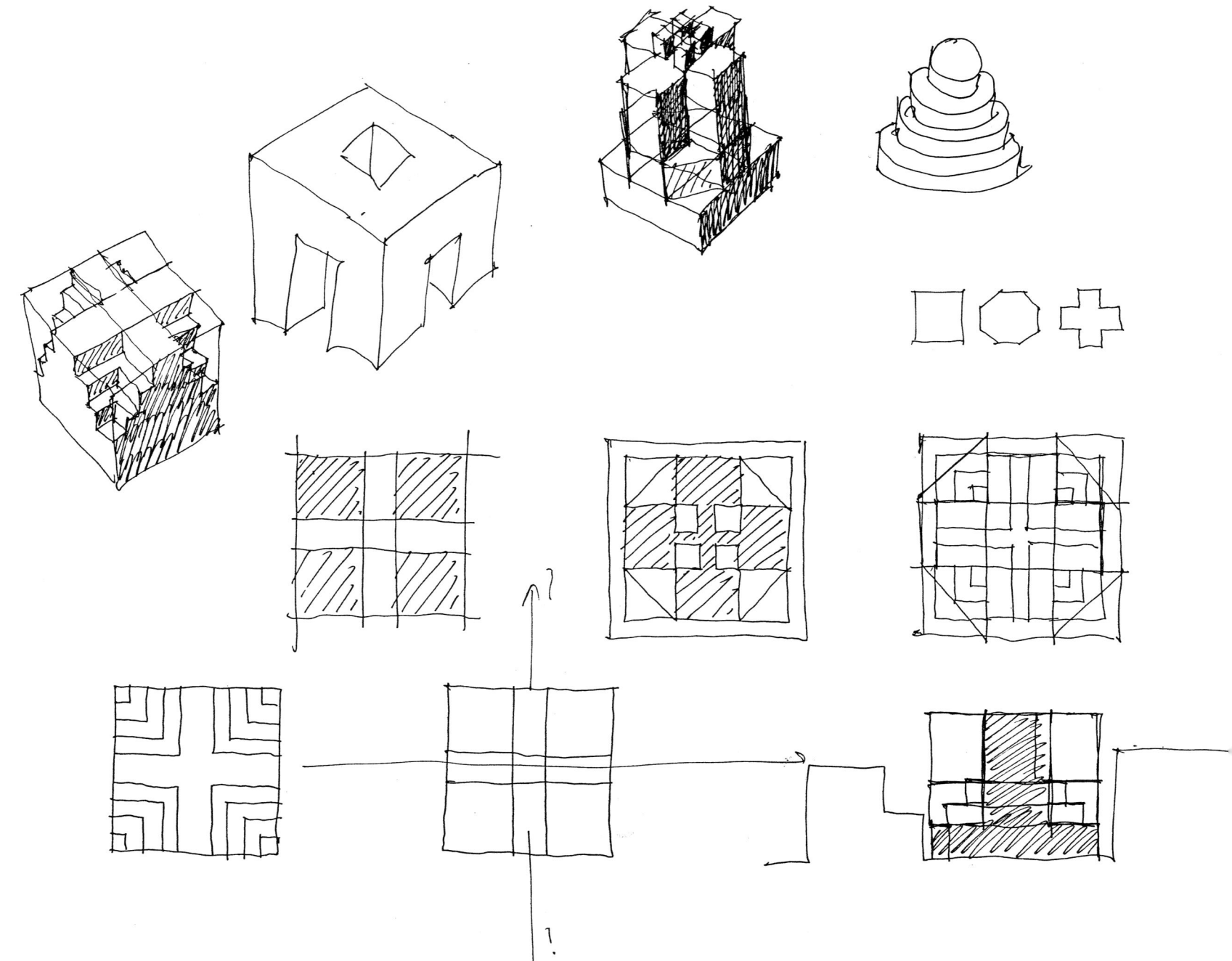

Die Blockrandbebauung wird durch ein winkelförmiges Eckgebäude ergänzt, das als eigenständiger Baukörper ausgebildet ist, sich aber in der Fassade zum Münsterplatz dem Fürstenbergpalais eindeutig unterordnet und gleichsam den linken Flügelbau des Palais bildet. In den fast quadratischen Blockinnenhof wird eine Stufenpyramide eingefügt, die der patchworkartigen Struktur des Bestands ein Zentrum und ein klares Ordnungssystem verleiht, die bestehende historische Bebauung aber unberührt läßt und durch die respektvolle Abtreppung die Bedeutung des Vorhandenen unterstreicht. Ziel der Konzeption ist es, alt und neu als gleichberechtigte Faktoren aufzufassen und daraus eine neue städtebauliche Gesamtheit zu schaffen. Die Erschließung des Gesamtkomplexes erfolgt über ein Passagensystem; genutzt werden Erd- und erstes Obergeschoß von Handel und Gastronomie, die anderen Geschosse durch Büroräume.

Entwurfsskizzen, perspektivische Darstellungen, Lageplan und Grundriß Untergeschoß.

FÜRSTENBERGPASSAGE BONN   PROF. O. M. UNGERS

LAGEPLAN   M 1:500

UNTERGESCHOSS   M 1:200

Grundrisse; Entwurfsskizzen und Ansicht.

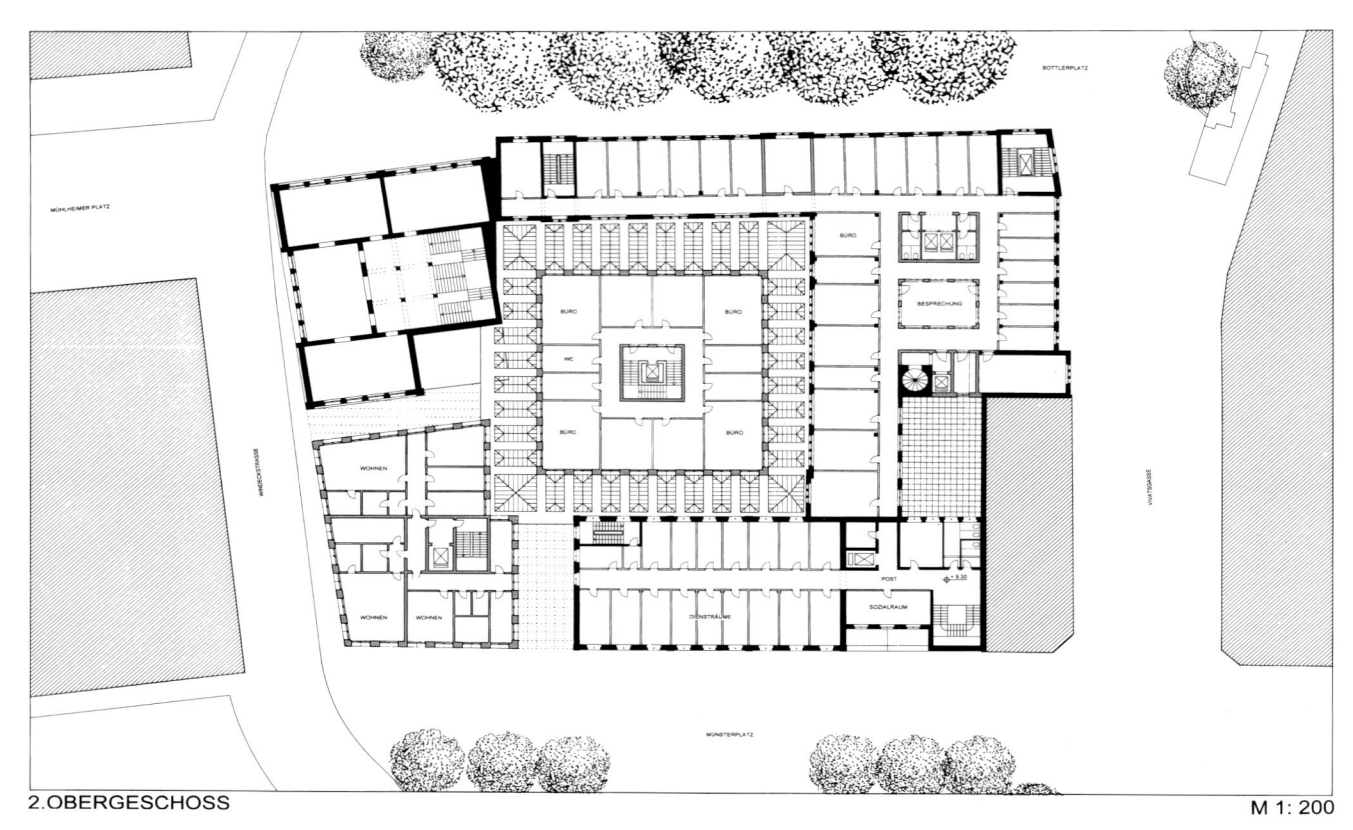

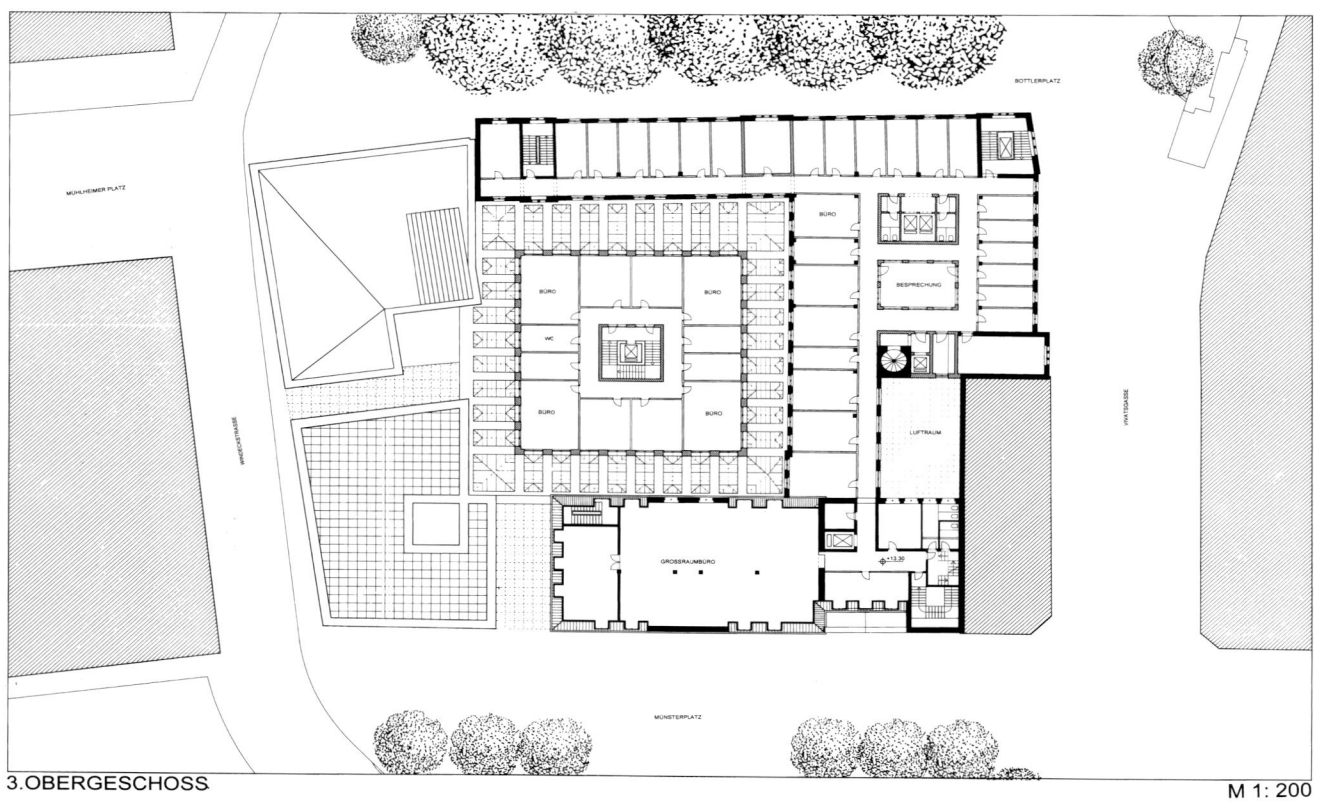

2. OBERGESCHOSS M 1:200

3. OBERGESCHOSS M 1:200

FÜRSTENBERGPASSAGE BONN   PROF. O. M. UNGERS

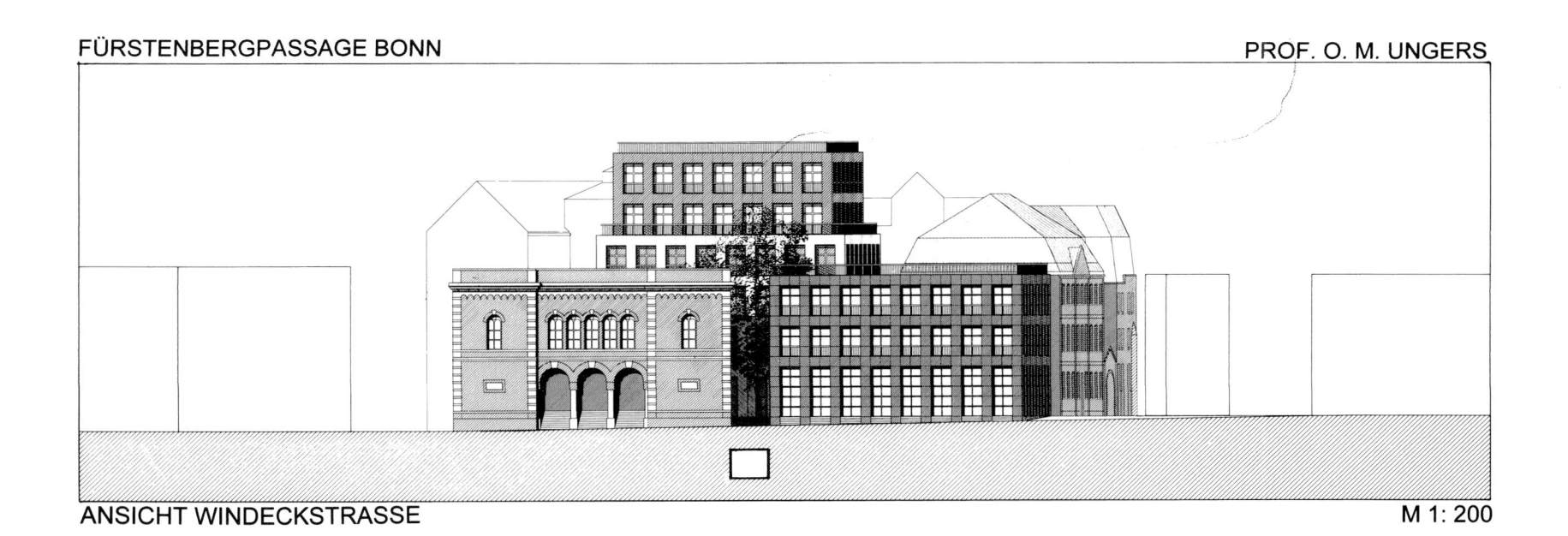

ANSICHT WINDECKSTRASSE   M 1: 200

Schnitt und Grundrisse.

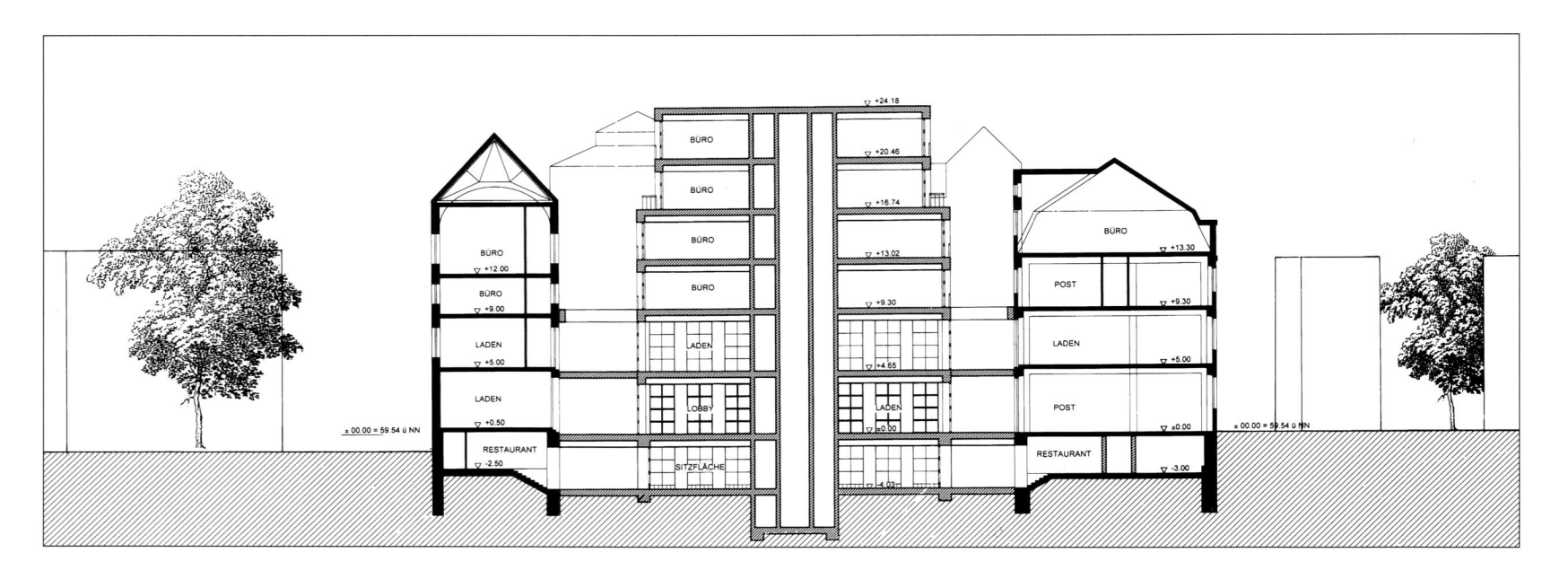

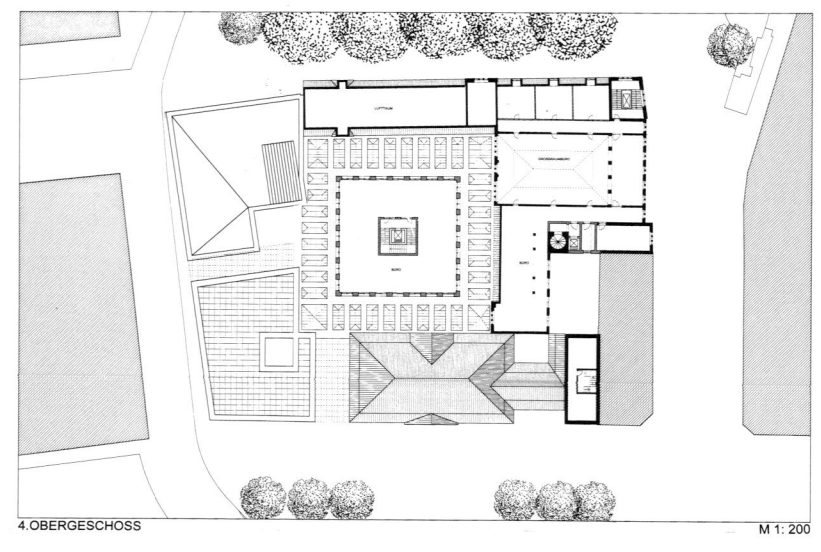

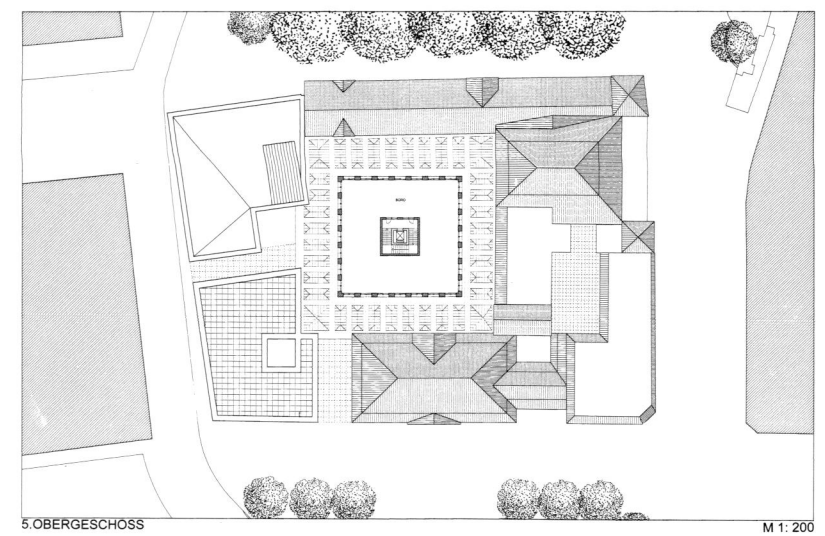

4.OBERGESCHOSS M 1:200

5.OBERGESCHOSS M 1:200

Wettbewerbsentwurf Auswärtiges Amt, Berlin, 1996

mit Stefan Vieths

Entwurfsskizzen.

Mitarbeit: Marvin Keim

Der Standort für das neue Auswärtige Amt bildet im stadträumlichen Gefüge des historischen Zentrums Berlins einen wichtigen Gelenkpunkt: Das Wettbewerbsgebiet grenzt im Westen an den Grünzug entlang der Kurstraße, im Osten an den ehemaligen Schloßplatz und im Norden an den Werderschen Markt, der mit dem Wiederaufbau der Bauakademie neu entstehen soll. Bauakademie und Friedrichwerdersche Kirche, Neugotik und Klassizismus waren die stadträumlich prägenden Elemente des ehemaligen Werderschen Markts.

Um gegenüber diesen bedeutenden Stadträumen klare raumbegrenzende Konturen auszubilden, wird entsprechend der derzeitigen städtebaulichen Planung ein geschlossener städtischer Block vorgeschlagen. Das Auswärtige Amt ist als Innenhofanlage mit Öffnung auf den Werderschen Markt konzipiert. Der Werdersche Markt wird somit nicht nur die Adresse, sondern auch der räumliche Bezugspunkt des neuen Auswärtigen Amts sein. Es entsteht im Sinne des Forum Fridericianum ein Ort, an dem Kultur (Bauakademie), Religion (Friedrichwerdersche Kirche) und Politik (neues Auswärtiges Amt) sich konzentrieren und ein urbanes Ensemble bilden.

Mit dem Bezug auf die Tradition der Aufklärung wird auch die zentrale Frage des Wettbewerbs angesprochen – die Frage nach der Auseinandersetzung mit der monolithischen

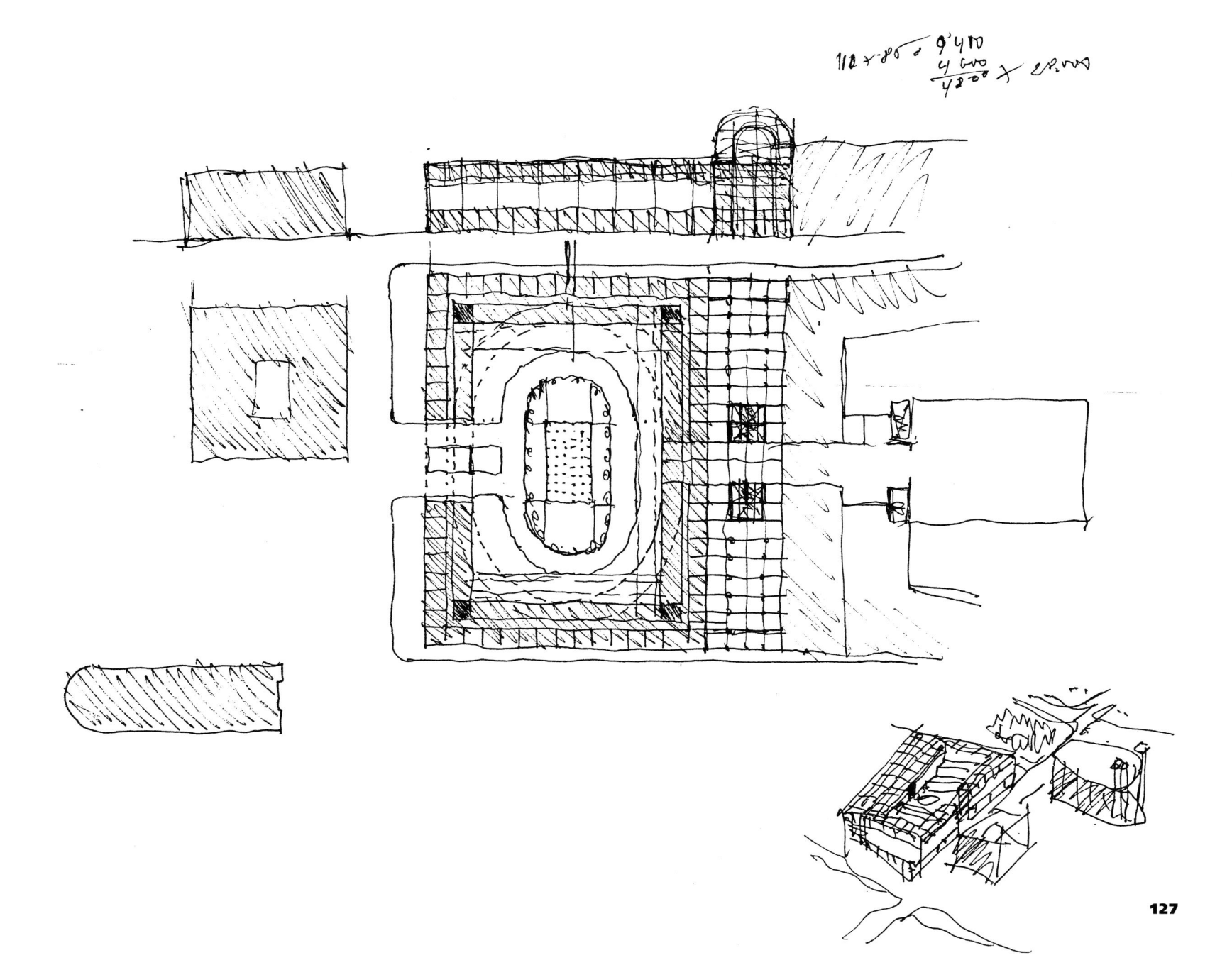

Entwurfsskizzen.

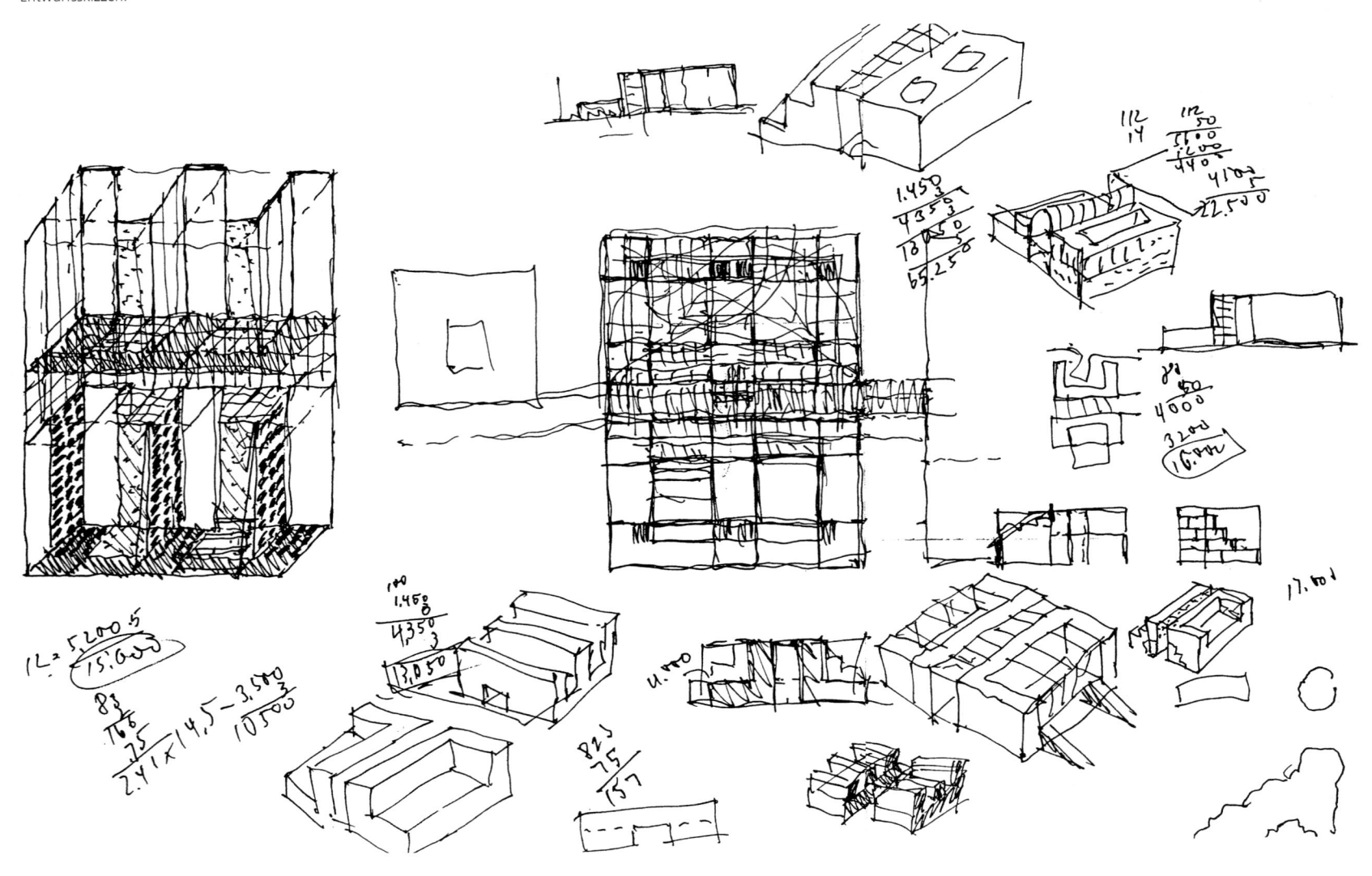

Monumentalität der ehemaligen Reichsbank, die jetzt zum Hauptgebäude des Auswärtigen Amts mutiert ist. Präziser noch ist es die Frage nach der Selbstdarstellung deutscher Politik nach der Wiedervereinigung. Die vorgeschlagene Konzeption beantwortet diese Frage, indem sie die vorhandene Bebauung relativiert, das heißt durch den vorgeschalteten Eingangshof zu einem Funktionsgebäude reduziert. Die Hauptfassade des Auswärtigen Amts wird nicht mehr die überdimensionierte Pfeilerkolonnade der ehemaligen Reichsbank sein, sondern die neue Zufahrt, die mit ihrer Formsprache an den Reichsbankentwurf Mies van der Rohes anknüpft und somit auf die andere, die moderne, aufklärerische Tradition dieses Orts verweist. Entsprechend wurden die Materialien gewählt: die geschlossenen Flächen in hellem Travertin, die bündig eingelassenen Fenster aus eloxiertem Aluminium in Naturton. Alt- und Neubau werden über eine Glashalle, der eigentlichen repräsentativen Eingangshalle, miteinander verbunden, in der die Haupttreppen liegen, in der aber auch Empfänge und ähnliches stattfinden können.

Eine große Dachterrasse bietet einen weiten Ausblick auf das Panorama der historischen Mitte Berlins.

Das Gebäude stellt ein einfaches zweibündiges Bürogebäude mit einem Achsmaß von 1,35 m dar. Die vier oberirdischen Geschosse nehmen die drei Abteilungen des Auswärtigen Amts auf, die horizontal organisiert sind. Die öffentlich zugänglichen Flächen (Paßstelle und Informationszentrum) befinden sich im Erdgeschoß der Gebäudeflügel am Werderschen Markt und werden von den Stirnseiten her erschlossen. Die Eingänge befinden sich somit im Einsichtsbereich des zentralen Kontrollpunkts, der als eigenständiges Volumen in die Einfahrt des Ehrenhofs eingestellt ist. Die Zufahrt erfolgt über den Hof und ist somit – trotz der Erschließung der Anlage vom Werderschen Markt her – vollständig kontrollierbar und geschützt. Die Bibliothek ist im Untergeschoß untergebracht und über die Glashalle zugänglich. Magazin und Lesefläche sind auf einer Ebene; zwei Lichthöfe belichten die Lesezonen mit Tageslicht. Die Tiefgarage wird von der Kurstraße her erschlossen, wobei die denkmalgeschützten Bereiche nicht berührt werden. Für eine Erweiterung des Amts kann die Dachterrasse im Bedarfsfall ausgebaut werden.

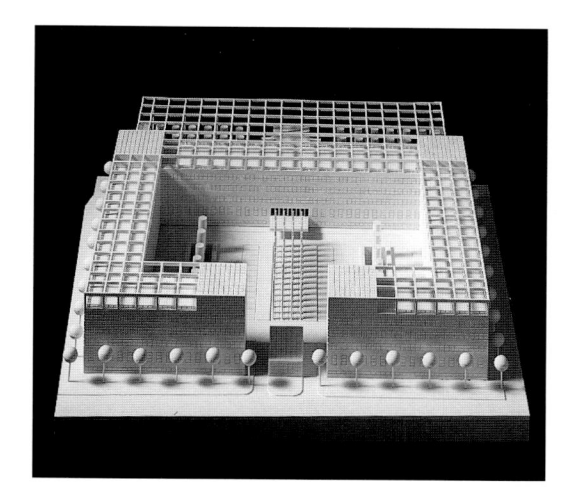

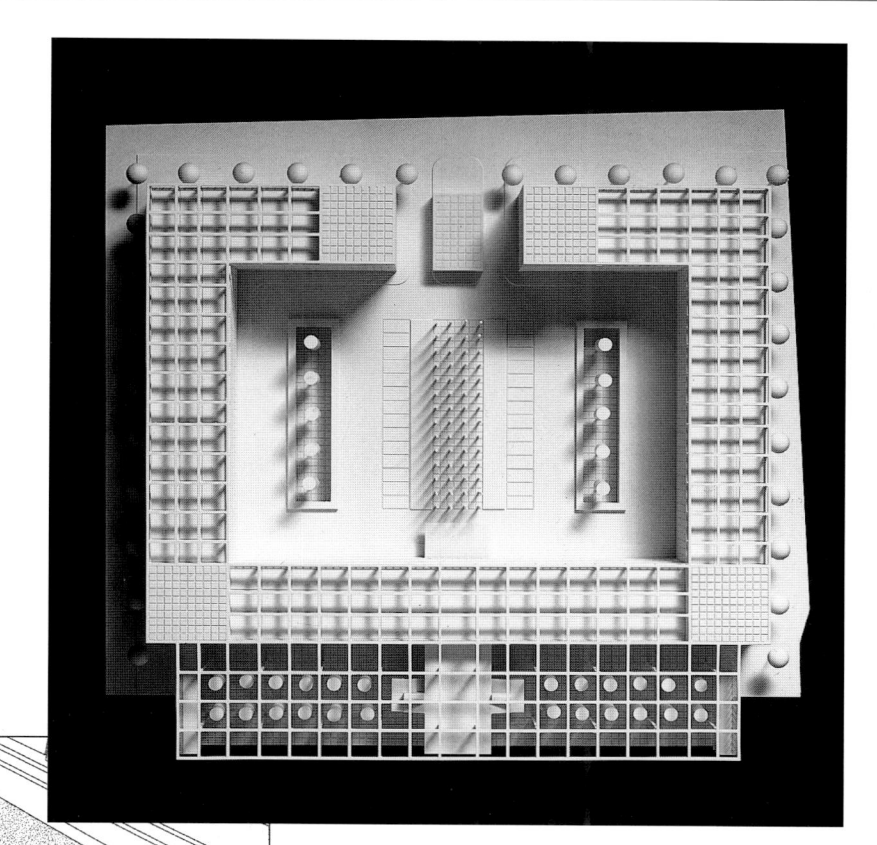

Ansichten Modell
und perspektivische
Darstellung.

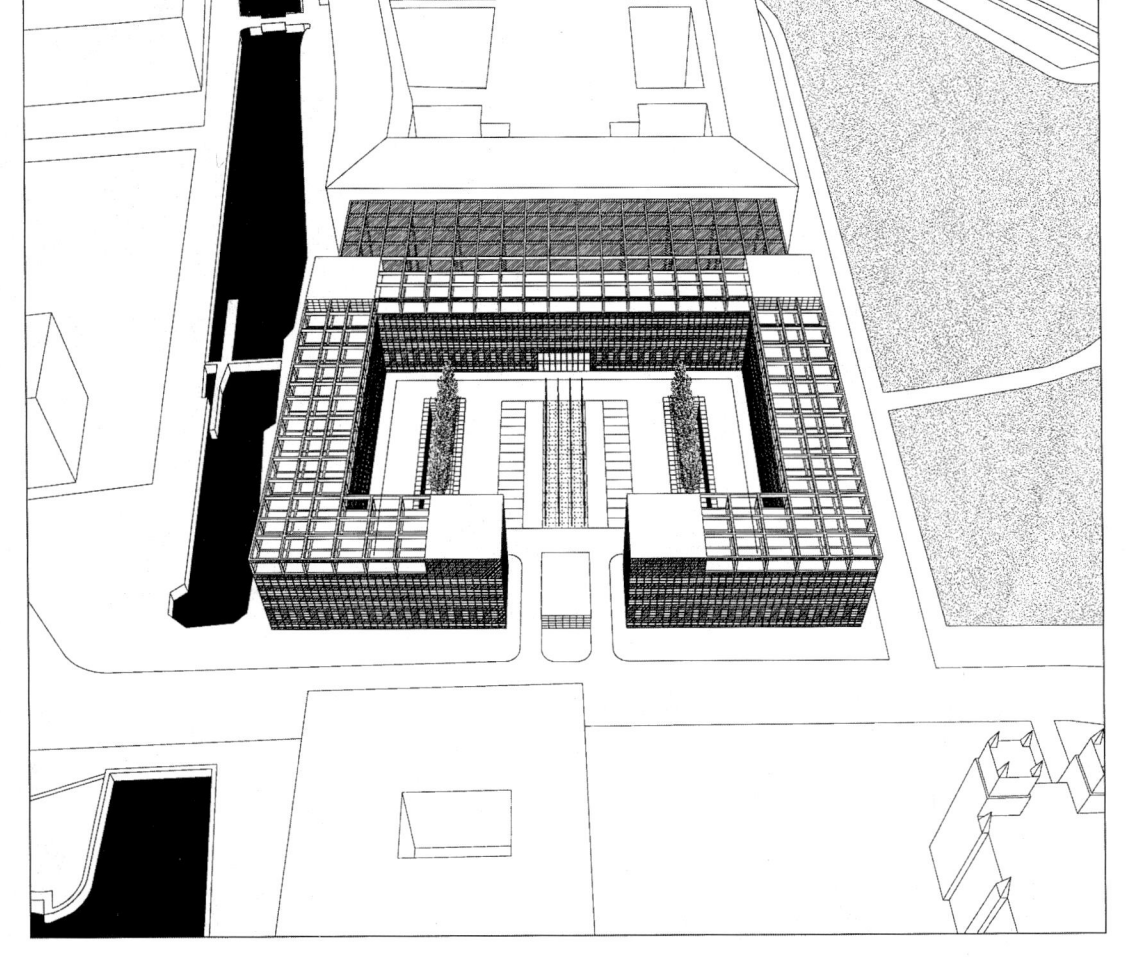

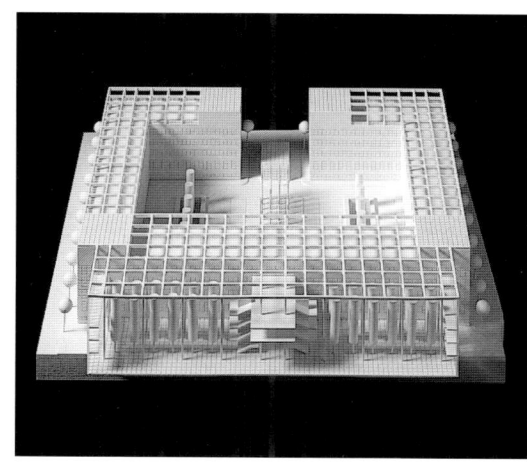

129

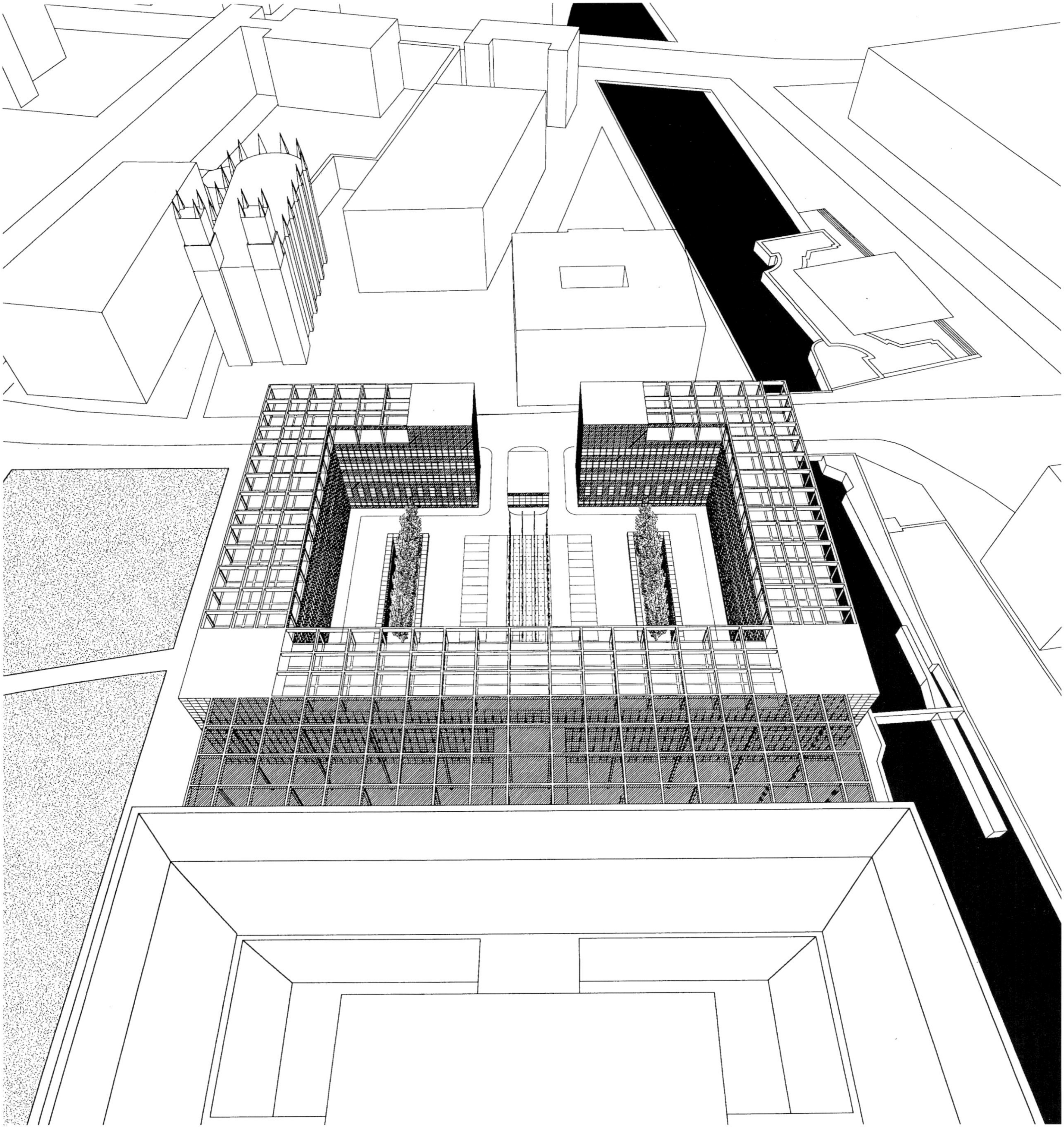

Perspektivische Darstellung und Entwurfsskizzen.

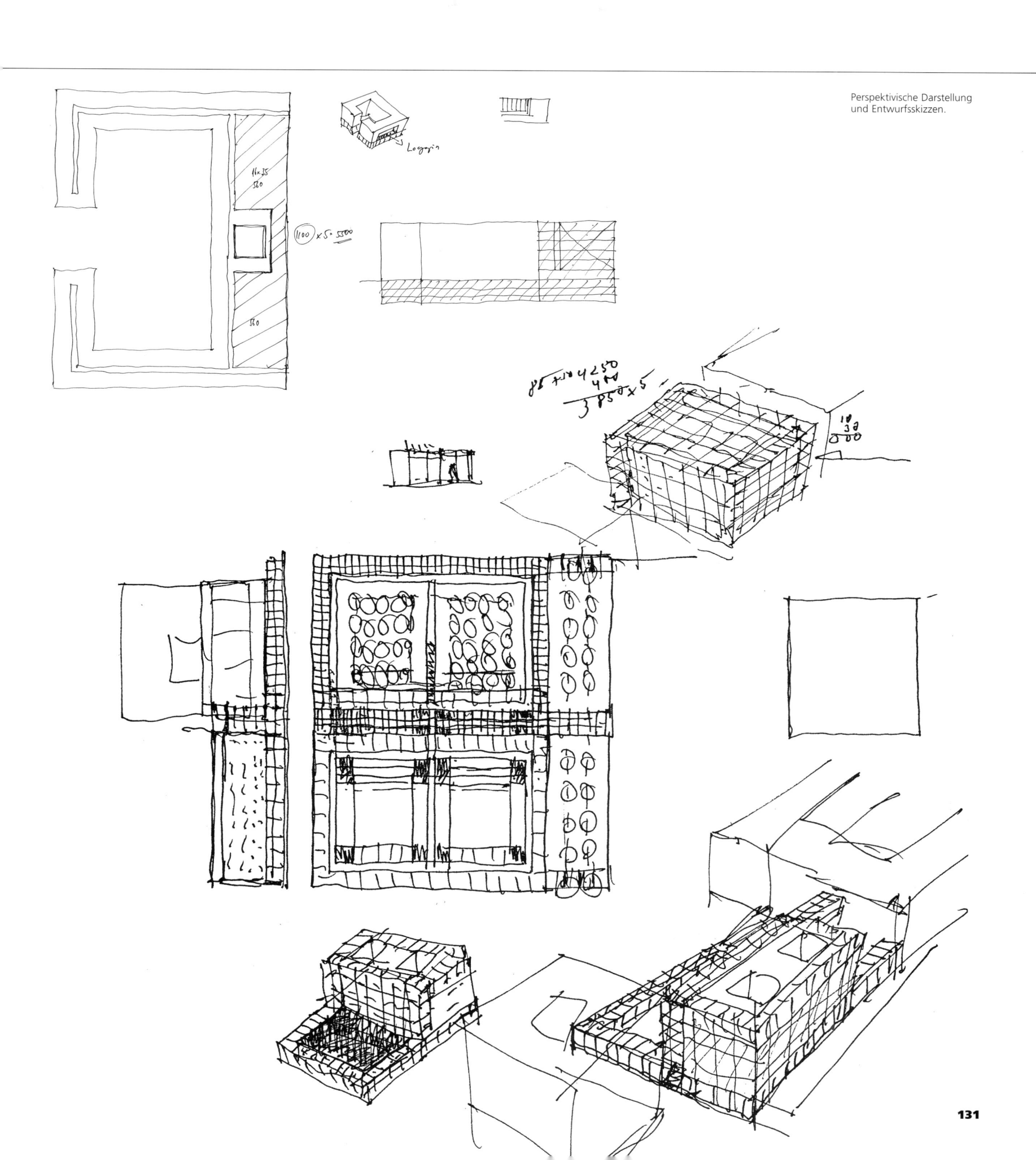

Entwurfsskizzen;
Ansichten; Schnitte und
Grundrisse.

Fassade zum Werderschen Markt   1:500

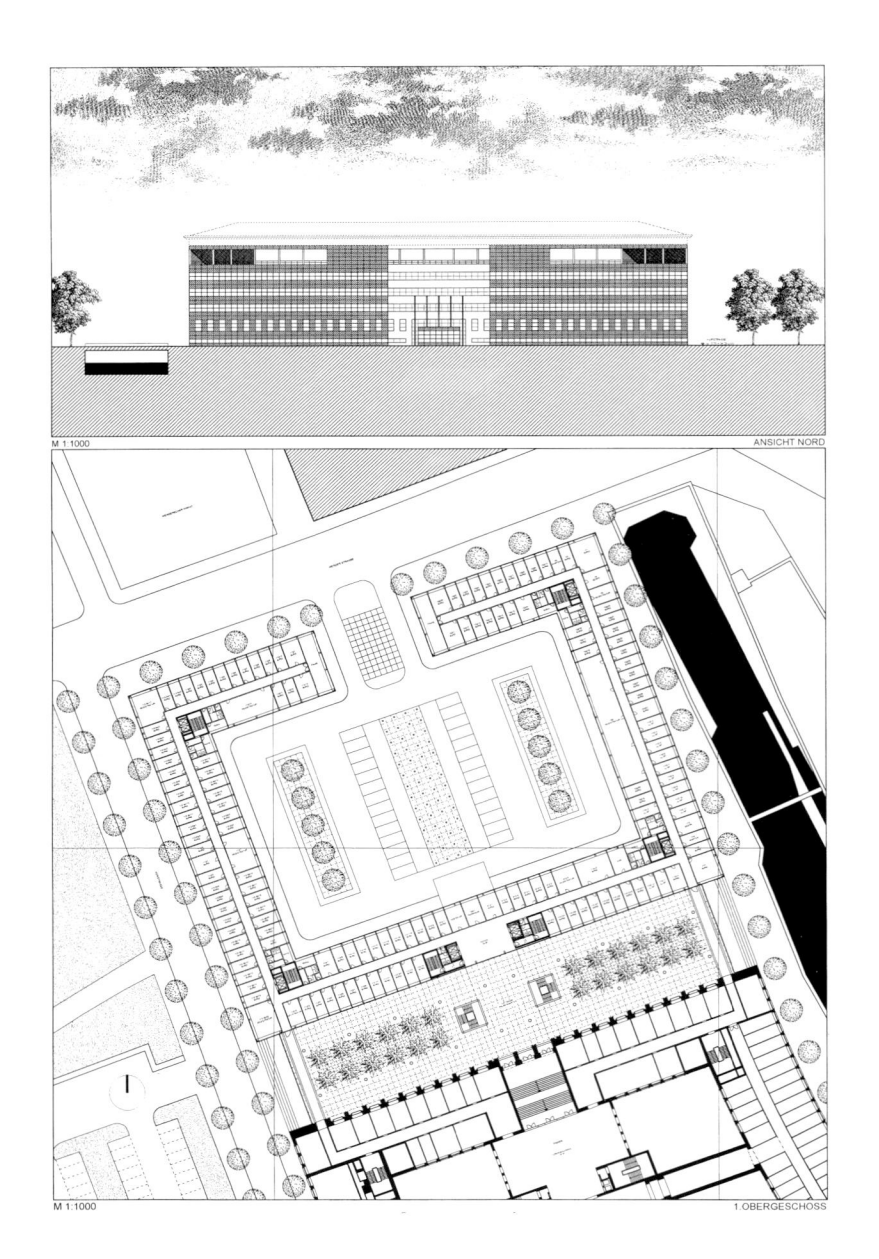

M 1:1000 — ANSICHT NORD
M 1:1000 — SCHNITT A-A
M 1:1000 — 1. OBERGESCHOSS
M 1:1000 — 2. OBERGESCHOSS

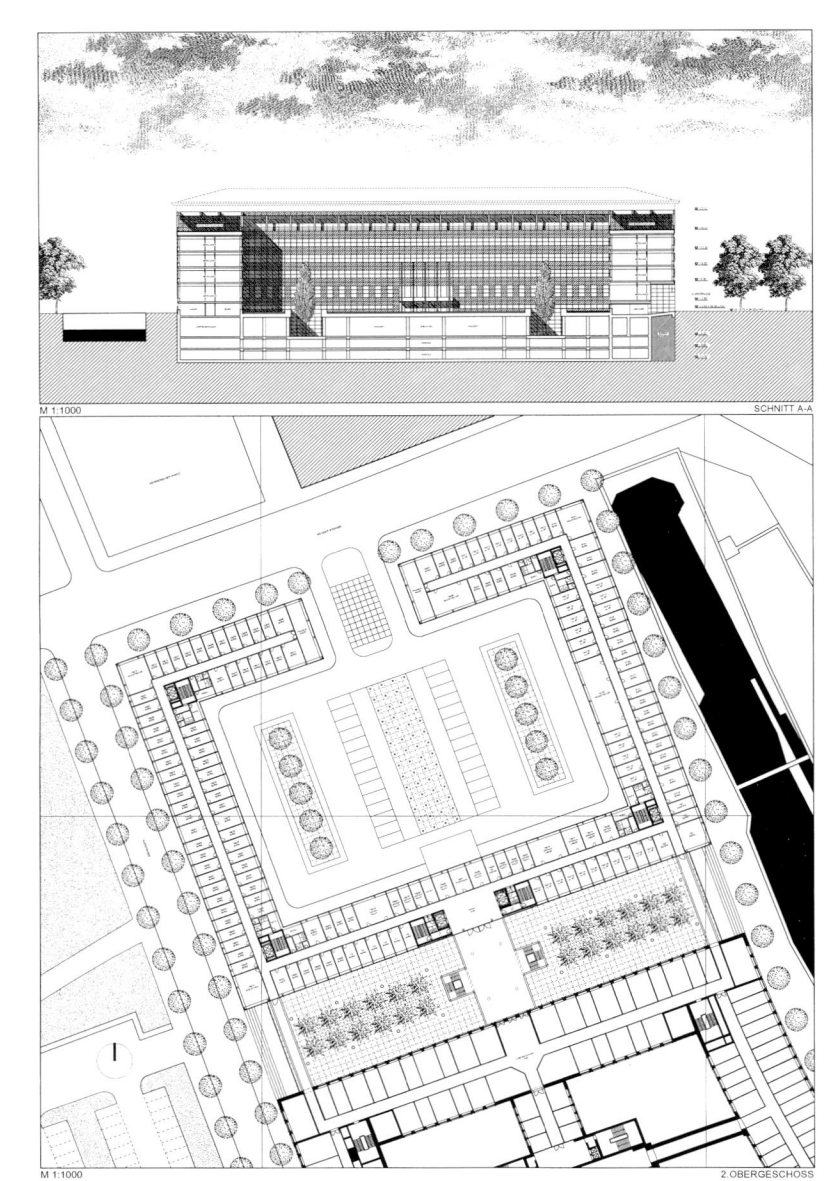

133

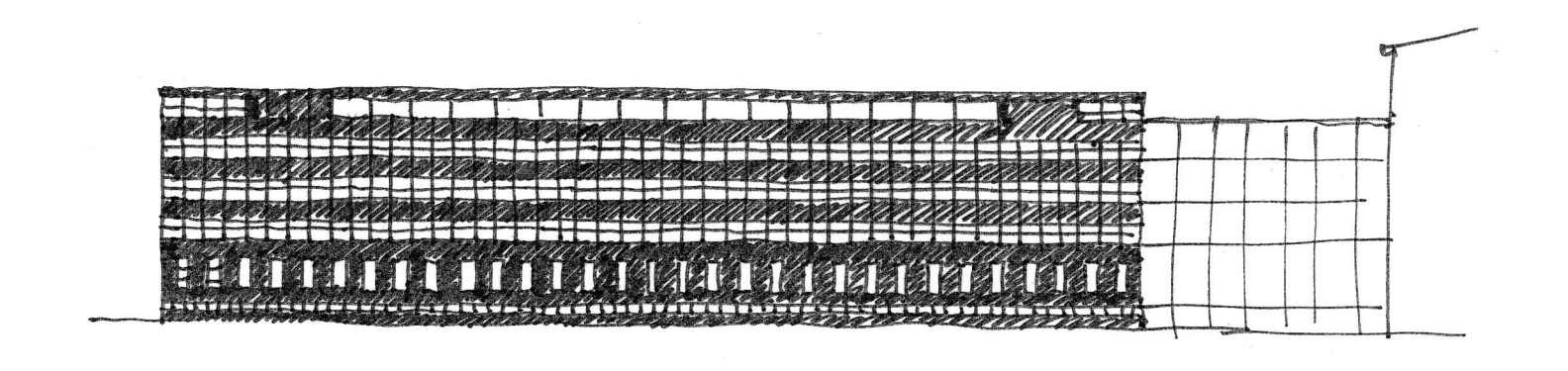

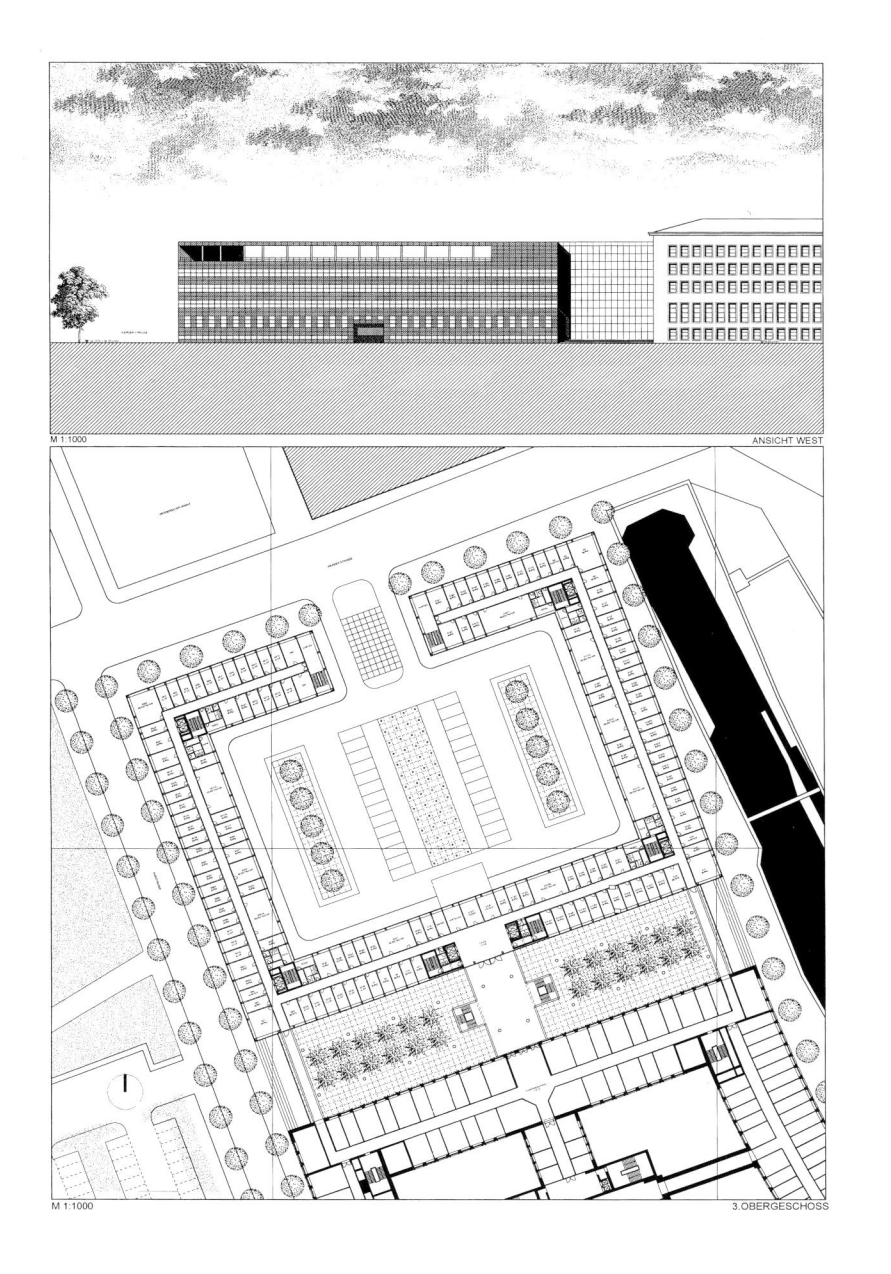

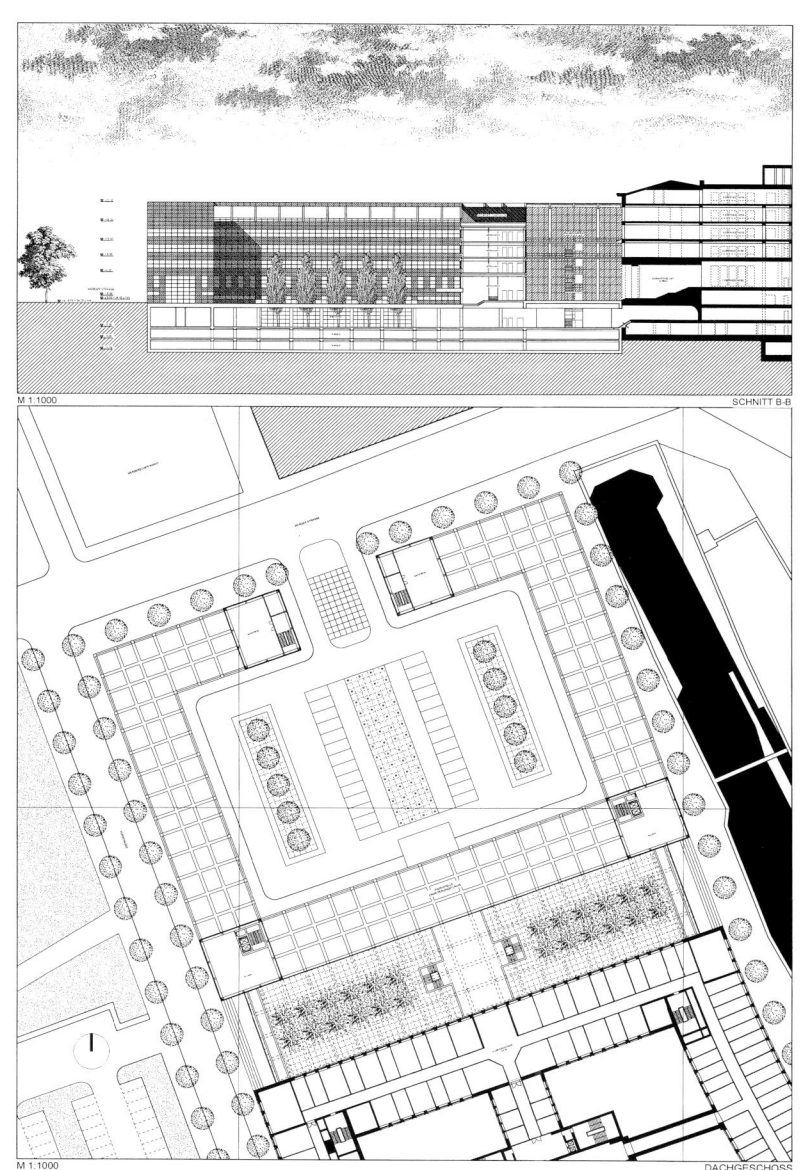

Wettbewerbsentwurf und Realisierung des Wallraf-Richartz-Museums, Köln, 1996

mit Stefan Vieths

Entwurfsskizzen; perspektivische Darstellung; Lageplan und Darstellung der variablen Ausstellungsmöglichkeiten.

Mitarbeit: Michael Garçon, Marvin Keim, David Koralek, Peter Pfertner, Jan Rogler, Axel Steudel, Wilfried van der Bel, Mehmet Yalcin

Das Grundstück für den Neubau des Wallraf-Richartz-Museums bildet den Anschluß des historischen Gürzenich-Komplexes zum Rathausplatz hin. Der Komplex besteht aus dem gotischen Saalbau des Gürzenich mit den verschiedenen Anbauten der Nachkriegszeit und der Kirchenruine St. Alban. Die Auseinandersetzung mit dieser heterogenen Baustruktur und dem historischen Umfeld des Rathausplatzes steht im Mittelpunkt des Wettbewerbs. Der Entwurfsvorschlag sieht vor, die geplante Baumasse auf zwei Bauvolumen aufzuteilen. Der erste Baukörper fügt sich in die zerklüftete bestehende Bebauung ein und bildet nach Norden einen klaren Abschluß. Der zweite Bau ist dagegen ein Solitär, der frei vor die neugeschaffene Raumkante gestellt wird. Die Fuge zwischen beiden Baukörpern befindet sich an der Stelle der historischen Straße »In der Höhle«, die durch die Nutzung als Erschließungselement wieder erlebbar wird. Die Gürzenichbebauung wird somit ergänzt: Der südliche Abschluß des Komplexes durch den markanten Gürzenich hat sein Pendant in dem neuen Hauptbaukörper des Wallraf-Richartz-Museums. Zwischen den beiden Hauptgebäuden befindet sich dagegen eine kleinteilige Bebauung, die sich als Stadtmasse den Stadträumen unterordnet und sich in ihrer skulpturalen Gliederung auf die Fassade von Alt St. Alban bezieht. Alt St. Alban gibt auch die Struktur des Neubaus vor: Maß und Ausrichtung werden aus dem Vierungsquadrat der Ruine abgeleitet. Als Fassadenmaterial wird der helle Tuffstein der großen romanischen Kirchen Kölns, für Fenster naturfarben eloxiertes Aluminium vorgeschlagen.

Der Hauptbau am Rathausplatz nimmt die gesamte Ausstellungsfläche auf, das andere Gebäude die Nebenräume. Die Erschließung erfolgt in der Fuge zwischen den Gebäuden über eine doppelte Treppenanlage. Der Ausstellungsbau ist so konzipiert, daß er ein Höchstmaß an Flexibilität zuläßt. Im ersten

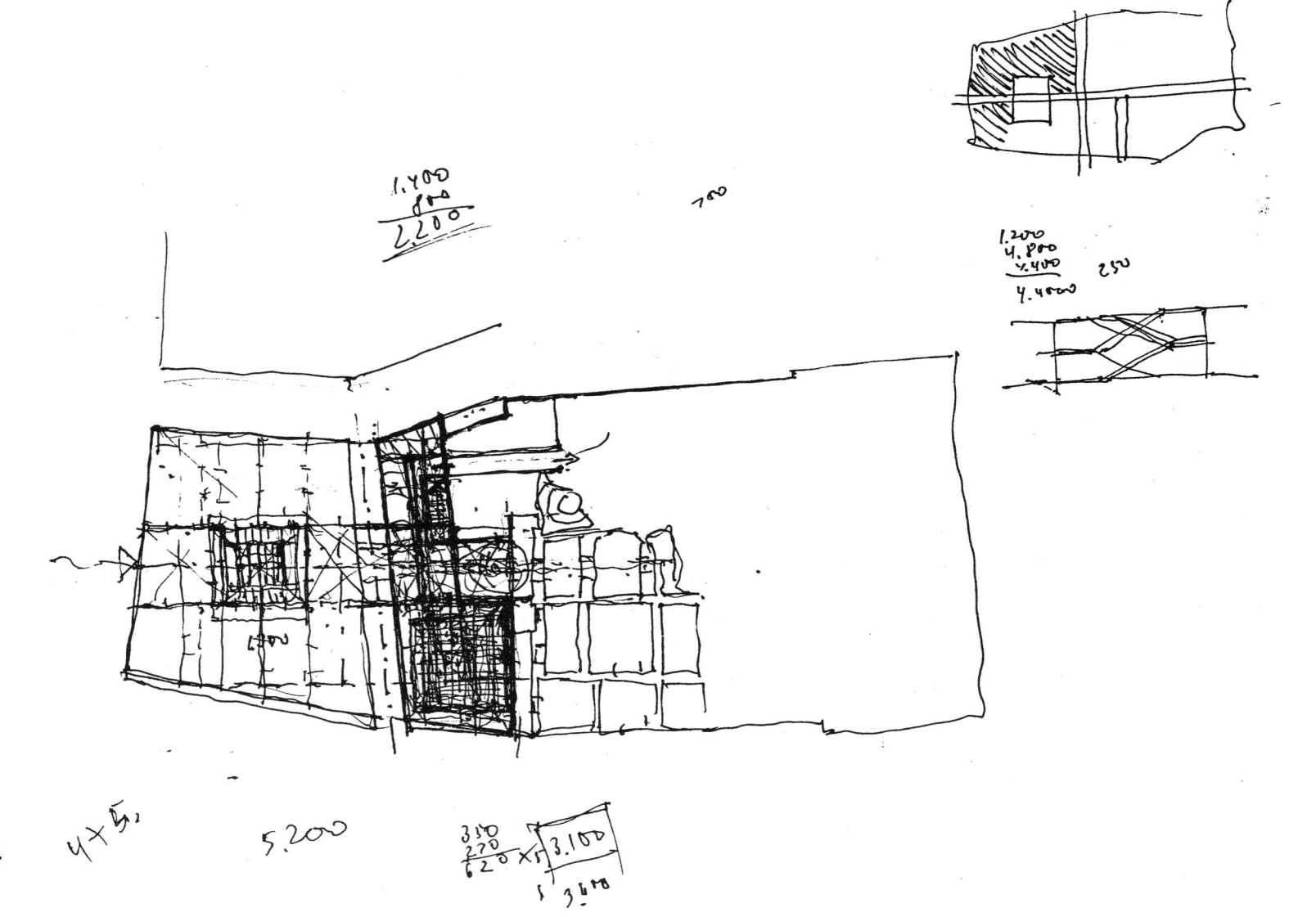

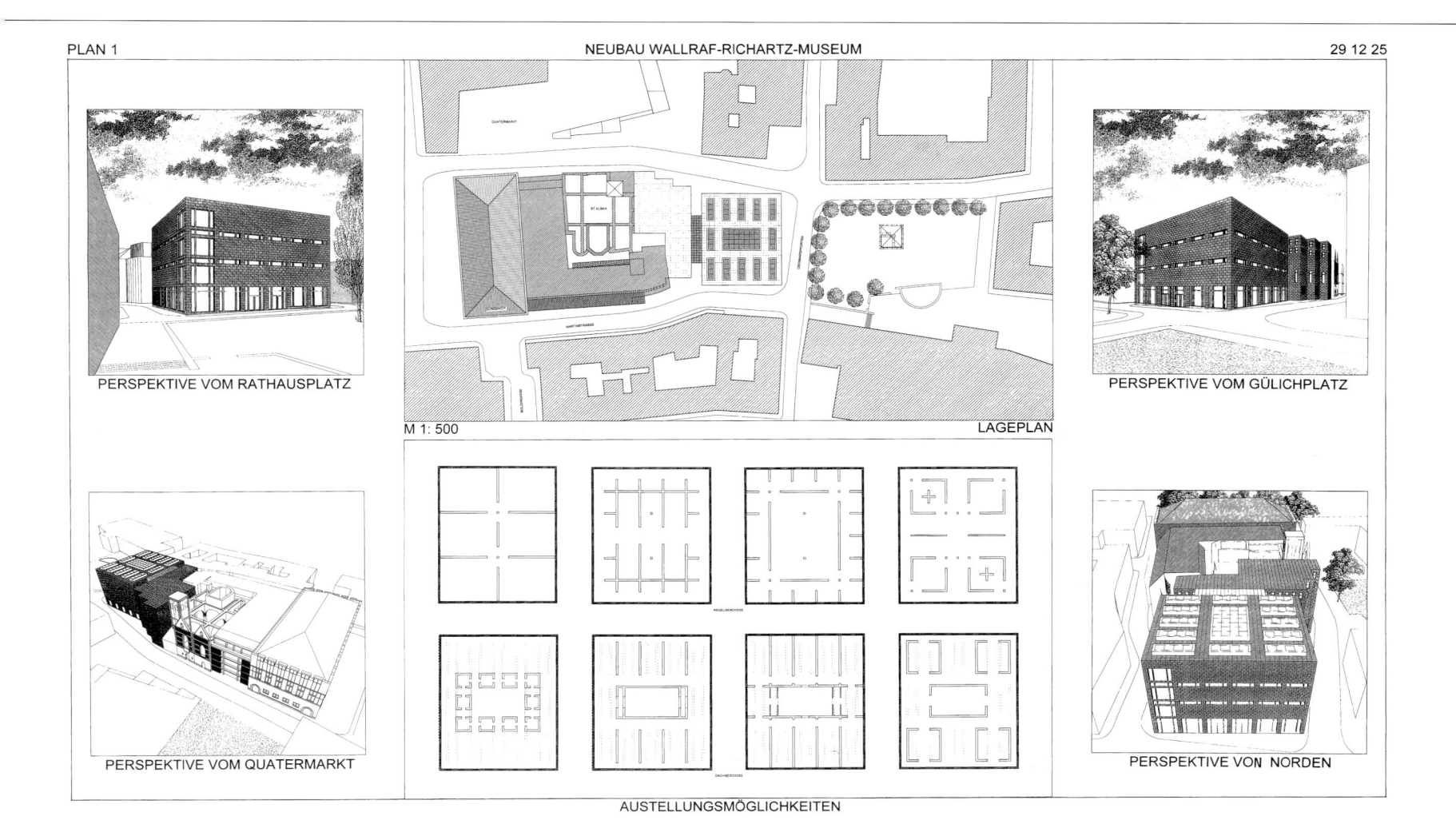

PLAN 1　　　　　　　　　　　　　NEUBAU WALLRAF-RICHARTZ-MUSEUM　　　　　　　　　　　　　29 12 25

PERSPEKTIVE VOM RATHAUSPLATZ

LAGEPLAN
M 1:500

PERSPEKTIVE VOM GÜLICHPLATZ

PERSPEKTIVE VOM QUATERMARKT

AUSTELLUNGSMÖGLICHKEITEN

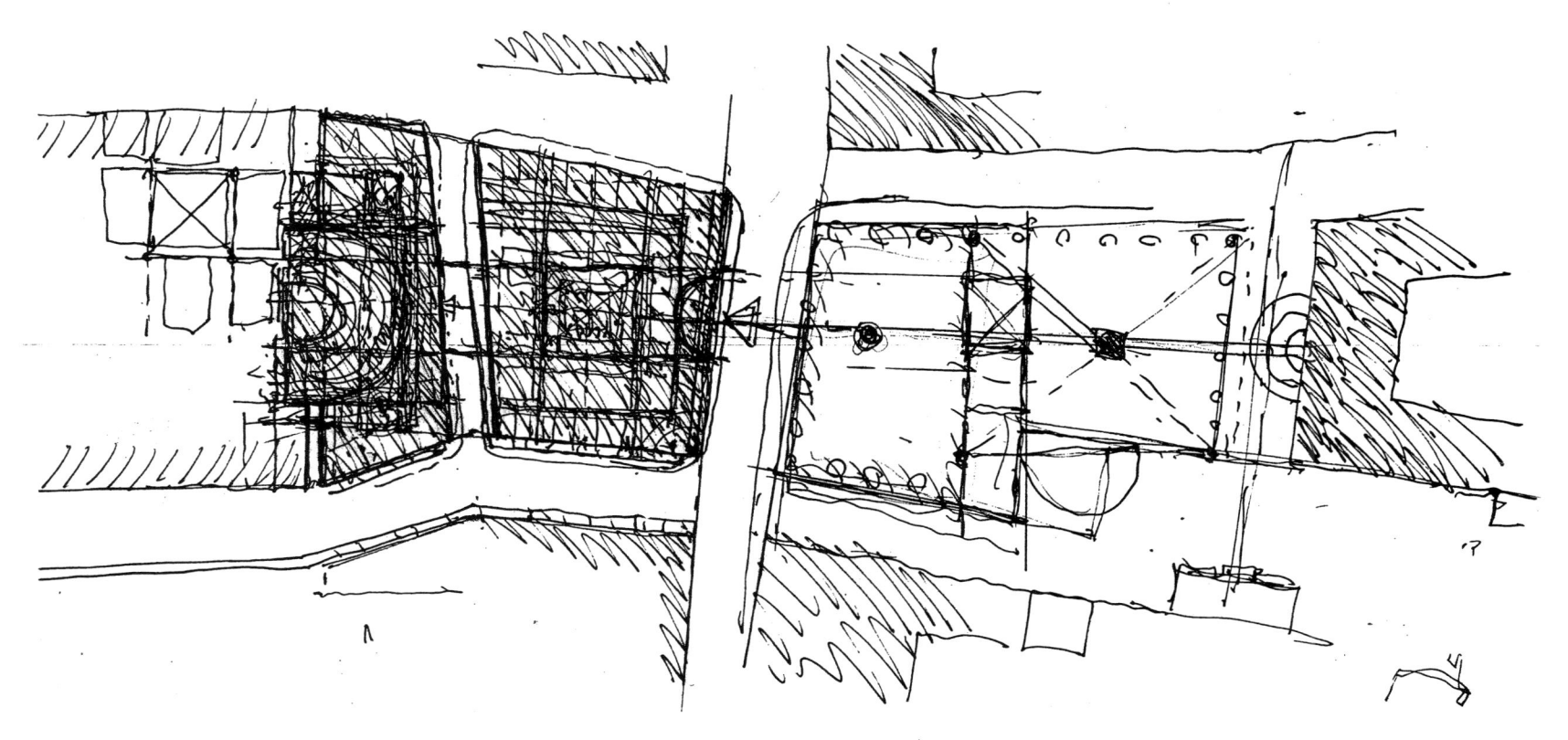

PERSPEKTIVE VON NORDEN

135

| PLAN 2 | NEUBAU WALLRAF-RICHARTZ-MUSEUM | 29 12 25 |

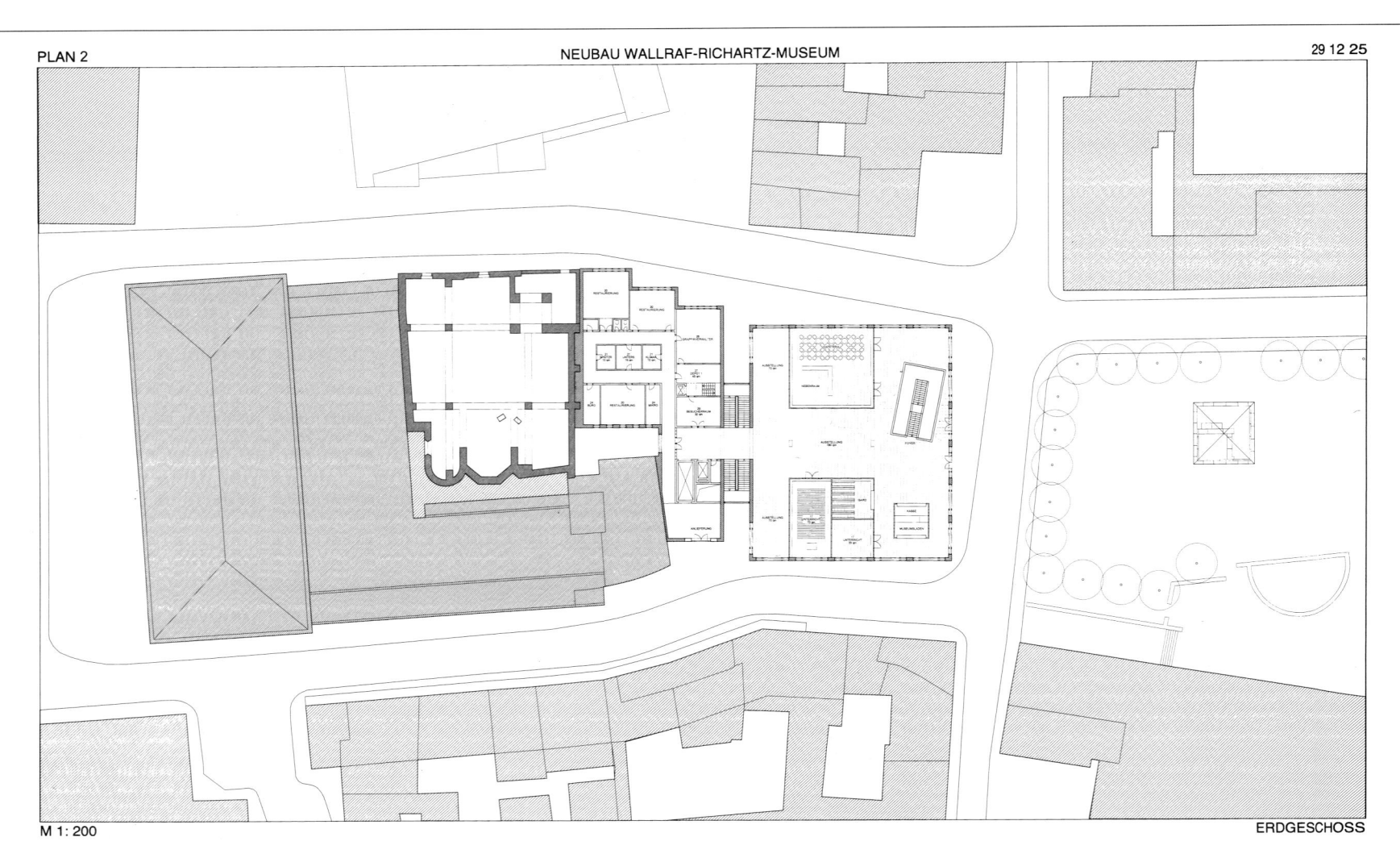

M 1:200 — ERDGESCHOSS

Grundriß Erdgeschoß und Ansicht des Modells.

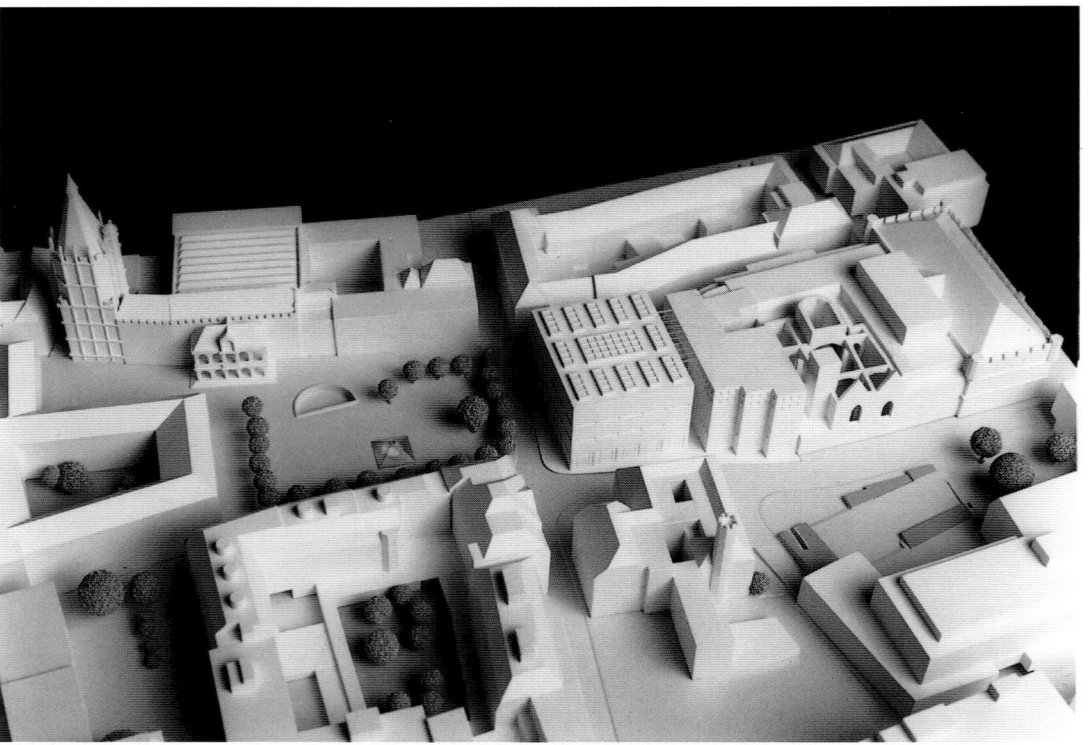

Ansichten; Schnitte; Grundrisse und Entwurfsskizze.

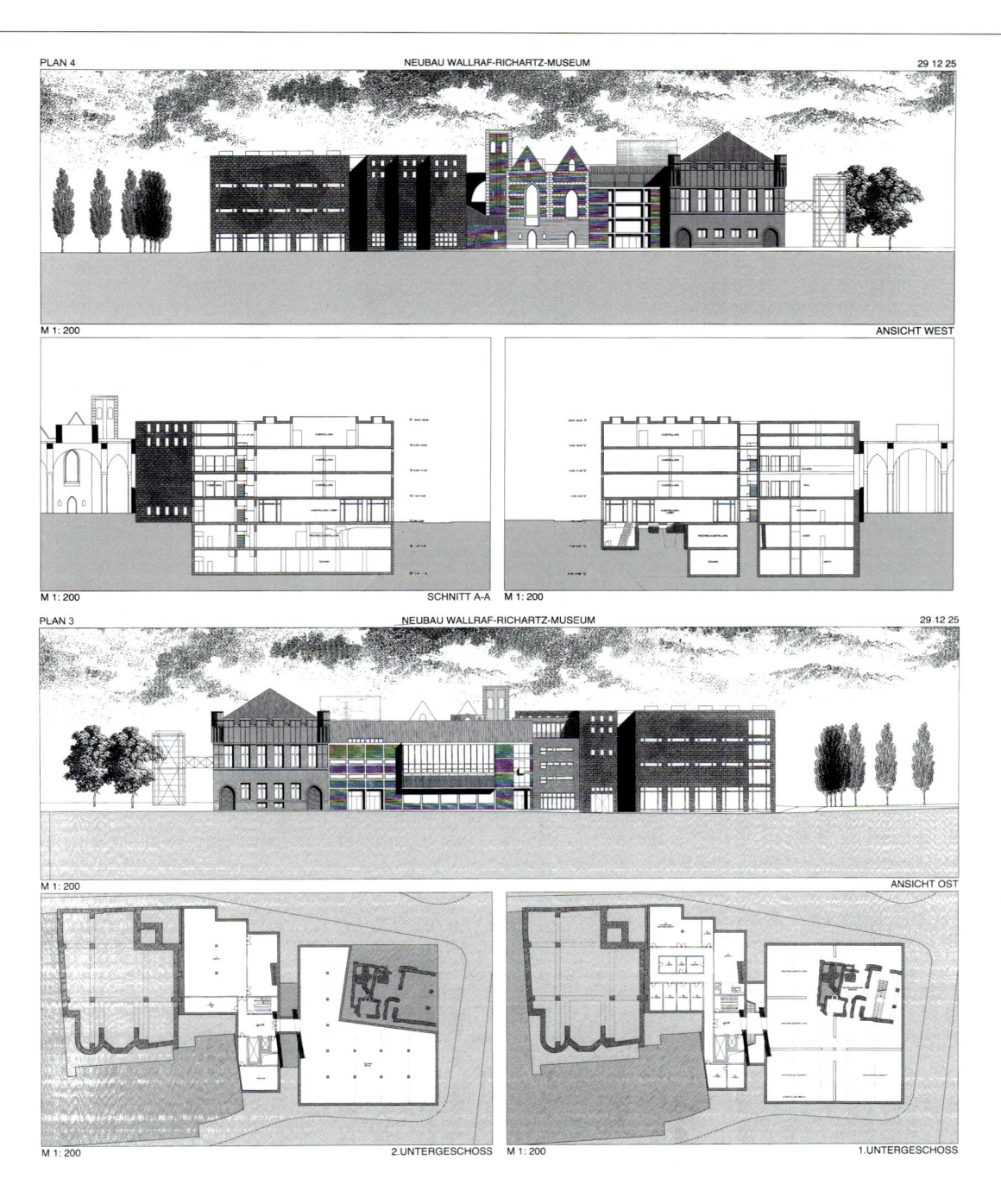

WALLRAF-RICHARTZ-MUSEUM

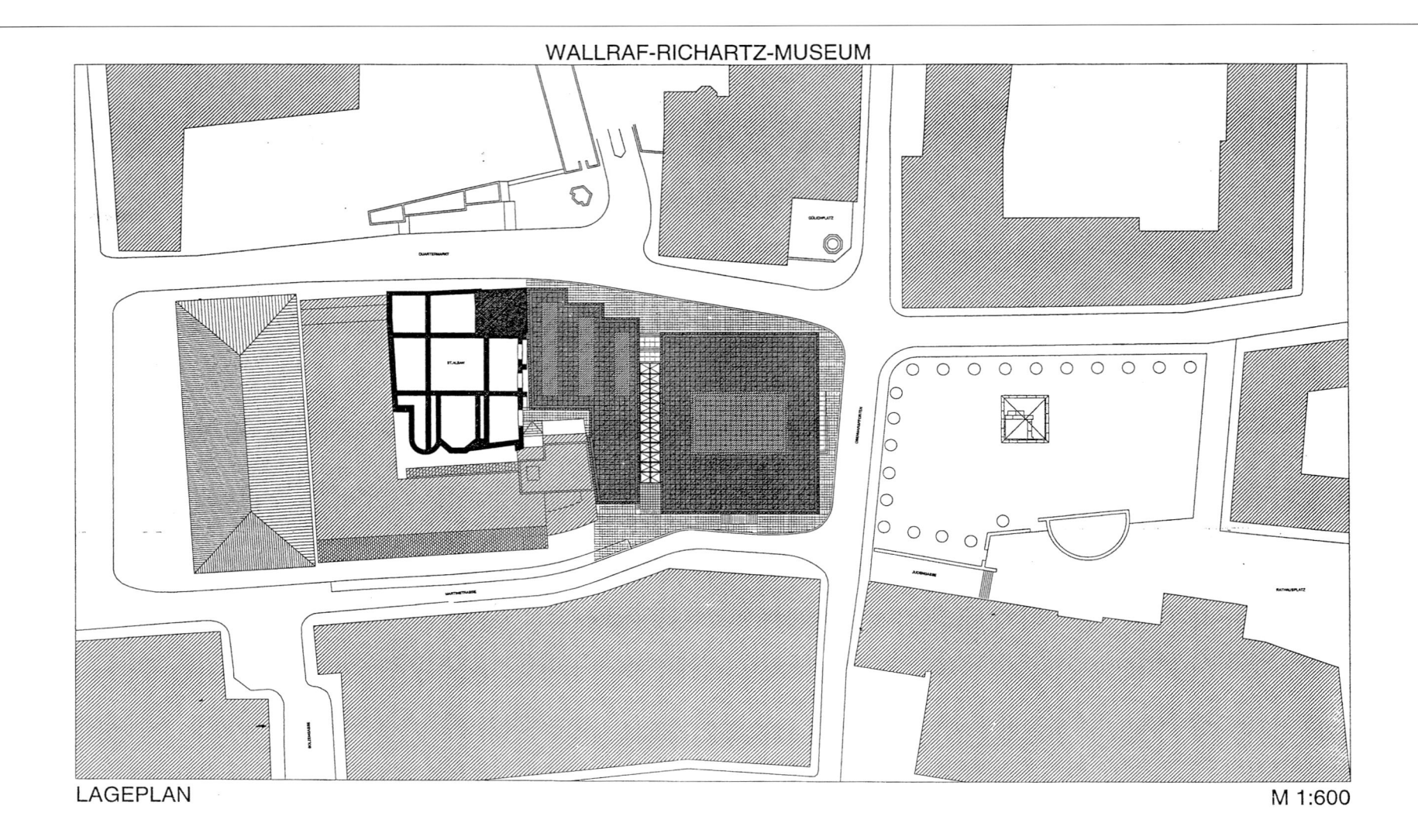

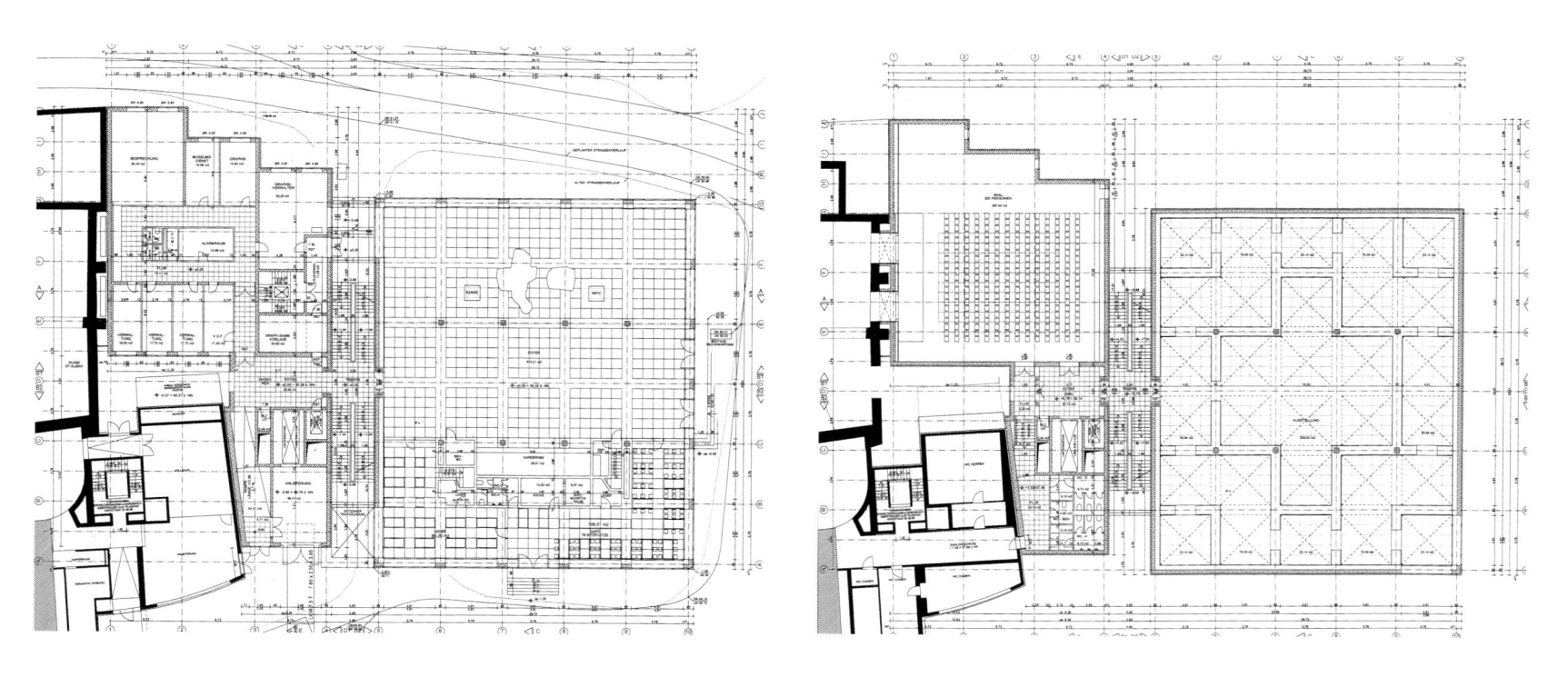

LAGEPLAN   M 1:600

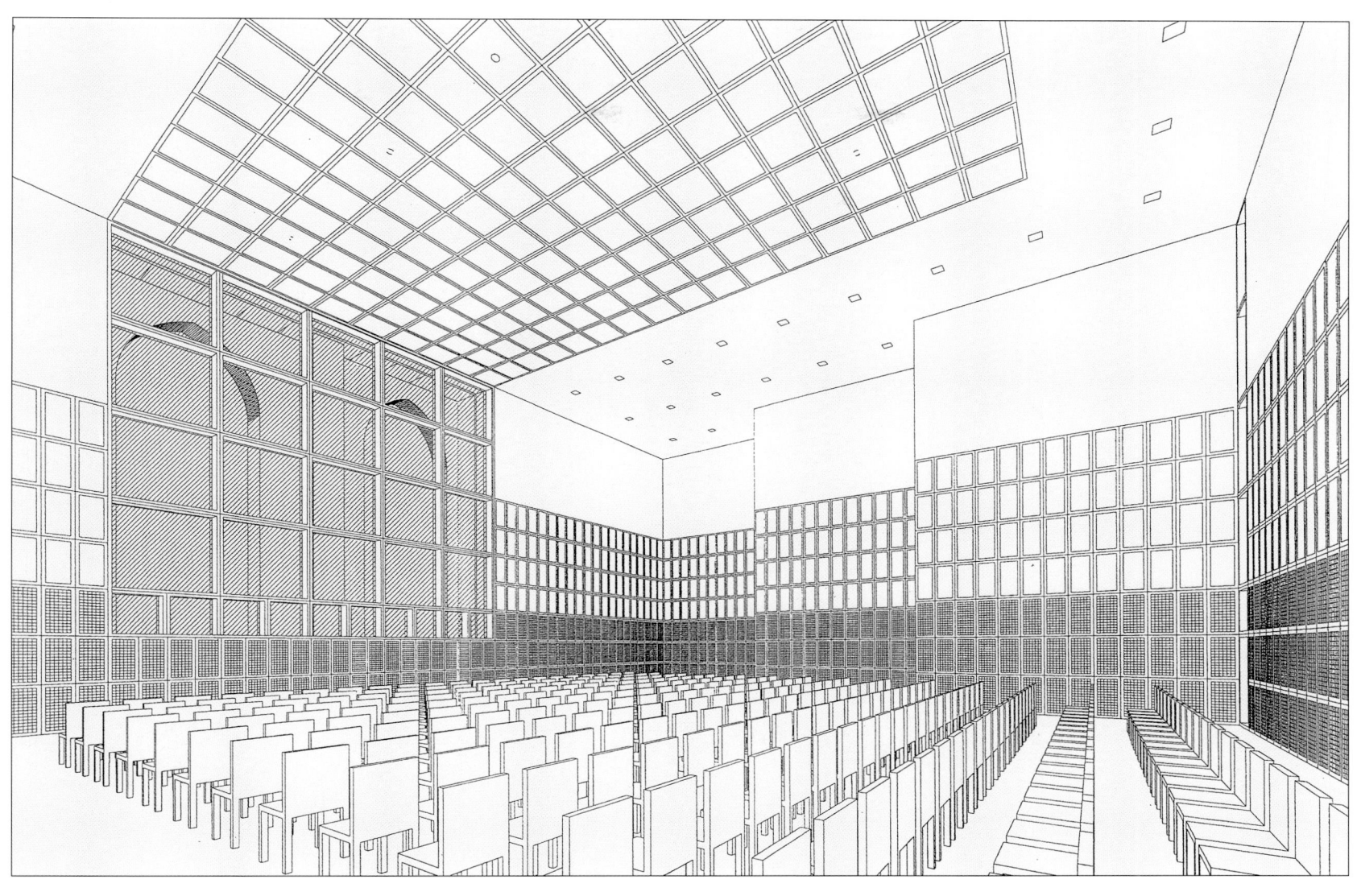

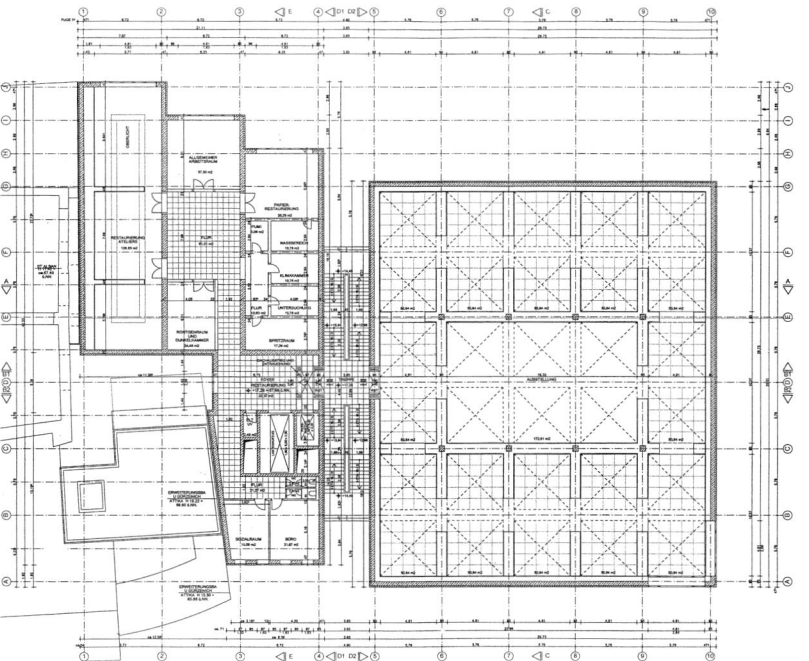

Lageplan;
Grundrisse Erdgeschoß,
2. und 5. Obergeschoß;
Perspektive Konferenzsaal.

139

Schnitt Treppenhaus;
Perspektive und
Perspektive Treppenhaus.

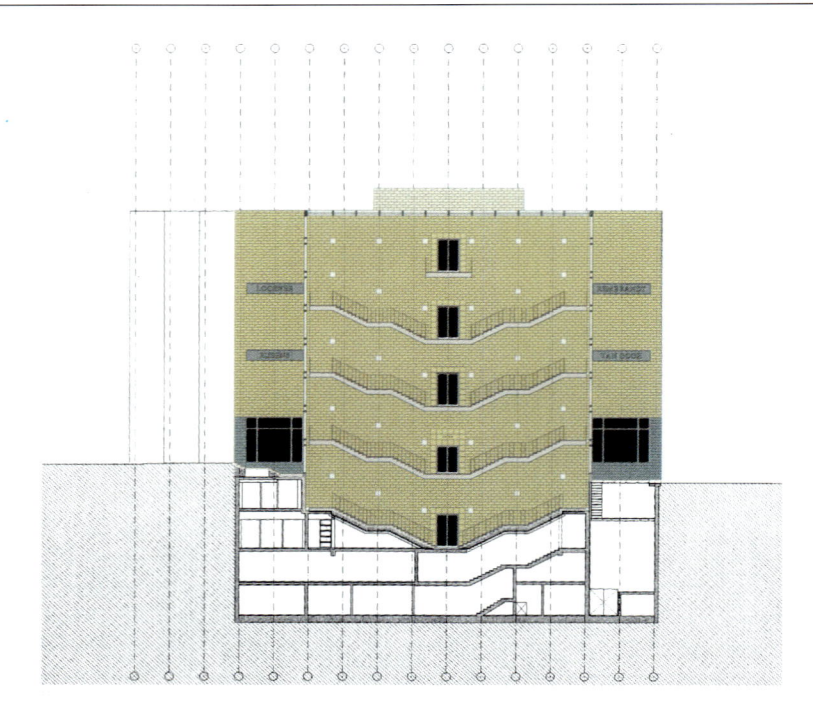

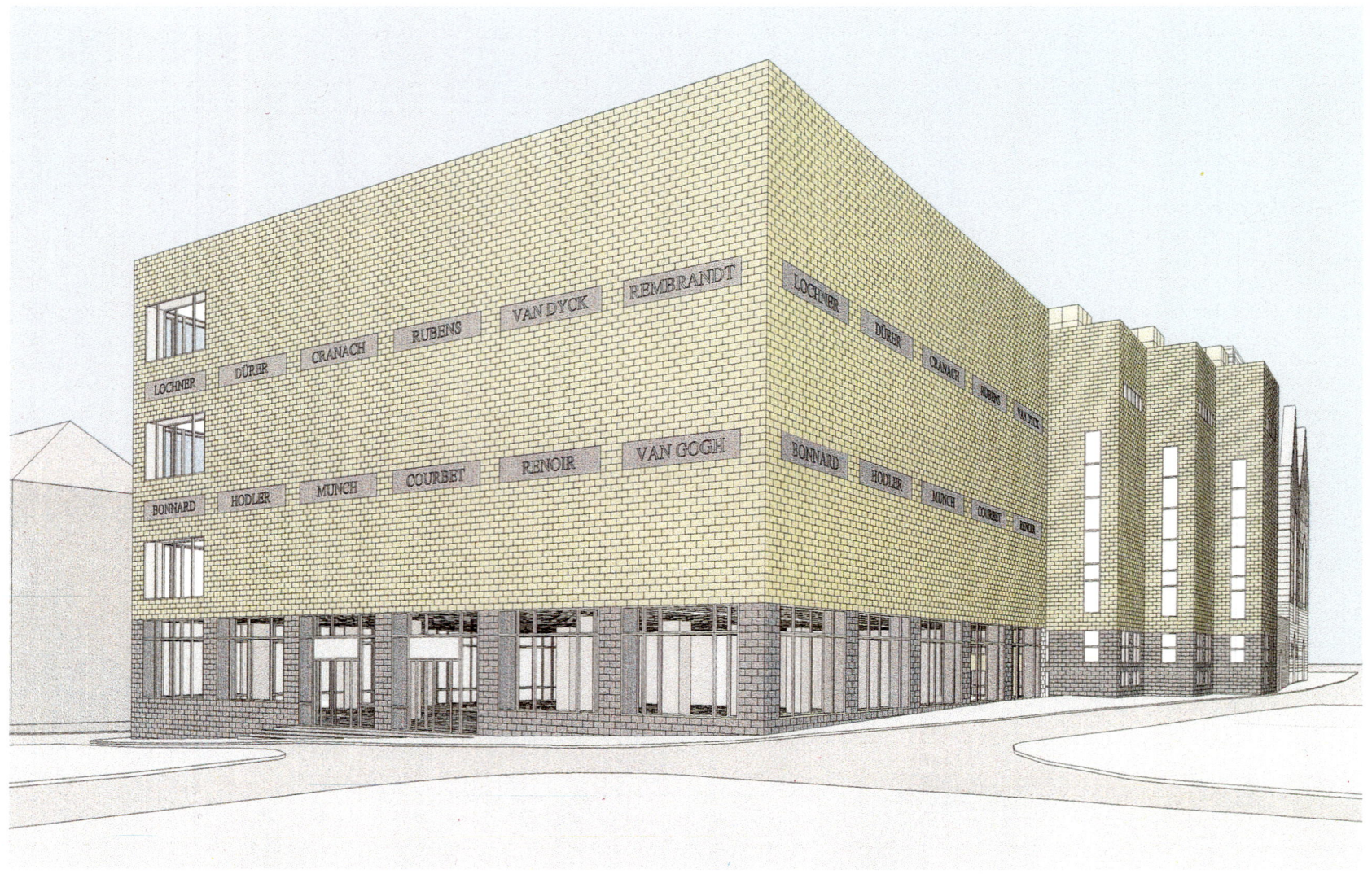

und zweiten Obergeschoß werden die Räume der ständigen Sammlung durch hohes Seitenlicht belichtet, im dritten Obergeschoß sind Oberlichter vorgesehen. Die Räume für Wechselausstellungen befinden sich im Untergeschoß und werden von der Eingangshalle aus separat erschlossen. Um einen Blick auf die Stadt, den Dom und den Rhein zu ermöglichen, wird in den Obergeschossen die ansonsten weitgehend geschlossene Fassade an der Nordostecke durch ein Panoramafenster geöffnet. So wird der enge Bezug der Sammlung zur Stadt und zu ihrer historischen Entwicklung ausdrücklich betont. Der Vortragssaal befindet sich im ersten Obergeschoß des Funktionsbaus und ist an das Foyer des Gürzenich angebunden. Lage und Höhe des Saals sind so ausgelegt, daß die Kirchenfenster von Alt St. Alban in die neue Architektur einbezogen werden können. Analog zu den Gürzenichanbauten der fünfziger Jahre wird so die historische Fassade in die Gebäudestruktur des Wallraf-Richartz-Museums integriert.

Die erhaltenswerten archäologischen Funde werden in die Wechselausstellung integriert: Der Keller des Hauses "Zur roten Tür" ist als Eingangsraum vorgesehen, die Reste des römischen Großbaus bilden frei im Raum stehende Objekte.

Details der Fassadengestaltung und axonometrischer Schnitt durch die Ausstellungsräume.

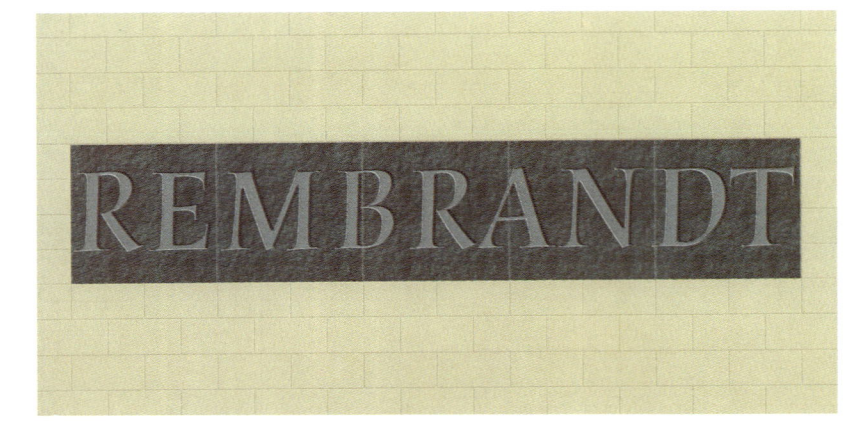

Wettbewerbsentwurf Pfarrkirche St. Theodor, Köln-Vingst, 1997

Mitarbeit: Johannes Götz, Volker Diekmann

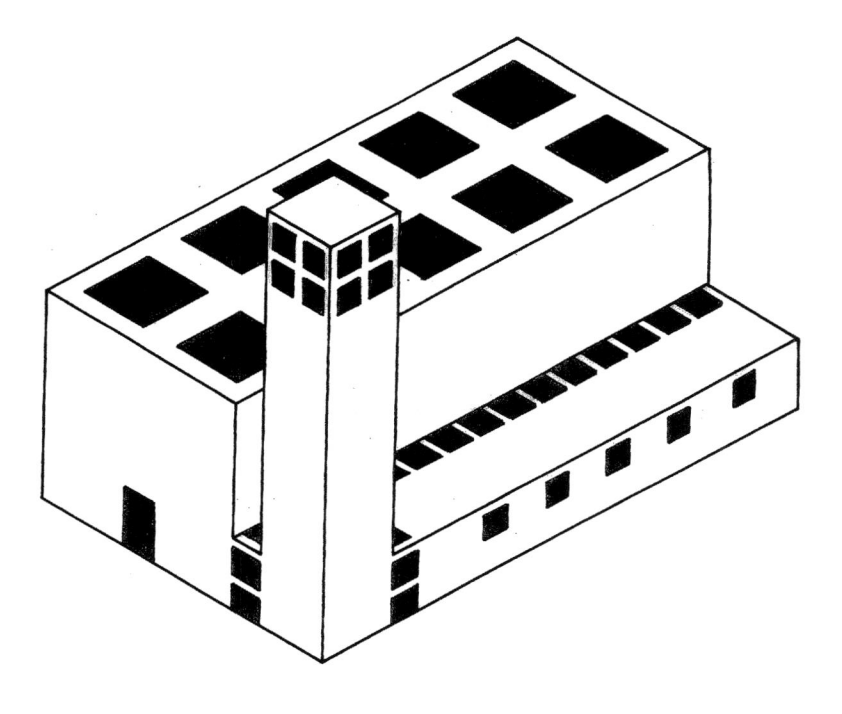

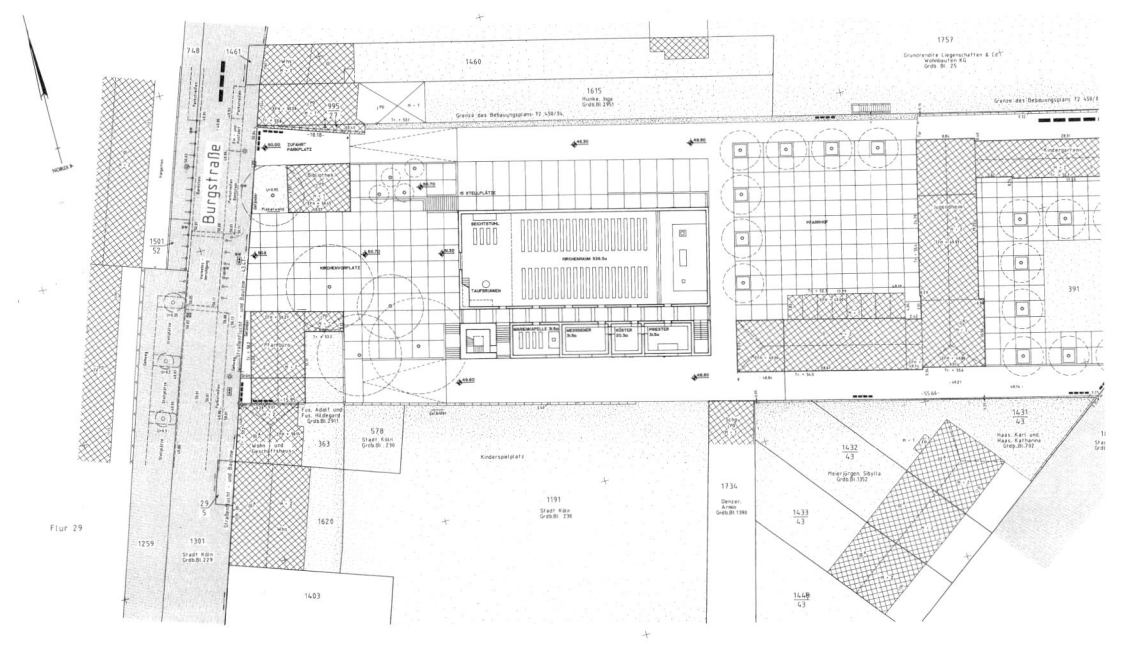

Axonometrie und Grundriß.

Der Entwurf für den Neubau der katholischen Pfarrkirche in Köln-Vingst ist als eine andere Art des Kirchenbaus als der vom Vatikan ausgelobte Wettbewerb der »Kirche für das Jahr 2000« zu verstehen. Beide Male handelt es sich um den Entwurf einer Pfarrkirche für eine arme Gemeinde. Beim Entwurf für Vingst wurde jedoch nicht nach werbewirksamen Effekten gesucht, sondern nach einem einfachen, unspektakulären und würdigen Raum, nach einer von allen Sensationen befreiten äußeren Erscheinung. So wie die Liturgie zwar eine feierliche, aber einprägsame und auf das Wesentliche konzentrierte Handlung ist, so soll das Haus, in dem sie gefeiert wird, durch eine äußerste Konzentration der verwendeten Formen eine geistige, andächtige Besinnung unterstützen. Es sollte ein ernster Raum, ein klarer Bau sein. Einfachheit in Verbindung mit Würde und Klarheit sind die Merkmale dieses Entwurfs. Er steht bewußt in der Tradition der großen Kirchenentwürfe von Rudolf Schwarz. An die noblen und beeindruckenden Kirchenbauten Schwarzscher Prägung soll angeknüpft werden. Der Geist von Romano Guardini und Burg Rothenfels liegt dem Entwurf zugrunde und soll wieder ins Bewußtsein gebracht werden. Den Entwurf zu beschreiben, erübrigt sich. Die Pläne erläutern sich selbst. Es gibt keine versteckten, geheimnisvollen Metaphern, keine heidnischen, symbolischen oder versteckten räumlichen Tricks. Es gibt einen Kirchenraum, überschaubar und auf einen Blick zu erfassen. Im Osten der Altarraum, im Westen die Empore mit der Orgel, so wie das schon immer in fast jeder Dorfkirche der Fall war. Eines ist jedoch wichtig – und das ist das einheitliche Grundmodul, entwickelt aus dem Modul des bestehenden Turms. Dieses Modul bestimmt das ganze Gebäude sowie seine einzelnen Teile. Man betritt die Kirche über ein niedriges Seitenschiff, an Festtagen durch das Hauptportal. Die Kirche besteht aus vier Bauteilen: einem Sockel aus Basalt mit Garagen, Lager, Kleiderkammer und Gemeindewerkstatt. Auf dem Sockel stehen der Turm, der Flachbau mit Sakristei, kleiner Kapelle und Nebenräumen sowie der eigentliche Kirchenraum. Neben der vertikalen Form des Turms liegt wie ein Schatten der horizontale Baukörper mit den Nebenräumen in den gleichen Abmessungen wie der Turm. Alle oberirdischen Bauteile sind durch das Seitenschiff verbunden. In Anlehnung an die Bebauung der Umgebung sieht der Entwurf eine Ziegelverkleidung vor. Die Kirche erhält im Innern weißen Verputz. Das Licht für den Kirchenraum kommt von oben durch Oberlichter aus Glasbausteinen. Der Raum ist rein und ohne dekorative Unterbrechung. Die wesentlichen Einrichtungsgegenstände der abgerissenen Kirche wurden übernommen: Altar, Tabernakel, Ambo, Taufbrunnen, Heiligenbilder und Kirchenbänke. Städtebaulich ändert sich an der ursprünglichen Situation nicht viel. Praktisch wird der neue Grundriß aus dem alten Gebäude entwickelt. Lediglich der Pfarrhof soll durch eine Baumreihe geschlossen werden.

Ansichten; Details;
Grundrisse und Schnitte.

ANSICHTEN M 1:200 — PFARRKIRCHE ST. THEODOR IN KÖLN-VINGST — 291225

- ANSICHT SÜD
- ANSICHT WEST
- ANSICHT NORD
- FASSADENDETAIL M 1:20
- ANSICHT OST

GRUNDRISSE, SCHNITTE M 1:200 — PFARRKIRCHE ST. THEODOR IN KÖLN-VINGST — 291225

- GRUNDRISS KELLER
- GRUNDRISS EMPORE
- DACHAUFSICHT
- QUERSCHNITT, ANSICHT ORGELEMPORE
- LÄNGSSCHNITT
- QUERSCHNITT, ANSICHT ALTAR

Wettbewerbsentwurf Dresdner Bank, Frankfurt am Main, 1997

Mitarbeit: Volker Diekmann, Marvin Keim

Ansicht Modell und Lageplan.

Das zu bebauende Grundstück liegt an einem äußerst neuralgischen Punkt. Es bildet die Ecke von zwei wichtigen, jedoch völlig unterschiedlichen Achsen: der Kaiserstraße und der Gallusanlage. Die Kaiserstraße ist die zentral zum Bahnhof führende Hauptstraße des sogenannten Bahnhofsviertels. Die Gallusanlage ist eine zentrale, lineare Grünanlage, dem Central Park in New York nicht unähnlich. So dient das Grundstück einmal als Eingangstor zur Kaiserstraße, zum anderen als Randbebauung der Grünanlage. Die Frankfurter Hochhausbebauung hat drei Kategorien: Türme über 200 Meter, Türme zwischen 150 und 180 Metern und Türme zwischen 120 und 150 Metern. Mit Rücksicht auf die Grünanlage und die benachbarten historischen Bauten von hoher architektonischer Qualität spricht vieles hier für die dritte Kategorie der etwa 120 bis 130 Meter hohen Türme. Ein Hochhaus ist ein Solitärbau, der sich nicht nur durch eine beliebig hohe Anzahl von Geschos-

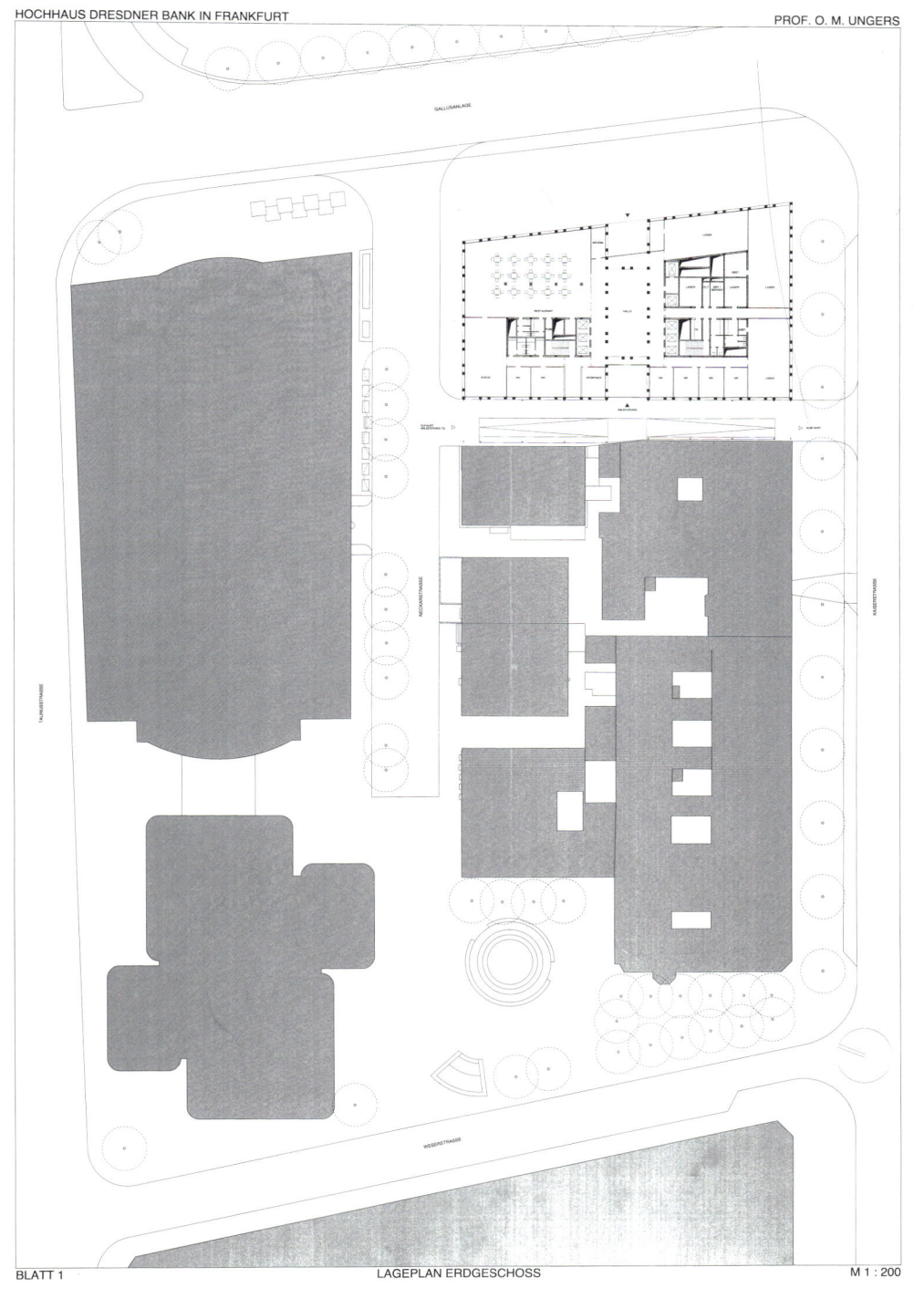

LUFTBILD - ZWILLINGSTURM	LUFTBILD - VARIANTE 1

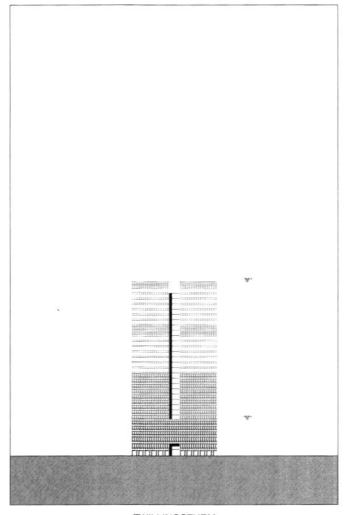

ZWILLINGSTURM	VARIANTE 1	VARIANTE 2
BGF ü = 58.200,98 qm / BGF ges = 67.313,09 qm	BGF ü = 72.794,58 qm / BGF ges = 80.906,69 qm	BGF ü = 84.749,13 qm / BGF ges = 92.861,24 qm

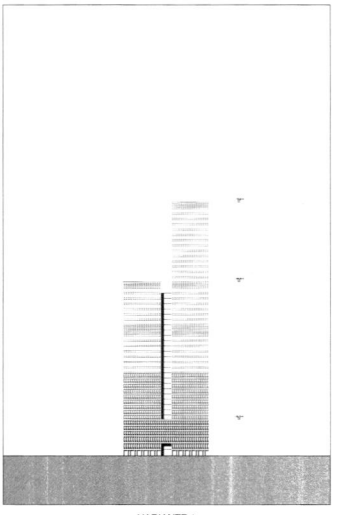

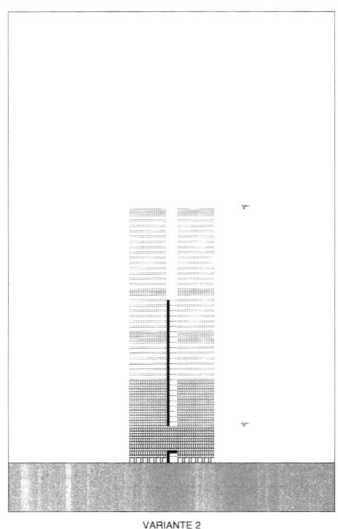

EQUITABLE BUILDING, N.Y.	MÜNSTER, STRASSBURG	FRAUENKIRCHE, MÜNCHEN

Fotomontagen; Ansichten der Varianten und typologische Beispiele. Ansichten.

sen darstellen kann. Er verlangt nach einer eigenen »Identität«, einem Bild oder einem Thema. Häufig verwandt wurde der Doppelturm mit gemeinsamem Sockel, wie er hier der architektonischen Gestaltung zugrunde gelegt wurde.

Aus einem Sockelbau in den Abmessungen des Straßenblocks an der Kaiserstraße, der in der Fassade sichtbar gemacht wird, wachsen zwei Türme, die durch eine vertikale Glasfuge getrennt sind, bis auf eine Höhe von 120 Metern empor. Die Türme könnten aber auch unterschiedliche Höhen haben. Sockel und Doppelturm bestehen aus einem einheitlichen Material und Raster von 1,50 m, das den gesamten Bau bestimmt. Die Differenzierung wird durch eine unterschiedliche Gliederung und Plastizität der Bauteile erreicht. Nach dem Prinzip der »Vielfalt in der Einheit« werden drei verschiedene Zonen gebildet: Der Sockelbau wird stark plastisch durchgebildet, mit zurückliegenden, normal zu öffnenden Fenstertüren und in der Fassade liegenden Balkonen – eine gestalterische Antwort auf die umliegende Blockbebauung. Die Fassade des mittleren Bereichs vom sechsten bis 14. Geschoß erhält eine leichte Profilierung mit einfachen Öffnungsflügeln. In der obersten Zone liegen die Fensterflächen außenbündig und bilden mit der Steinverkleidung optisch eine Haut. Die Dreigliederung bewirkt eine nach oben sich verjüngende Fassade und gibt dem Bau eine subtile Maßstäblichkeit. Die Außenverkleidung ist aus dunkelfarbigem Klinker.

Der Haupteingang des Hauses ist zur Gallusanlage orientiert. Die im Erdgeschoß liegende zweigeschossige, durch den ganzen Sockelbau gehende Eingangshalle ermöglicht aber auch einen rückwärtigen, abgeschirmten Zugang über eine Galerie zwischen neuem Sockelbau und bestehender Bebauung. Hier befinden sich auch die Ausfahrt der Tiefgarage und die Versorgungszugänge. Von der Eingangshalle erreicht man die Aufzüge der beiden Kerne und das Restaurant mit Blick auf die Kaiserstraße. Im Erdgeschoß liegt außerdem ein von der Straße aus zugänglicher äußerer Kranz von Läden und Serviceräumen. Im ersten Obergeschoß und ebenfalls von der Haupthalle aus zu erreichen, befinden sich das Casino für die Mitarbeiter und Konferenzräume, im zweiten Obergeschoß Besprechungsräume und Serviceeinrichtungen. Die Büroebenen der übrigen Etagen sind auf einem gleichmäßigen Rastersystem von 1,50 m aufgebaut, das eine hohe Flexibilität in der Aufteilung ermöglicht.

147

Beispielfassade;
Grundrisse.

folgende Seite:
Fassadendetails;
Nutzungsschemata.

2. OBERGESCHOSS

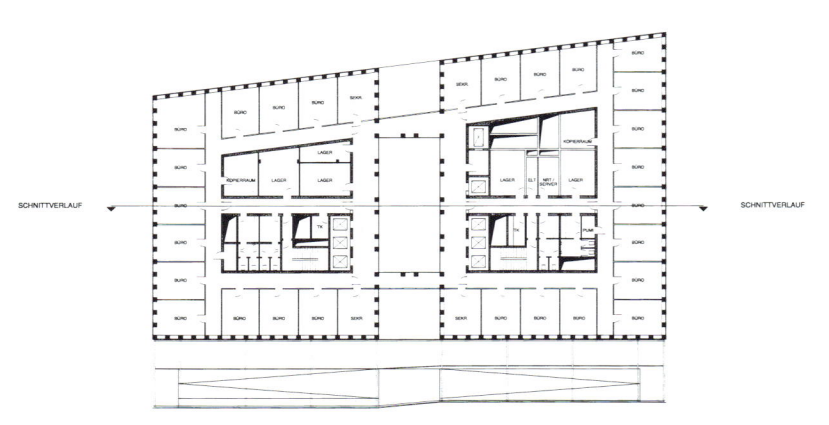

REGELGESCHOSS

1. OBERGESCHOSS

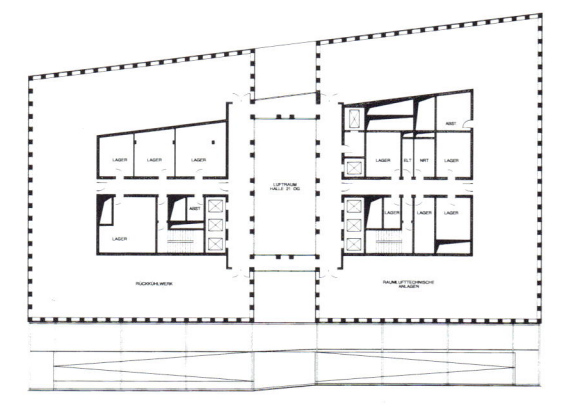

22. OBERGESCHOSS

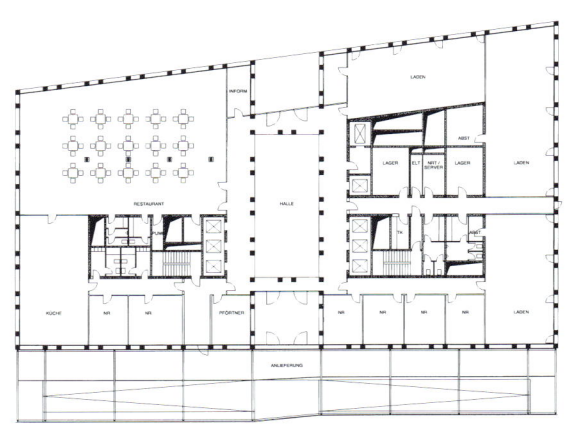

ERDGESCHOSS

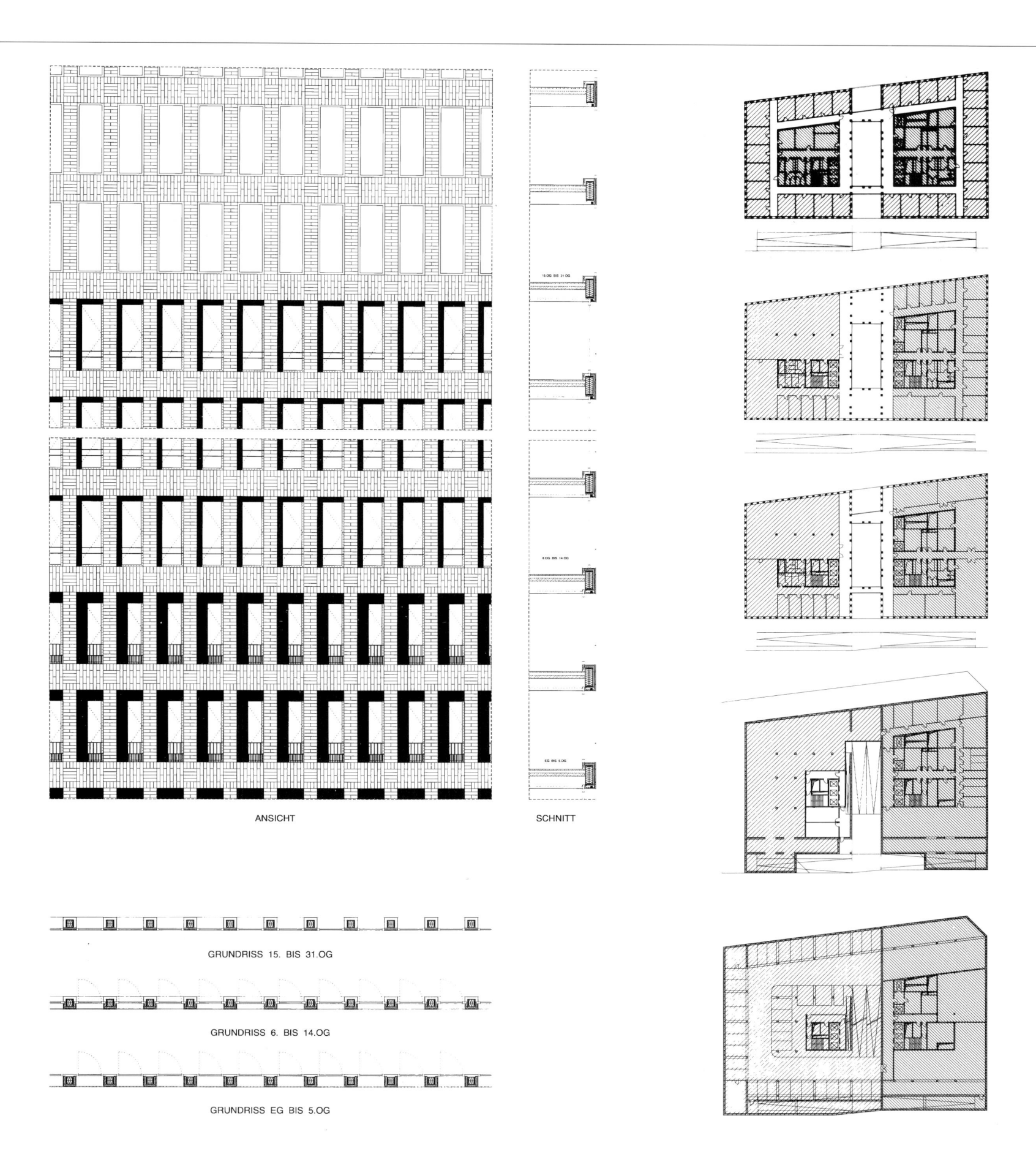

ANSICHT

SCHNITT

GRUNDRISS 15. BIS 31.OG

GRUNDRISS 6. BIS 14.OG

GRUNDRISS EG BIS 5.OG

Bauten

Badische Landesbibliothek Karlsruhe, 1980–1991

Mitarbeiter: Burkhard Meyer (Bauleitung), Karl-Heinz Schmitz, Karl-Lothar Dietzsch

Die städtebauliche Situation definierte den Maßstab und die formale Sprache des Entwurfs. Entscheidende Einflüsse ergaben sich aber auch aus dem Baumbestand auf dem Gelände, aus der dominierenden Erscheinung der gegenüberliegenden Stephanskirche, dem vorwiegend klassizistisch geprägten Karlsruher Stadtbild und der von Friedrich Weinbrenner geprägten Stadtstruktur. Durch den Entwurf soll die Bebauung an der Erbprinzen-, Ritter-, Blumen- und Herrenstraße zu einer Blockbebauung geschlossen werden. Die auf dem Gelände vorhandenen Gebäude und der Baumbestand werden weitgehend erhalten und in das neue Ensemble räumlich und baukörperlich eingebunden. Die Bebauung ist in drei Gestaltungszonen aufgeteilt, die sich gegenseitig ergänzen und eine morphologische Reihe ergeben: Die kleinmaßstäbliche Wohnbebauung an der Herrenstraße wird als geschlossenes Bauvolumen aufgefaßt, in dem unterschiedlich gestaltete Innenhöfe ausgespart sind. Die mittlere Zone ist ein offener Grünraum, in dem einzelne, unabhängige Architekturelemente stehen. Zu diesen gehört das Torgebäude an der Erbprinzenstraße, das den Eingang in den Gartenhof markiert und ein Architekturzitat des »Ettlinger Tores« darstellt, und das bestehende klassizistische Gebäude, welches den Abschluß nach Süden bildet. Der Bibliotheksbau selbst ist ein streng geometrischer Block, der einen Innenhof umschließt. Die Anordnung der einzelnen Baukörper, die eine komplexe Gesamtmorphologie bilden, gleicht der Zerlegung und Zusammenfügung der von Weinbrenner gebauten Stephanskirche. Von diesem Bau wurden die Kuppelform und die Fassadengliederung in spielerischer Form übernommen wie auch die Passage, der Saal mit den vier Säulen oder die Idee der Torbauten. Bibliothek und Kirche sprechen die gleiche Architektursprache.

links: Historische Bebauung gegenüber der Stephanskirche.

rechts: Hof mit Torbau an der Erbprinzenstraße.

Durchgangsbereich zwischen zwei Baukörpern und Blick auf den Bibliotheksbau.

Holzkonstruktion und
Innenansicht der Kuppel,
Isometrische Darstellung
des Gebäudekomplexes.

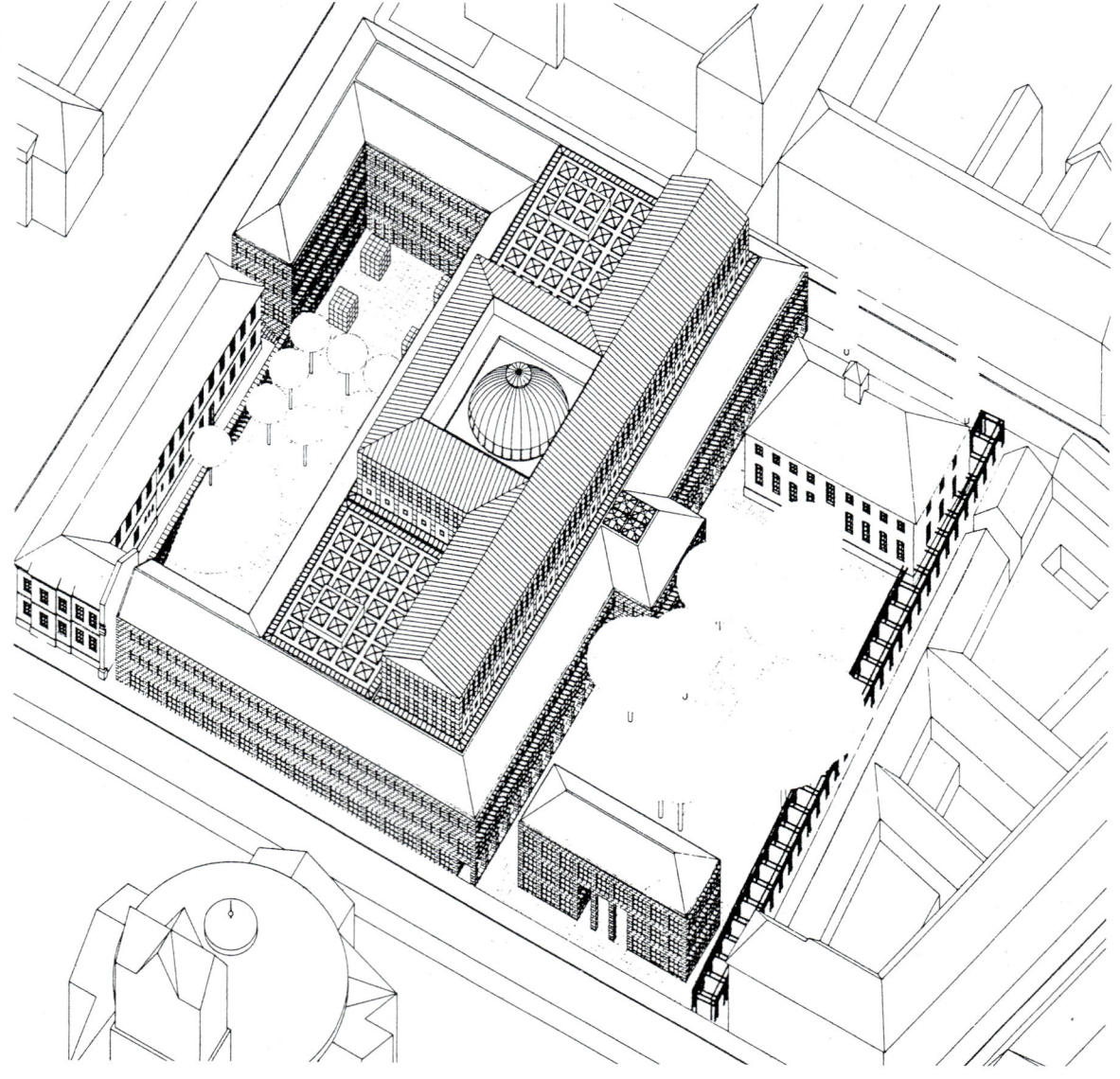

Blick in den Lesesaal der
Bibliothek mit Fries
von Günther Förg und
Schrifttafeln von
Ian Hamilton Finlay.

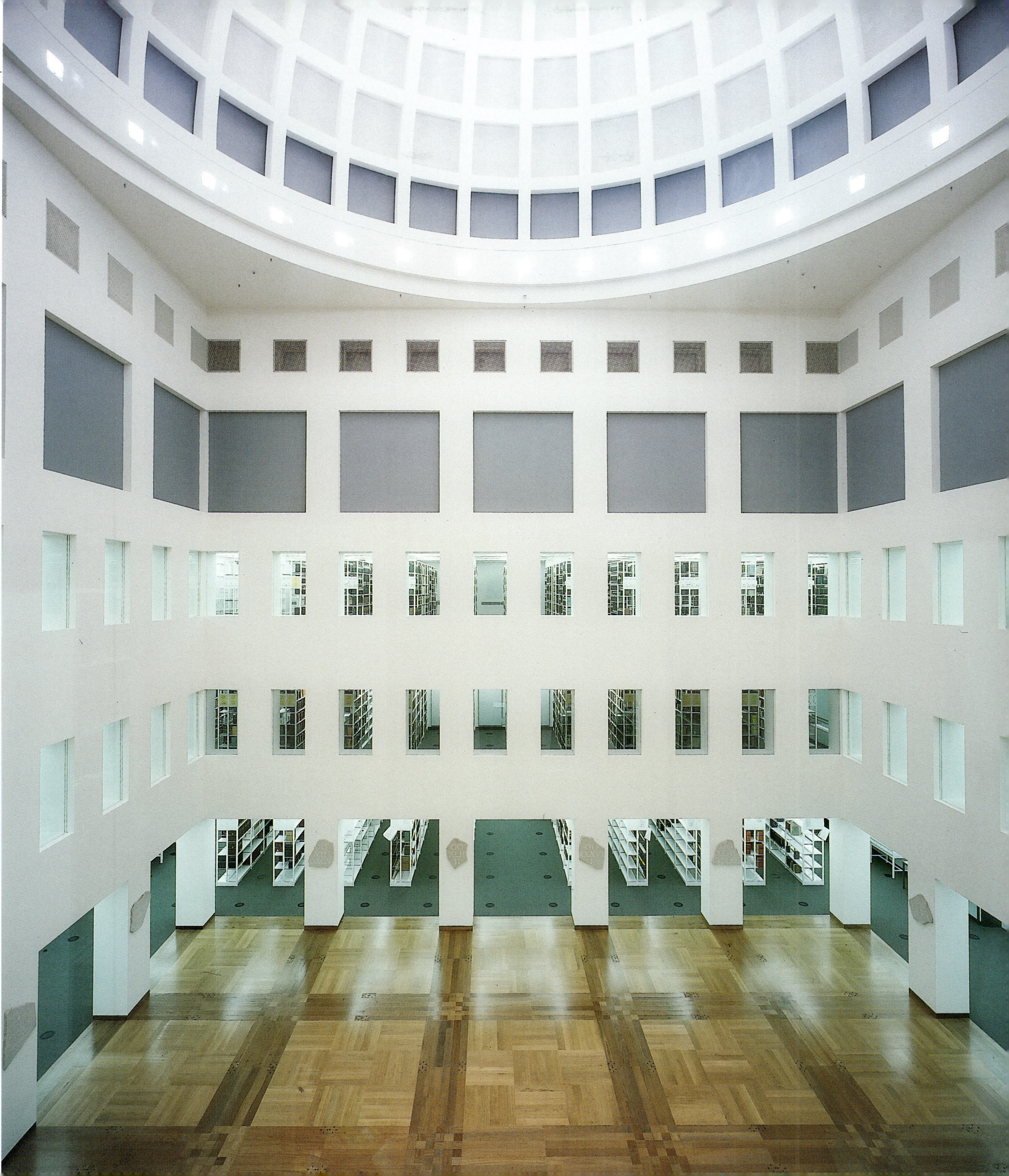

Innenraumansichten

Kunstinsel Hamburg, Galerie der Gegenwart, Erweiterung der Kunsthalle, Hamburg, 1986-1996

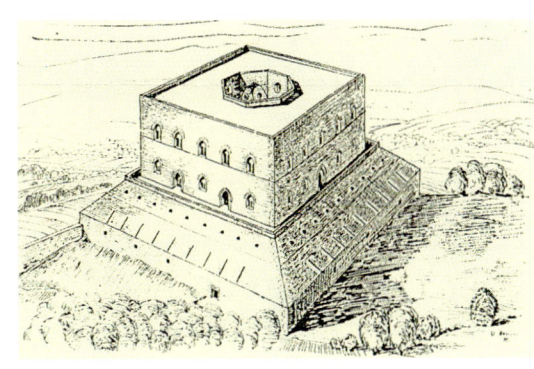

Mitarbeit: Joachim Sieber, Ingo Schweers, Andreas Geitner, Volker Diekmann, Frank Wieschemann, Peter Pfertner

Der realisierte Entwurf für die Erweiterung der Kunsthalle basiert auf der Überarbeitung des Wettbewerbsentwurfs aus dem Jahre 1986, der im Raumprogramm modifiziert wurde. 1992 wurde mit den Bauarbeiten begonnen, die Übergabe fand im August 1996 statt.
Das Gebäude steht auf einem Grundstück von ca. 100 x 70 m, das an drei Seiten von Straßen und Gleisanlagen umgeben wird; an der vierten Seite befindet sich die Ostfassade des Altbaus aus dem 19. Jahrhundert. Der Neubau besteht aus einem Sockelbauwerk, dessen Außenwände 45 Grad geneigt sind und dem darauf positionierten, dem Altbau gegenübergestellten Hauptgebäude. Um die Wirkung der Kunsthalle in ihrer städtebaulichen Dominanz zu erhalten, wurde der Neubau so weit wie möglich von der Front der alten Kunsthalle abgerückt und ein großzügiger Platz zwischen dem neuen und dem alten Bauteil geschaffen.
Durch die axial angeordnete Anlage des neuen Baukörpers wurde darüber hinaus ein Pendant zur Kunsthalle und gleichzeitig ein östlicher Abschluß des Ensembles gebildet, der den gesamten Museumsbereich wie eine Art Kaimauer von der umgebenden Verkehrsfläche absetzt.
Der in rotem Granit ausgeführte Sockel beinhaltet einen Großteil der Ausstellungsfläche, Magazine, Depots, die Verwaltung sowie in einem separaten Geschoß die Tiefgarage. Der Ausstellungsbereich wird über einen axialen Verbindungsgang an der alten Kunsthalle angeschlossen. Die Fassade des viergeschossigen Hauptgebäudes ist mit hellem Kalkstein verkleidet. Im Erdgeschoß befinden sich Foyer, Medienräume, Buchladen und Café sowie die alle Geschosse verbindende zentrale Halle.
In den drei Obergeschossen liegen Ausstellungsbereiche mit geschoßweise unterschiedlichen Belichtungssituationen: Seitenlicht durch Fenster, Kunstlicht, Oberlicht. Die Gestaltung des Neubaus ist zurückhaltend und streng. Er bildet einen Gegensatz zu der reich gegliederten Fassade der alten Kunsthalle, tritt aber nicht in Konkurrenz, sondern ergänzt die vorhandene Architektur.

Entwurfsskizze und Castello Lucera; Luftaufnahme und Lageplan.

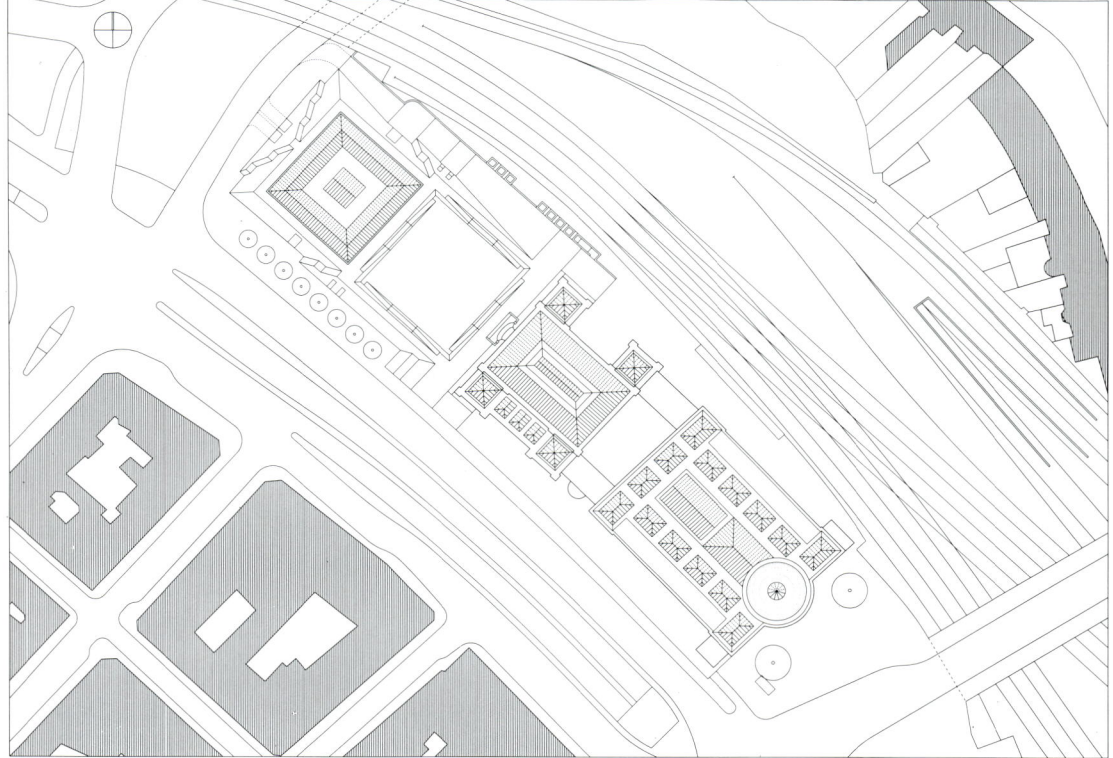

Entwurfsskizze und Grundrisse 1. Obergeschoß, Erdgeschoß und Sockelgeschoß.

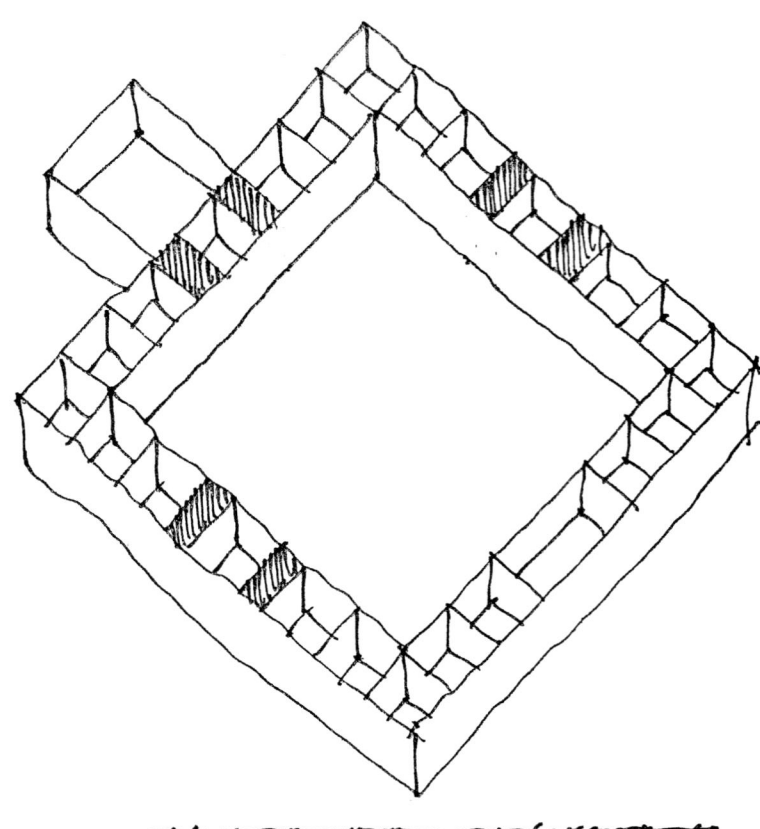

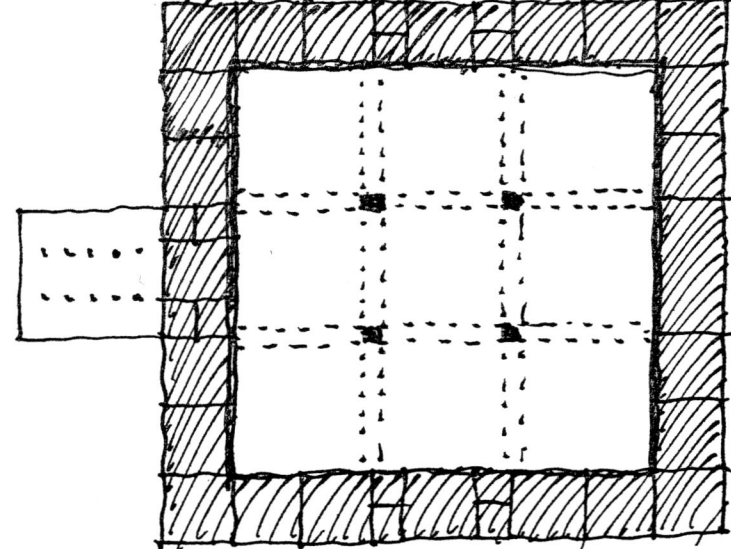

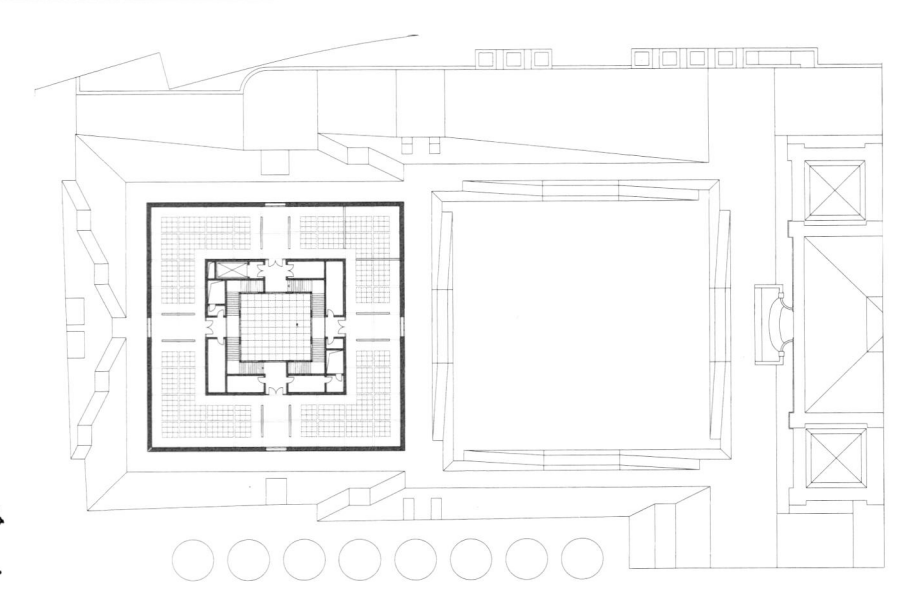

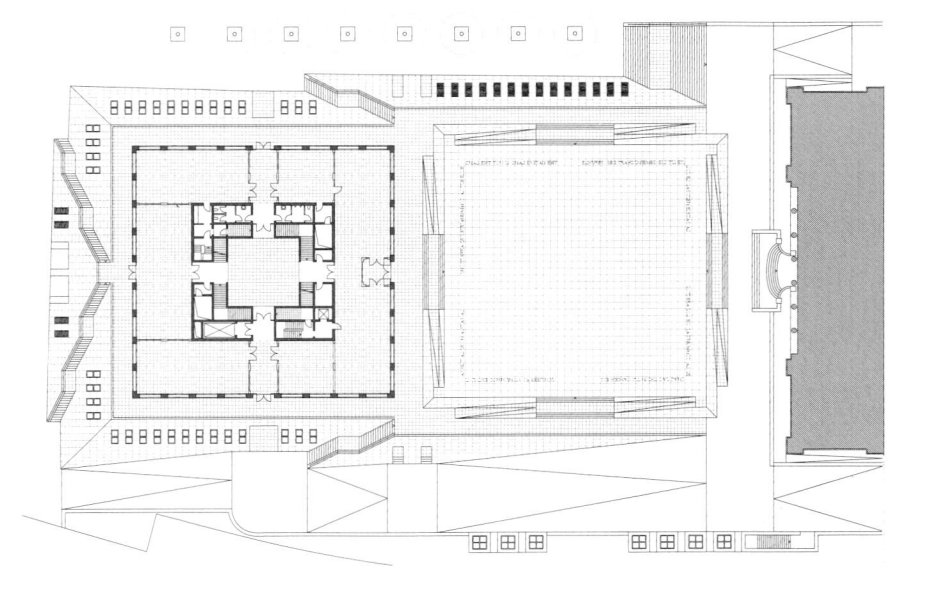

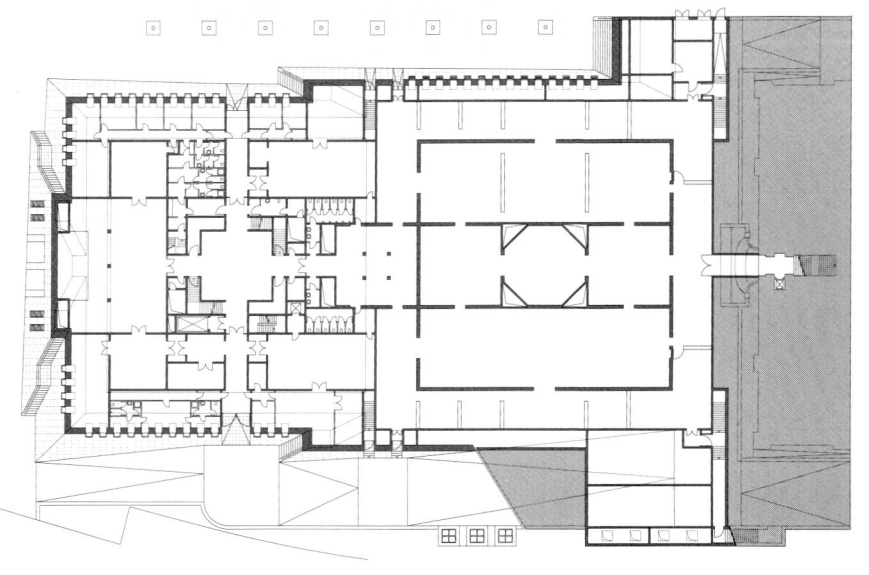

Perspektive und Ansicht des Gebäudes.

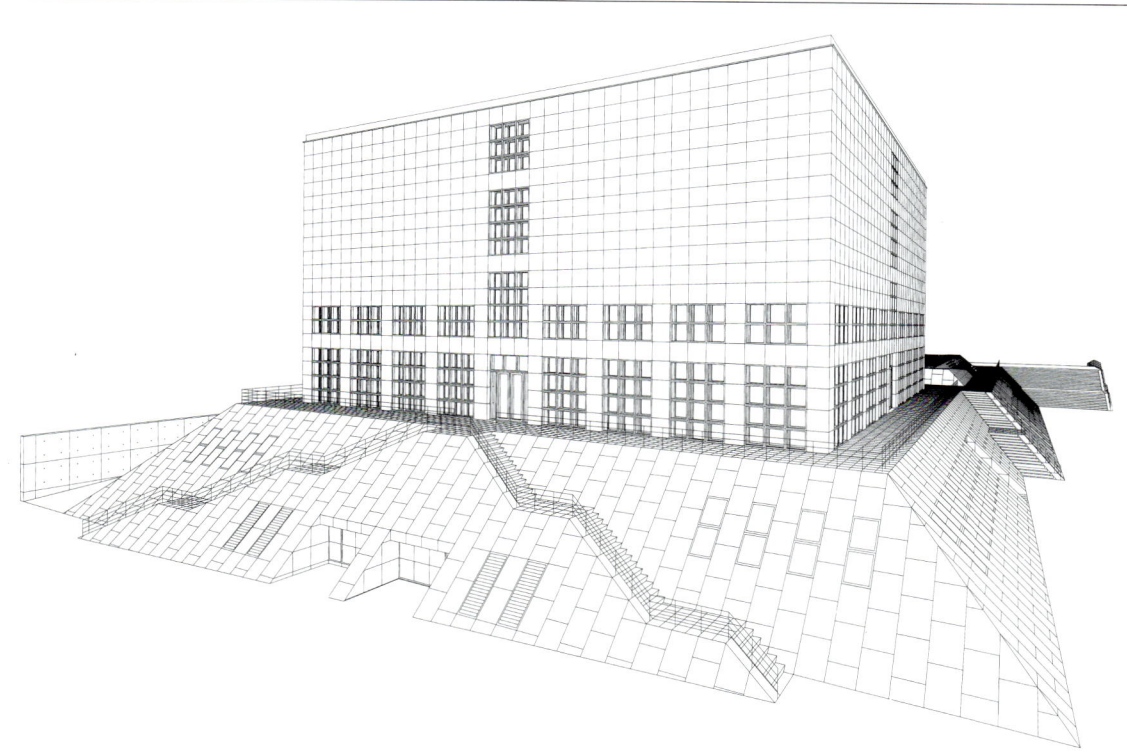

159

Ansicht und Blick von der alten Kunsthalle.

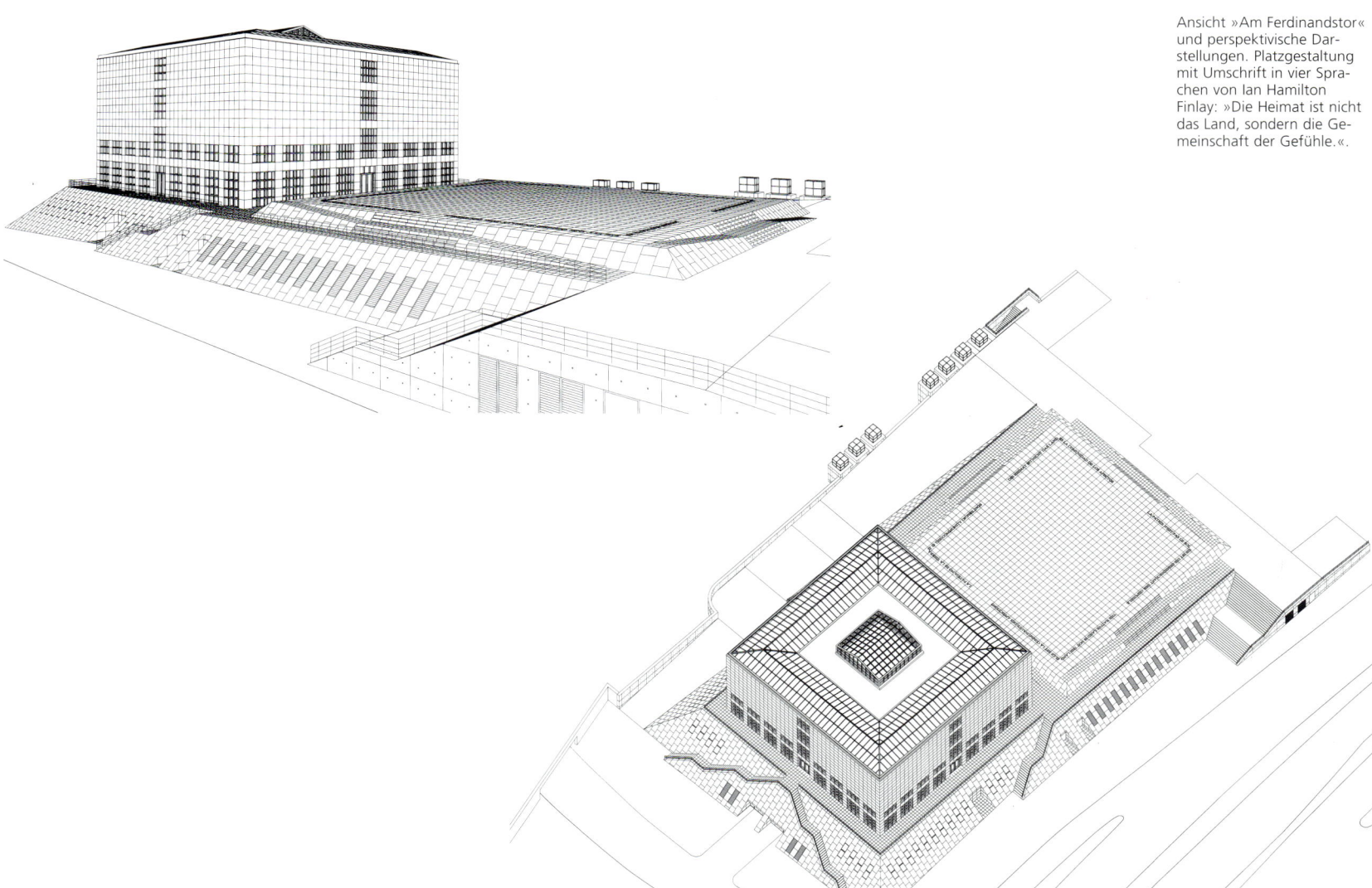

Ansicht »Am Ferdinandstor« und perspektivische Darstellungen. Platzgestaltung mit Umschrift in vier Sprachen von Ian Hamilton Finlay: »Die Heimat ist nicht das Land, sondern die Gemeinschaft der Gefühle.«.

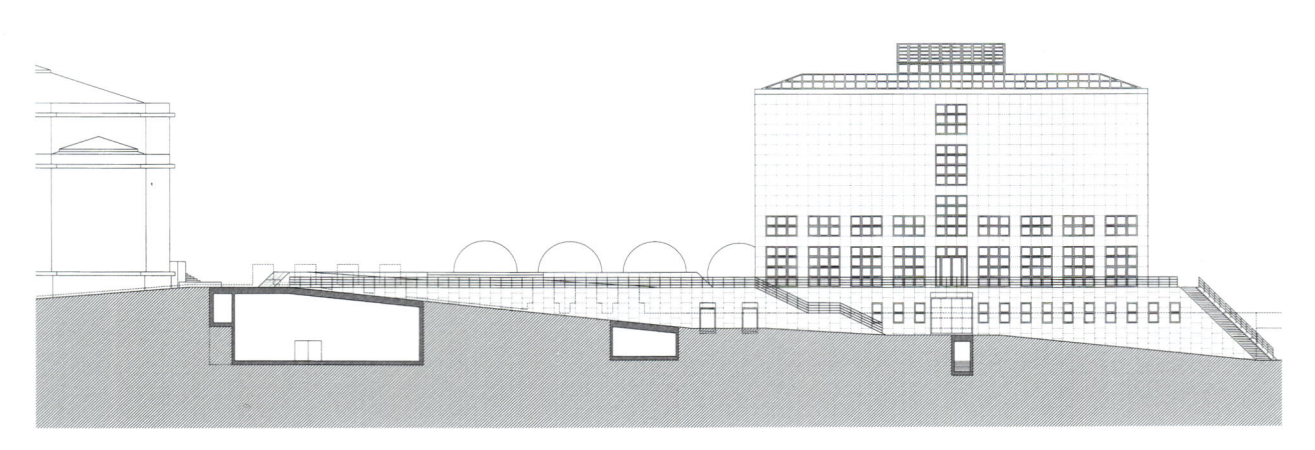

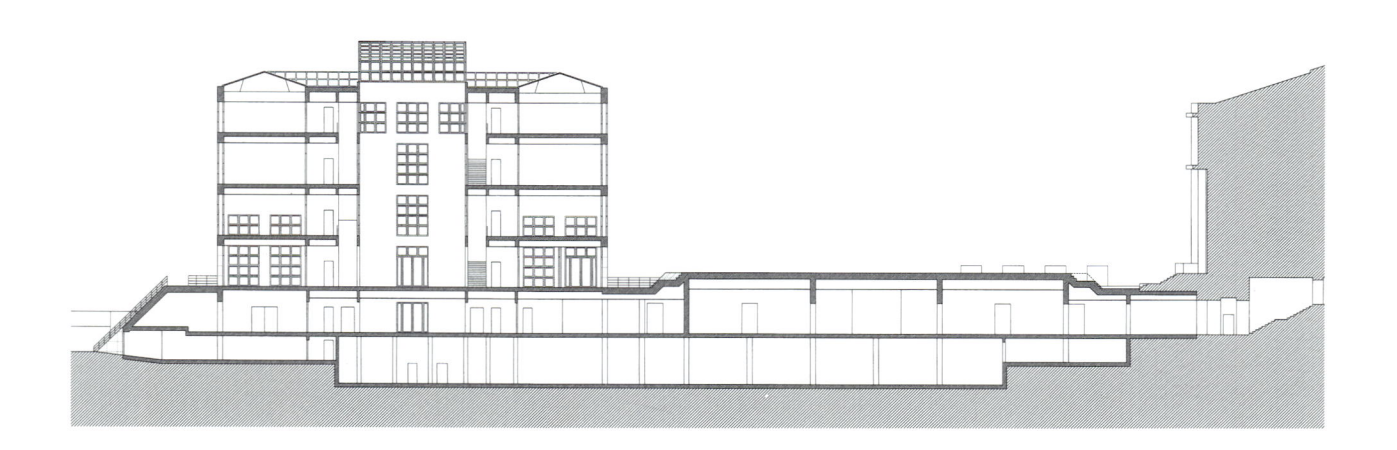

162

Ansichten und Schnitte.

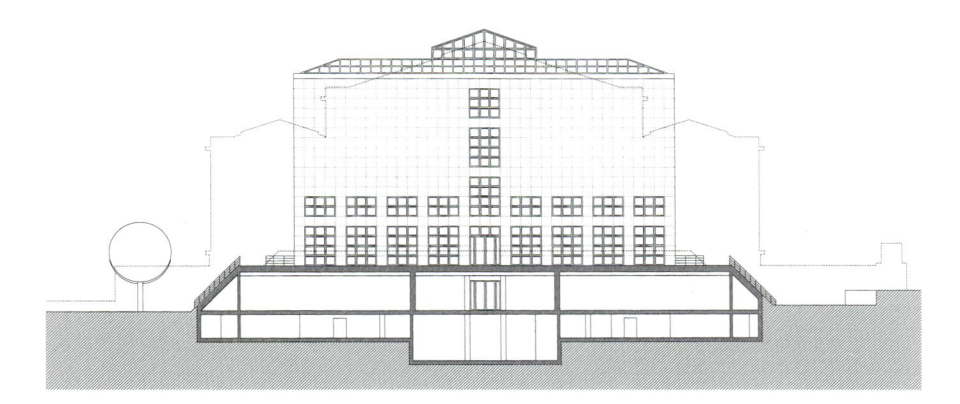

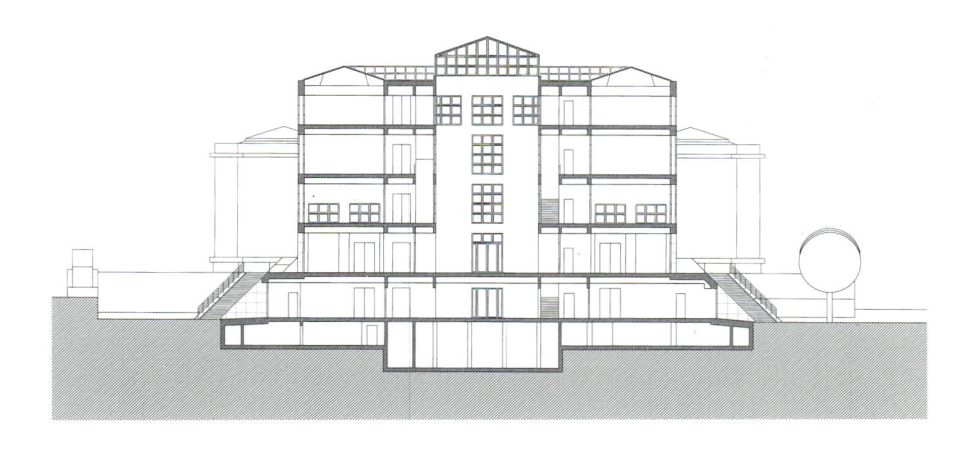

Blick in die zentrale Halle.

164

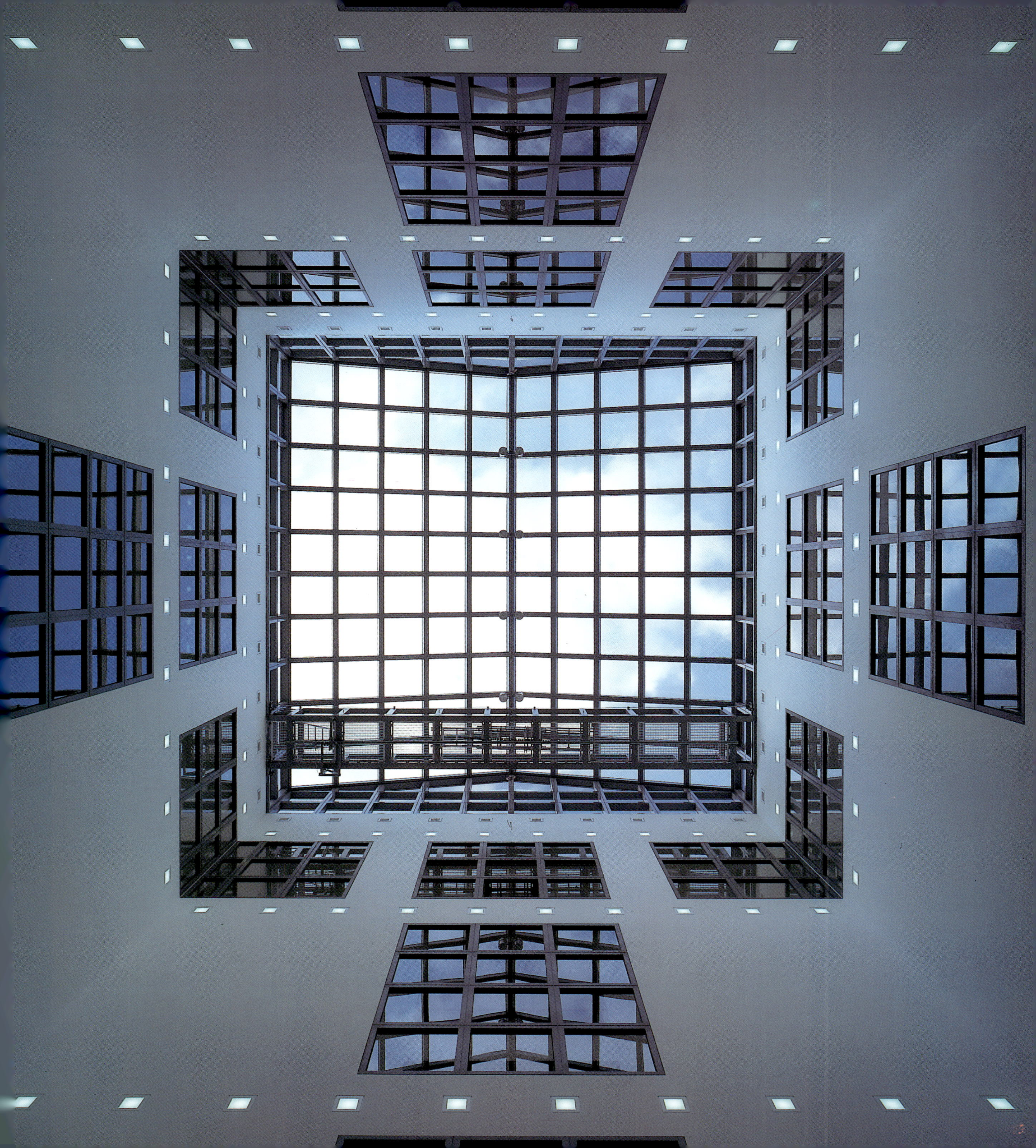

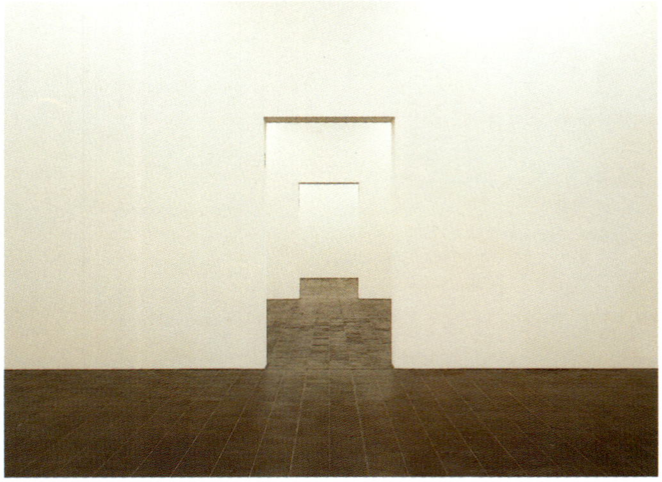

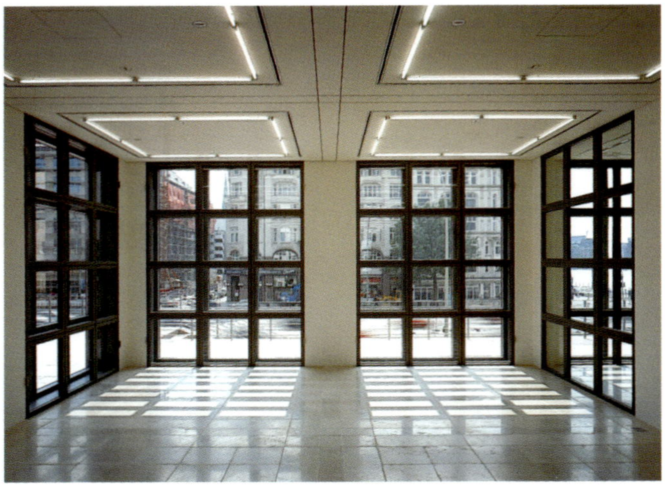

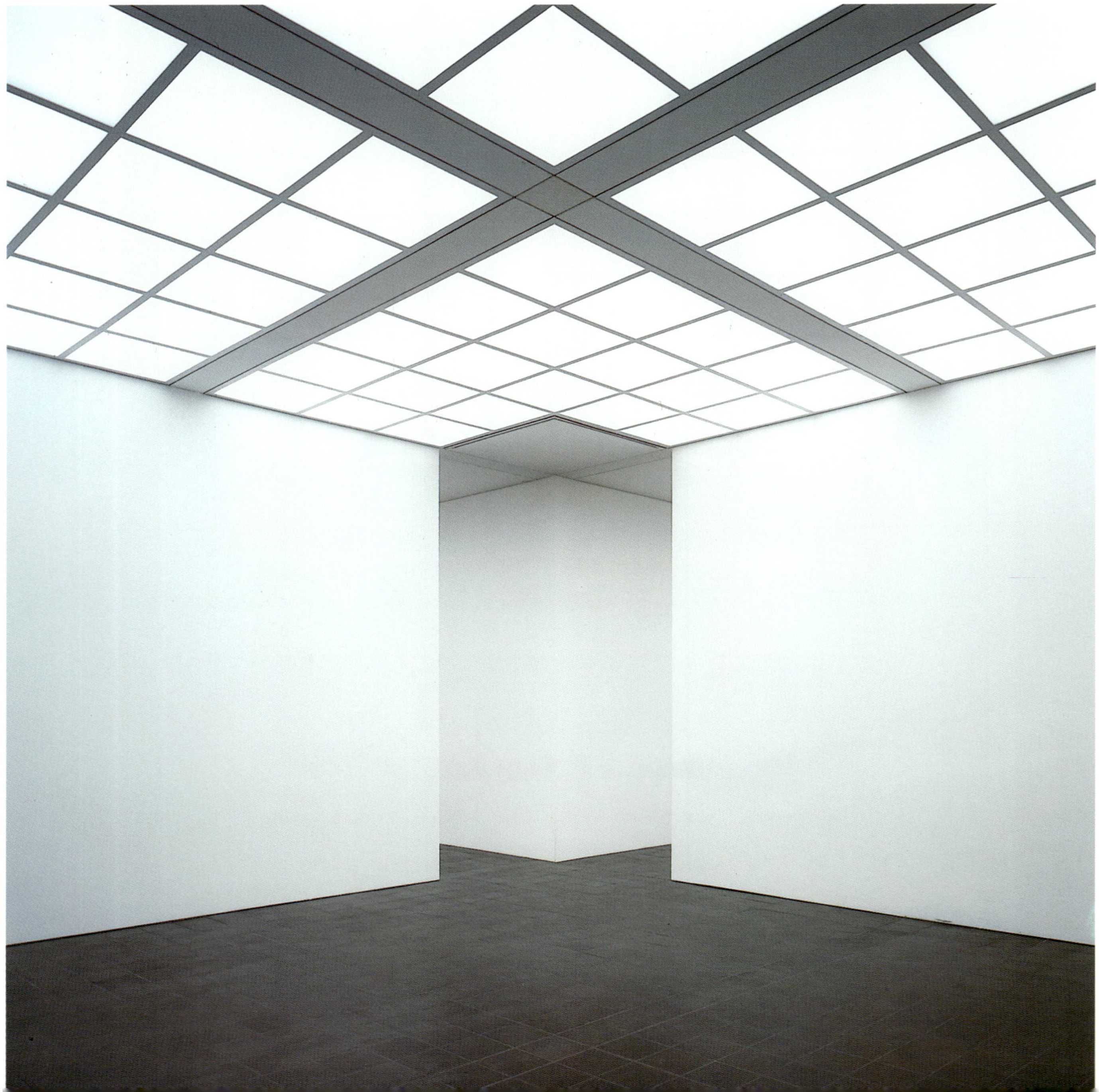

Ansichten der Ausstellungsräume.

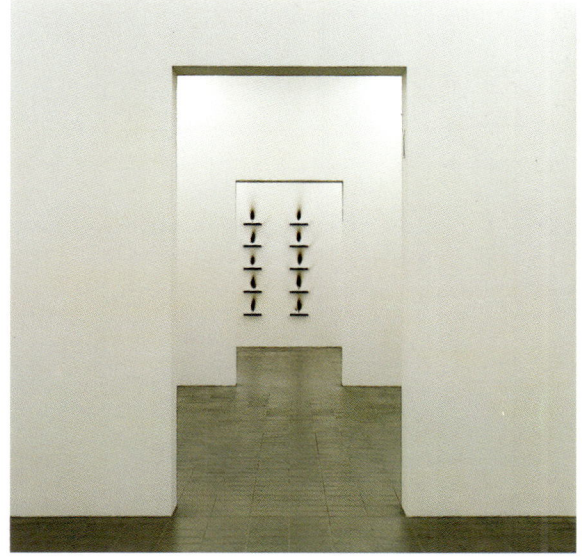

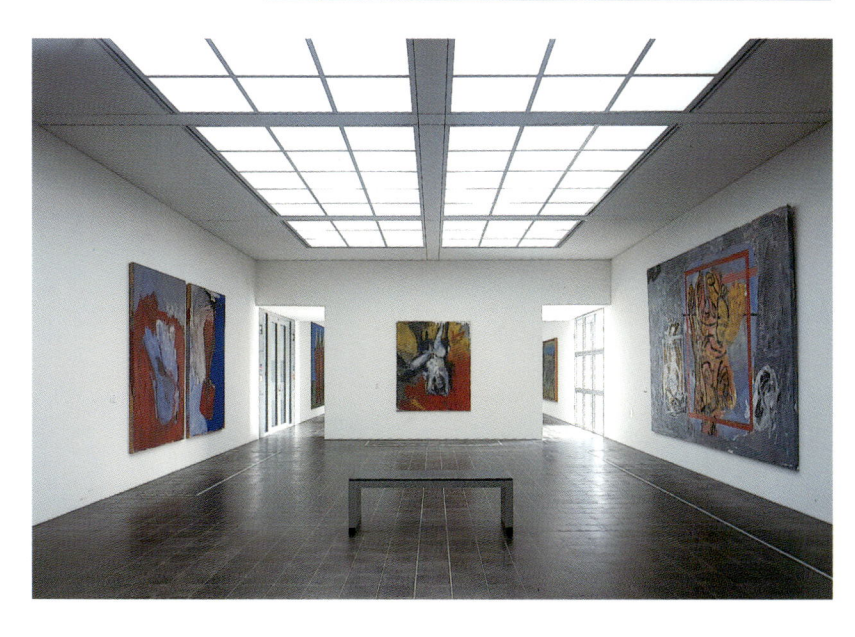

Residenz des Deutschen Botschafters, Washington, D.C., 1982, 1987–1995

Mitarbeit: Ingo Schrader, Peter Kretz, Ricardo Sagiotti

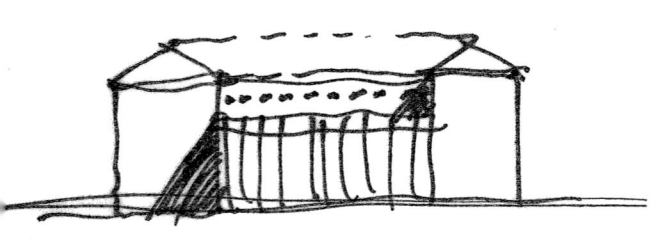

Das Residenzgebäude des deutschen Botschafters in Washington, D.C., sollte nicht nur ein Funktionsbau sein, sondern auch zum Spiegel deutscher Baukultur werden, da eine Residenz nicht nur politischen und repräsentativen Aufgaben dient. Sie ist vor allem auch eine kulturelle Institution und ein Beispiel des architektonischen und technischen Leistungsstands und des künstlerischen Niveaus der jeweiligen Nation, deren Anspruch und Selbstverständnis daran gemessen werden. Die äußere Erscheinung und die innere Gestaltung sind eine Visitenkarte, mit der sich ein Land dem Gastland präsentiert.

Eine aufdringliche und überschwengliche Repräsentation, wie sie in derartigen Gebäuden im 19. Jahrhundert üblich war, schien für ein Land, dessen Geisteshaltung sich auf die Aufklärung bezieht, nicht angebracht zu sein. Aber auch eine übertrieben modernistische, eine allzu optimistische und jugendfrisch auf die Zukunft orientierte Erscheinung, die vielleicht den technologischen Aspekt in den Vordergrund stellen könnte, wäre für ein Land mit einer zweitausendjährigen, dialektischen Geschichte nicht unbedingt das richtige gewesen. Jede Art von extremer Auffassung, sowohl die in der reinen Historie verhaftete als auch die aus der vermeintlichen Dynamik futuristischer Visionen zehrende, schien nicht in Frage zu kommen, da sich kaum eine dem Wirklichkeitsbild entsprechende Erscheinungsform ableiten ließ. Die Suche nach einer angemessenen Gestaltung führte eher in die Richtung einer Kombination aus Tradition und Moderne, um sowohl die Präsenz der Geschichte als auch den fortschrittlichen Geist des Landes angemessen repräsentieren zu können. Es sollte in dem Gebäude deutlich gemacht werden, daß aus der Baugeschichte bekannte Formen und Typologien durchaus in einer modernen, das heißt der Zeit und der Aufgabe gemäßen rationalen Kombination zusammengebracht werden können, aber nicht im motivischen Sinne von Zitaten und Kopien historischer Vorbilder, sondern in einer auf das Wesentliche reduzierten Architektursprache. Dabei werden nicht nur bekannte und neue Elemente zu einem komplexen Ganzen zusammengefügt. Durch das Ineinanderfügen verschiedener Bauteile und Architekturstücke wie Wände, Arkaden, Treppen, Hausfronten und Räume entsteht der Eindruck nicht eines Einzelhauses, sondern eher einer kompakten Häuseransammlung. Die romanische Kirche mit West- und Ostwerk, mit Schiff und Nebenschiff sowie mit Türmen, Wänden und Kapellen war als Abbild einer idealen Stadt

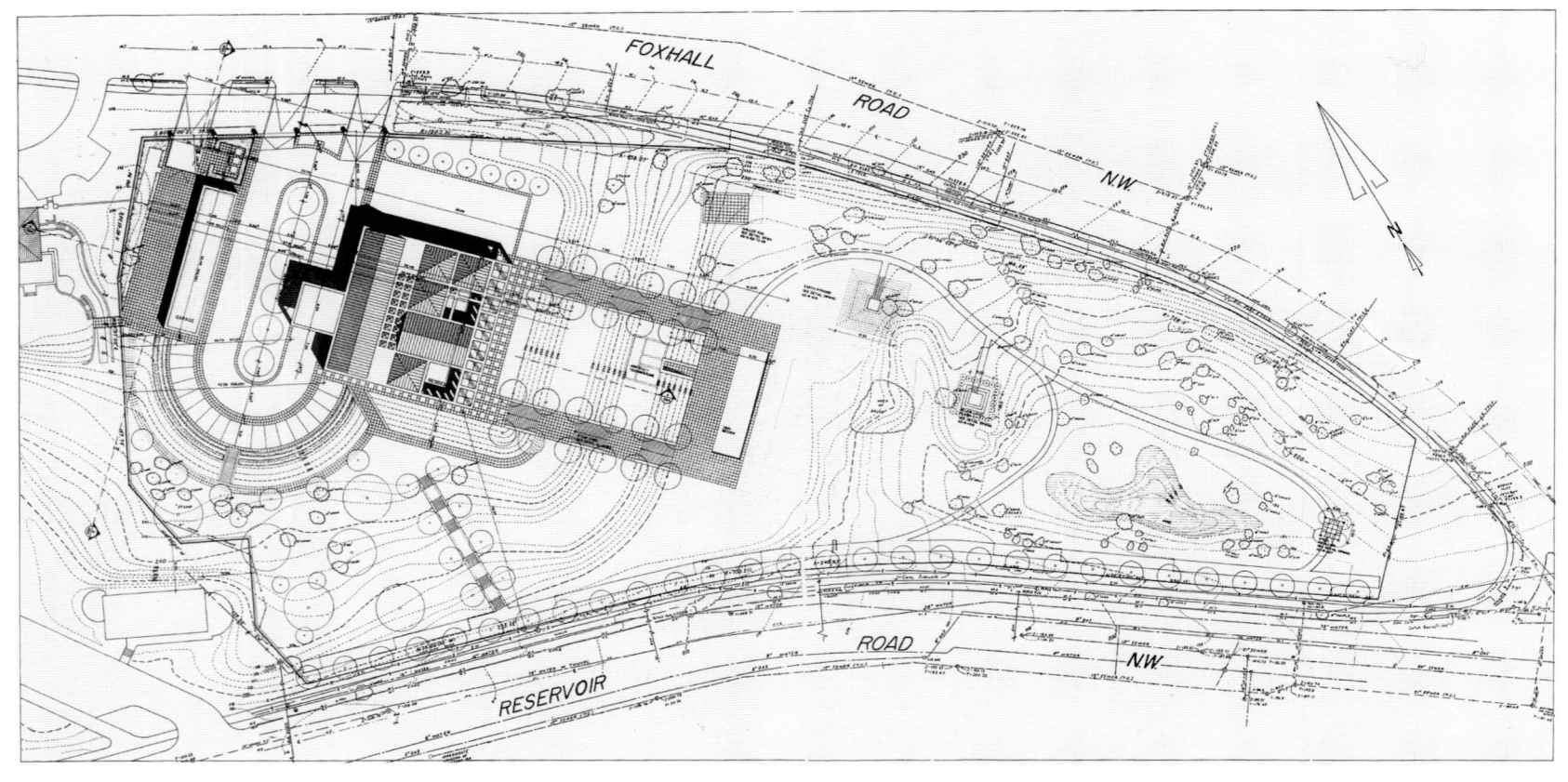

Entwurfsskizzen und
Lageplan.

169

Entwurfsskizze und
Ansichten des Portikus
zum Garten.

171

Ansicht Westseite und Detail Portikus.

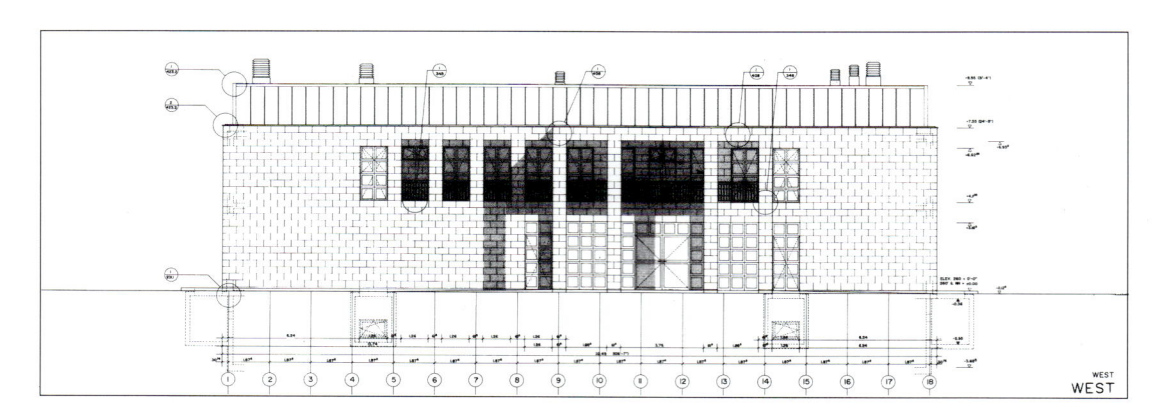

172

Ansichten Ost-, Süd- und Nordseite.

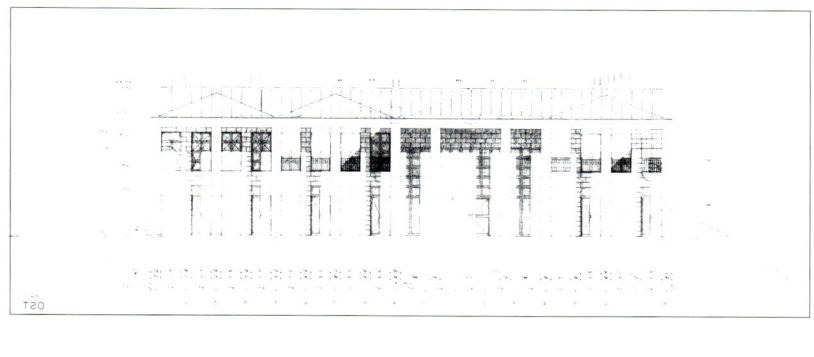

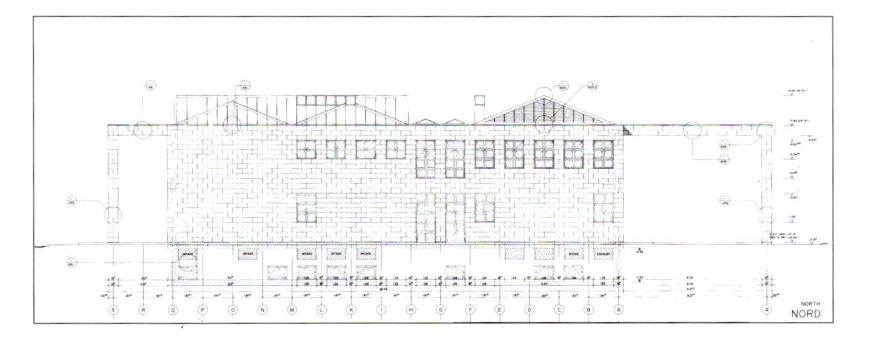

Folgende Seiten
Längsschnitt, Grundriß Erdgeschoß und Blick in die Empfangshalle mit Fries von Markus Lüpertz.

173

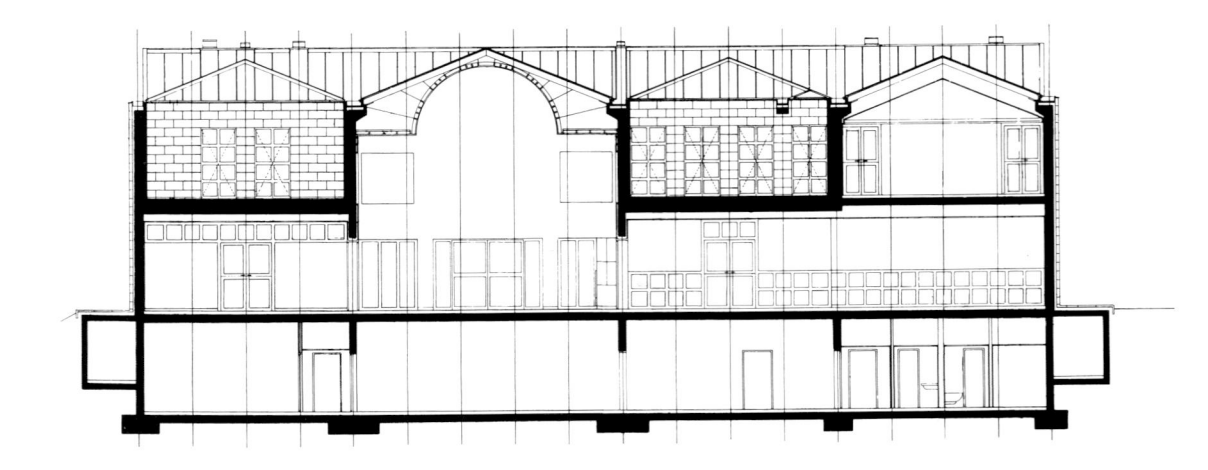

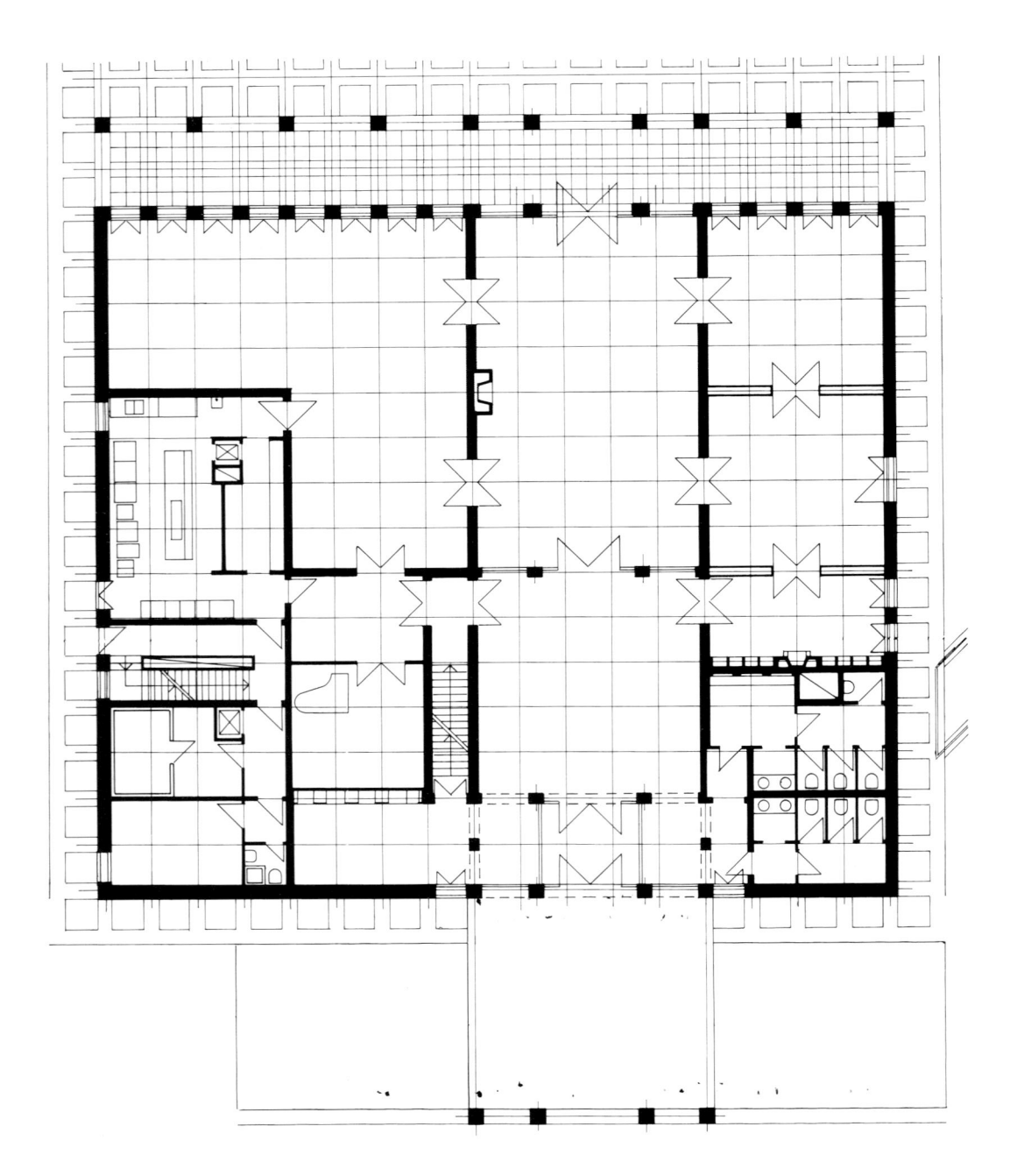

gedacht; die römische Villa, das Vorbild der mittelalterlichen Pfalz, war nicht nur ein einfacher Hauskörper, sondern ein überlagerter, ineinander gefügter Komplex verschiedenartiger Körper und Teile. So ist die Residenz als die Konzentration und der Mikrokosmos einer vielfältigen Zwecken – der Repräsentation und dem privaten Wohnen, dem persönlichen Arbeiten und dem offiziellen Zeremoniell – dienenden Aufgabe mit all den angeschlossenen und notwendigen Funktionsbereichen gedacht. So läßt sich auch in einer mehr oder weniger auf Profillosigkeit und den Zufall ausgelegten Zeit eine begriffliche Fassung für ein Botschaftsgebäude finden, um über die reine Zweckform hinaus eine dem Land gemäße Ausdrucksform zu finden, die nicht beliebig und austauschbar ist und für jedes Land und dessen Geschichte passend gemacht werden kann, sondern nur dem zu repräsentierenden Land eigen ist.

Als Standort für die Residenz wurde das Plateau gewählt, auf dem die alte Harriman-Villa stand. Einfahrt und Zugang zum Gebäudekomplex sind an der bisherigen Stelle geblieben. Die Vorfahrt liegt frontal vor dem Gebäude, so daß der Besucher auf den Bau zufährt, auf einen Vorbau trifft und in die Eingangshalle geleitet wird. Hauptraum des Hauses ist der große Empfangssaal, der sich als eigener Baukörper mit Satteldach aus dem Komplex heraushebt. Der Raum hat eine große Glasfront auf eine Südterrasse hin und öffnet sich über einen Portikus in den davorliegenden Gartenraum. Angeschlossen an den Empfangsraum sind auf der einen Seite das Damen- und Herrenzimmer sowie die kleine Bibliothek, auf der anderen der große Speisesaal, der in drei kleinere Räume geteilt werden kann. Die Wirtschaftsräume bilden einen eigenen Flügel nach Westen und zum Wirtschaftshof hin. Im Obergeschoß liegen die privaten Wohn- und Schlafräume des Botschafters.
Es gibt drei gesonderte Zugänge zur oberen Etage: eine direkte offizielle Verbindung aus der Empfangshalle für den offiziellen Gast und den Botschafter, einen privaten Zugang für die Botschafterfamilie auf der Ostseite und einen Aufgang für die Bediensteten von Westen und dem Wirtschaftshof her. Alle führen in eine große Diele, von der die einzelnen Räume oder Raumgruppen erschlossen werden. Der Wohn- und Eß- und der Schlafraum sind mit großen Terrassen verbunden, die von Arkaden eingefaßt werden.
Das Gebäude tritt auf vielfältige Weise in Ver-

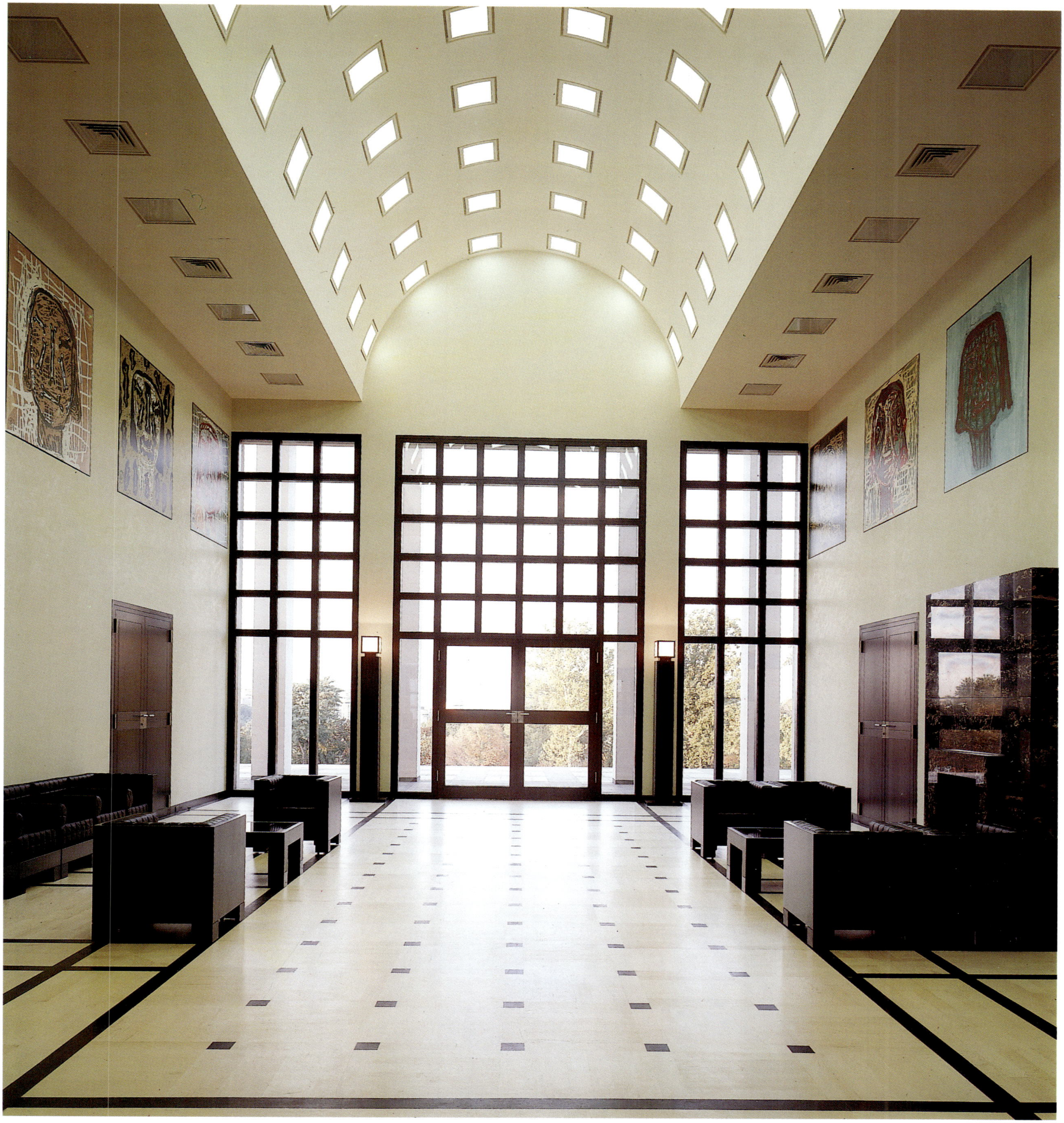

bindung mit der umgebenden Landschaft. Nach Südosten, zum Parkgelände hin, zeigt sich ein differenzierter Übergang von Architektur zur Natur, von artifiziellem Raum zum Naturraum. Die geschlossene Gebäudestruktur löst sich zu einer Arkade auf, die auch nach oben transparent ist. Der Basaltsockel des Gebäudes entwickelt sich zu einer umlaufenden, mit Basalt gepflasterten Plattform, von der zwei parallele Freitreppen in das Gelände hinabführen. Diese Treppenanlage folgt dem Hang und artikuliert die Topographie. An ihrem Fuß bildet die großzügige Terrasse mit dem eingelassenen Wasserbecken als Abschluß einen Ruhepunkt am unmittelbaren Übergang in das freie Gelände. Die Residenz steht mit ihrer noblen, zurückhaltenden Gestaltung und den ausgewählten Materialien – heller Kalkstein der Fassaden und dunkles Eichenholz der Fenster und Türen – für die handwerkliche und architektonische Tradition des Ursprungslands, sie ist ein Abbild kultureller Vielfalt und zeigt formale Strenge und handwerkliche Präzision.

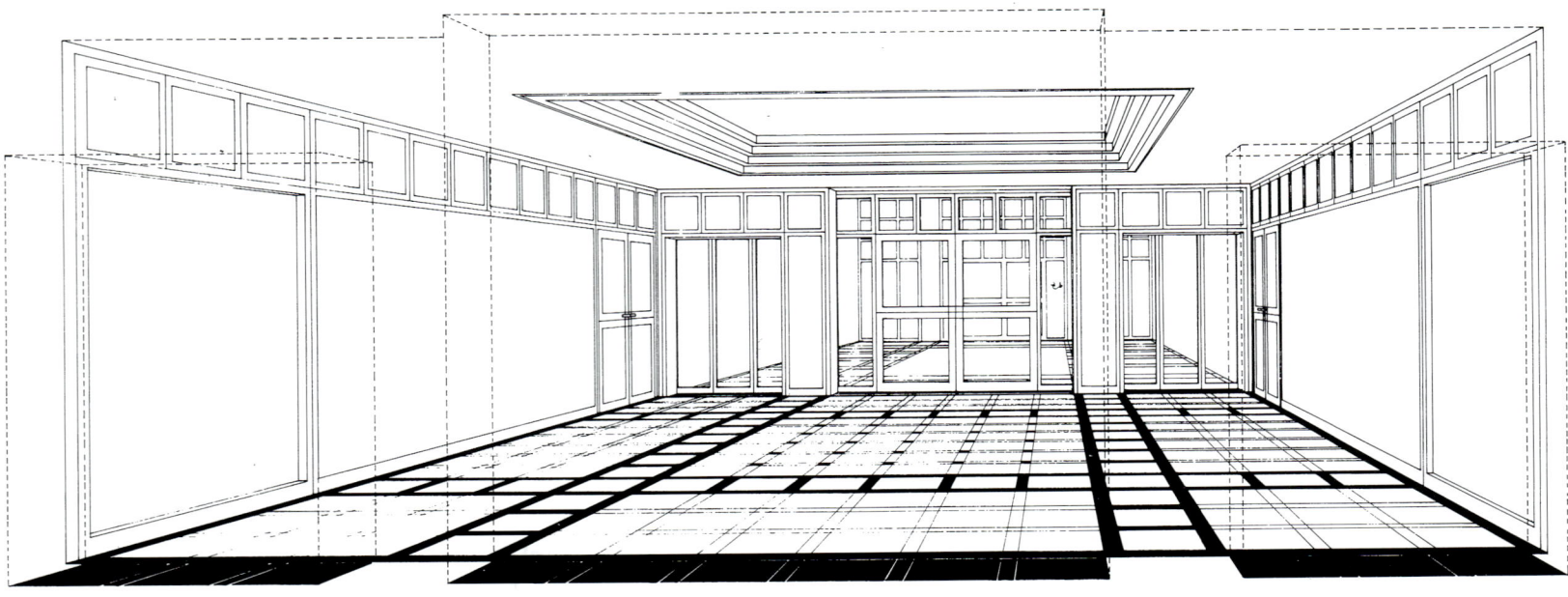

Herrenzimmer mit Fresken von Christa Näher; Damenzimmer mit Teppich und Deckengestaltung von Rosemarie Trockel.

vorhergehende Seite
Eingangshalle mit Wandgestaltung von Gerhard Merz; Perspektive Eingangshalle; Bibliothek; Speisezimmer mit Paravent von Simone Ungers; Flur

Umbau
Bayerische Hypotheken- und Wechselbank, Düsseldorf, 1988-1991

Mitarbeit: Karl-Lothar Dietzsch, Milan Pitlach, Ulrich Wiegmann, Bernhard Trübenbach, Barbara Taha, Volker Busse, Knud Ehm, Andreas Geitner, Claudia Henning, Martina Röhr, Detlef Porsch, Kaspar Steves

In Düsseldorf sah sich Ungers mit zahlreichen Vorgaben konfrontiert. Das alte Kirchfeld-Haus, ein an der Königsallee gelegener Bau von Helmut Hentrich und Hans Heuser, sollte in einen Innenhof hinein vergrößert, aufgestockt, umstrukturiert und den veränderten Erfordernissen der Bank angepaßt werden. Es galt, dem durch ein großes Hotel, durch Geschäftshäuser und andere Banken herrschenden Umfeld des Gebäudes Rechnung zu tragen, zugleich aber Räume zu schaffen, die aus sich heraus eine klare, starke Identität aufweisen.

Achsenabstände und Stützenpositionen des Neubaus waren vom Altbau vorgegeben. Ungers hat diese Elemente unverändert übernommen und aus ihnen die Grundidee entwickelt, der das Gebäude heute seinen Charakter verdankt. Die Abfolge der Räume und ihre spezifische Struktur waren im Vorhandenen verborgen. Ungers' gezielte Suche nach architektonischen Grundmustern und Urbildern hat eine Vielzahl von Archetypen zutage gefördert, die er den Bedürfnissen der Bank anverwandelt hat. Was im griechischen Tempel Pronaos hieß und in der römischen Villa als Porticus bezeichnet wurde, wird in Düsseldorf zu einer stützengetragenen, überdachten Vorhalle, die als Selbstbedienungszone Tag und Nacht zugänglich ist. Die quadratische Haupthalle ist wie manch römisches Forum von Kolonnaden umgeben, in denen allerdings nicht Läden, sondern Schalter und Arbeitsplätze untergebracht sind. Durch eine dieser Kolonnaden gelangt man in einen ebenfalls quadratischen, von einer gläsernen Kuppel bekrönten Innenhof, den eine zweistöckige Galerie umfängt wie einst der Säulengang das römische Perestyl.

Ungers besteht auf der Ungeschichtlichkeit bestimmter architektonischer Formen wie

Ansichten und Schnitt

Dachaufsicht; Grundriß und Isometrie.

etwa der Villa, dem Platz oder dem Atriumhaus. Je nach Kontext und Bauaufgabe lassen sie sich in immer neue Zustände überführen, eine Mutation, die Ungers selbst vollzog, als er die Struktur des Düsseldorfer Innenhofes, den er nach dem Prinzip des Hauses im Haus aus einer Bebauungslücke entwickelte, für seine Privatbibliothek übernahm.

Grundmodul des Baus ist ein Quadrat von 62,5 cm Seitenlänge, auf das sich sämtliche Maße im Haus zurückführen lassen. Daß das Quadrat eine Obsession des Architekten Ungers sei, ist oft behauptet worden. Er hat dieser Obsession nicht nur in vielen Bauten Ausdruck verliehen, sondern sie auch in einer kleinen Publikation begründet, die anhand zahlreicher, die Prähistorie mit dem 20. Jahrhundert verspannender Beispiele belegt, welche Anziehungskraft seit Urzeiten von dieser geometrischen Grundform ausgeht. Als ewiges Symbol kosmischer Harmonie und irdischer Existenz - seine vier Ecken erinnern an die vier Jahreszeiten, an die vier Elemente und an die vier Himmelsrichtungen - spricht das Quadrat für sich. Es bedarf keiner Begründung, es ist eine zeitlose Form, die zu aktivieren allen Epochen ein Anliegen war.

Dennoch war Ungers' Entscheidung für das Quadrat keine gänzlich freie, künstlerische Setzung. Er hat es dem Haus nicht aufgezwungen, sondern in dem alten Bestand gefunden. Ungers hat der Vielfalt der Aktivitäten, Transaktionen und Anforderungen, die in einer Bank zusammenfließen, eine Architektur entgegengesetzt, deren Klarheit und Individualität das Mannigfaltige faßt, ohne es einzuschränken. Die Haupträume der Bank - Vorhalle, Halle und Innenhof - fungieren als Markt, als öffentlicher Platz und Treffpunkt. Ein wenig abseits, in den diese Zentren verbindenden Durchgängen und Kolonnaden dagegen läßt sich unbeobachtet sprechen. Geldgeschäfte sind eine im höchsten Maße private Angelegenheit und eine schwierige Gratwanderung zwischen Vorsicht und Risikobereitschaft, zwischen Einfühlung und Härte, zwischen Ahnen und Wissen. Ihrem vielgestaltigen Charakter entspricht die Vielzahl der räumlichen und optischen Erlebnisse, die das Gebäude seinen Benutzern bietet.

Die Kunst besetzt in jedem Raum ein anderes architektonisches Element. In der Vorhalle entfaltet sie sich als umlaufender Fries in dem Bereich über den Stützen, in der Haupthalle akzentuiert sie die Decke, im Innenhof dynamisiert sie die Bodenfläche, die sich unter der

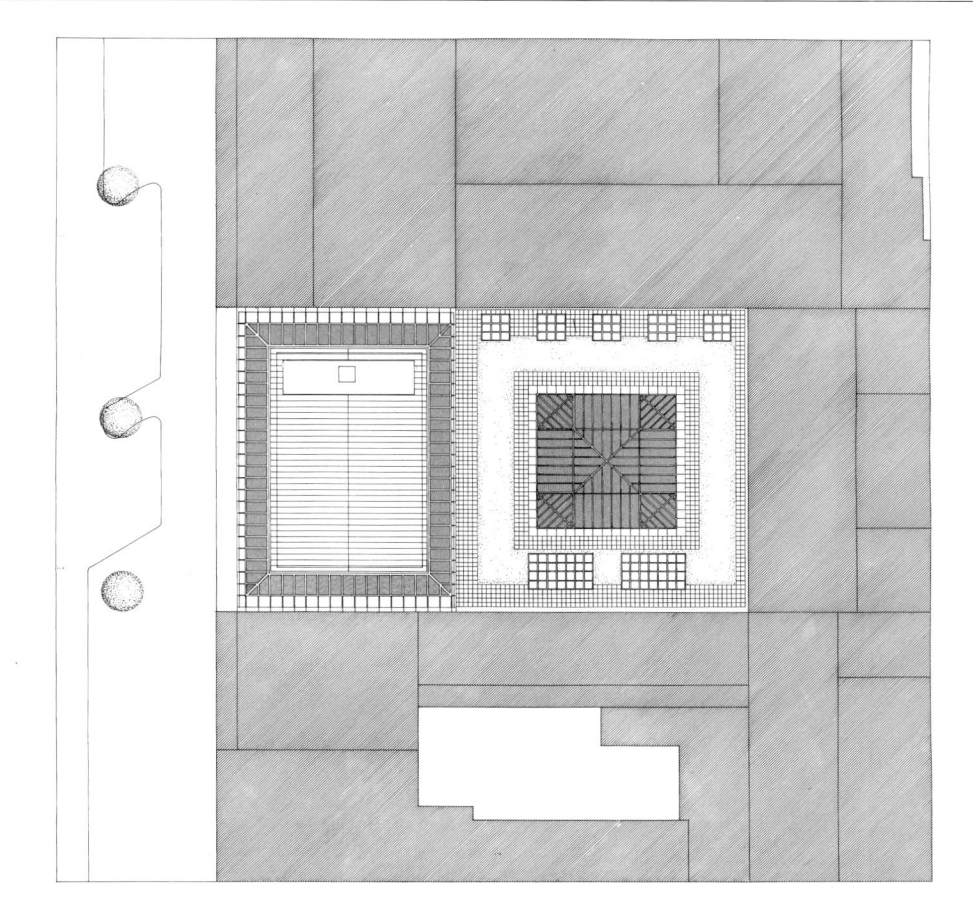

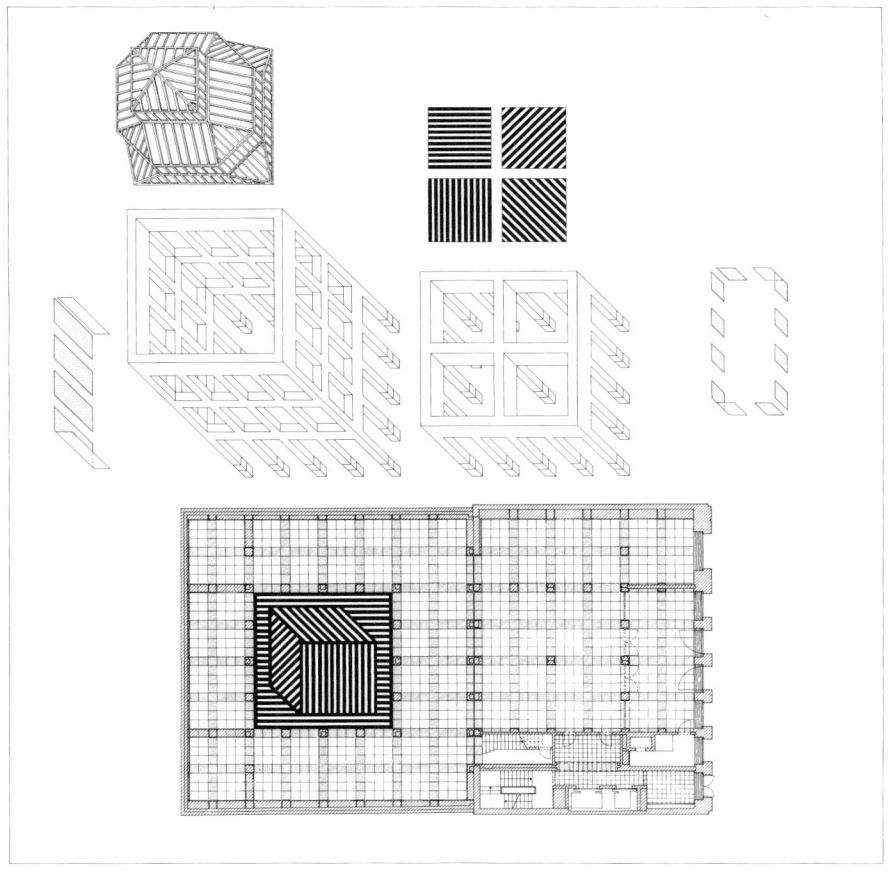

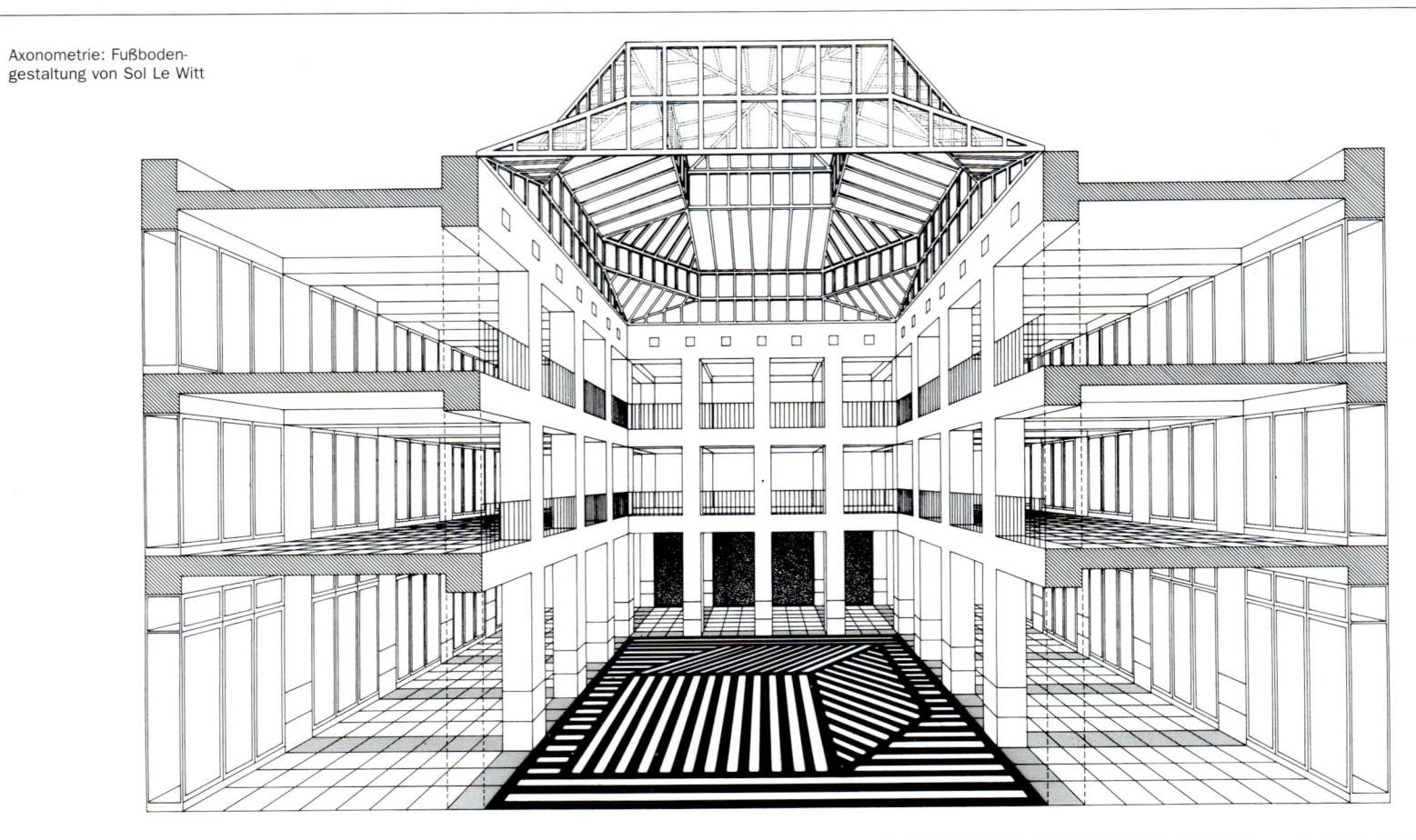

Axonometrie: Fußboden-
gestaltung von Sol Le Witt

Ansichten der Kuppel von
außen und innen.

180

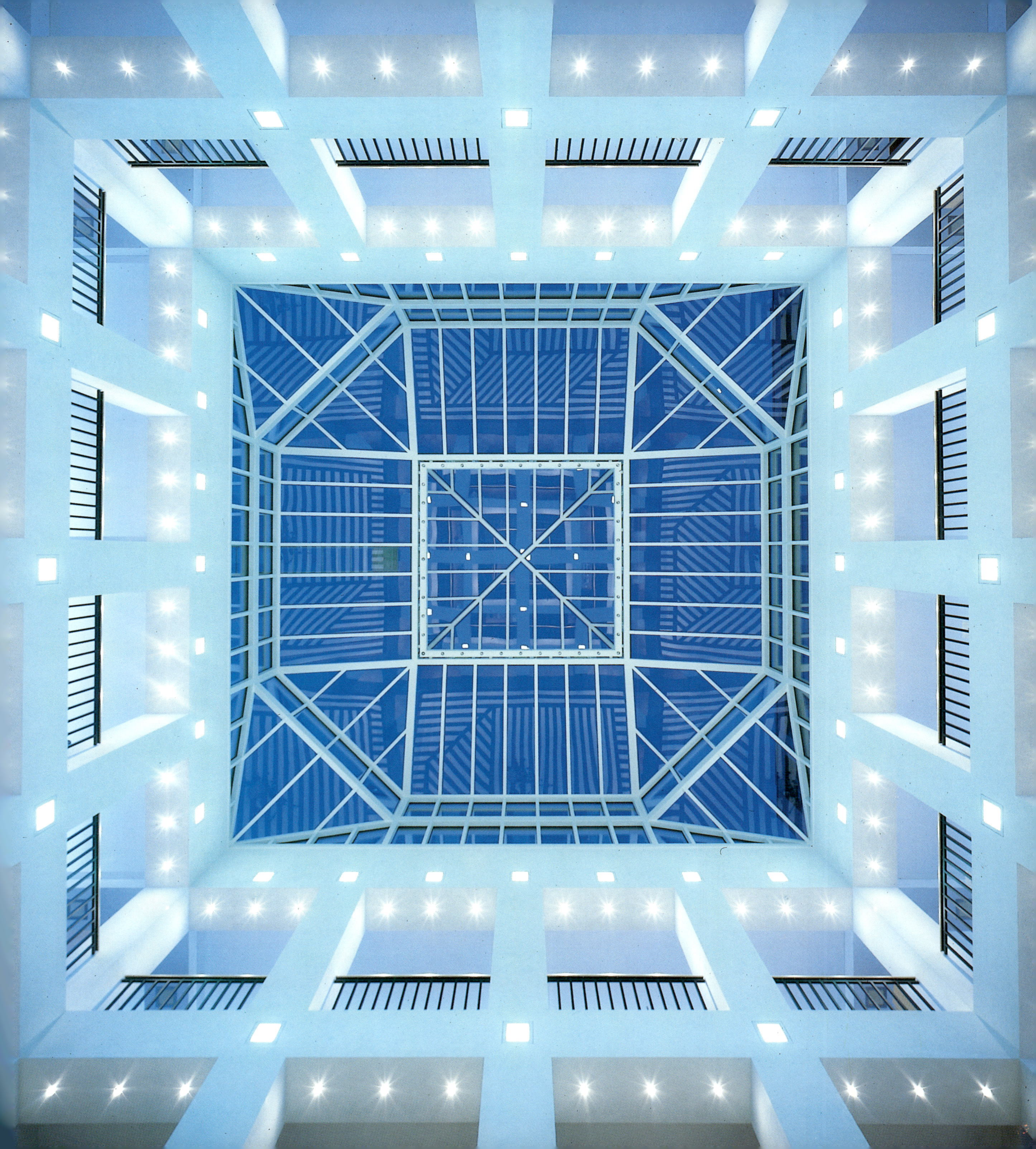

Ansichten in Haupthalle, Kassenbereich und Eingangshalle.

Glaskuppel befindet. In der vom Eingang am weitesten entfernten Kolonnade schließlich löst sie die Rückwand des Gebäudes in schimmernde Flächen auf. Aus der linearen Abfolge der Räume ergibt sich eine Kunstachse mit vier wesentlichen Stationen, die individuell zu erleben sind, aber auch von diversen Standpunkten aus in immer wieder neuer Weise aufeinander bezogen werden können.
(Katarina Hegewisch)

Heizkraftwerk Köln-Merheim
1988–1989

Mitarbeiter: Joachim Klose, Joachim Waak, Karl-Lothar Dietzsch, Andreas Geitner

Die Umgebung von Köln ist von den Fabriken der kohleverarbeitenden und petrochemischen Industrie geprägt, die sich in den nahe der Stadt gelegenen Braunkohle-Tagebau-Abbaugebieten angesiedelt haben. Das Heizkraftwerk in Köln-Merheim ist eine experimentelle Anlage zur Gewinnung von Heizwärme und Energie mittels einer neuen Technologie, dem sogenannten Kohlezerstäuberverfahren. Dabei wird mit Sand vermischter Kohlenstaub unter hohem Druck verwirbelt und dann verbrannt. Die Anlage in Köln-Merheim ist die erste, bei welcher der Ofen senkrecht angeordnet wurde.

Das ingenieurtechnische Projekt und die dazu gehörende Architektur waren bereits fertiggestellt, als sich die Stadtverwaltung an den Architekten wandte. Die Anordnung der einzelnen Bauteile mußte berücksichtigt werden.

Mit seinem ersten öffentlichen Bauauftrag in Köln interpretiert Ungers die Eigenart der Funktionsweise thematisch in Form einer Treppe und stellt sein völlig eigenständiges Objekt weithin sichtbar in die Landschaft. Die Stahlskelettkonstruktion ist mit selbsttragenden Fertigteilen in einem patentierten System verkleidet. Quadratische, intarsienartig mit Klinker ausgekleidete Flächen sind durch petroleumgrün lackierte U-Profile gegliedert. Mit der ihm eigenen Rigurosität knüpft Ungers an die Tradition der frühen Industriearchitektur an und stellt ein sichtbares Zeichen in die renaturierte Weite der rheinischen Tiefebene.
(Walter A. Noebel)

Ansicht.

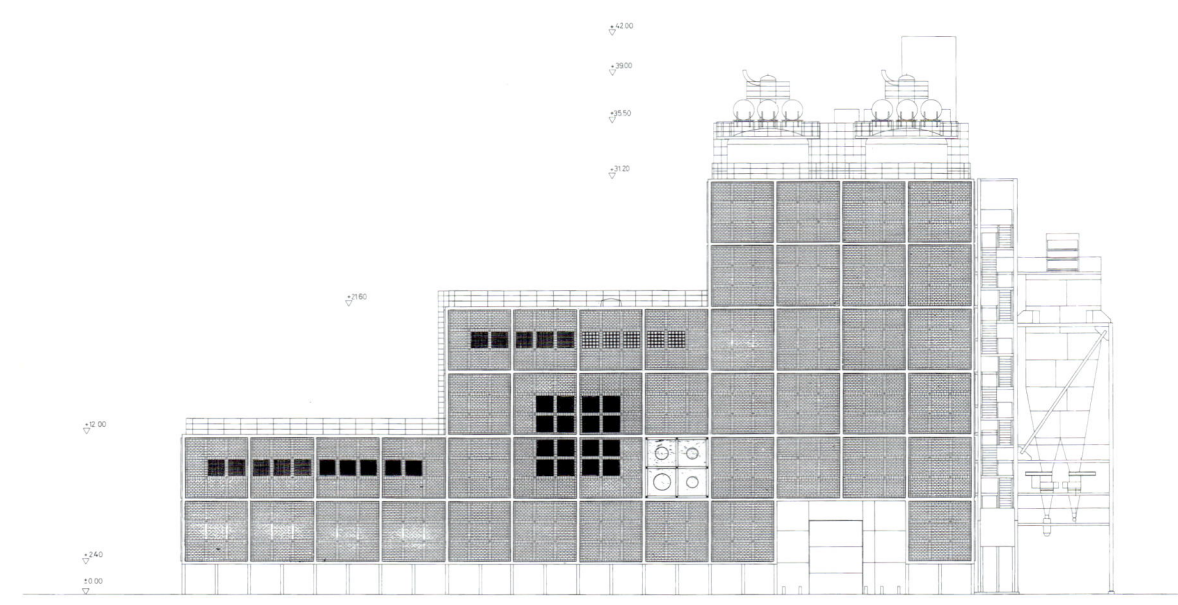

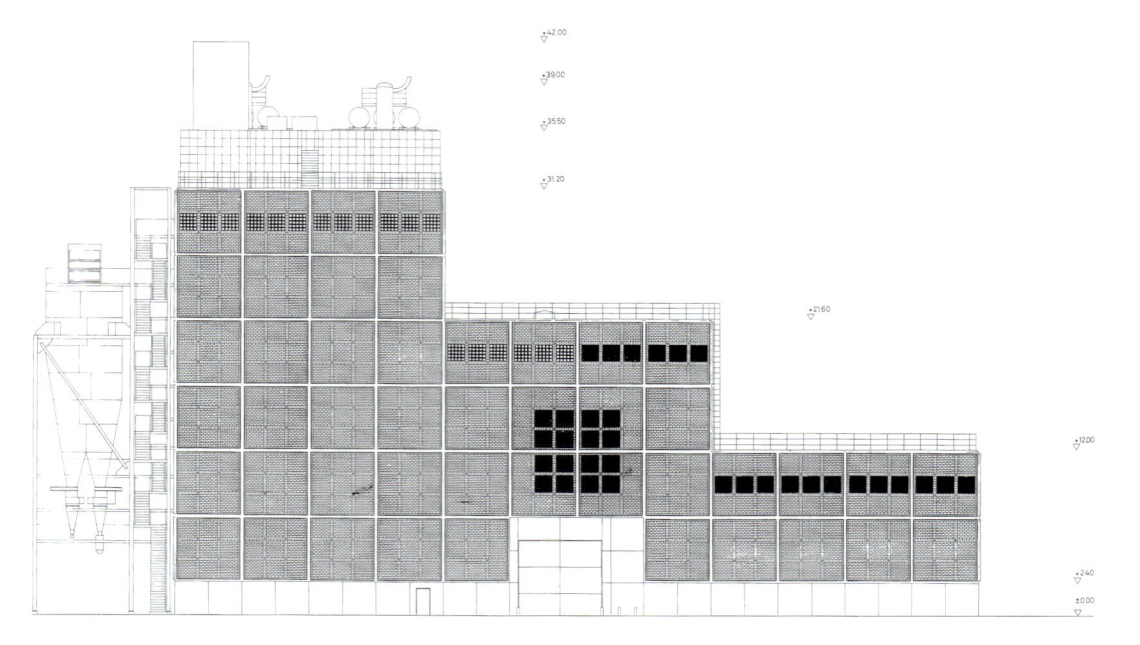

Ansichten.

185

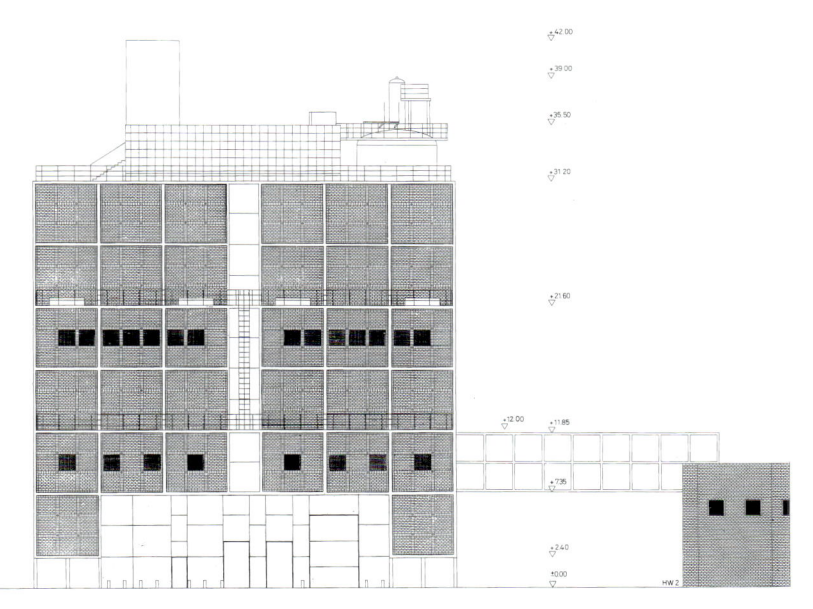

Ansichten.

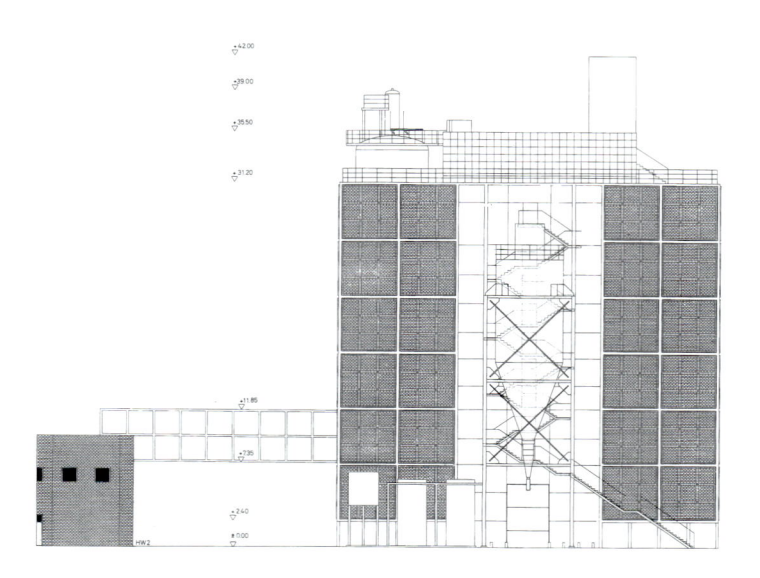

186

Thermenmuseum, Therme am Forum, Trier, 1988-1996

Mitarbeit: Kai-Uwe Lompa, Johannes Götz

1988 wurden bei Ausschachtungsarbeiten zu einer Tiefgarage am Viehmarktplatz keltische und römische Ruinen entdeckt. Bei den Ausgrabungen wurden gut erhaltene Fundamente, Böden und Mauern der größten römischen Thermenanlage nördlich der Alpen gefunden. Um diesen einmaligen, stadthistorisch wertvollen Fund zu sichern, entschlossen sich Stadt und Land, einen Wettbewerb zur Sicherung und öffentlichen Erschließung der Funde auszuschreiben, den das Büro Ungers 1989 für sich entscheiden konnte.

Städtebaulich wird der Viehmarktplatz durch die kleinmaßstäblich gegliederten Häuserfronten an der Südost- und Südwestkante des Platzes geprägt. Im Nordwesten ragt die St.-Antonius-Kirche als bedeutendes Element in den Platz hinein. Die nördliche Platzbegrenzung bildet der Neubau der Sparkasse. Das Thermenmuseum entwickelt sich größtenteils unterhalb der Platzoberfläche, bedeckt durch die schräge Ebene der Platzdecke. Aus dieser wird im nordwestlichen Teil ein 30 x 30 m großer Teil herausgeschnitten und 12 m in die Höhe gehoben, um den Einblick in die tieferliegenden Schichten der Stadthistorie zu ermöglichen. Dieser »Deckel« wird durch ein gleichmäßiges Stützenraster getragen, der Raum zwischen »Deckel« und Platzdecke durch eine transparente Glasfassade nach außen geschützt. Der Glaskubus nimmt Bezug auf das auf den Platz parallel zur Viehmarktstraße entwickelte Raster. Durch den Verschnitt dieses neu definierten Rasters mit den römischen Hauptachsen »Cardo« und »Decumanus« entsteht ein bewußt gesuchter Konflikt zwischen dem Raster der Abdeckung und der Koordinate der Ruinenfelder, ähnlich dem Konflikt zwischen den römischen Ruinen der Thermenanlage und den mittelalterlichen Mauern der darüberliegenden Klosteranlage. Diese Thematik bestimmt die gesamte weitere Ausformung des Gebäudes: Im oberirdischen

Luftaufnahme und Entwurfsskizze.

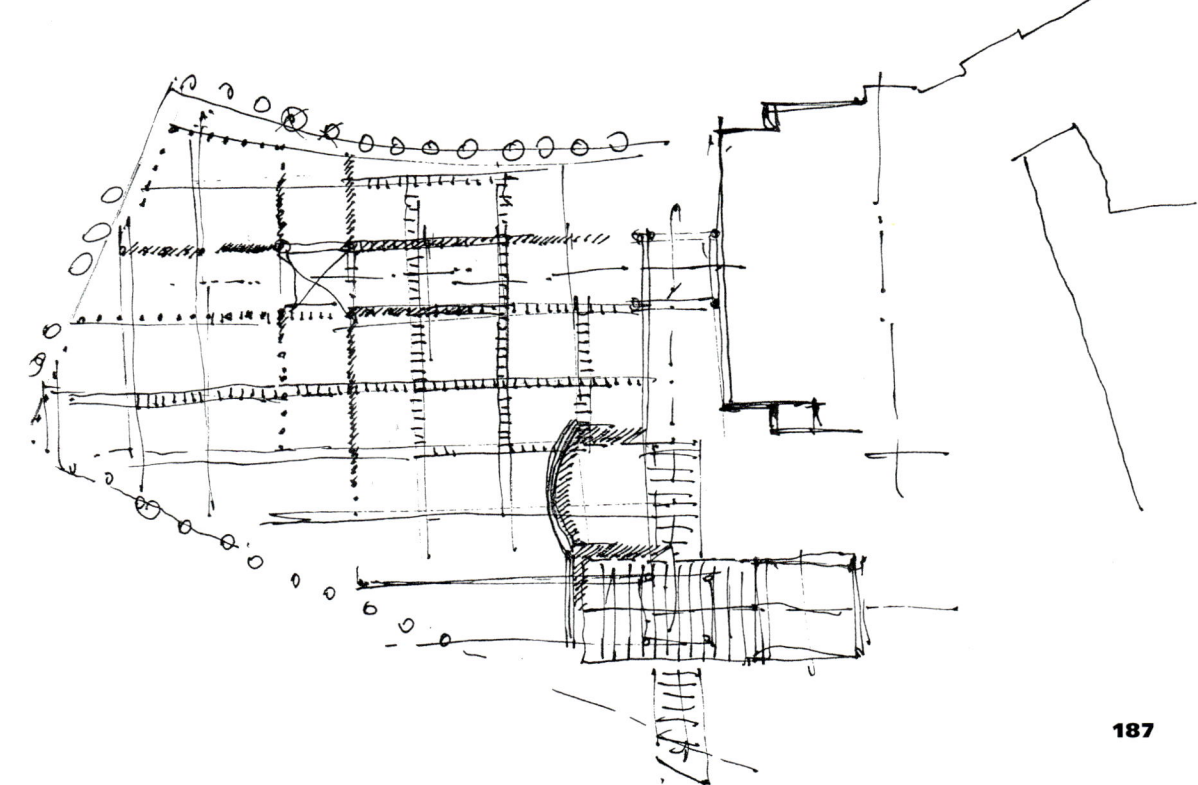

Lageplan; Ansicht des Museums; Grundriß Erdgeschoß und Untergeschoß.

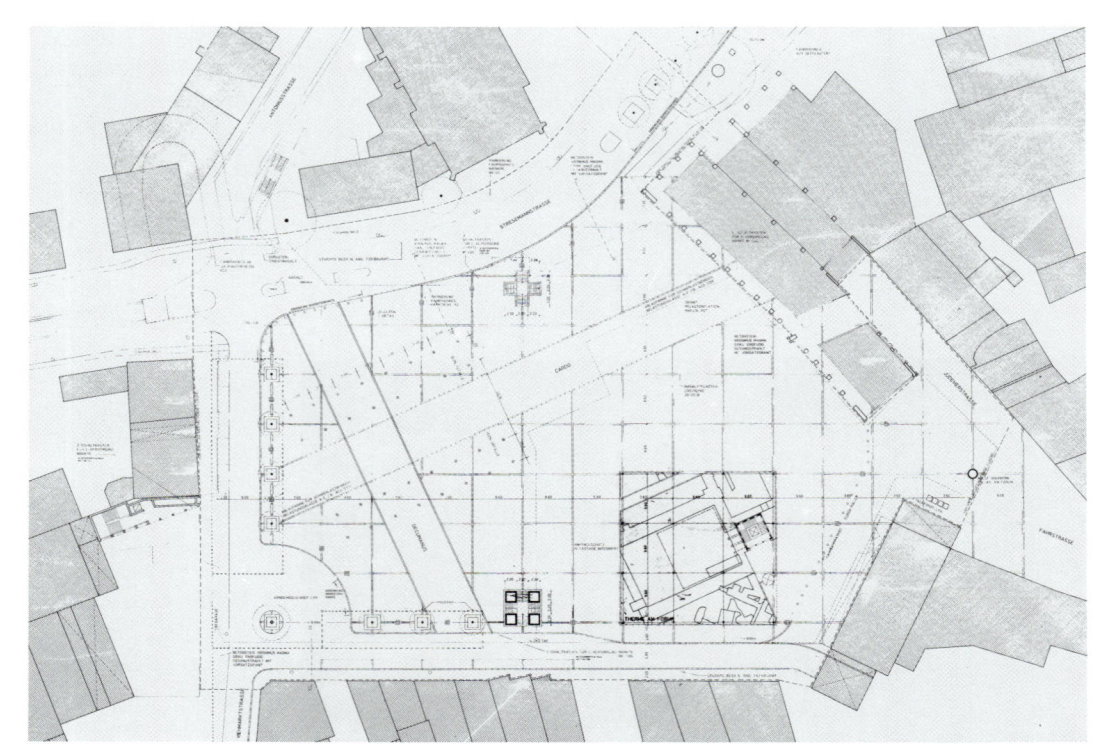

188

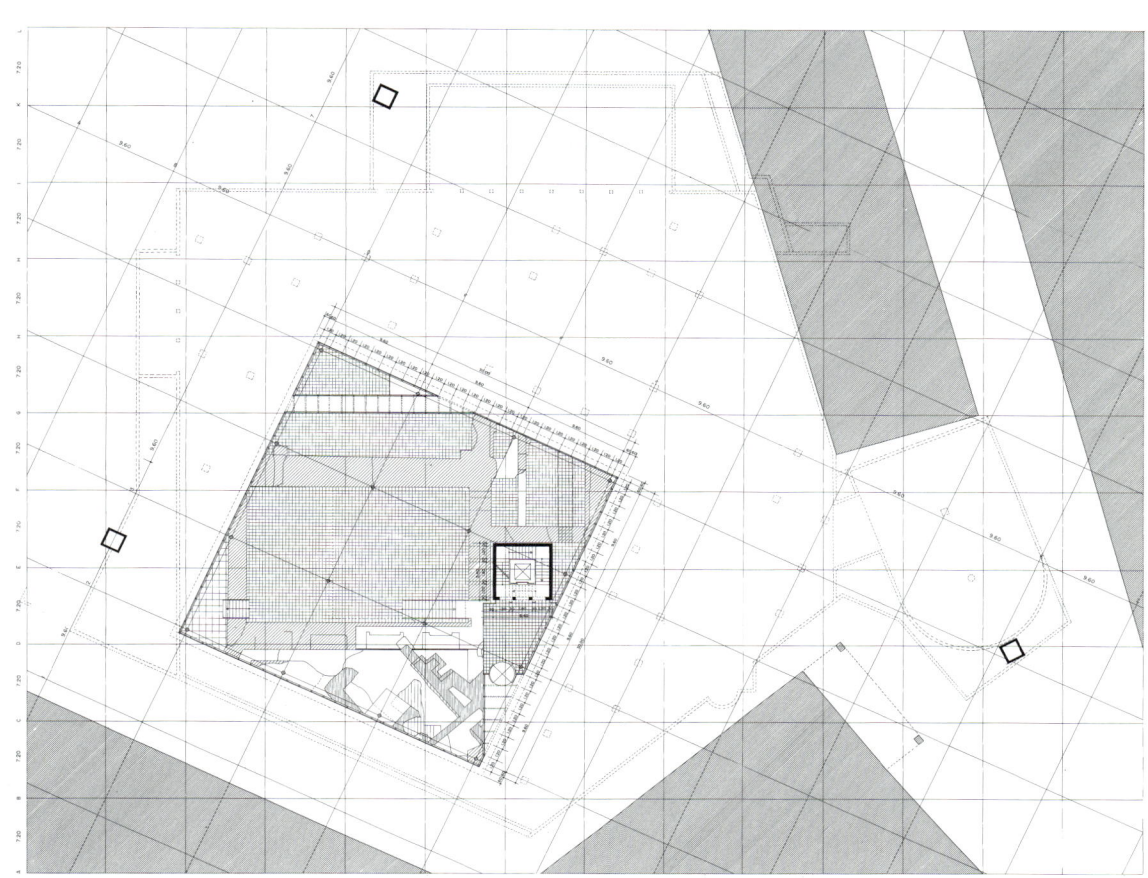

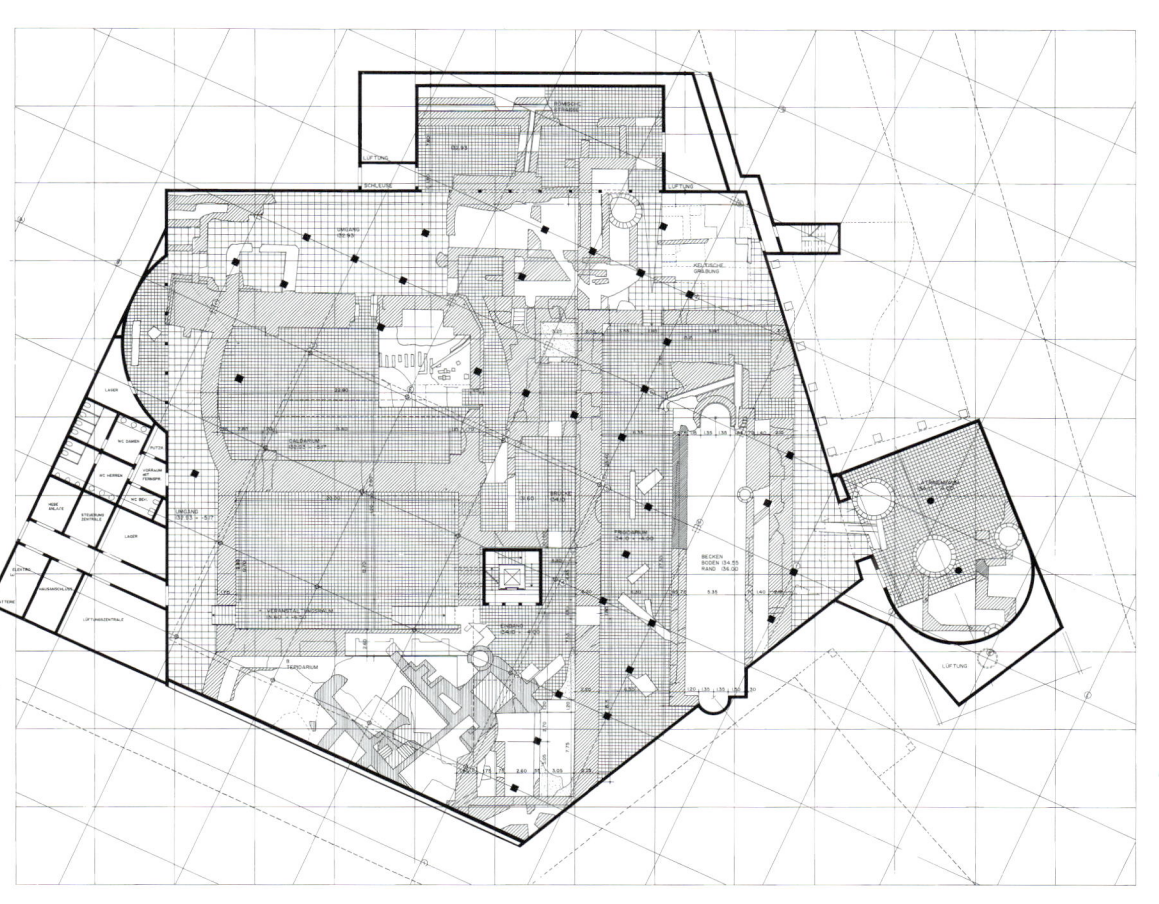

189

Ansicht; Dachaufsicht und Schnitte.

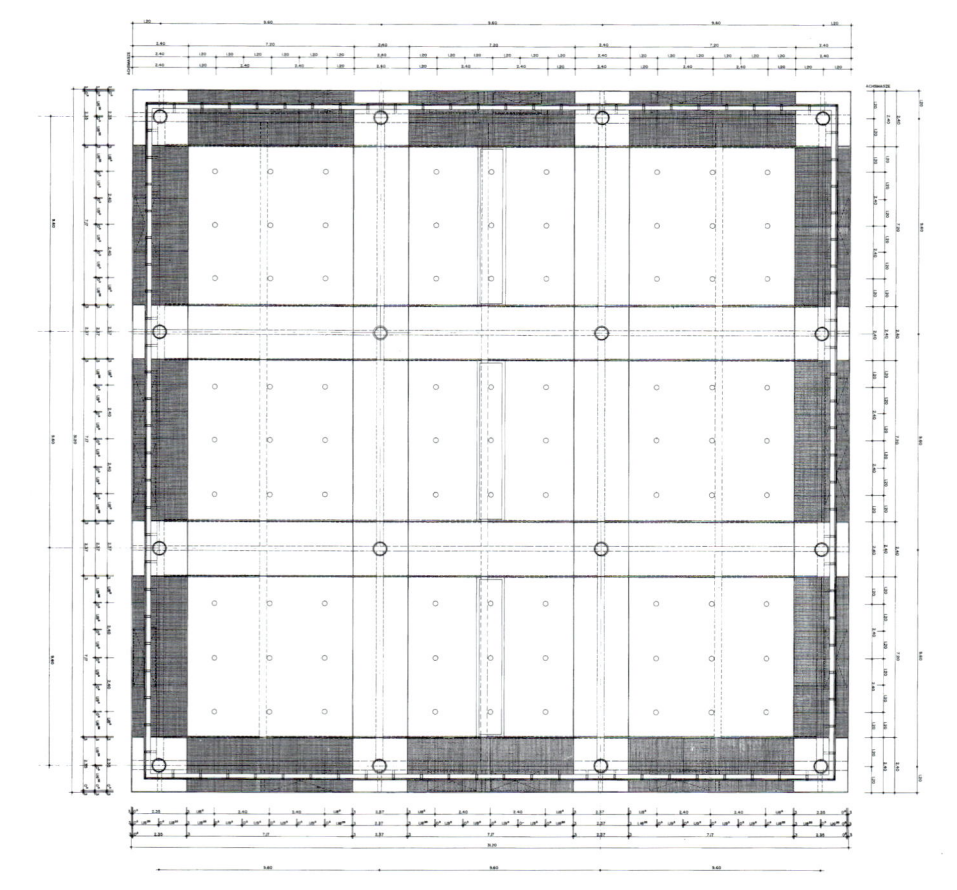

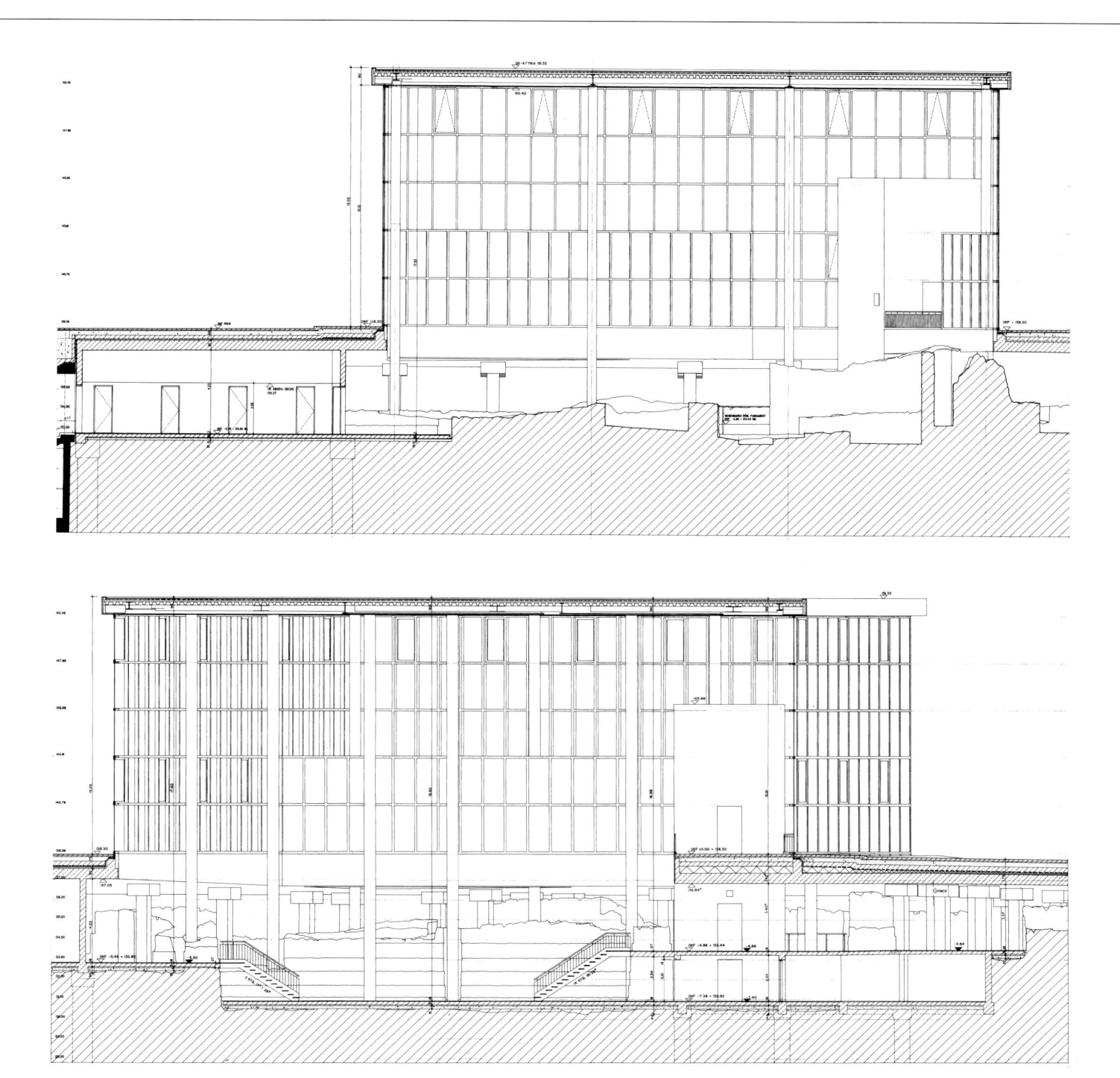

Teil ist der Glaskubus nach dem neu definierten Raster angelegt, die Einschnitte in ihn, die eine Durchquerung des Kubus ermöglichen und seinen Eingang bilden, richten sich jedoch nach dem römischen Raster, wie auch der Treppenturm, der den Abgang in die unteren Ebenen ermöglicht. Dort werden die gesamten Ausbauten, wie Fußbodenraster, Wegeführung, Leuchten- und Lüftungsinstallationen, im neugewählten Raster geführt, gegen das immer wieder die römischen Wände und Fundamente laufen. Der daraus entstehende spannungsvolle Kontrast wird durch die Verarbeitung der neuen Bauteile in scharfkantigem und präzisem Sichtbeton und Stahl gesteigert. Den warmen und rot-gelblichen Farbtönen der Ruinen werden kaltgraue Farbtöne entgegengesetzt. Der Bereich unterhalb der Platzebene wird durch einen großen fünfeckigen Raum geprägt, in dem sich die ehemaligen Warmwasserbecken, die Feuerstellen, das Calidarium und Frigidarium, Einzelwannen, Vorräume und die Reste des ehemaligen mittelalterlichen Klosters befinden. Daran schließen sich drei kleinere Räume an, von denen der eine die Reste der römischen Kanalisation präsentiert, der andere die mittelalterlichen Zisternen und Abfallgruben und der dritte die erforderlichen technischen und sanitären Anlagen des Museums beinhaltet.

Blick in das Innere des
Museums; Passage.

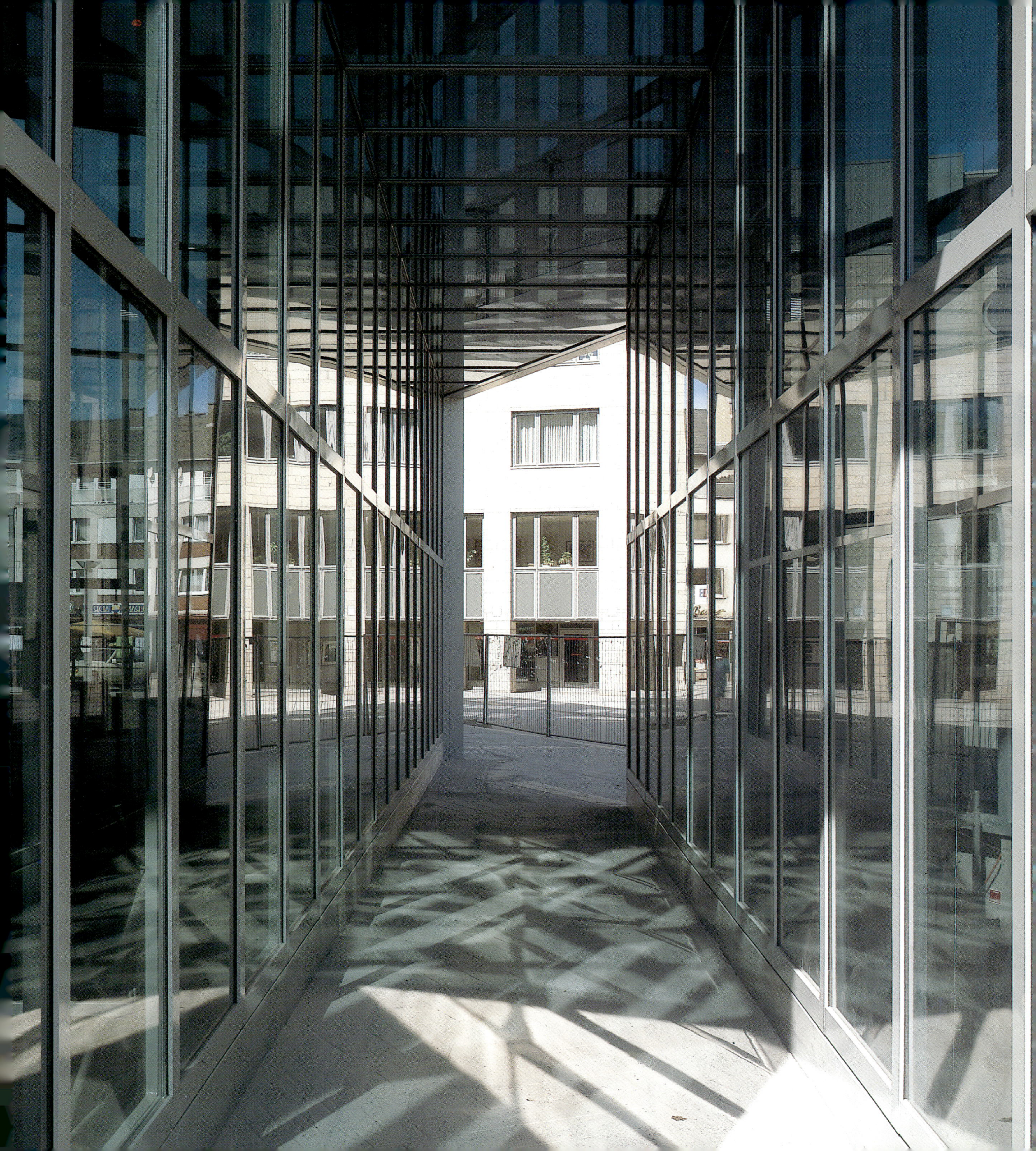

Bremer Institut für Betriebstechnik und angewandte Arbeitswissenschaft (BIBA), Bremen, 1988-1991

Mitarbeit: Joachim Waak, Joachim Klose, Albert Brauns, Milan Pitlach, Michael Croce, Karl-Lothar Dietzsch, T. Meurer, A. Grond, Ulrich Wiegmann, A. Marchel, Barbara Taha, Claudia Henning

Ansicht Eingangsfassade; Axonometrie, Lageplan.

Die städtebauliche Ordnung für das Institutsgebäude ist durch die Blockrandbebauung des Universitätsgeländes vorgegeben. Um diese Ordnung einzuhalten, mußte in jedem Fall versucht werden, einen Blockrand am Hochschulring und an der Klagenfurter Straße zu bilden. Darüber hinaus entsteht durch das im Bau befindliche Institutsgebäude für Raumfahrttechnologie ein Hauptakzent des Universitätsgeländes. Bei der Anschlußbebauung an dieses auch städtebaulich dominierende Gebäude kommt es darauf an, mit dem BIBA ein entsprechendes Schwergewicht zu setzen und die angegebene Maß- und Bauordnung aufzunehmen und fortzusetzen. Die auf dem Quadrat beruhende Baugeometrie wurde als Maßordnung für die Gesamtbebauung akzeptiert. Die Neubau- und die Erweiterungsflächen und damit die Gesamtentwicklung des Baublocks entstehen in der vorgegebenen Geometrie. So entsteht eine strenge Ordnung, die sich sowohl für die Freiflächen als auch für eventuelle weitere zukünftige Bauten eignet. Das BIBA wird vom Hochschulring erschlossen, zu dem auch die Hauptfassade orientiert ist.

Das Institutsgebäude stellt sich nach außen und insbesondere entlang der Ringstraße als ein großes Arkadengebäude dar. Bei der geringen Höhe und flachen Ausdehnung des Gebäudes war es schwierig, einen signifikanten Ausdruck zu finden. Durch die Lage an der Ringstraße schien der Gedanke einer Arkade, die auch im Zusammenhang mit einer vorgelagerten Allee zu sehen ist, nicht nur naheliegend, sondern dem Ort sowie der Bedeutung des Gebäudes im Gesamtensemble der Universität angemessen.

Die Arkadenwand wird von den Büro- und Arbeitsräumen gebildet. Sie hat in der ersten Baustufe die Form eines nach Norden offenen U-förmigen Innenbereichs. In der zweiten Stufe kann der umlaufende Bürotrakt durch Erweiterung zu einem quadratischen Geviert ergänzt werden, das einen großen Innenraum umschließt, von Norden und Süden zugänglich ist und in der Mitte von der Klagenfurter Straße aus durchfahren werden kann. Der von der Wand umschlossene Innenraum steht für die Hallen, die Werkstattbereiche und die gemeinsame Nutzung zur Verfügung. Mittelpunkt des Innenbereichs ist die halbkreisförmige Verfügungshalle, die sich im zweiten Bauabschnitt zum Vollkreis erweitern läßt. Die kreisförmige Hallenanordnung kann in mehreren Baustufen entwickelt werden. Möglich ist es, zunächst nur die Verfügungshalle selbst um die gleiche Fläche zu erweitern, und danach die beiden Seitenflügel für die Erweiterung der Abteilungen und schließlich die Komplettierung des Gesamtblocks mit den zusätzlichen Gemeinnutzungen und weiteren Abteilungen zu errichten.

Das BIBA enthält drei Raumkomplexe: Die Räume für die einzelnen Abteilungen und für die Direktion, die Räume für die gemeinsame Nutzung und den Hallen- und Werkstattbereich mit dem eigentlichen Kern der Anlage, der großen Halle.

Der Grundriß ist so organisiert, daß der Raumkomplex für die Abteilungen und die Direktion, der aus relativ gleichartigen Büroräumen besteht, in einem linearen, U-förmigen Baukörper zusammengefaßt und von einem mittleren Eingang aus über Eingangshalle und einen einseitigen Flur erschlossen wird. Die Räume erhalten natürliche Belichtung und Belüftung und variable Trennwände, so daß jederzeit eine Veränderung innerhalb der festen Außenwände möglich ist.

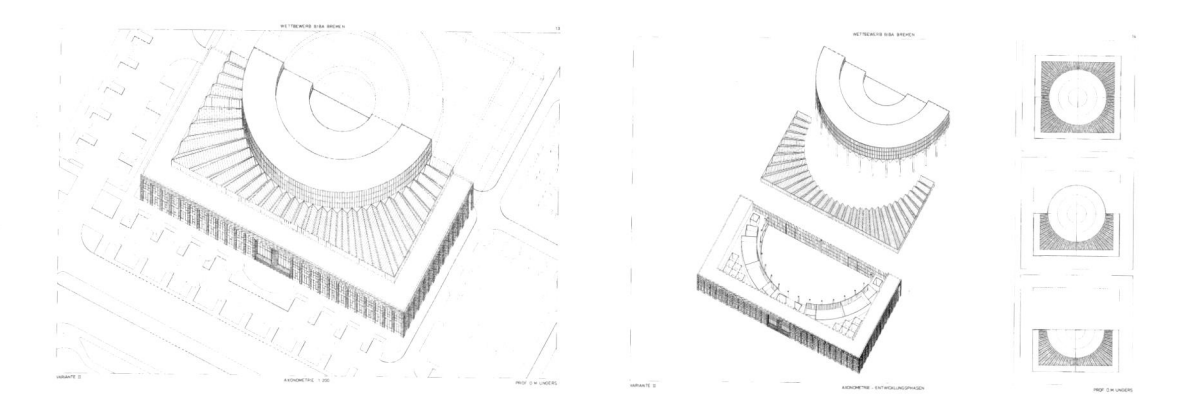

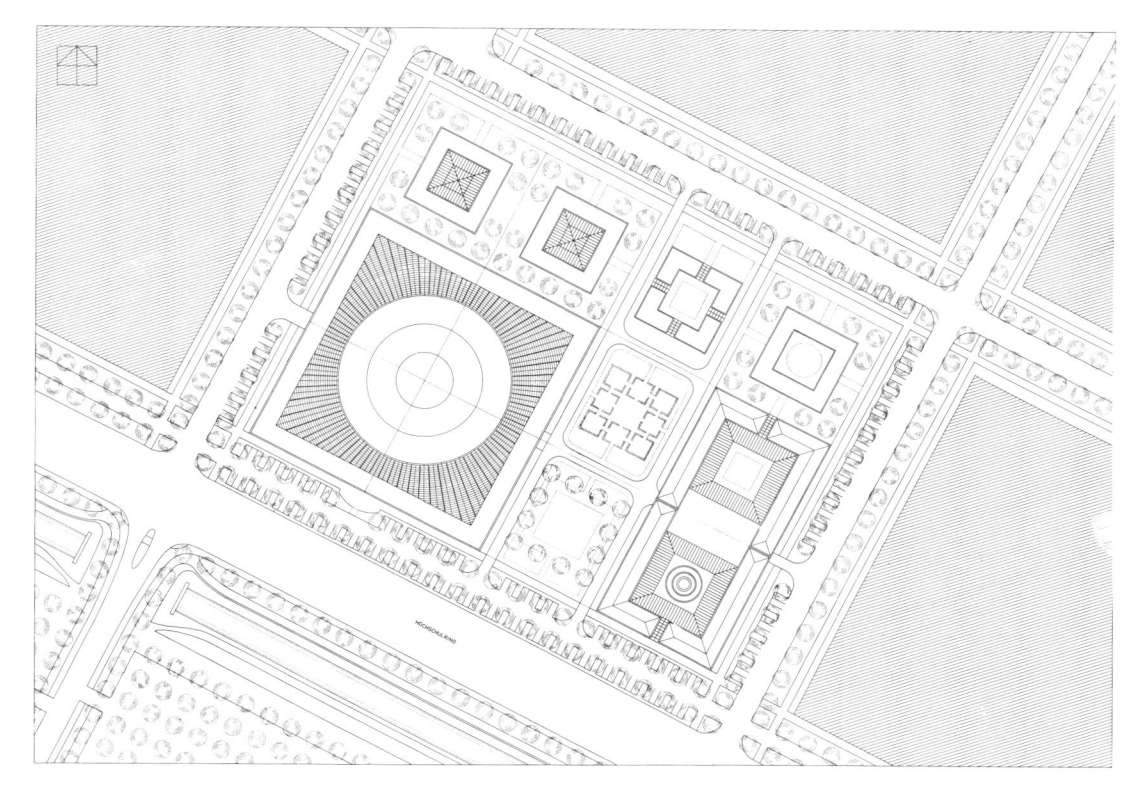

Die Räume für die gemeinsame Nutzung sind unmittelbar mit der großen Halle verbunden. Im Obergeschoß liegen die Schulungsräume, im Erdgeschoß das Konstruktionsbüro und die EDV-Labore. Da diese Räume wahrscheinlich einer ständigen Veränderung unterliegen, wird zur Abtrennung ein nichtkonstruktives Wandsystem vorgesehen. Die Räume werden von oben – im Erdgeschoß seitlich – durch die große Halle belichtet. Die Technik- und Versorgungseinrichtungen werden im Erdgeschoß im Bereich der Lieferwege untergebracht und sind teilweise direkt von außen zugänglich.

Das eigentliche Zentrum der Anlage ist der Hallenbereich (CIM und Verfügungshalle) mit einem Kranbahnsystem. Die Halle ist von einer radialen Trägerkonstruktion überspannt, die in der ersten Baustufe auf einer Mittelstütze aufliegt und in der Endstufe stützenfrei gehalten werden kann. Der Kran ist ein radialer Hängekran. Im Endausbau der Halle wird der Kran durch einen zweiten Arm ergänzt, der unabhängig operiert.

Die äußere Wand ist eine Mauerwerkskonstruktion mit Sichtmauerwerk aus einem hartgebrannten, dunkelfarbigen Ziegel zur Straßen- und zur Hallenseite. Die Fenster sind aus Stahl und weiß gestrichen. Die Glaswand im Norden besteht aus einer Leichtkonstruktion, die bei einer zukünftigen Erweiterung ersetzt werden kann. Im Gegensatz zum mehr oder weniger konventionellen äußeren Umfassungsbau besteht das Innere aus einer technologisch hochentwickelten Konstruktion, so daß die Dialektik zwischen Mauerwerksbau und High-Tech-Konstruktion deutlich wird.

Grundriß 1. Obergeschoß und Erdgeschoß; Tragwerkskonstruktion.

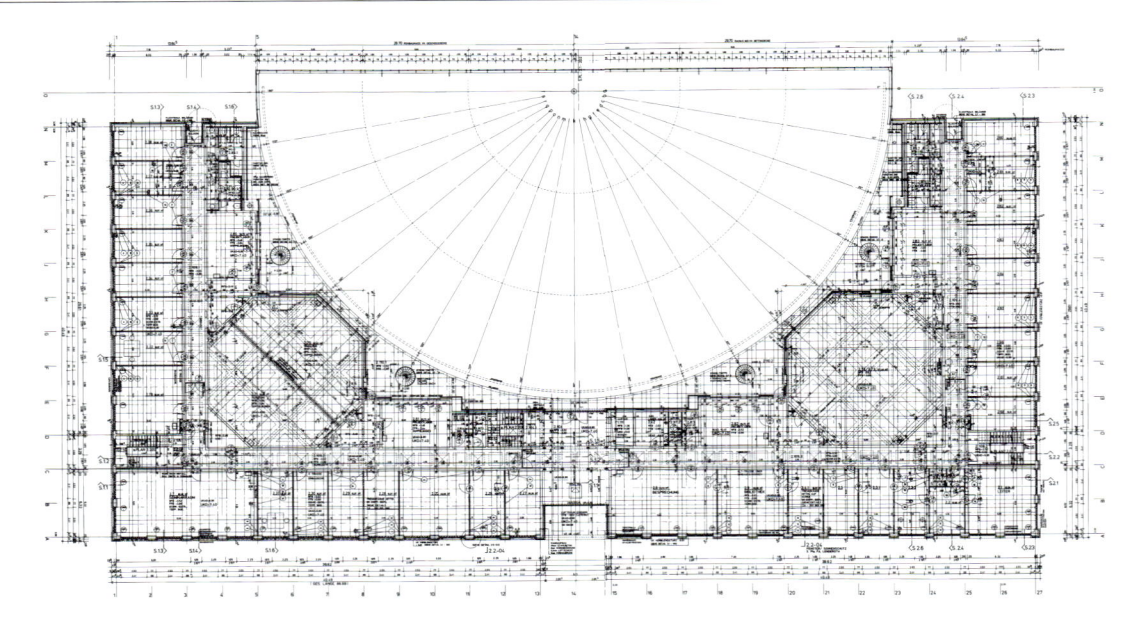

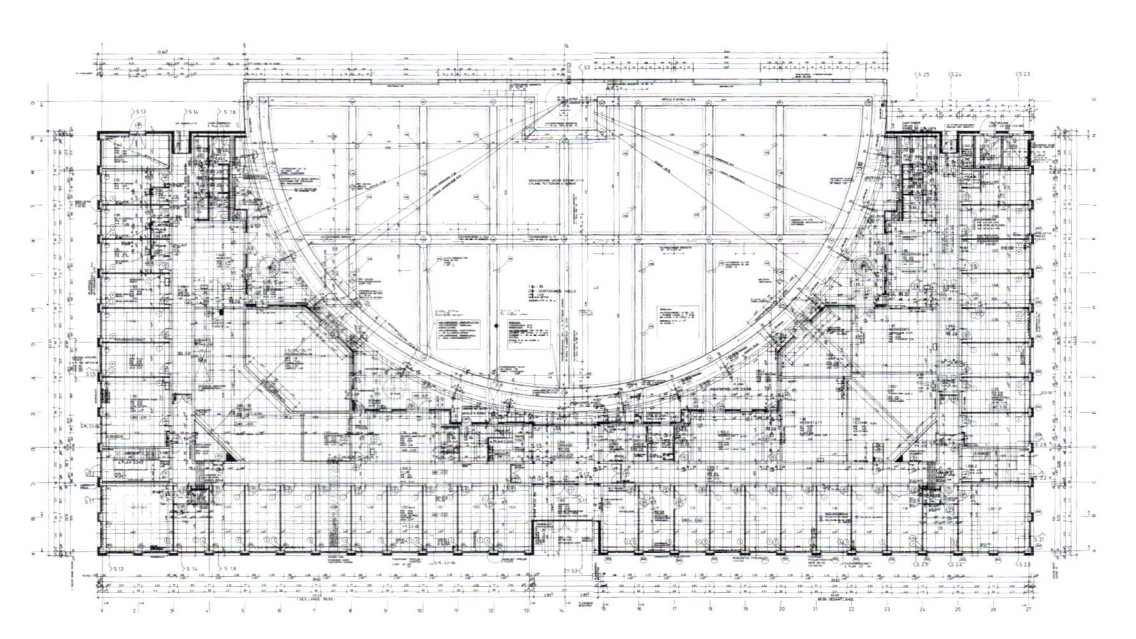

Ansichten und Querschnitt.

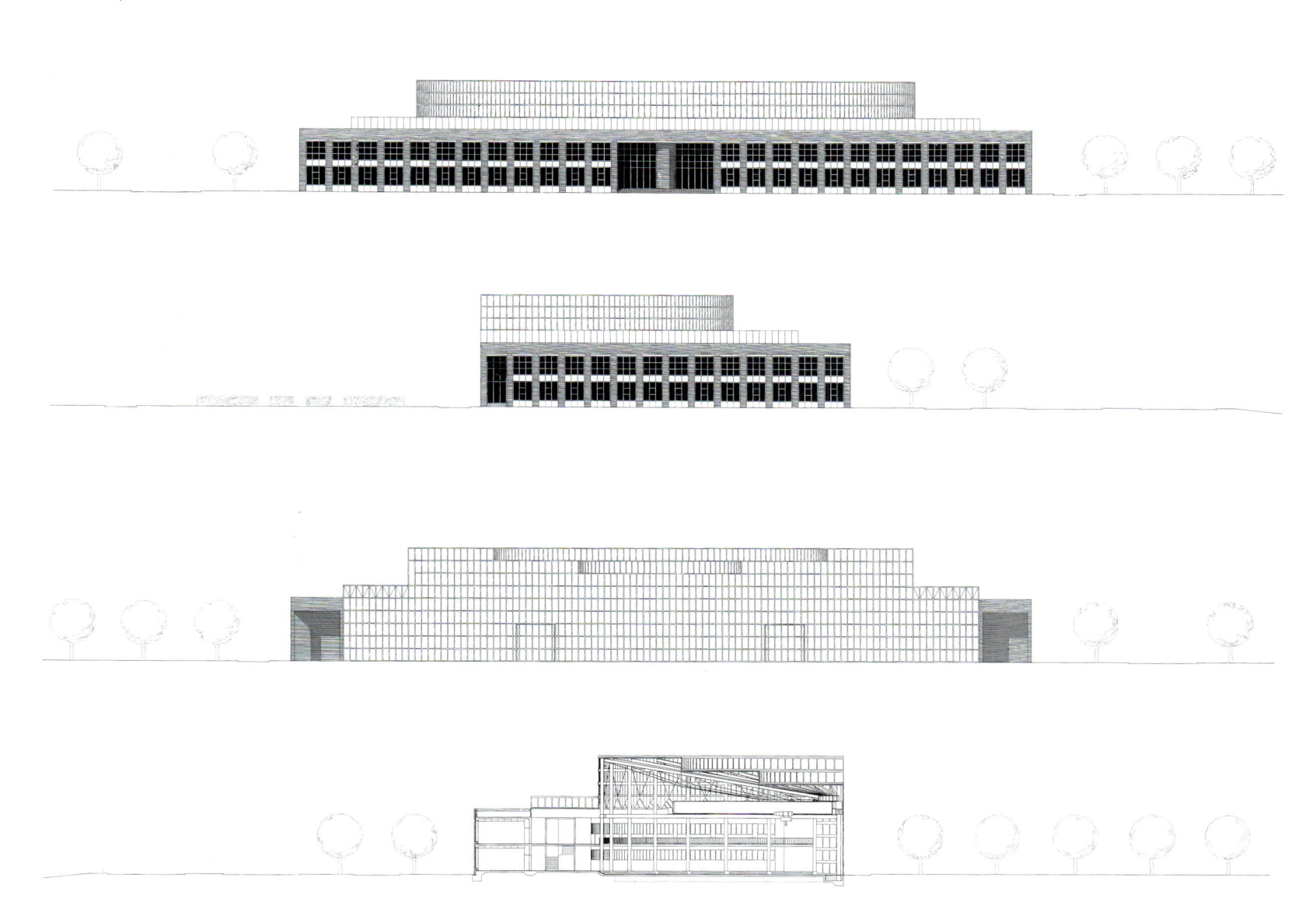

Entwurfsskizze und Ansicht der Glasfront.

Blick in Bürobereiche und Haupthalle.

199

Haus Bitz, Köln-Frechen, 1989–1992

Ulrich Wiegemann, Bernhard Trübenbach (Bauausführung und -leitung)

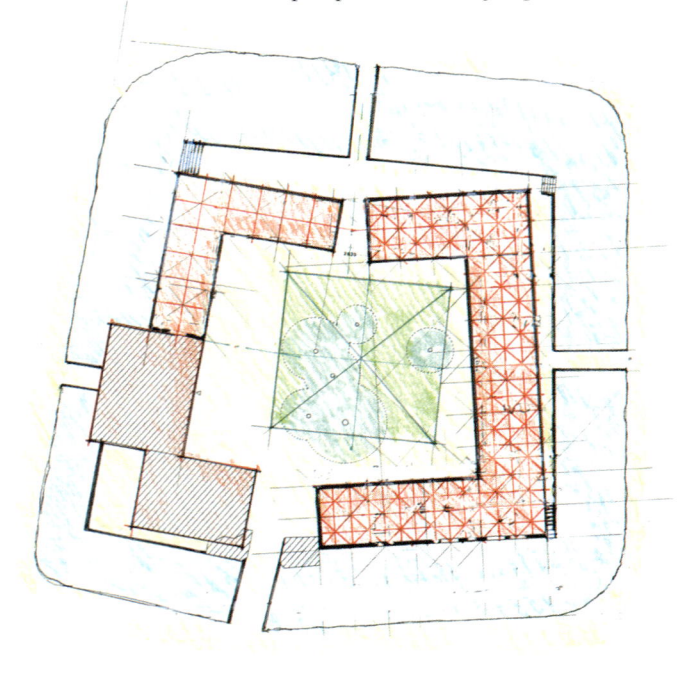

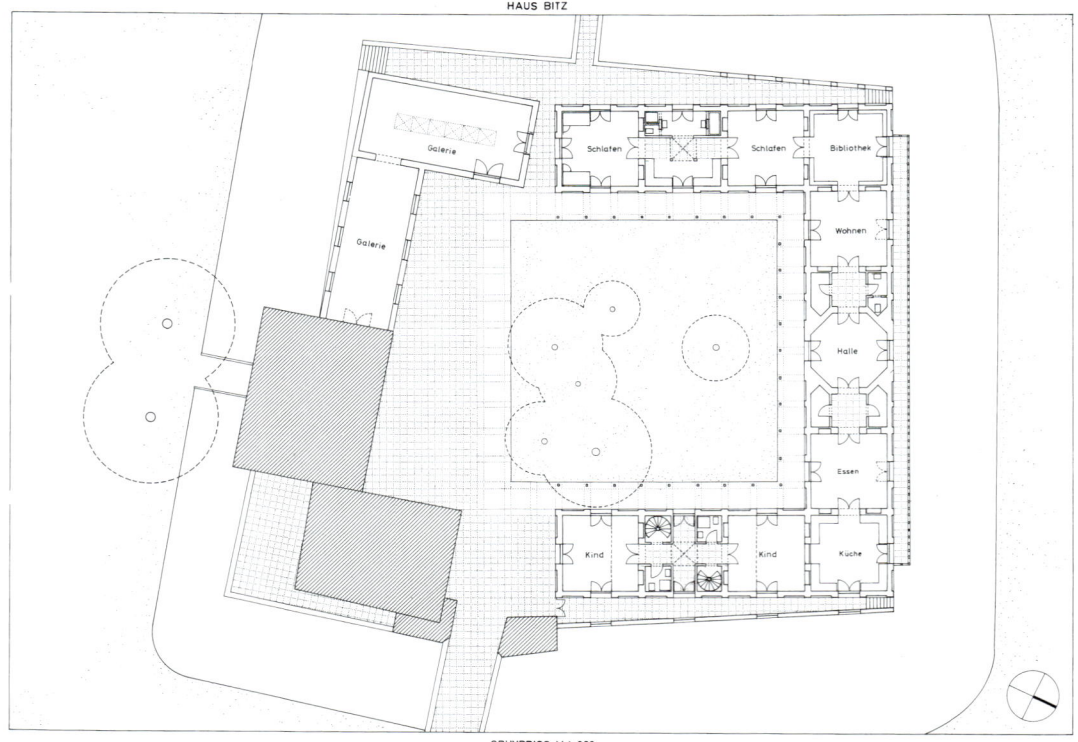

Vorstudie und Grundriß Erdgeschoß.

Dem bestehenden Herrenhaus mit dem Galerieneubau wurde der Wohnhausneubau gegenübergestellt. Durch die konsequente Einhaltung der Rechtwinkligkeit bei der Planung der beiden Neubauten – Galeriehalle und Wohnhaus – liegen nur zwei Außenfassaden direkt auf den vorhandenen Grabenwänden, nämlich die Längsseite der Galerie und die lange, rückwärtige Fassade des Wohngebäudes. Alle anderen Fassaden bilden mit den Grabenwänden sich perspektivisch verjüngende Zwischenräume, die jeweils über eine Treppe direkt zum Wasser auslaufen. Um eine Zusammengehörigkeit der Anlage zu erreichen, wurde überall der gleiche Ziegel verarbeitet. Der Einheitlichkeit des Materials steht eine unterschiedliche Gestaltung der Neubauten gegenüber. Der Galeriebau hat geschlossene Wände und wird über eine Verglasung im Traufenbereich belichtet. Die Wände des Wohnhauses sind durch Mauerwerkspfeiler arkadenartig aufgelöst, in den Zwischenräumen befinden sich Wandscheiben oder doppelflügelige, verglaste Sprossentüren. Von dieser Regelmäßigkeit wird nur im doppelgeschossigen Seitenflügel und im Bereich des Haupteingangs abgewichen, um ihn hervorzuheben. Der Grundriß des Wohngebäudes ergibt sich aus der Aneinanderreihung gleich großer, quadratischer Räume, die in der Mitte jeder Wand eine raumhohe Türöffnung erhielten. Man betritt das Gebäude durch die zentral liegende, achteckige Eingangshalle. Von hier aus baut sich das Haus zu beiden Seiten symmetrisch auf. Rechts und links von der Halle liegen Eßraum und Bibliothek. An die Bibliothek schließen ein kleiner Wohnraum, Schlafzimmer und Bad an. Auf der anderen Seite liegen Küche und Kinderzimmer. Im zweigeschossigen Teil über der Küche liegen weitere Kinder- und Gästezimmer mit kleinen Bädern.

Ansicht von Osten; Ansichten der Wasser- und der Galerieseite mit Büsten von Ian Hamilton Finlay.

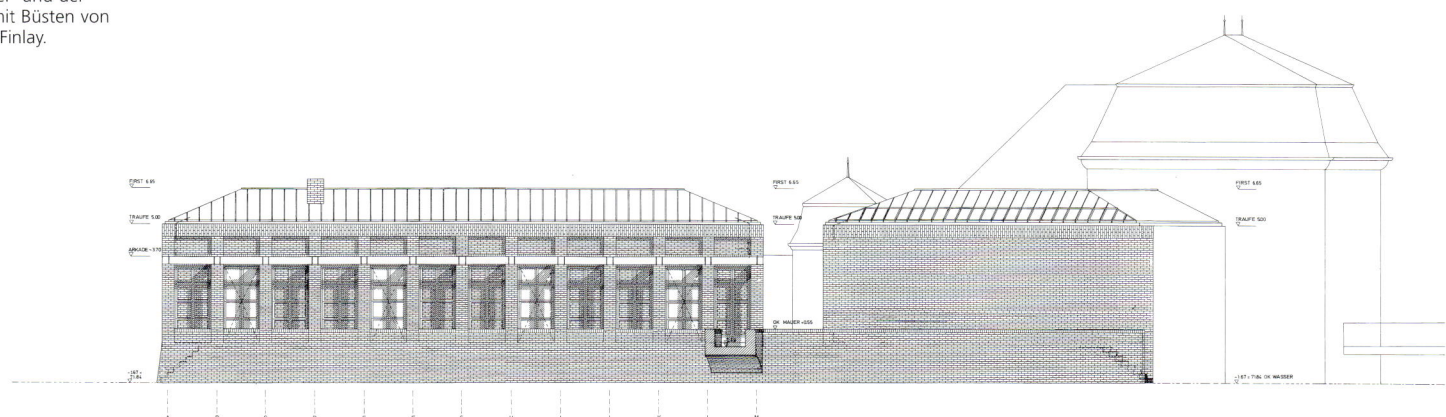

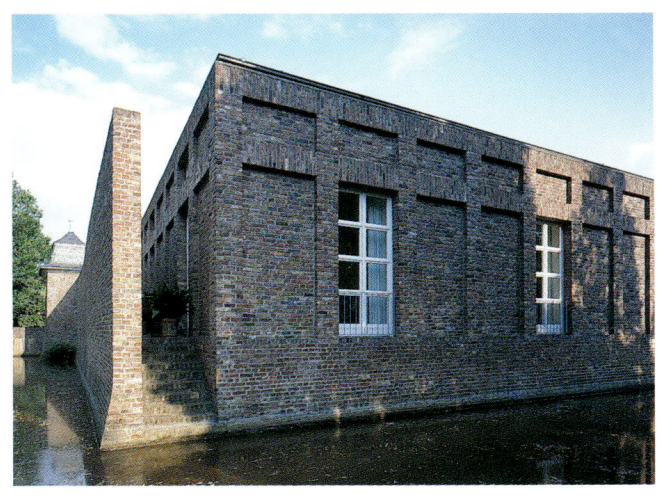

Ansichten.

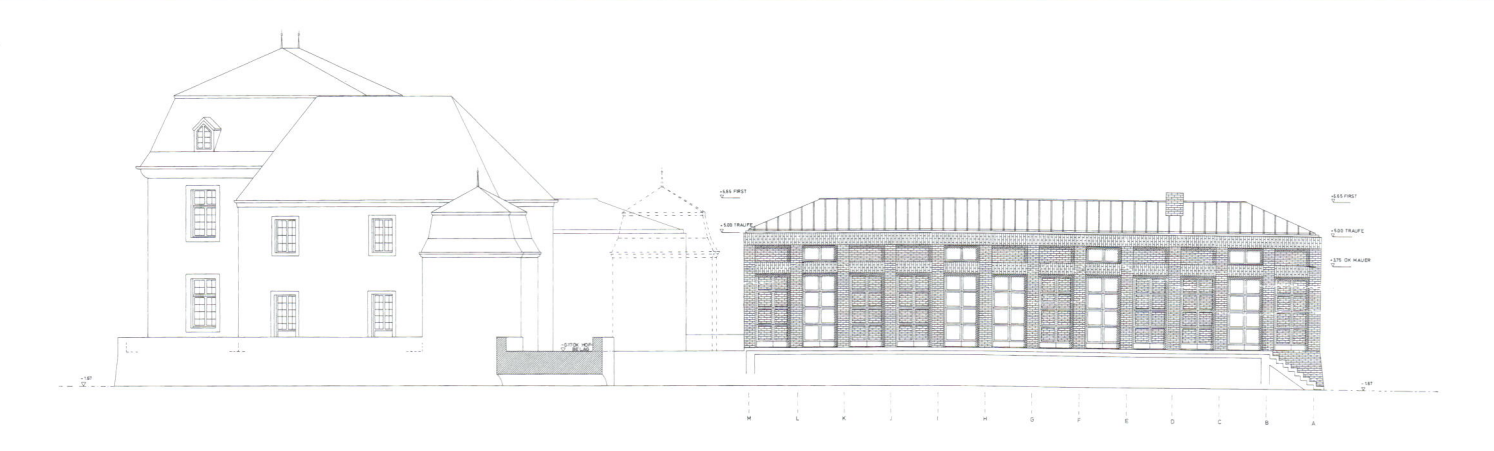

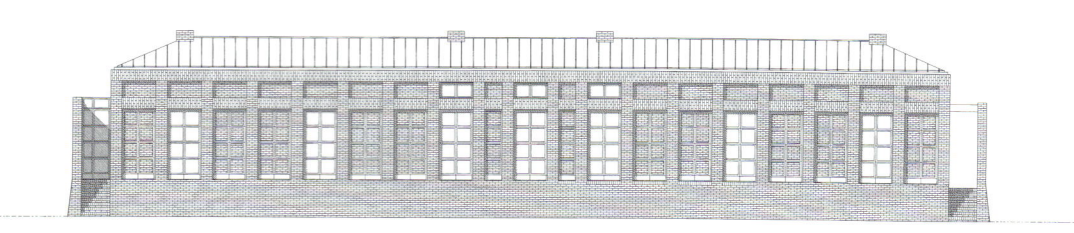

Ansichten und Blick in den Hof.

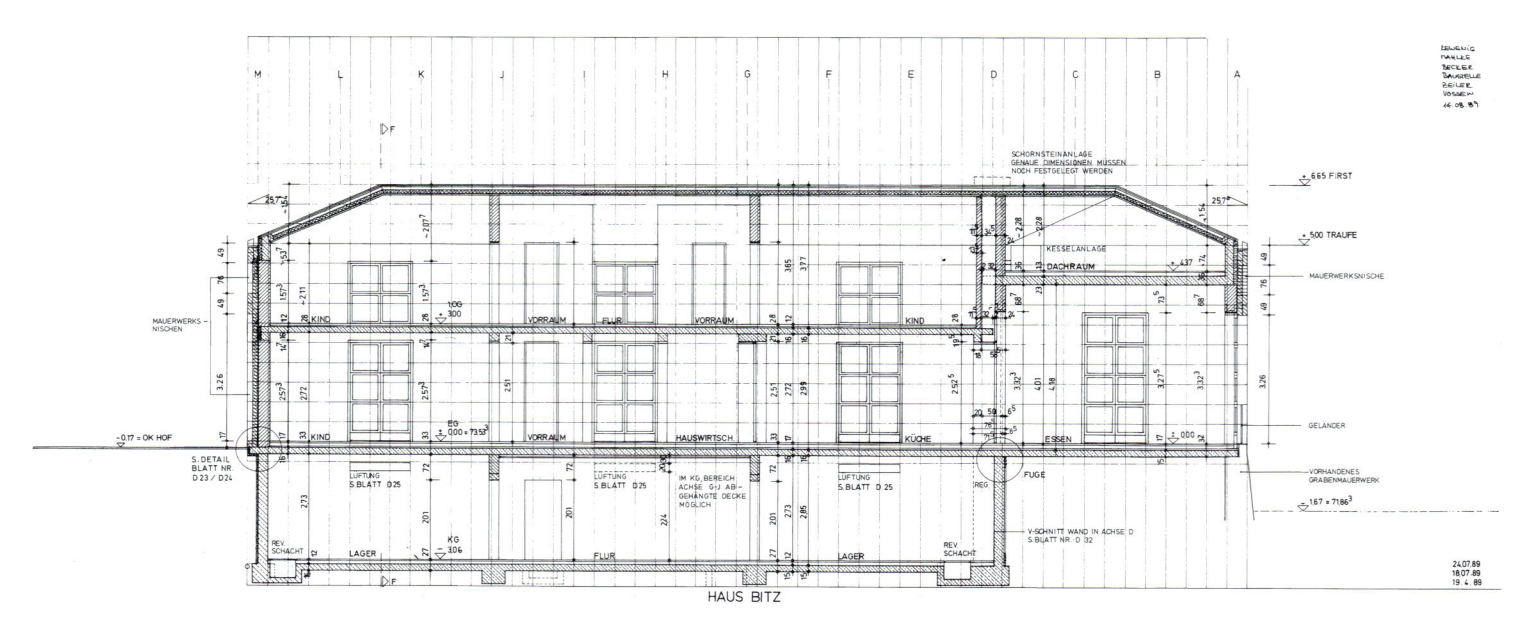

Schnitt; Ansichten Wohn-
räume und Galerieflügel.

Neubau Familiengericht Erweiterung Amtsgericht Tempelhof/Kreuzberg, Berlin, 1989–1995

Mitarbeit: Karl-Heinz Winkens, Axel Balzereit, Claudia Euler, Michael Skadborg

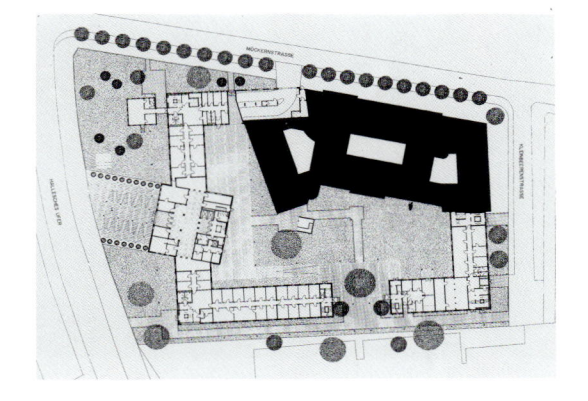

Lageplan und Luftaufnahme.

Beim Familiengericht handelt es sich um ein Verwaltungsgebäude mit Saalbauten zur Verhandlung von Gerichtsverfahren, das alle für diesen Zweck erforderlichen Einrichtungen, eine Cafeteria samt untergeordneter Funktionen und Lagerflächen enthält. Der Anbau an das Amtsgericht ist eine Erweiterung der bereits bestehenden Nutzungseinheiten mit Lagerflächen und Versteigerungsraum für Pfandgut und einer Hausmeisterwohnung. Beide Gebäude erhalten eine gemeinsame Tiefgarage.

Bebaut wurde ein Block mit der Möckernstraße im Westen, der Kleinbeerenstraße im Norden, der Postbank Berlin im Osten und dem Landwehrkanal (Hallesches Ufer) im Süden. Es liegt am südlichen Rand der Friedrichvorstadt unmittelbar am Landwehrkanal und an der hier in Hochlage geführten U-Bahnlinie 1. Westlich grenzt der frühere Gleisbereich des Anhalter Bahnhofs an, der zum Park umgestaltet werden soll. Im Norden stößt das Grundstück an den geplanten übergeordneten Ost-West-Grünzug für die Kreuzberger Friedrichstadt.

Die dritte Gewalt im Staate sollte nach außen hin nicht zu auffällig in Erscheinung treten, um nicht zu imposant zu wirken. Die Neuplanung für das Familiengericht und die Erweiterung des Amtsgerichts bilden aus fünfgeschossigen schmalen Baukörpern einen rechteckigen Baublock mit dem bestehenden Amtsgericht als eigenständigem Baukörper in der Nordwestecke. Dadurch entstehen ein großer halböffentlicher Innenhof und eine öffentliche Freifläche am Halleschen Ufer und am Landwehrkanal. Die einheitliche Ausrichtung der Baukörper läßt das neue Familiengericht zum Landwehrkanal als Solitär erscheinen, während die Erweiterung des Amtsgerichts eine Blockschließung an der Kleinbeerenstraße bildet. Die Neubauten schließen unter Weiterführung der historischen Traufkanten an die Brandwände des Altbaus an: Lediglich der aus dem Raster gedrehte Turm überschreitet die Höhe um ein Normal- und ein Technikgeschoß.

Die Plazierung der Baukörper ermöglicht einen nahezu vollständigen Erhalt des vorhandenen Baumbestands und bezieht die einzelnen Baumgruppen in das räumliche Konzept ein. In das Robinienwäldchen an der Südwestecke wird ein »Kinderhaus« als Einzelkörper hineingestellt. Im Innenhof steht eine gemischte Baumgruppe. Der Anteil der versiegelten Fläche wird auf ein Minimum reduziert. Zur Überwindung von Niveauunterschieden zwischen Alt- und Neubau werden Stufen, Rampen und behindertengerechte Aufzüge eingebaut.

Ansicht der Hauptfront mit der Stahlskulptur von Sol Le Witt.

206

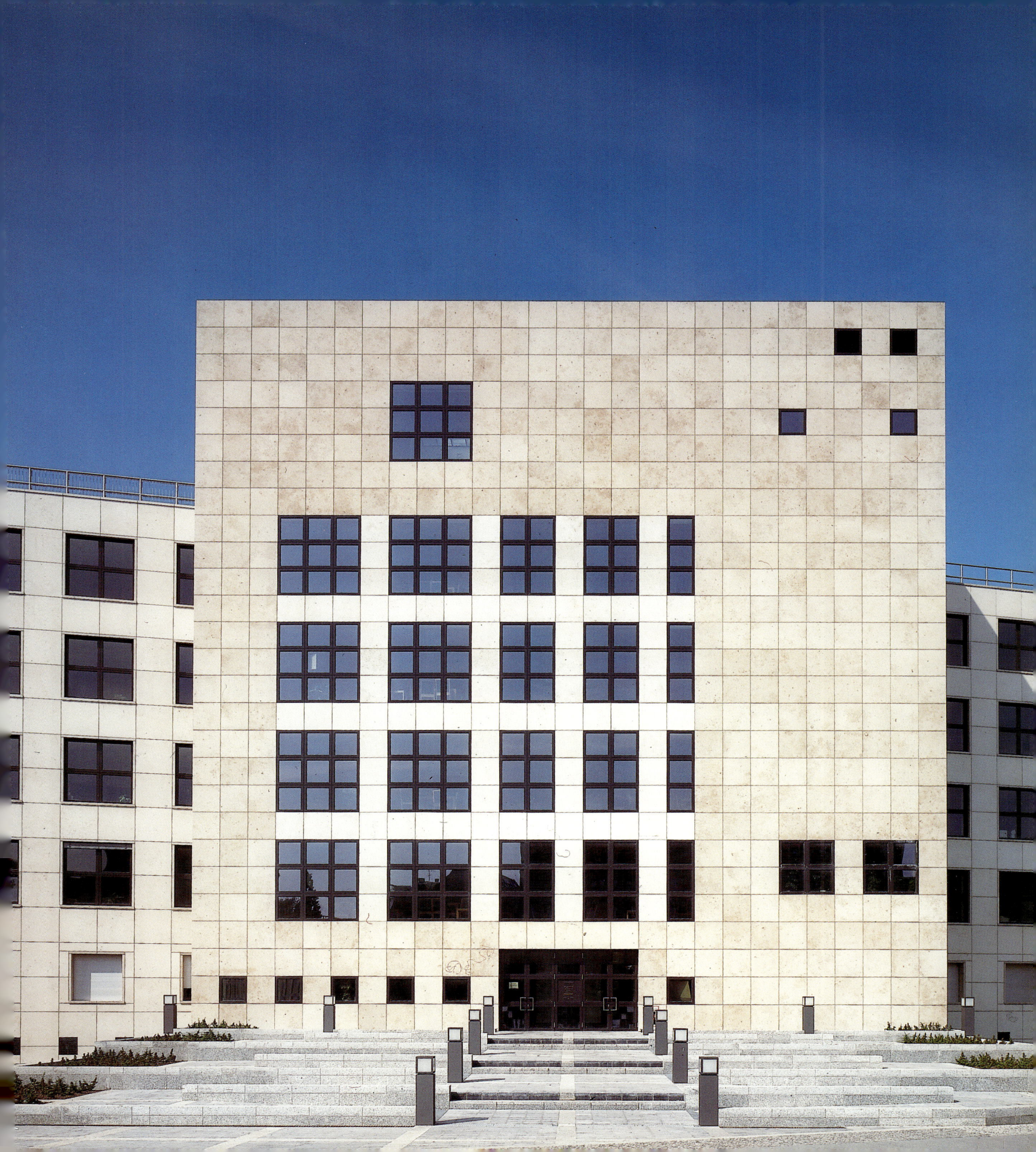

Schnitt und Ansicht.
Ansichten des Innern.

208

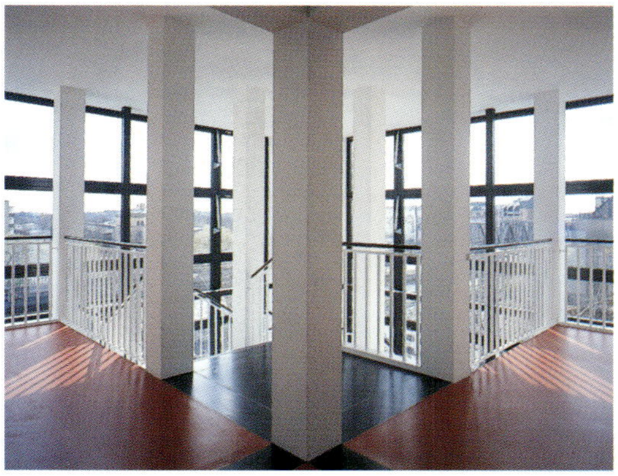

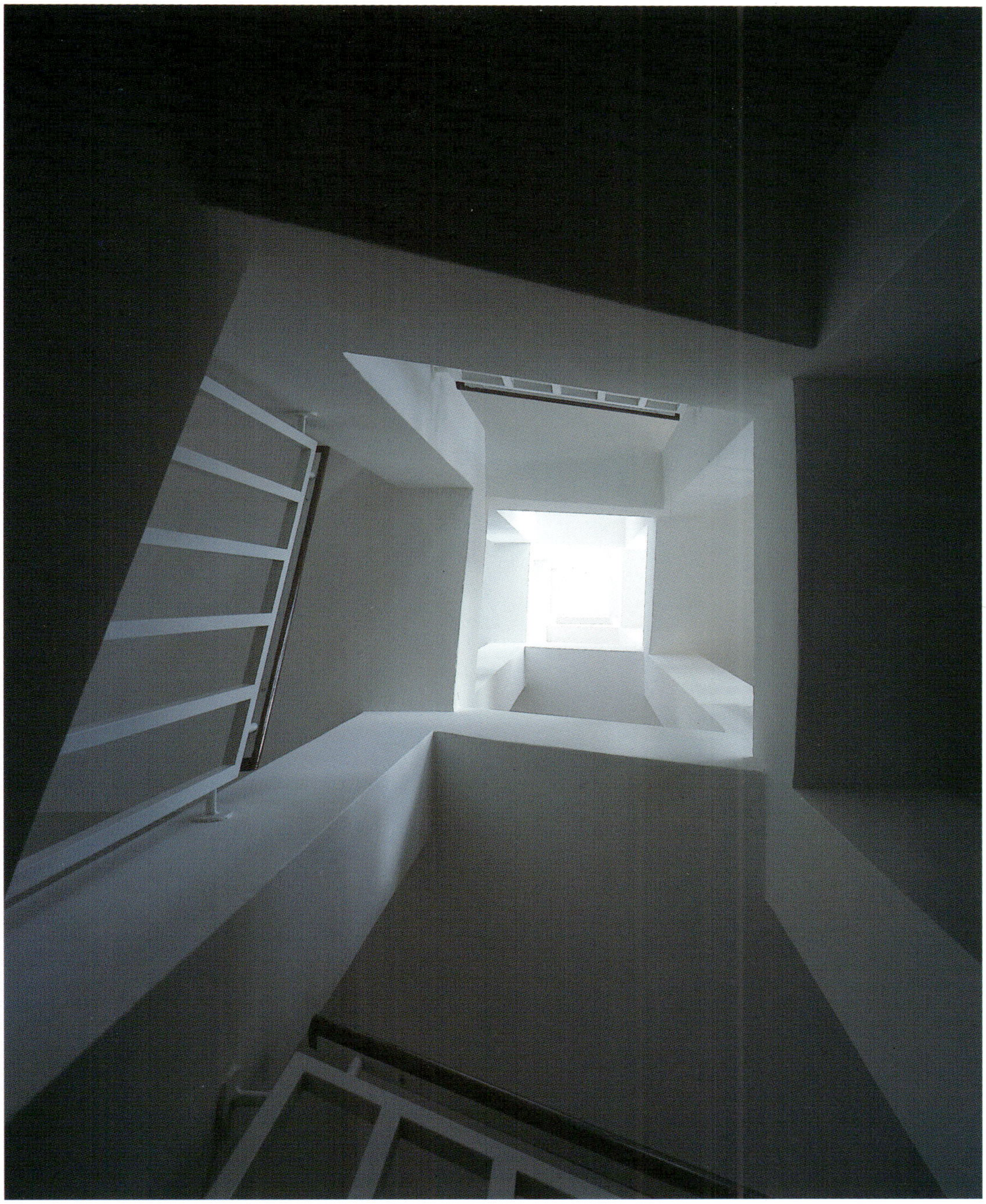

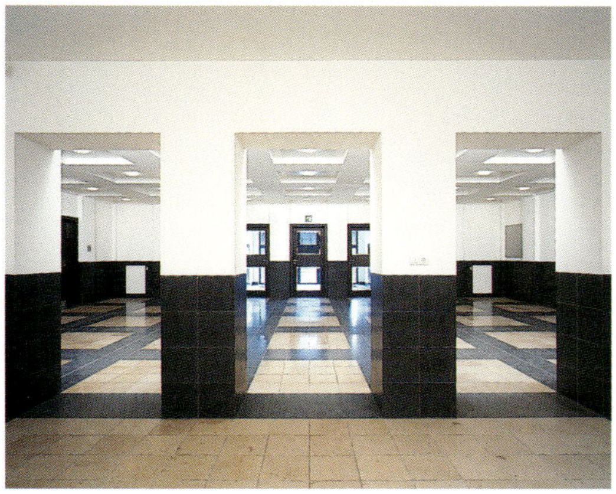

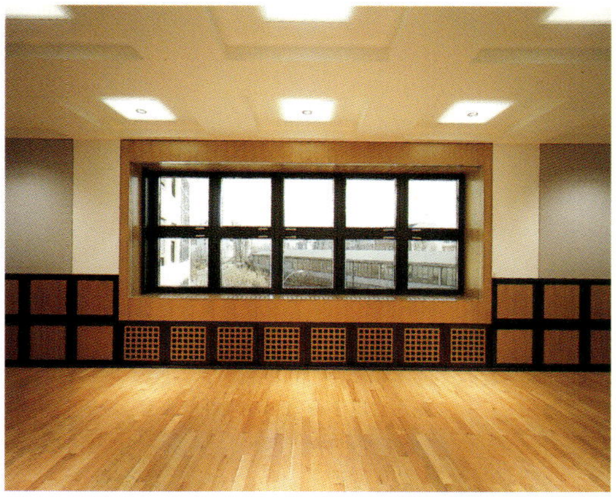

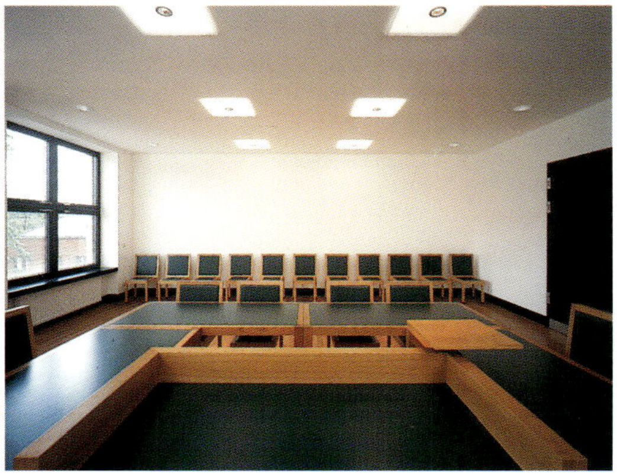

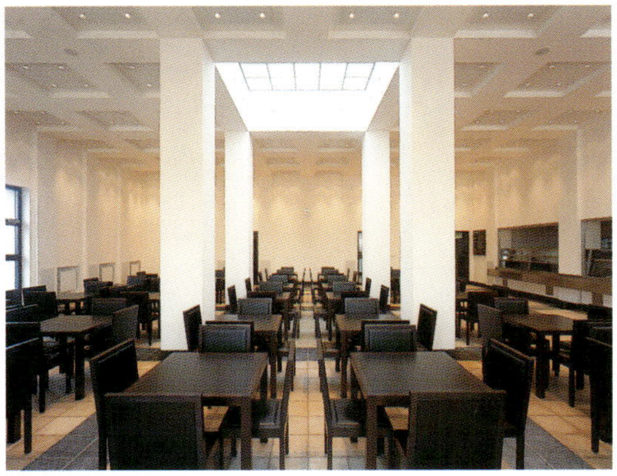

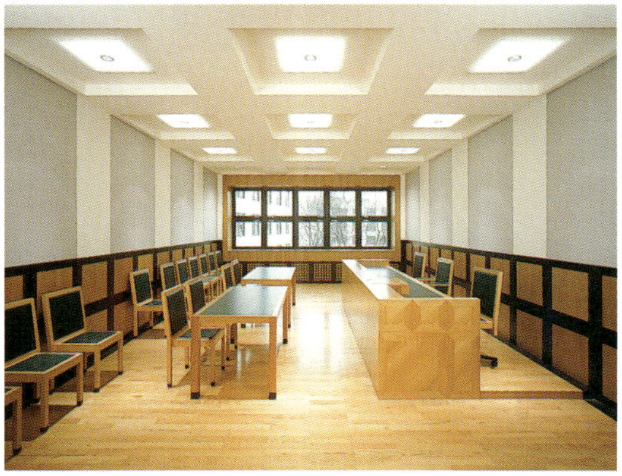

Erweiterung Torhaus, Terminal Mitte Messe Frankfurt, Frankfurt am Main, 1989–1997

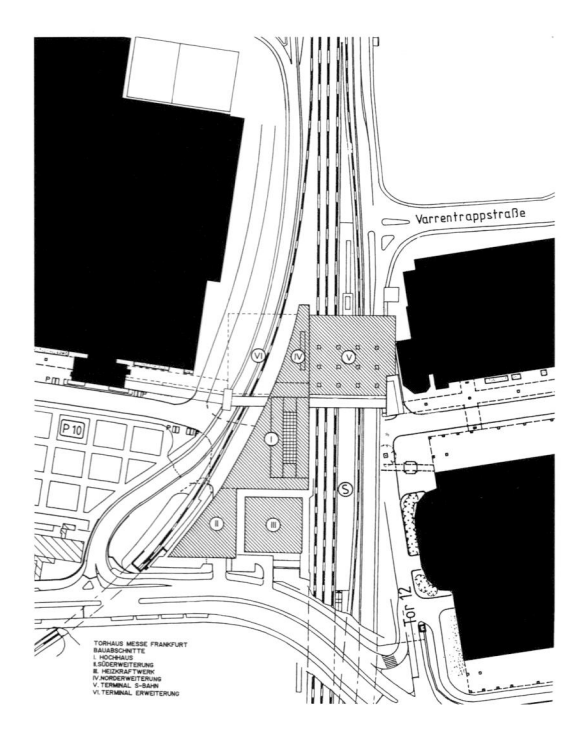

Mitarbeit: Ingo Schrader, Ricardo Sagiotti, Hikaro Hahne, Maike Bräckerbohm, Raimund Fein, Guido Lohmann, Joachim Sieber

Trotz seiner zentralen Lage ist das Frankfurter Messegelände bisher nur ungenügend an den öffentlichen Nahverkehr angeschlossen. Da unmittelbar am Torhaus eine S-Bahnstrecke mit direkter Verbindung zum Hauptbahnhof, zum Flughafen und dem umfangreichen Netz des Rhein-Main-Verkehrsverbunds vorbeiführt, entstand die Idee, an dieser Stelle eine S-Bahnstation einzurichten und gleichzeitig einen neuen, zentraleren Messeeingang zu schaffen.

In einer Erweiterung des sechsgeschossigen Torhaus-Sockelbauwerks nach Norden werden Büroflächen für die Messegesellschaft und Mietbüros untergebracht.

Wie eine durch diesen Sockel horizontal hindurchgesteckte Scheibe durchdringt eine Plattform in etwa acht Meter Höhe über den Gleisen den Baukörper. Sie dient als Verteilerebene und als zentraler Eingang der Messe, der unmittelbar und höhengleich an die »Via Mobile« – das vorhandene System aus überdeckten Fußgängerstegen mit automatischen Fahrsteigen, das sämtliche Hallen des Messegeländes verbindet – anschließt, so daß man direkt von der S-Bahnhaltestelle oder dem geplanten Busparkplatz in das Messegelände gelangt.

Die eingeschossige, von Lichtkuppeln belichtete Halle nimmt die Eingangskassen, Garderoben, ein Café und die erforderlichen Sanitäranlagen auf. Ein jederzeit zugänglicher öffentlicher Verteilergang an der Nordseite des Terminals ermöglicht das Überqueren der Gleise auch außerhalb des Messebetriebs. Die Norderweiterung des Torhauses vervollständigt den in das Gleisdreieck gesetzten Sockelbau, dessen Westseite als spiegelnde Glasfassade dem Kurvenradius des vorhandenen Bahngleises folgt. Diese zweite Erweiterung des Sockels steigert noch die Wirkung der leicht gekrümmten Fassade.

Das Torhaus erweist sich als gleichzeitig kraftvolles und anpassungsfähiges Konzept mit dem Bild des Tors als architektonischem Archetypus. Die prägnante, klare Gestalt des Hauses integriert unterschiedliche Funktionen wie Heizkraftwerk, Serviceflächen, Büro- und Konferenzräume, Post, Restaurant und nun auch Eingangsterminal und S-Bahnstation. So erhält das Torhaus nach über zehn Jahren eher beiläufig die Funktion, die seine Form bildhaft evoziert: das Tor-Haus wird Tor und Eingang zur Messe.

Lageplan und Grundriß 3. Obergeschoß.

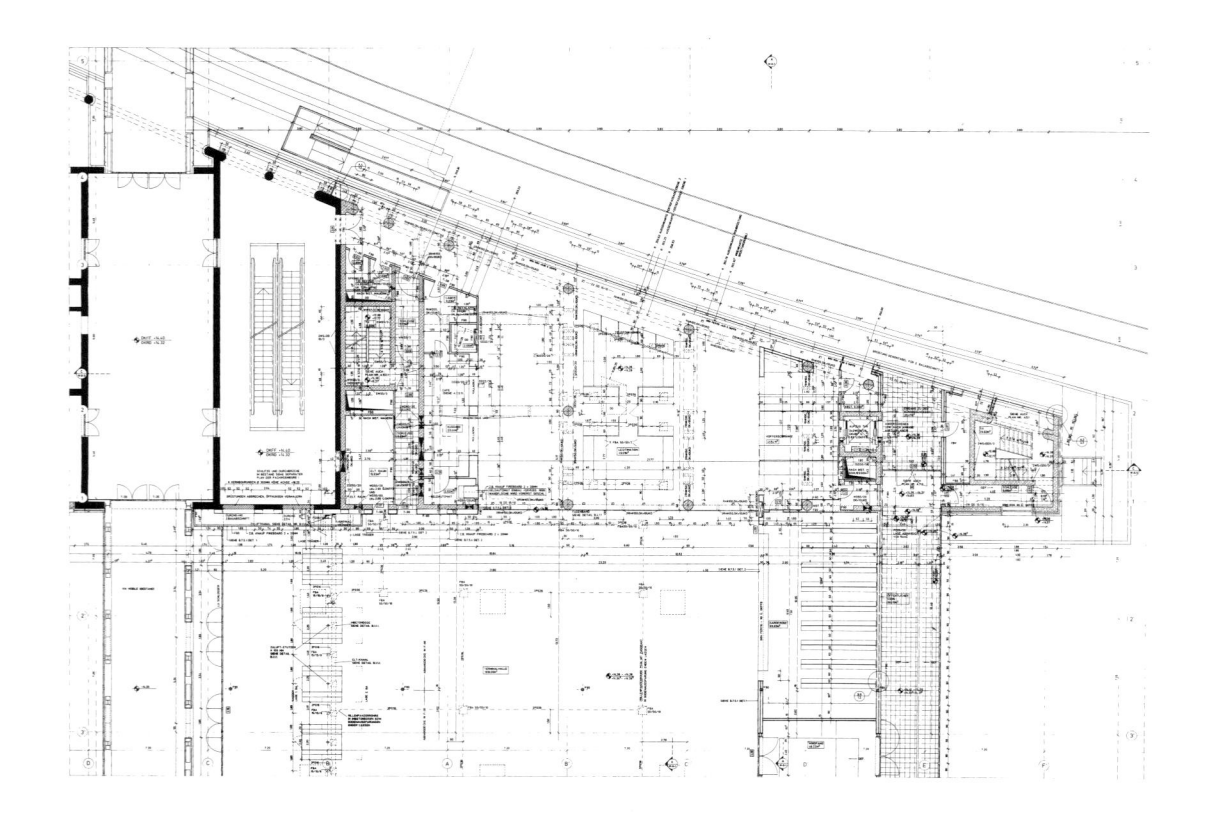

Detail »Via mobile« und Ansicht.

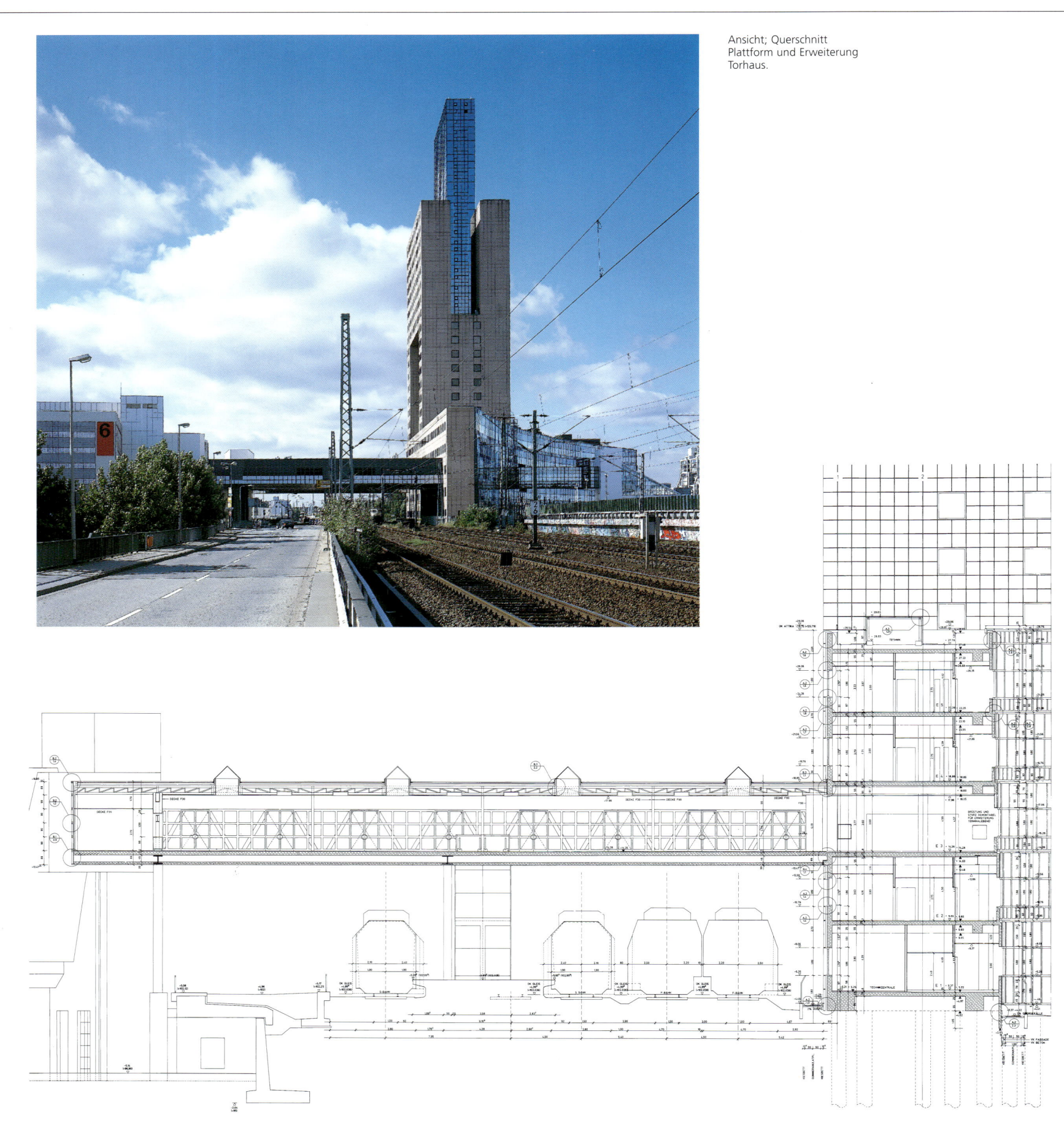

Ansicht; Querschnitt
Plattform und Erweiterung
Torhaus.

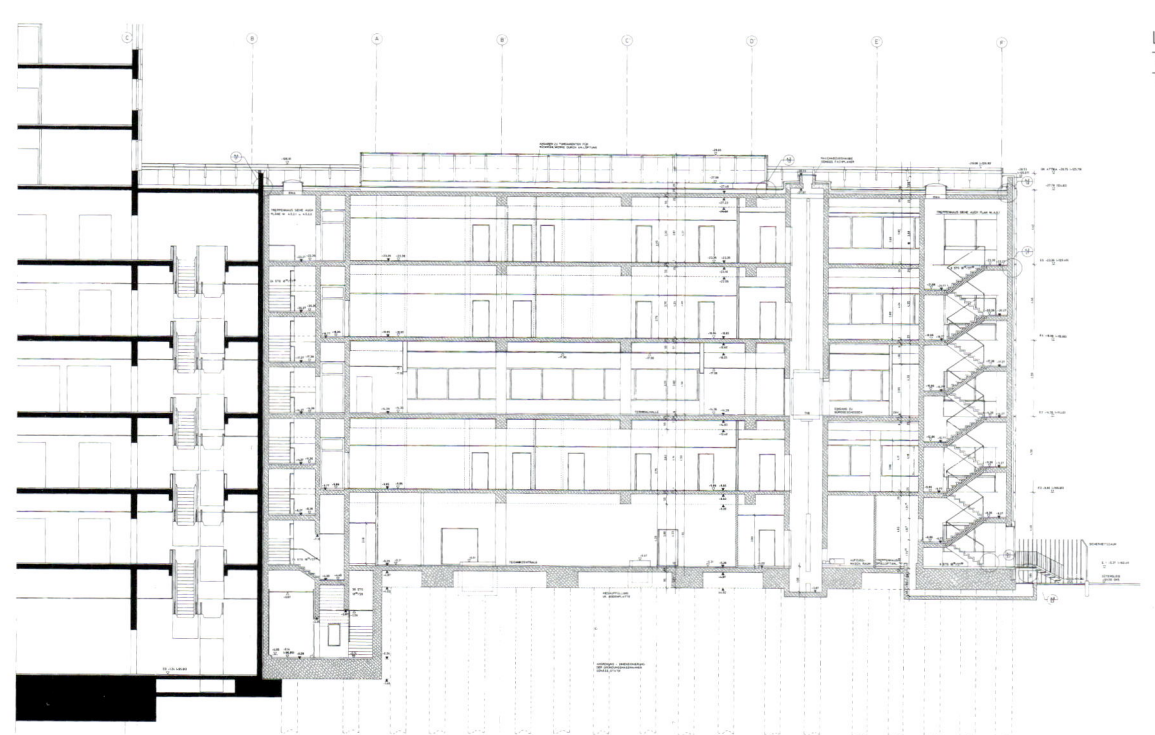

Längsschnitt Erweiterung Torhaus und Innenansicht Treppenhaus.

Haus Jeromin, Königswinter, 1989–1992

Mitarbeit: Kaspar Steves, Ulrich Wiegmann (Ausführung: Wiegmann + Trübenbach Köln)

Ansicht; Schnitt; Grundriß Erdgeschoß und 1. Obergeschoß.
Blick vom Garten.

folgende Seiten
Ansichten und Details des Innern.

Das Haus eines Ehepaares, das abstrakte Kunst sammelt und so auch die Ungers-Architektur schätzt, steht an einem über der Stadt liegenden Hang. Die Nachbarbebauung besteht hauptsächlich aus Villen der Jahrhundertwende und der letzten Jahre. Innerhalb dieses Umfeldes besticht die Villa durch ihre klar ausformulierte abstrakte Intellektualität. Das Unprätentiöse der Architektur kommt dabei der Liebhaberei und der Lebensweise der Bewohner sehr entgegen – Schlichtheit, die kaum überflüssige Repräsentation erlaubt, klar gegliederte Raumfolgen und eine gewisse Künstlichkeit, die den hier versammelten Bildern einen adäquaten Rahmen bietet.
Der zentrale Raum reicht über zwei Geschosse. Ihm angegliedert ist ein Musik- oder Leseraum. Im unteren Geschoß sind Arbeitsräume, die obere Etage birgt die privaten Zimmer. Der rationale Geist und die konsequente Durchhaltung des Moduls von 30 x 30 cm sind so zwingend, daß man nirgends auf etwas anderes stößt. Die modulare Ordnung – Ungers' eigentliche Passion neben der einer »thematischen Architektur«, die sich einer reinen Idee verdankt – ist hier erstmals innen und außen deckungsgleich wahrnehmbar. Alle Elemente passen sich auf bald wundersame Weise diesem Gedanken an. Dem Hause fehlen jegliche Dekorationselemente, sowohl außen als auch innen. Einzig die scharfkantig eingeschnittenen Fenster- und Türöffnungen im weißen Putz gliedern diesen Kubus. Diese fast unterkühlte, doch freundliche Noblesse und die intellektuell-abstrakte Atmosphäre – hervorgerufen und gesteigert durch die Perfektion der Ausführung – wird im Innern durch die karge Möblierung und die Bilder fortgesetzt, so daß man fast von idealen Bewohnern eines Ungers-Hauses sprechen möchte. *(Martin Kieren)*

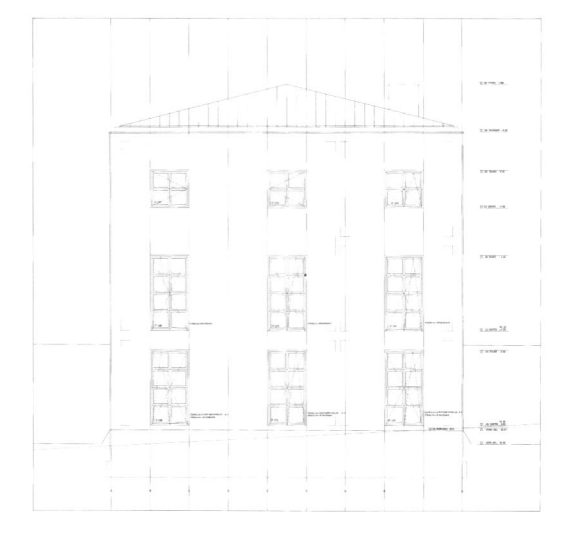

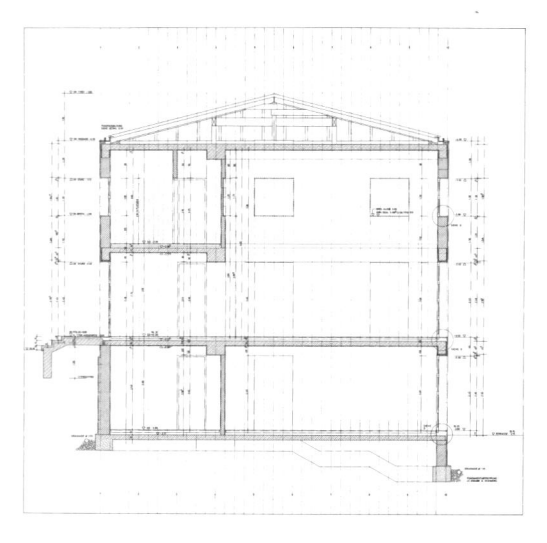

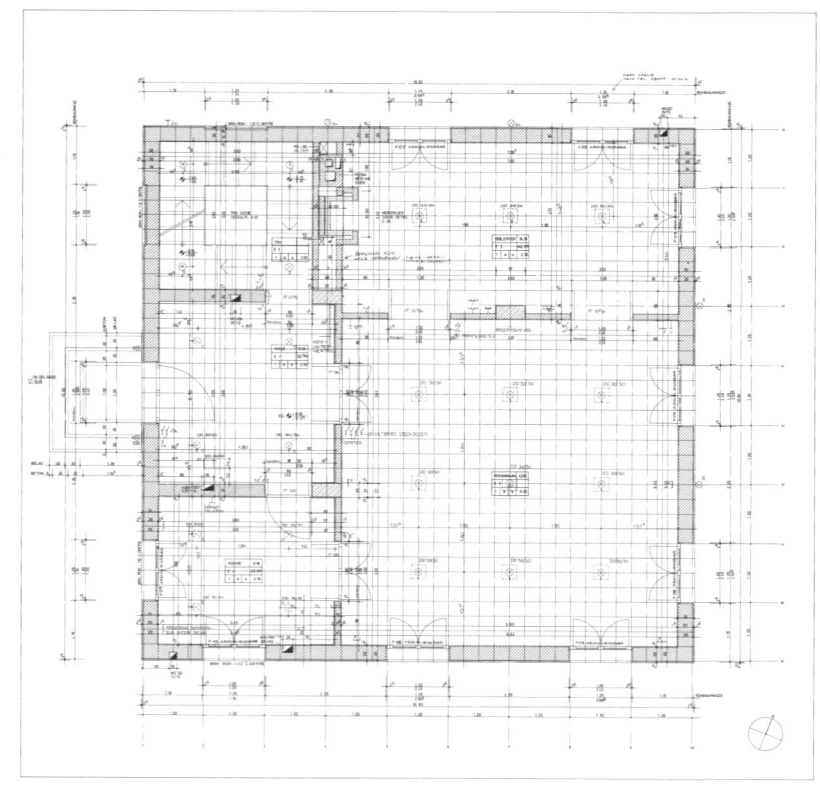

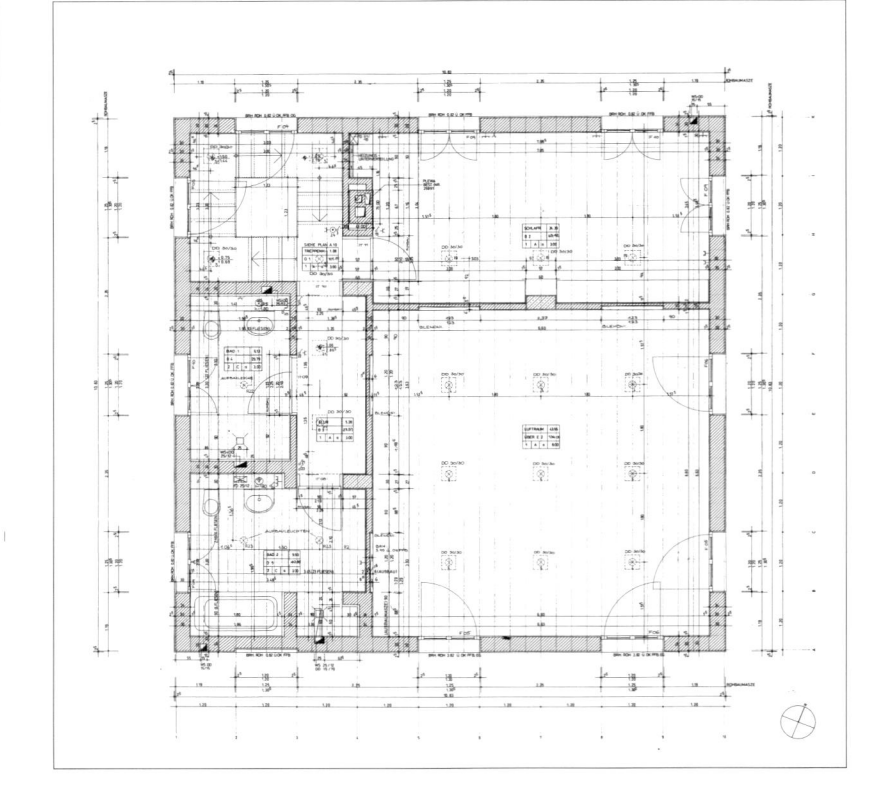

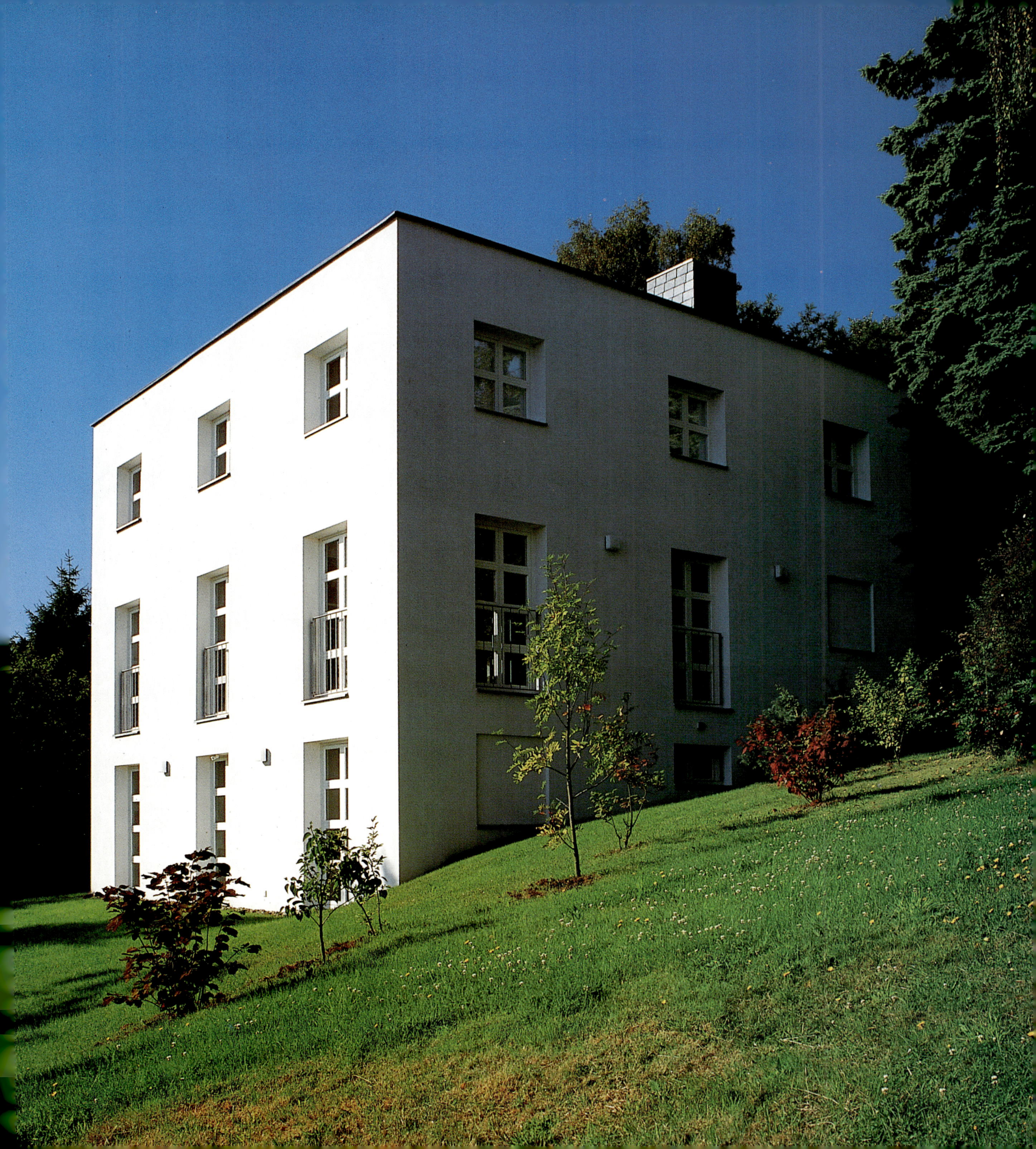

216

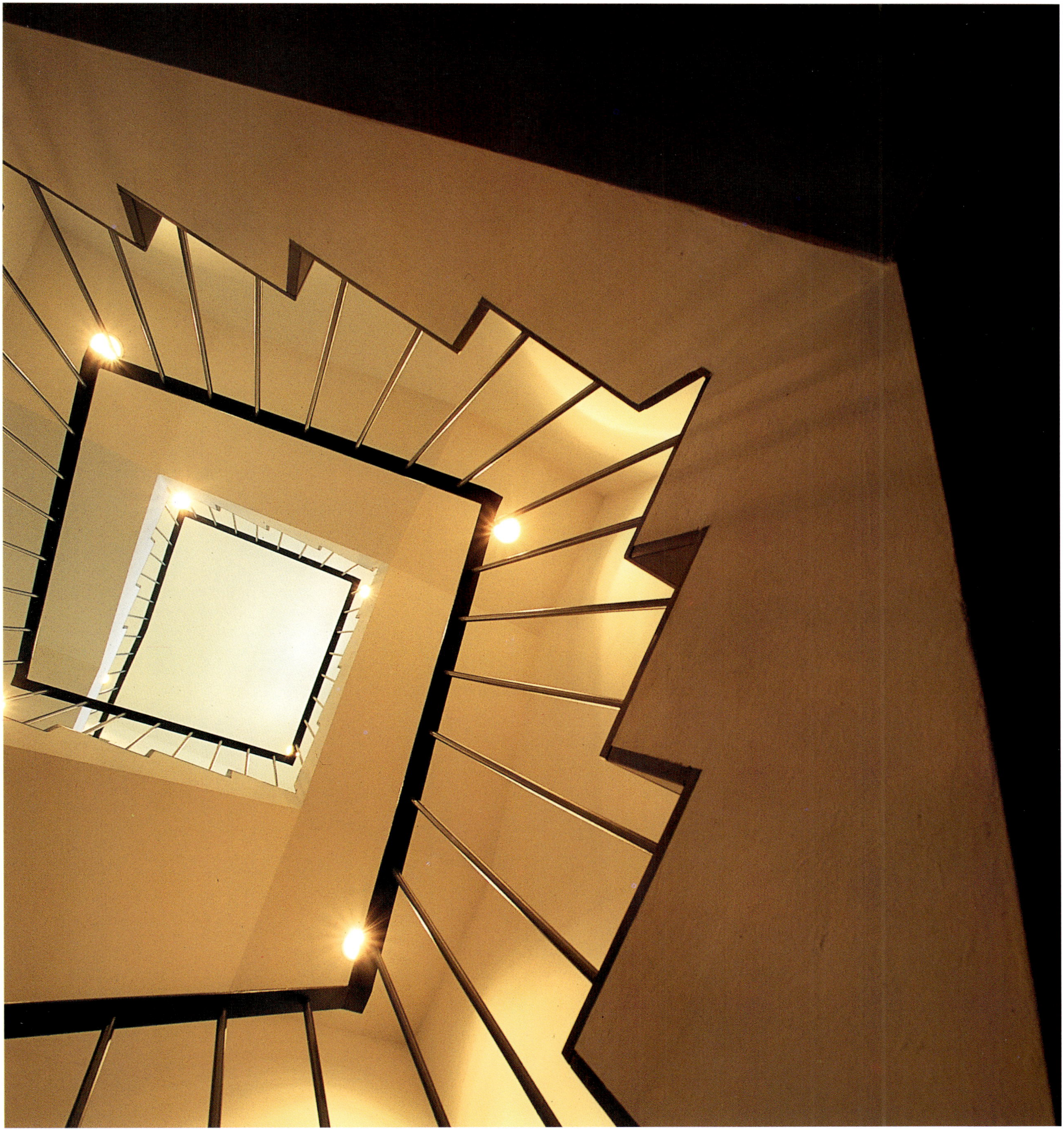

PTS-Werkstatt, Frankfurt am Main, 1990-1994

Mitarbeit: Ingo Schrader, Walter Kohne, Hikaro Hane

Lageplan und Grundrisse.

Das Passagier-Transfer-System (PTS) verbindet als vollautomatische, in rund siebzehn Metern Höhe verkehrende Bahn die beiden Terminals des Flughafens Frankfurt/Main. Das PTS-Werkstattgebäude dient der regelmäßigen Wartung, Reinigung und Reparatur der Fahrzeuge. Auf einem eigentlich unbebaubaren Restgrundstück des Flughafengeländes wurde der Bau über einer Straße und einer vorhandenen Tiefgaragenzufahrt errichtet – klarer Körper auf quadratischem Grundriß – der im Bereich der Straßendurchfahrten fast skulptural ausgehöhlt wird.

Neben der eigentlichen Werkstatthalle in der Ebene 4 des Gebäudes sind auch Werkstätten für Kleinteile und Elektronik, die Betriebsleitzentrale für das gesamte PTS-System mit zugehöriger Rechnerzentrale sowie Büro- und Schulungsräume untergebracht. Darunter befinden sich separate Büro-, Technik- und Lagerflächen. Ein freistehender, mit dem Gebäude durch Brücken verbundener Turm nimmt neben Treppen und Aufzug in seinem oberen Teil einen Push-back-Kontrollraum für die Überwachung und Steuerung der Rangierbewegungen der Flugzeuge vor dem Terminal 2 auf. Diese sehr unterschiedlichen Funktionen drücken sich in den Fassaden in einer scheinbar freien Anordnung von Toren, Lüftungsgittern, Fenstern oder großflächigen Verglasungen aus, die jedoch alle einem strengen einheitlichen Raster unterworfen sind, das dem gesamten Gebäude, gleichsam unsichtbar, als Ordnungsprinzip zugrunde liegt. Der Aufgabe entsprechend wurden wenige, einfache und robuste Materialien eingesetzt: Sichtbeton, dunkelgrau gestrichener Stahl, weißer Putz, Glas. Für die Fassade wurde mit der Fachhochschule Aachen ein radarstrahlenabsorbierendes Wärmedämm-Verbundsystem entwickelt.

Es ist vorgesehen, das Gebäude später von drei auf fünf Gebäudeachsen zu erweitern. Im heterogenen, städtebaulich und architektonisch dissonanten Umfeld des Flughafens behauptet sich das Werkstattgebäude durch seine prägnante Situierung, seine solide, doch spannungsreiche Volumetrik und die klare Erscheinung.

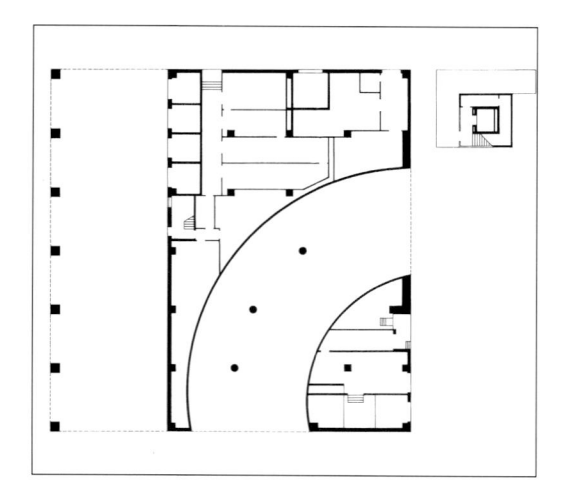

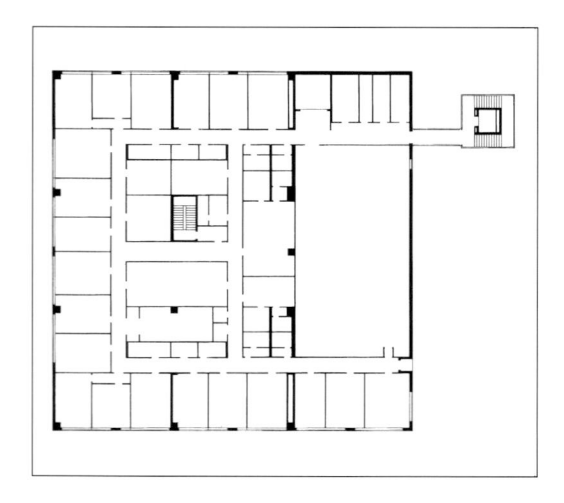

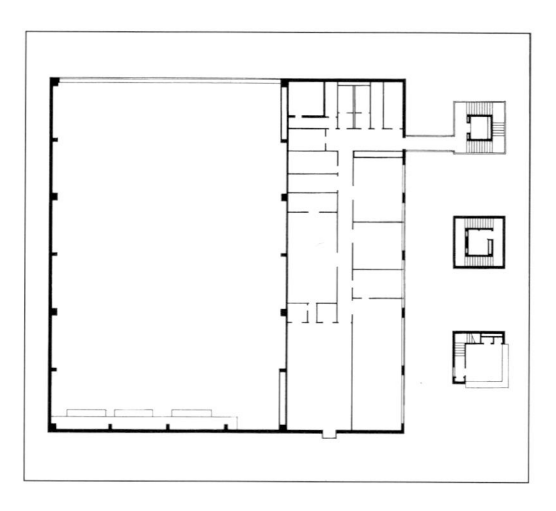

Ansichten der Werkstatthalle und des Treppenturms.

219

Ansichten.

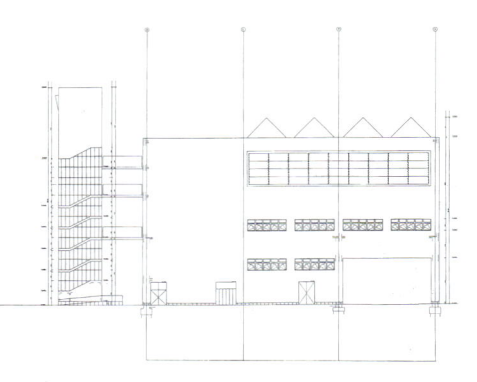

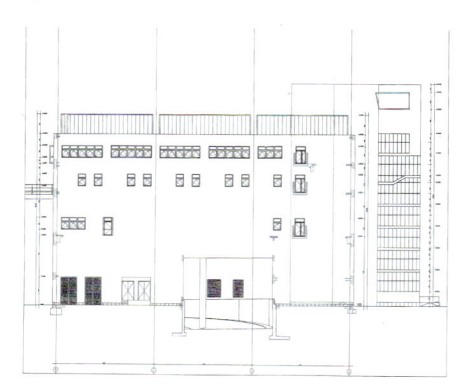

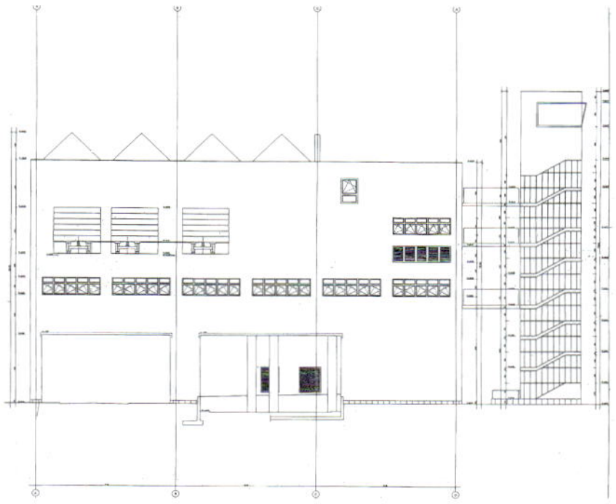

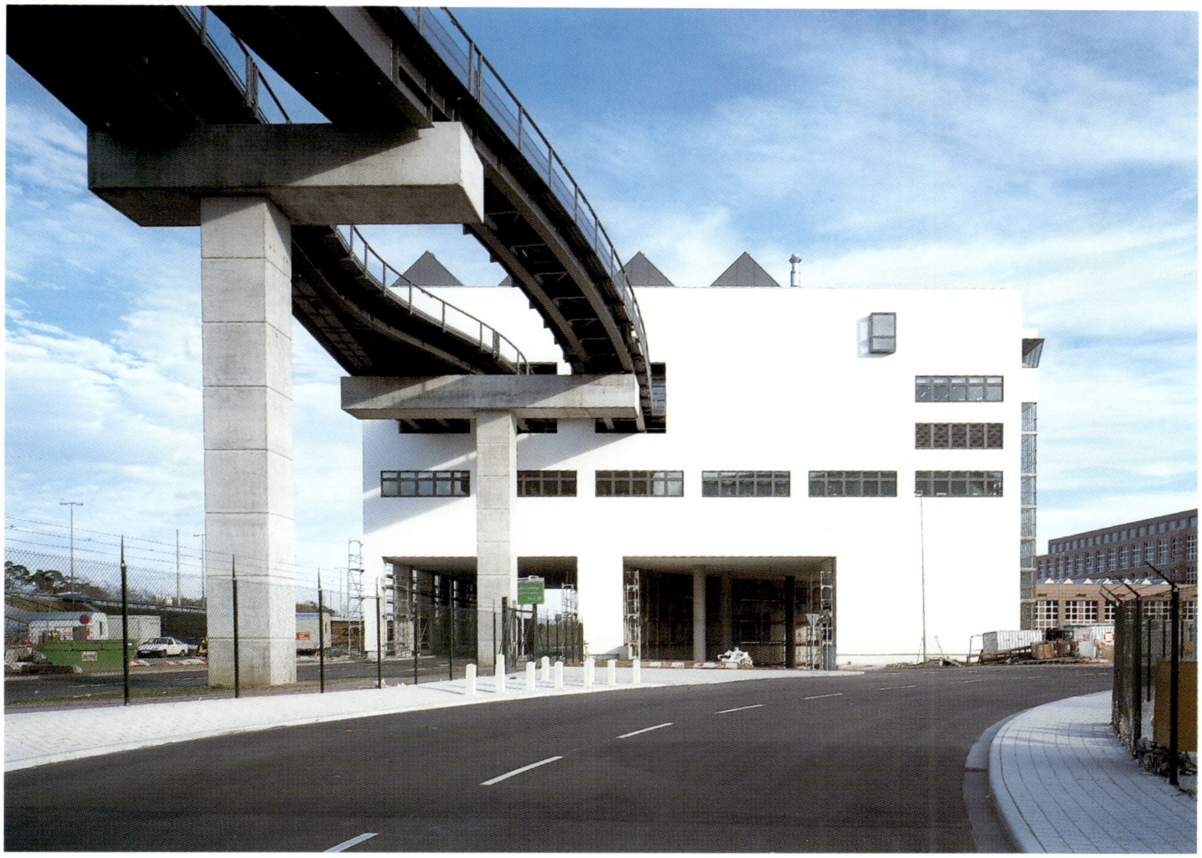

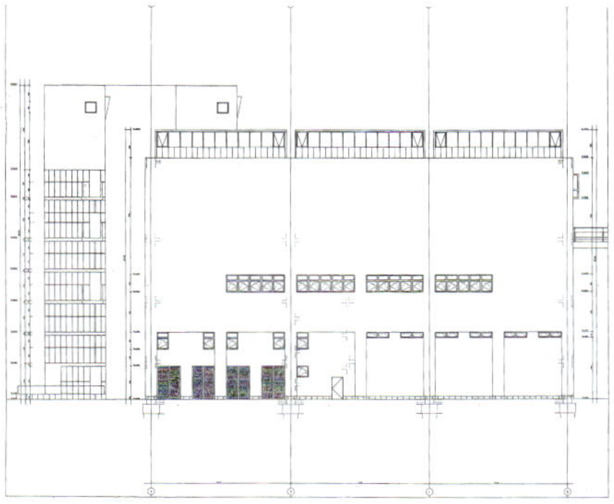

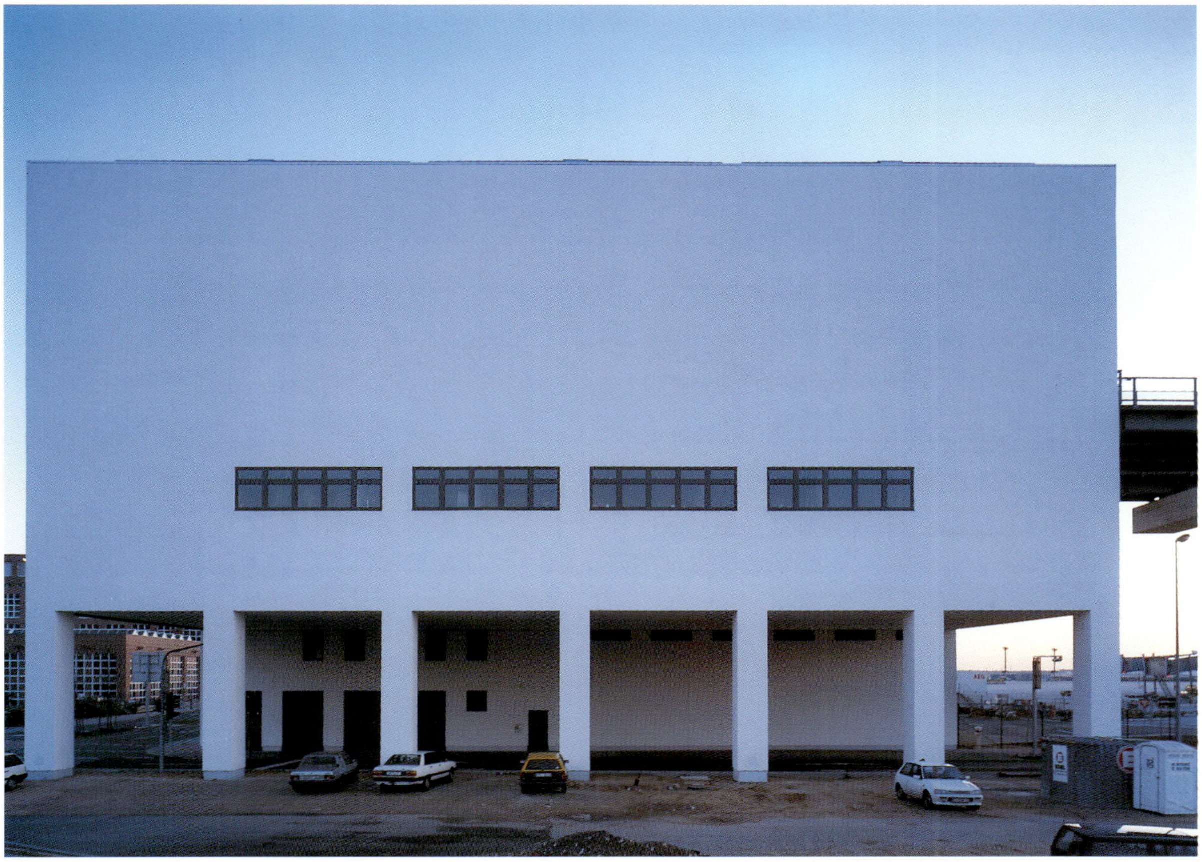

Büro-und Geschäftshaus Eschersheimer Landstraße, Frankfurt am Main, 1989–1990

Mitarbeit: Peter Diehl, Helmut Kleine-Kraneburg

Die beiden Büro- und Geschäftshäuser liegen an der Eschersheimer Landstraße, wobei Nr. 44 ein Eckgrundstück an der Fichardstraße ist. Das viergeschossige Bürohaus Nr. 42 ersetzt ein Gebäude, das Teil einer erhaltenswerten klassizistischen Gesamtanlage war. Der kubische Neubau übernimmt die Firsthöhe des freistehenden Nachbarhauses, an der sich auch der Sockel des nebenan errichteten Turms orientiert, der mit einem zweiten Sockelbereich die Firsthöhe der Zeilenbebauung an der Fichardstraße aufnimmt. Beide Sockel bilden gleichzeitig den sechsgeschossigen Büro- und Geschäftsteil des Turms. Darüber befindet sich ein zweigeschossiger Wohnaufbau mit einem verjüngten quadratischen Grundriß. Dadurch wird – ebenso wie durch einen zurückgesetzten Glaskörper zwischen den beiden Bauten – der Solitärcharakter des Turms betont.

Die beiden Gebäude sind mit einem als Keller und Garage genutzten Untergeschoß verbunden und besitzen an der Eschersheimer Landstraße einen gemeinsamen Eingang. Das viergeschossige Haus und der untere Sockel des Turms haben eine großflächige Natursteinvorhangfassade mit versetzten Fugen. Große Fensteröffnungen gibt es in den Erd- und ersten Obergeschossen. Der obere Turmsockel ist eine Ziegelkernwand, der Wohnaufbau hat eine Vorhangfassade aus großen quadratischen Natursteinplatten mit Kreuzfugen; das Dach hat eine Blechdeckung.

Lageplan; Ansichten und Schnitt.

auf der folgenden Seite
Detail des Glaskörpers.

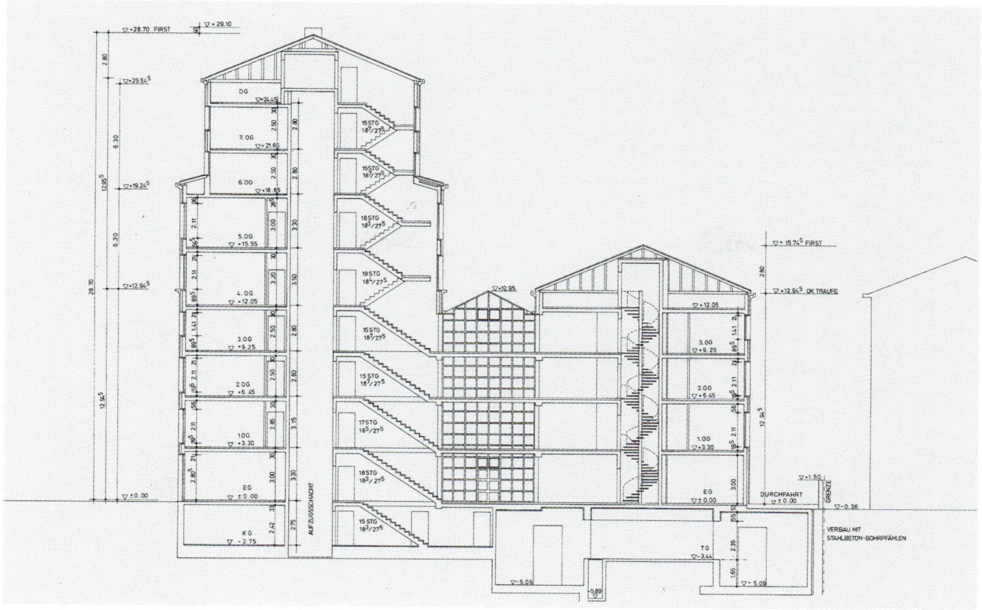

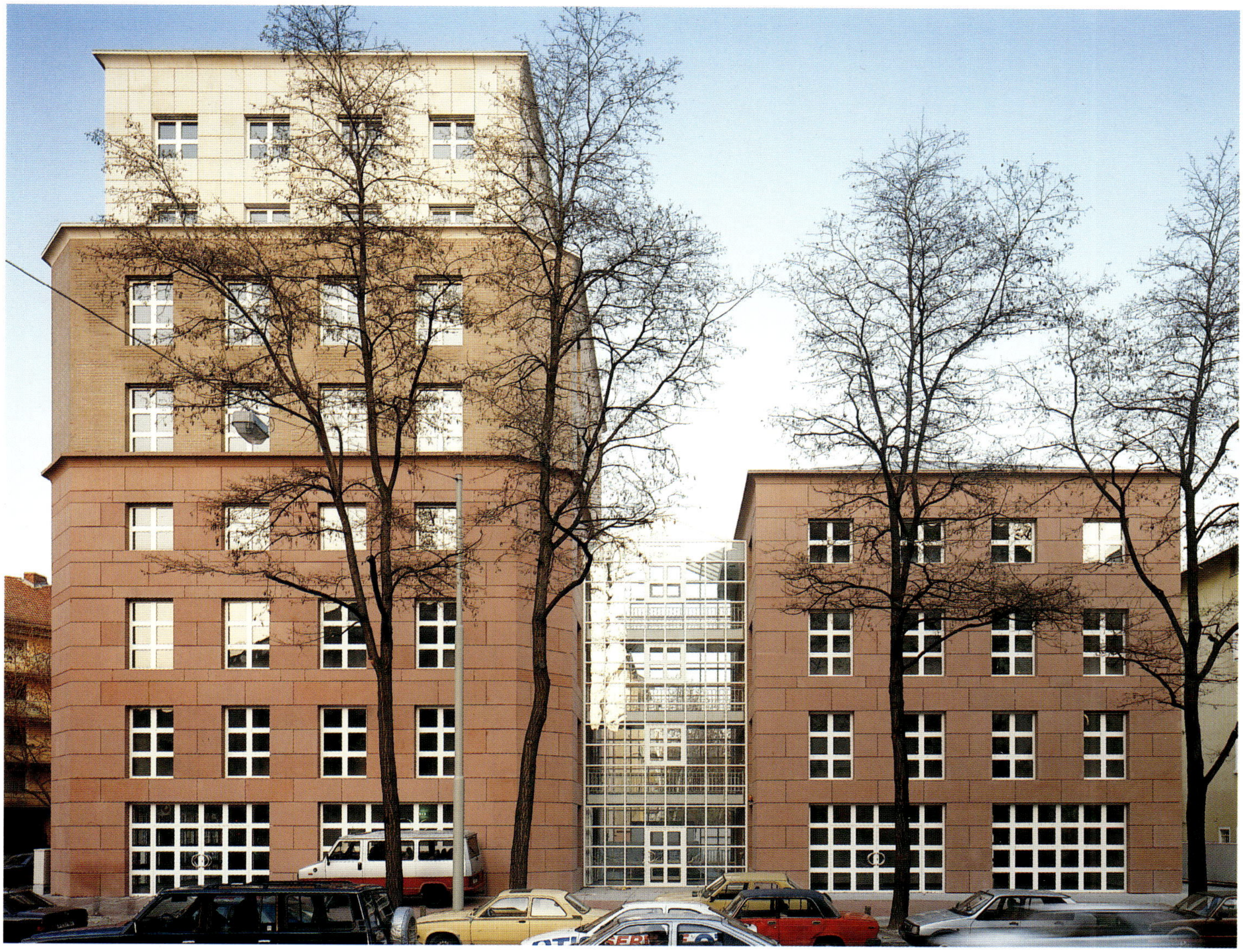

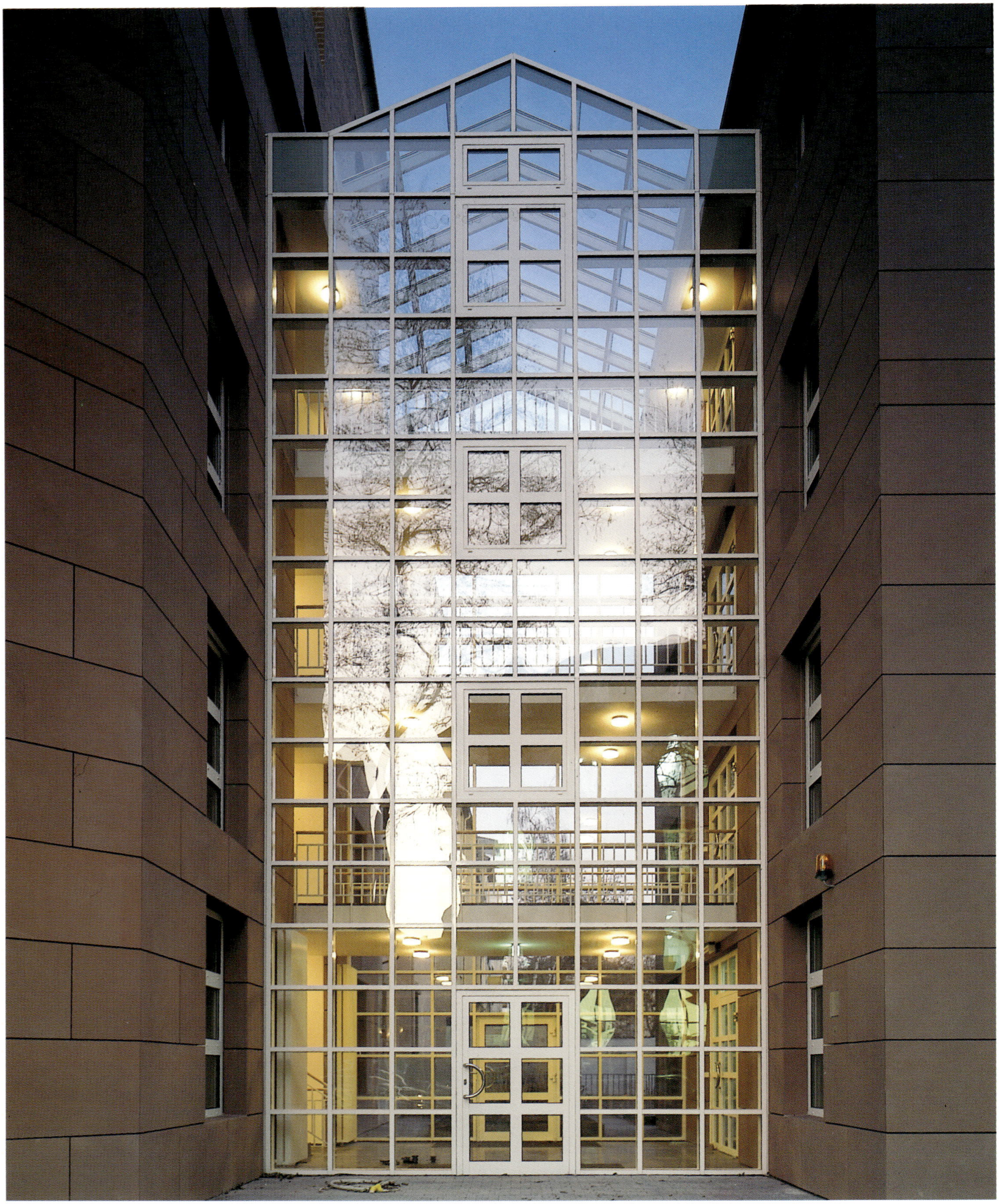

Erweiterung Messegelände Süd, Halle A, Berlin, 1990–1999

mit Walter A. Noebel

Fotomontage und Lageplan des städtebaulichen Wettbewerbsentwurfs.

Mitarbeit: Karl-Heinz Winkens, Jörg Lenschow, Peter Schmiedgen, Peter Wermund, Charly A. Pauly, Chase McCarthy, Jan Rogler, William Thomas Manarelli, Michael Ewerhardt, Iain May, Paul Panter, Luis Ocanto, Franco Bertossi, Thomas Möhlendick, Jost Westphal, Sylvia Becker, Niels Brockenhuis-Schack, David Koralek, Michael Pepper, Christine Brockenhuis-Schack, Hans Günther, Astrid Würdig, Mehmet Yalcin, Ross Carter Wingrove, John Bacus, Benjamin Thiele, Wilfried van der Bel, Martha Lewis, Jarno Nillesen

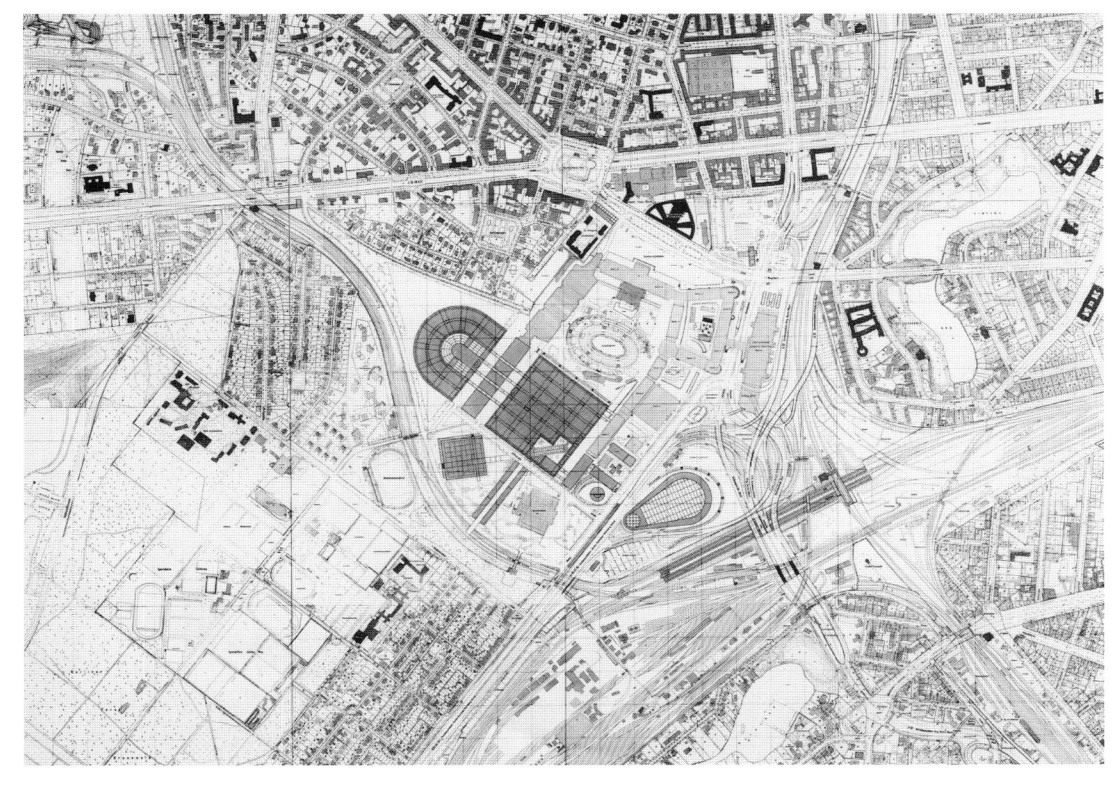

Das Berliner Messegelände hat sich vor allem in den Jahren des Bauens nach Bedarf zu einer Ansammlung von Hallenbauten unterschiedlicher architektonischer Prägung entwickelt. Allein das Konzept des Sommergartens, des großen Innenraums mit den umliegenden Messebauten sowie das Gebäude am Hammerskjöldplatz (heute Halle 18 bis 20) und die Pavillons um den Funkturm (heute Hallen 11 bis 17) am Messedamm lassen noch etwas von der Klarheit der Konzepte von Wagner und Poelzig sowie eines Ermisch verspüren. Viele neuere Hallen können es in ihrer architektonischen Anspruchslosigkeit nicht einmal mit den größtenteils abgerissenen Behelfsbauten der fünfziger und sechziger Jahre aufnehmen. Vor allem taugen sie nicht zur Begrenzung und klaren räumlichen Fassung des großen Innenraums um den Sommergarten, der überdies – außer dem zentralen Oval – noch vollgestellt ist mit provisorischen Pavillons und daher ein klares Erschließungs- und Freiflächenkonzept vermissen läßt. Besonders unbefriedigend ist der räumliche Abschluß des Innenbereichs im Südwesten, der einer funktionsfähig gemachten Restfläche gleicht. Statt aus kurzfristigem Bedarf heraus unüberlegte Erweiterungen zu schaffen, muß ein langfristig tragfähiges, architektonisch interessantes und ganzheitliches Konzept entwickelt werden, das stufenweise realisiert werden kann und das in der Lage ist, dem Berliner Messegelände in jeder seiner Ausbauphasen eine bauliche Identität zu verleihen. Ziel muß es sein, unter Verwendung der vorhandenen Bau- und Freiraumstrukturen einen Entwicklungsansatz zu finden, der die geschichtliche Entwicklung des Messegeländes reflektiert und weiterführt, aber auch durchaus eine eigenständige Ausdrucksform der großen Erweiterungsflächen darstellt – und dies möglichst frei von modischen Attitüden. Der Respekt vor dem städtischen Kontext erfordert einen klaren Ordnungsgedanken und kann nicht mit einem Auffüllen der Restflächen mit platzgreifenden Ausstellungsbehältern gelöst werden. Gefordert ist ein architektonischer Gedanke, der in der Lage ist, auch kurzfristig dem Berliner Messegelände ein Rückgrad für zukünftige Entwicklungen und vor allem einen neuen Festpunkt mit Erinnerungscharakter zu verleihen.

Das Kernstück des neu strukturierten Messegeländes ist eine neue Messehalle A, die in ihrem mittelfristigen Endausbau einen Baukörper von 252 x 285 m und etwa 18 m (im Randbereich 21 m) Höhe bildet. Sie ist im

Lageplan; Ansichten und
Schnitte der ersten Lösung.

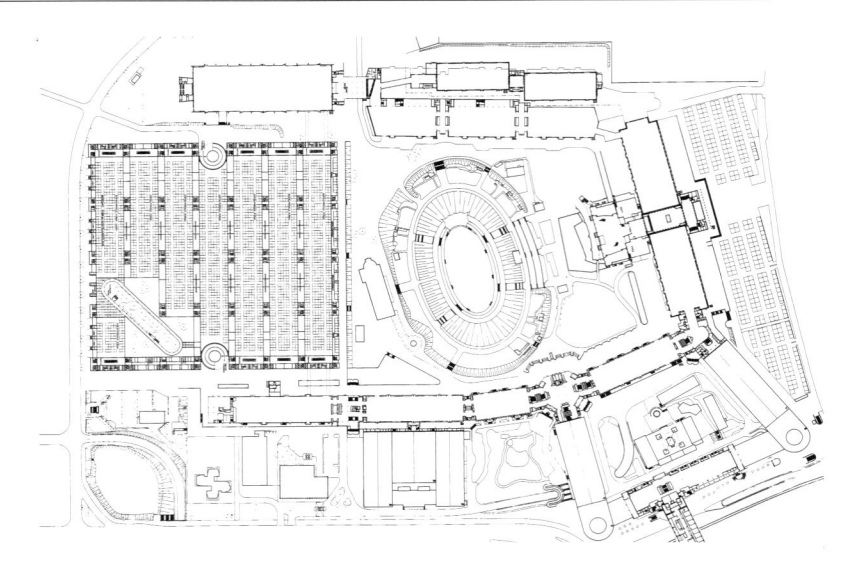

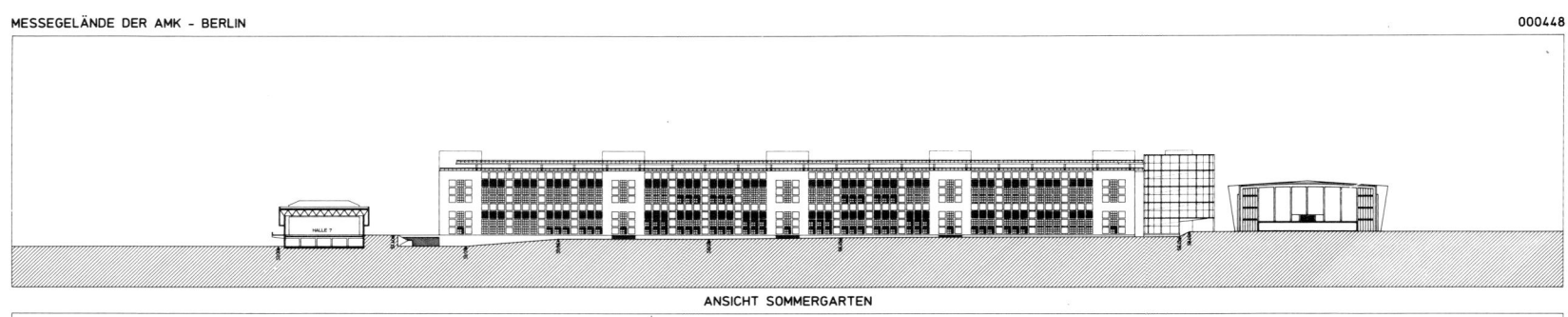

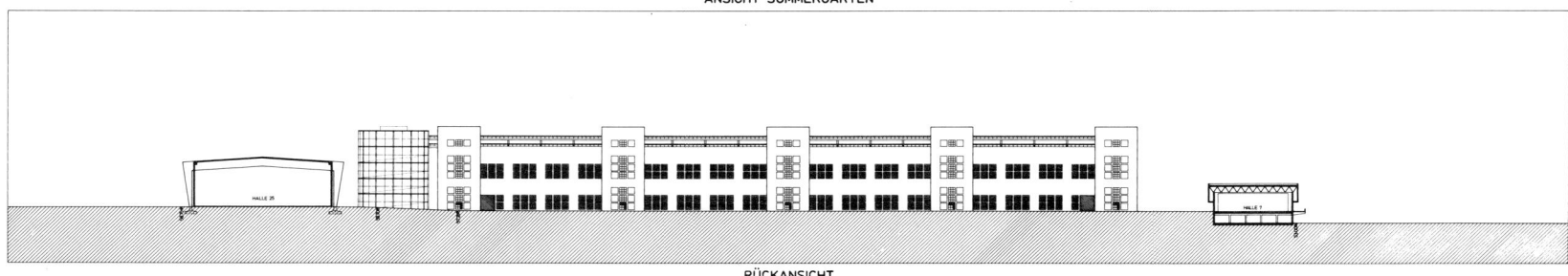

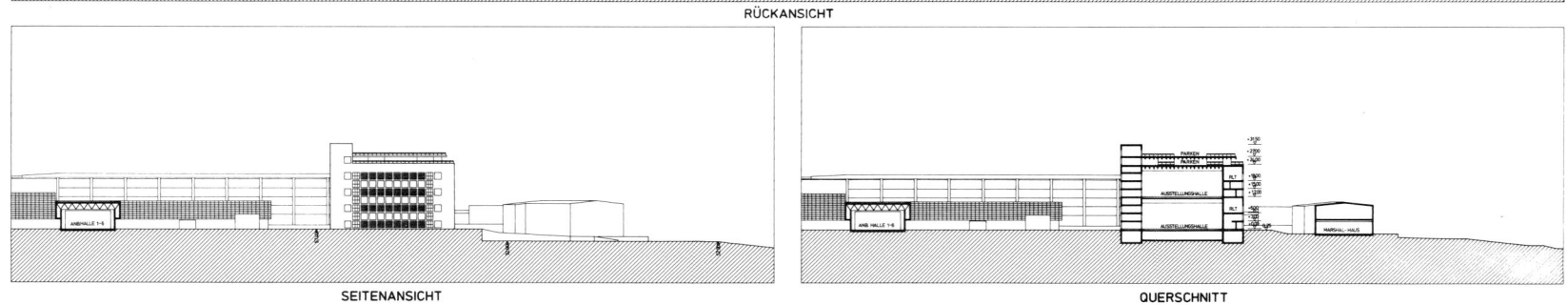

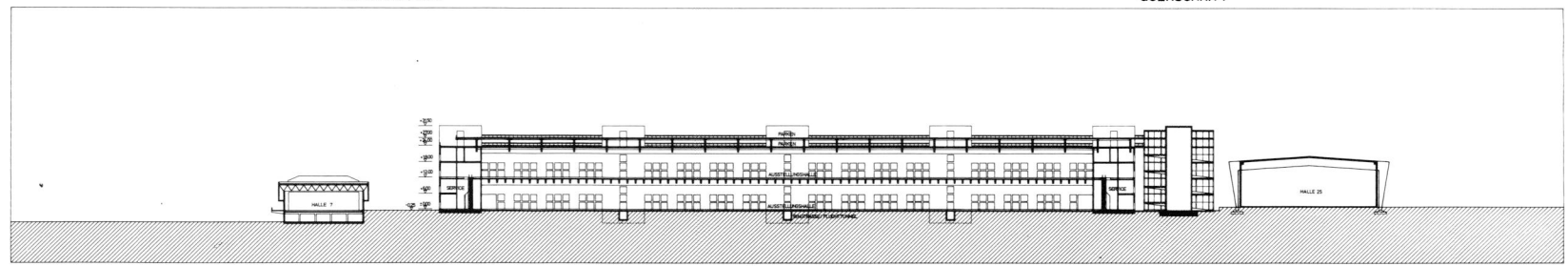

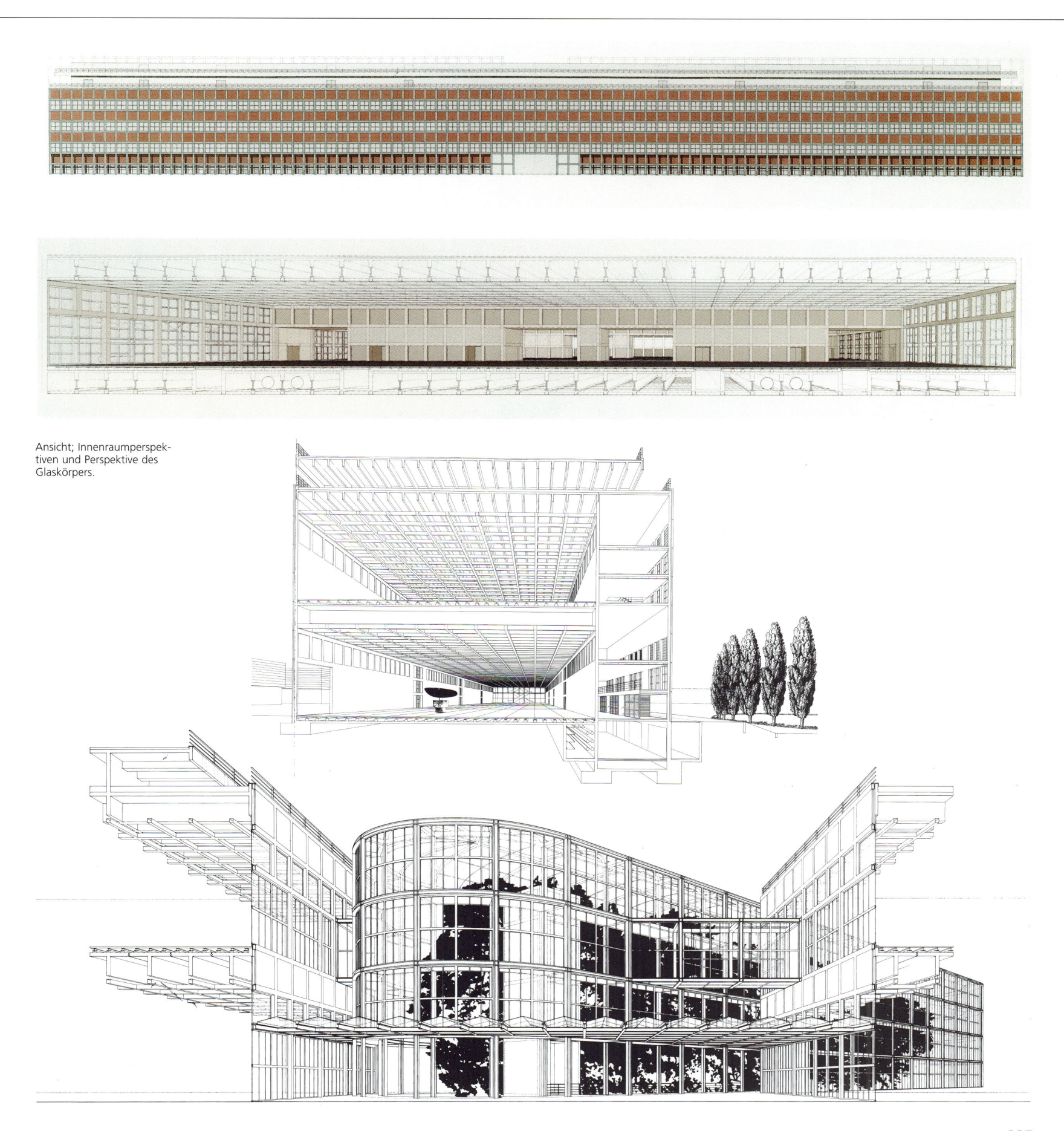

Ansicht; Innenraumperspektiven und Perspektive des Glaskörpers.

227

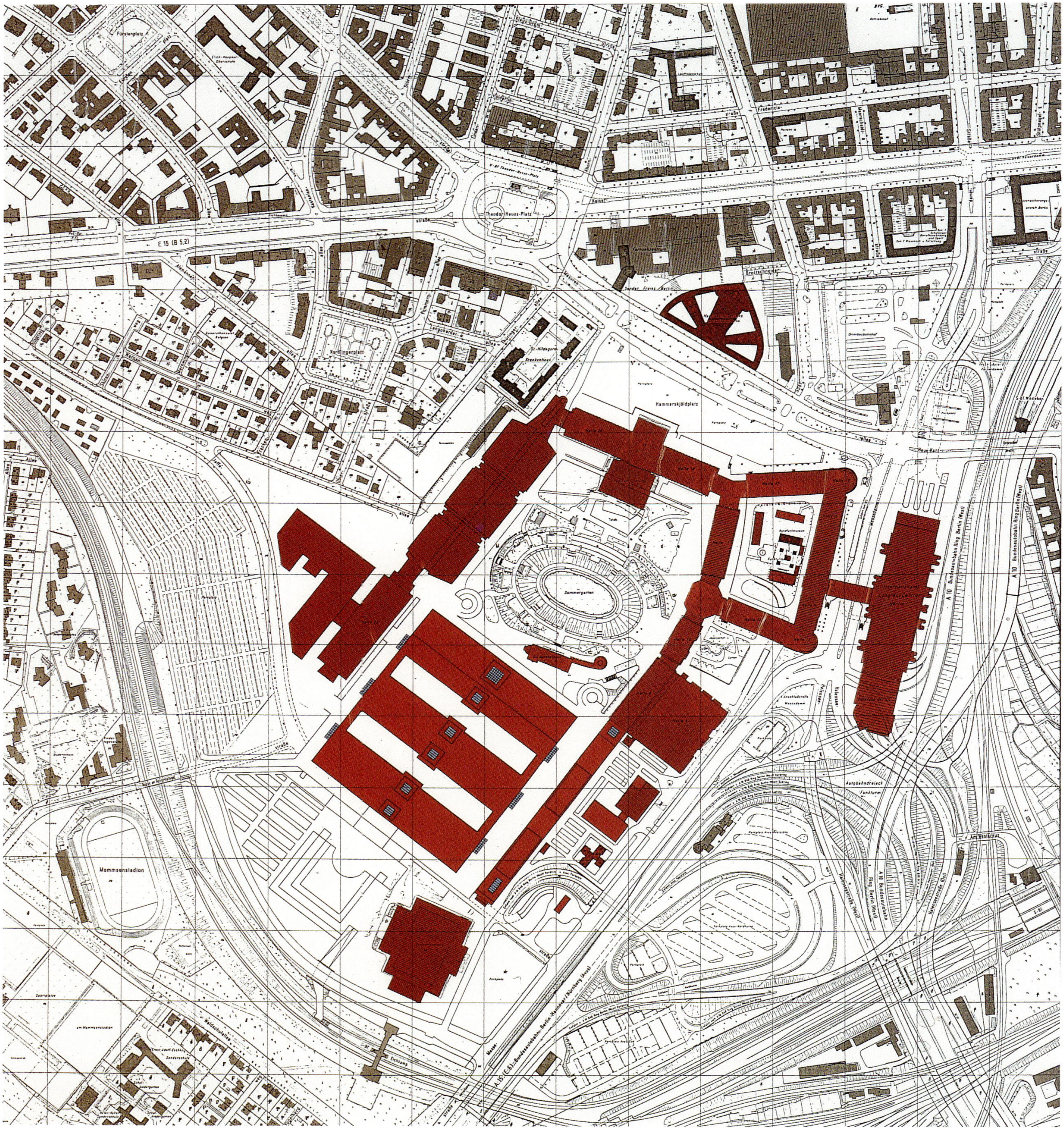
Fürstenplatz
Theodor-Heuss-Platz
E 15 (B 5.2)
Hammarskjöldplatz
Sommergarten
Mommsenstadion

Lageplan Bestand und Erweiterung.

Ansicht Modell und Grundrisse verschiedener Ebenen.

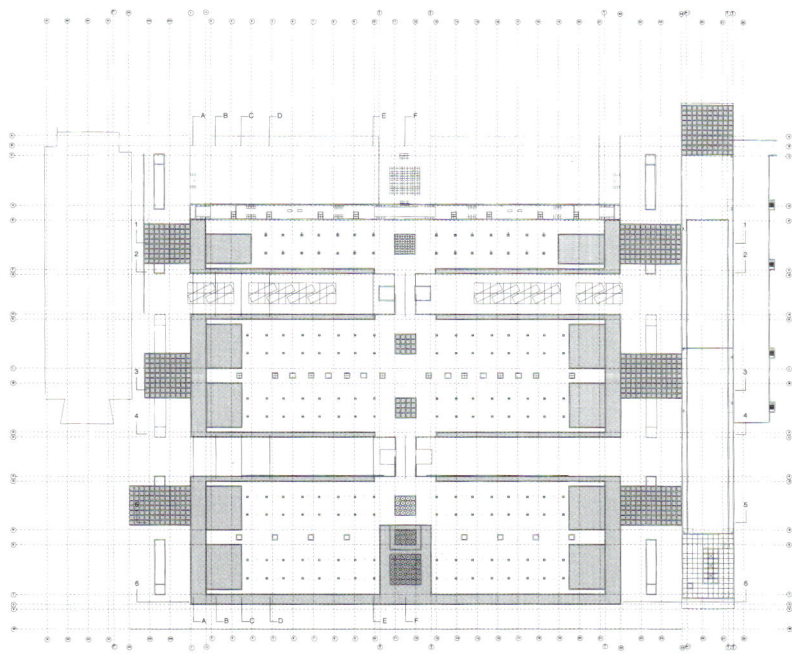

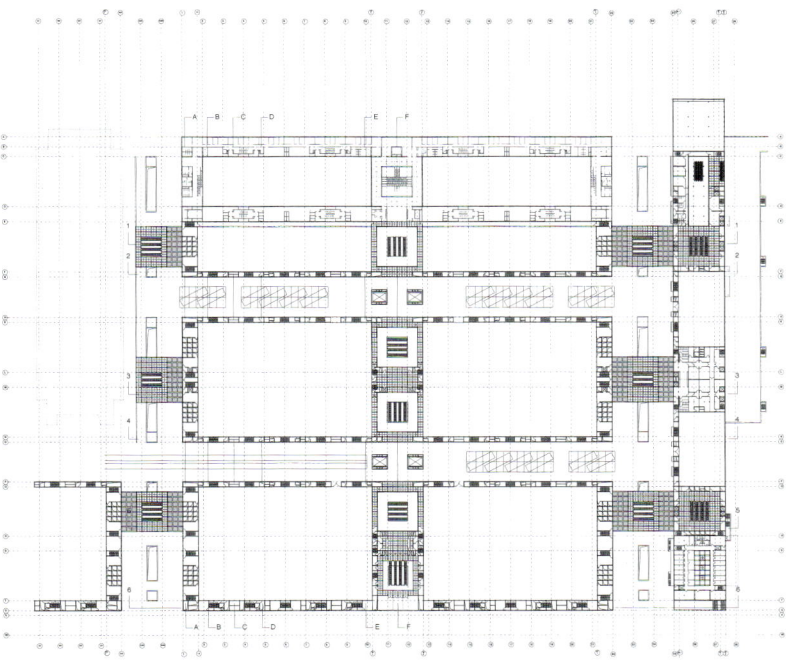

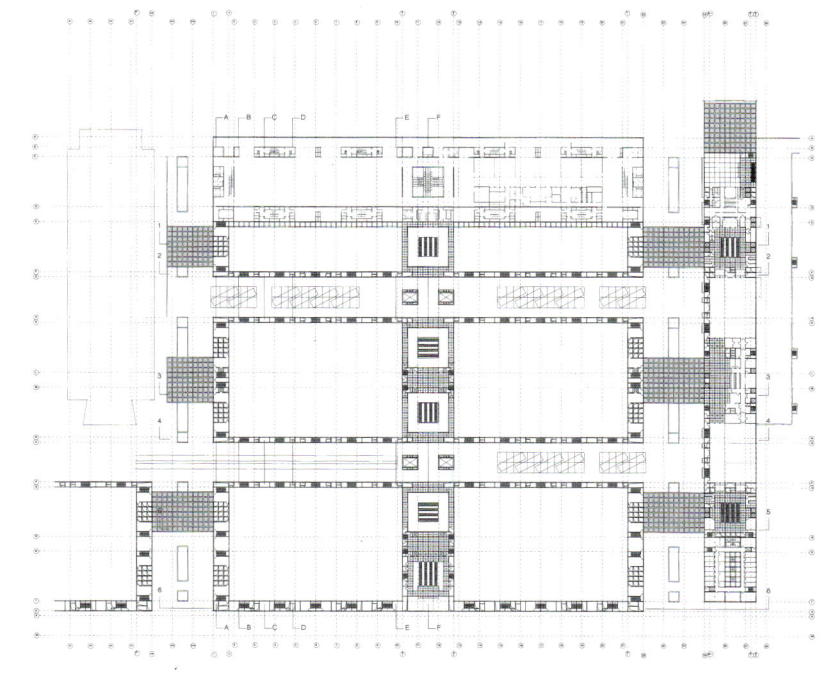

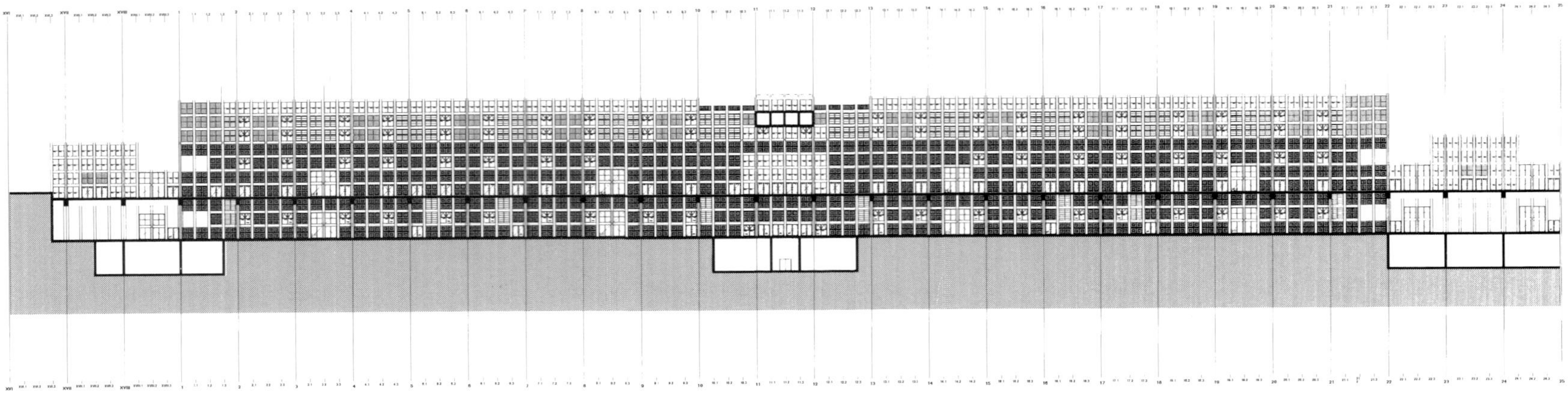

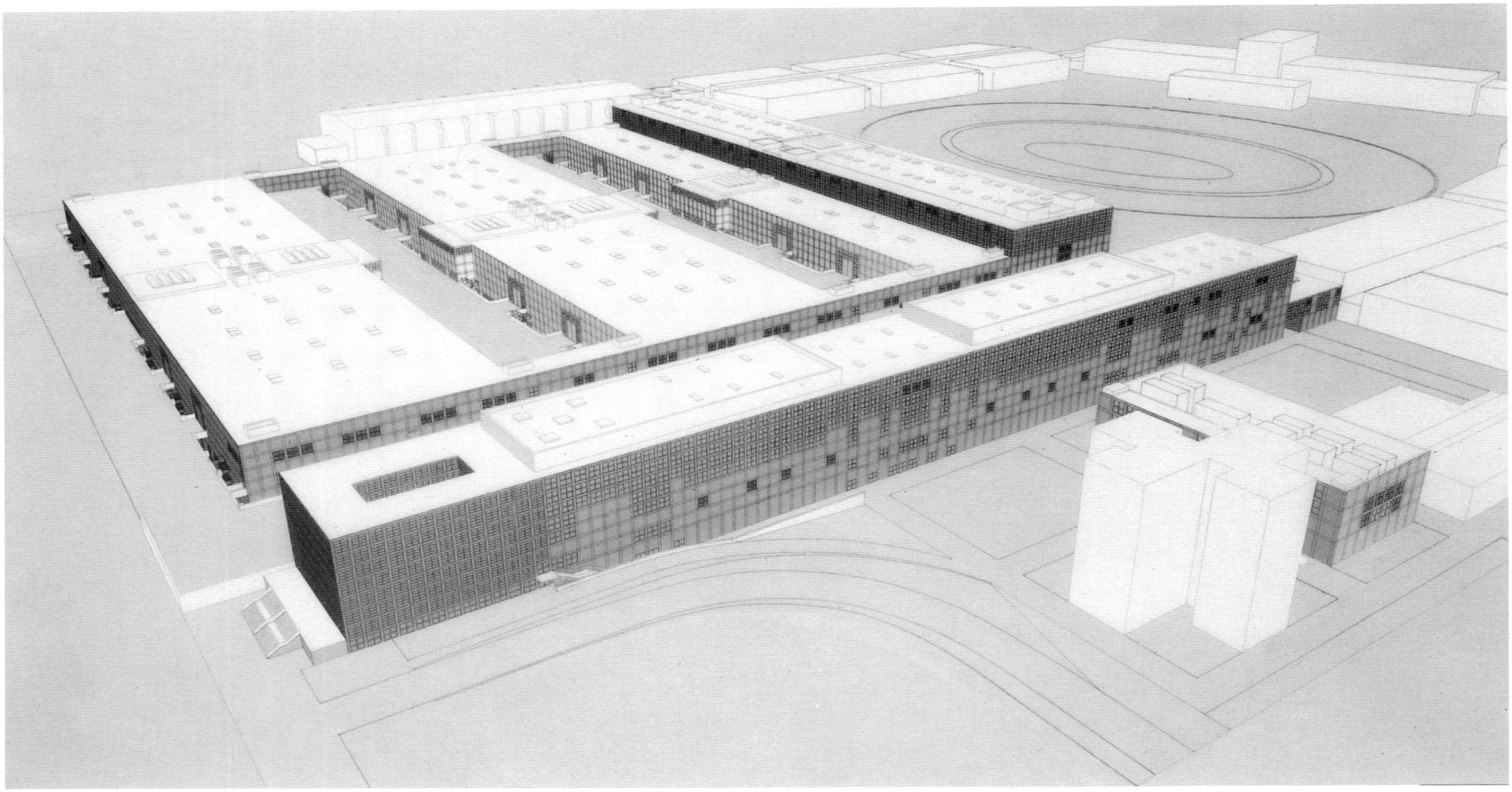

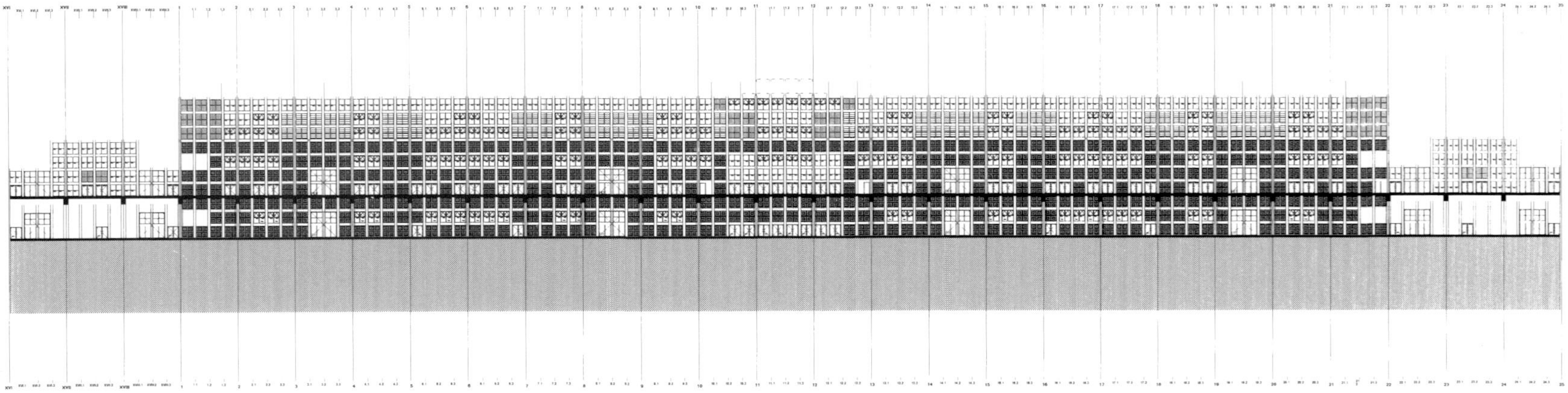

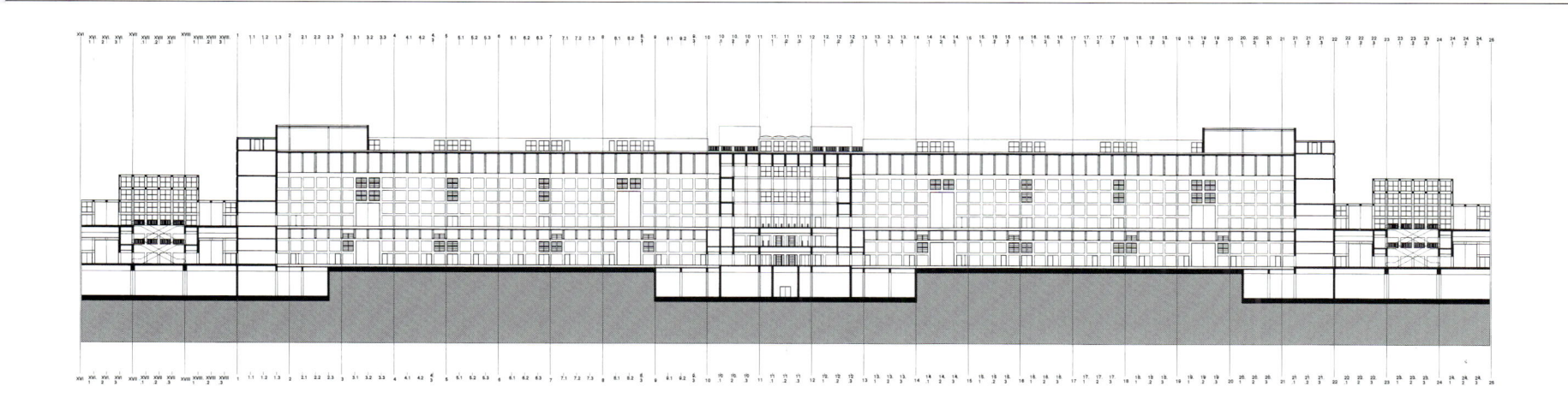

Ansichten; Schnitte; perspektivische Gesamtdarstellung und Ansichten Modell.

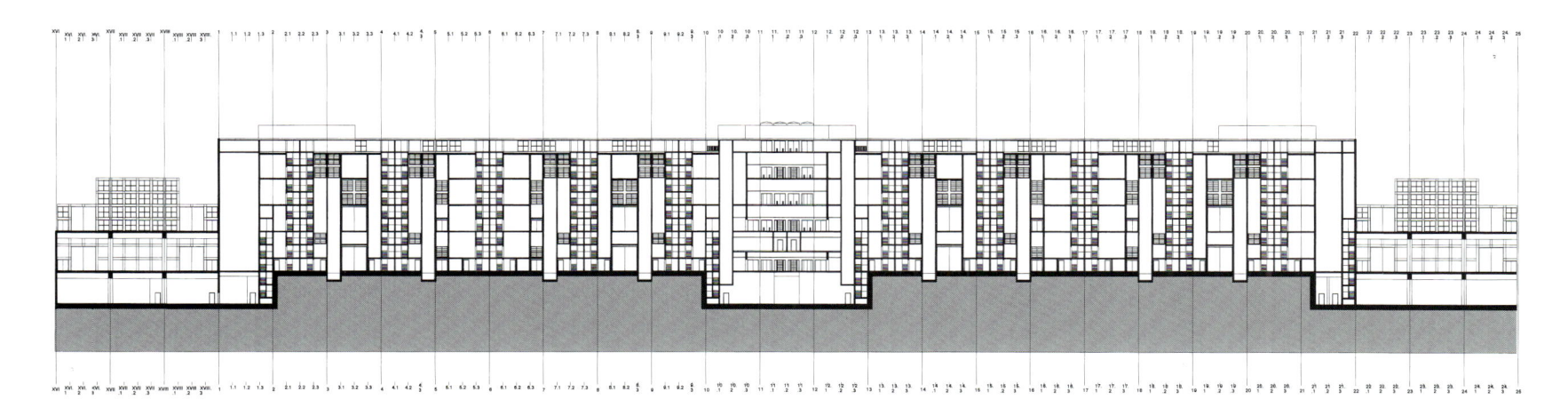

Ansichten der Messehallen.

südlichen Teil des Messegeländes zwischen den Hallen 25 und 7 und deren möglichen Erweiterungen angeordnet und bildet eine neue Fassade zu Sommergarten und Innenbereich im Norden wie auch zu Freigelände und Deutschlandhalle im Süden. Der Gesamtbaukörper ist in drei jeweils doppelte Hallenriegel gegliedert, so daß eine beidseitige Anlieferbarkeit aller Hallenzüge gewährleistet ist. Der erste Riegel gliedert sich in sechs Hallen à jeweils 3000 m² Ausstellungsfläche sowie zwei Sonderflächen à jeweils 3000 m². Der zweite und dritte Riegel enthalten je vier Großausstellungshallen à 6750 m² auf je zwei Ebenen. Das gesamte Neubauvorhaben ist zweigeschossig und setzt damit das Prinzip der bestehenden Hallen 8 bis 10 fort. Die unteren Ebenen liegen auf dem Niveau des Funkturminnenhofs, die oberen auf dem Niveau des Sommergartens wie auch der beidseitig angrenzenden Hallenzüge 20 bis 25 und 7. Die Messehalle A stellt die komplexe Antwort auf eine komplexe Problematik dar: die flächensparende Unterbringung riesiger Ausstellungsflächen und die Bewältigung vielfältiger Funktionsabläufe wie Anlieferung, Lagerung, Organisation und Bedienung von Besuchern und Ausstellern, Flexibilität und Zuschaltbarkeit der Ausstellungsflächen, Erschließung und Parken.

Die drei Riegel der Messehalle A finden ihre konsequente Fortsetzung in den ebenfalls drei Riegeln der im Westen anschließenden Messehalle B.

Fassadendetails.

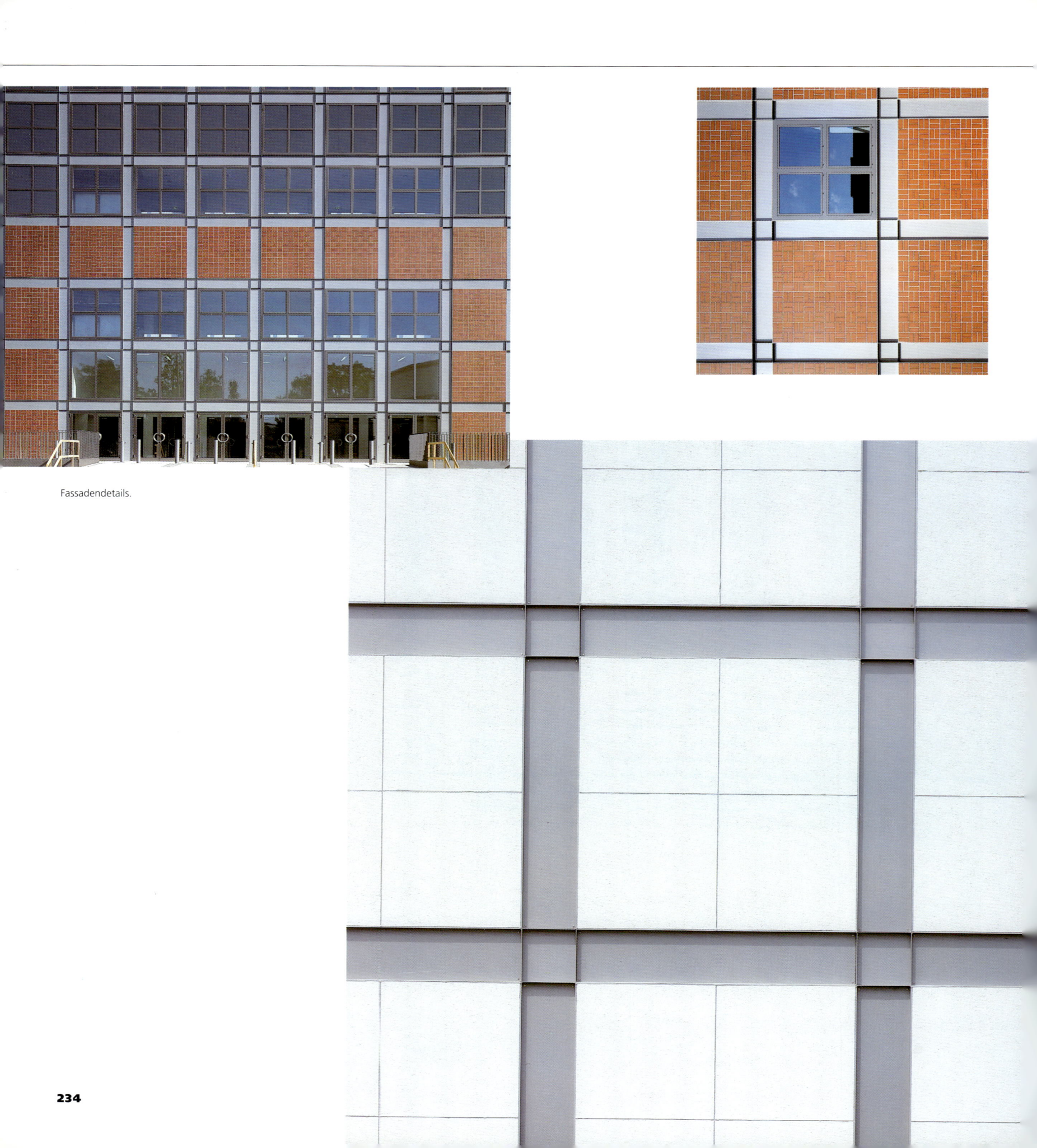

Blick in das Innere der
Messehallen.

Ansichten Atrium und
Glasdecke Atrium.

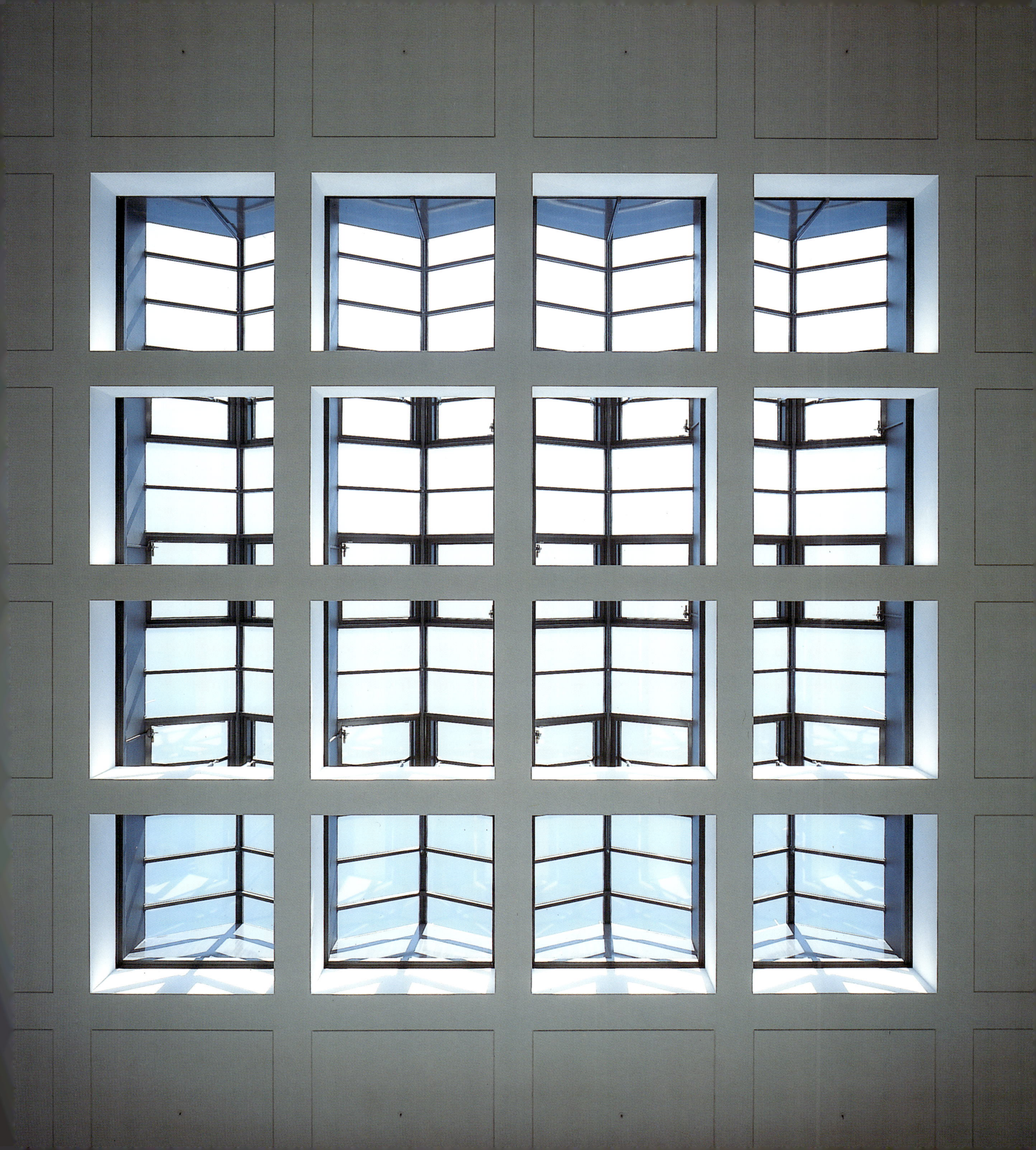

Generalbundesanwaltschaft, Karlsruhe, 1986-1998

Mitarbeit: Kai-Uwe Lompa, Frank Wieschemann, Helmut Kleine-Kraneburg, Martin Gruber
Bauleitung: Burckhard Meyer

Der jetzt realisierte Entwurf für die Generalbundesanwaltschaft ist der dritte nach dem Wettbewerbsgewinn von 1986, der noch den Bundesgerichtshof auf seinem Stammgelände beinhaltete. 1989 wurde dieser Entwurf auf das Gelände der Industriewerke Karlsruhe/Augsburg (IWKA) übertragen und neu konzipiert. 1990 wurde der Bauantrag für das heute realisierte Projekt eingereicht. Das Gebäude entsteht nun auf dem Block 4 des IWKA-Geländes an der Brauerstraße auf einem Grundstück von 100 x 100 m.

Um die Baulinie aufzunehmen und die geforderten Sicherheitsabstände zu den öffentlichen Flächen zu gewährleisten, wurde ein äußeres Umfassungsbauwerk mit fünf Metern Höhe konzipiert, das nach innen und außen durch die Gliederung seiner Natursteinfassade in Felder, Lisenen und Stützen als arkadenartiges Bauwerk erscheint. Außen ist es dreiseitig mit Kletterpflanzen berankt, zur Brauerstraße hin wird an der Außenfassade der »öffentliche Teil« der Kunst präsentiert. Das Dach ist mit einer 1,80 m hohen Hecke begrünt.

Das Arkadengebäude umschließt eine quadratische Hof- und Parkfläche, in die in Anlehnung an den Typus der »Palais« das Hauptgebäude symmetrisch eingestellt ist. Es besteht aus einem Rechteck, in das ein Kreisbogensegment einbeschrieben ist. An den Schnittflächen der zwei Figuren entwickeln sich zwei Innenhöfe, die sich über die Gesamthöhe des fünfgeschossigen Baus erstrecken und die durch ein umlaufendes Oberlichtband belichtet werden. Das Gebäude hat somit drei Grundelemente, das U-förmige Winkelgebäude, das kreisbogenförmige Rundgebäude und die zwei Innenhöfe, die aus dem Verschnitt von Kreisbogen und »U« entstehen. Das Winkelgebäude wird nach außen mit demselben Jurastein verkleidet wie das Arkadengebäude, allerdings in einer helleren Oberfläche. Das Rundgebäude erhält einen feinen, weißen Putz. Dem Hauptgebäude gegenüber wird spiegelbildlich eine heckenumschlossene Baumgruppe gepflanzt, die den Grundriß des Hauptgebäudes nachempfindet. Die Fahrbahnflächen haben eine Asphaltdecke aus einem splitähnlichen Material.

Im Arkadengebäude sind die Tiefgaragenabfahrten, Einstellplätze, Sicherungsanlagen und Nebenräume untergebracht. Im Erdgeschoß des Hauptgebäudes liegen die Cafeteria und allgemein zugängliche Räume, in den Obergeschossen befinden sich die Hauptabteilungen der Bundesanwaltschaft, die zentrale Leitung, der Sitzungssaal und die Dienstwohnung.

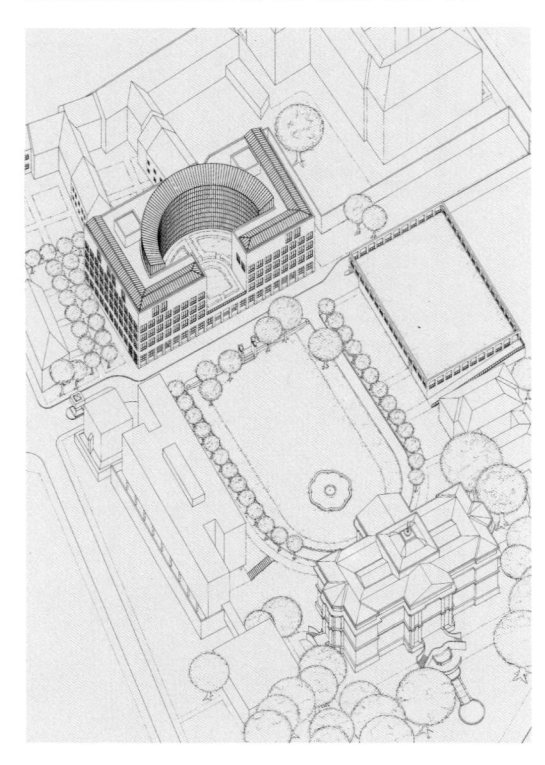

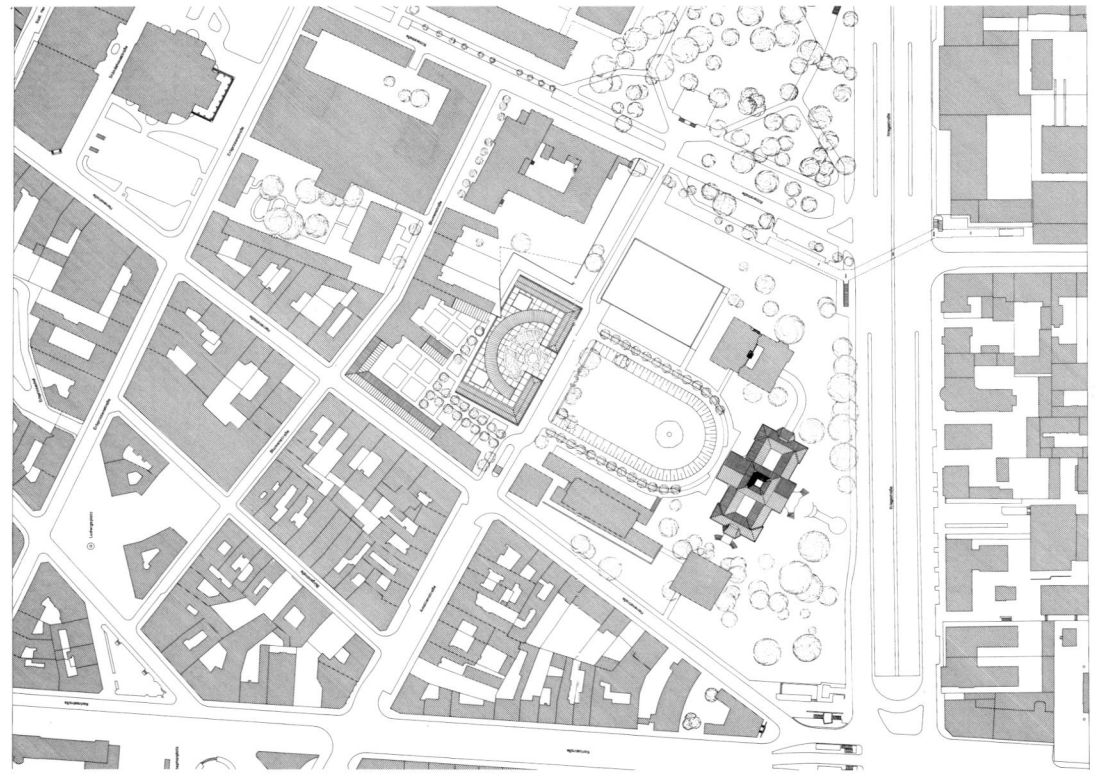

Lageplan und Isometrie der Gesamtsituation.

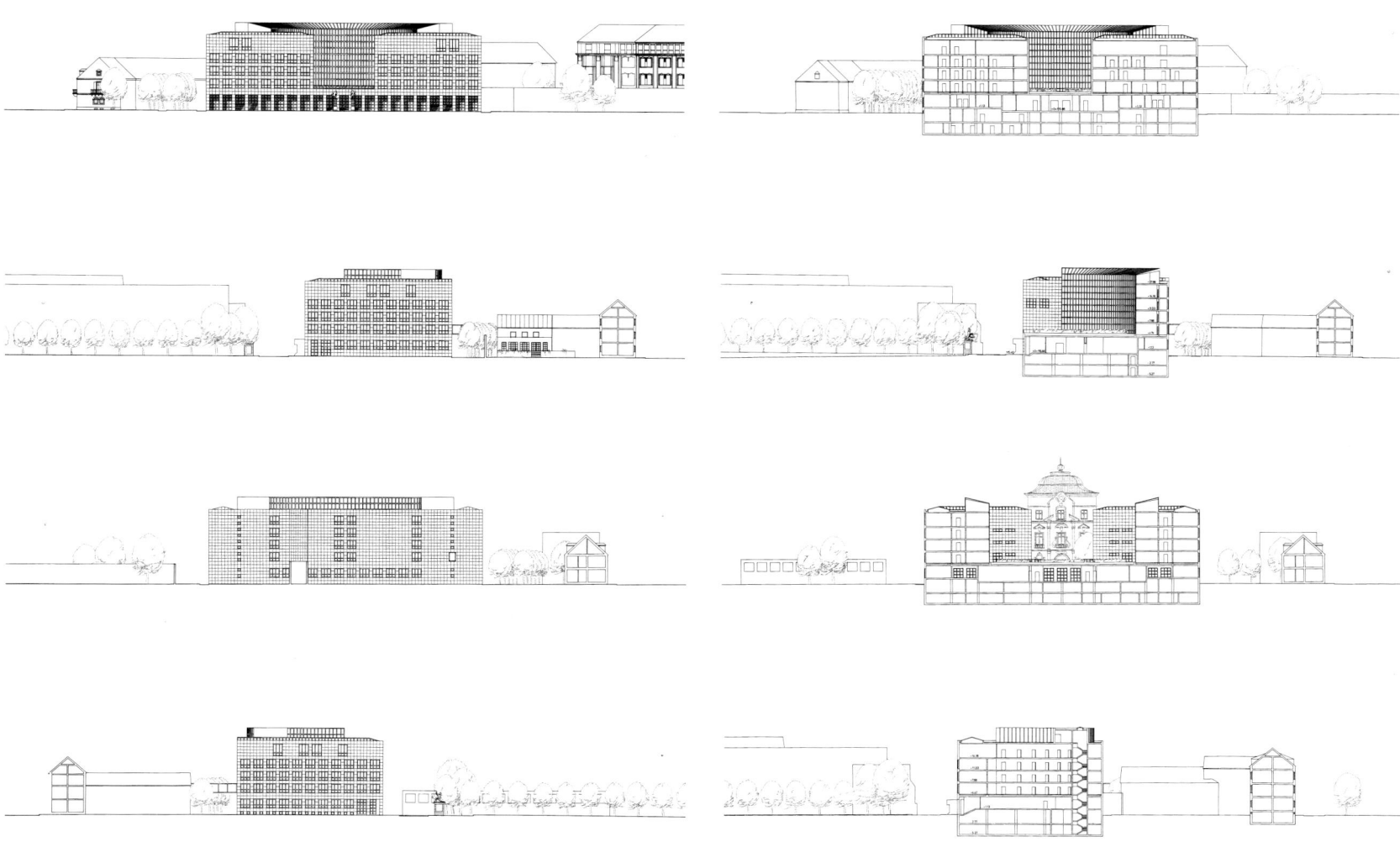

Ansichten; Schnitte und Grundriß Erdgeschoß.

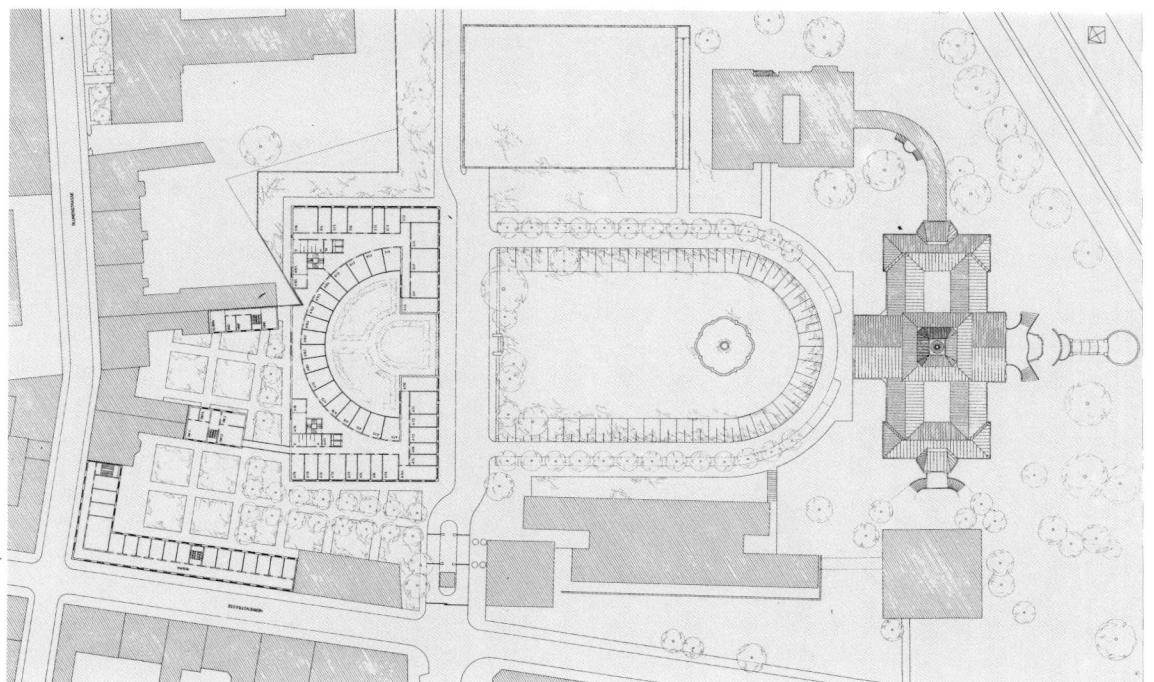

239

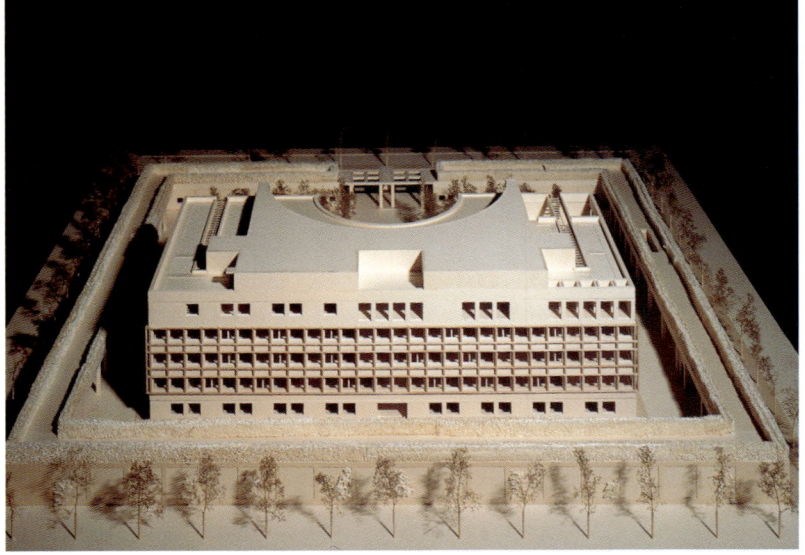

Ansichten des Modells und Entwurfsskizze.

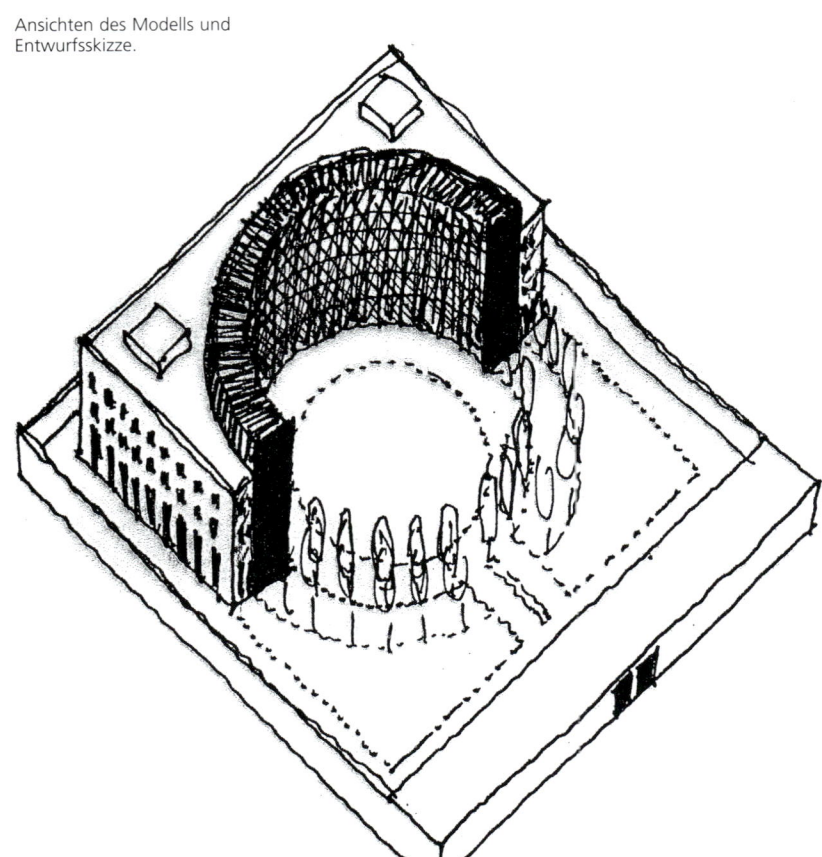

240

Grundrisse auf verschiedenen Ebenen und Entwurfsskizze.

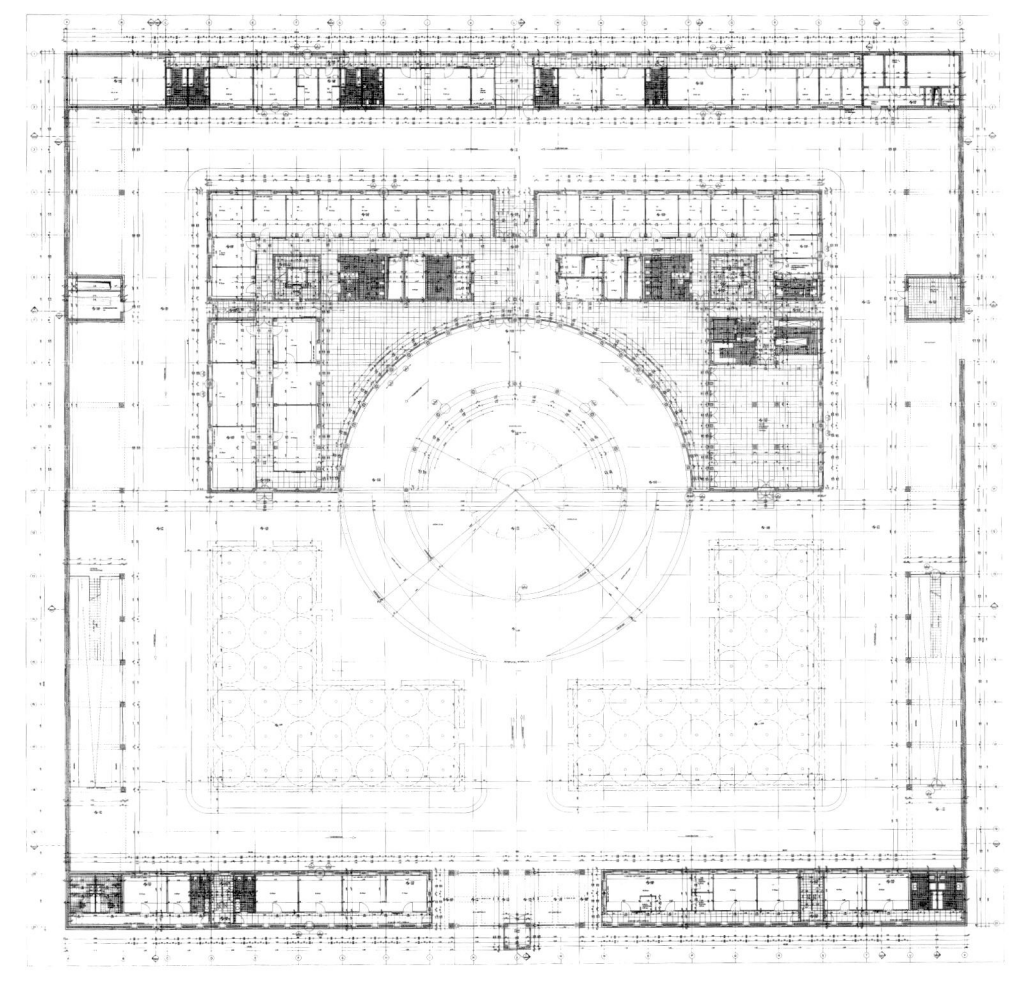

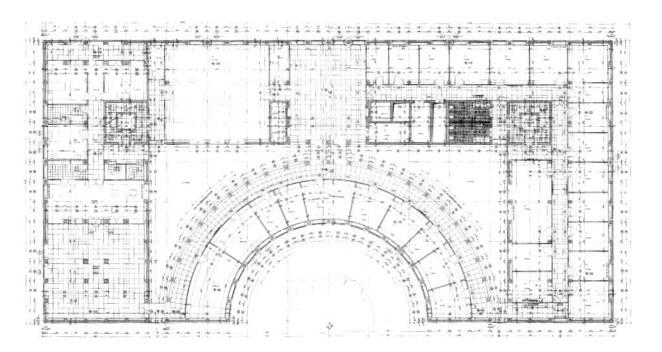

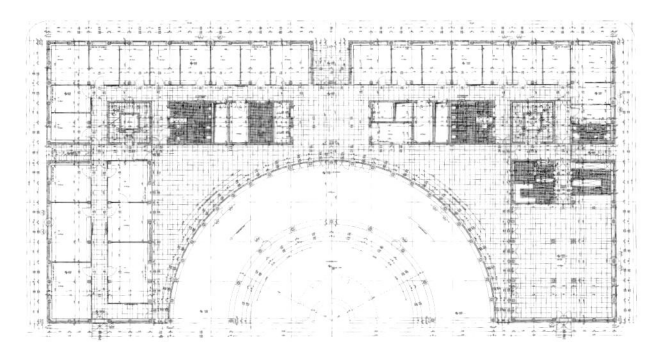

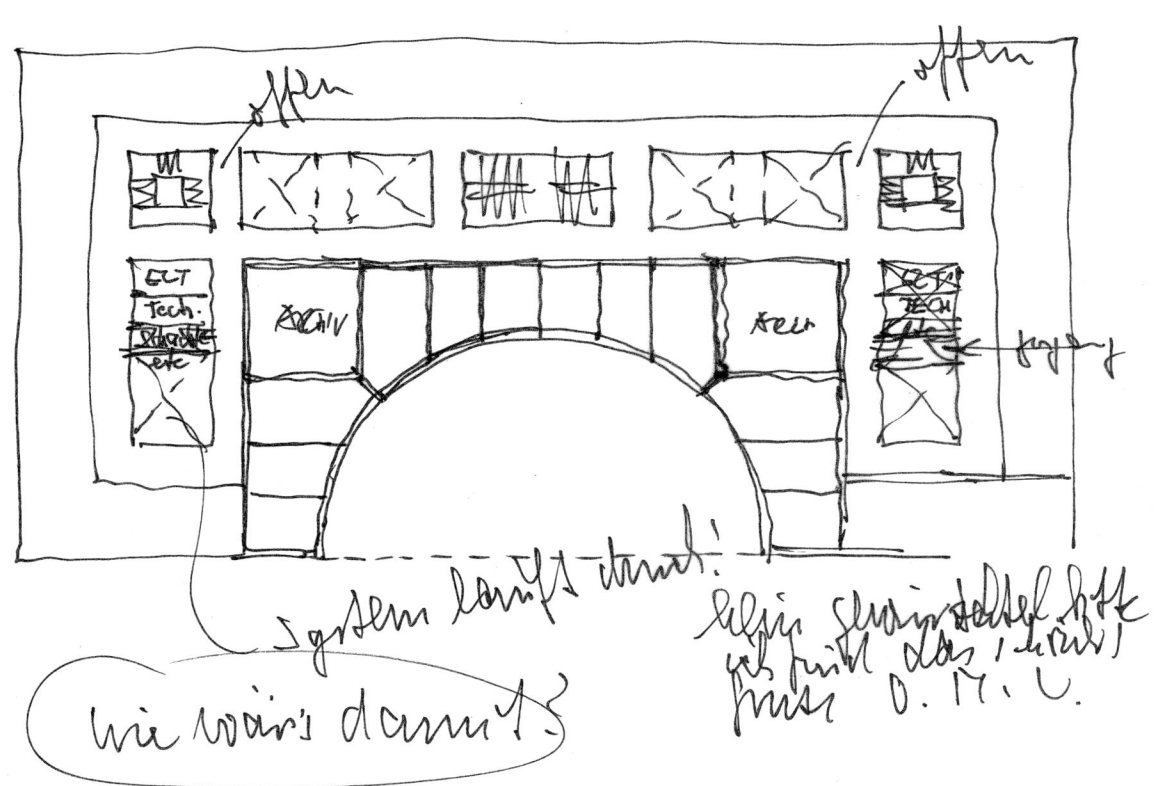

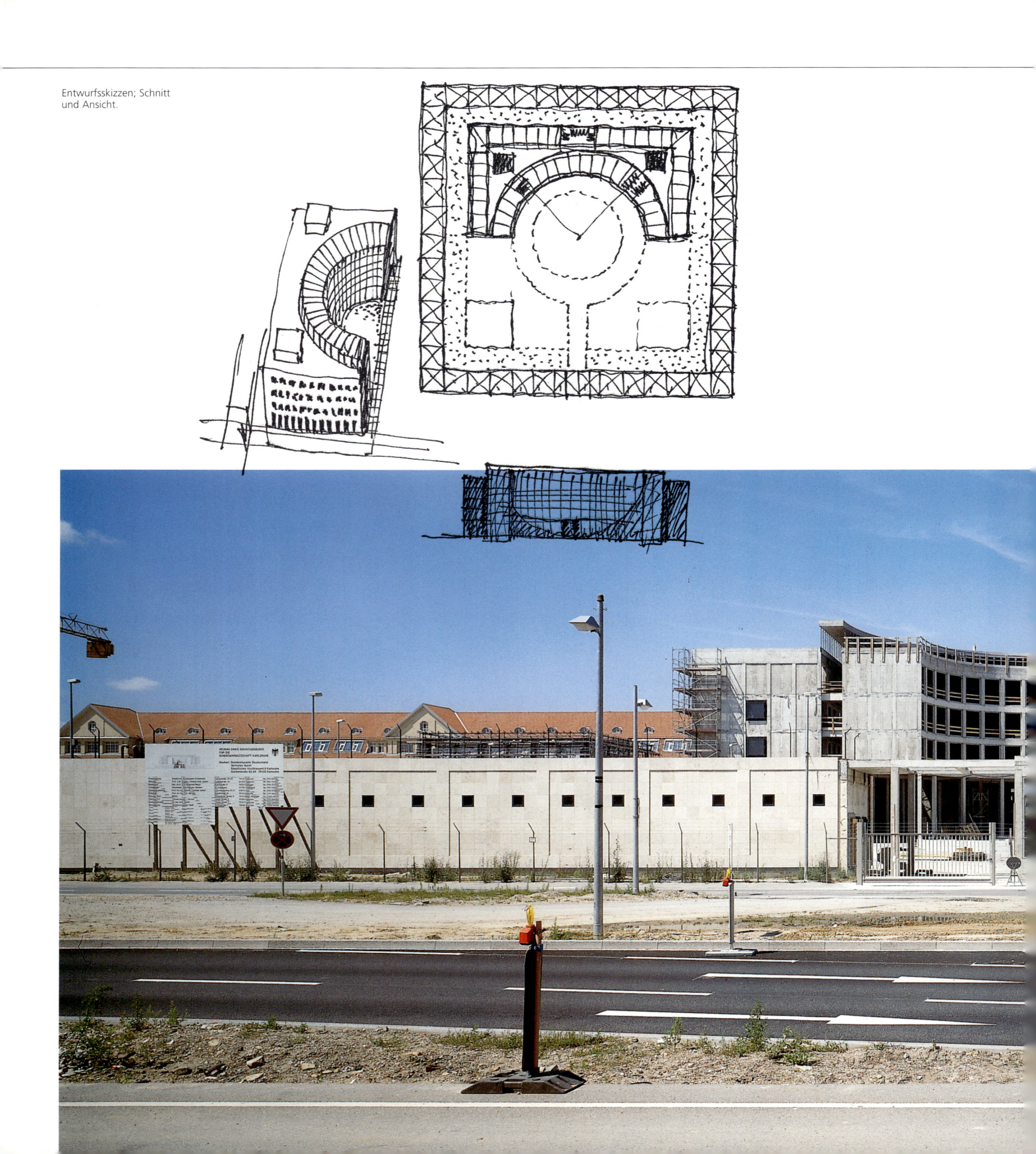

Entwurfsskizzen; Schnitt und Ansicht.

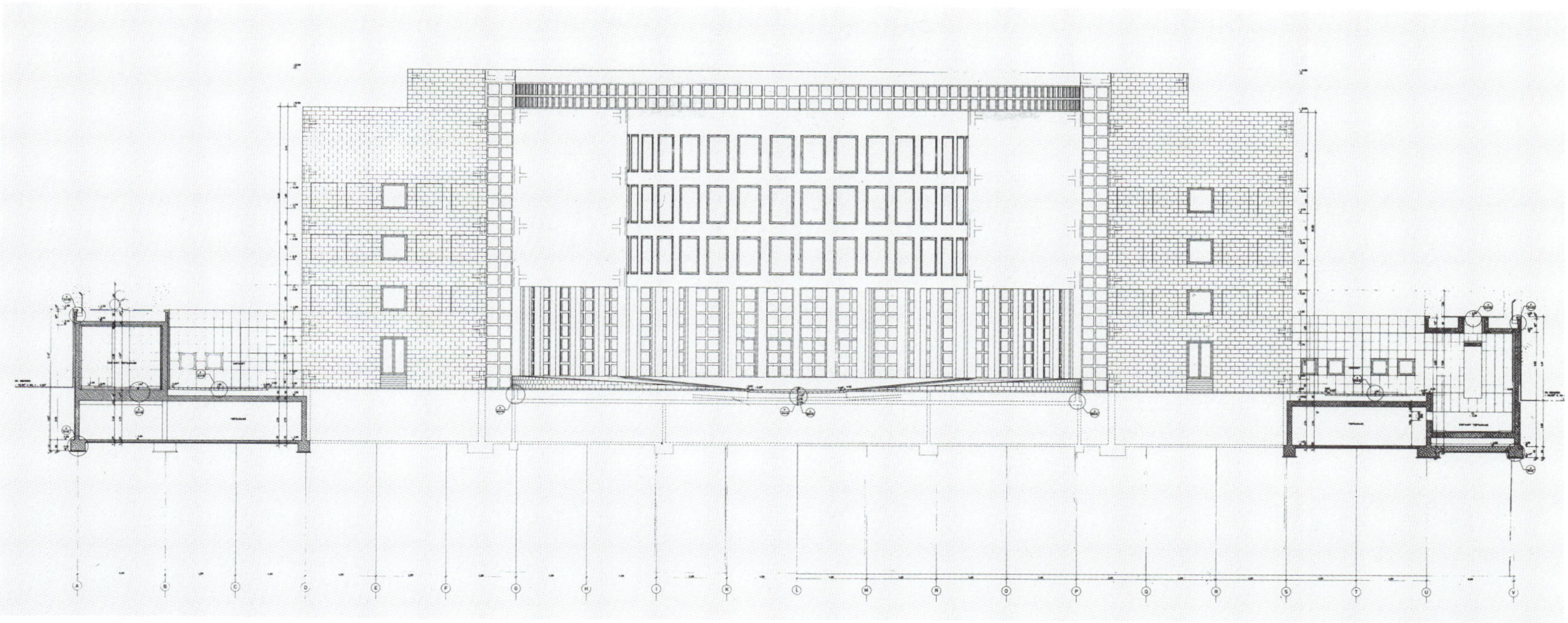

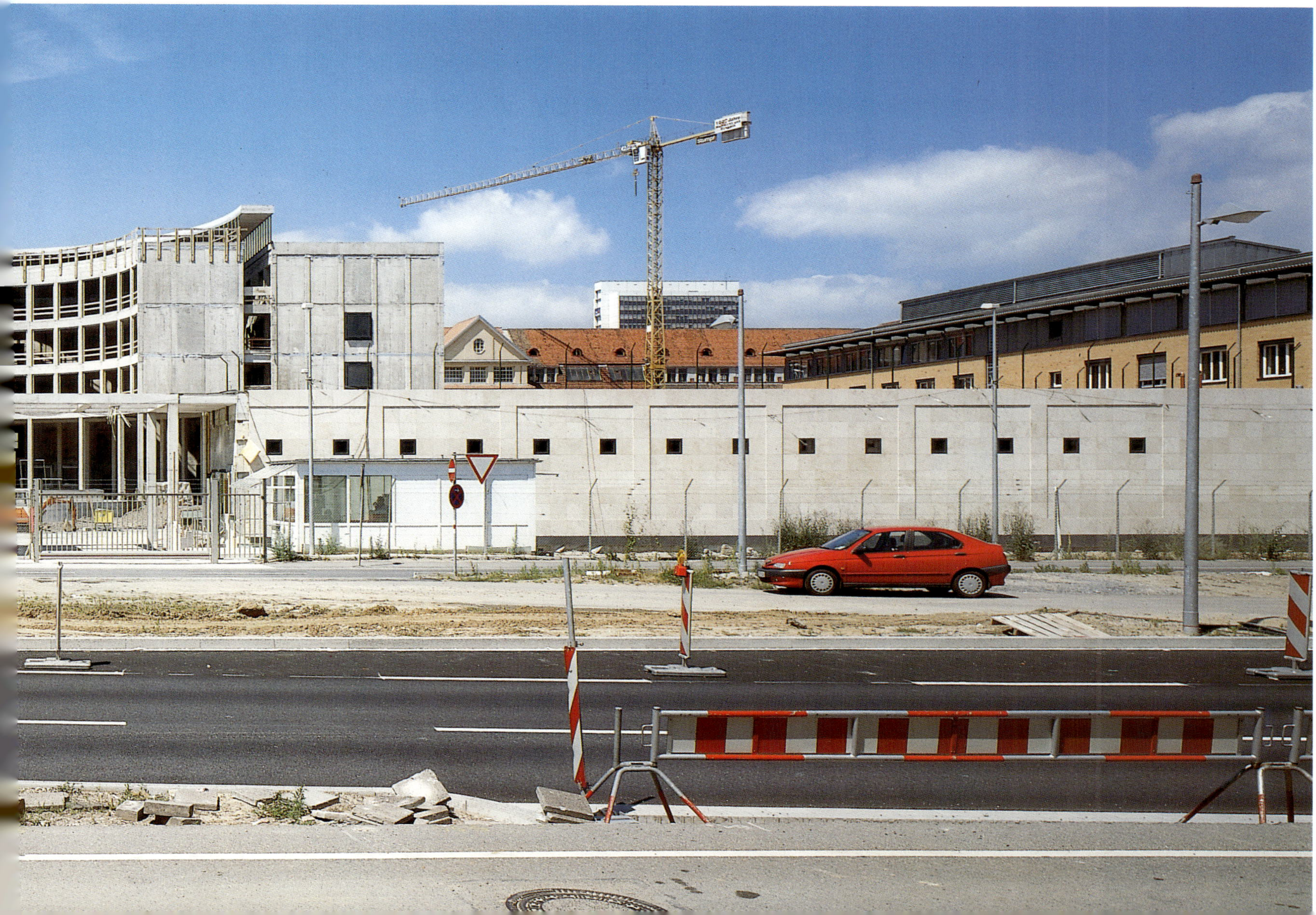

244

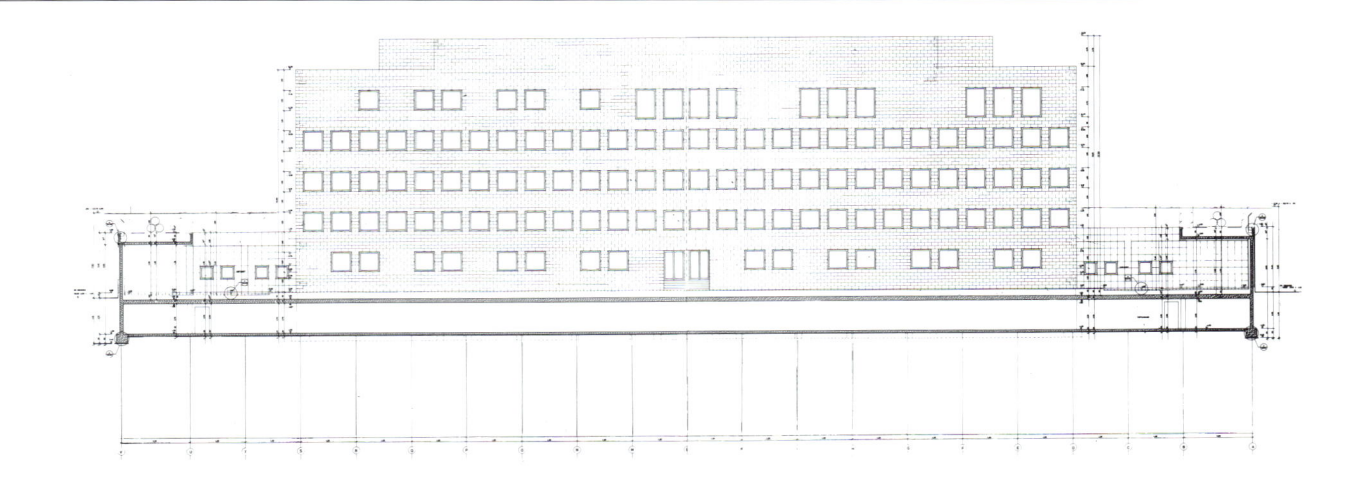

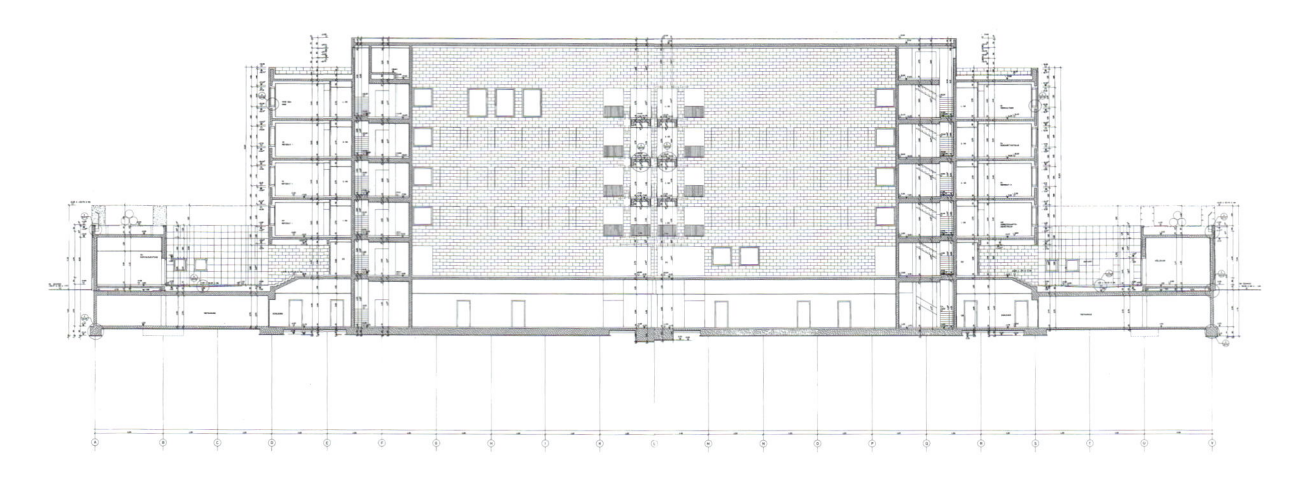

Ansichten; Schnitte und
Details des Mauergebäudes.

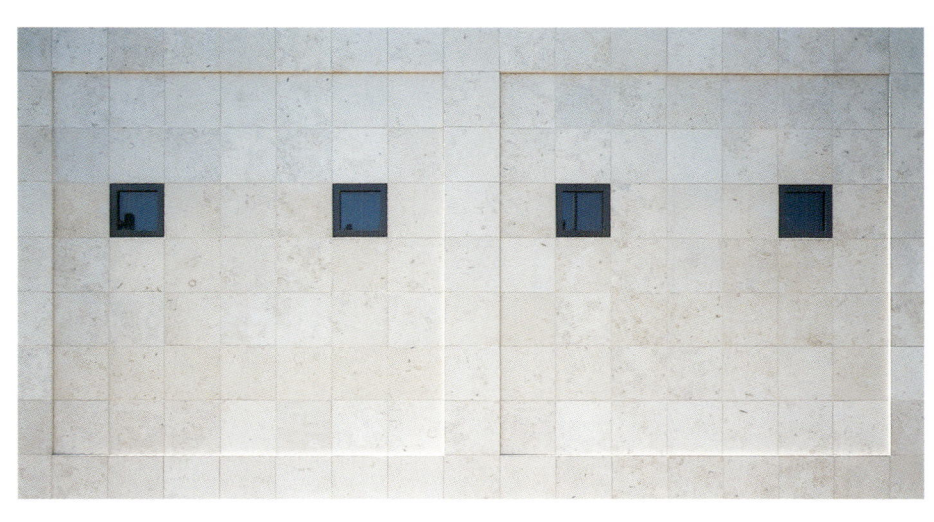

Blick auf die Dachterrasse;
Blick in die Eingangshalle.

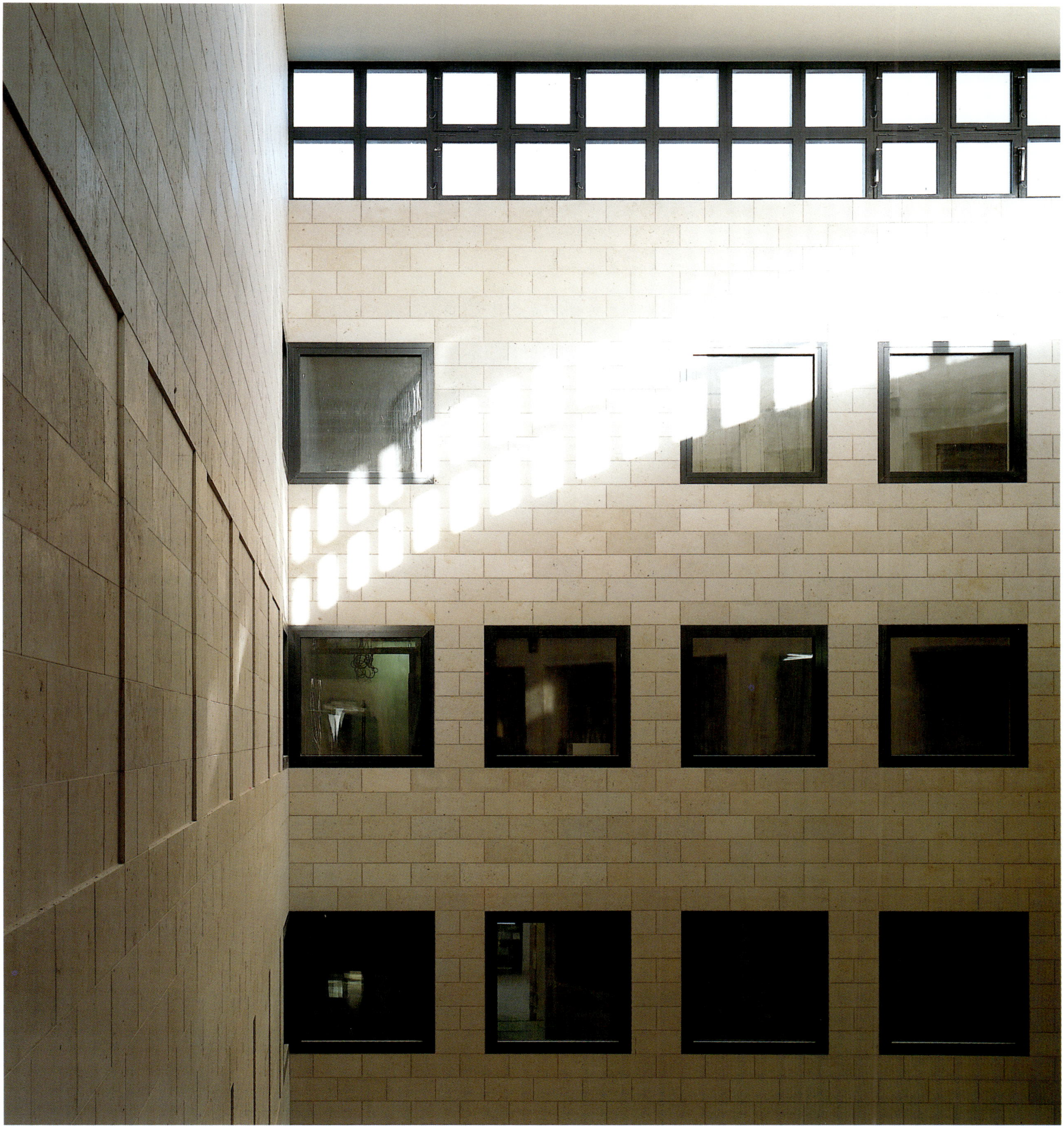

Erweiterung der Messehalle 10 und der Galleria der Messe, Frankfurt am Main, 1990–1993

Mitarbeit: Peter Diehl, Ingo Schrader, Michael Winkelmann, Martin Gruber, Maike Bräckerbohm, Berward Kraus, A. Resch

Eine bestehende Messehalle aus den sechziger Jahren wurde um eine weitere Ausstellungsebene erweitert. Gleichzeitig mußte die gesamte Haustechnik aufgerüstet und die vorhandene Fassade aus Asbestzementplatten durch eine neue, ansehnliche und umweltgerechte Lösung ersetzt werden. Die Halle wurde um ein Ausstellungsgeschoß und ein ringförmiges Technikgeschoß in der obersten Ebene aufgestockt. Sämtliche Ausstellungsebenen wurden technisch und baulich zu zwei bis drei Wechselstandebenen und acht Dauerstandebenen umgerüstet.

Die neue Fassade gliedert das gewaltige Volumen der Halle von etwa 180m Länge und 80m Breite in einer »klassischen Dreiteilung« in eine massive Sockelzone mit einzelnen Öffnungen, die sich darüber in ein Rahmenwerk mit großmaßstäblichen, starkfarbigen Glasflächen auflöst. Den oberen Abschluß bildet ein Fries aus kleineren verputzten Feldern in der Ebene des Technikgeschosses.

Durch die neue Proportion und Gliederung des Volumens der Halle entsteht ein Gebäude, das trotz seiner gewaltigen Dimensionen maßstäblich, trotz seiner äußerst preisgünstigen Fassade aus vorgehängten mineralischen Platten und farbig lackiertem Glas hochwertig und präzise wirkt. Die Fassade aus farbigem Glas nimmt ebenso wie die Präzision und kristalline Härte der neuen Struktur Bezug auf Inhalt und Nutzung des Gebäudes: Noch während der Bauzeit der neuen Messehalle entschied man sich, als Foyer eine gläserne Halle als Gegenstück zur bestehenden »Galleria« zu errichten. Diese »Galleria-Erweiterung« steht in der exakten Achse der vorhandenen »Galleria«, so daß eine spätere Verbindung, wie schon im Wettbewerbsentwurf für das Messegelände von 1980 vorgesehen, möglich ist.

Grundriß und Ansichten.

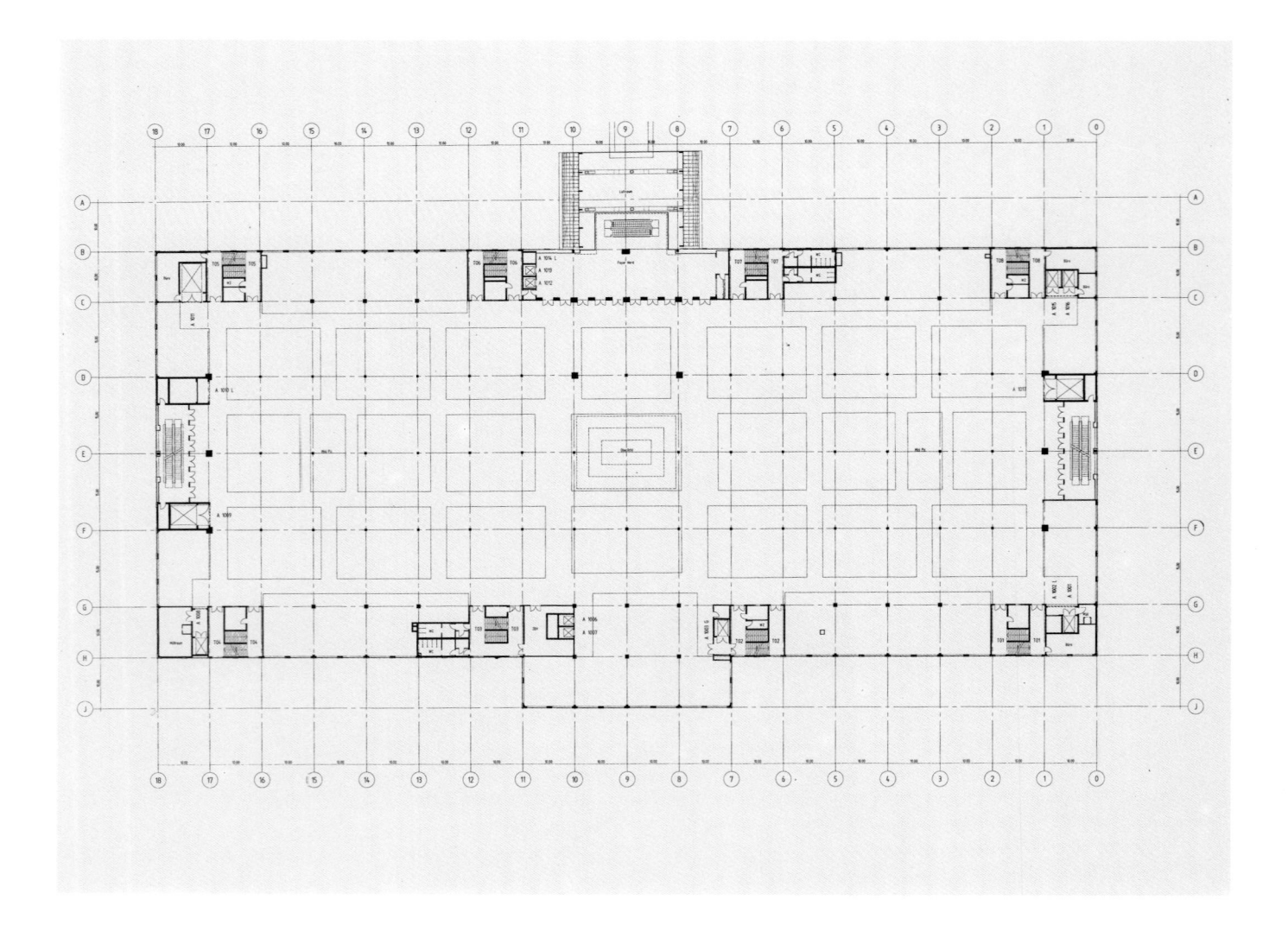

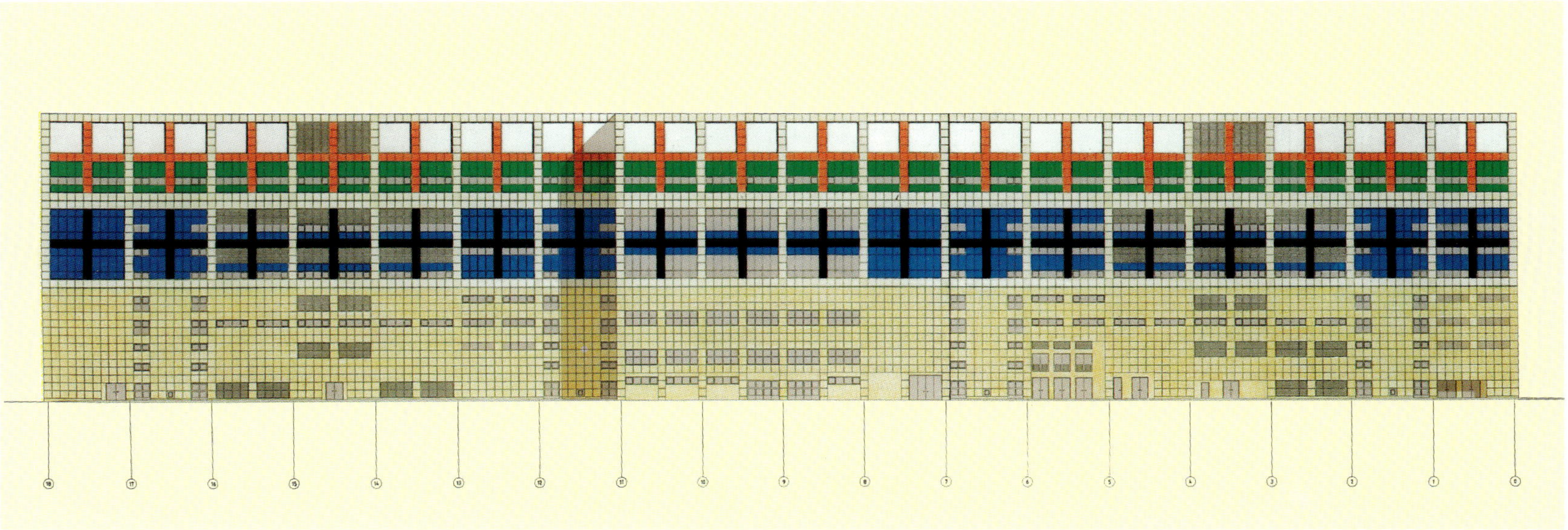

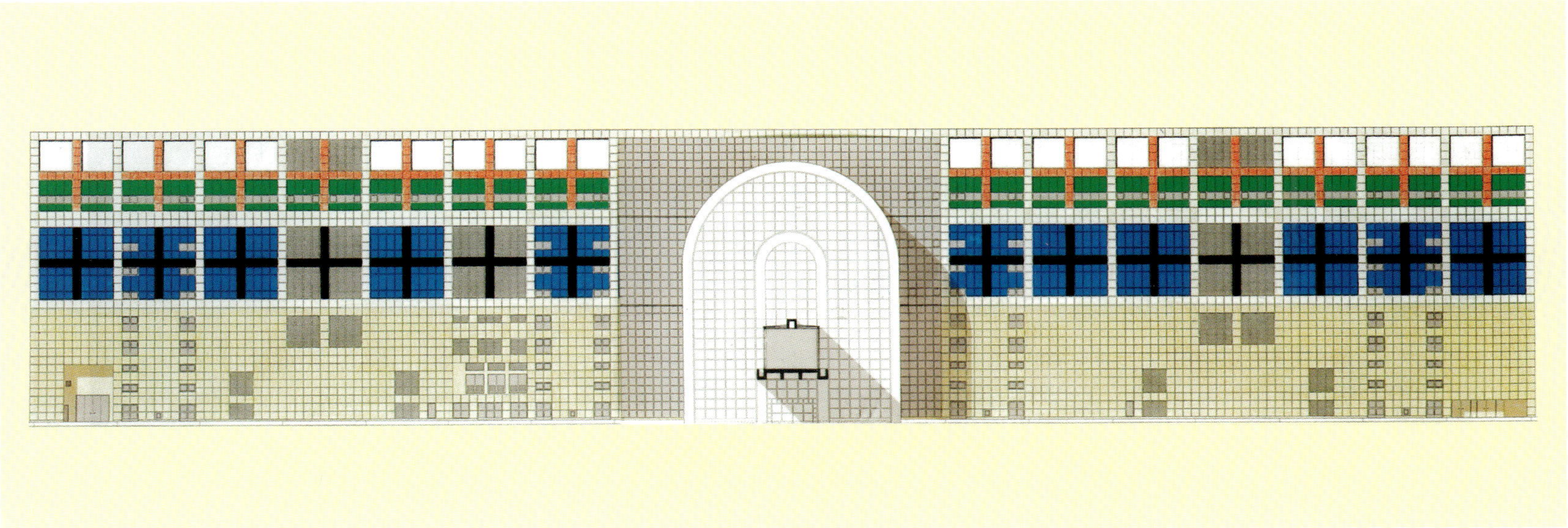

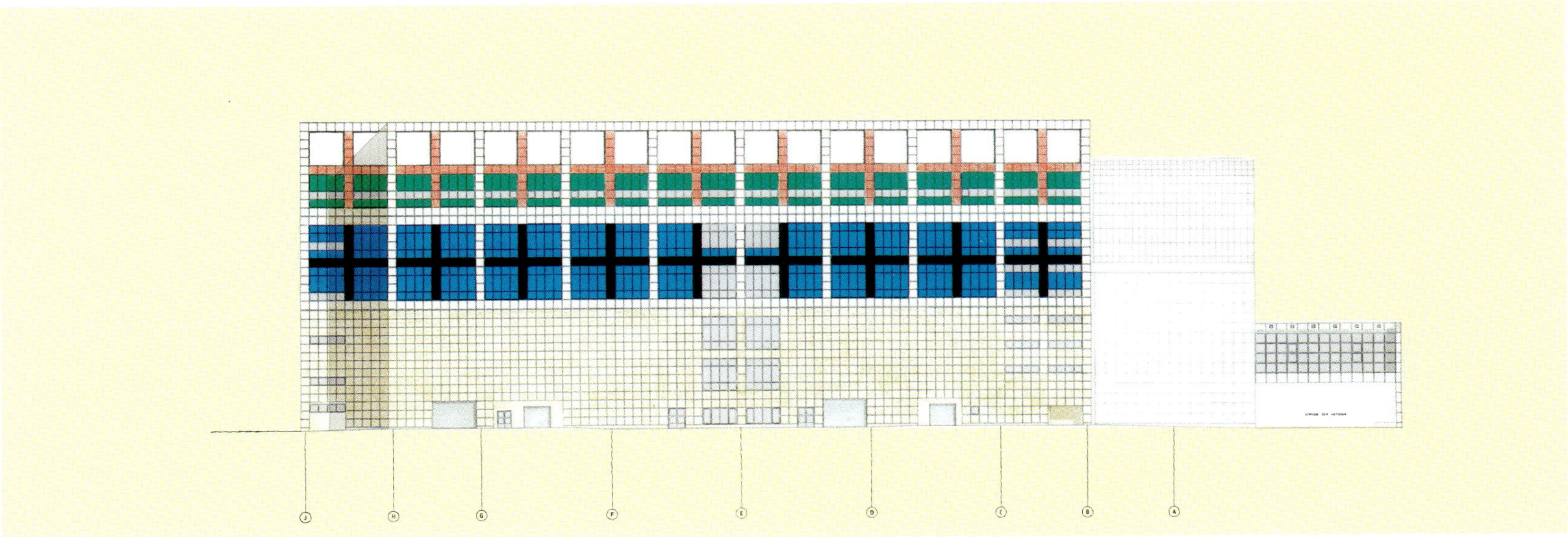

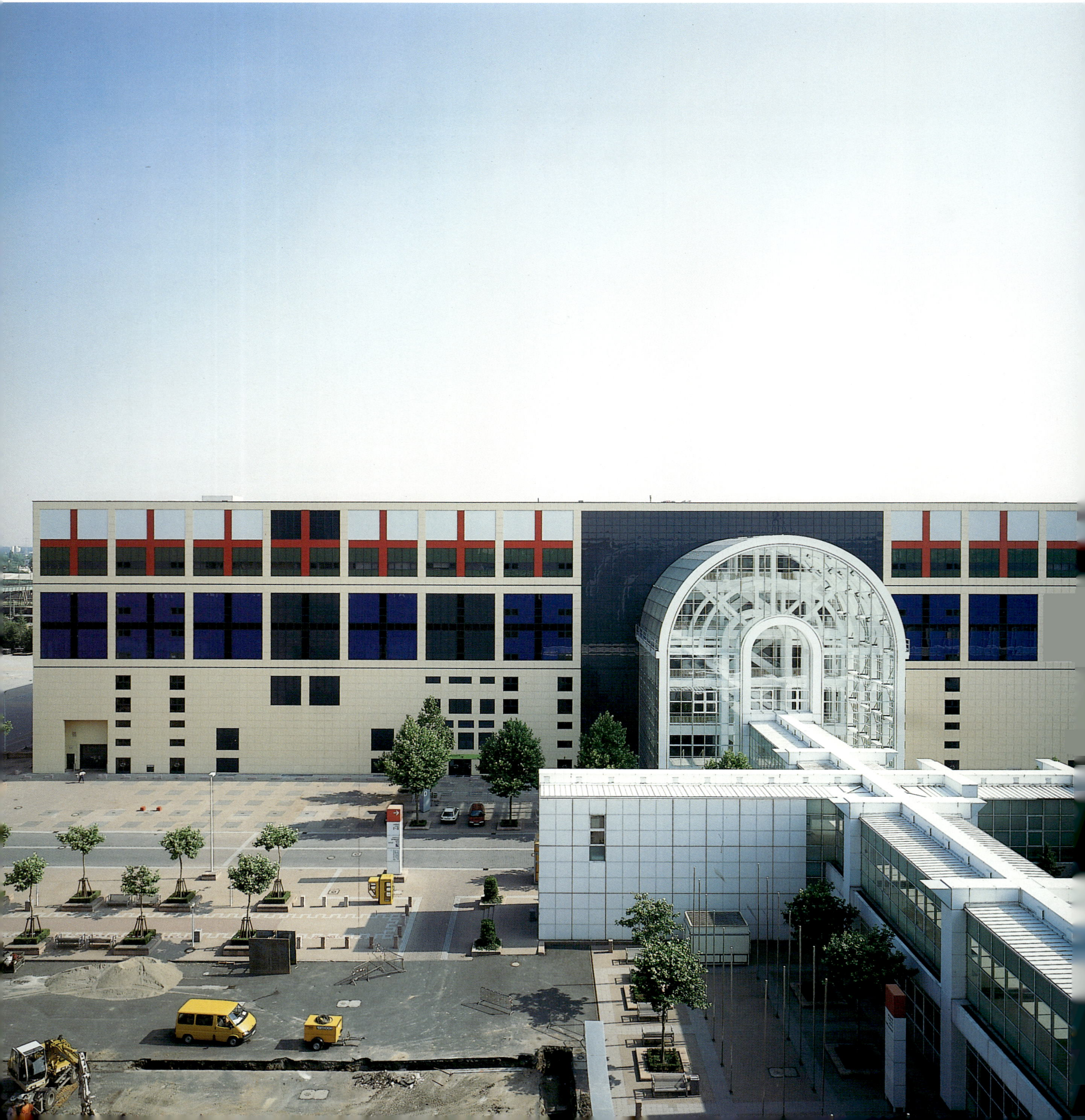

Gesamtansicht der Halle 10.

251

Friedrichstadt-Passagen, Block 205, Berlin, 1991–1995

Mit Karl-Heinz Winkens, Sebastian Klatt
Mitarbeit: Robert Beyer, Hugo Daiber, Angela Leonhardt, Tobias Scheel, Birgit Schindler, Tanya Trevisan, Martin Weißer

Planungskonzept: Neben Berlin und Cölln, den beiden Ursprungsstädten Berlins, bilden die vom Großen Kurfürsten angelegten Flüchtlingsstädte Friedrichswerder und Dorotheenstadt sowie Friedrichstadt einen gemeinsamen Städteverbund. Die ursprünglichen Stadtstrukturen sind trotz vieler Veränderungen noch heute im Zentrum Berlins deutlich abzulesen. Die beiden Hauptstraßenzüge der frühen Stadterweiterung sind Unter den Linden, die ehemalige Hauptachse des Berliner Schlosses sowie die rechtwinklig dazu verlaufende Friedrichstraße und die auf königliche Kosten gebaute Leipziger Straße.

Um 1730 ließ Friedrich Wilhelm I. einen Erweiterungsplan aufstellen, der die Verlängerung dieser drei wichtigen Straßenachsen der Friedrichstadt und die Anlage von drei Plätzen vorsah, die repräsentative Eingänge in die damalige Stadt bildeten und gleichzeitig als Exerzierplätze dienten: Das Quadrat (Pariser Platz) in der Achse Unter den Linden, das Oktogon (Leipziger Platz) in der Achse der Leipziger Straße und das Rondell (Belle-Alliance-Platz) in der Verlängerung der Friedrichstraße. Diese Plätze sind nicht nur das Charakteristikum der Friedrichstadt, sondern auch ein weltbekanntes Signet für Gesamt-Berlin. Friedrichstadt war eine Stadtgründung der Barockzeit und hat einen rationalen Stadtgrundriß mit einer regelmäßigen Straßenrandbebauung. Zentraler Platz dieser Stadtanlage ist der Gendarmenmarkt mit den beiden Gontardschen Kirchtürmen und dem Schauspielhaus von Schinkel, ursprünglich als Marktplatz mit Kirche, Rathaus und Invalidenhaus geplant.

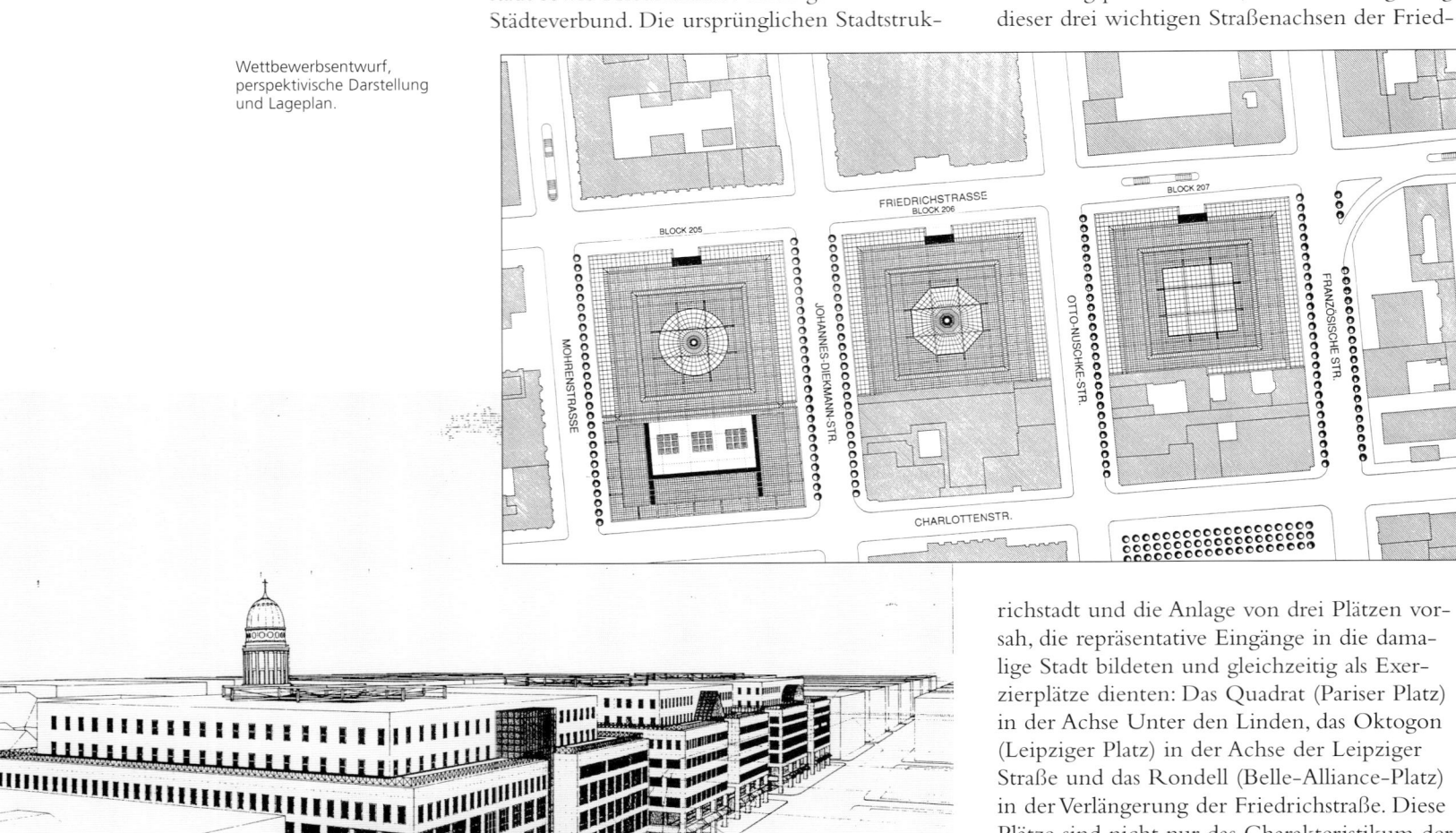

Das wichtigste städtebauliche Kriterium für die Neugestaltung der Friedrichstadt ist die Erhaltung und Wiederherstellung der Blockrandbebauung und damit auch der historischen Straßenzüge. Jede Veränderung der historischen Blockstruktur würde ein nicht ver-

Wettbewerbsentwurf, perspektivische Darstellung und Lageplan.

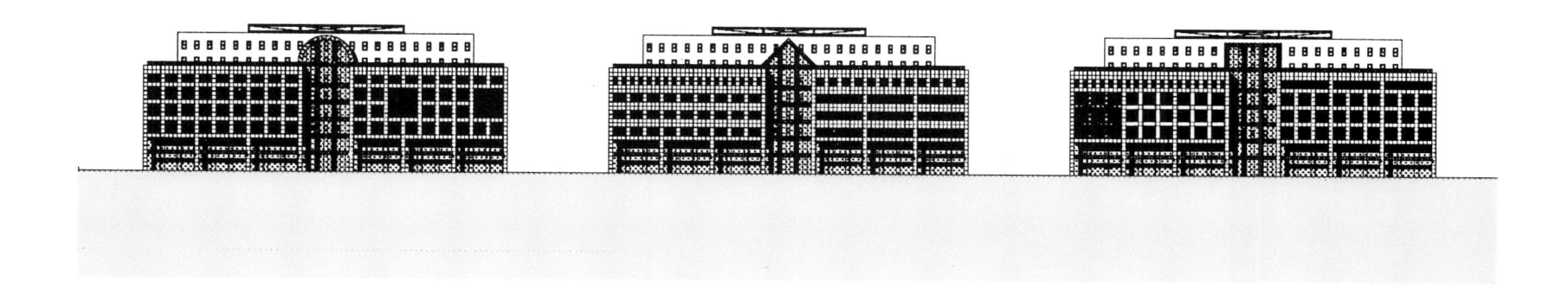

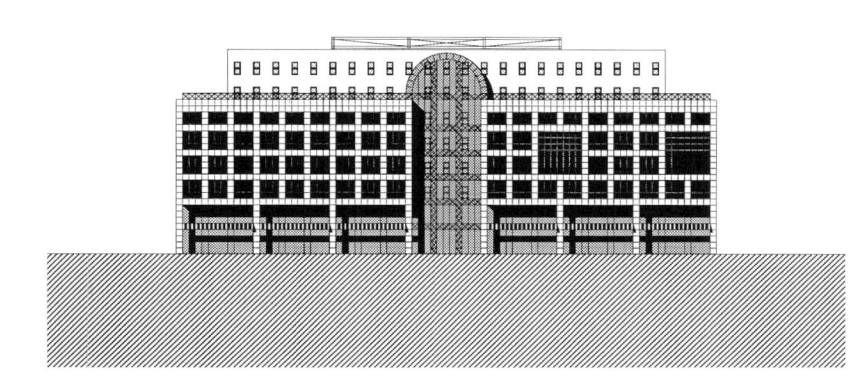

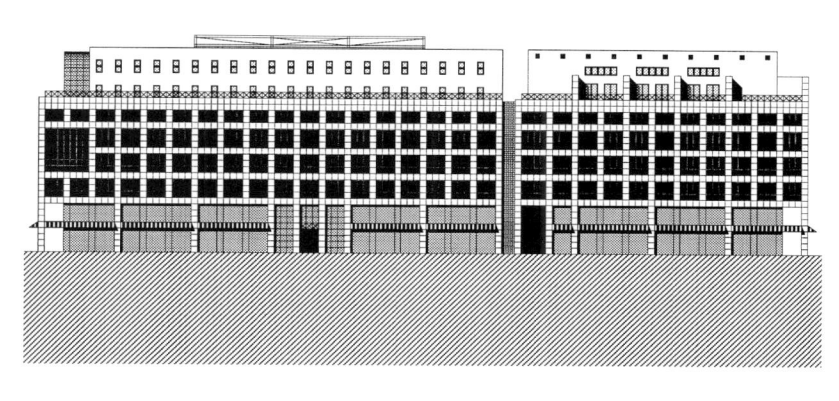

Ansichten
Wettbewerbsentwurf.

tretbarer Eingriff in das überlieferte Stadtbild sein und die Zerstörung einer sehr wichtigen Stadtstruktur zur Folge haben. Weder die marxistischen städtebaulichen Experimente Hilberseimers, die stadtzerstörerische Landschaftideologie Scharouns, die Movementpatterns der Smithsons noch die Bombenkriege und auch nicht die sozialistische Planung konnten die historische Struktur der Friedrichstadt völlig verändern. Die Erhaltung ist deshalb das erste und wichtigste Gebot der Stunde.
Im Widerspruch hierzu steht die Forderung nach einer Friedrichstadt-Passage. Das Programm impliziert eine durchgehende, parallel zur Friedrichstadt verlaufende Verkaufspassage. Aus zwei Gründen ist das Passagenkonzept zu kritisieren: Die Blockrandbebauung und der Erhalt des Straßenrasters stehen einem Passagenkonzept diametral entgegen; außerdem war die Friedrichstraße eine der Hauptgeschäftsstraßen Berlins und soll es auch wieder werden. Alle kommerziellen und kulturellen Aktivitäten entlang der Friedrichstraße sollten deshalb auf diesen Namen bezogen sein. Eine parallel zur Straße führende Passage würde die Friedrichstraße zur Nebensache, wenn nicht gar zur Anlieferungsstraße degradieren.
Statt einer Friedrichstadt-Passage wird deshalb ein Konzept der Friedrichstadt-Galerien vorgeschlagen. Die Galerien werden von der Friedrichstraße aus erschlossen und bilden an die Straße angehängt »Taschen«, die jeweils ins Blockinnere führen. So bleibt die Bedeutung der Straße uneingeschränkt erhalten und erfährt darüber hinaus durch die Innenräume der »angehängten« Galerien noch eine weitere Steigerung. Dazu werden die drei Blocks 205, 206 und 207 ergänzt und komplettiert. Das Blockinnere an der Friedrichstraße bilden drei gläserne Galerien, deren unterschiedliche Grundformen durch verschiedene Glasportale nach außen signalisiert werden. Die Galerien sind als überdeckte Piazzas ausgebildet und beziehen sich in den drei Grundformen Quadrat, Oktogon und Kreis auf die drei historischen Plätze Pariser Platz, Leipziger Platz und Belle-Alliance-Platz. Die drei Galerien sind inhaltlich differenziert. Die Pariser Galerie im Block 207 thematisiert den Kommerz, die Leipziger Galerie im Block 206 die Kultur

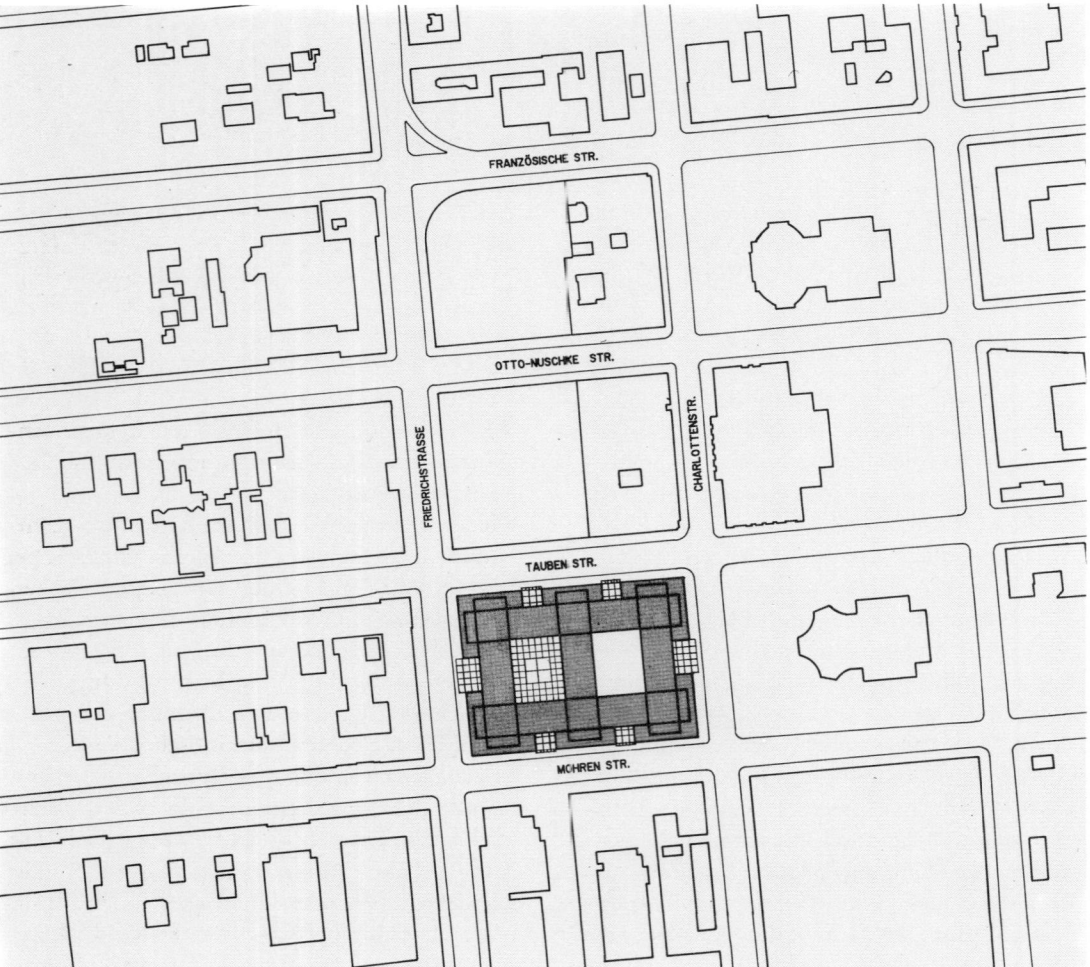

und die Belle-Alliance-Galerie im Block 205 die Gastronomie. Auf der unteren Ebene sind die drei Blocks und die Galerien kontinuierlich miteinander verbunden. An die durchgehende Passage werden gleichzeitig die beiden U-Bahn-Stationen Französische Straße und Friedrichstraße angebunden.

Realisierung Block 205: Das Grundstück Friedrichstraße 66 bis 70 befindet sich zwischen Mohren- und Taubenstraße und wird als Block 205 bezeichnet. Es schließt entlang der Charlottenstraße an der Rückseite des Platzes der Akademie an. Das rechteckige Flurstück weist die Maße 109,60 x 76,61 m auf und ist damit etwa 8400 m² groß. Es war bebaut; der im Jahr 1984 fertiggestellte Rohbau wurde jedoch abgerissen, da die für die Friedrichstadt typische Blockbebauung nach ihrer Zerstörung im Zweiten Weltkrieg wieder rekonstruiert werden sollte.

Die von drei Architekten geplanten Blöcke sind unterirdisch durch eine Einkaufspassage sowie eine darunter ebenfalls durchlaufende zweigeschossige Tiefgarage verbunden. Neben der Erschließung durch die Straßen gibt es eine Anbindung an die U-Bahn-Linien unter der Friedrich- und der Mohrenstraße.

Das Gebäude thematisiert das Motiv »Berliner Block« mit zwei unterschiedlichen Elementen. Dies ist zum einen ein von der Blockkante zurückspringender achtgeschossiger Baukörper, der die beiden Innenhöfe, die Atrien, umschließt. Um diesen Kernbau gruppieren sich sechs Einzelhäuser, die den Blockrand markieren und die Traufkante der Friedrichstraße aufnehmen. In den zwischen diesen Häusern

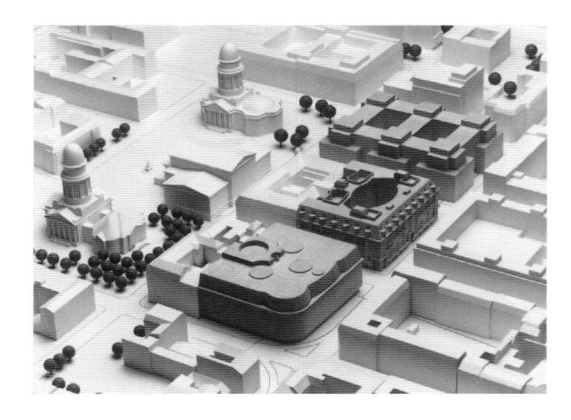

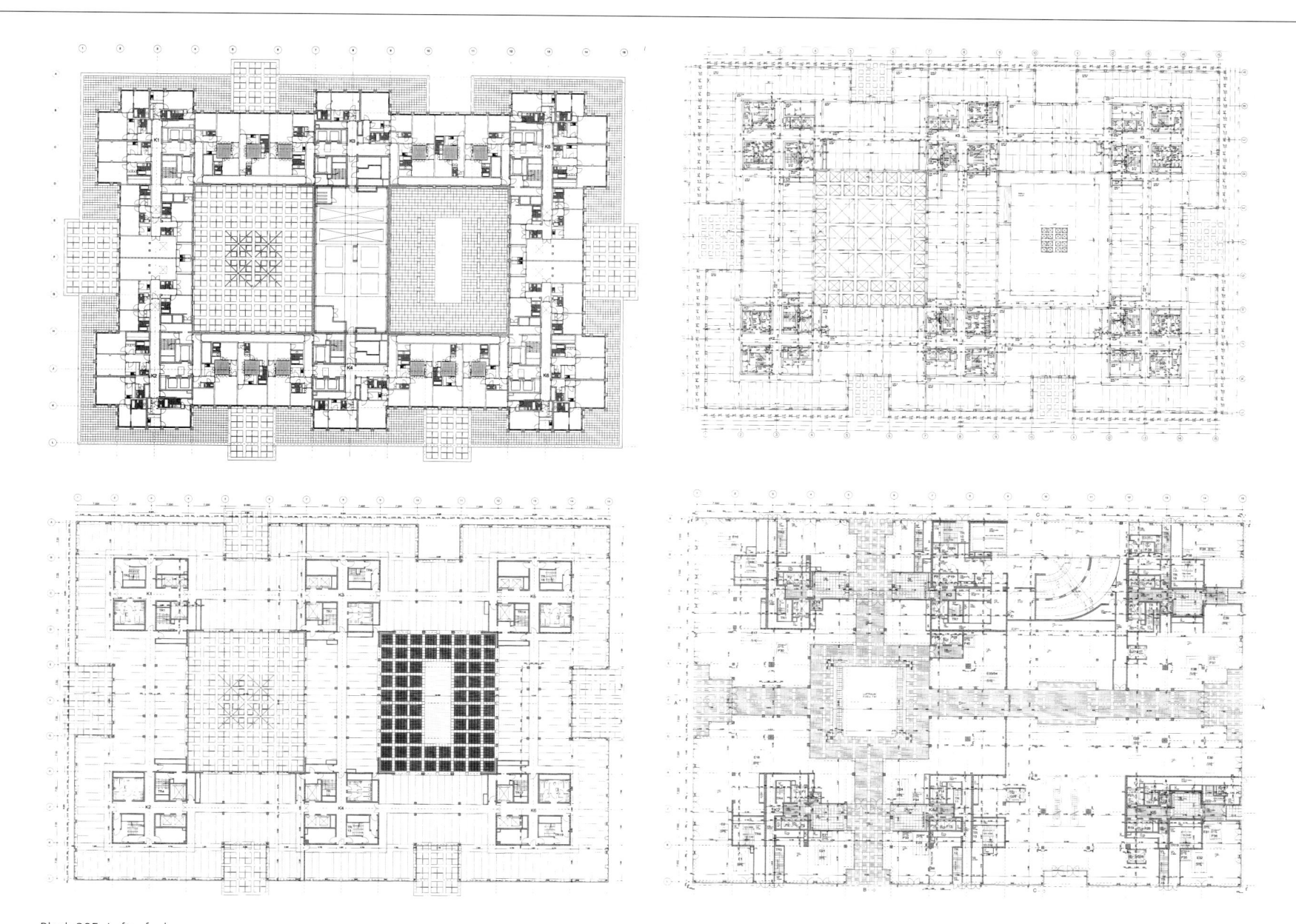

Block 205, Luftaufnahme; Lageplan; Ansicht des Modells und Grundrisse verschiedener Ebenen.

entstehenden Einschnitten liegen die Eingänge zu den Passagen im Erdgeschoß, die auch den Blick auf das Kernhaus freigeben. Sie werden von Vordächern überspannt, die an den Haupteingängen drei Meter und an den Nebeneingängen 1,50 m auskragen. Beide Atrien sind über dem ersten Obergeschoß geschlossen. Die Dachfläche des zur Friedrichstraße hin orientierten Atriums ist verglast. Das andere Atriumdach ist geschlossen und dient als begehbare Außenfläche der Galerie im zweiten Obergeschoß. Die Fassade baut sich auf zwei gegeneinander versetzten Rastern im Grundmaß von 1,50 m auf. Das innere Gerüst des Gebäudes zeichnet sich in der äußeren Gestaltung ab; dennoch bleibt der Eindruck des Blockartigen erhalten. Für Berlin typische Materialien schaffen die Unterscheidung zwischen den im dunklen Kalkstein verkleideten Einzelhäusern und dem in hellem Kalkstein gehaltenen Kernhaus.

Genutzt werden die unteren Bereiche bis zum ersten Obergeschoß als Verkaufsfläche. Darüber befinden sich Büros und im achten, dem obersten Geschoß 36 Wohnungen, die um einen nach oben offenen Hof, den Patio, liegen und über einen um die Atrien herumgeführten Gang erschlossen werden. Zwei Rampen erschließen die beiden unterirdischen Parkgeschosse. Diese sind darüber hinaus mit den angrenzenden Tiefgaragen von Block 206 und 207 verbunden. Die Verkaufsflächen im zweiten Untergeschoß erreicht man entweder über die alle drei Blocks verbindende Passage oder über Rolltreppen aus dem Erdgeschoß. Um die Läden liegt ein Ring von Lager- und Technikräumen.

Ansichten von Friedrich- und Mohrenstraße; Querschnitt; Eingangsbereiche und Innenhof.

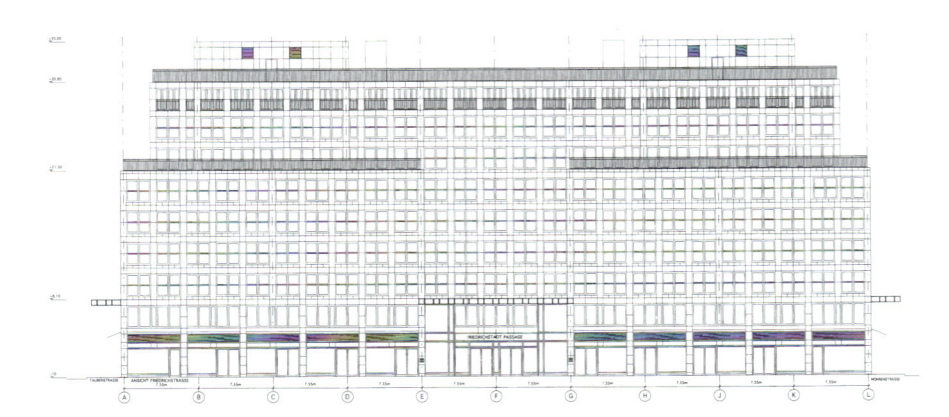

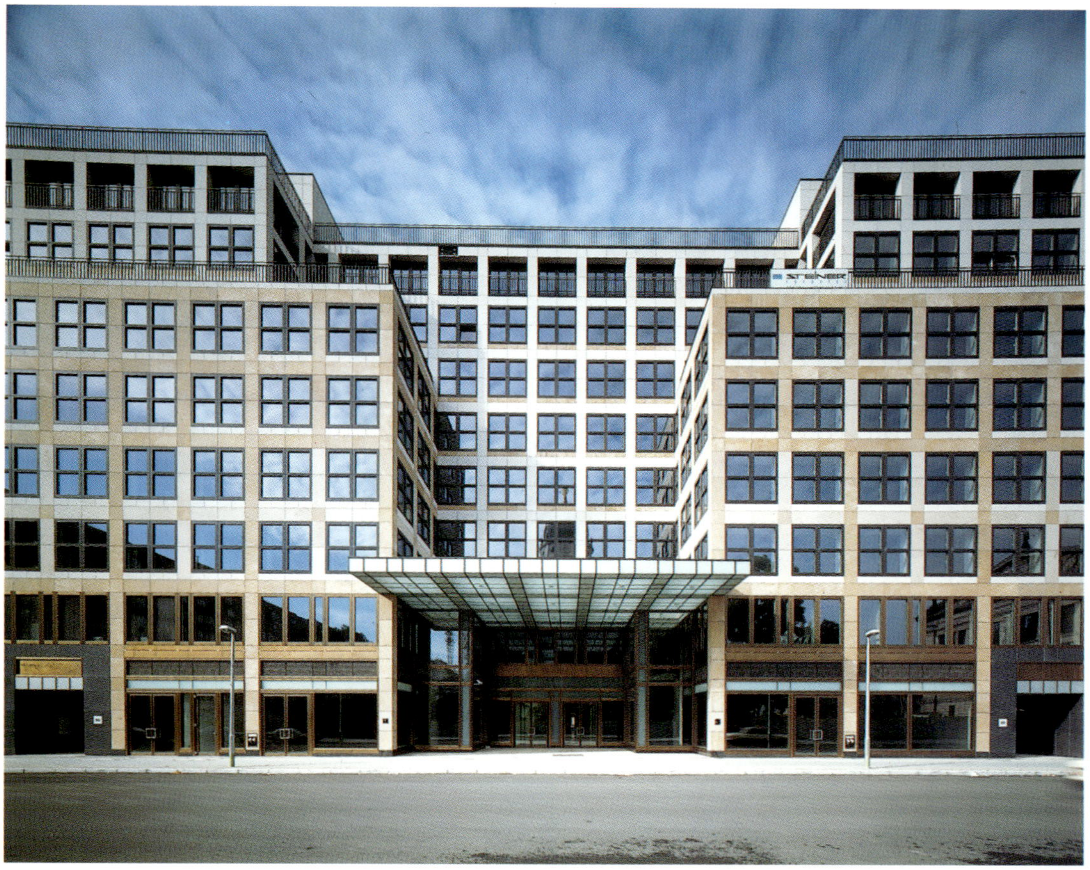

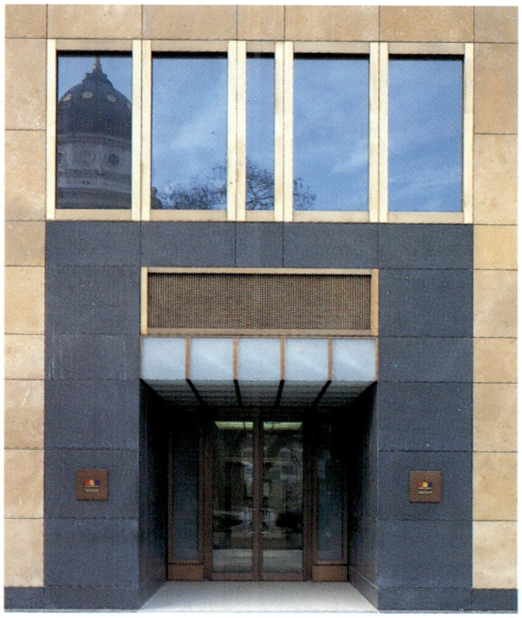

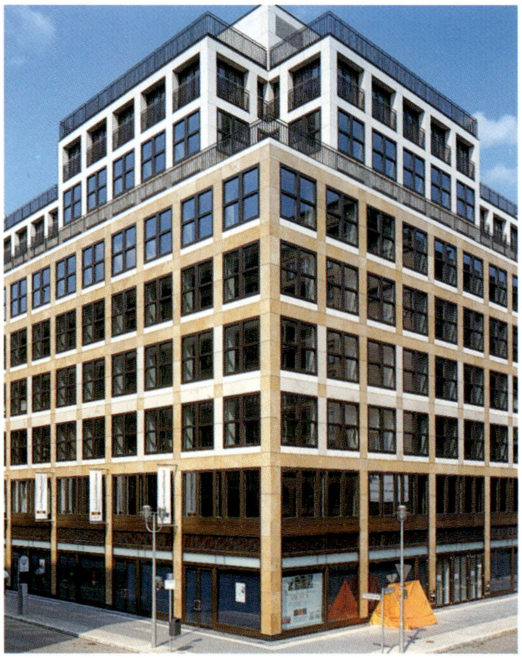

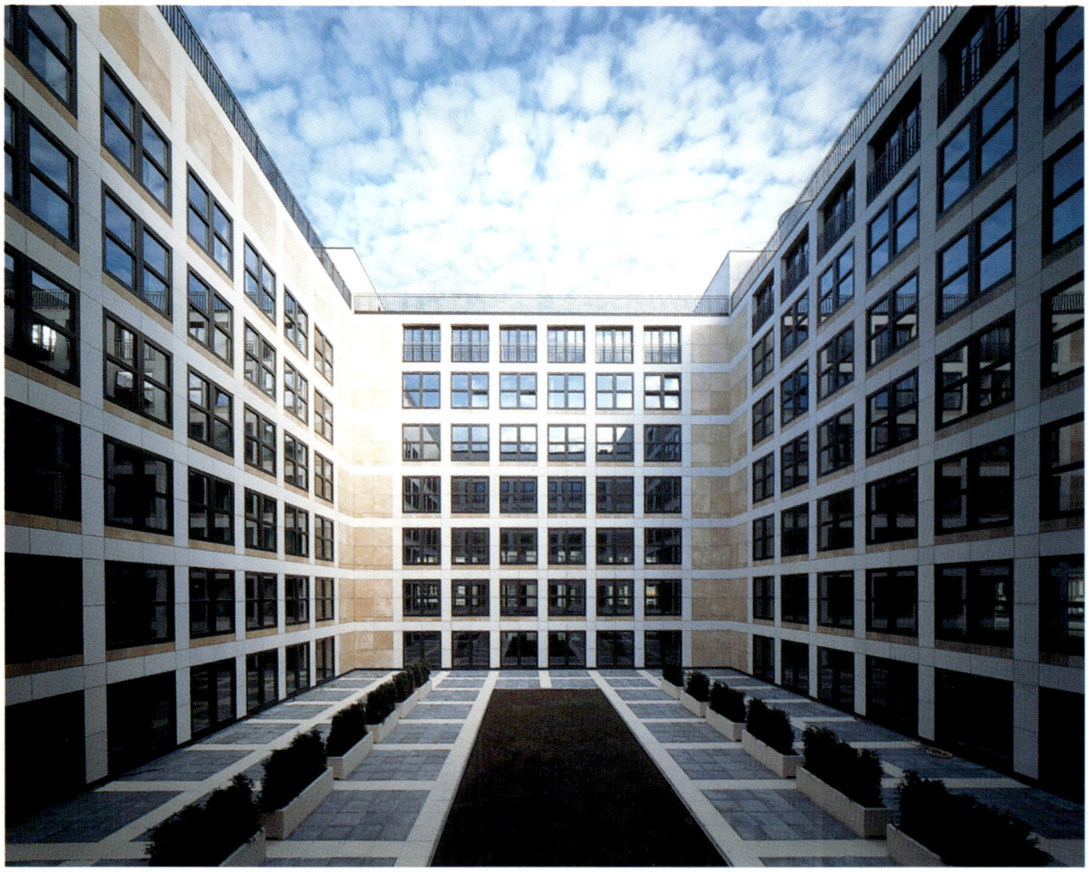

Ansichten des zentralen Atriums.

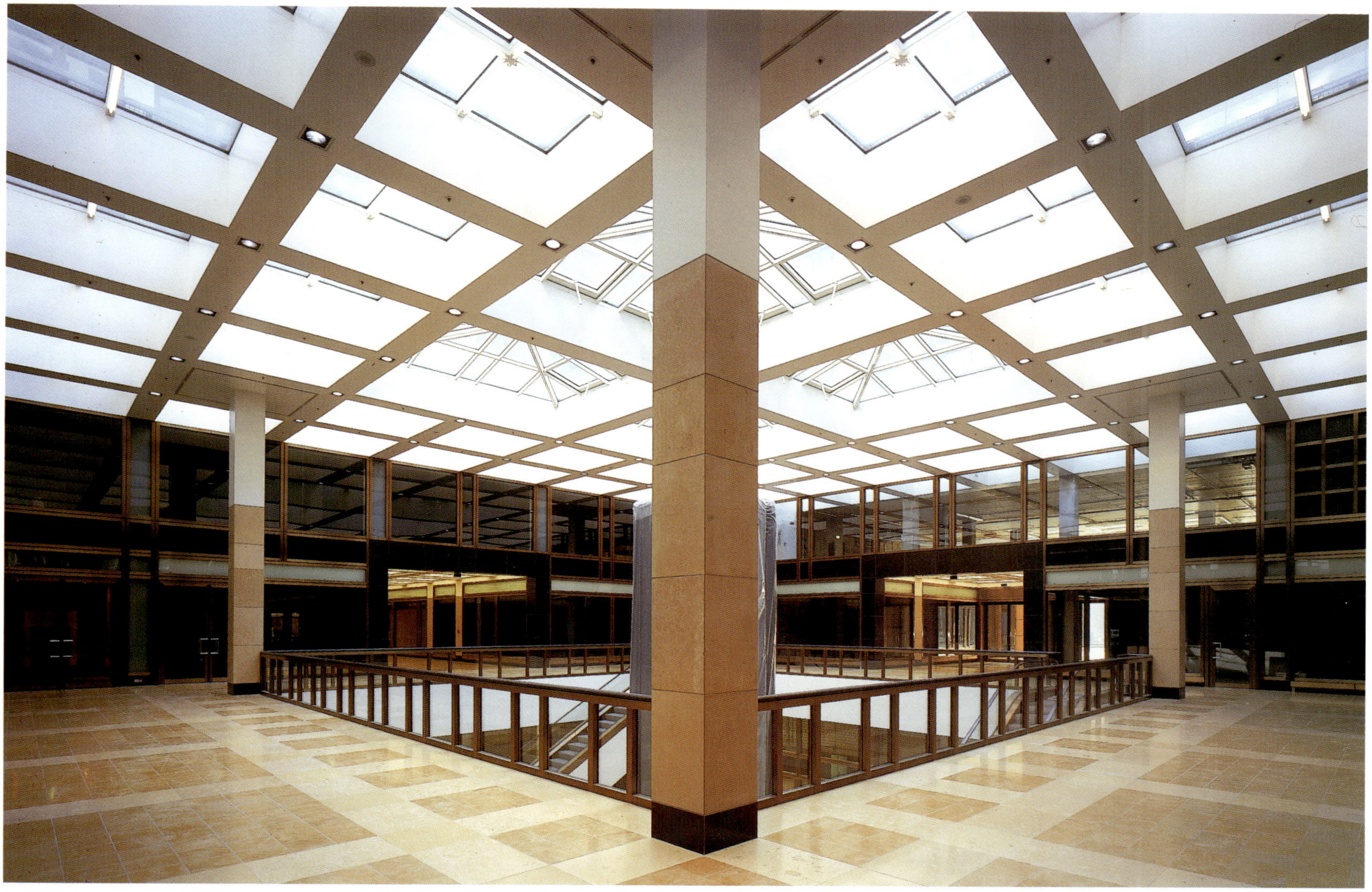

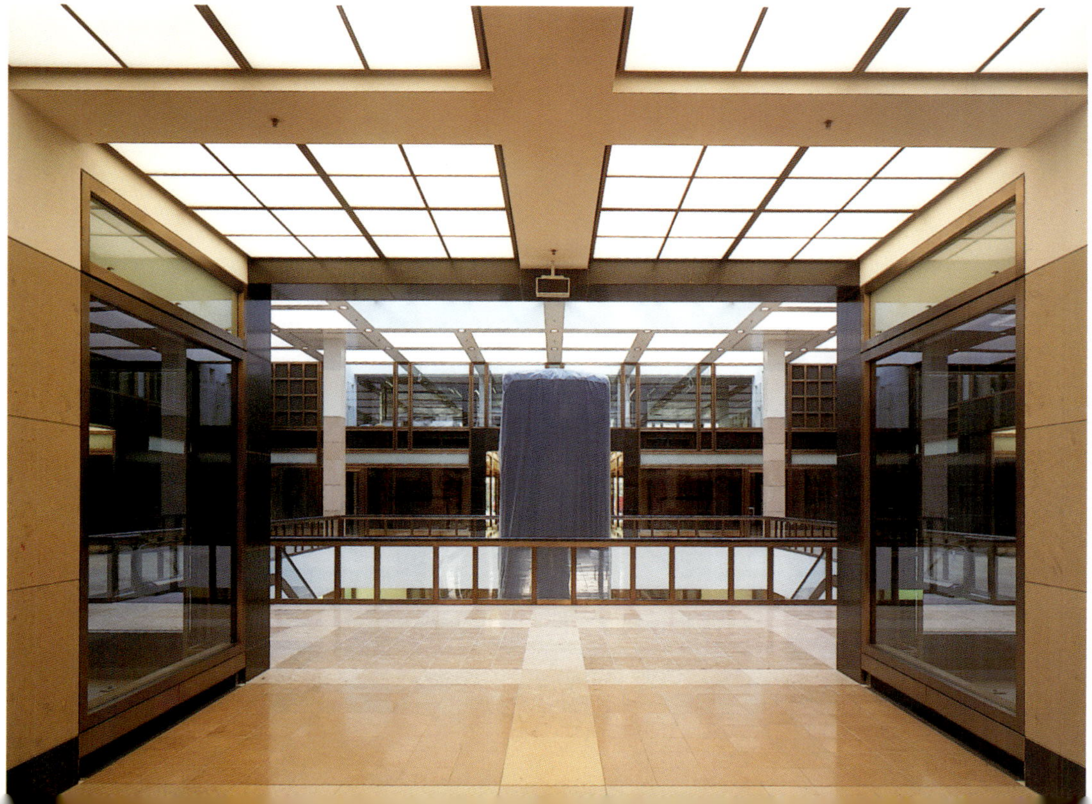

Büro- und Geschäftshaus Verband Kommunaler Unternehmen VKU, Köln 1991-1992

Mitarbeit: Kai-Uwe Lompa, Ingo Schweers, Philippe Vernin, Joachim Sieber, Sharon Chung-Klatte, Lukas Baumewerd

Lageplan; Entwurfsskizze und Grundrisse.

Bei diesem Projekt ging es um die Erweiterung und Ergänzung des Gebäudes des »Verbandes Kommunaler Unternehmen« (VKU) aus den siebziger Jahren. Ungers nimmt die Kubatur und die Traufhöhe des bestehenden Hauses auf und spiegelt beziehungsweise verdoppelt dieses. Als Achse und Bindeglied dient ihm ein zwischen beide Teile gestelltes Glashaus, das zugleich den neuen Eingang markiert. Die Gliederung der Außenfassade hat mit der Hierarchie der inneren Organisation zu tun: Das untere Geschoß übernimmt dienende Funktionen, hat einen eher repräsentativen Charakter (Eingangshalle) und einen öffentlichen (Versammlungssaal und Kantine). Dieses Erdgeschoß ist also höher, die Sprossenteilung der Fenster (2/4) gibt das an. Die Normalgeschosse mit den Büros sind etwas niedriger (erstes Obergeschoß: Sprossen 2/3; zweites Obergeschoß: Sprossen 2/2). Die Fassade ist in ihrer gänzlichen Zurückhaltung, die spröde, ja fast angenehm dürftig scheint, nur durch den horizontalen und vertikalen Rhythmus gekennzeichnet – kein Sockel, kein Dach, keine Traufe, kein Gesims. Verklinkerte Lochfassade pur. Das Gegenüber von Alt und Neu erhält durch diese fast klassische Durchformung und die gänzlich fehlenden Gestaltungsmerkmale eine eigene Dynamik: hier die Ruhe des »liegenden Kubus«, dort der jetzt wie beigestellt wirkende Bau aus den siebziger Jahren. Einzig die Symmetrie und die Glashalle bewirken den Eindruck, daß diese beiden Teile zusammengehören. *(Martin Kieren)*

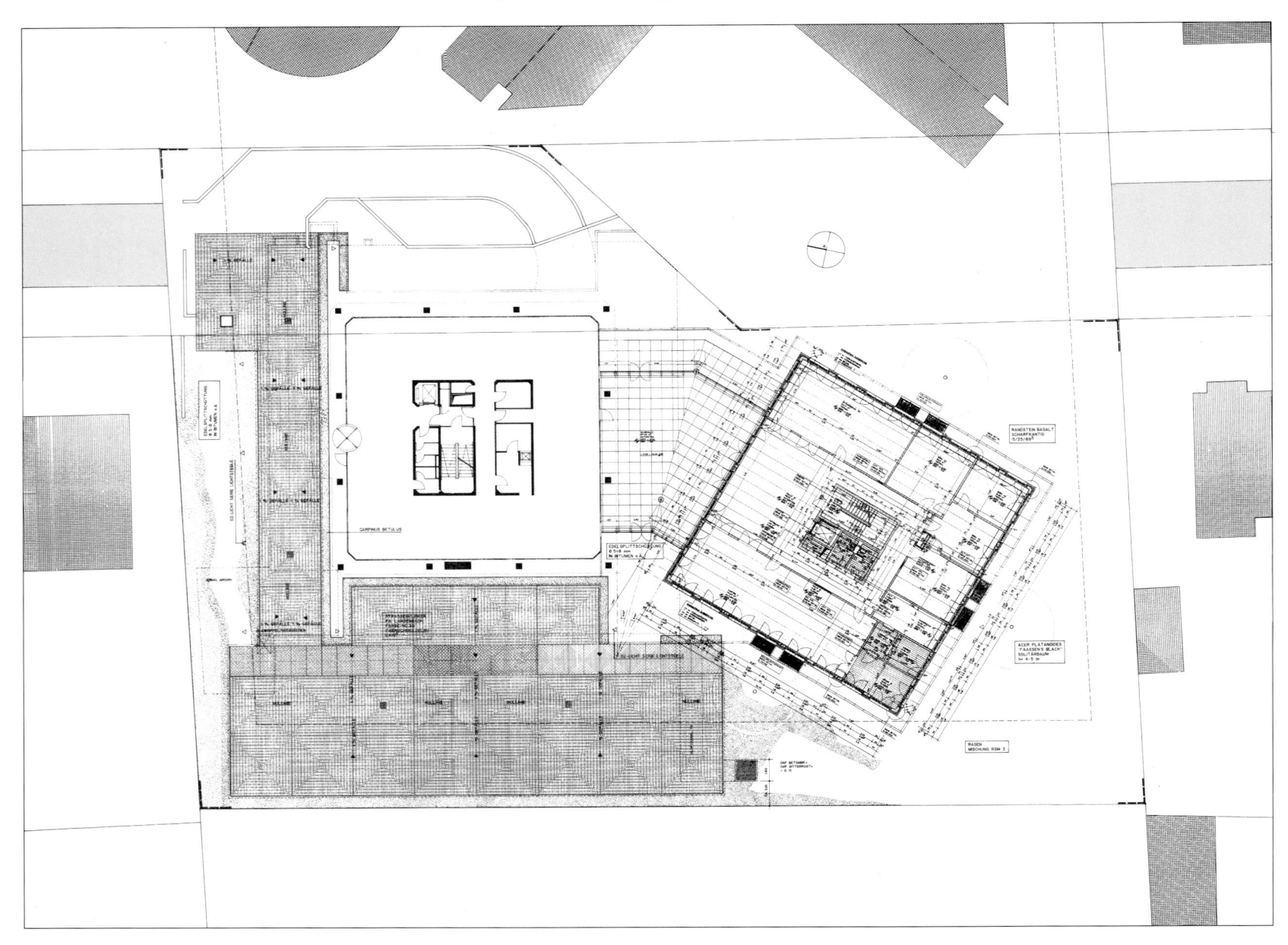

261

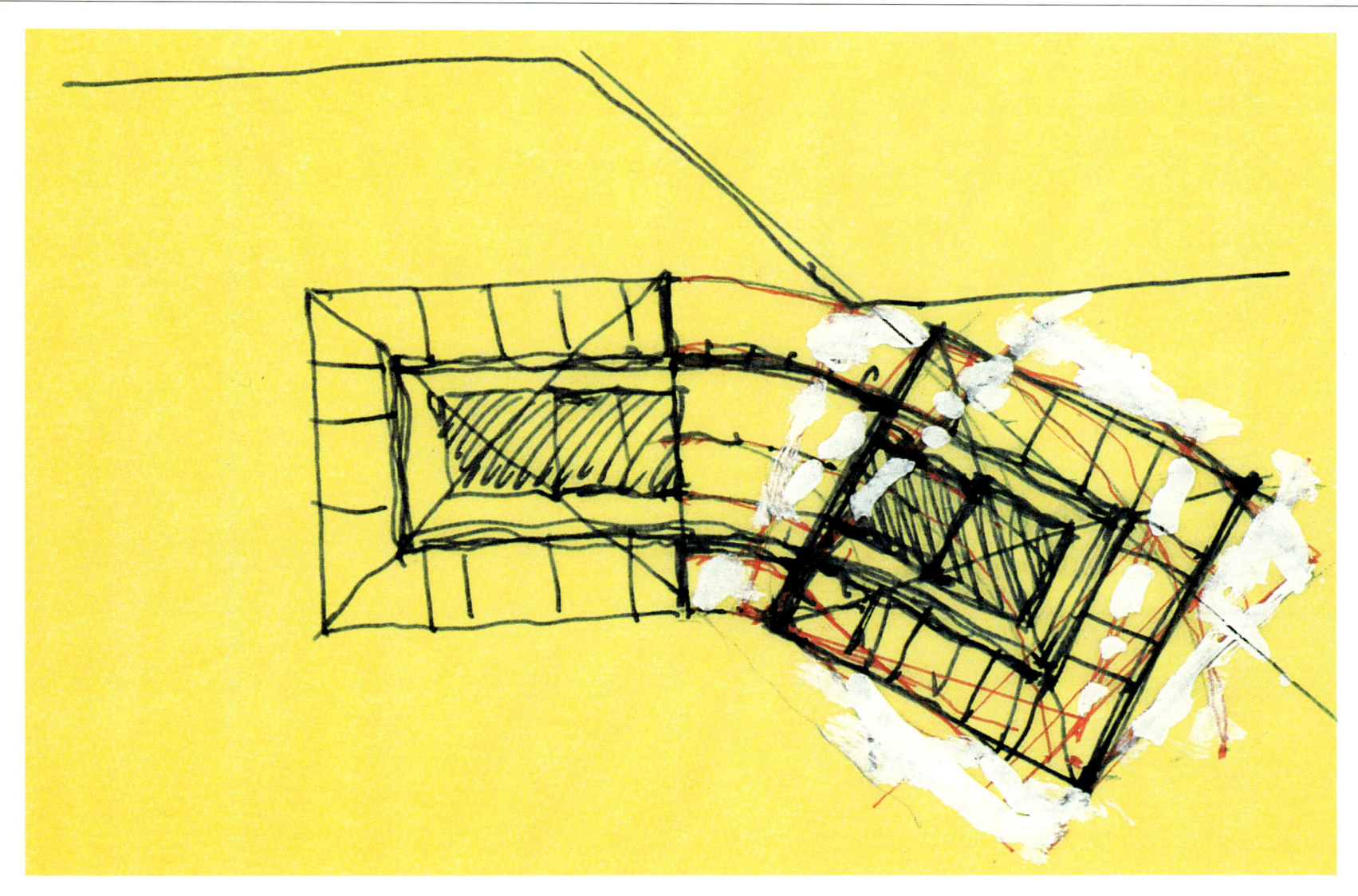

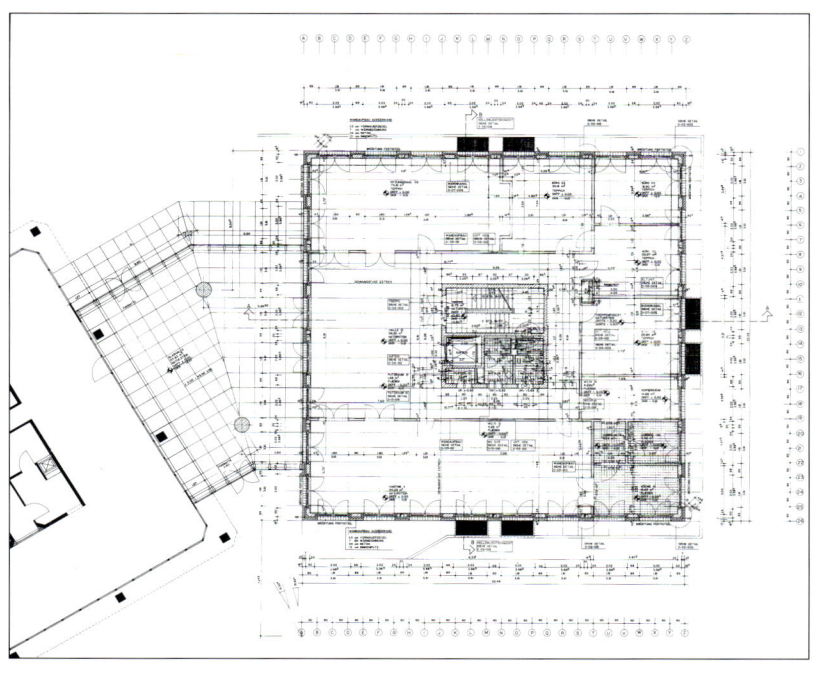

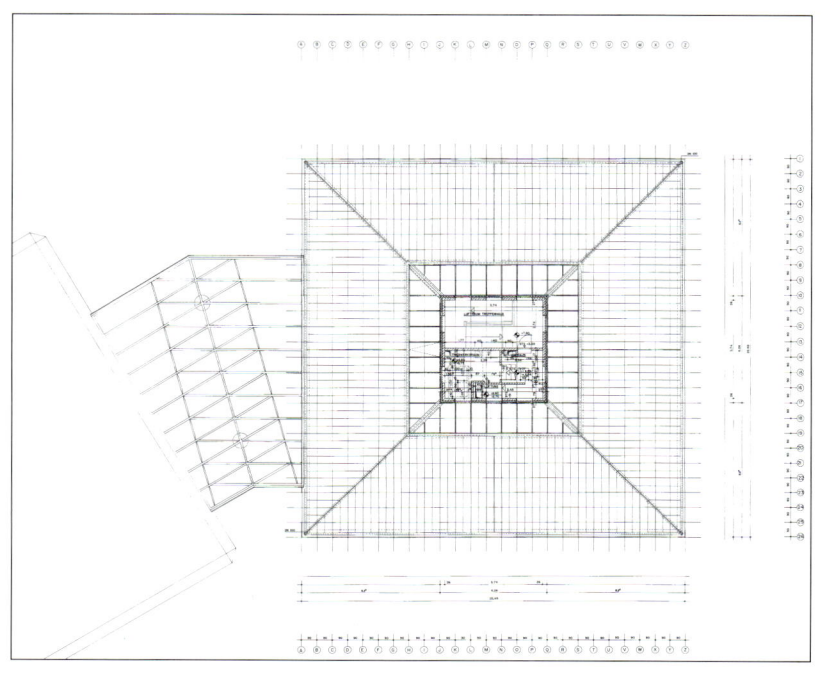

Schnitt; Ansichten;
Eingangshalle.

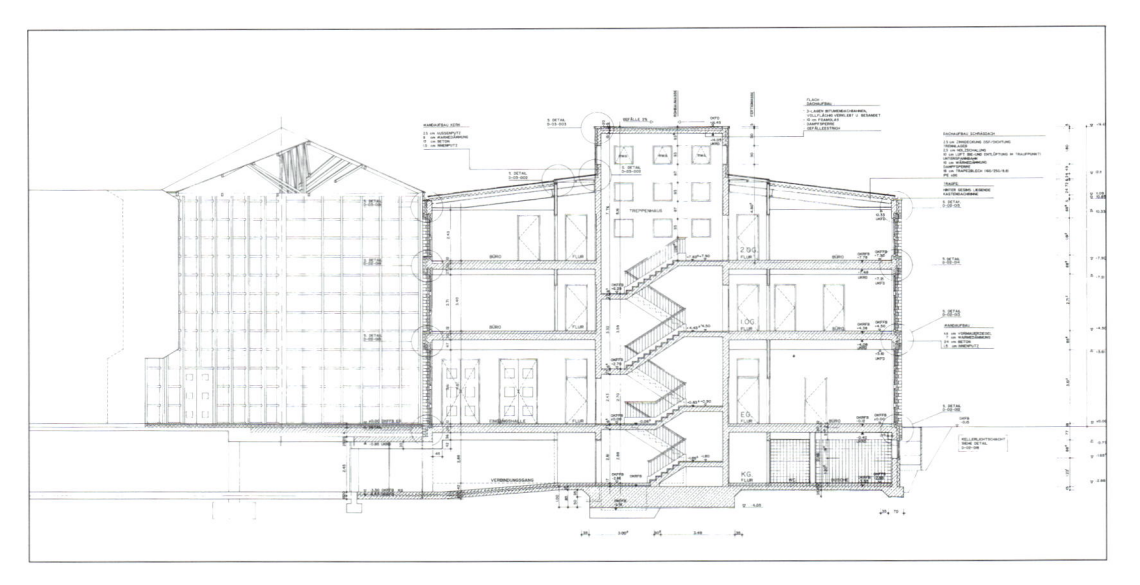

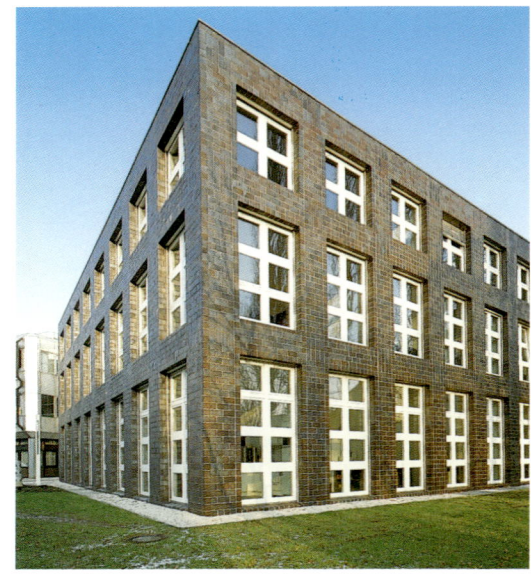

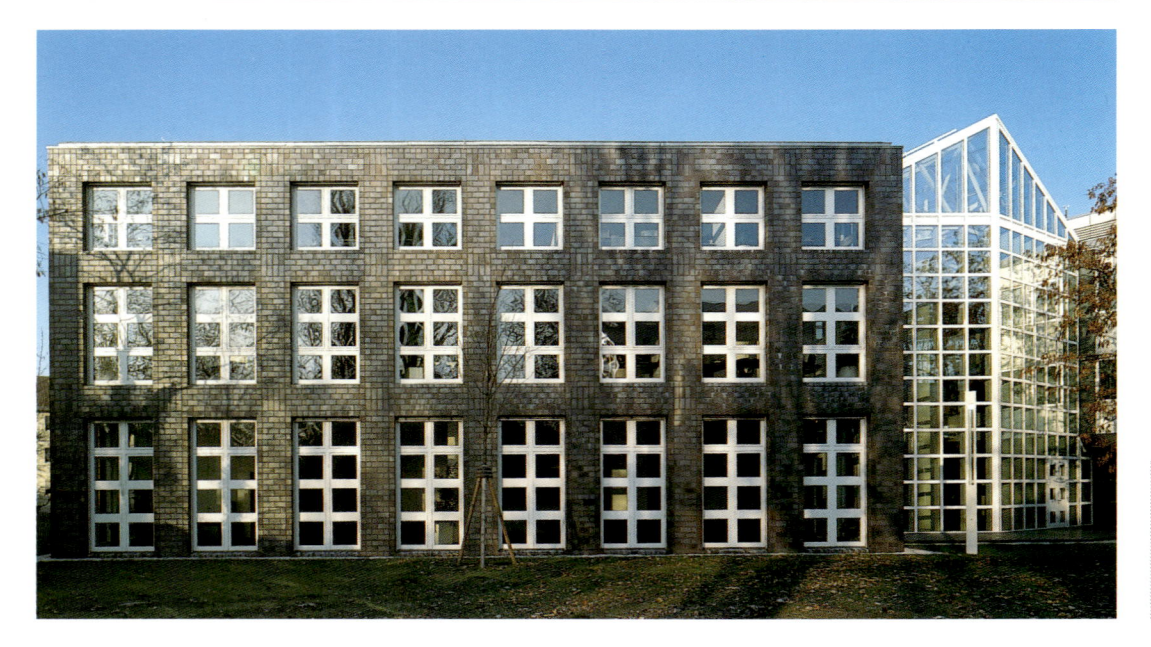

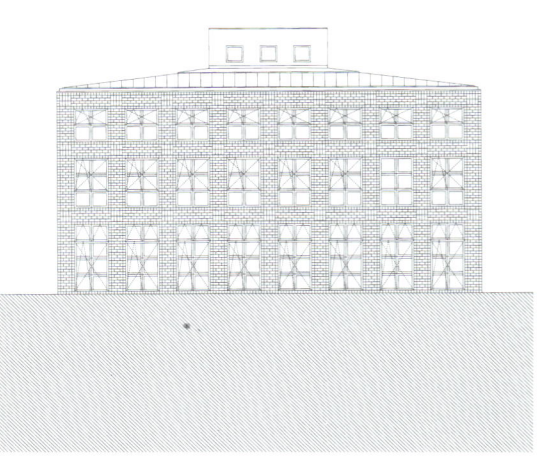

262

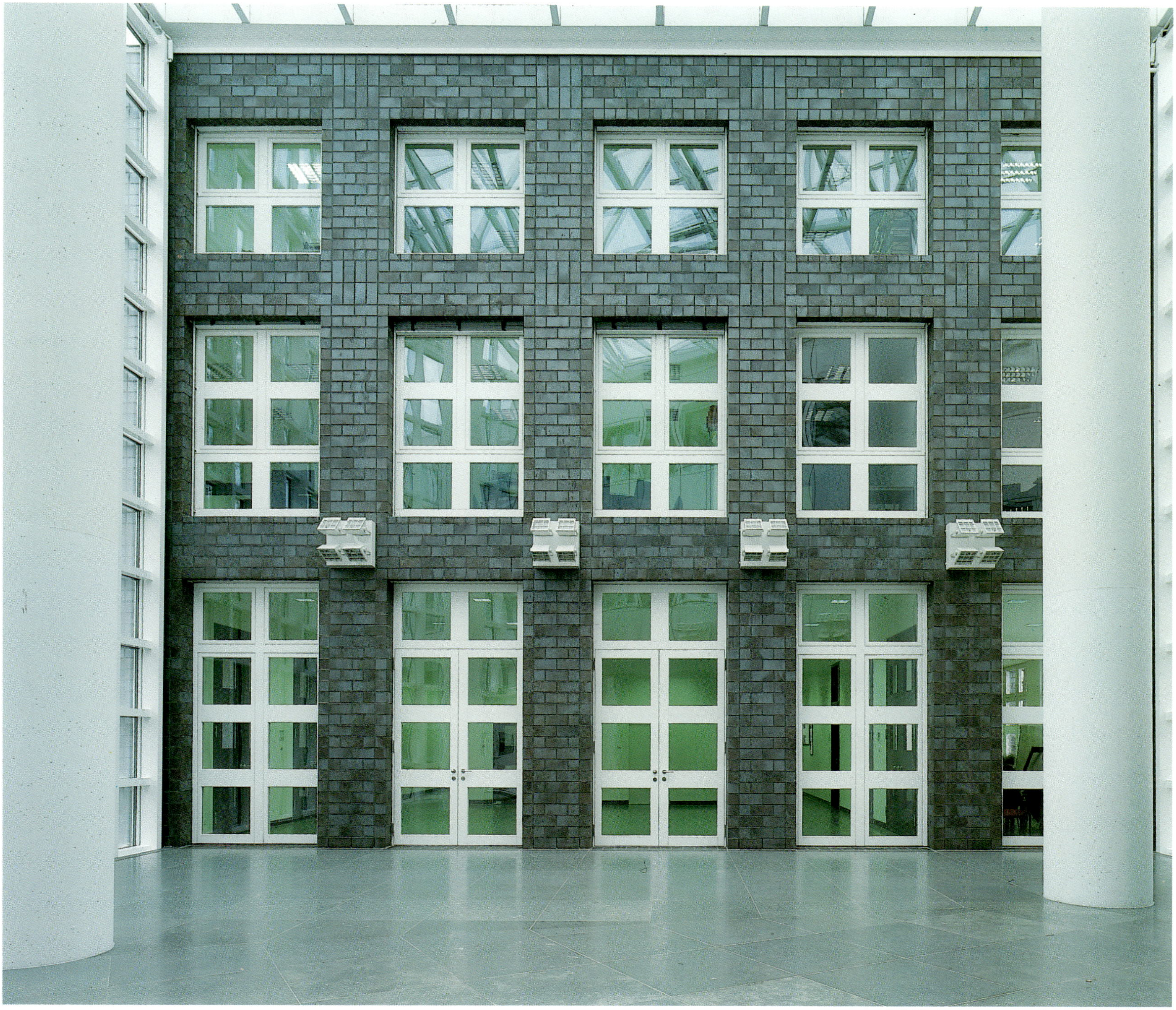

Eingangshalle; Blick auf das Glasdach.

Johannishaus, Köln, 1991-1994

Mitarbeit: Albert Brauns, Don Dimster, Knud Ehm, Claudia Henning, Jarno Nillesen, Axel Streudel, Philippe Vernin, Stefan Vieths

Köln plante die Errichtung eines Verwaltungsgebäudes für das Sozial-, Jugend- und Wohnungsamt. Das Grundstück liegt nördlich des Hauptbahnhofs in Rheinnähe. Das Gebiet ist, sowohl in der Nutzung als auch in bezug auf die Entstehungszeit der Gebäude sehr heterogen und besteht aus einer drei- bis viergeschossigen Blockrandbebauung. Um für den Neubau Platz zu schaffen, muß das alte »Johannishaus« abgerissen werden. Ein Sanierungskonzept für dieses aus den fünfziger Jahren stammende und bereits als Sozialamt genutzte Gebäude erwies sich als unwirtschaftlich.

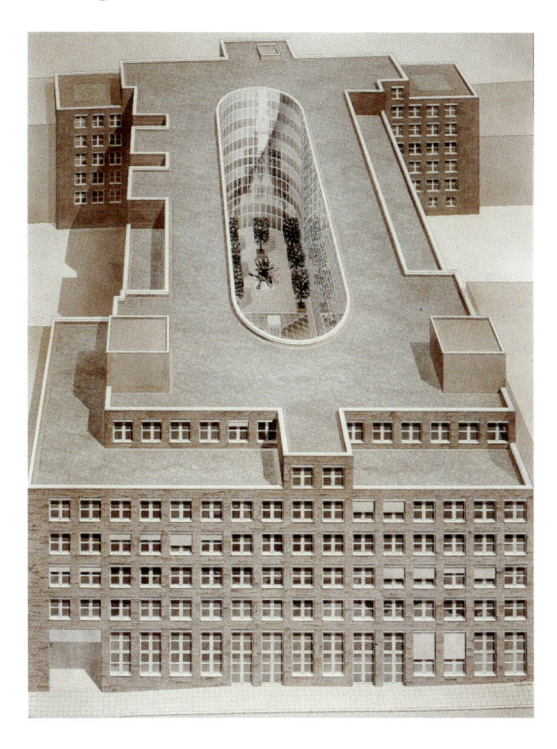

Der Entwurf geht von einer in eine bestehende Blockstruktur eingefügten Hofkonzeption in geschlossener Bauweise aus. Dieser Hof spannt sich in Form einer »Arena«, gebildet aus Zweibund-Elementen, zwischen der Johannisstraße im Osten und der Straße Am Alten Ufer im Westen. Die straßenbegleitende Bebauung ist jeweils zwei- oder dreibündig. Der Neubau hat zusammen mit der Tiefgarage insgesamt neun Geschosse. Bedingt durch die Topographie ist der Neubau oberirdisch an der Johannisstraße siebengeschossig, Am Alten Ufer achtgeschossig, wobei das Gebäude sich hier vom vierten bis einschließlich zum sechsten Obergeschoß nach oben hin abstaffelt. Das Gelände fällt sowohl von der Johannisstraße am Alten Ufer hin in östlicher Richtung als auch von Süden nach Norden ab. Die äußere Gestalt ist geprägt durch eine mit rötlichen Klinkern verkleidete Lochfassade und quadratische Fensteröffnungen im Raster. Im Kontrast dazu ist die Innenhoffassade der »Arena« eine leicht verspiegelte Stahl-Glas-Fassade. Der Innenhof hat, im Gegensatz zur südlichen Hoffläche, die als Garten konzipiert ist, den Charakter eines städtischen Platzes. Auch die Dachflächen sind begrünt. Der Eingangsbereich ist zweigeschossig, das Foyer lagert sich an das Halbrund des Innenhofs an und bietet so den direkten Einblick in den Hof. In den Obergeschossen sind fast ausschließlich Büroräume untergebracht. Für das Personal ist eine Kantine im Untergeschoß vorgesehen. Außerdem befinden sich hier die für den Betriebsablauf benötigten Einrichtungen. Im zweiten Untergeschoß liegen Tiefgarage und Archive.

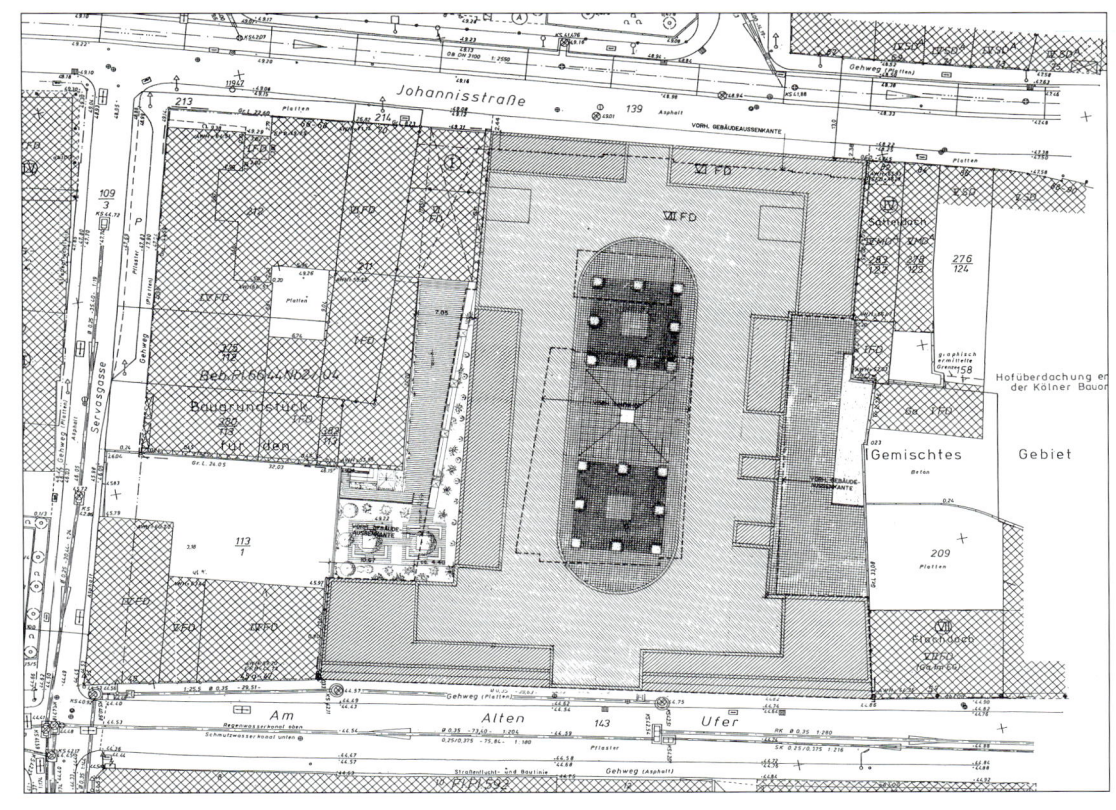

Perspektivische Darstellung und Lageplan.

265

Ansichten und Schnitt.

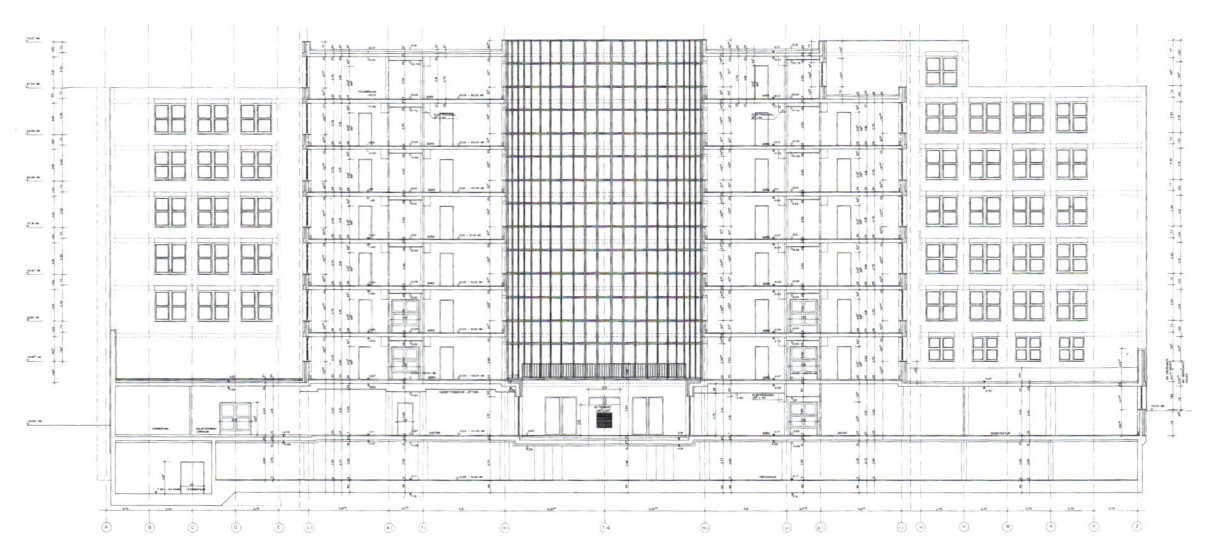

Innenhof mit Stele von Simon Ungers.

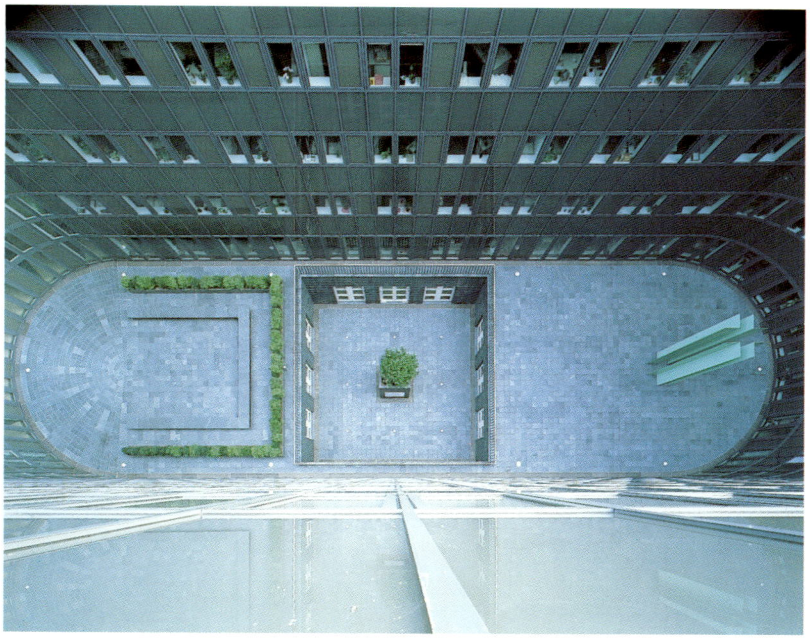
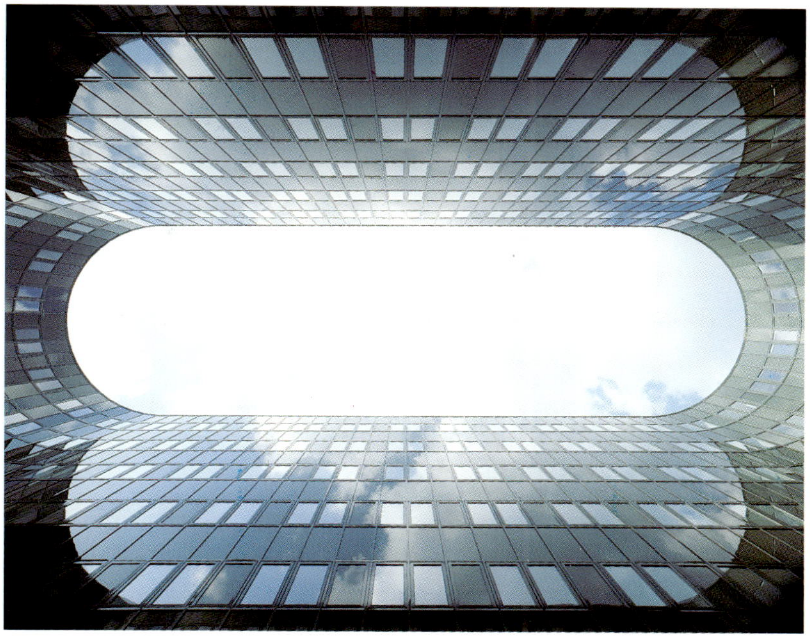
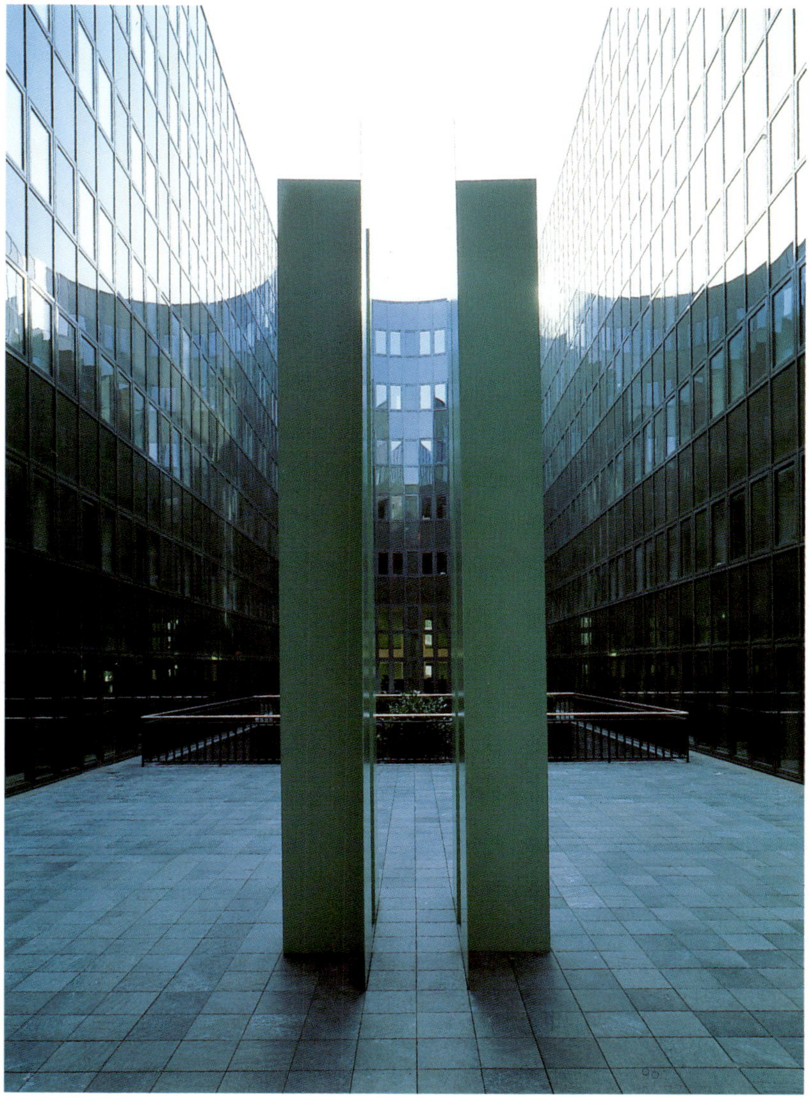
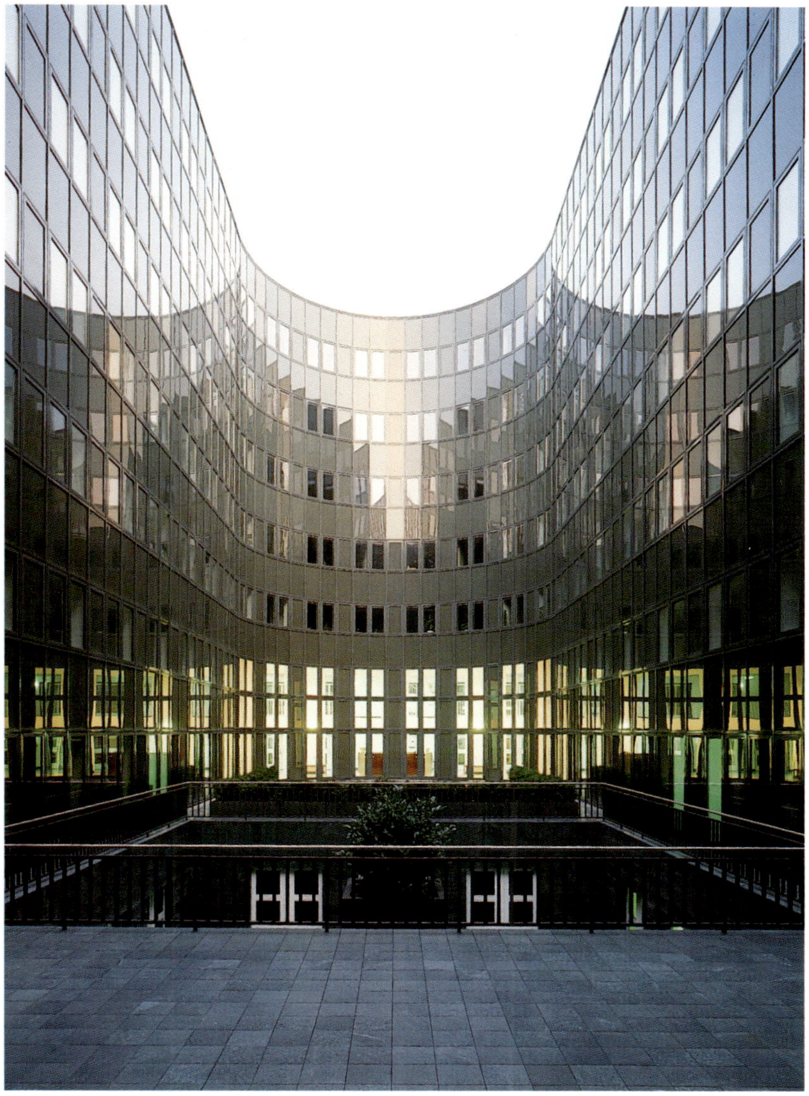

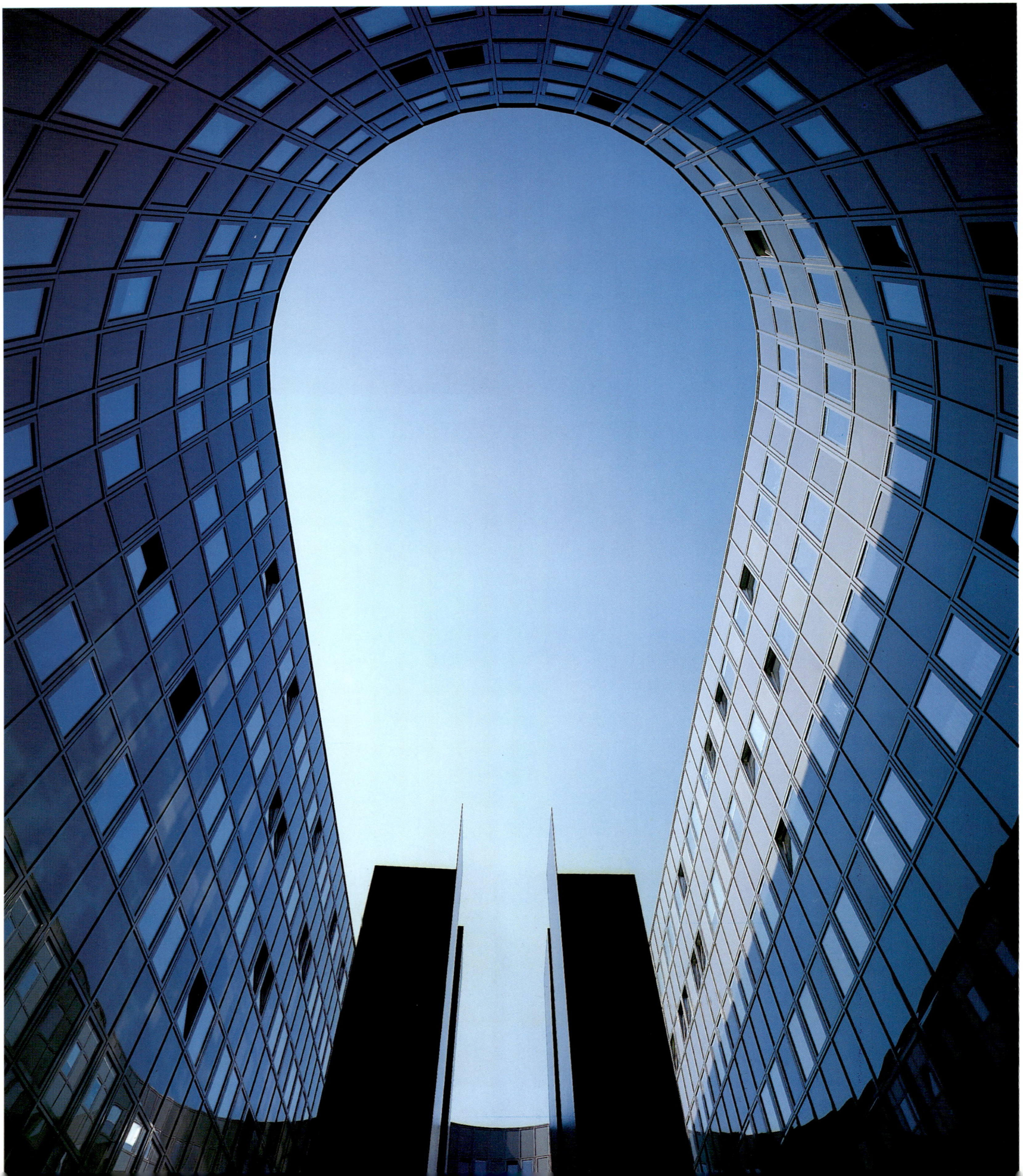

Innerhof; Eingangshalle
mit Wandgestaltung von
Gerhard Merz.

Bürogebäude
Basler Versicherung, Köln, 1993

mit Stefan Vieths

Mitarbeit: Christine Combe, Axel Steudel, Michael Garçon, Marvin Keim, Kai-Uwe Lompa

Das Grundstück ist Teil eines städtischen Blocks, der durch eine offene, teilweise aus historischen Einzelvolumen bestehende Bebauung und dichten, erhaltenswerten Baumbestand gekennzeichnet ist.
Der Neubau ist als Solitärbau konzipiert, der die heterogene Bebauung des Blocks auf zurückhaltende und selbstverständliche Weise vervollständigt. Es handelt sich um ein typologisch einfaches Bürogebäude, das auf seine wesentlichen architektonischen Elemente reduziert ist. Trotz dieser bewußt gewählten Einfachheit erhält das Gebäude durch sein strenges Ordnungssystem, durch seine klare Proportionierung und die Feingliedrigkeit der Fassade einen eigenständigen, selbstbewußten Charakter. Die Materialwahl (Verklinkerung der inneren und äußeren Fassade) und die weitere Detaillierung unterstützen diese Absicht und geben dem Haus trotz seiner filigranen Ausformung eine prägnante skulpturale Qualität.
Die allseitig umlaufenden Fenster sind raumhoch ausgeführt und vollständig zu öffnen, so daß die pavillonartige Struktur des Gebäudes und die parkähnliche Lage des Grundstücks auch im Innenraum deutlich erfahrbar werden.

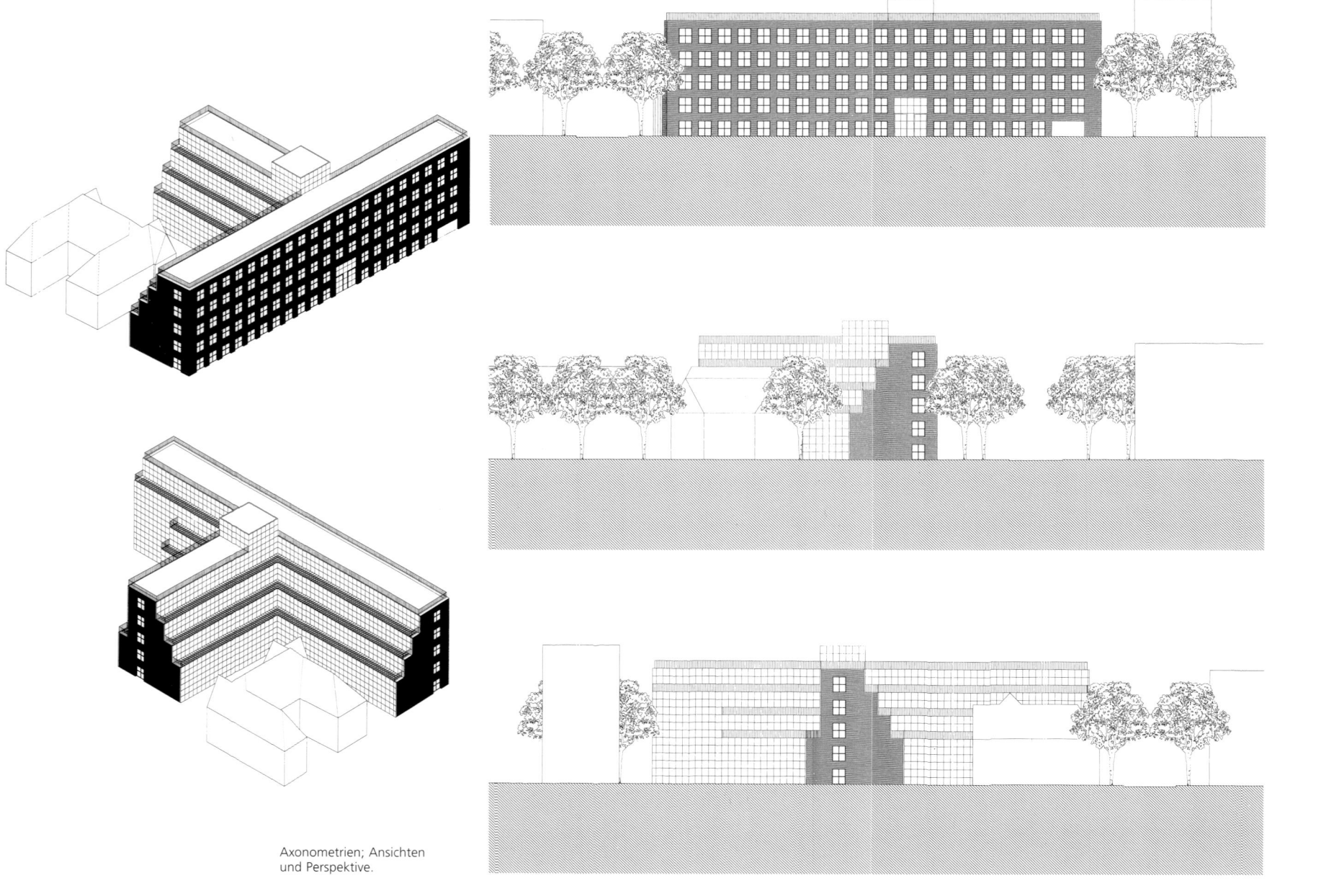

Axonometrien; Ansichten und Perspektive.

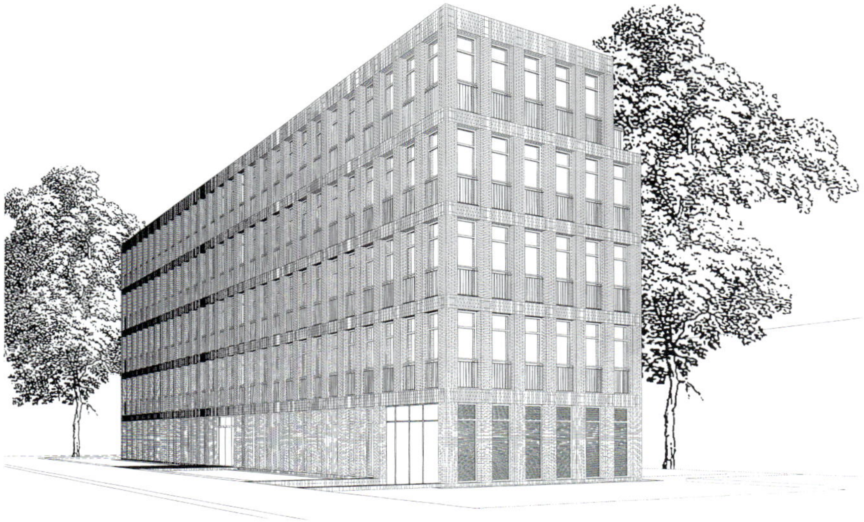

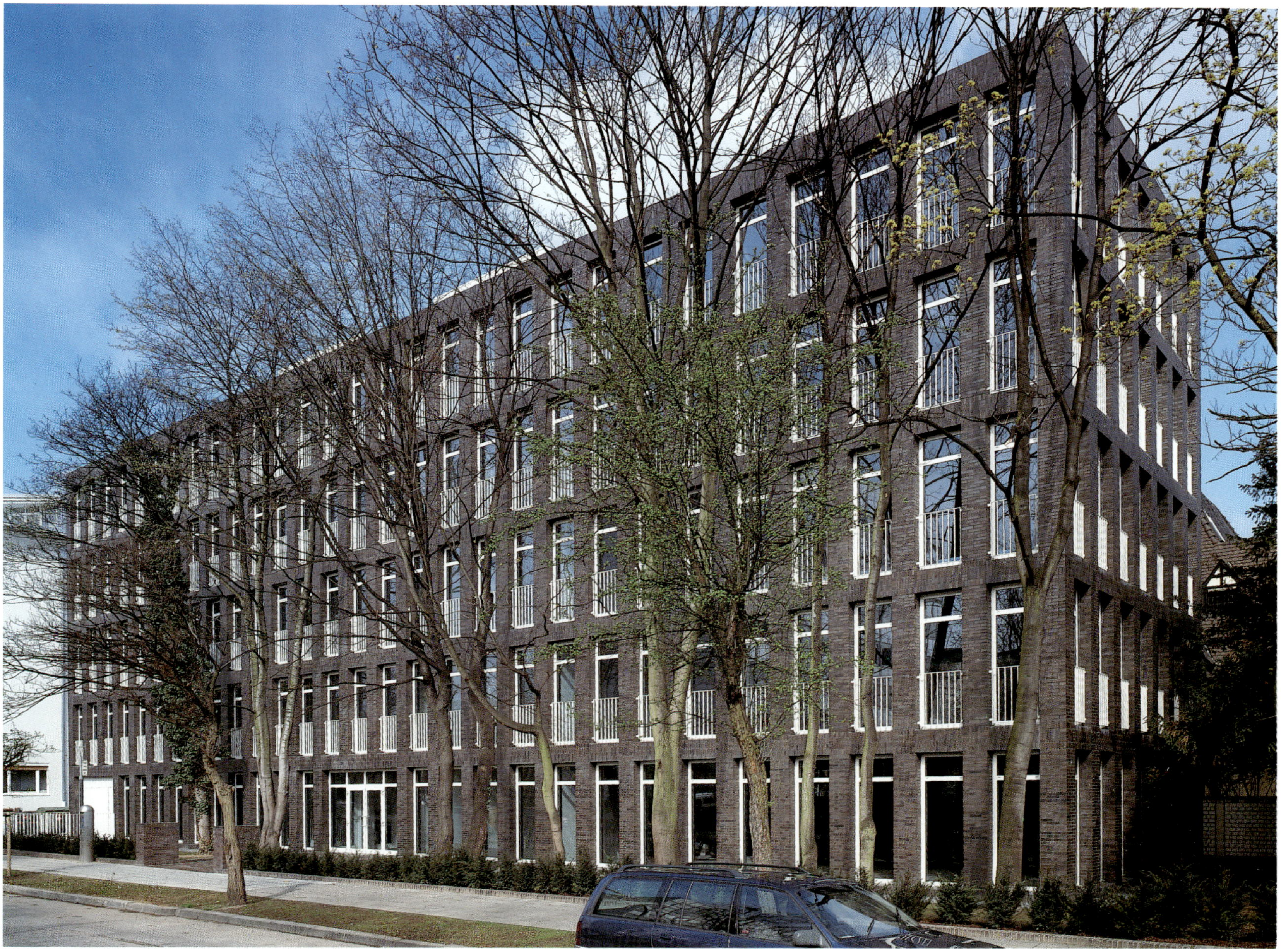

Ansichten und Grundriß
Erdgeschoß.

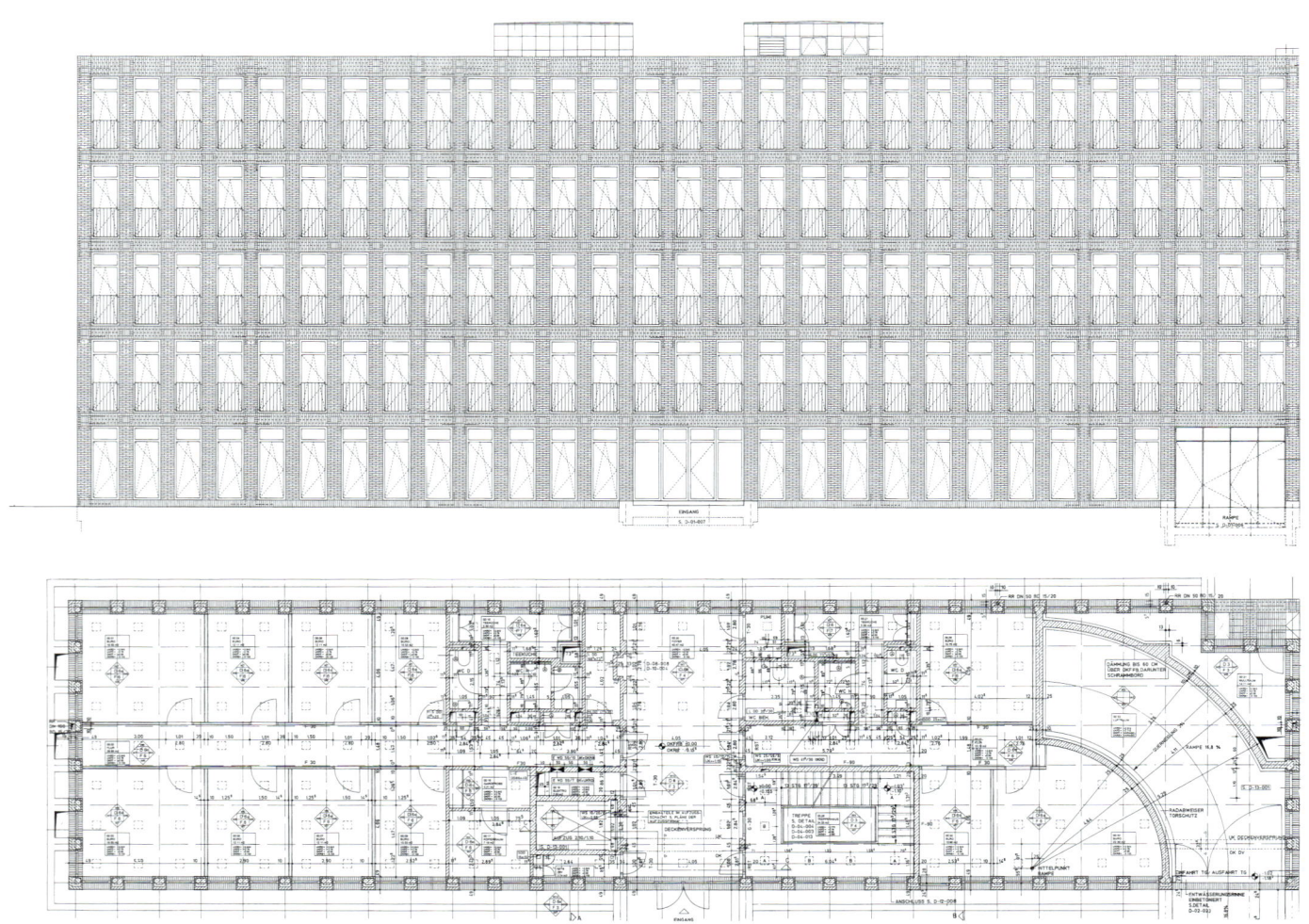

folgende Seite
Detail der Eingangsfront.

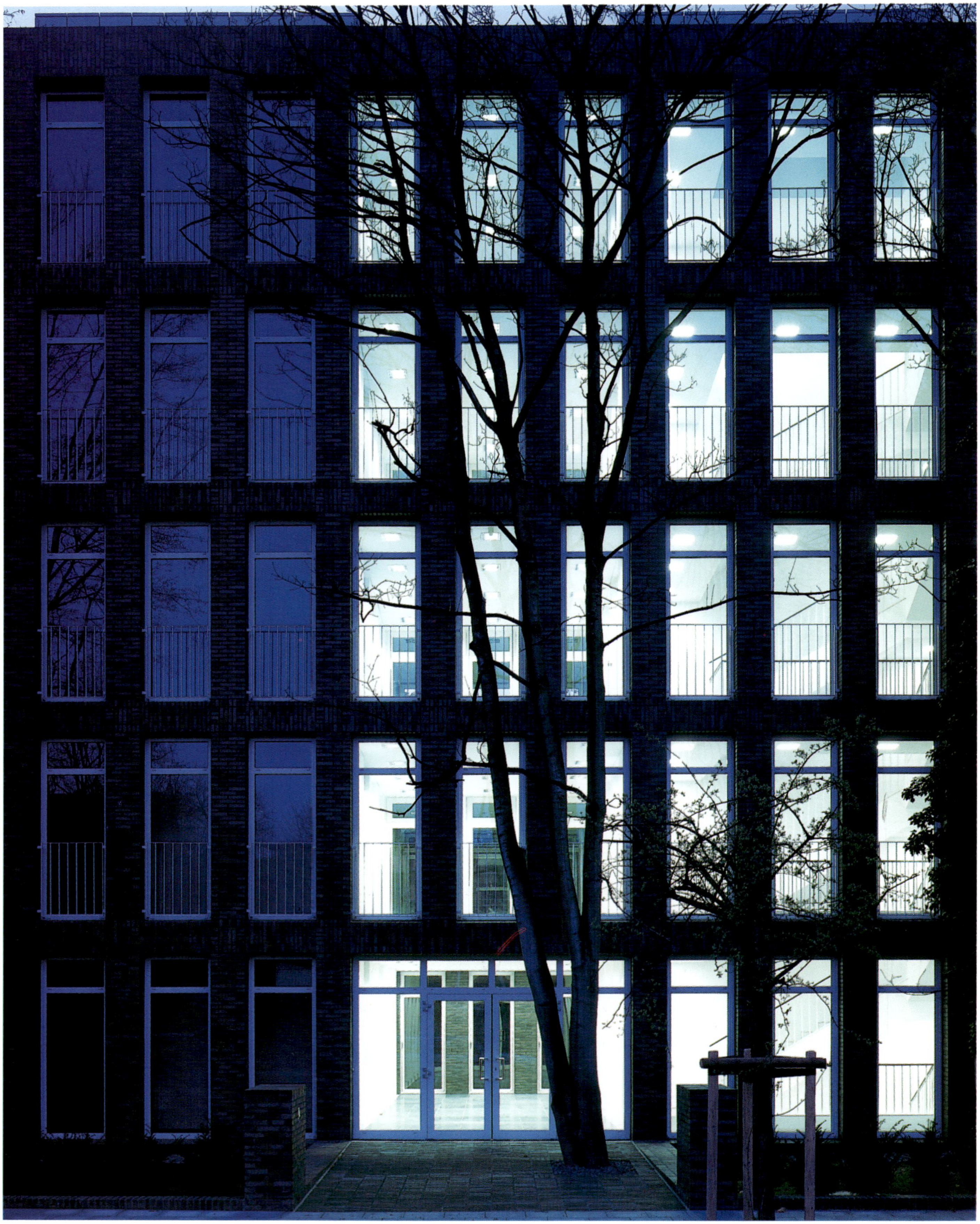

Umbau Wohn- und Galeriehaus Schaafenstraße, Köln, 1993-1994

Bauausführung und -leitung: Rolf Bandus

Ansicht der Straßen- und der Hofseite; Schnitt.

Das zwischen der Straßenrandbebauung eingeklemmte Haus stammt aus der zweiten Hälfte des 19. Jahrhunderts. Auffallendstes Merkmal ist die extreme, kaum mehr zu unterbietende Schmalheit der Parzelle und die sich daraus und aus der entsprechenden Höhe entwickelnde Scheibenhaftigkeit. Auffallend ist weiterhin die emblematische, architektonisch-bildhafte Ordnung, mit der die Fassade zu ihrer kulissenhaften Wirkung gesteigert wird. Die Bescheidenheit der Grundstückssituation wird fast demonstrativ umgemünzt in eine zur Schau gestellte Architektur, die alles verwendet, was auf der schmalen hochgestellten Fläche Platz hat: leicht bossierte Pfeiler, Pilaster, Konsolen, Kapitelle, Sohlbankgesimse, Fensterverdachungen, ein Dreiecksgiebel, Gurtgesimse, Zahnschnittfries – eine nicht gerade bescheidene Geste des Historismus zur Kenntlichmachung eines sonst im Straßenraum fast verschwindenden Hauses.

Das Gebäude steht unter Denkmalschutz, was ein behutsames Vorgehen von vornherein nahelegte. Zuerst waren die Umbauten aus den Jahren zuvor zurückzubauen. Die Eingangsfront in ihrer jetzigen Form ist daher eine Rekonstruktion des historischen Zustands: leicht bossierte Pfeiler, Schaufenster und Eingangstür – alles schmal profiliert. Der Dachstuhl ist ebenfalls eine Rekonstruktion – eher eine Interpretation, da man den alten Zustand nirgends dokumentiert fand.

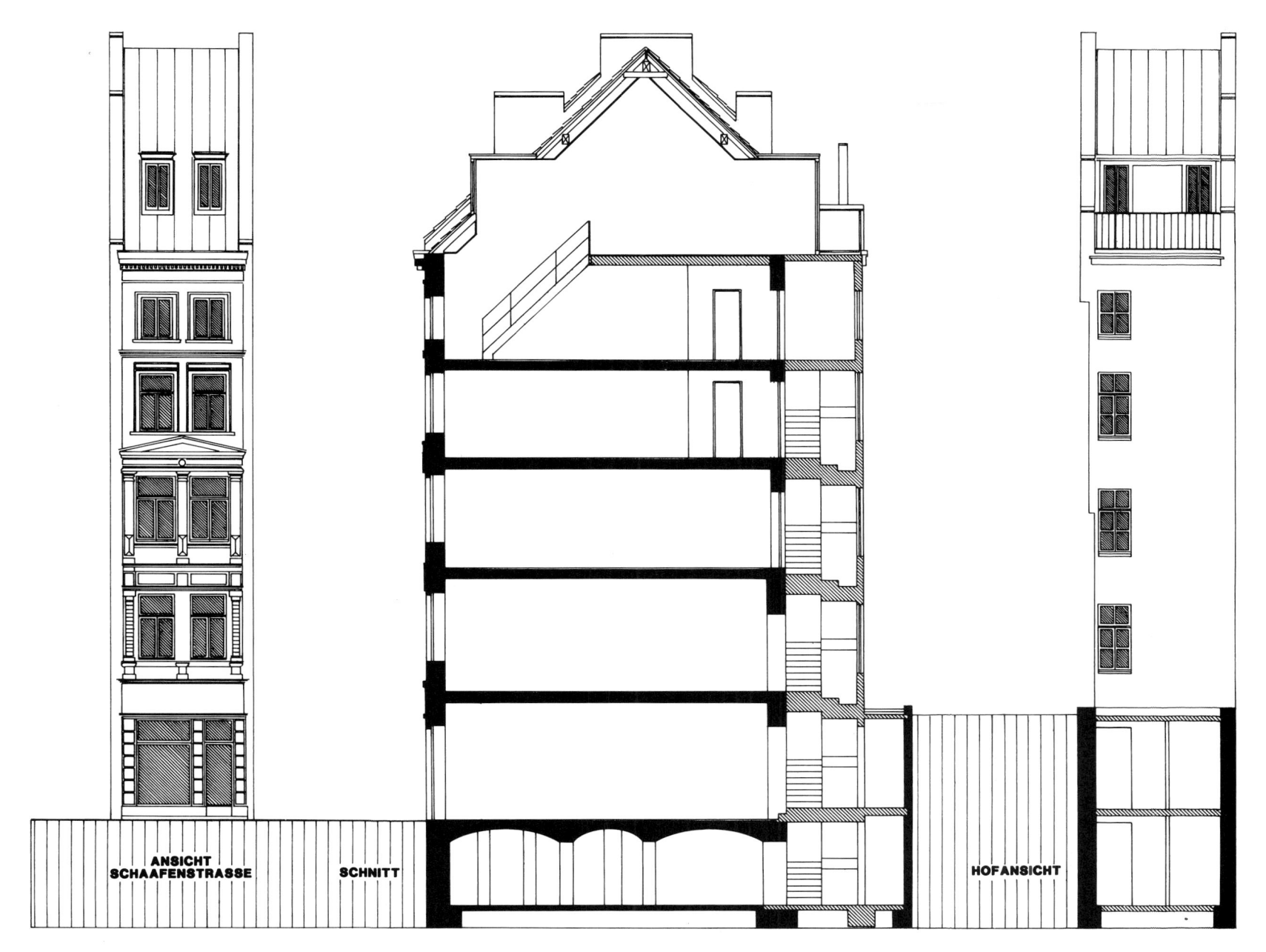

ANSICHT SCHAAFENSTRASSE · **SCHNITT** · **HOFANSICHT**

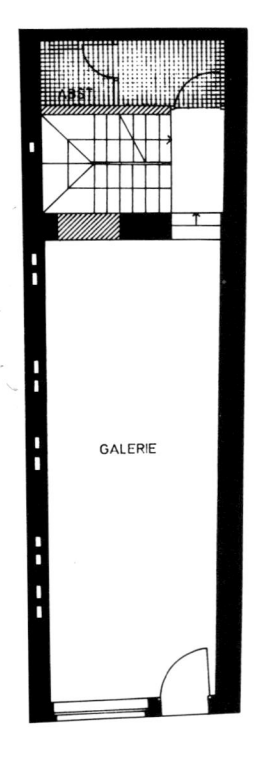

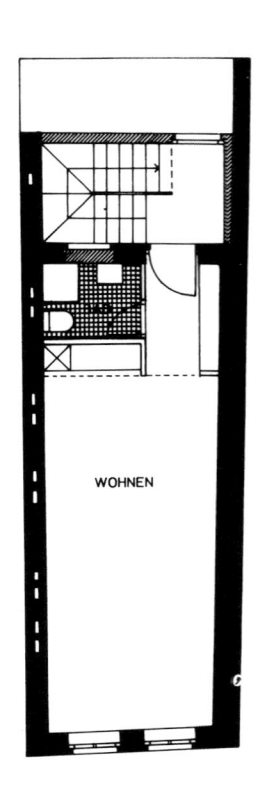

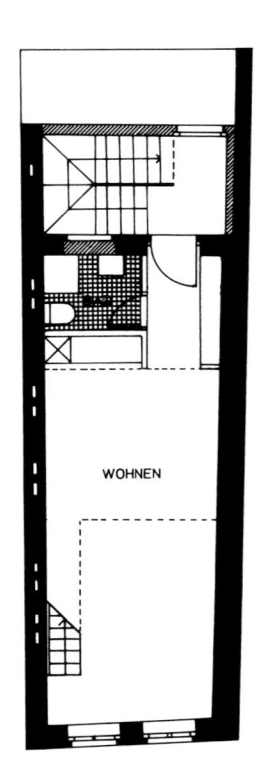

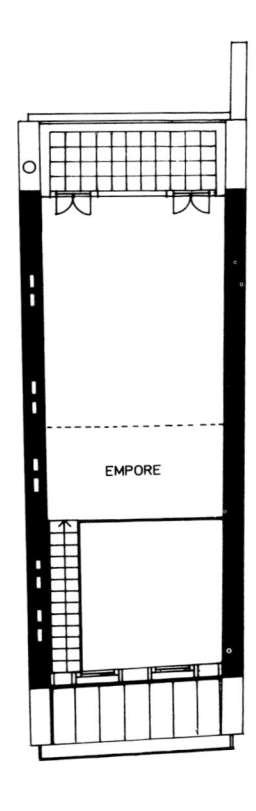

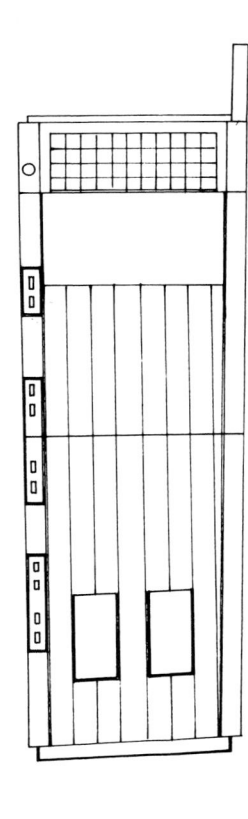

Grundrisse der verschiedenen Ebenen.

folgende Seiten
Ansicht der Straßenseite und Innenansichten.

Früher war die Erschließung über ein in der Mitte des Hauses gelegenes Treppenhaus organisiert, es wurde zugunsten eines rückwärtig neu angebauten Treppenturmes abgetragen. Die Grundidee ist einfach und entspricht in etwa der von Ungers schon einmal erprobten Grundrißdisposition für ein ähnliches Haus, das Galeria- und Wohnhaus Max Hetzler in Köln (1986): geschichtete, einfache Raumeinheiten, deren Charakter klar und zurückhaltend für die in ihnen ausgestellten Kunstwerke zu sein hat. Das engagierte Programm der Galeristin Sophia Ungers, die junge, meist konzeptionell arbeitende Künstler ausstellt und vertritt, verlangt geradezu nach dieser Neutralität der weißen »Innenbox«. Das Haus, das heißt den unteren Galerieraum, betritt man von der Straße. Das dahinter liegende Treppenhaus aus Mauerwerk, Beton und den mit schwarzen Terrazzoplatten belegten Stufen führt ohne weitere Inszenierungen jeweils von einem Podest zu einem Durchgang, zu den nächsten zwei Galerieebenen und den darüber befindlichen drei Wohngeschossen.

Die Räume haben eine neue Dielung, die alten Balken befinden sich noch darunter, und auch die Fenster sind Nachbauten der Originale mit schmalen Profilen, Doppelfalz, Wasserschenkeln, Isolierglas, gebaut aus Eichenholz, mit Leinölfirnis gestrichen. Die Wände sind fein geputzt und weiß. Jeder Raum hat einen Zugang vom Treppenhaus und eine Nische, die beide zuvor die Fensteröffnungen zum ehemaligen kleinen Hof waren. Im dritten Obergeschoß befindet sich eine Ein-Raum-Wohnung.

Durch die Neuanlage eines steilen Dachs gab es in den beiden oberen Geschossen die Möglichkeit, ein Appartement und eine Maisonettewohnung mit eingeschobener Empore anzulegen. Das Dach des Treppenhauses wird hier als kleine Terrasse einbezogen.

Das Haus stellt durch das Zusammenspiel von Alt und Neu und durch die Mischung aus Gewerbe und Wohnen einen gelungenen, zeitgemäßen Typus dar, wobei der Zufall eine Besonderheit hervorgebracht hat: Auf der Fassade lassen sich die extremsten architektonischen Schmuckglieder in den unteren drei Geschossen ausmachen: wüster, aber sympathischer, übersteigerter, aber auch schon wieder rührender Historismus – gebastelt, bossiert, geschliffen, gemeißelt, geputzt. Dieser Teil wird tympanonartig abgeschlossen von einem Dreiecksgiebel: eine »Idee vom Haus« als appliziertes Bild, als eigenständige Ordnung. Hinter diesem vorn abgebildeten »Haus« liegt nun die Galerie mit ihren gestapelten drei »Boxen«.

WERTGUTACHTEN
BERATUNG
SCHADEN
SCHNELL
HILFE
KFZ UNFALL
Schaafenstr.

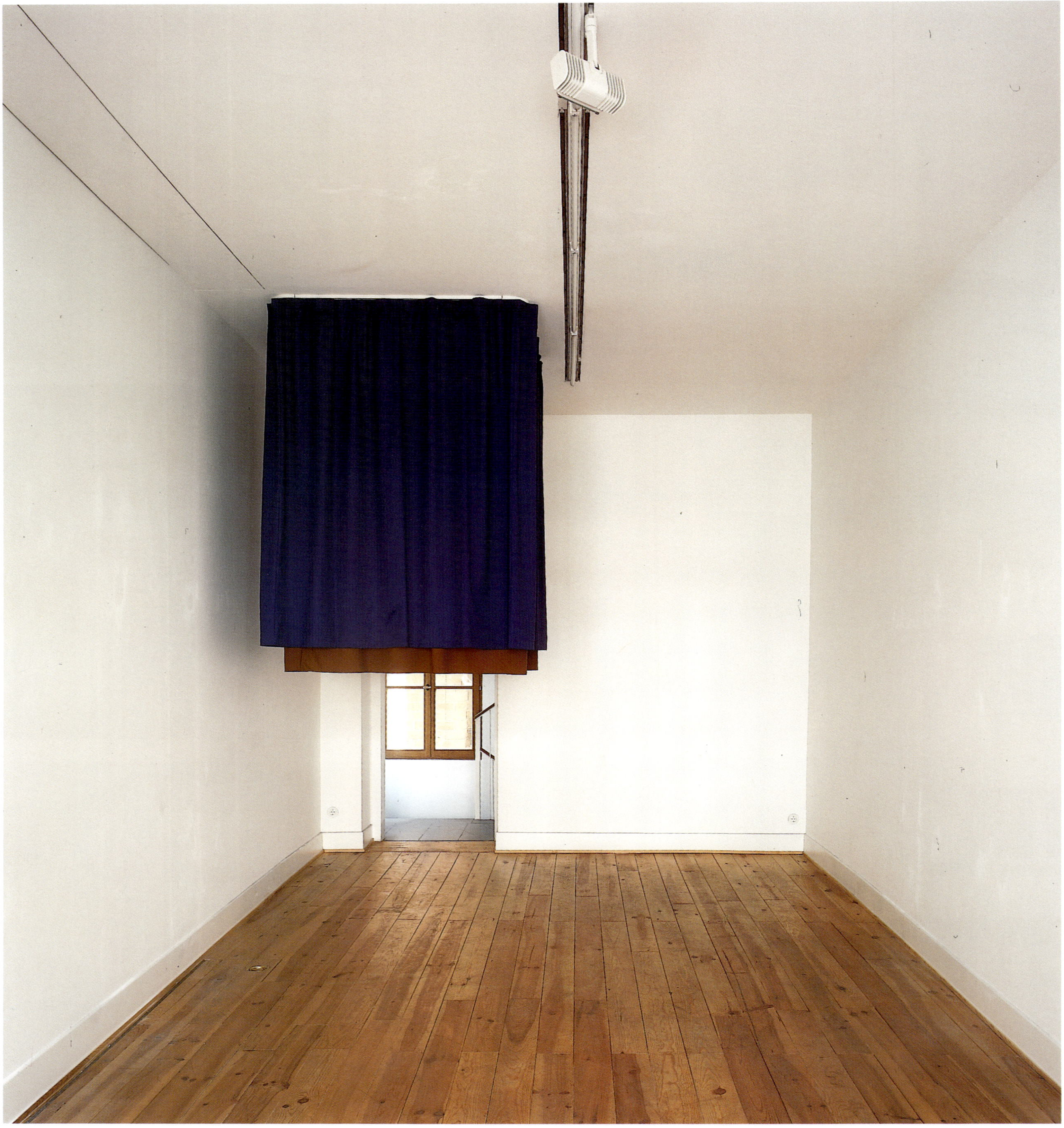

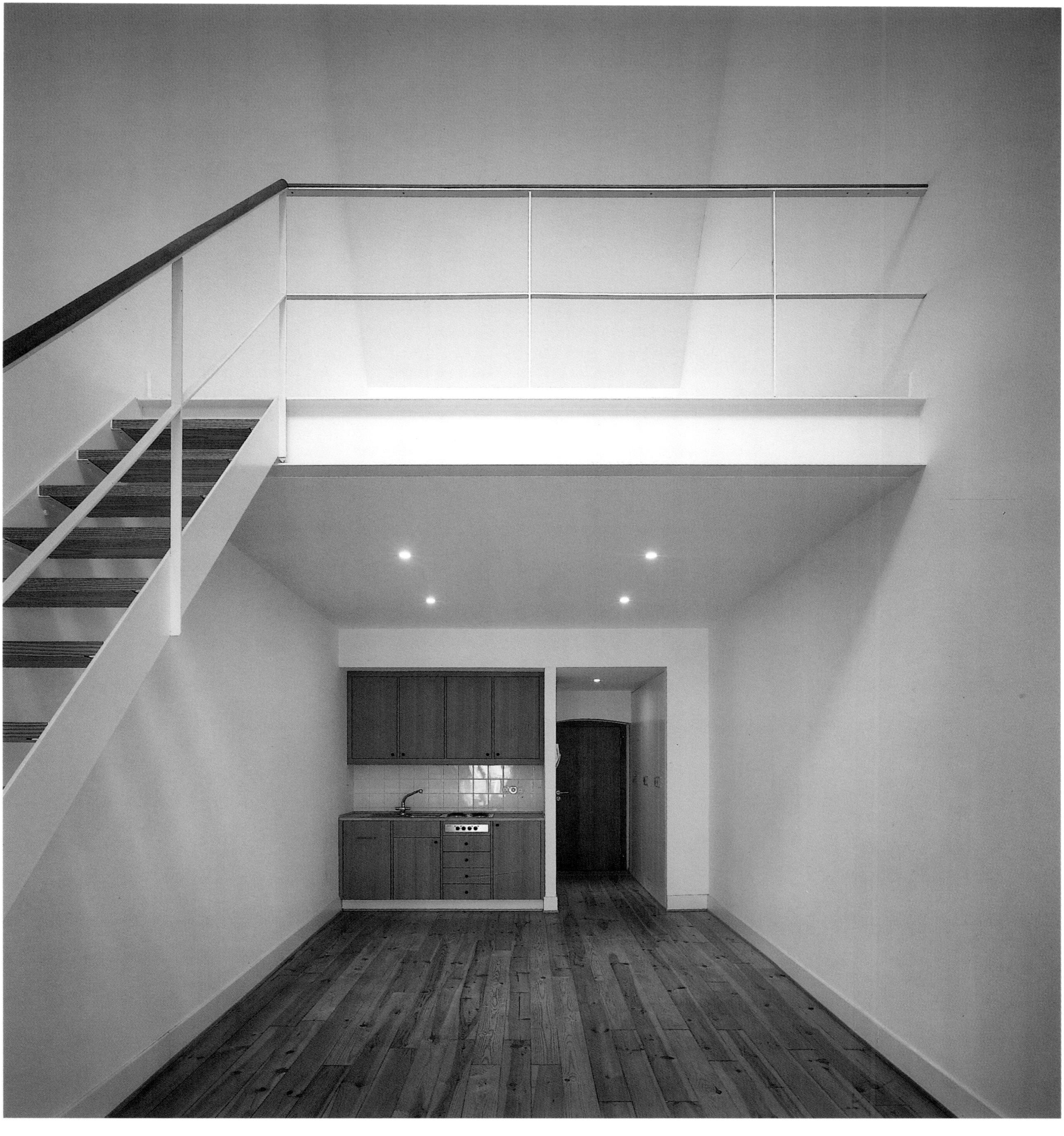

Umbau Wasserturm Utscheid, 1993

Mitarbeit: Johannes Götz

Ansicht; Skizze; Grundrisse auf verschiedenen Ebenen; Schnitte.

folgende Seiten
Innenansichten und Ansicht bei Nacht.

Der Wasserturm aus dem Jahre 1957 versorgte ehemals die Gemeinde Utscheid mit Wasser. Ursprünglich waren nur die beiden oberen Decken vorhanden. Im obersten Raum befand sich der Druck- oder Wasserbehälter, darunter der Maschinenraum, unten die Eingangshalle. Die untere Decke ist neu eingezogen, hier ist die Küche mit einer darüberliegenden parallel zur Treppe verlaufenden Empore, von der man in die Küche sieht. Auf der nächsten Ebene befindet sich ein eingestelltes Raumelement mit Dusche, Bad und Einbauschränken, dahinter der Schlafraum. Das oberste Geschoß ist ein hoher Raum, dessen vier Fenster in die vier Himmelsrichtungen zeigen: spärlich möbliert mit Sitzgelegenheiten – ein Meditationsraum »über der Eifel« mit einer atemberaubenden Sicht.

Das Programm ist also denkbar einfach; aber die vorhandene Situation ließ – ohne größere und auch sichtbare Eingriffe – gar nicht mehr zu. Die Räume, die Um- und Einbauten, mithin die Korrekturen an der Substanz gleichen sich dem Turm und dessen strukturalem Gefüge an und ordnen sich rigoros unter. Von außen deutet nichts auf die Nutzung als Wohn- und Rückzugsort. Die 70 bis 80 cm dicken Sandsteinwände wurden erhalten, und – falls notwendig – ausgebessert und neu verfugt. Die konstruktiv notwendigen, innenliegenden Pfeilervorlagen wurden in das Raumkonzept integriert; es sind eigenständige und selbstverständliche Elemente, wie alles bescheiden und unaufdringlich wirkt: Man wohnt nicht in einem neuen Haus in alter Hülle, sondern in einem alten Wasserturm mit punktuell gesetzten, aus dem Bestand entwickelten Einbauten.

Beim Betreten des Turms fällt die Raumfolge auf: der Wechsel von Enge und Weite sowie niedrig und hoch. Aus dem engen, niedrigen Treppenturm heraustretend, öffnet sich immer ein weiterer, höherer Raum mit einem Ausblick mit Fernsicht über das Land. Der »Raumplan« besteht lediglich aus gestapelten Raumelementen, denen ein hoher Inszenierungsgrad – der zuvor im Turm angelegt war – entlockt wurde. Die Kunst lag sowohl in der Ausnutzung der vorhanden ästhetischen als auch der funktionalen und konstruktiven Energien, die auf sinnvolle Weise herausgefiltert, freigelegt und anschließend mobilisiert und verfeinert wurden. Dabei wurden die Materialien und Formen möglichst in ihrer Reinheit belassen: Sandstein, die elementare Kreisrundung, das Steigen, die Vertikalität der Raumanordnung, das nur wie eingestellt wirkende und also bloß ergänzende Neue – alles das ist pur, unaufdringlich, selbstverständlich. Die Anordnung der Fenster folgt weitgehend dem vorgefundenen Bestand. Diese Fenster dienen nicht so sehr dem Bedürfnis einer Wohnidee, die sich des berauschenden Ausblicks verdankt, sondern vielmehr ihrer ursprünglichen Bestimmung, das Innere zu belichten: ein Fenster jeweils im Treppenturm, eines im Raum; in der oberen Halle wird das Verhältnis allerdings umgekehrt: Hier zeigen die vier Fenster exakt in die vier Himmelsrichtungen, was dem kreisrunden Grundriß eine weitere elementare Figur einschreibt, die sich der konzeptionellen Strenge des Architekten verdankt.

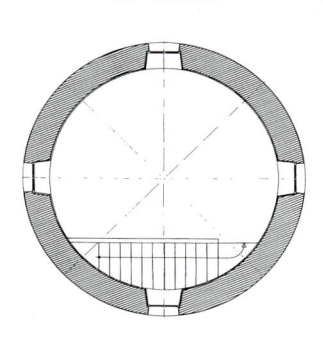

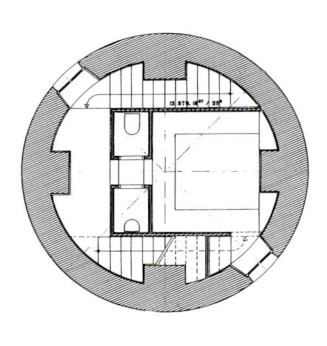

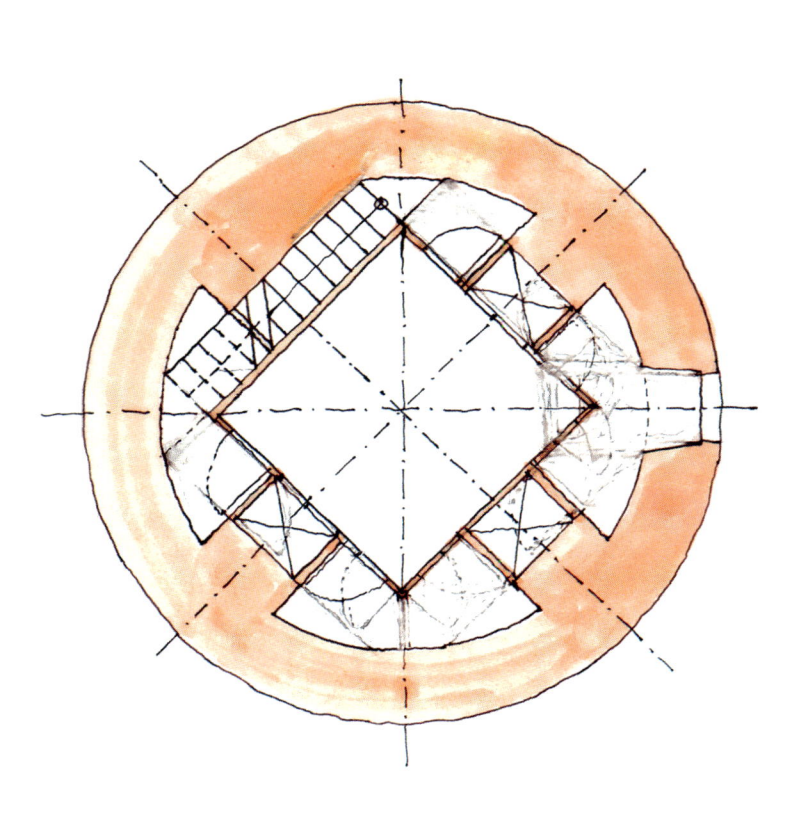

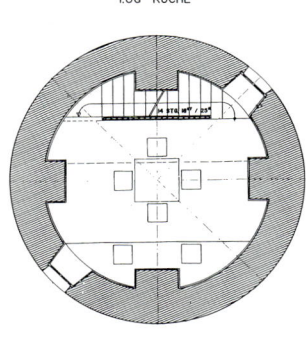

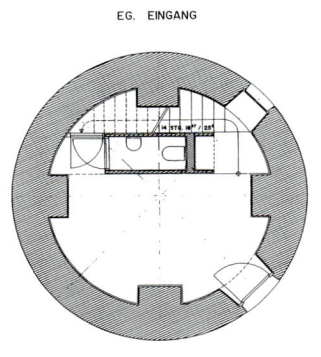

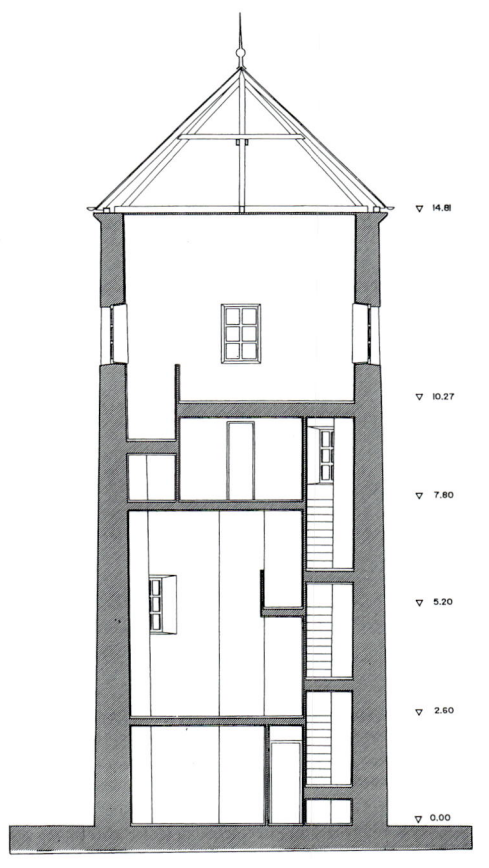

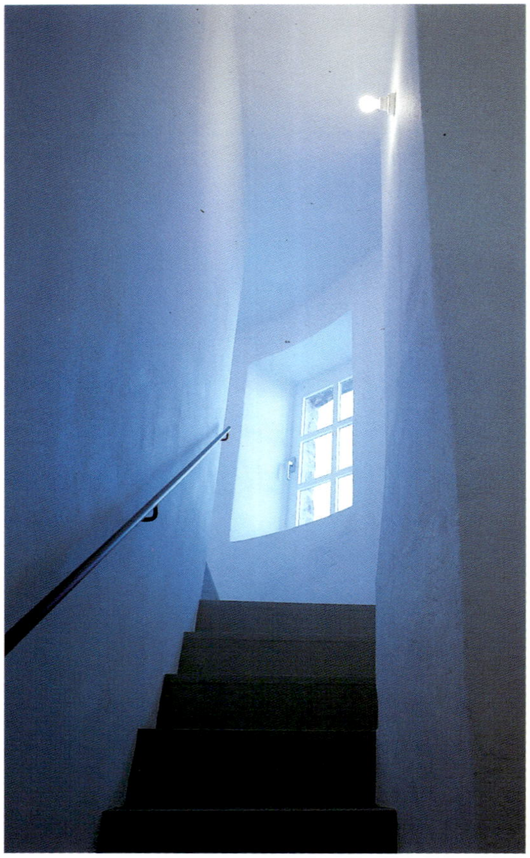

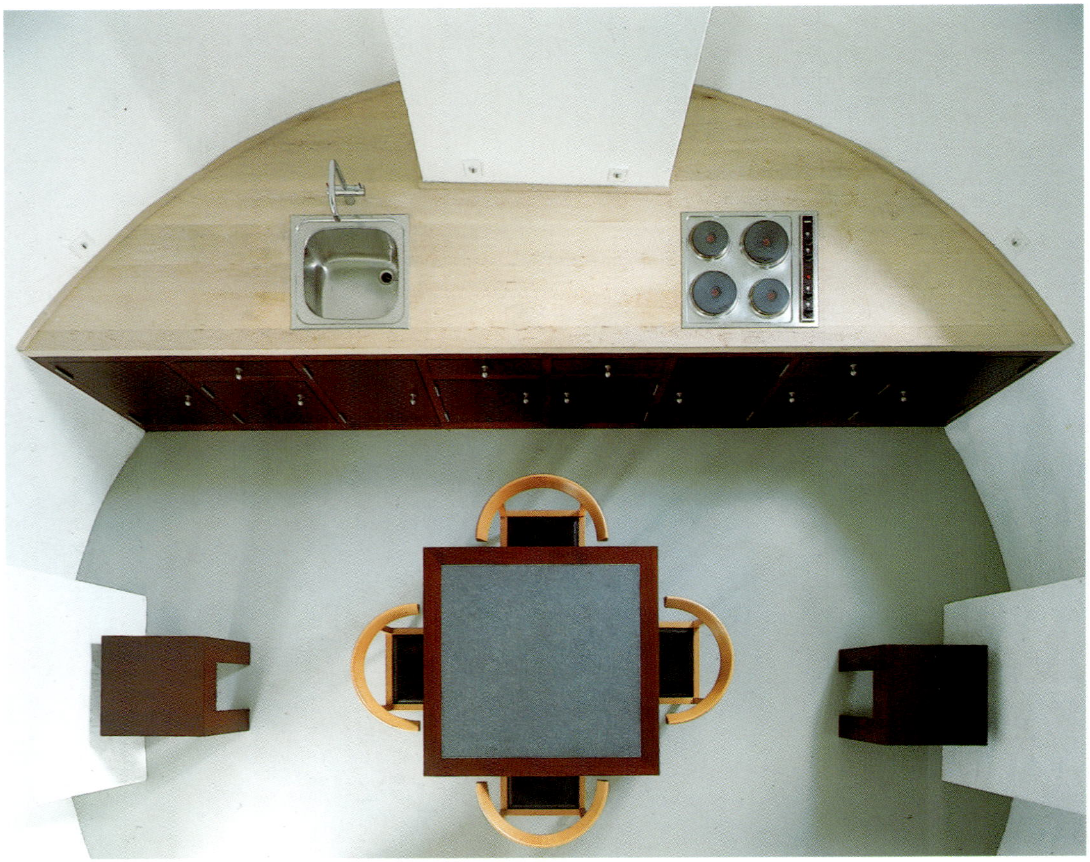

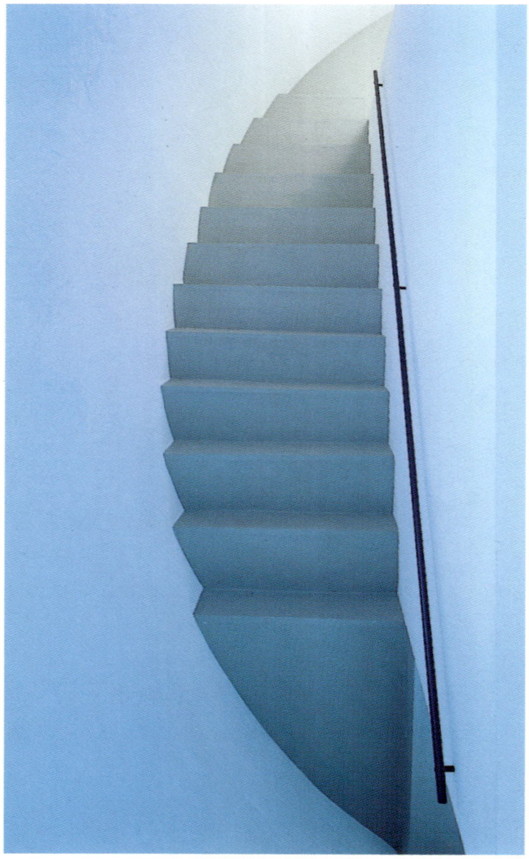

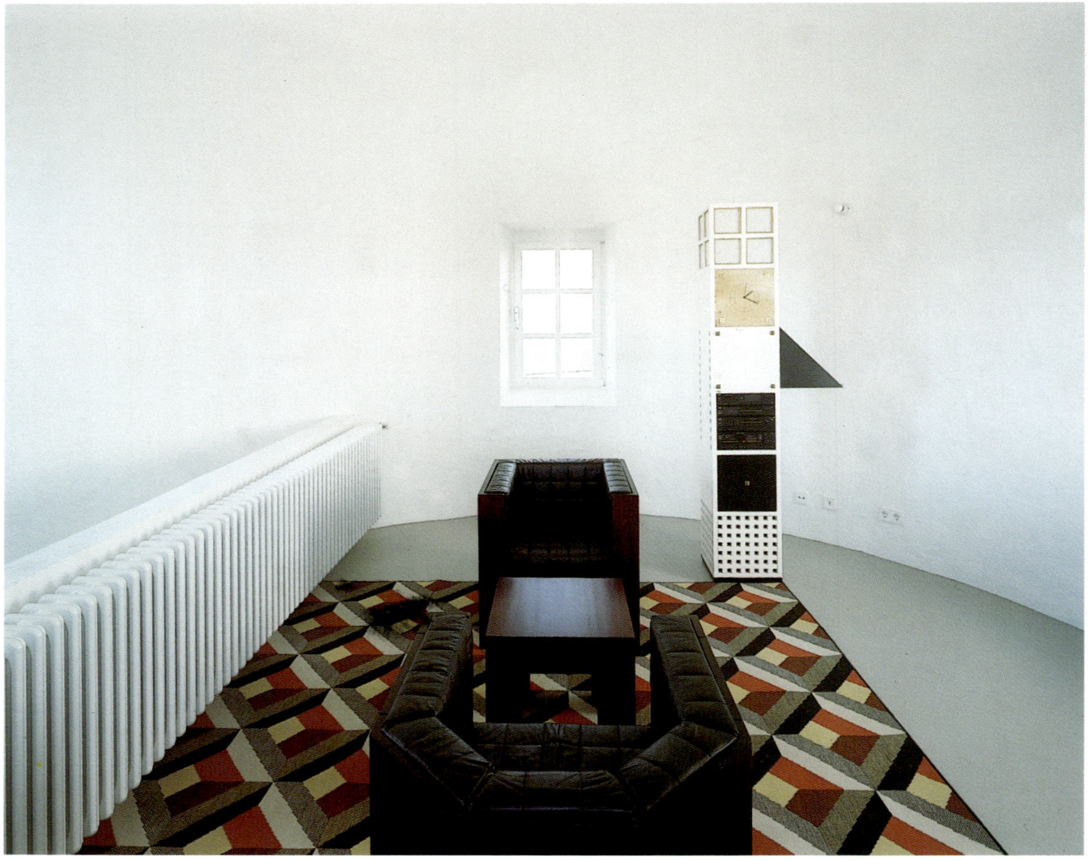

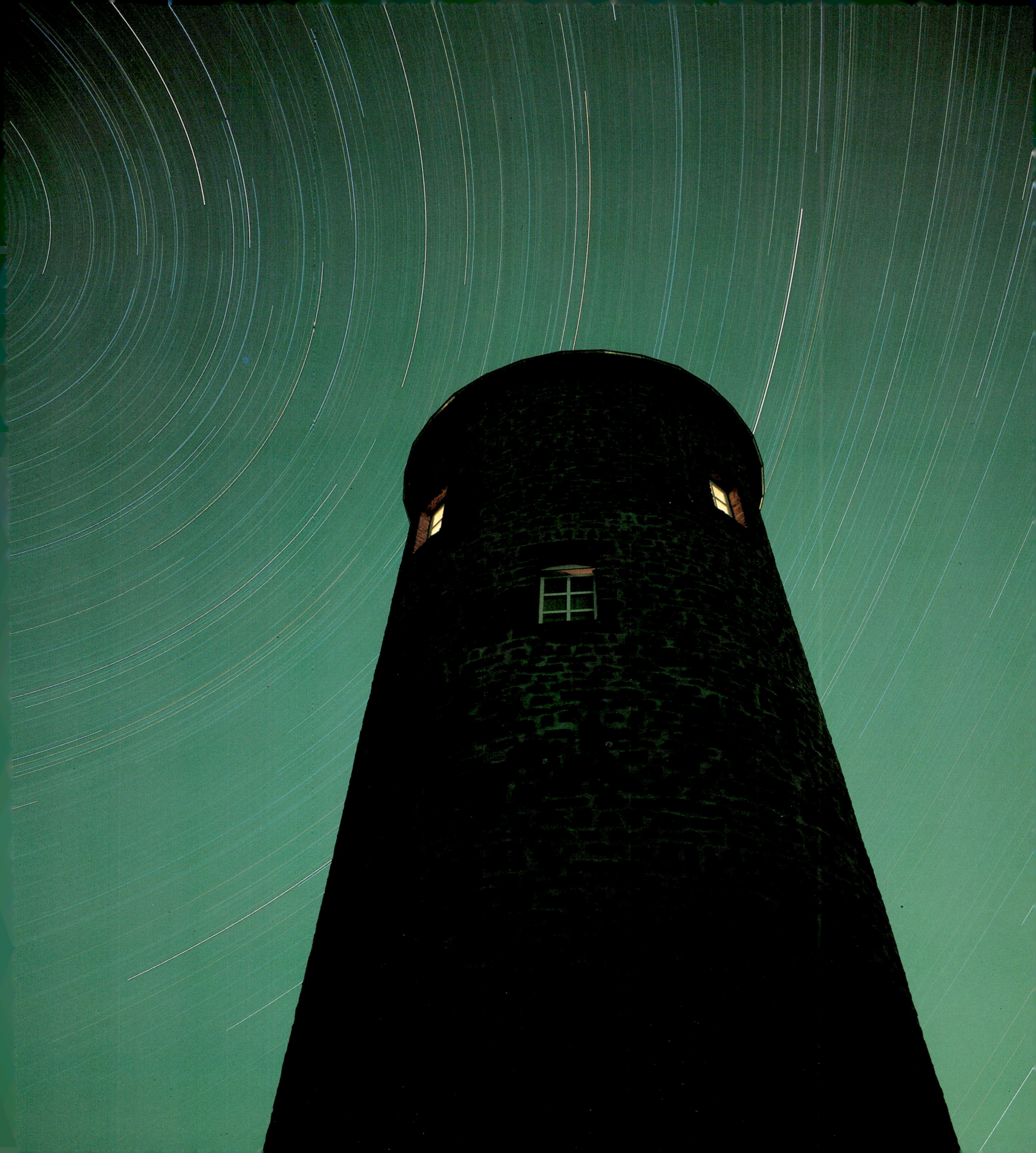

Haus Ungers III., Köln
1994–1996

Mitarbeiter: Johannes Götz, Bernd Grimm

Wenn man die Villa betrachtet, die sich Ungers im Kämpchensweg in Köln-Müngerdorf gebaut hat – übrigens nur wenige Schritte von seinem ersten und nun schon fast berühmten Haus in der Belvederestraße – fühlt man sich unweigerlich an jene Villa erinnert, die Ludwig Wittgenstein für seine Schwester Margaret in der Kundmanngasse in Wien gebaut hatte. Man vermag sich dieser Assoziation kaum zu entziehen, wenn man eine andere kuriose Übereinstimmung endeckt: Wittgenstein hat das Haus für Margaret im Jahre 1926 gebaut, im selben Jahr als Oswald Matthias Ungers am 12. Juli in dem Ort Kaisersech in der Eifel geboren wurde. Ungers feierte seinen siebzigsten Geburtstag mit der Einweihung seines neuen Hauses im Kämpchensweg. Nur wenige Meter voneinander getrennt stehen sich hier, im Vorort Müngersdorf, zwei Werke gegenüber, die, gleich den Fixpunkten einer weitgezogenen Parabel, die extremen Pole eines Lebenswerks darstellen, das Oswald Mathias Ungers im Laufe fast eines halben Jahrhunderts mit geradezu verbissener Hingabe geschaffen hat. Das 1959 fertiggestellte Haus in der Belvederestraße wurde von Reyner Banham als ein »Manifest« bezeichnet. Später wurde es mehrfach umgebaut. So kam zum Beispiel 1990 der raffinierte Bibliotheksanbau hinzu. Dieses Haus, das wie eine Stadt oder eine antike Villa gegliedert ist, scheint das kulturelle Klima der fünfziger Jahre optimal zu verkörpern. Wie die Geschichte der CIAM (Congrès Internationaux d'Architecture Moderne) und die Erfahrungen mit der brutalistischen Architektur zeigen, geriet das Wertesystem der Architektur in eine Krise. Die Villa am Kämpchensweg ist das Destillat all dessen, was Ungers bis heute an Erfahrungen gesammelt hat. Wenn sich das Fünfziger-Jahre-Haus als gegliedertes Gefüge von Raumeinheiten und Bauteilen zeigt, eine

Entwurfsskizze, Ansicht vom Garten, Schnitt und Grundrisse.

absichtliche Zurschaustellung der strukturellen Logik und konstruktiven Offenheit, ist die neueste Villa ein unantastbarer, besessener Parallelepiped, wie die Räume von Adolf Loos, genauso rein, ohne jeden Zusatz, eine klinisch reine Figur. Aber die Architektur der Villa Ungers ist doch noch ganz etwas anderes als die Arbeit von Adolf Loos. Die »Kontinuität« wird nicht durch Formen, Figuren und Organisationsschemata der Funktionen unter Beweis gestellt. Nichts ist weiter von dem Grundriß eine Adolf Loos entfernt, als die eiskalte Geometrie der Ungersvilla. Ungers glaubt auch in keiner Weise an die Möglichkeiten architektonischer Tradition. Die Villa im Kämpchensweg ist der Endpunkt eines langen Entwicklungsprozesses. Es ist Ergebnis einer intensiven Auseinandersetzung, viel intensiver noch als die erstarrte Vollkommenheit ahnen läßt, noch viel intensiver als das, was im Leben die Beziehung mit der Umgebung in blendender Einsamkeit herstellt, wie die gemalten Architekturen von René Magritte. Es handelt sich um einen rein gedanklichen Dialog, in dem die Formen eine rein zufällige Rolle spielen, wie Ungers selbst treffend resümiert: Die geschlossene und endgültige Konfrontation mit Schinkel, die sich hier im Extremen vollzieht, die verzweifelte Suche einer kusanischen »coincidentia oppositorum«, der »spirituellen Einheit der Dinge, auch in ihrer formalen Unterschiedlichkeit« *(Francesco Dal Co)*.

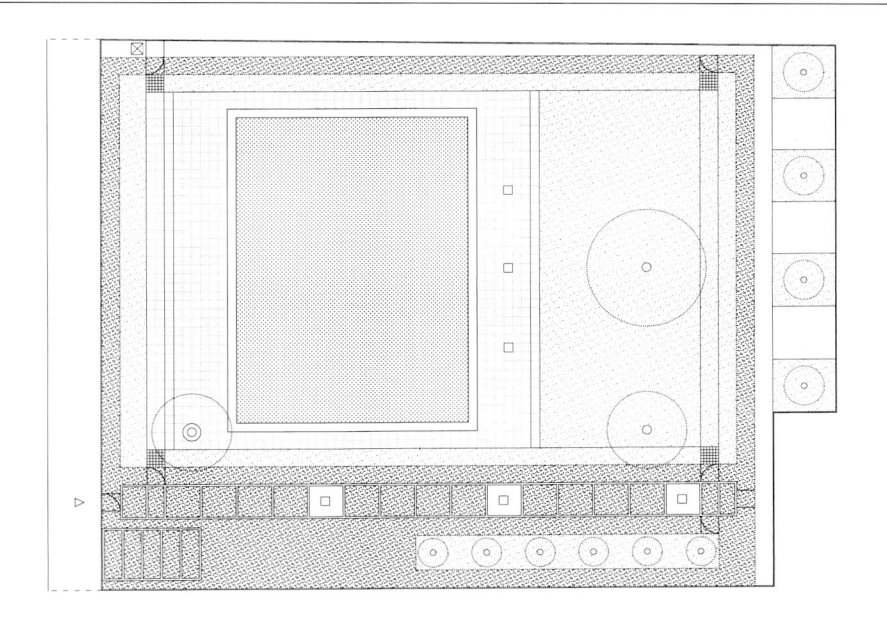

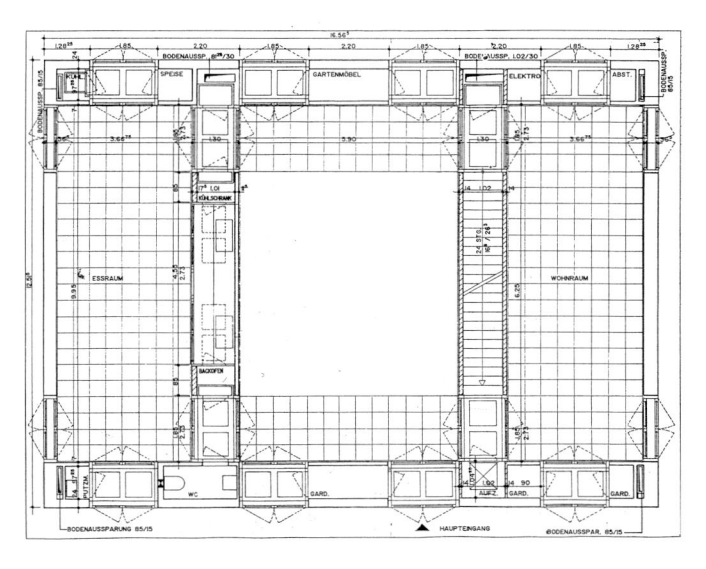

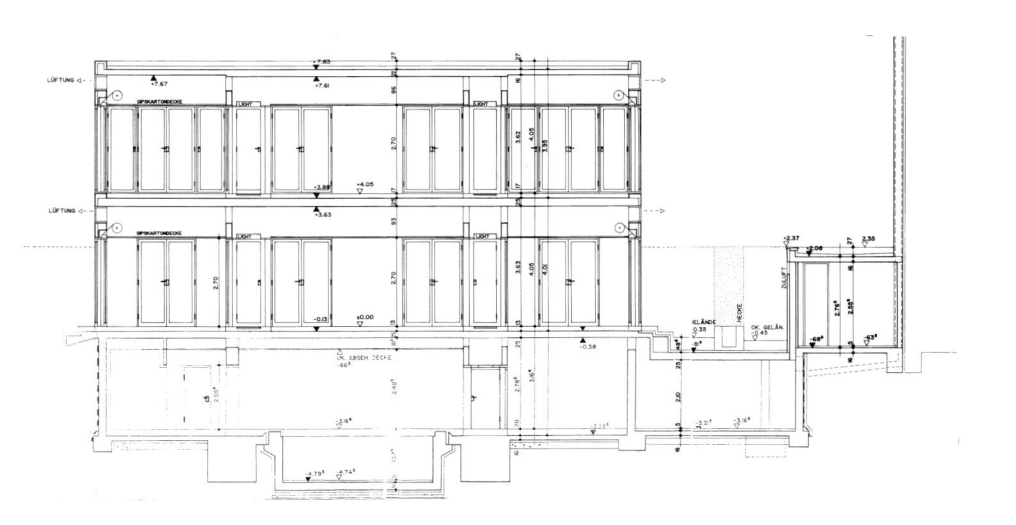

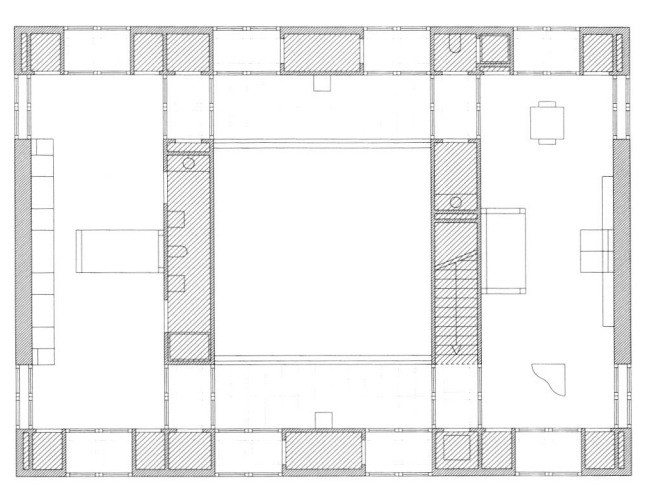

286

Ansichten und Schnitte.

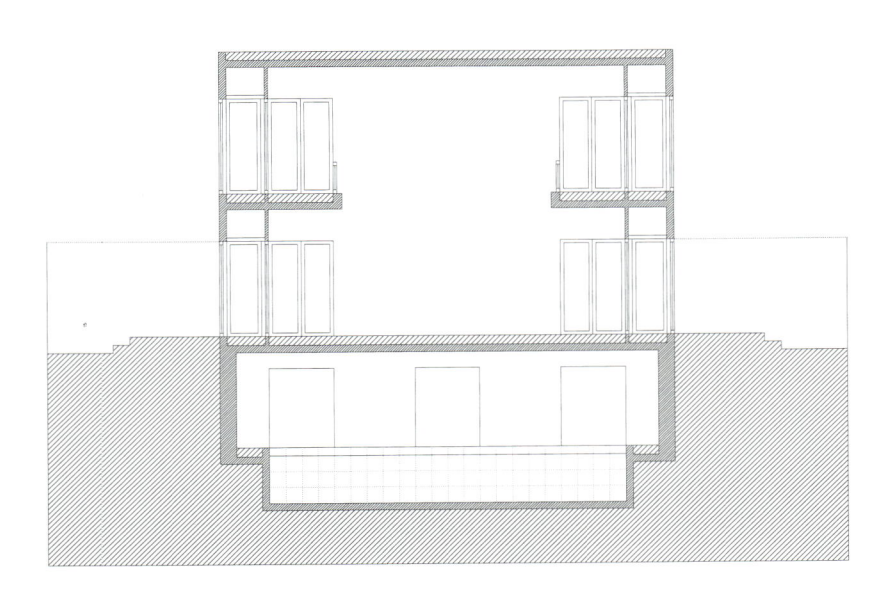

Entwurfsskizzen und Innenräume.

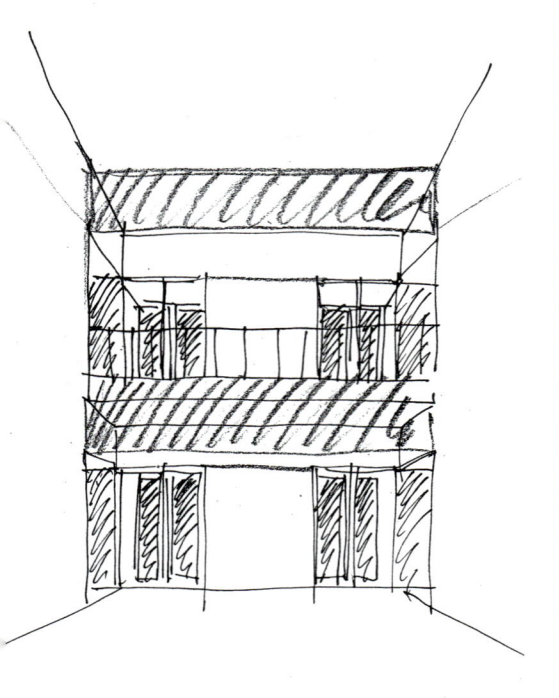

288

289

Schwimmbad.

291

Möbel

Möbel Haus Ungers

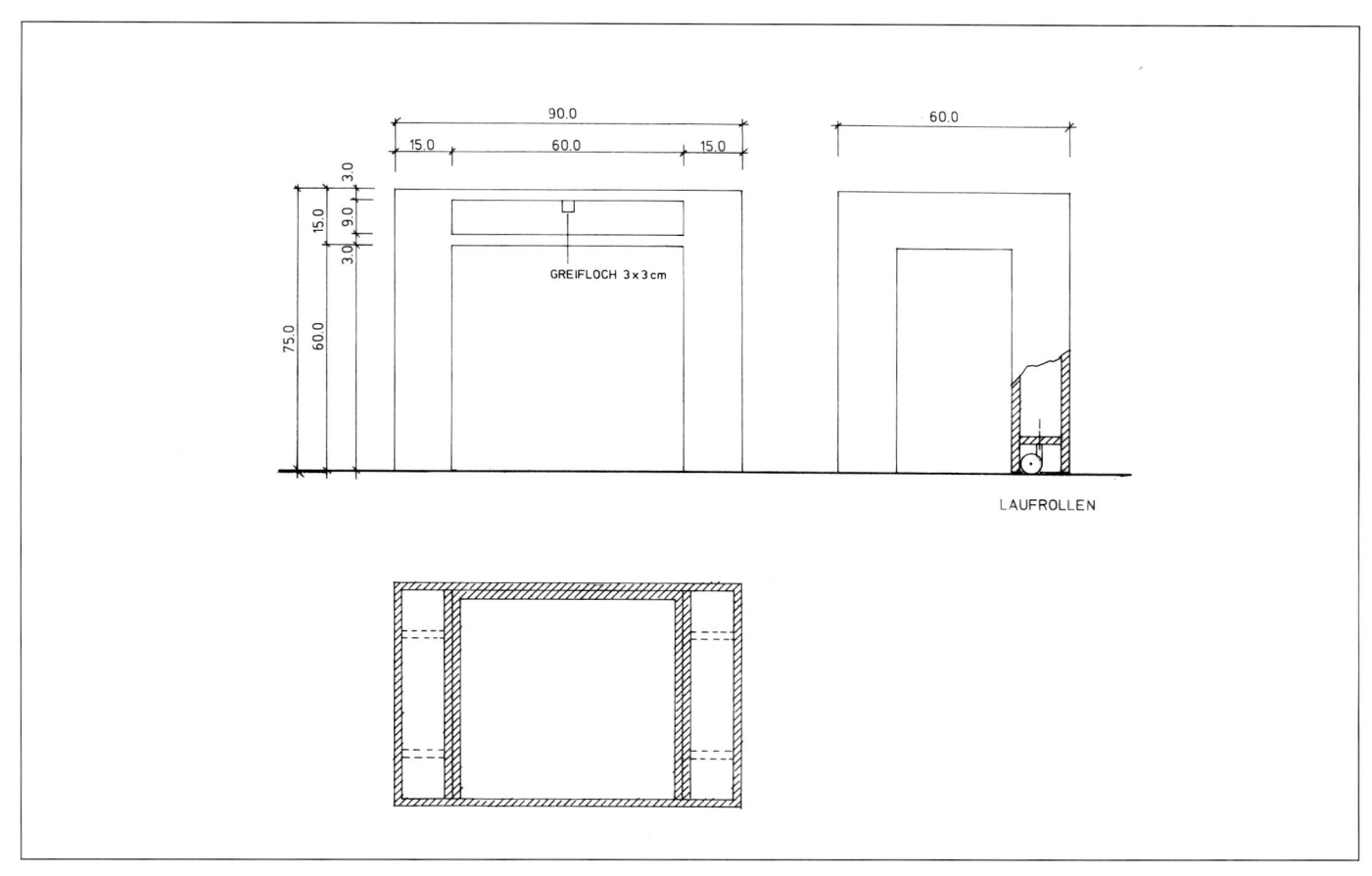

GREIFLOCH 3×3 cm

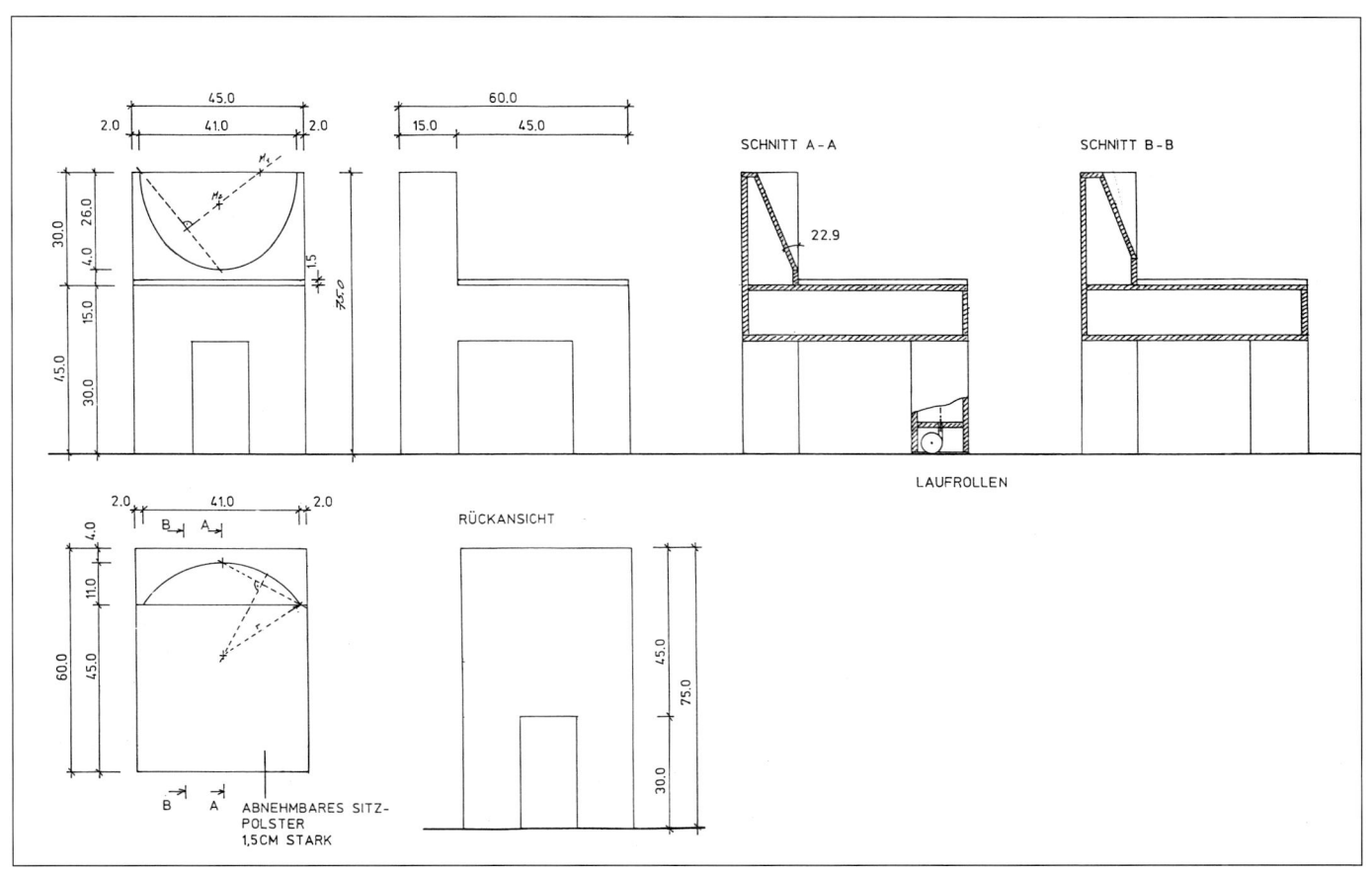

LAUFROLLEN

SCHNITT A-A

SCHNITT B-B

LAUFROLLEN

ABNEHMBARES SITZ-
POLSTER 1,5 CM STARK

RÜCKANSICHT

Möbel
Haus Ungers

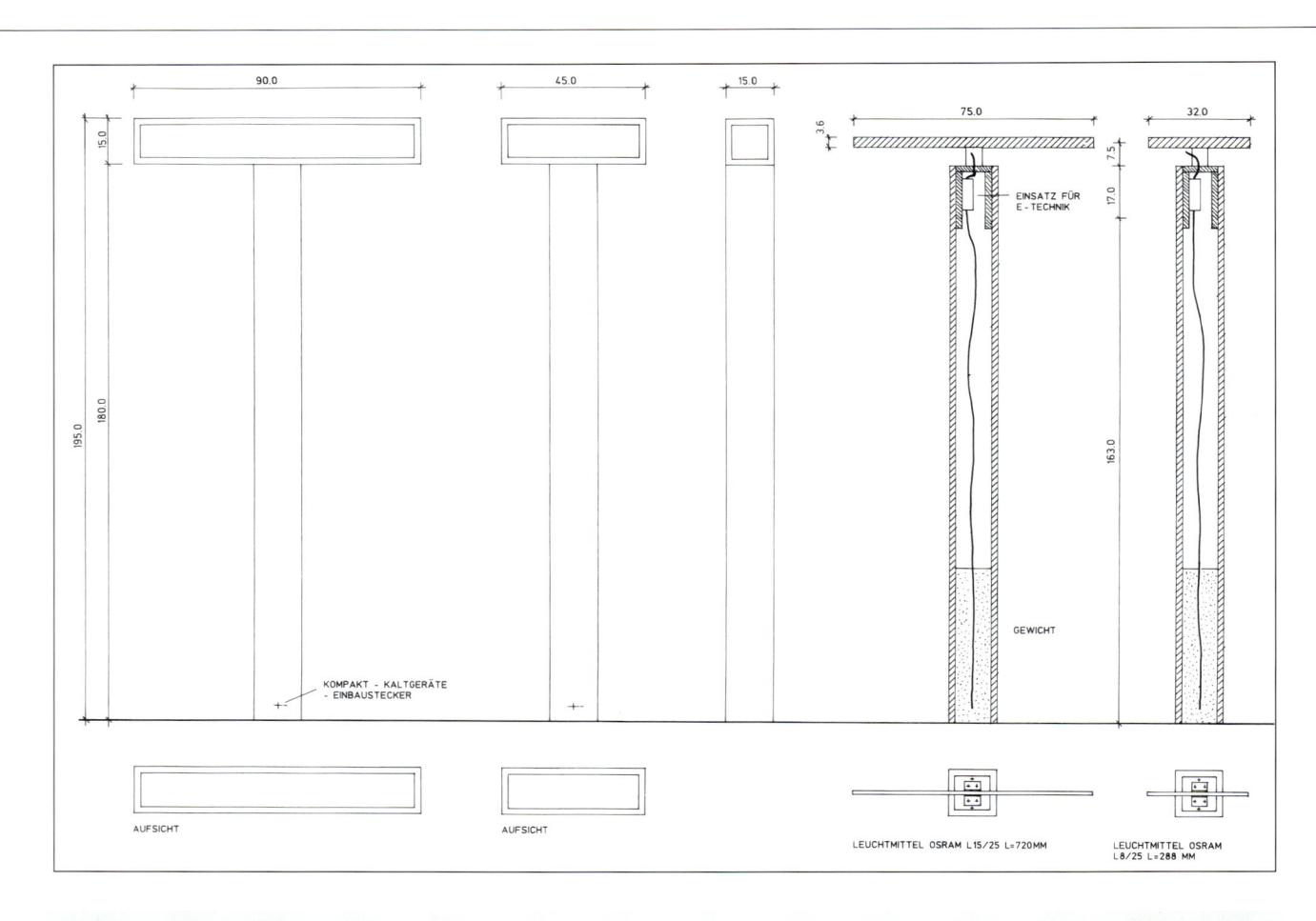

3+3+3

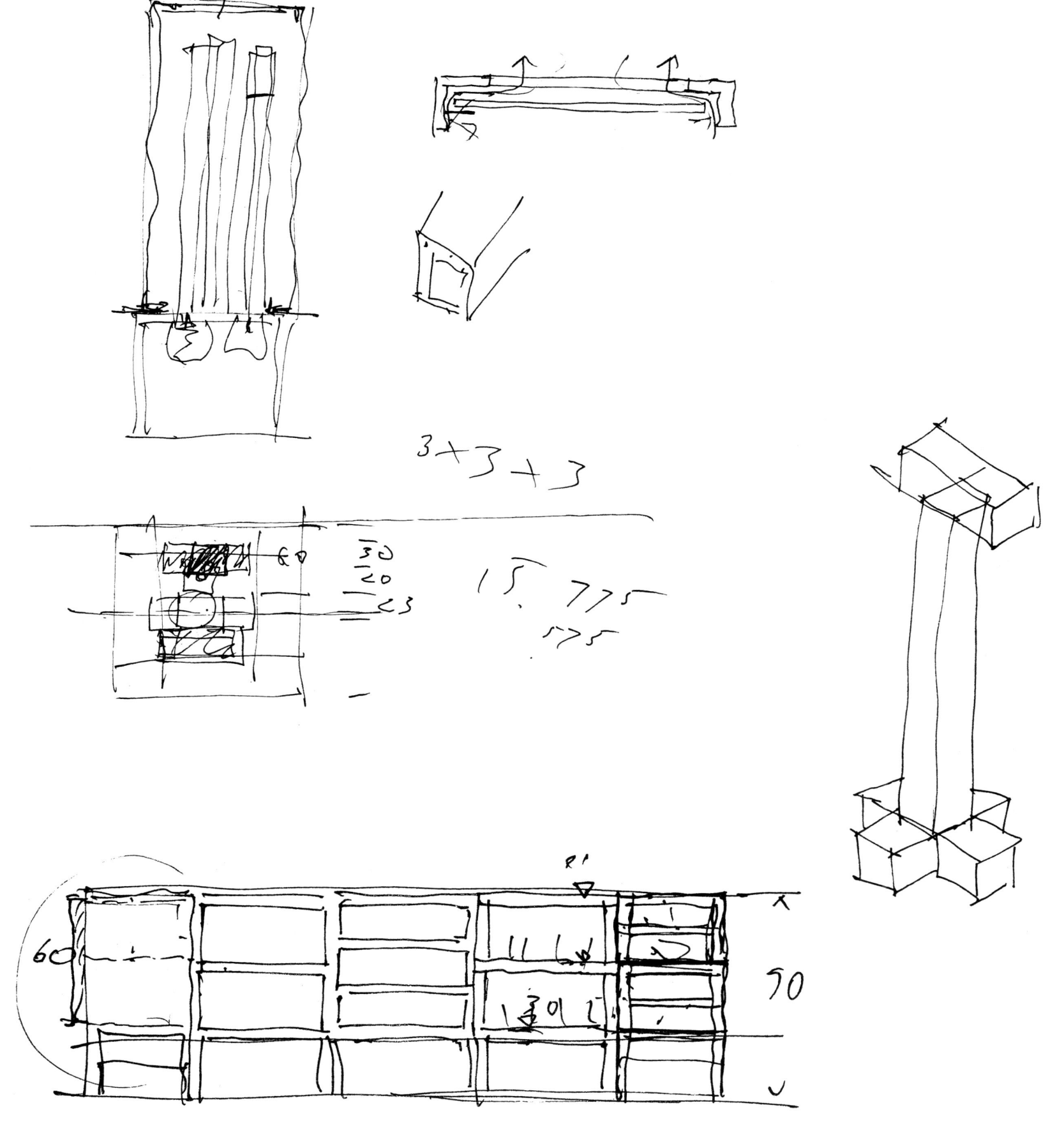

15.775
.775

60   50

Concerto
Alt. II

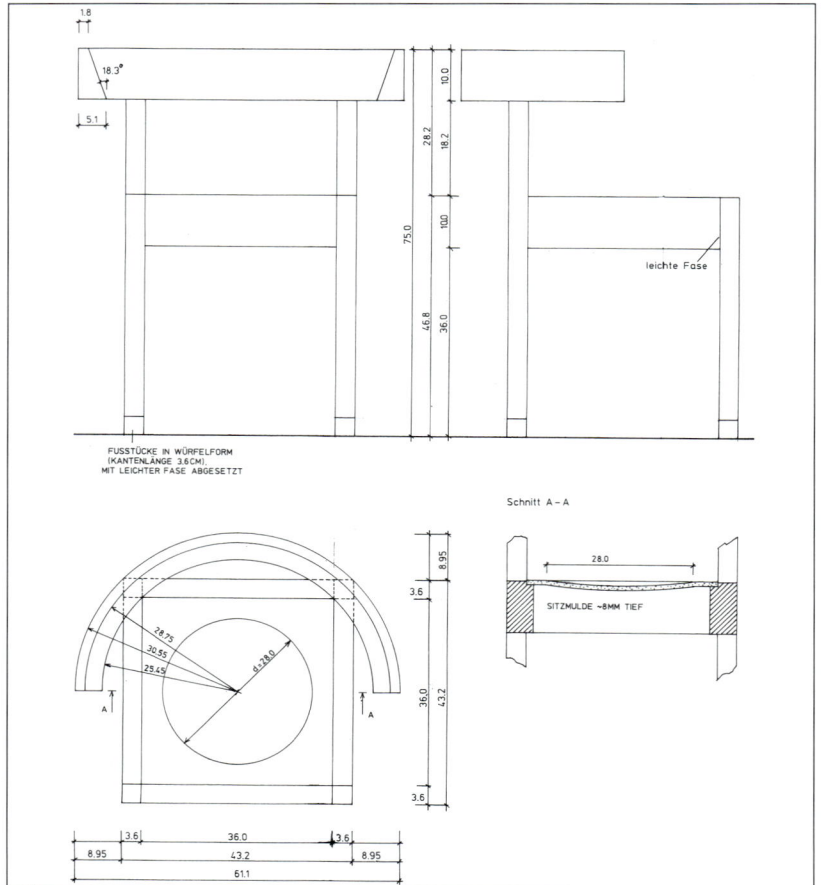

FUSSTÜCKE IN WÜRFELFORM
(KANTENLÄNGE 3.6 CM)
MIT LEICHTER FASE ABGESETZT

Schnitt A–A

SITZMULDE ~8MM TIEF

leichte Fase

Möbel Cafeteria Familien-
gericht Berlin; Stuhl
»Leonardo«, Konstruktions-
zeichnung, Ansicht

»Leonardo« mit Tisch.

Sitzbänke
Familiengericht Berlin.

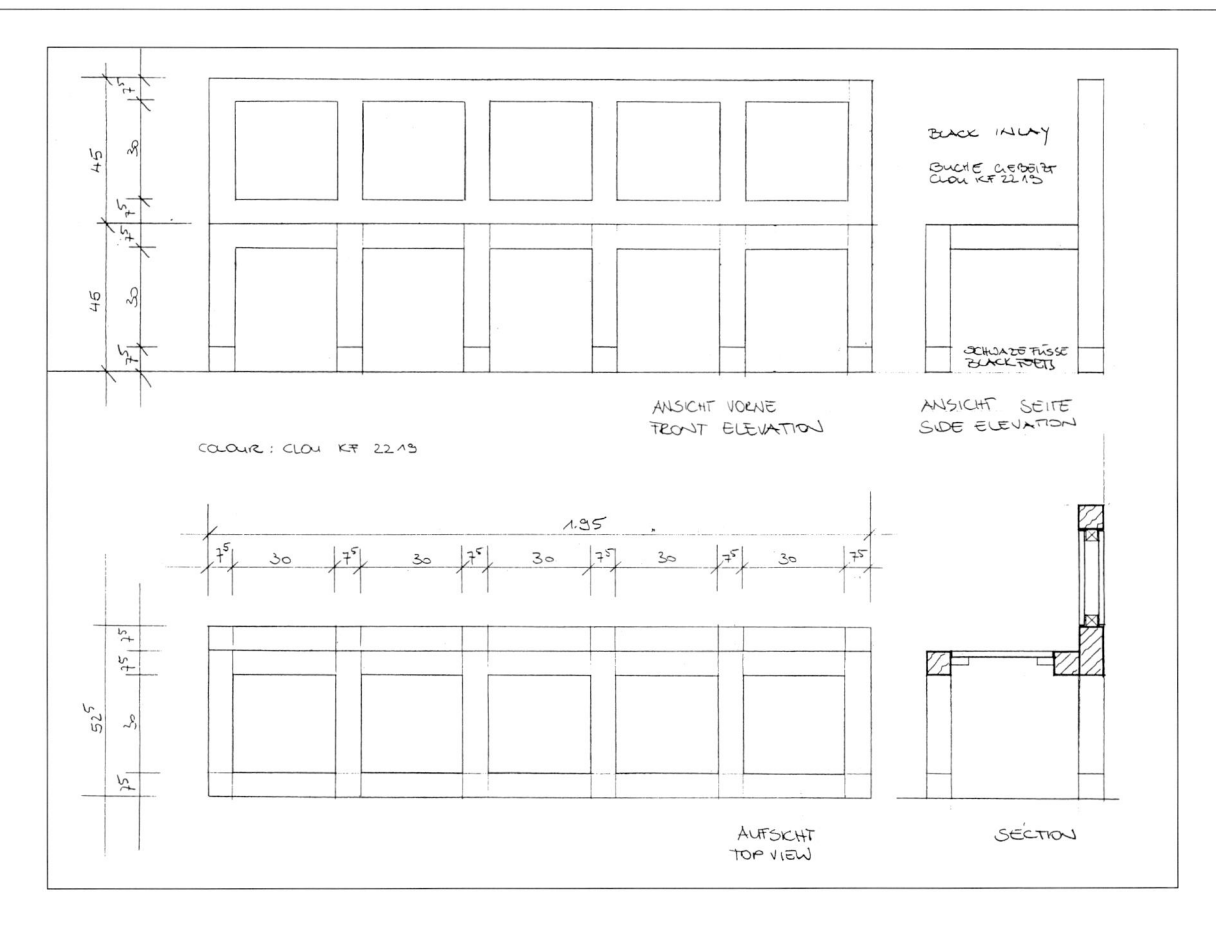

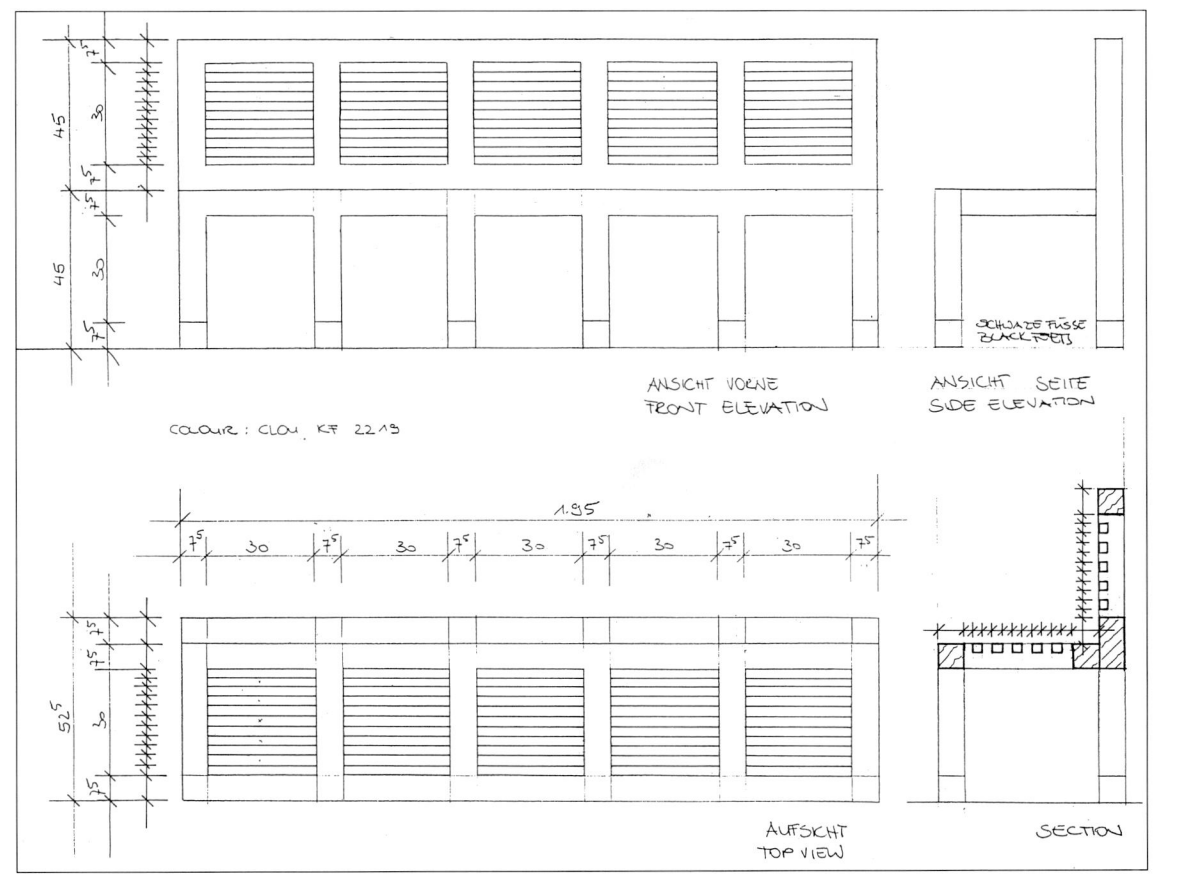

Werkverzeichnis

1
Einfamilienhaus
Oderweg, Köln-Dünnwald
1951
mit O. Bosbach

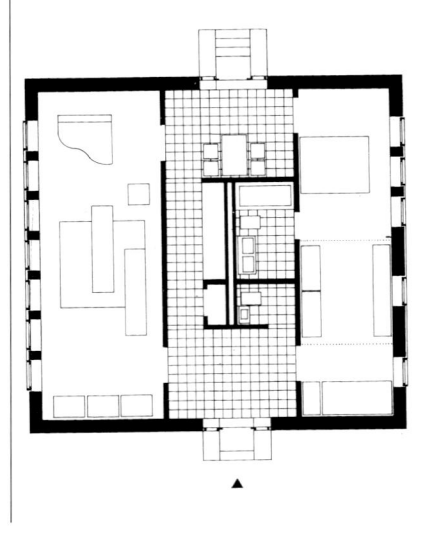

2
Mehrfamilienhaus
Hültzstraße, Köln-Lindenthal
1951
mit O. Bosbach

3
Kleiderfabrik Jobi und Wohnhaus
Aachener Straße, Köln-Braunsfeld
1951
mit O. Bosbach

4
Tanzschule Dreesen
Hohenstaufenring, Köln
1953

5
Barbetrieb Moulin Rouge
Maastrichter Straße, Köln
1953

6
Oberhausener Institut zur Erlangung der Hochschulreife
Wehrstraße, Oberhausen
1953-1958, 1967-1969
mit S. Wewerka, L. Leo, K. L. Dietzsch

7
Mehrfamilienhaus
Brambachstraße, Köln-Dellbrück
1955-1957
mit R. Gerber, Ch. Türke, H. Schultheiss

8
Mehrfamilienhaus
Edenkobener Straße, Köln-Mauenheim
1955-1957
mit R. Gerber, Ch. Türke, H. Schultheiss

9
Studentenwohnheim Nibelungenhaus
Goldenfelstraße, Köln-Lindenthal
1956
mit Ch. Türke

11
Zweifamilienhaus
Werthmannstraße,
Köln-Lindenthal
1957/58
mit Ch. Türke

13
Mehrfamilienhaus
Aachener Straße, Köln-Braunsfeld
1958
mit Ch. Türke, H. Schultheiss

15
Mehrfamilienhaus
Belvederestraße,
Köln-Müngersdorf
1958/59
mit Ch. Türke, R. Gerber

10
Mehrfamilienhäuser
Garthestraße, Köln-Riehl
1956–1958
mit R. Gerber, Ch. Türke,
H. Schultheiss

12
Mehrfamilienhäuser
Mauenheimer Straße,
Köln-Nippes
1957–1959
mit Ch. Türke

14
Wohnbebauung
Jakob Kneip-Straße, Köln-Poll
1958/59

16
Mehrfamilienwohn- und Geschäftshaus (Haus Reimbold)
Hansaring, Köln-Innenstadt
1959
mit Ch. Türke

17
Mehrfamilienhaus
Mozartstraße, Wuppertal-Elberfeld
1959
mit K. L. Dietzsch

18
Wohnbebauung
Eckewart Straße, Köln-Mauenheim
1959–1961
mit K. L. Dietzsch

19
Wettbewerbsentwurf Römisch-Germanisches-Museum
Köln
1960

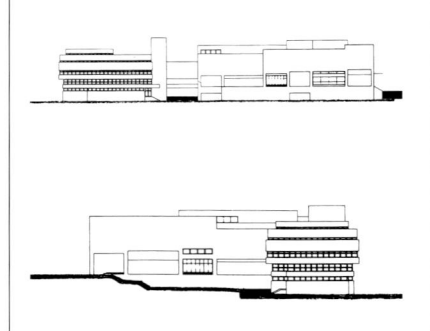

20
Wettbewerbsentwurf Kunsthalle
Düsseldorf
1960

21
Einfamilienhaus
Schulstraße, Overath
1960/61
mit J. P. Schori, K. L. Dietzsch

22
Verlagsgebäude und Druckerei Müller
Stolberger Straße, Köln-Braunsfeld
1960–1964
mit K. L. Dietzsch

23
Wettbewerbsentwurf Erzbischöfliches Gymnasium
Bonn-Beuel
1961
mit K. L. Dietzsch

24
Wettbewerbsentwurf Studentenwohnheim Schmalenbachhaus
Köln-Klettenberg
1961
mit K. L. Dietzsch

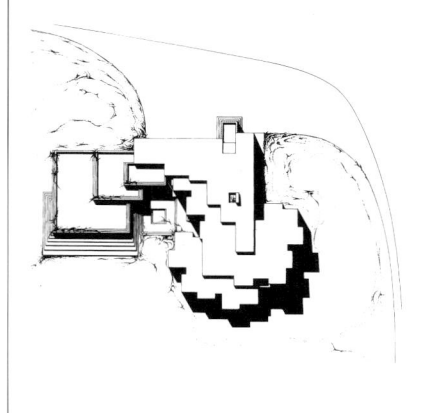

25
Wohnhaus Wokan
Bad Honnef
1961

26
Einfamilienhaus
Wippenhohner Straße,
Hennef-Sieg
1961/62
mit K. L. Dietzsch

27
Wettbewerbsentwurf Wohnbebauung Neue Stadt
Asternweg, Köln-Chorweiler/
Seeberg
1961–1964
mit K. L. Dietzsch

28
Wettbewerbsentwurf Grünzug Süd (Citadelle)
Köln-Zollstock
1962–1965
mit K. L. Dietzsch, F. Oswald,
R. Krier

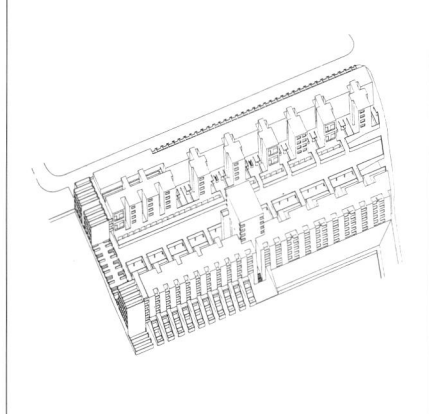

29
Wohnbebauung Märkisches Viertel
Berlin-Wittenau
1962–1967
mit K. L. Dietzsch, F. Oswald,
J. P. Schori, J. Sawade, M. Wegener,
H. Schmetzer, K. Schallhorn,
K. Boje, U. Bangert, U. Flemming,
H. Schmalscheidt

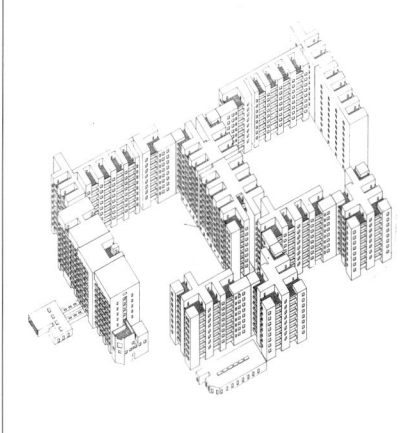

30
Wettbewerbsentwurf Studentenwohnheim TH Twente
Enschede/Niederlande
1964
mit J. Sawade, J. Geist

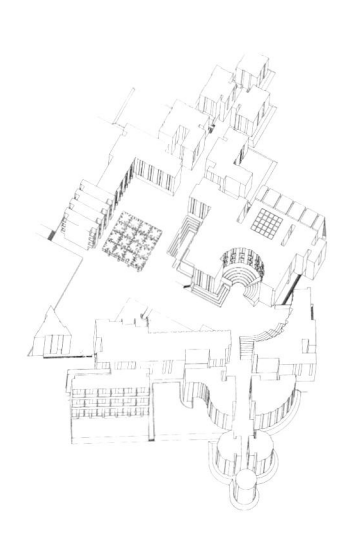

31
**Wettbewerbsentwurf
Schulzentrum**
Mayen
1965
mit U. Flemming

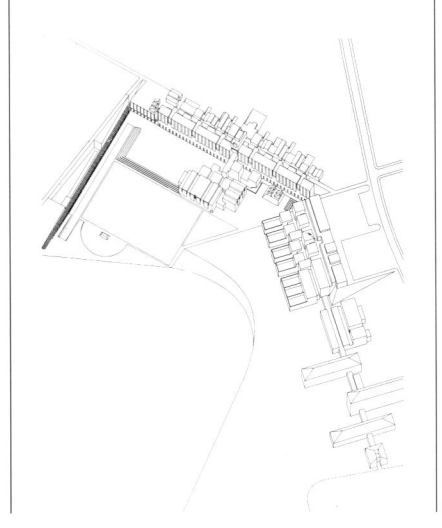

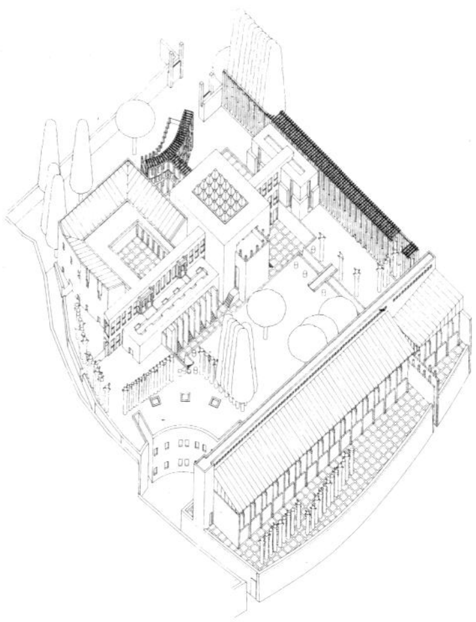

33
**Wettbewerbsentwurf Museum
Preussischer Kulturbesitz**
Berlin
1965
mit J. Sawade, U. Flemming

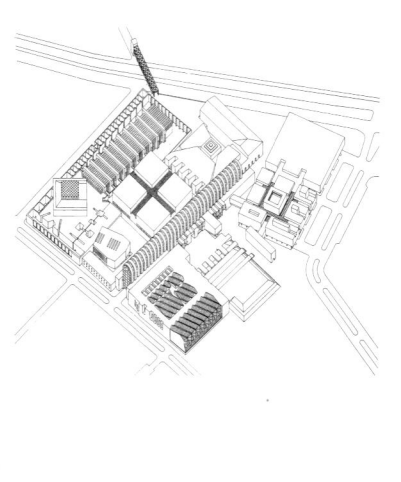

35
**Städtebaulicher Entwurf
Wohnbebauung Rupenhorn**
Berlin
1965–1970
mit U. Bangert, K. L. Dietzsch,
J. Sawade

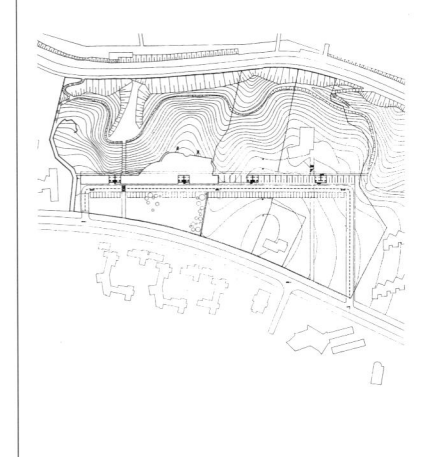

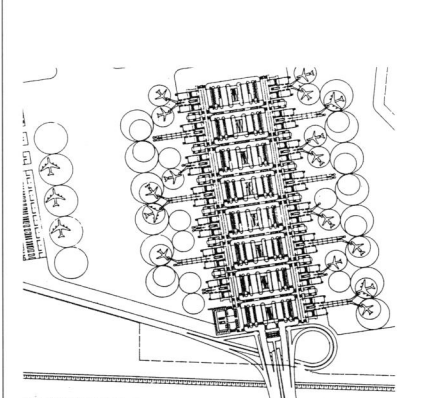

37
**(Städtebaulicher) Wettbewerbsentwurf
Wohnbebauung Blauer See**
Rüsselsheim
1972

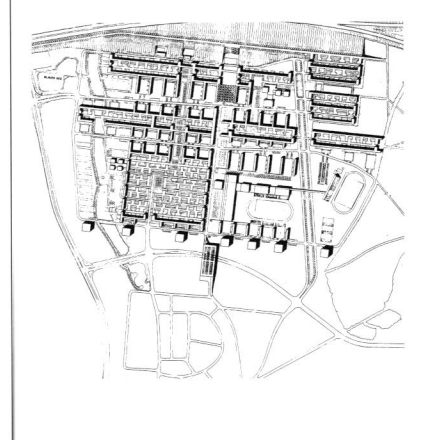

32
**Wettbewerbsentwurf Deutsche
Botschaft beim Heiligen Stuhl**
Rom/Italien
1965
mit J. Sawade

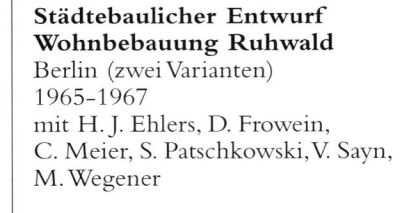

34
**Städtebaulicher Entwurf
Wohnbebauung Ruhwald**
Berlin (zwei Varianten)
1965–1967
mit H. J. Ehlers, D. Frowein,
C. Meier, S. Patschkowski, V. Sayn,
M. Wegener

36
**Wettbewerbsentwurf
Erweiterung Flughafen Tegel
(Abfertigungsgebäude)**
Berlin
1966
mit M. Wegener, H. Schmetzer

38
Entwurf Wohnhaus Betzlin
Kastanienallee, Berlin
1973

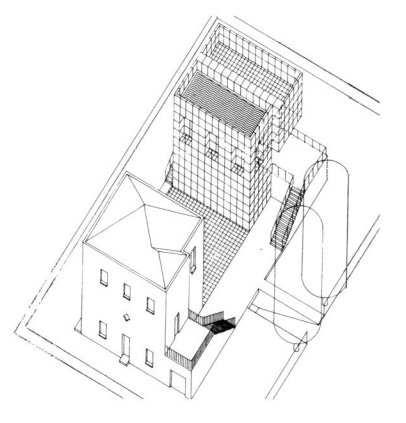

39
**(Städtebaulicher)
Wettbewerbsentwurf
Kuhgassenviertel**
Düren-Nord
1973
mit K. L. Dietzsch,
M. Hornberger, A. Krieger,
G. Brown-Manrique

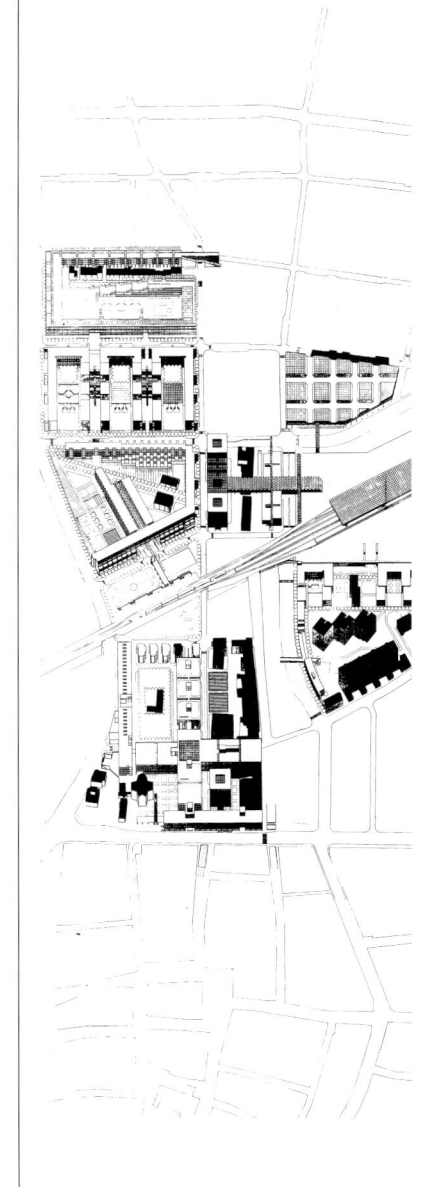

40
**(Städtebaulicher Ideen-)
Wettbewerbsentwurf
Landwehrkanal-
Tiergartenviertel**
Berlin
1973
mit R. Koolhaas, P. Allison,
D. Allison

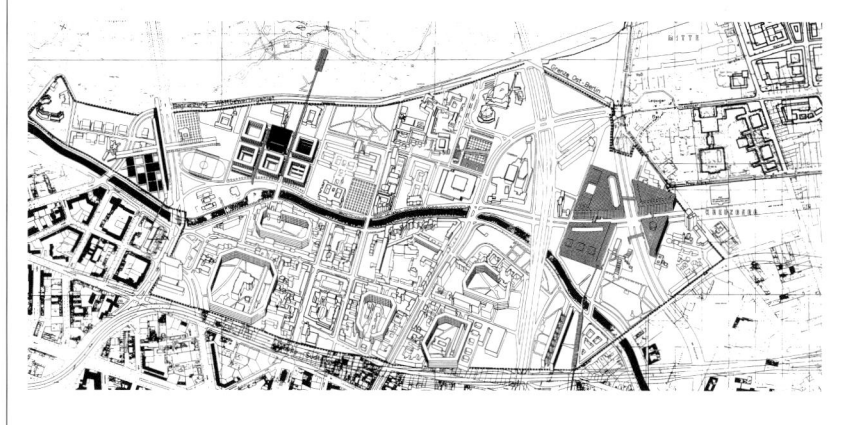

42
**(Städtebaulicher)
Wettbewerbsentwurf IV. Ring**
Berlin-Lichterfelde
1974
mit R. Koolhaas, K. L. Dietzsch

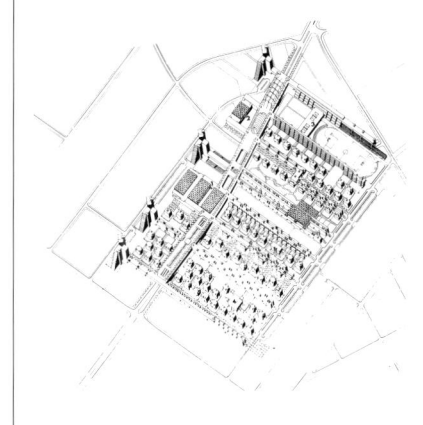

41
**(Städtebaulicher)
Wettbewerbsentwurf
Billwerder Allerhöhe**
Hamburg
1974

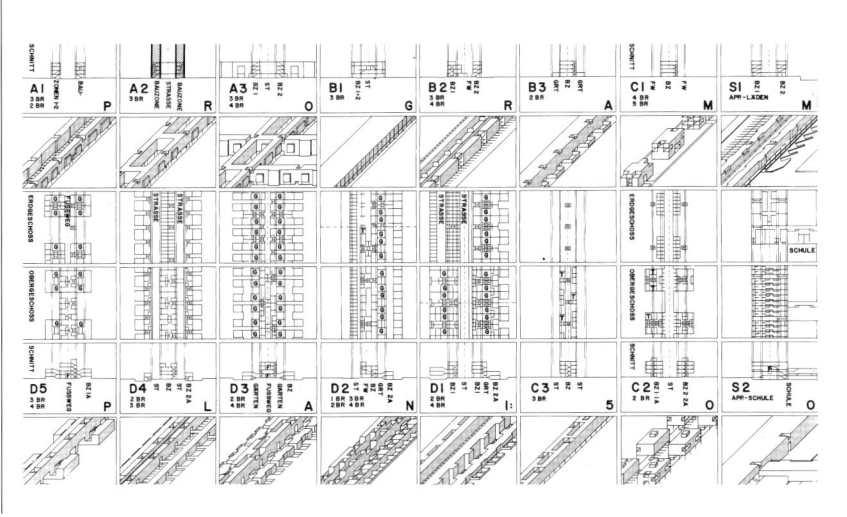

43
**(Städtebaulicher)
Wettbewerbsentwurf Roosevelt
Island**
New York/USA
1975
mit J. Clark, K. L. Dietzsch,
A. Ovaska

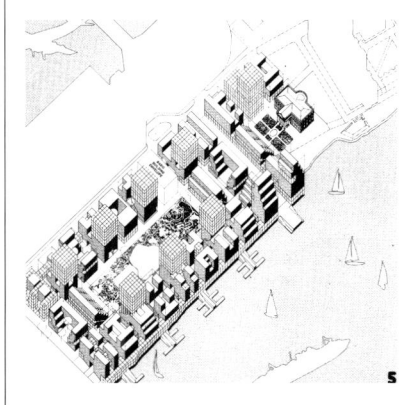

44
Wettbewerbsentwurf Wallraf-Richartz-Museum
Köln
1975
mit J. Clark, K. L. Dietzsch

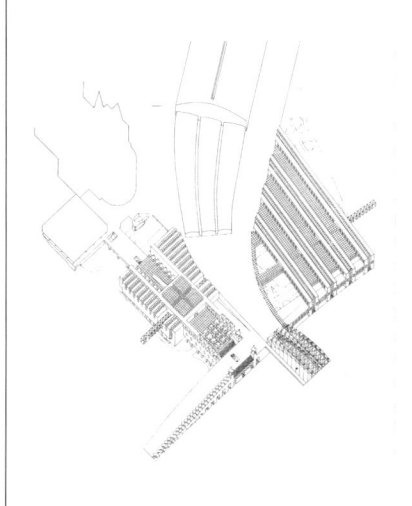

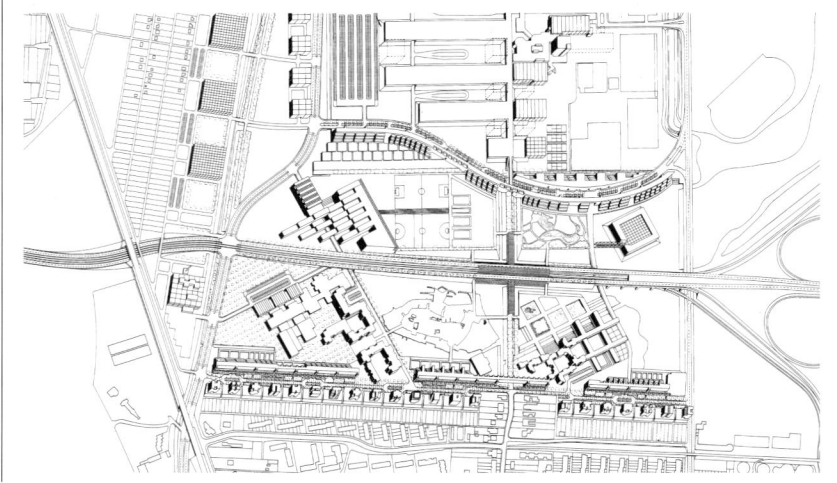

45
Planung Mertenshof
Köln-Widdersdorf
1975–1980
mit K. L. Dietzsch

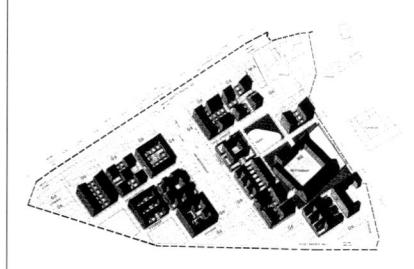

46
Planung Wohnbebauung
Ritterstraße, Marburg
1976
mit K. L. Dietzsch, H. Kollhoff, Th. Will

47
Planung Schloßpark
Braunschweig
1976
mit K. L. Dietzsch, H. Kollhoff, Th. Will

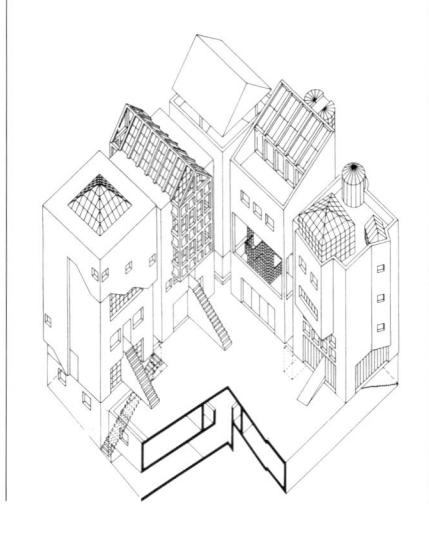

48
Wettbewerbsentwurf Universität Ost
Bremen
1976
mit K. L. Dietzsch, A. Ovaska

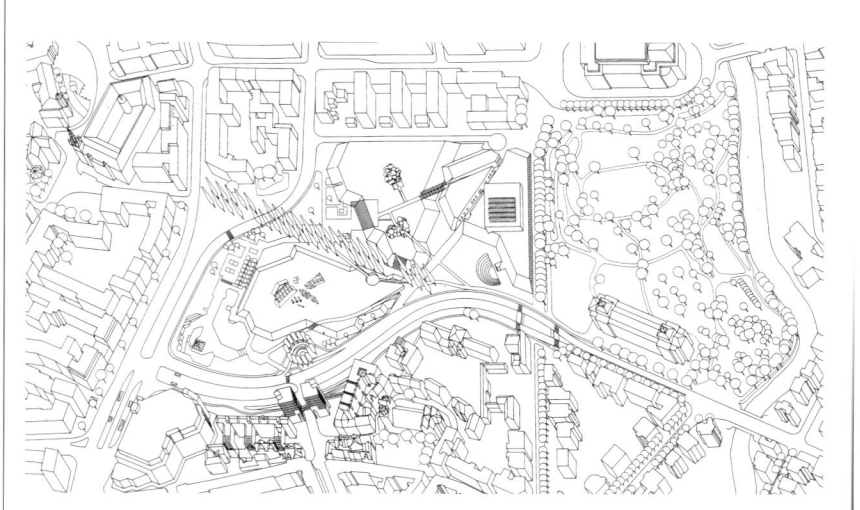

49
Ausstellungskonzept "City Metaphors"
Cooper Hewitt Museum of Design, New York; Smithsonian Institution, Washington, D.C./USA
1976/77

50
Umbau und Neubau der Nebengebäude des Museum Schloß Morsbroich
Leverkusen
1976–1980
mit St. Böhm, K. L. Dietzsch, K. Nagel, Th. Will

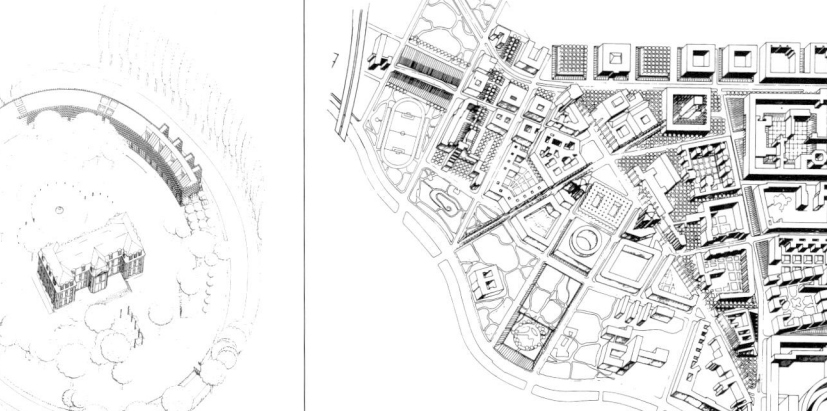

51
Wohn-und Geschäftshaus
Hoher Steinweg, Berlin-Spandau
1977
mit H. Kollhoff, Th. Will

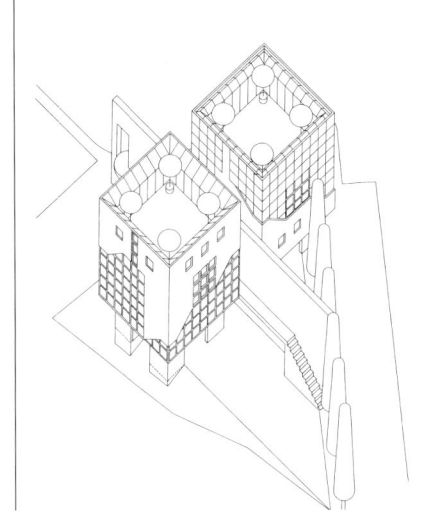

52
(Städtebauliche) Planung Südliche Friedrichstadt
Berlin
1977
mit H. Kollhoff, A. Ovaska, Th. Will

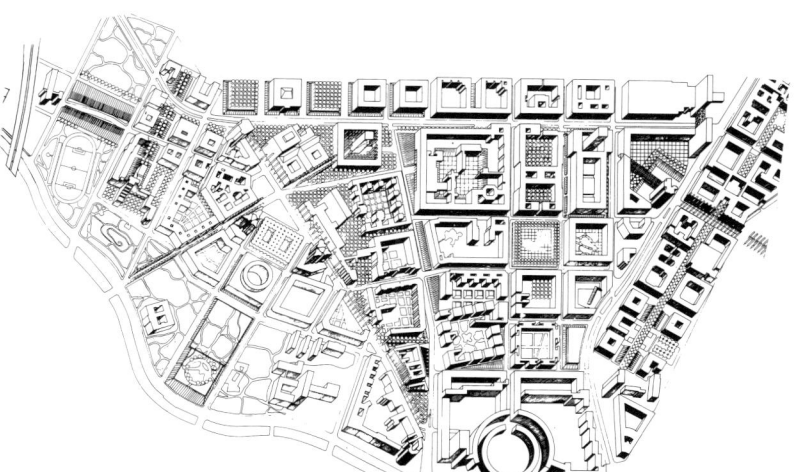

53
Wettbewerbsentwurf Hotel Berlin
Lützowplatz, Berlin
1977
mit K. L. Dietzsch, M. Kalsass, A. Ovaska

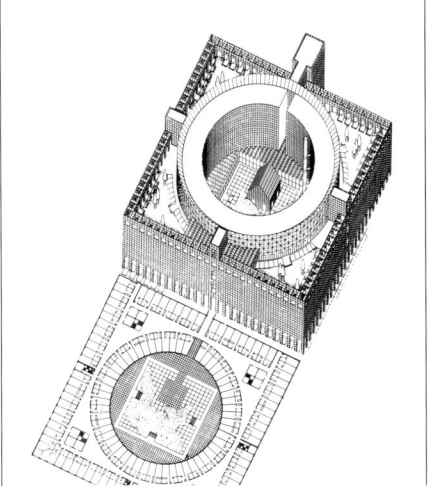

54
Wettbewerbsentwurf Hotel Budapester Straße
Berlin
1978
mit A. Ovaska

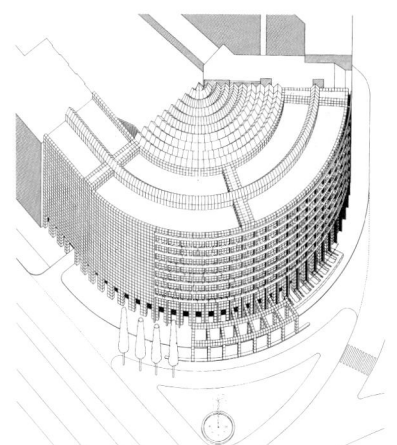

55
Abwasser-Pumpwerk Tiergarten
Berlin
1978
mit M. Müller

56
Wettbewerbsentwurf Severinsviertel
Köln-Altstadt Süd
1979
mit K. L. Dietzsch, Th. Will

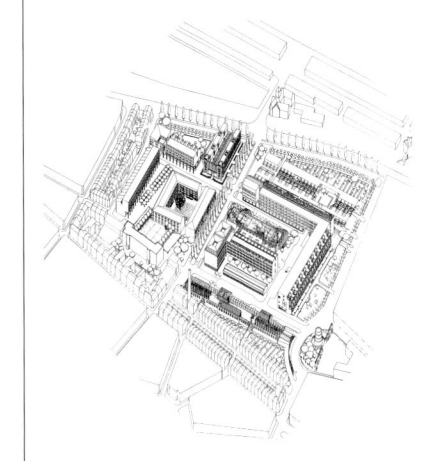

57
Wettbewerbsentwurf Kammergericht
Berlin
1978/79
mit S. Ungers, L. Kiss

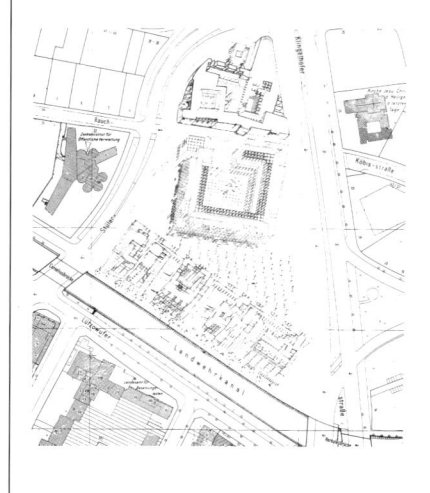

59
Entwurf Kaufhaus Woolworth (Fassadengestaltung)
Berlin-Wedding
1978/79
mit K. L. Dietsch, Th. Will, G. Wooding

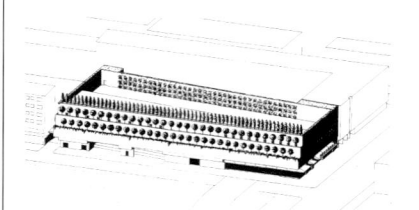

61
(Städtebaulicher) Wettbewerbsentwurf Ackerhof
Braunschweig
1979
mit S. Ungers, L. Kiss, G. Wooding

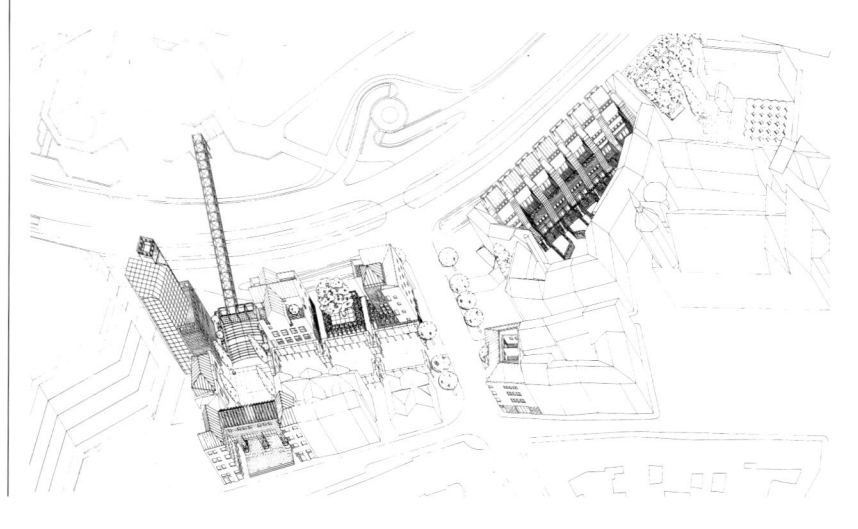

58
Mehrfamilienhaus
Schillerstraße,
Berlin-Charlottenburg
1978/79
mit K. L. Dietzsch, J. Essig, I. Keil, J. Leitner, B. Taha, B. Wippler

60
Wettbewerbsentwurf Sparkasse (Technisches Zentrum)
Berlin
1979
mit K. L. Dietzsch, L. Kiss, S. Ungers

62
Wettbewerbsentwurf Solarhäuser Melkerei
Landstuhl
1979
mit K. L. Dietzsch, B. Faskel, J. Leitner, B. Meyer, M. Müller

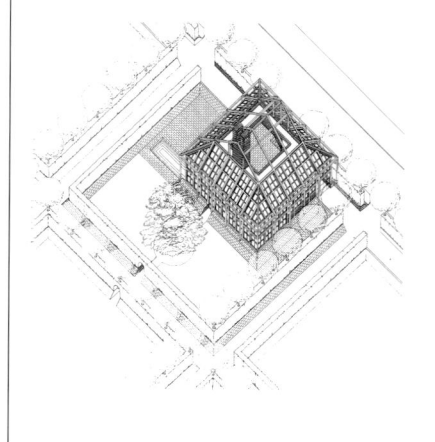

63
**Wettbewerbsentwurf
Fachhochschule**
Bremerhaven
1979/80
mit K. L. Dietzsch, B. Taha,
G. Wooding

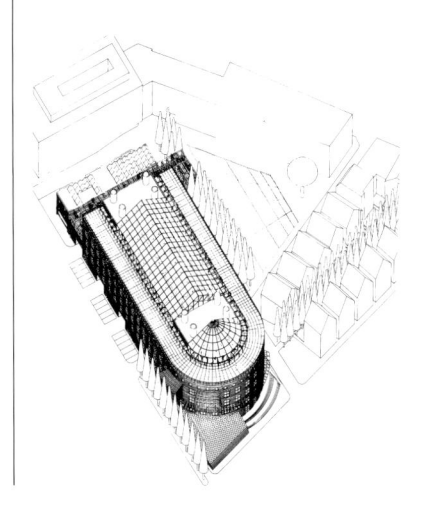

64
Wohnbebauung Lützowplatz
Lützowplatz, Berlin
1979-1983
mit K. L. Dietzsch, G. Hagemann,
B. Meyer, B. Taha, B. Wippler

65
Deutsches Architekturmuseum
Schaumainkai, Frankfurt a. M.
1979-1984
mit K. L. Dietzsch, K. Nagel,
B. Taha

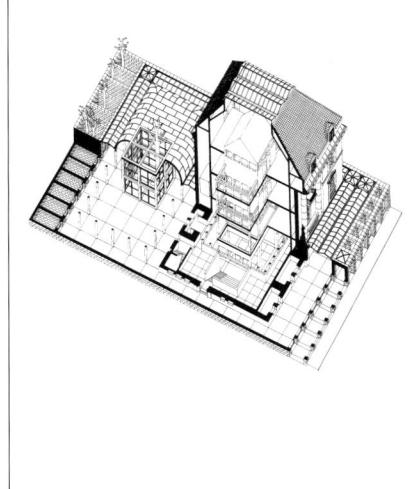

66
**Wettbewerbsentwurf
Marktplatz**
Hildesheim
1980
mit I. Keil, J. Leitner, B. Taha,
G. Wooding

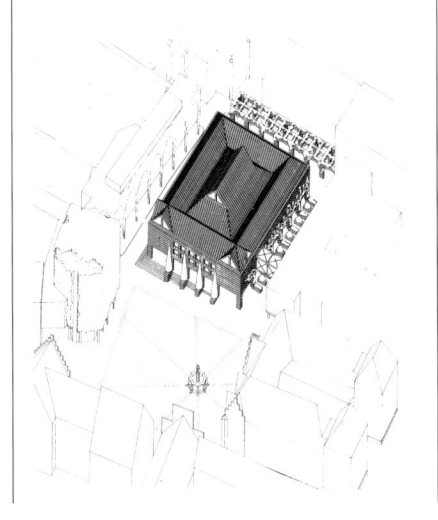

67
Mehrfamilienhaus
Miquellstraße, Berlin
1980-1982
mit K. L. Dietzsch, G. Hagemann,
B. Meyer, B. Wippler, G. Wooding

68
Messehaus 9 und Galleria
Messe- und Austellungs GmbH
Frankfurt a. M.
1980-1983
mit W. Liebender, K. L. Dietzsch,
B. Meyer, J. Franzke, M. Dudler,
W. A. Noebel, A. v. Hoessle,
Th. Kubisch, J. Erb, F. Bucher,
B. Operschalski, B. Petri,
K. Junghans, E. Hadler, A. Keller,
H. Lange, G. v. Lunteren, J. Leitner

69
**Alfred-Wegener-Institut für
Polar-und Meeresforschung**
Am Alten Hafen, Bremerhaven
1980-1984
mit J. v. Brand, K. L. Dietzsch,
B. Lehmann, C. Petzinka

70
Badische Landesbibliothek
Karlsruhe
1980-1987
mit K. L. Dietzsch, B. Meyer
(Bauaufsicht), K. H. Schmitz

73
Temporäres Museum Westkunst
Messehalle Köln, Köln-Deutz
1981
mit B. Meyer

75
Neugestaltung Konstantinplatz
Trier
1981-1983
mit K. L. Dietzsch, B. Meyer, B. Taha

71
Wettbewerbsentwurf Kaufhaus Karstadt
Berlin-Tempelhof
1981
mit K. L. Dietzsch, St. Braden

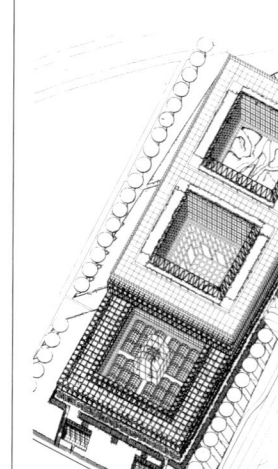

72
Wettbewerbsentwurf Barmer Ersatzkasse
Wuppertal-Elberfeld
1981
mit K. L. Dietzsch, B. Taha

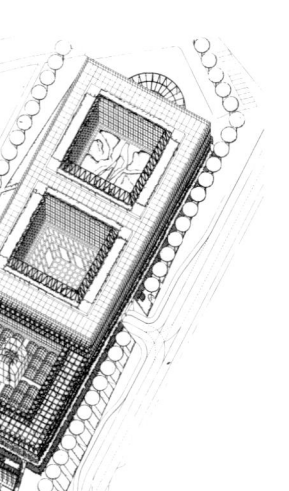

74
(Städtebauliche) Planung Friedrichstadt
Berlin
1981
mit H. Timmermann, V. Eich, B. Faskel

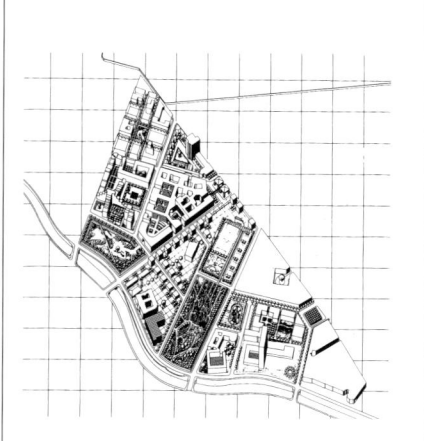

76
City Center Gibellina: Vorschlag für die Entwicklung eines Stadtzentrums
Gibellina, Sizilien
1982
S. M. Ungers
mit L. Kiss, D. Frederick, S. Bradic

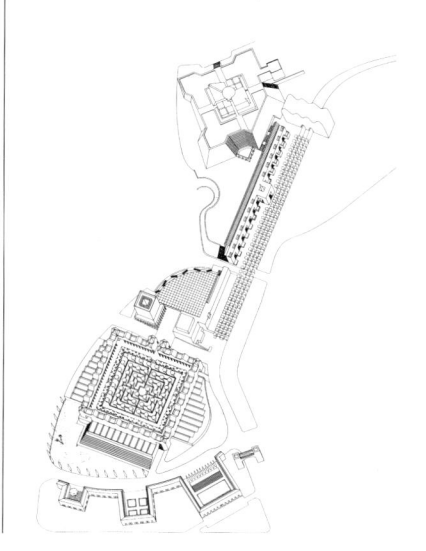

77
Wettbewerbsentwurf Deutsche Bibliothek
Frankfurt a. M.
1982
mit W. Liebender, B. Taha, K. L. Dietzsch

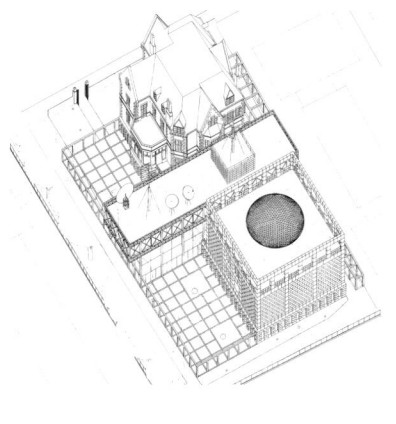

78
Wettbewerbsentwurf Residenz Deutsche Botschaft (1. Stufe)
Washington D. C.
1982
mit W. Liebender, B. Taha, K. L. Dietzsch

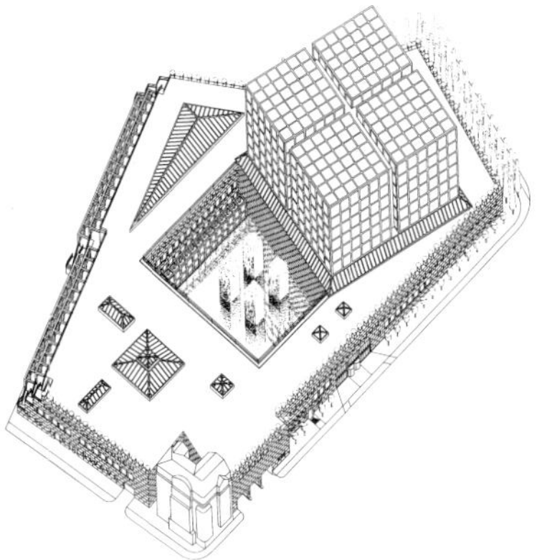

79
Wettbewerbsentwurf Bundespostmuseum
Frankfurt a. M.
1982
mit K. L. Dietzsch, B. Meyer, B. Taha

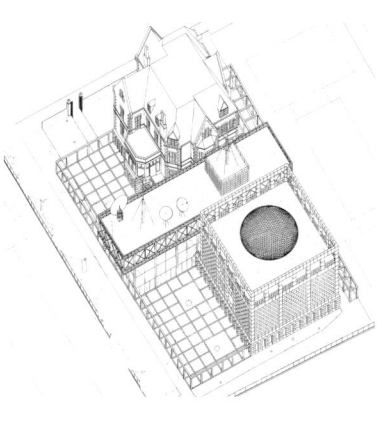

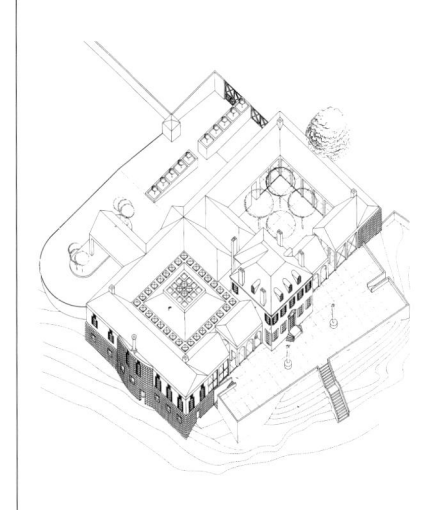

80
Wettbewerbsentwurf Kop van Zuid
Rotterdam/Niederlande
(2 Varianten)
1982
mit U. Bartelt, D. Frederick, A. Keller, L. Kiss, W. Liebender, S. Sterf, S. Ungers

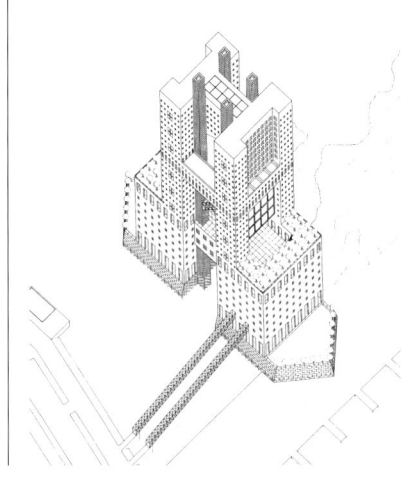

81
Städtebaulicher Entwurf Neugestaltung Paulsplatz
Frankfurt a. M.
1983
mit B. Meyer, A. Keller, K. L. Dietzsch

82
Wettbewerbsentwurf Verlagshaus Gruner + Jahr
Hamburg
1983
mit K. Wimmer, K. L. Dietzsch, K. H. Wieland, W. Albrecht, B. Taha, B. Zens, S. Kolatan, K. Nagel, C. Petzinka, B. Meyer, J. v. Brandt, S. Ungers

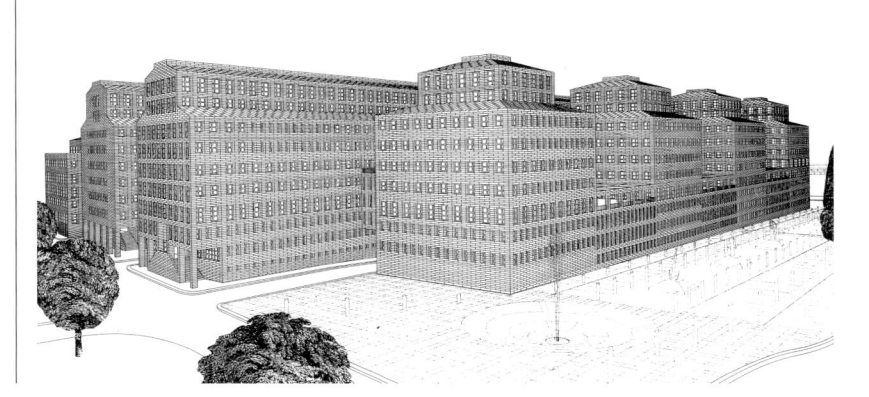

83
Wettbewerbsentwurf Kulturforum
Berlin
1983
mit M. Dudler, R. Vallebuona, H. Rübsan, H. Jentschura, K. H. Wieland

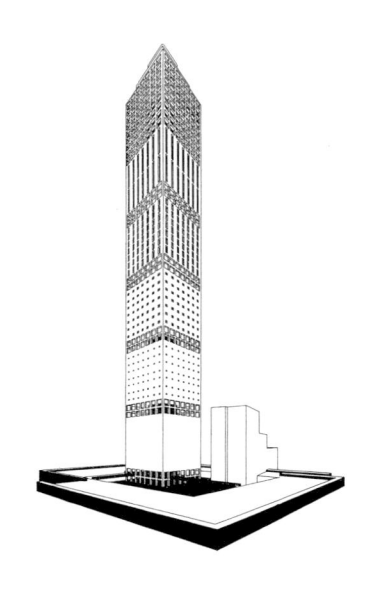

85
Überbauung Gleisdreieck (Torhaus)
Messe- und Ausstellungs GmbH, Frankfurt a. M.
1983/84
mit M. Dudler, W. A. Noebel, A. Bausinger, J. Franzke, K. H. Wieland, R. Bandus, A. Vorwerk, A. v. Hoessle, J. Jentschura, Th. Kubisch

87
Wettbewerbsentwurf Brücke Albgrün
Ed. Züblin AG, Karlsruhe
1984
mit M. Dudler, R. Vallebuona

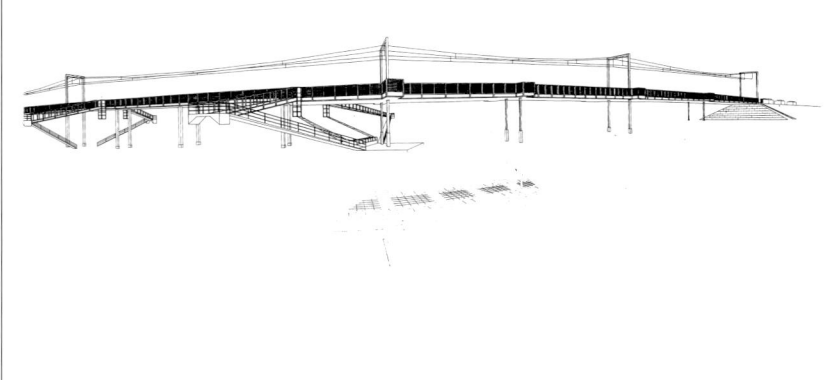

84
Wettbewerbsentwurf Museum für Moderne Kunst
Frankfurt a. M.
1983
mit K. H. Schmitz, B. Meyer, B. Taha

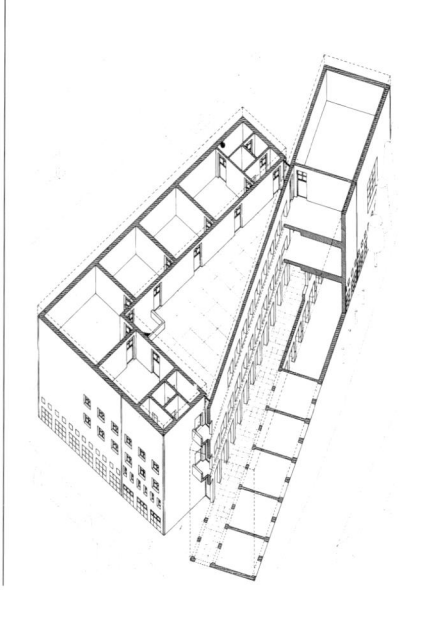

86
Planung Wohnbebauung Forellenweg
Salzburg
1984
mit K. L. Dietzsch, K. Wimmer, E. v. Branca

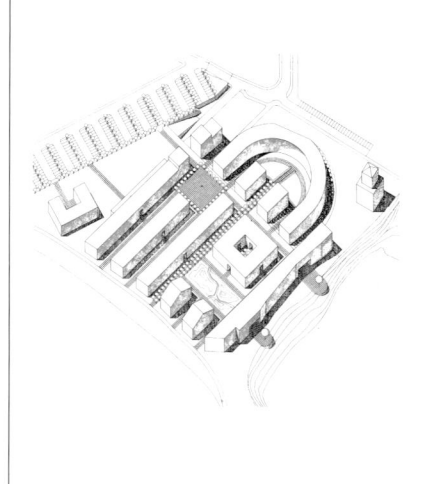

88
Wettbewerbsentwurf Sporthalle Silobad
Frankfurt a. M.
1984
mit M. Dudler, R. Vallebuona, K. Wimmer, B. Taha, K. L. Dietzsch, A. Hierhölzer

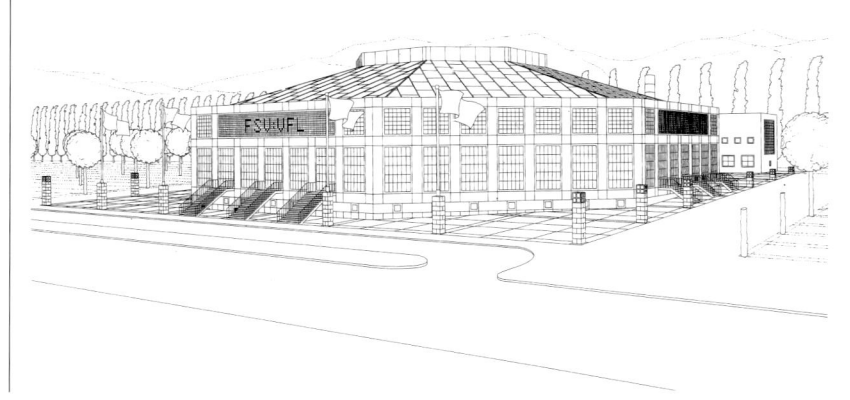

89
Cabinet Tower
Triennale di Milano
(Möbelentwürfe Mailand/Italien)
1985

91
Heizkraftwerk
Frankfurt a. M.
1985
mit M. Dudler, J. Franzke,
R. Castillo von Bennewitz,
M. Bräckerbohm

92
Gutachter-Entwurf Areal Battelle
Frankfurt a. M.
1985
mit M. Dudler,
R. C. v. Bennewitz, J. Happ,
M. Bräckerbohm

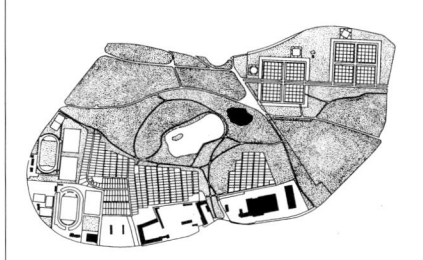

94
Wettbewerbsentwurf Festhalle
Frankfurt a. M.
1985
mit J. Franzke, B. Kraus,
P. Kupferschmidt,
M. Bräckerbohm, C. v. Bennewitz,
J. Engel, S. Canton, H. Rübsamen,
A. Tillmann, P. Heidenreich,
F. Stimmer, J. Schonerer, U. Bartelt

90
Wettbewerbsentwürfe Erweiterung Bundesgerichtshof und Bundesanwaltschaft (1. Stufe)
Karlsruhe
1985
mit M. Pitlach, J. Klose, B. Taha

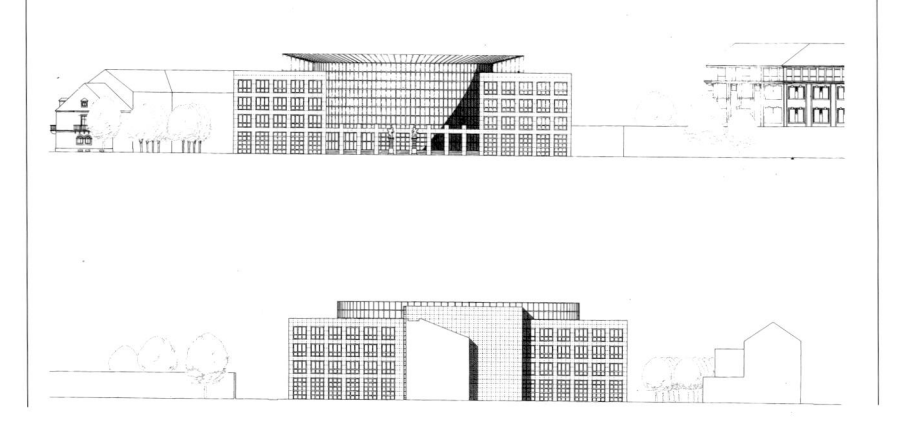

93
Wettbewerbsentwurf Eschenheimer Tor, Schillerstraße, Börsenplatz
Frankfurt a. M.
1985
mit M. Dudler,
R. C. v. Bennewitz,
M. Bräckerbohm,
P. Kupferschmidt

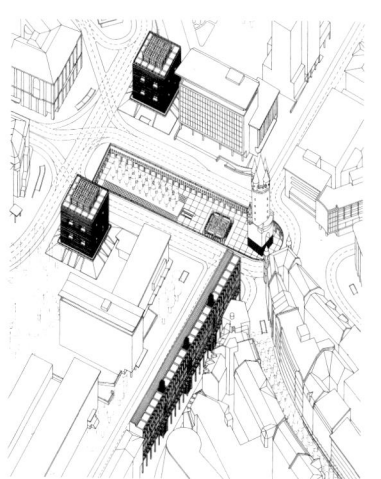

95
Wettbewerbsentwurf Landeshaus
Wiesbaden
1985
mit E. v. Branca, P. Schmidt,
K. Wimmer, B. Taha

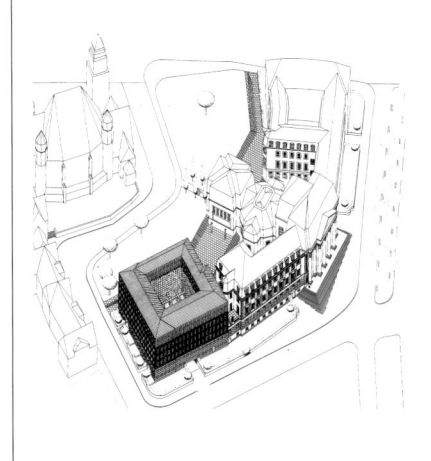

96
Entwurf Güterbahnhof
Frankfurt a. M.
1985
mit M. Dudler, R. Castillo von Bennewitz, M. Bräckerbohm, B. Kraus

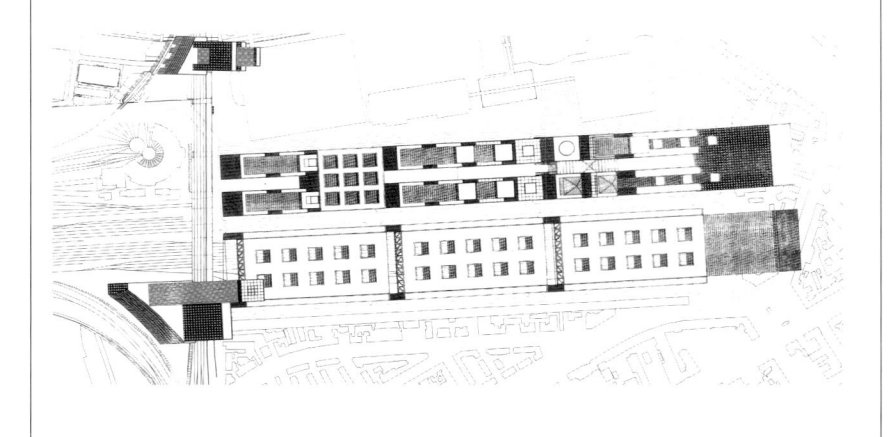

97
Entwurf City-West
(Städtebauliches Gutachten)
Frankfurt a. M.
1985
mit M. Dudler, R. C. v. Bennewitz, M. Bräckerbohm, J. Könz, S. Canton, P. Kupferschmidt

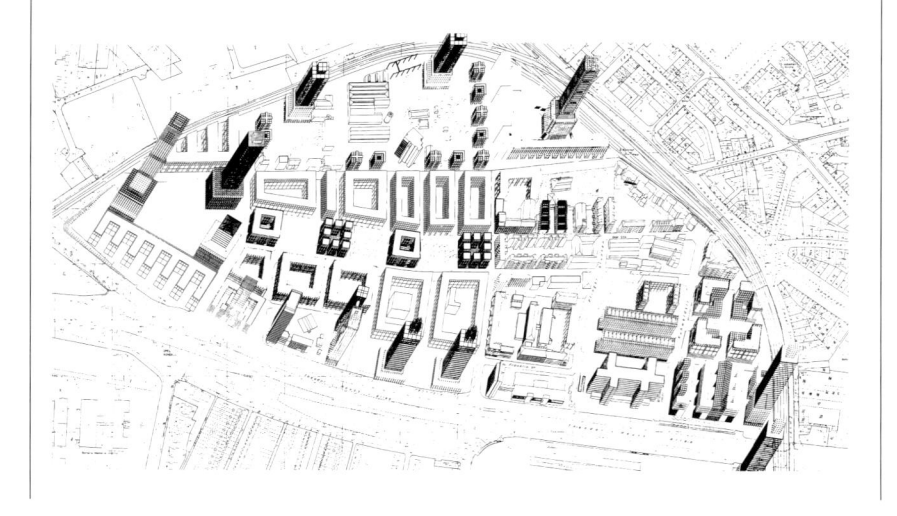

98
Wettbewerbsentwurf Stadtpark
Salemi, Sizilien/Italien
1985
mit M. Pitlach

99
Neubau Universitätsklub
Bonn
1985-1988
mit K. L. Dietzsch, U. Wiegmann, K. Steves, A. Brauns

100
Wettbewerbsentwurf
Ladengalerie
Rossmarkt, Frankfurt, a. M.
1986
mit M. Dudler, R. Vallebuona, R. C. v. Bennewitz, J. Konz

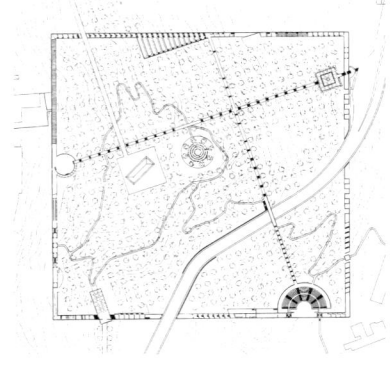

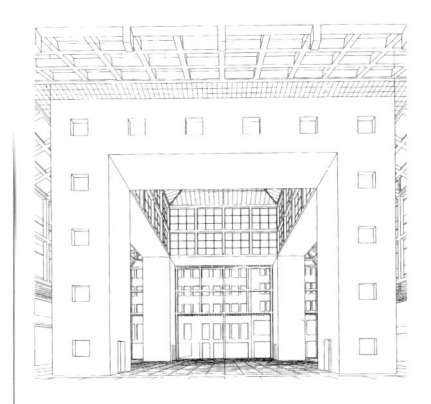

101
Wettbewerbsentwurf
Museumsinsel
Hamburg
1986-1996
mit J. Klose, A. Geitner, K. Ehm, M. Röhr, B. Taha, R. Bandus, J. Nitsch, H. v. Dallwitz, C. Nieländer (Entwurf); J. Sieber, I. Schweers, A. Geitner, V. Diekmann, P. Pfertner (Ausführung))

102
**Wettbewerbsentwurf
Historisches Museum der Pfalz
(Umbau und Erweiterung)**
Speyer
1986
mit R. Bandus, B. Taha,
A. Tillmann

105
**Entwurf Studio "Frog Design"
(Neubau Bürogebäude)**
Altensteig
1986
mit J. Klose

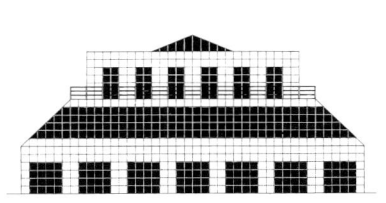

106
Wohnhaus Glashütte
Bitburg
1986–1988
mit R. Bandus

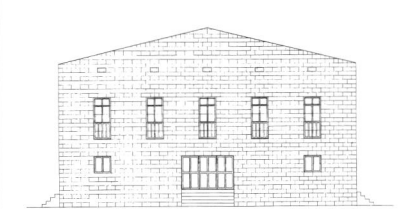

103
**Wettbewerbsentwurf
Überbauung des
Bahnhofsvorplatzes**
Bonn
1986
mit J. Klose, U. Wiegmann,
B. Taha, C. Waser, T. Britz

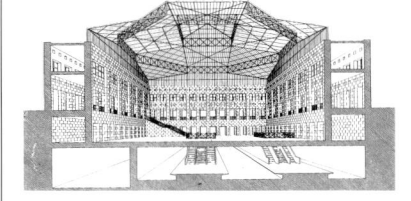

104
**Wettbewerbsentwurf
Württembergisches
Staatstheater, Kulissengebäude**
Stuttgart
1986
mit J. Klose, U. Wiegmann

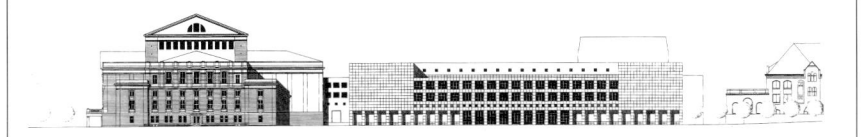

107
**Wettbewerbsentwurf Deutsche
Botschaft**
Helsinki/Finnland
1986
mit M. Pitlach, B. Taha

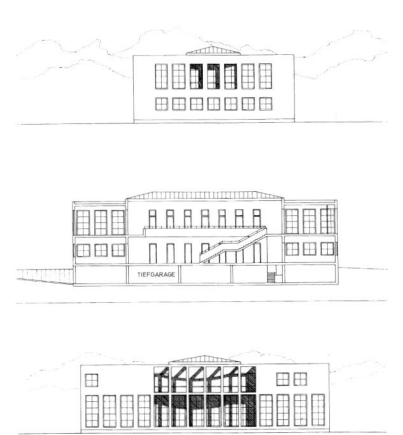

108
**Wettbewerbsentwurf
Erweiterung Hessische
Landesbibliothek**
Fulda
1986

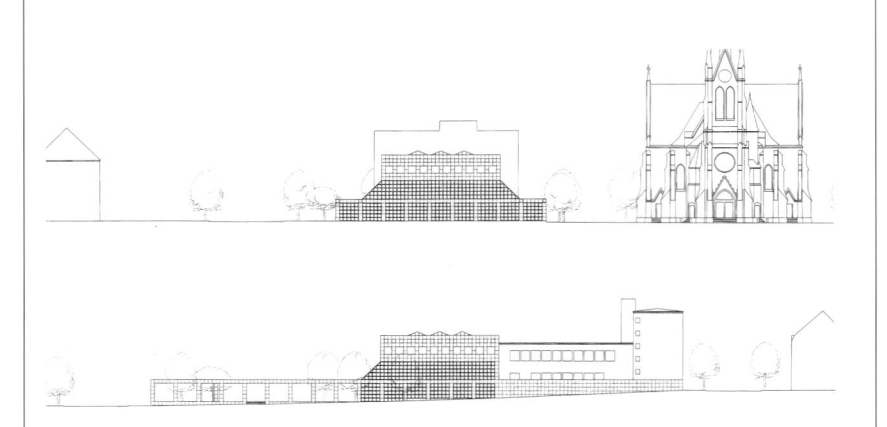

111
**Wettbewerbsentwurf
Innenstadt**
Jülich-Köln
1986
mit U. Wiegmann, K. Nieländer

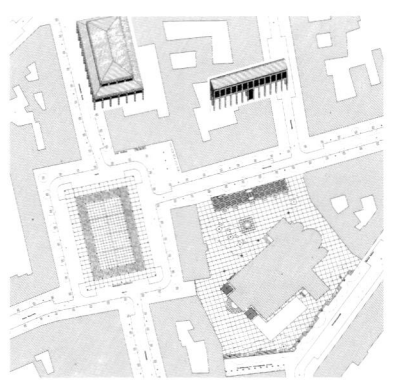

112
**Entwurf Hotel Maritim
Sassenhof**
Köln
1986
mit M. Pitlach, J. Klose, T. Britz

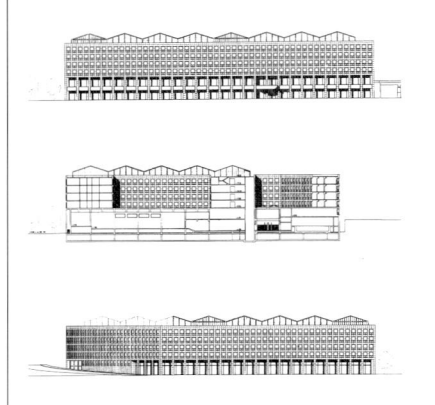

109
**Gutachter-Entwurf
Transferzentrum, Universität
Dortmund**
1986
mit M. Pitlach, B. Taha, J. Nitsch,
Chr. Nitsch, J. Klose

110
**Wettbewerbsentwurf Kultur-
und Tagungsstätte**
Freiburg
1986
mit M. Pitlach, U. Wiegmann,
B. Taha

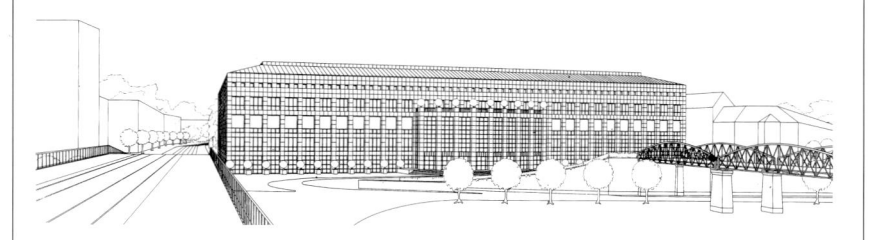

113
**Wettbewerbsentwurf
Stadtsparkasse**
Mönchengladbach
1986
mit M. Pitlach, U. Wiegmann

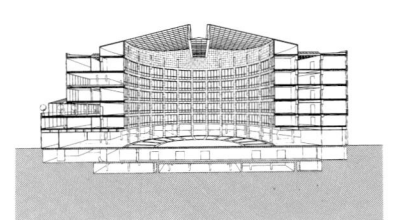

114
**Gutachter-Entwurf
Neubauvorhaben der
Stadtsparkasse**
Köln
1986
mit M. Pitlach, U. Wiegmann,
J. Klose

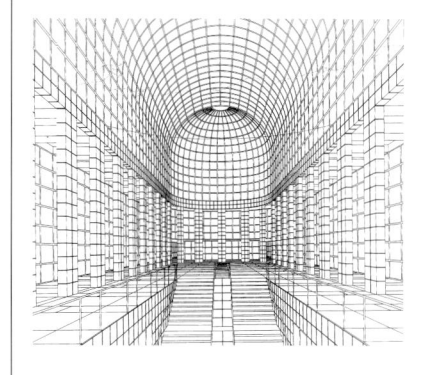

116
**Wettbewerbsentwurf
Medienzentrum**
Karlsruhe
1986
mit W. A. Noebel, J. Schuster,
B. Kraus, J. Schoyerer,
M. Bräckerbohm

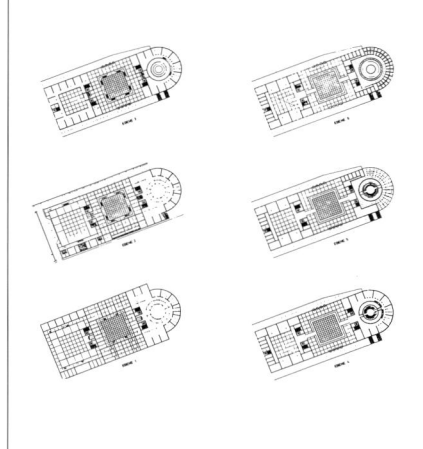

118
**Wettbewerbsentwurf Lufthansa
German Center**
Peking/China
1986
mit M. Pitlach, U. Wiegmann,
B. Trübenbach, J. Klose, B. Taha,
K. L. Dietzsch

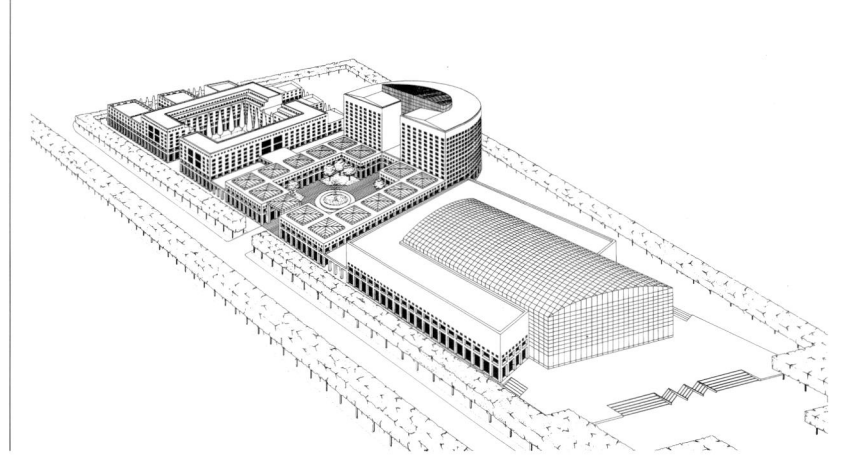

115
**Wettbewerbsentwurf
Kunstpalast**
Düsseldorf
1986
mit M. Pitlach, J. Klose,
U. Wiegmann

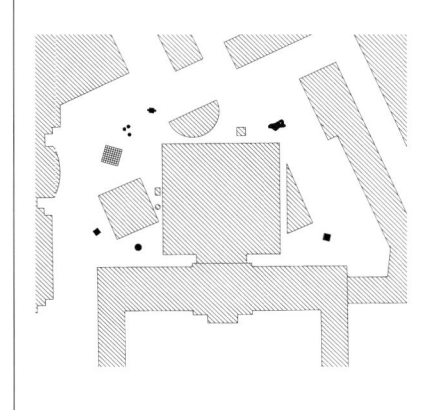

117
**Wettbewerbsentwurf
Verwaltungsgebäude der
Firma Adolph Würth GmbH**
Künzelsau-Gaisbach
1986
mit M. Pitlach, J. Klose, B. Taha

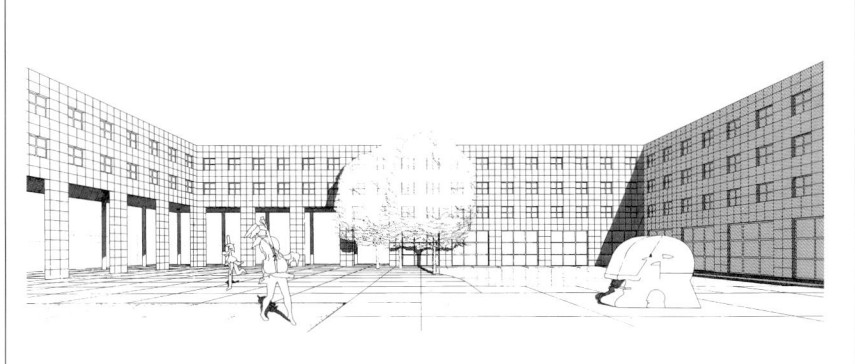

119
**Wettbewerbsentwurf
Pirelli-Bicocca**
Mailand/Italien
1986
mit M. Pitlach

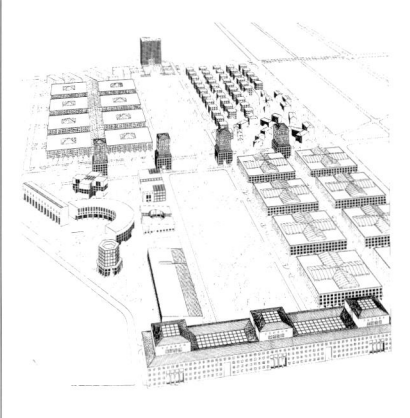

120
Galeriehaus mit Wohnungen: Max Hetzler
Köln
1986–1988
mit K. L. Dietzsch, B. Taha, J. Klose

122
Entwurf Bundesgerichtshof (Überarbeitung des Wettbewerbs)
Karlsruhe
1987
mit M. Pitlach, J. Klose, B. Taha

123
Entwurf Galeriehaus
Marktplatz, Kornwestheim
1982
mit J. Klose, J. de l'Or, B. Trübenbach, U. Wiegmann

125
Entwurf Wohnbebauung
Köthener Straße-Bernburger Straße, Berlin
1987
mit E. v. Branca, J. v. Brandt, K. L. Dietzsch, B. Taha, C. Müller, J. Wehberg, E. Knippschild

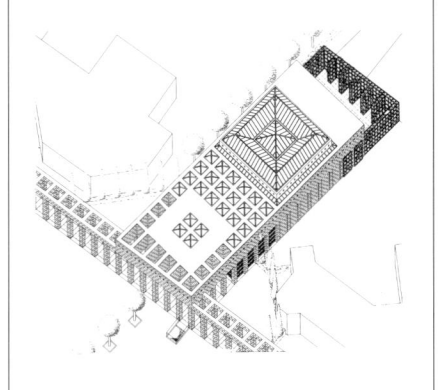

121
Wettbewerbsentwurf Neubau Arbeitsamt
Oldenburg
1987
mit U. Wiegmann, K. Nieländer, J. Zadora

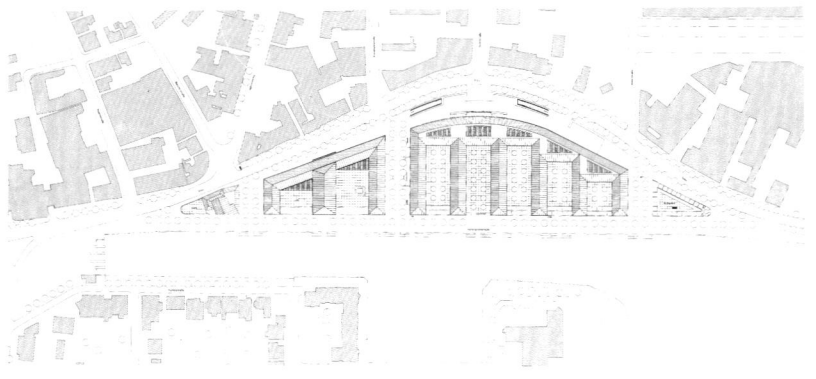

124
Entwurf Verwaltungsgebäude der Firma Horten
Hannover
1987
mit M. Pitlach, J. Klose

126
Südfoyer Via Mobile Ost
Messe- und Ausstellungs GmbH, Frankfurt a. M.
1987
mit M. Dudler, J. Engel, J. Schuster, M. Bräckerbohm, B. Kraus

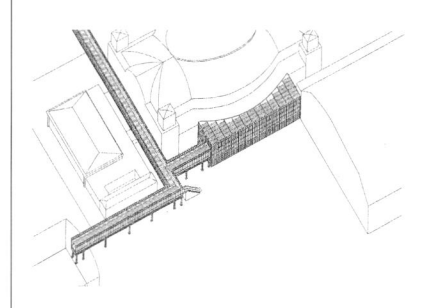

127
**Entwurf Trusthouse Forte –
Ritters Parkhotel**
Bad Homburg
1987
mit J. Engel, J. Schuster,
M. Bräckerbohm, C. Waser

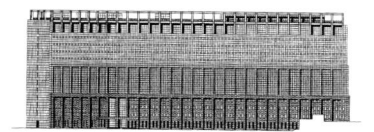

130
**Entwurf Bebauung Eschborner
Landstraße
(Städtebauliches Gutachten)**
Frankfurt a. M.
1987
mit J. Engel, M. Bräckerbohm

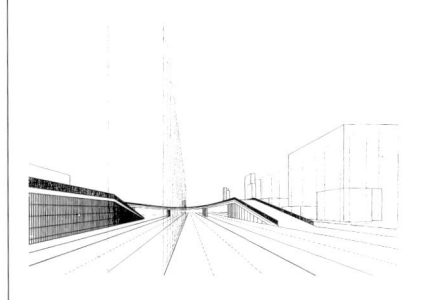

132
Entwurf Messepalast
Wien/Österreich
1987
mit M. Pitlach, J. Klose, J. de l'Or,
U. Wiegmann, B. Trübenbach

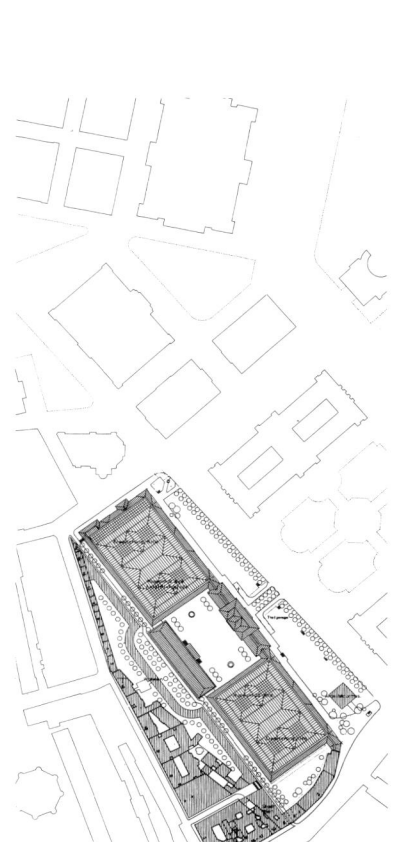

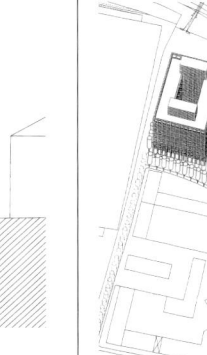

128
Entwurf Messegelände
Madrid/Spanien
1987
mit J. Engel, R. C. v. Bennewitz,
M. Bräckerbohm

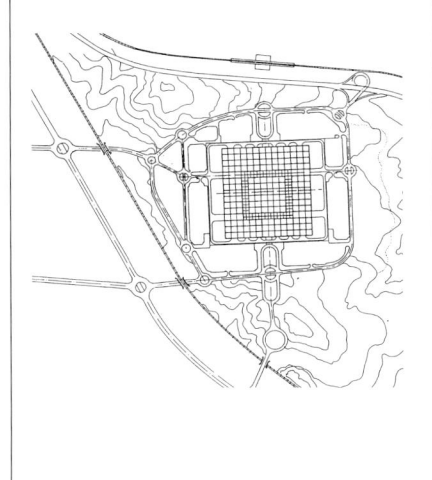

129
**Wettbewerbsentwurf Fassade
Verkaufshochhaus Hoechst
(Gebäude C 660)**
Frankfurt a. M.
1987
mit J. Engel, B. Kraus,
M. Bräckerbohm, J. Schuster,
U. Bartelt

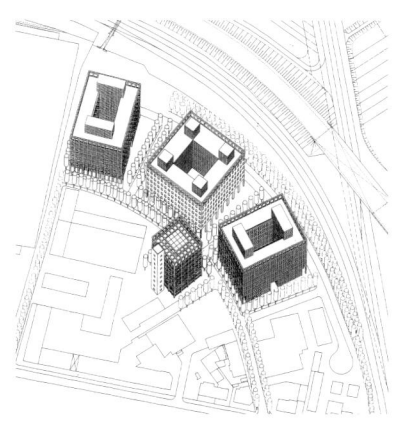

131
Entwurf Omega-Brücke
Messe- und Ausstellungs GmbH,
Frankfurt a. M.
1987
mit J. Engel, M. Bräckerbohm,
A. Hierholzer

133
Wettbewerbsentwurf Deutsche Bank
Kurfürstendamm, Berlin
1987
mit J. Engel, J. Schuster,
M. Bräckerbohm, H. Hane

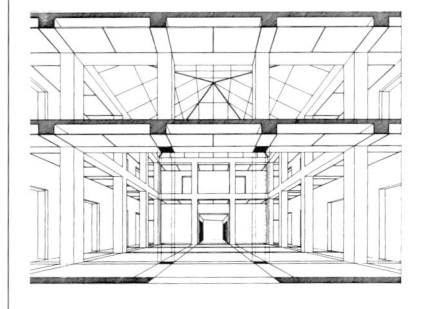

134
Städtebaulicher Ideenwettbewerb Media Park
Köln
1987
mit J. Klose, M. Pitlach

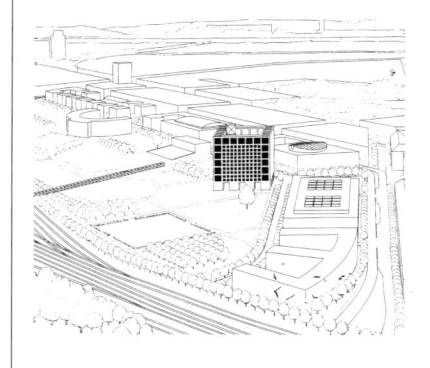

135
Gutachter-Entwurf "Campanile"
Frankfurt a. M.
1987
mit U. Wiegmann, M. Pitlach,
Th. Britz, K. L. Dietzsch, J. Klose,
R. Bandus

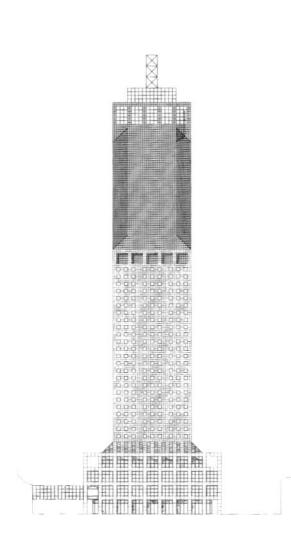

136
Wettbewerbsentwurf Deutsche Botschaft (2. Stufe)
Washington D. C./USA
1987-1995
mit J. Klose, A. Grond, M. Röhr,
U. Wiegmann, B. Trübenbach,
M. Pitlach, B. Taha, A. Hierholzer
(Planung der 2. Stufe);
I. Schrader, P. Kretz, R. Sargiotti
(Ausführung)

137
Gutachter-Entwurf Kleiner Schloßplatz
Stuttgart
1987
mit J. Klose, M. Pitlach, Th. Britz

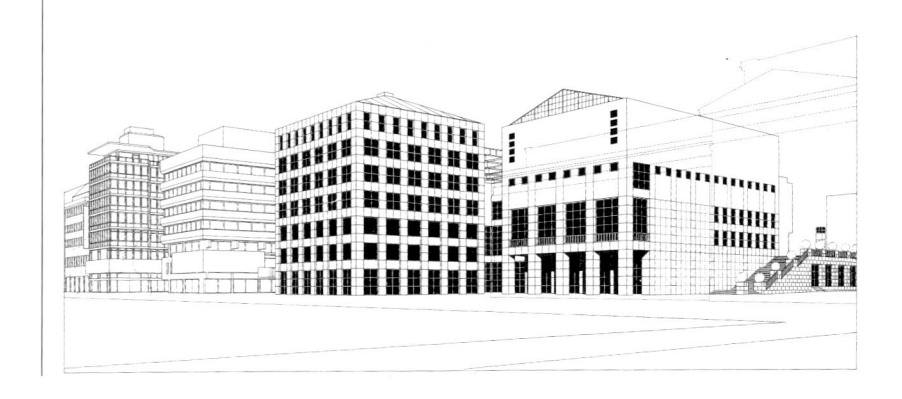

138
Messestand Villeroy & Boch
ISH Halle 9 Messe, Frankfurt a. M.
1987-1989
mit J. Engel, B. Kraus,
M. Bräckerbohm, C. Waser

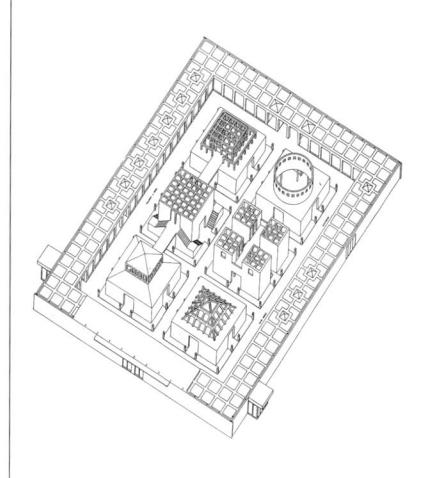

139
Wettbewerbsentwurf Umgestaltung Maximilianstraße - Domplatz
Speyer
1988
mit K. L. Dietzsch, B. Taha,
B. Meyer, Th. Dietzsch, S. Moser

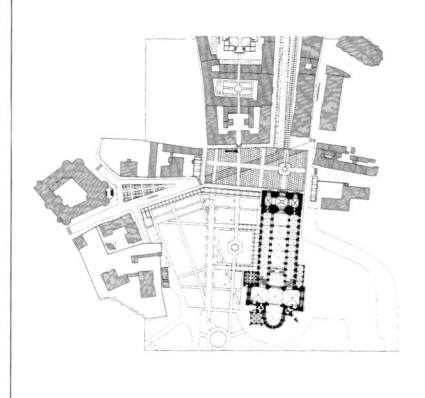

140
**Wettbewerbsentwurf
Deutsches Historisches
Museum**
Berlin
1988
mit J. Klose, B. Trübenbach,
M. Pitlach, U. Wiegmann, H. Hane

141
**Entwurf für die Triennale
Mailand: Fortezza de Basso,
Florenz**
Mailand/Italien
1988
mit M. Pitlach, W. A. Noebel,
P. Schmidt

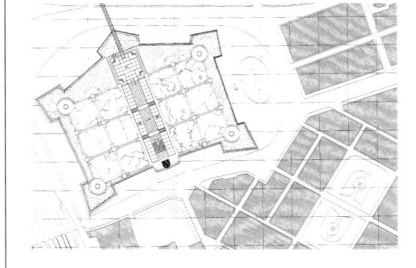

142
**Umbau des Geschäftshauses
der Bayerischen Hypotkeken-
und Wechselbank**
Düsseldorf
1988
mit K. L. Dietzsch, M. Pitlach,
U. Wiegmann, B. Trübenbach,
B. Taha, V. Busse, K. Ehm,
A. Geitner, C. Henning, M. Röhr,
D. Porsch, K. Steves

143
**Wettbewerbsentwurf Deutsche
Bank**
Lörrach
1988
mit J. Engel, H. Hane, P. Kretz,
I. Eiben, B. Kraus,
M. Bräckerbohm

144
Entwürfe Feuerwache
Frankfurt-Bornheim
1988
mit J. Engel, M. Bräckerbohm,
L. Busert

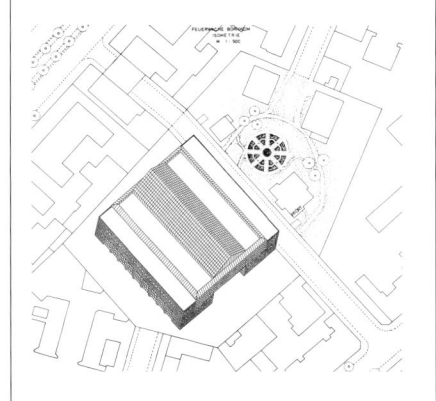

145
Heizwärmekraftwerk GEW
Köln-Merheim
1988–1990
mit J. Klose, J. Waack, A. Geitner,
K. L. Dietzsch

146
**Wettbewerbsentwurf
Kunsthalle (2. Stufe)**
Düsseldorf
1988
mit M. Pitlach, J. Klose,
B. Trübenbach, U. Wiegmann

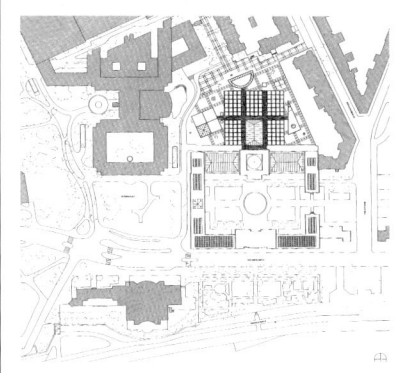

147
Wettbewerbsentwurf Kerngebiet der Universität
Frankfurt a. M.
1988
mit M. Pitlach, J. Klose,
B. Trübenbach, U. Wiegmann,
K. L. Dietzsch

149
Entwurf Ikonenmuseum, Deutschordenshaus/Kommende
Frankfurt a. M.
1988
mit J. Engel, H. Hane, J. Schuster,
B. Kraus, M. Bräckerbohm

150
Wettbewerbsentwurf Viehmarktplatz und Therme am Forum
Trier
1988–1996
mit M. Croce, K. Steves, M. Röhr (Entwurf);
K.-U. Lompa, J. Götz (Ausarbeitung)

152
Entwurf Hochhaus an der Solmstraße
Frankfurt a. M.
1988, erneute Bearbeitung 1989
W. A. Noebel, P. Diehl
mit B. Taha, U. Wiegmann,
K. L. Dietzsch, A. Grond

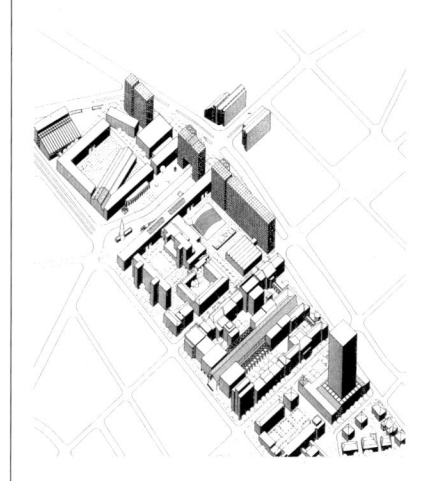

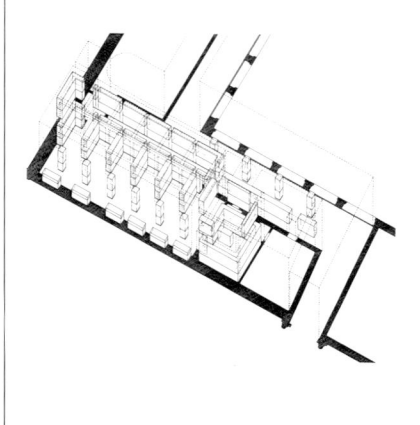

148
Gutachter-Entwurf International Airport Kansai
Osaka/Japan
1988
mit J. K. Engel, E. Balke, V. Busse,
M. Chiaramonte, P. Diehl,
A. Geitner

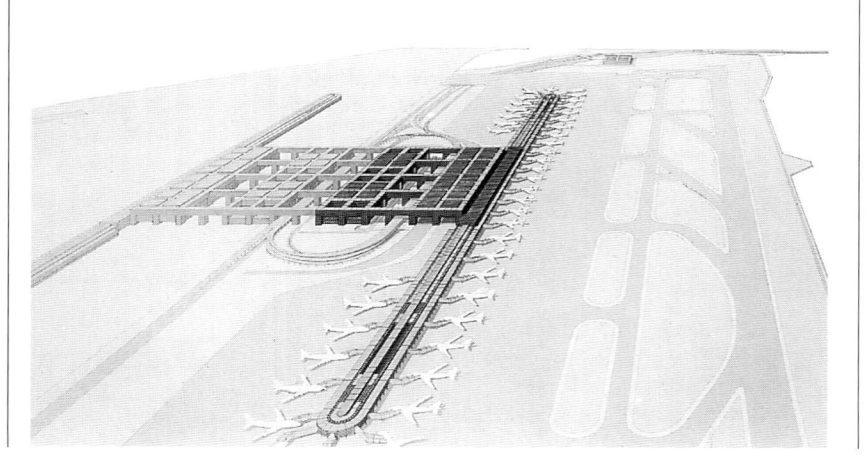

151
Wettbewerbsentwurf Depotgebäude und Forumgelände der Johann Wolfgang Goethe-Universität (2. Stufe)
Frankfurt a. M.
1988
mit M. Croce, A. Grond,
M. Pitlach, B. Taha

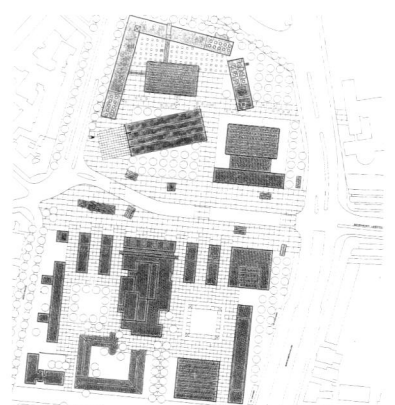

153
Gutachter-Entwurf Terminal Ost
Flughafen, Frankfurt a. M.
1988
mit J. K. Engel, E. Balke, V. Busse,
M. Chiaramonte, P. Diehl,
A. Geitner

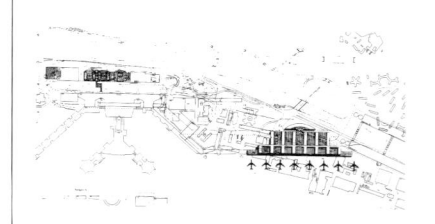

154
Bremer Institut für Betriebstechnik und Angewandte Arbeitswissenschaft (BIBA)
Technologiepark, Bremen
1988-1991
mit M. Pitlach, M. Croce, K. L. Dietzsch, Th. Meurer, A. Grond, U. Wiegmann, J. Waack, A. Marchel, B. Taha, C. Henning, A. Brauns

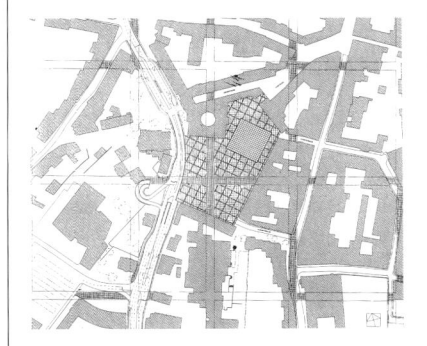

156
Wettbewerbsentwurf Piazza Matteoni (1. und 2. Stufe)
Siena/Italien
1989
W. A. Noebel
mit M. Bertolini, G. Bettini, M. Bräckerbohm, P. Diehl, H. Hane, H. Kleine-Kraneburg, P. Kretz, R. Sargiotti

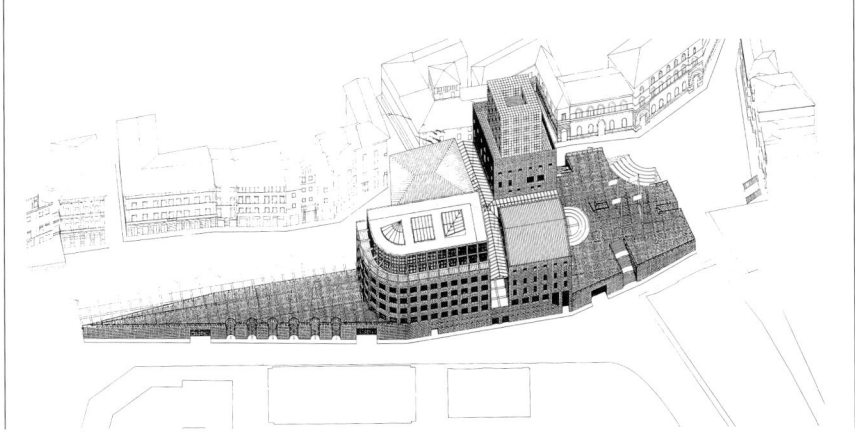

159
Entwurf Lagerhalle Ost
Frankfurt a. M.
1989
mit J. Engel, H. Hane, P. Kretz, W. A. Noebel, B. Kraus, I. Eiben, A. Becker-Bergemann

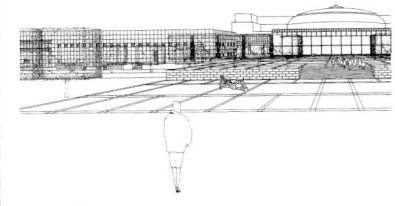

155
Haus Bitz – Galerie Kewenig
Frechen, Köln
1989-1992
mit U. Wiegmann, B. Trübenbach (Ausführung und Bauaufsicht)

157
Kubus-Haus (Bibliothek)
Quadrather Straße, Köln-Müngersdorf
1989/90
mit M. Croce, B. Grimm

158
Wettbewerbsentwurf Familiengericht
Berlin-Kreuzberg
1989-1995
mit M. Croce, K.-H. Winkens, C. Henning, A. Marchel, R. Thebrath (Entwurf); K.-H. Winkens, A. Balzereit, C. Euler, M. Skadborg (Ausführung)

160
Entwurf Medienzentrum
Kaistraße, Düsseldorf
1989
mit V. Busse, K. Ehm, A. Geitner

161
Entwurf Torhaus-Erweiterung (Terminal Mitte)
Messe- und Ausstellung GmbH,
Frankfurt a. M.
1989-1997
mit I. Schrader, R. Sargiotti,
H. Hahne, M. Bräckerbohm,
R. Fein, G. Lohmann, J. Sieber,
J. Engel

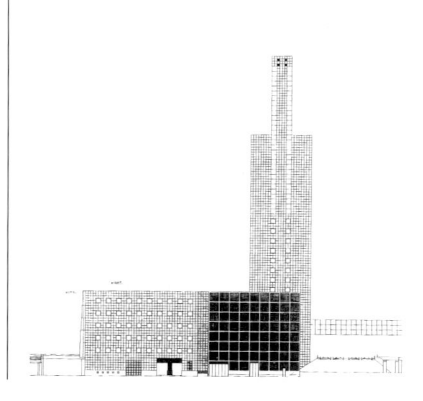

163
Wettbewerbsentwurf Deutsche Bundesbank
Frankfurt a. M.
1989
mit M. Croce, K. Steves,
A. Geitner, V. Busse, J. Waack,
A. Grond, P. Diehl

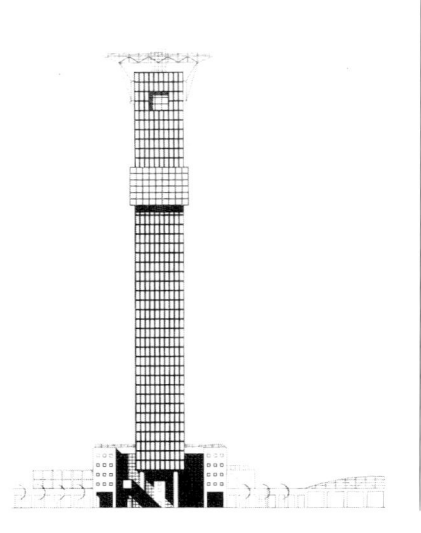

165
Wettbewerbsentwurf Internationaler Seegerichtshof
Hamburg
1989
mit M. Croce, A. Grond, M. Röhr,
C. Henning, B. Taha

167
Entwurf städtebaulicher Workshop für das ehemalige Krupp-Gelände West
Bochum
1989
mit A. Geitner, V. Busse, P. Diehl,
K. Steves

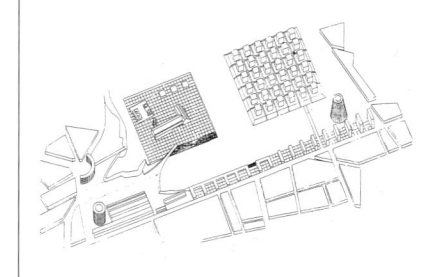

162
Wettbewerbsentwurf Römermuseum
Haltern
1989
mit J. Klose, M. Pitlach

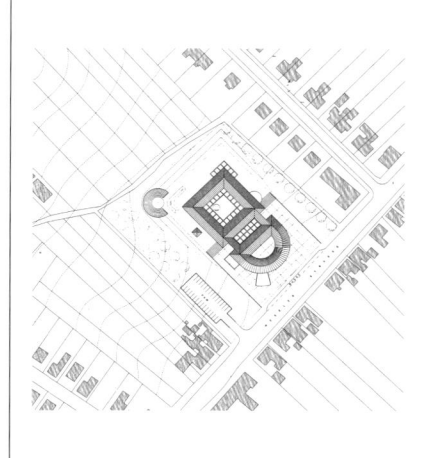

164
Wettbewerbsentwurf Gerichtshof für die Menschenrechte
Straßburg/Frankreich
1989
mit M. Croce, A. Grond, M. Röhr,
B. Taha, W. A. Noebel, K. Steves,
P. Diehl, M. Bräckerbohm,
H. Hane, P. Kretz

166
Wettbewerbsentwurf Mercedeshaus
Frankfurt a. M.
1989
mit M. Croce, P. Diehl, M. Röhr,
K. Steves, K. Ehm

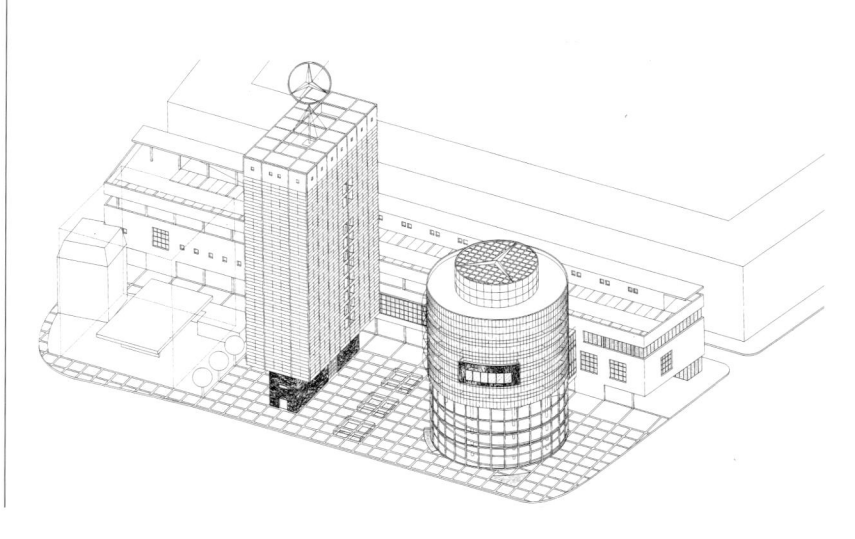

168
Entwurf Randwijk Noord
Maastricht/Niederlande
1989
mit J. von Brandt

170
Wettbewerbsentwurf Hypolux
Kirchberg
1989
mit V. Busse, A. Geitner,
K. H. Winkens

172
Wettbewerbsentwurf Hamburger Bahnhof (Museum für Gegenwartskunst)
Berlin
1989
mit D. Alten, M. Croce

174
Wettbewerbsentwurf Arbeitsamt
Bremerhaven
1989
mit M. Croce, M. Röhr,
C. Henning, B. Taha

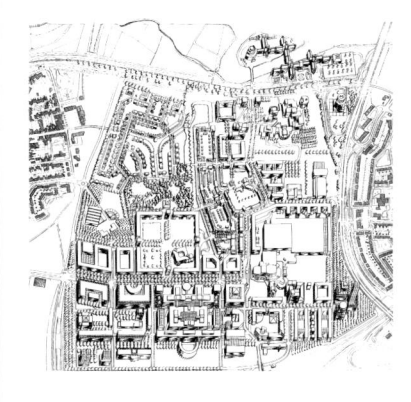

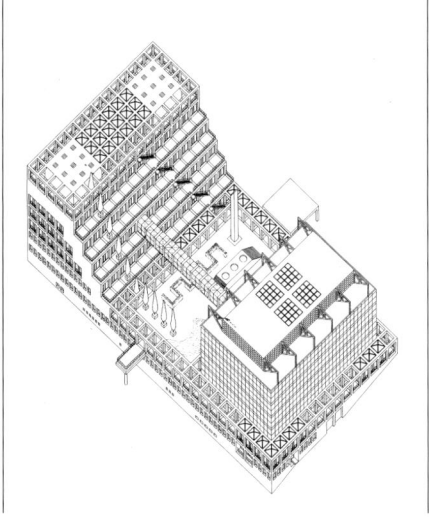

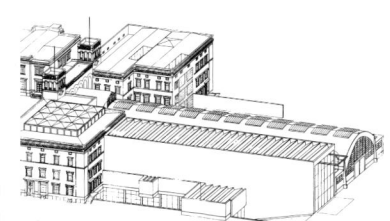

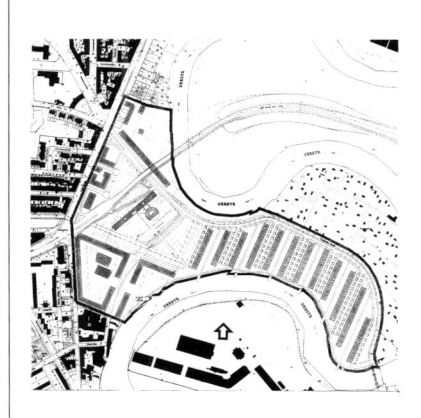

169
Entwurf Bauforum
Hamburg
1989
mit V. Busse, A. Geitner,
K. H. Winkens

171
Wettbewerbsentwurf Flughafen Horum
Oslo/Norwegen
1989
Architektengruppe K 4,
W. A. Noebel mit P. Diehl,
H. Hane, G. Priebe

173
Entwurf Eumetsat
Darmstadt
1989
W. A. Noebel
mit M. Bräckerbohm, P. Diehl,
H. Kleine-Kraneburg, P. Kretz,
R. Sargiotti

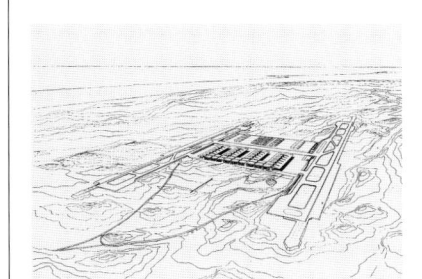

175
Gutachter-Entwurf Messe AMK Berlin
Berlin
1989
W. A. Noebel
mit M. Bräckerbohm, P. Diehl, H. Hane, H. Kleine-Kraneburg, P. Kretz, B. Kraus, R. Sargiotti

178
PTS-Werkstatt, Flughafen
Frankfurt a. M.
1990-1994
mit P. Diehl, I. Schrader, W. Kohne, H. Kane, S. Heinzl

180
Gutachter-Entwurf Merowinger Platz
Düsseldorf
1990
mit A. Geitner, M. Röhr, K. Steves

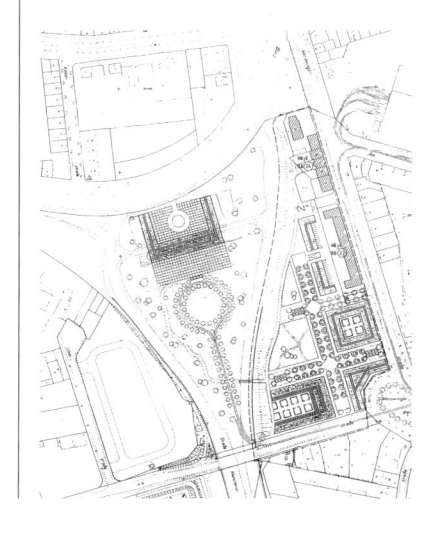

176
Haus Jeromin
Königswinter
1989/90
mit K. Steves, U. Wiegmann
Ausführung: Wiegmann+Trübenbach

177
Ausstellungshalle der Galerie Hetzler
Köln
1990
mit K. Steves

179
Entwurf Wohn-und Geschäftshaus
Eschersheimer Landstraße, Frankfurt a. M.
1989-1991
mit P. Diehl, H. Kleine-Kraneburg

181
Wettbewerbsentwurf Haus der Geschichte Baden-Württemberg
Stuttgart
1990
mit M. Croce, M. Röhr, K. Steves, D. Porsch

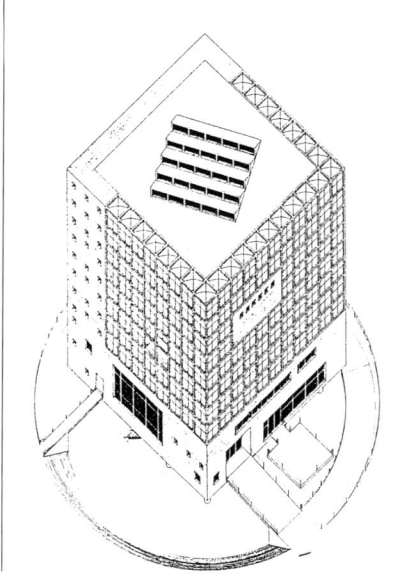

182
Entwurf ERC-Zentrale
Waterschei-Hasselt
1990
W. A. Noebel
mit M. Bräckerbohm, P. Diehl,
H. Kleine-Kraneburg, R. Sargiotti,
A. Stock

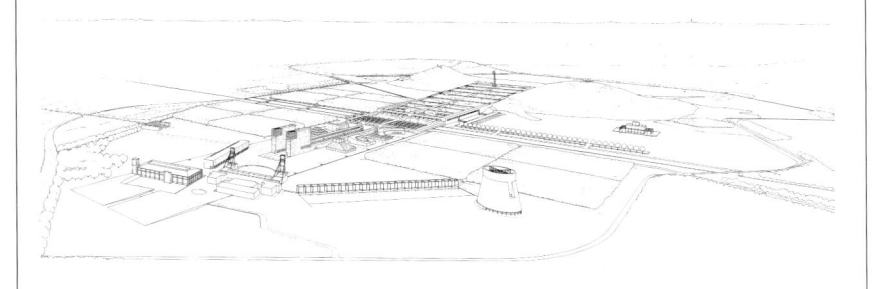

184
**Gutachter-Entwurf
Gewerbegebiet Hohenäcker**
Pforzheim
1990
W. A. Noebel
mit M. Bräckerbohm, P. Diehl,
H. Hane, H. Kleine-Kraneburg,
P. Kretz

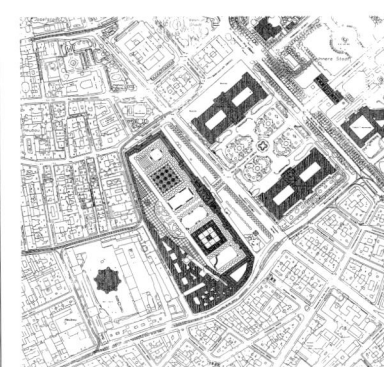

186
**Gutachter-Entwurf
Schokoladenmuseum**
Köln
1990
mit M. Röhr, M. Croce,
A. Geitner, Eun Young Yi

183
**Wettbewerbsentwurf
Erweiterung der AMK-Messe**
Berlin
1990-99
W. A. Noebel
mit P. Diehl, M. Bräckerbohm,
H. Hane, H. Kleine-Kraneburg,
P. Kretz, R. Sargiotti, U. Schröder,
A. Stock, M. Biedermann;
K.-H. Winkens, J. Lenschow,
P. Schmiedgen, P. Wermund,
C. A. Pauly; C. McCarthy,
J. Rogler, W. T. Manarelli,
M. Ewerhardt, I. May, P. Panter,
L. Ocanto, F. Bertossi,
Th. Möhlendick, J. Westphal,
S. Becker, N. Brockenhuis-Schack,
D. Koralek, M. Pepper,
C. Brockenhuis-Schack,
H. Günther, A. Würdig,
M. Yalcin, R. Carter Wingrove,
J. Bacus, B. Thiele, W. van der Bel,
M. Lewis, J. Nillesen

185
Entwurf Messepalast
Wien
1990
W. A. Noebel, P. Diehl
mit H. Hane,
H. Kleine-Kraneburg, P. Kretz,
R. Sargiotti, U. Schröder, A. Stock,
Ch. Gensch

187
**Wettbewerbsentwurf Palazzo
del Cinema**
Lido di Venezia, Sizilien/Italien
1990
W. A. Noebel, P. Diehl
mit H. Hane,
H. Kleine-Kraneburg, P. Kretz,
K. Lehmann, R. Sargiotti,
M. Biedermann, Ch. Gensch

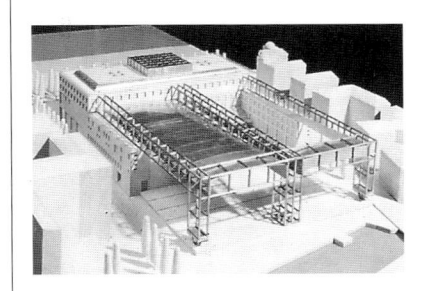

188
Wettbewerbsentwurf Innovationszentrum
Karlsruhe
1990
mit L. Baumewerd

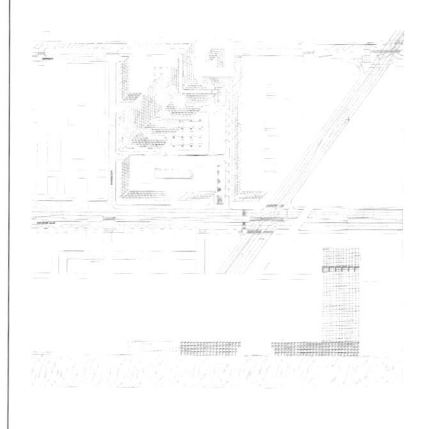

190
Messehalle 10 und Erweiterung Galleria
Messe- und Austellungs GmbH
Frankfurt a. M.
1990–1993
mit P. Diehl, I. Schrader,
M. Winkelmann, M. Gruber,
M. Bräckerbohm, B. Kraus,
A. Resch

191
Berlin Morgen. Das Neue Berlin
1990
mit V. Busse, M. Croce, A. Geitner,
W. Noebel, M. Röhr,
K.-H. Winkens

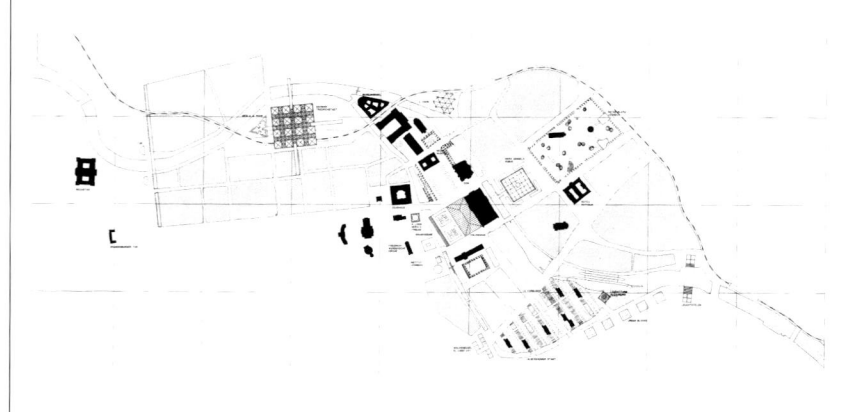

189
Generalbundesanwaltschaft
Karlsruhe
1990–1998
mit K.-U. Lompa,
F. Wieschemann, G. Ringelhan,
H. Kleine-Kraneburg, M. Gruber
B. Meyer (Bauleitung)

192
Wettbewerbsentwurf Herz-Center
Heidelberg
1990
mit P. Diehl, H. Hane,
H. Kleine-Kraneburg, P. Kretz,
R. Sargiotti, I. Schrader,
M. Biedermann, J. Heemskerk

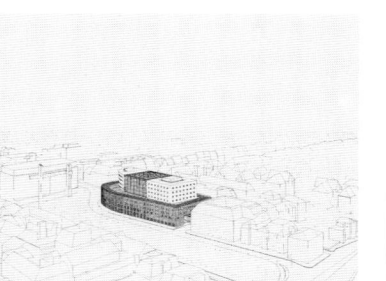

193
Wettbewerbsentwurf Messegelände
Leipzig
1990
mit W. A. Noebel, L. Ocanto

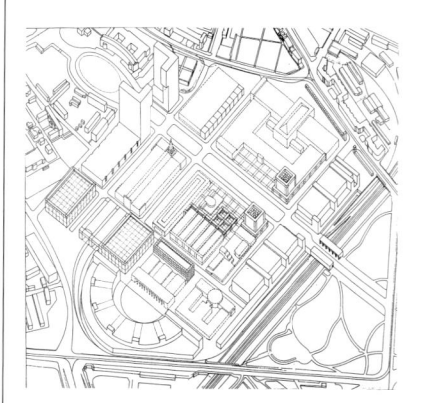

194
Wettbewerbsentwurf Büroüberbauung Terminal 1
Frankfurt a. M.
1990
mit P. Diehl, I. Schrader, R. Sargiotti, H. Hahne

196
Wettbewerbsentwurf Friedrichstadt-Passagen,
Berlin
1991–1995
mit B. Baumewerd, L. Baumewerd, A. Brauns, V. Busse, A. Geitner, T. Röhr, R. Sargiotti, M. Wagner, K.-H. Winkens (Entwurf);
K.-H. Winkens, S. Klatt, R. Beyer, H. Daiber, A. Leonhardt, T. Scheel, B. Schindler, T. Trevisan, M. Weisser (Ausführung)

198
Wettbewerbsentwurf Olympia-Arena
Berlin
1991
mit A. Balzereit, B. Baumewerd, L. Baumewerd, S. Chung-Klatte, J. Götz, S. Klatt, J. Lenschow, U. Müller, J. Sieber, D. Snellgrove, T. Treversian

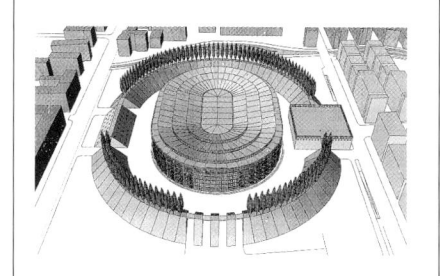

200
Wettbewerbsentwurf Stadtportalhäuser
Frankfurt a. M.
1991
S. Vieths
mit B. Baumewerd, L. Baumewerd, K.-U. Lompa, M. Müller, A. Steudel

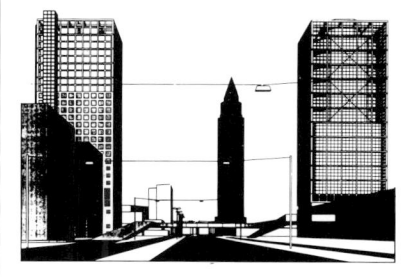

195
Entwurf Bürohaus Fiszman
Breitlacherstraße, Frankfurt a. M.
1990
mit J. Engel, M. Bräckerbohm, P. Diehl, P. Kretz, I. Schrader

197
Wettbewerbsentwurf Potsdamer/Leipziger Platz
Berlin
1991
mit S. Vieths, V. Busse, A. Geitner, J. Nillesen, L. Baumewerd, M. Müller, K. Schulz, T. Duda

199
Wettbewerbsentwurf Hochhaus am Landtag
Düsseldorf
1991
mit V. Busse, S. Vieths, L. Baumewerd, B. Baumewerd

201
Hochhausprojekt Zwillingstürme
Hamburg
1991
mit S. Vieths, B. Baumewerd

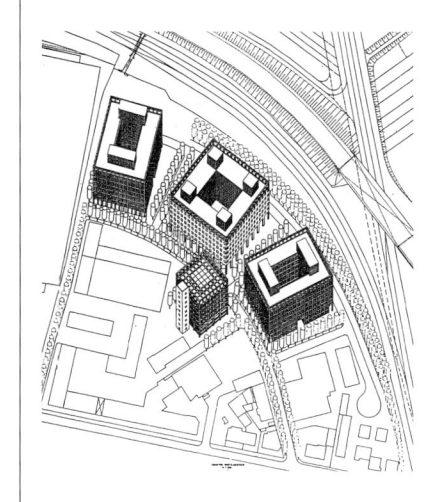

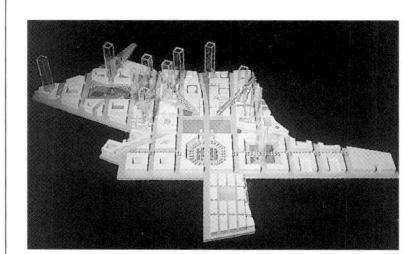

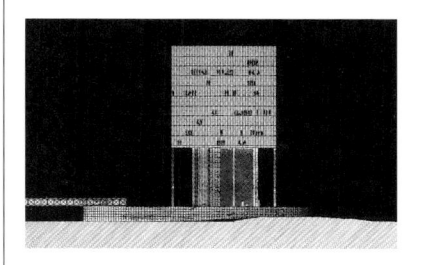

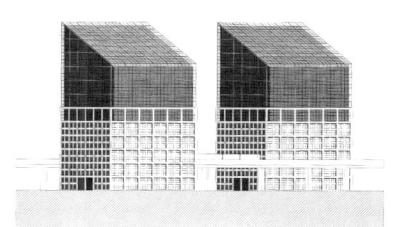

202
Gutachten Sophiencenter
Eisenach
1991
mit S. Vieths, B. Baumewerd,
S. Chung-Klatte

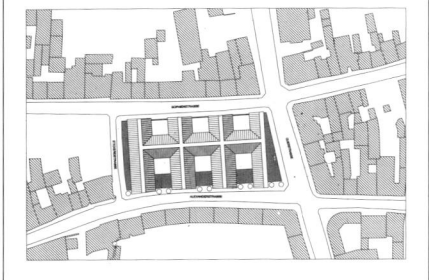

204
St. Peter
Köln
1991
mit L. Baumewerd

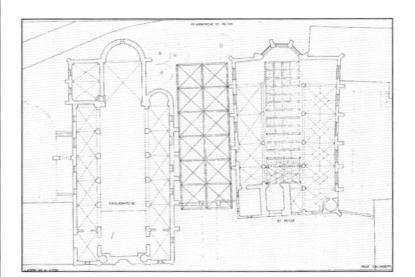

206
Johannishaus
Köln
1991–1994
mit A. Brauns, D. Dimster,
K. Ehm, C. Henning, J. Nillesen,
A. Steudel, P. Vernin, S. Vieths

208
**Entwurf Hochhaus
(Städtebaulicher Leitplan)**
Neuss
1991
mit L. Baumewerd, A. Geitner,
V. Busse, E. Young Yi

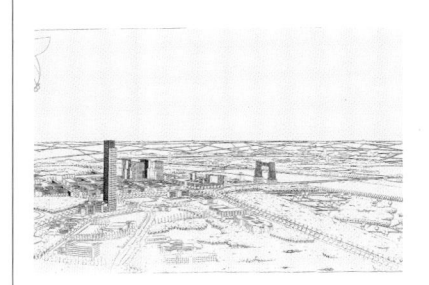

203
**Wettbewerbsentwurf
Westdeutscher Rundfunk
(WDR)**
Köln
1991
mit K.-U. Lompa

205
**Verband Kommunaler
Unternehmen (VKU)**
Köln
1991–1994
mit K.-U. Lompa, I. Schweers,
P. Vernin, J. Sieber,
S. Chung-Klatte, L. Baumewerd

207
Magnusstraße
Köln
1991
mit J. Götz, M. Laudert, R. Fein,
K. Ehm, L. Baumewerd, P. Vernin,
B. Baumewerd, D. Dimster,
A. Steudel

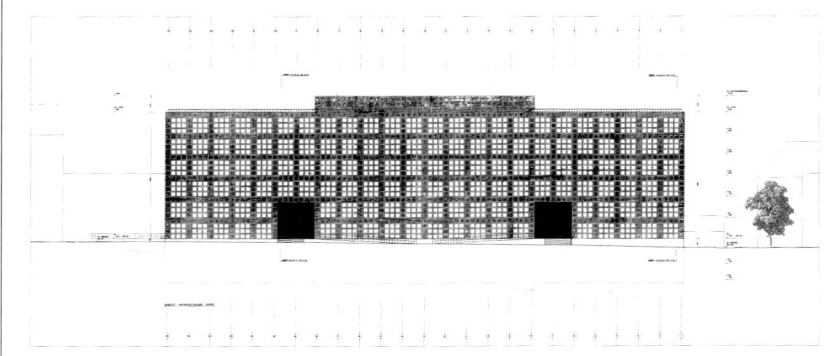

209
Wettbewerbsentwurf Rathaus
Dessau
1991
S. Vieths
mit B. Baumewerd,
K.-H. Winkens, S. Chung

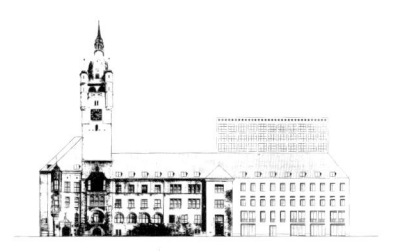

211
**Wettbewerbsentwurf
Max-Planck-Institut**
Bremen
1992
mit V. Busse

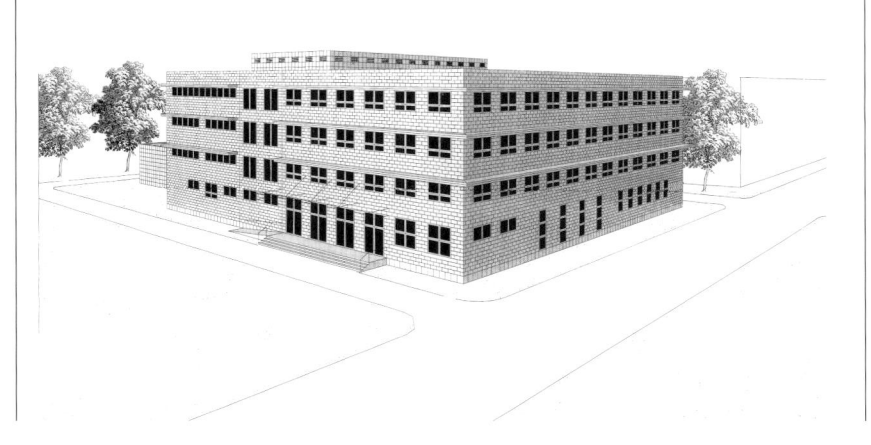

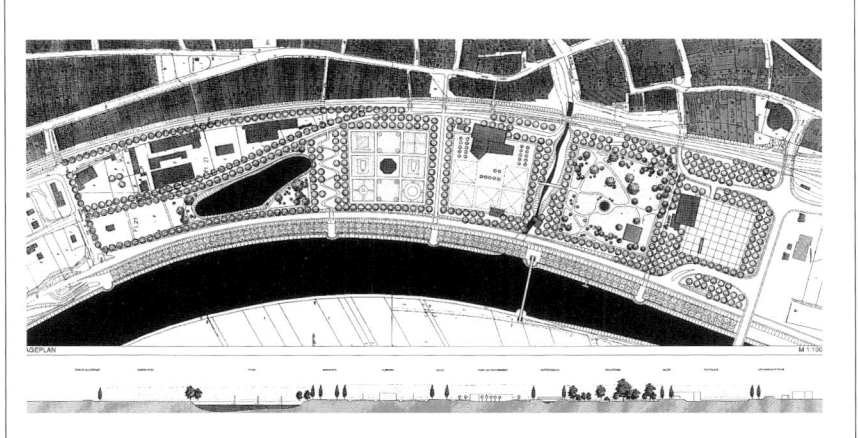

213
**Gutachten Stadtplanung,
Masterplan**
Heerlen/Niederlande
1992
mit J. Nillesen, J. v. Brandt

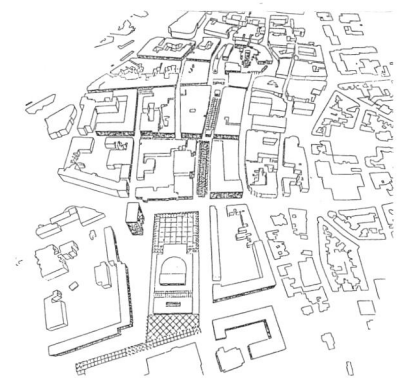

210
**Wettbewerbsentwurf Daimler-
Benz, Potsdamer Platz**
Berlin
1992
S. Vieths
mit B. Baumewerd,
L. Baumewerd, A. Brauns,
V. Diekmann, K. Ehm, J. Götz,
K.-U. Lompa, G. Malat, J. Martini,
J. Nillesen, J. Schweers, J. Sieber,
P. Vernin, F. Wieschemann

212
**Gutachten "Hotelgebäude am
Saarufer"**
Merzig
1992
S. Vieths
mit B. Baumewerd,
S. Chung-Klatte

214
**Wettbewerbsentwurf
Expo 2000**
Hannover
1992
S. Vieths
mit H. Martini,
F. Wieschemann, L. Baumewerd,
V. Diekmann, H. Gietmann,
J. Götz

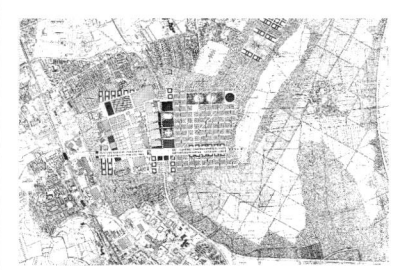

215
Wettbewerbsentwurf Büro-und Gewerbekomplex
Oskar-Jäger-Straße, Köln
1992
S. Vieths
mit L. Baumewerd,
J. Götz, J. Martini, K. Schultz

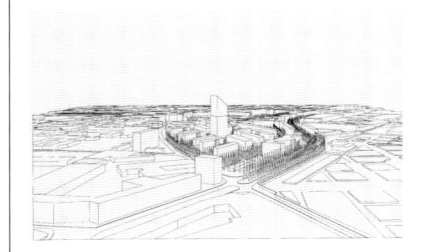

217
Wettbewerbsentwurf Nord-Süd-Fahrt
Köln
1992
S. Vieths
mit F. Wieschemann,
L. Baumewerd, J. Götz, J. Sieber

218
Realisierungswettbewerb Euroforum "KHD"
Köln
1992
S. Vieths
mit F. Wieschemann, D. Dimster,
L. Baumewerd, J. Götz, J. Sieber,
P. Vernin, A. Brauns, K.-U. Lompa

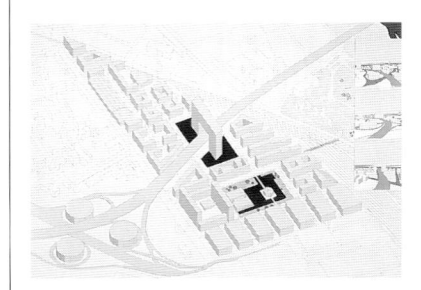

220
Wettbewerbsentwurf Wohnbebauung
Solmstraße, Frankfurt a. M.
1992
mit R. Sargiotti, P. Kretz,
H. Kleine-Kraneburg, H. Hahne,
M. Bräckerbohm, W. Kohne,
M. Winkelmann, M. Gruber,
C. Gröpl, I. Mauruschat,
P. W. Garcia

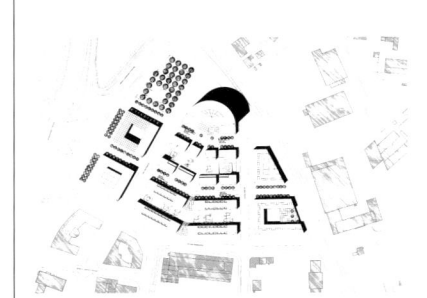

216
Gutachten Boschhäuser
Frankfurt a. M.
1992
mit S. Vieths, I. Schrader

219
Workshop "Alte Messe Leipzig"
Leipzig
1992
mit K. H. Winkens, S. Klatt,
R. Eastwood

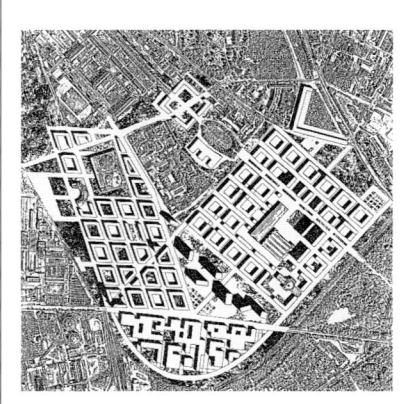

221
Wettbewerbsentwurf Rathauserweiterung
Saarbrücken
1992
mit I. Schrader, H. Kleine-Kraneburg, P. Kretz, R. Sargiotti,
S. Blümm, P. W. Garcia, C. Gröpl

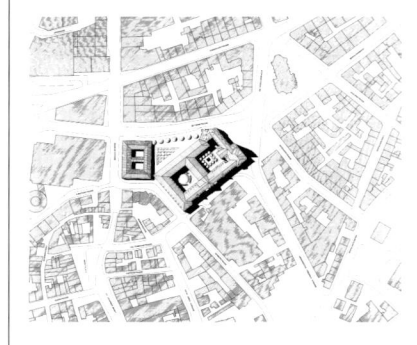

222
Pavillons
Heerlen / Niederlande
1993
mit B. von Glasenapp

224
**Wettbewerbsentwurf
Neugestaltung Schrangen**
Lübeck
1993
S. Vieths
mit D. Dimster

226
**Wettbewerbsentwurf
Domplatz**
Magdeburg
1993
S. Vieths
mit D. Dimster, L. Baumewerd,
J. Götz, F. Wieschemann R. Fein,
M. Haase, V. Diekmann

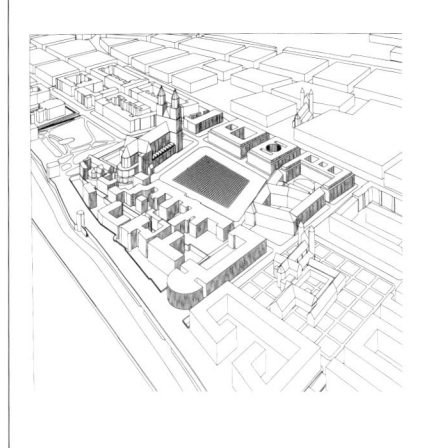

227
**Wohnbebauung Daimler-Benz
Projekt**
Potsdamer Straße, Berlin
1993
mit S. Vieths, D. Dimster

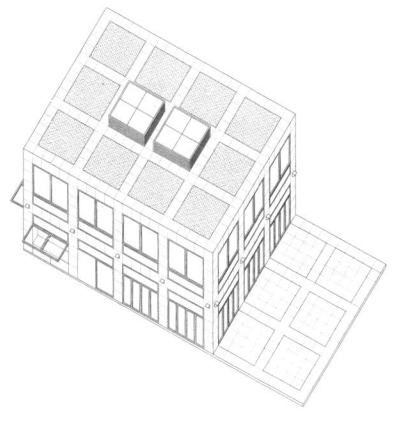

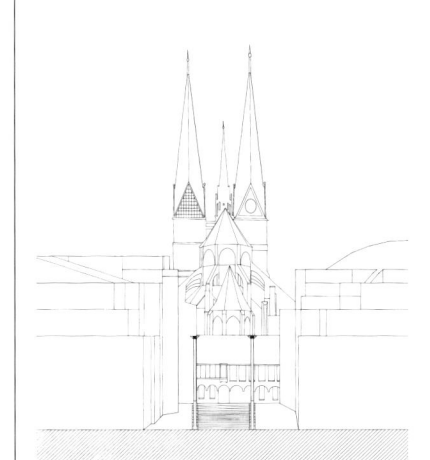

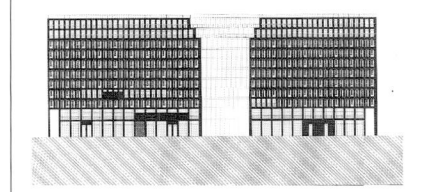

223
**Wettbewerbsentwurf Basler
Versicherung**
Köln
1993
S. Vieths
mit C. Combe, A. Steudel,
M. Garcon, M. Keim,
K.-U. Lompa

225
**Wettbewerbsentwurf Golf- und
Landclub**
Berlin-Wannsee
1993
mit K. H. Winkens, H. Daiber,
N. Zarratini, R. Beyer,
A. Leonhardt, C. McCarthy,
T. Scheel

228
Umbau Galeriehaus
Schaafenstraße 43, Köln
1993/94
mit R. Bandus (Ausführung
und Bauleitung)

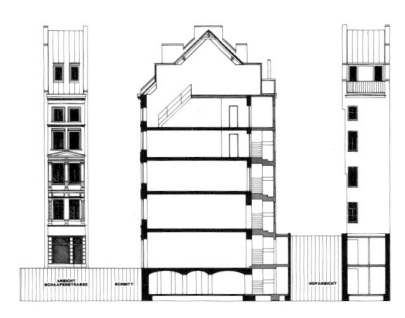

229
Umbau Wasserturm
Utscheid
1993
mit J. Götz

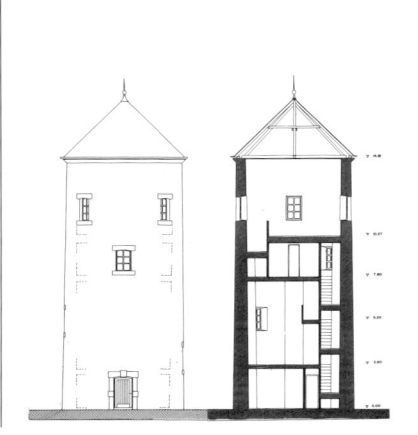

230
Wettbewerbsentwurf Erweiterung der Königlichen Porzellanmanufaktur (KPM)
Berlin
1993
mit S. Vieths, D. Dimster, A. Steudel, J. Götz, F. Wieschemann

231
Wettbewerbsentwurf Spreeinsel (erste Phase)
Berlin
1993
mit S. Vieths, P. Pfertner, J. Götz, A. Steudel, F. Wieschemann

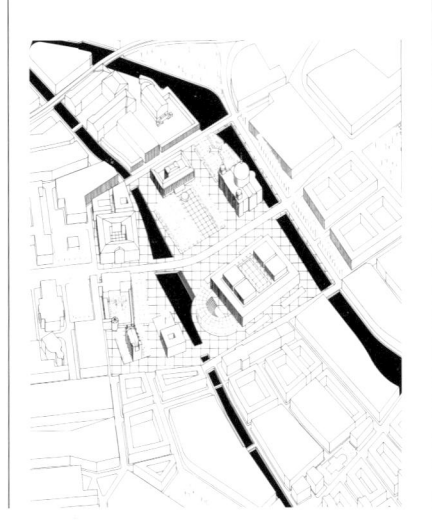

232
Gutachten Alfred Wegener-Institut
Potsdam
1993–1998
mit K.-H. Winkens, T. Scheel, B. Schindler

233
Gutachten Alfred Wegener-Institut
Bremerhaven
1993
mit S. Vieths, D. Dimster

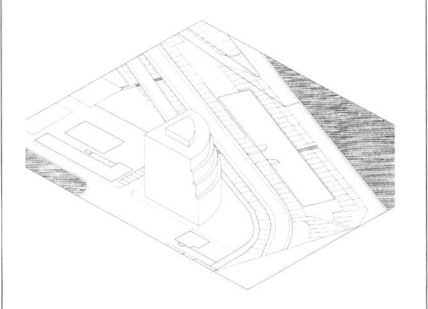

234
Gutachten Hotel Izmailova
Moskau/Rußland
1994
mit K.-H. Winkens, S. Walk

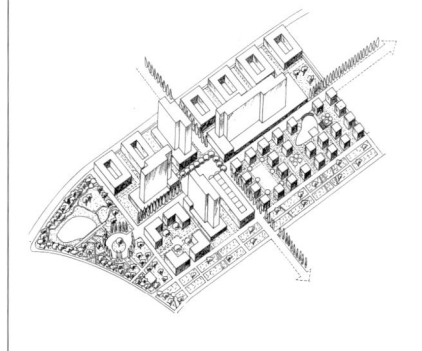

235
Wettbewerbsentwurf Bauausstellung Kleinmachnow
Berlin
1994
mit K.-H. Winkens, S. Walk

236
Wettbewerbsentwurf Museumsinsel
Berlin
1994
S. Vieths mit P. Pfertner,
A. Steudel, D. Dimster,
K.-U. Lompa, J. Götz,
F. Wieschemann, M. Laudert,
R. Fein, E. Stumm, V. Diekmann,
J. Sieber

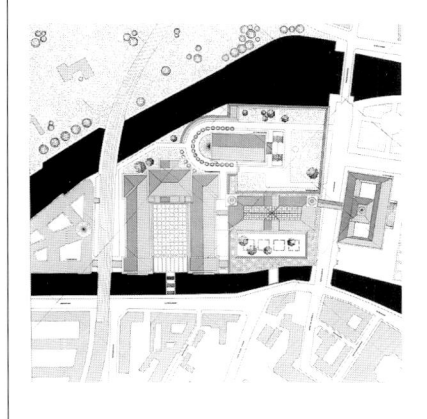

238
Wettbewerbsentwurf Spreeinsel (zweite Phase)
Berlin
1994
S. Vieths mit P. Pfertner,
M. Keim, D. Dimster,
K.-U. Lompa, A. Steudel,
F. Wieschemann, J. Götz

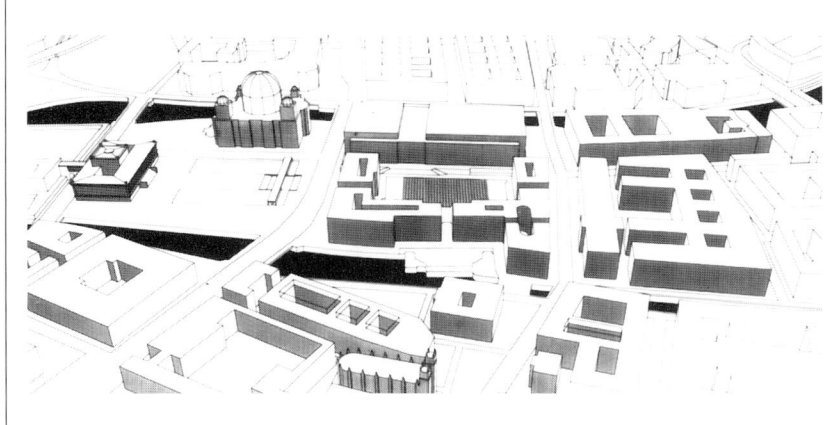

240
Wettbewerbsentwurf Dresdner Bank (Dritter Preis)
Dresden
1994
S. Vieths mit M. Keim,
P. Pfertner, D. Dimster, J. Götz,
A. Steudel, P. Vernin,
K.-U. Lompa

237
Ausstellung Gipsmodelle, Kunsthalle Hamburg
1994
mit A. Albers, B. Grimm, J. Sieber

239
Haus Hanstein
Köln
1994
mit S. Vieths

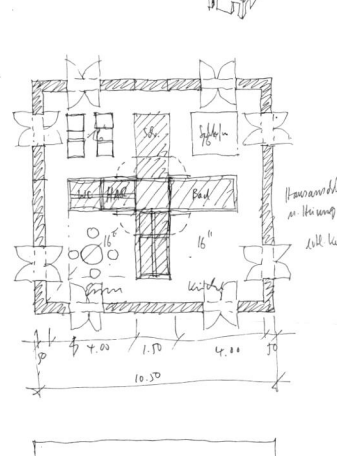

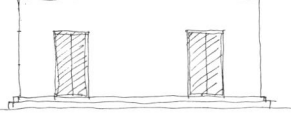

241
Wettbewerbsentwurf Deutsche Bauindustrie
Berlin
1994
S. Vieths mit M. Keim,
P. Pfertner, D. Dimster

242
Gesamtkonzept Fiszman
Breitlacherstraße, Frankfurt a. M.
1994
mit J. Engel, M. Bräckerbohm,
B. Kraus, I. Schrader, M. Gruber,
H. Kleine-Kraneburg, P. Kretz

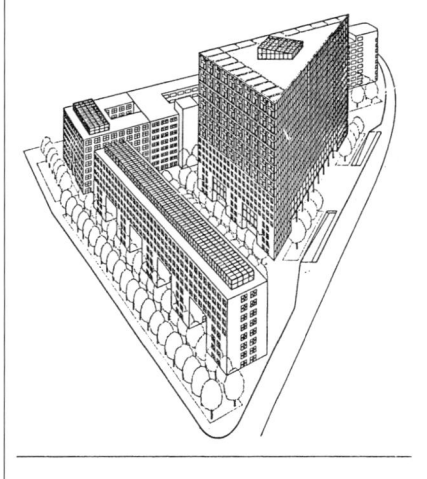

244
Wettbewerbsentwurf Humboldtkolonnaden, Stadtquartier Lehrter Bahnhof (erste Phase)
Berlin 1994
S. Vieths mit K.-H. Winkens,
M. Keim, D. Koralek, A. Steudel,
P. Pfertner, P. Vernin, M. Laudert,
F. Wieschemann, C. McCarthy,
B. Mannarelli, V. Diekmann,
K.-U. Lompa

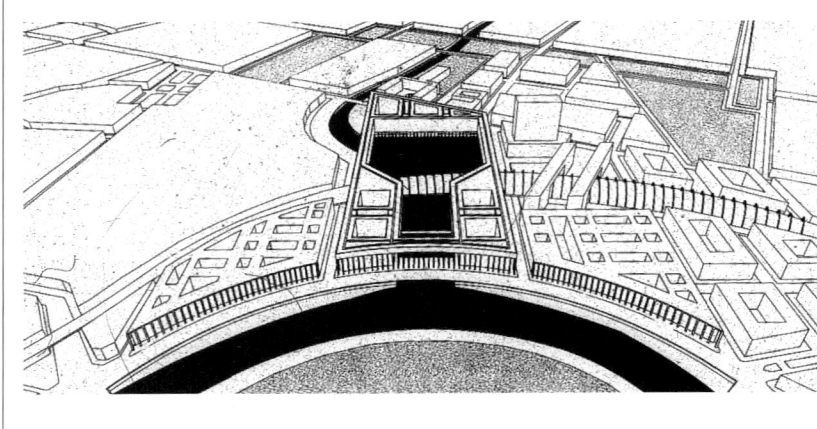

247
Wettbewerbsentwurf Dresdner Bank
Pariser Platz, Berlin
1994
mit K.-H. Winkens, T. Scheel

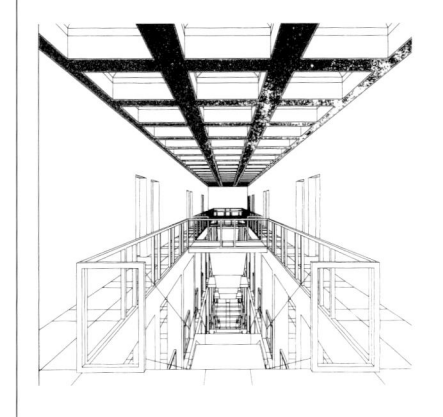

243
Gutachten Neuss-Hammfeld II + III
Neuss
1994
S. Vieths
mit M. Keim, P. Pfertner,
D. Koralek, P. Vernin,
K.-U. Lompa, F. Wieschemann,
M. Laudert

245
Wettbewerbsentwurf Bundeskanzleramt
Berlin
1994
S. Vieths
mit P. Pfertner, M. Keim,
A. Steudel, D. Koralek,
K.-U. Lompa, P. Vernin,
F. Wieschemann, M. Laudert,
J. Sieber, V. Diekmann

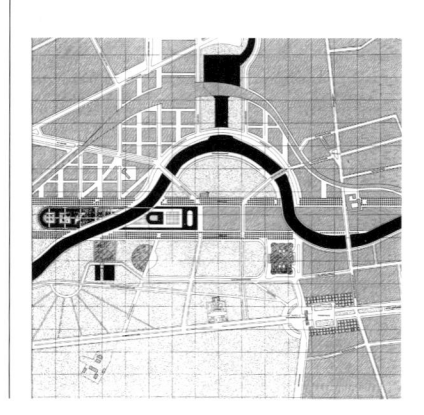

246
Wettbewerbsentwurf Humboldtkolonnaden, Solitär am Spreebogen (zweite Phase)
Berlin
1994
S. Vieths
mit K.-H. Winkens, N. Cadez,
A. Steudel, D. Koralek, M. Keim,
C. McCarthy, P. Catoir,
V. Diekmann, J. Götz, M. Laudert,
K.-U. Lompa, B. Mannarelli,
P. Pfertner, J. Sieber, P. Vernin,
F. Wieschemann

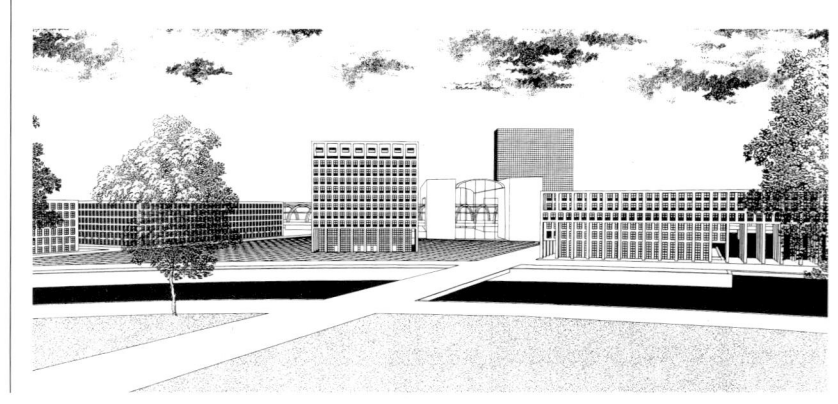

248
Haus Ungers 3
Kämpchensweg, Köln
1994–1996
mit J. Götz, B. Grimm

250
Entwurf "Kubus"
Lehrter Bahnhof, Berlin
1995
mit K.-H. Winkens, H. Daiber,
T. Scheel, R. Beyer

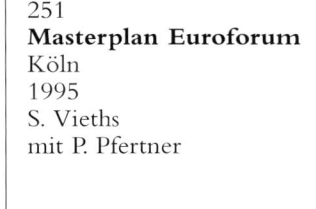

252
Entwurf Hotel Euroforum
Köln
1995
S. Vieths
mit A. Steudel, K.-U. Lompa,
M. Laudert, R. Fein

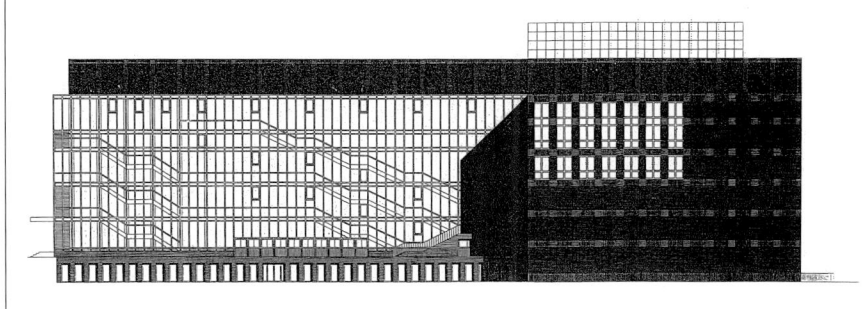

254
**Entwurf Bürogebäude
Euroforum**
Köln
1995
S. Vieths
mit V. Diekmann, M. Laudert,
P. Vernin

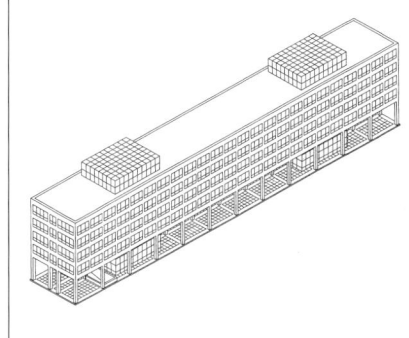

249
Wohnturm
Heerlen/Niederlande
1995
mit B. v. Glasenapp

251
Masterplan Euroforum
Köln
1995
S. Vieths
mit P. Pfertner

253
**Entwurf Musical-Theater,
Euroforum**
Köln
1995
mit S. Vieths, M. Keim,
K.-U. Lompa, D. Koralek,
F. Wieschemann, A. Steudel

255
Entwurf Torhaus
Neuss
1995
mit L. Baumewerd,
B. v. Glasenapp

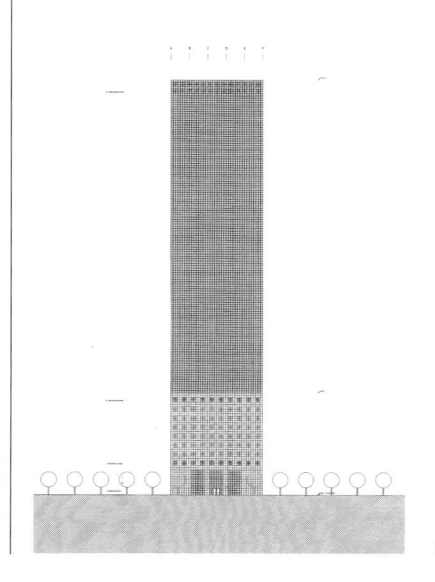

257
**Gutachten Rostock-
Reutershagen**
1995
S. Vieths
mit M. Keim, C. Combe,
P. Pfertner, V. Diekmann,
A. Steudel, F. Wieschemann,
A. Albers

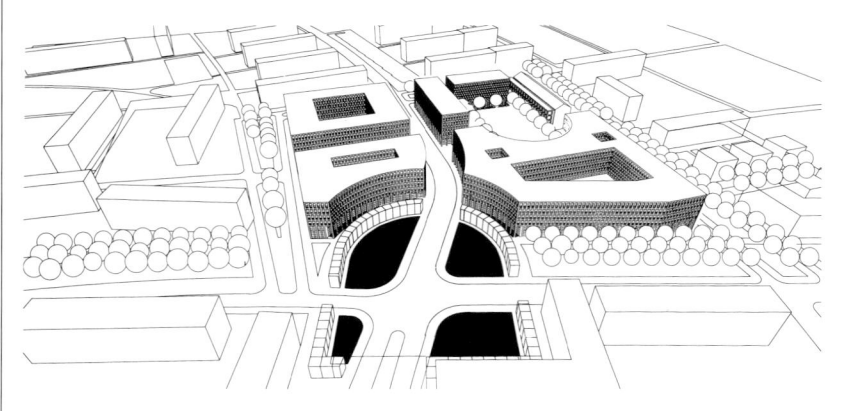

260
**Wettbewerbsentwurf
Kavallierstraße**
Düsseldorf
1995
S. Vieths
mit D. Dimster,
M. Keim

256
**Wettbewerbsentwurf
Bahnhofsvorplatz**
Bremen
1995
S. Vieths
mit N. Cadez, R. Fein,
J. Sieber

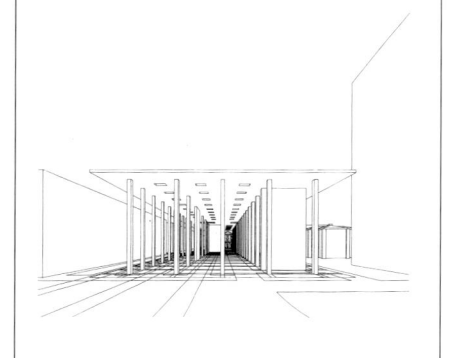

258
Stadtvillen
Bramsche
1995
mit J. Götz, S. Vieths

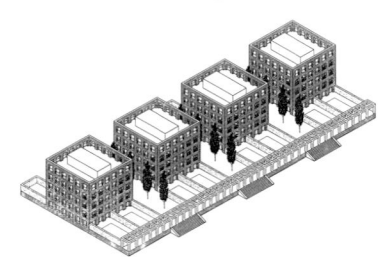

259
**Wettbewerbsentwurf
Kunstpalast**
Düsseldorf
1995-2000
mit S. Vieths, K.-U. Lompa,
B. v. Glasenapp, F. Wieschemann,
M. Keim, J. Götz, G. Lohmann,
M. Weiher, G. Amling

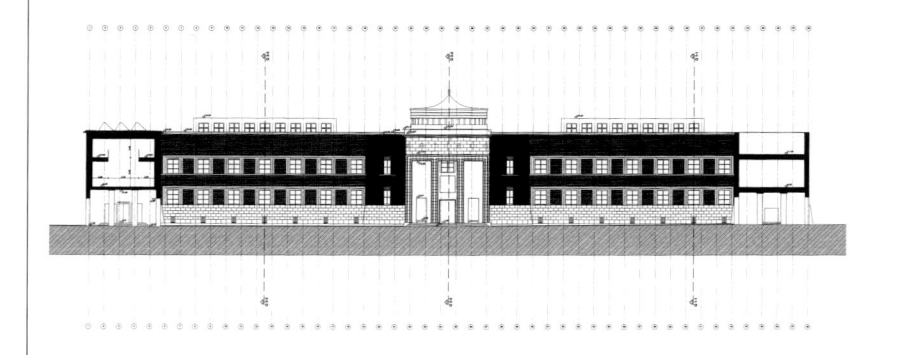

261
Gutachten Torhäuser
Leipziger Platz, Berlin
1995
S. Vieths
mit M. Keim

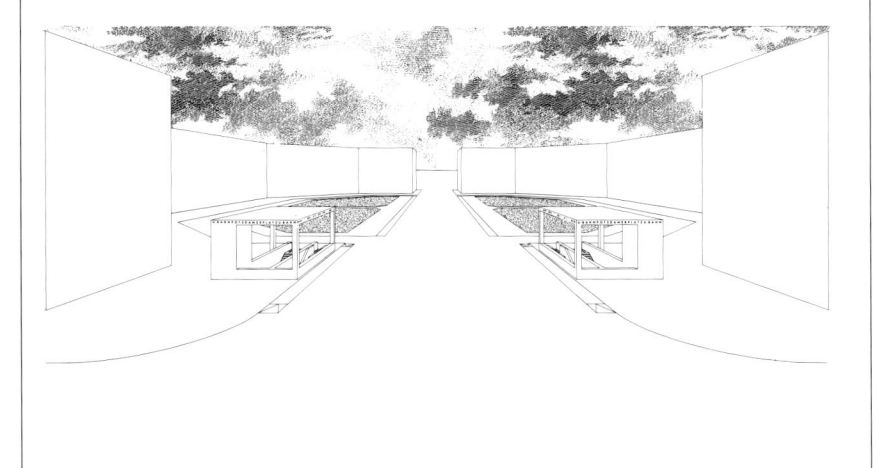

264
Büro-und Werkstattgebäude Fasieco Finger
Köln
1995
mit S. Vieths, B. v. Glasenapp, J. Götz, A. Steudel

265
Gutachten Fürstenbergpassage
Bonn
1995-1999
mit C. Combe, W. van der Bel

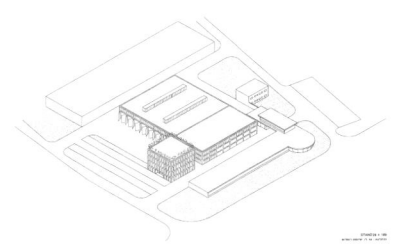

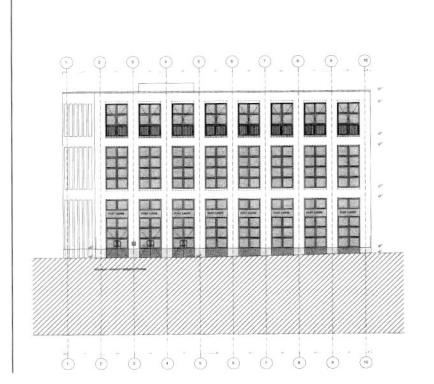

262
Gutachten Münsterplatz (Post Carré)
Münsterplatz, Bonn
1995
S. Vieths
mit M. Keim

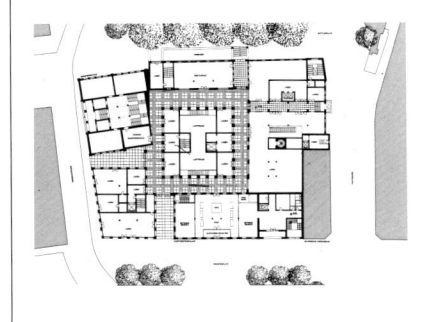

263
Wohnbebauung Fraunhoferstraße
Berlin
1995
mit K.-H. Winkens, B. Schindler

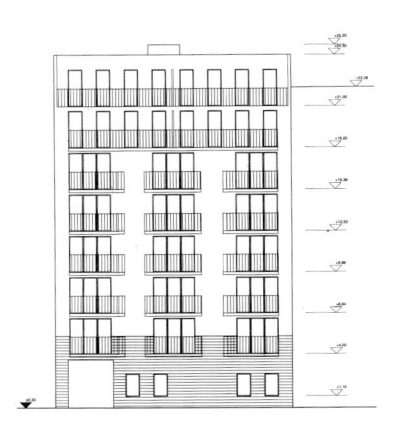

266
Austellungsarchitektur Sammlung Speck
Köln
1996
mit S. Vieths

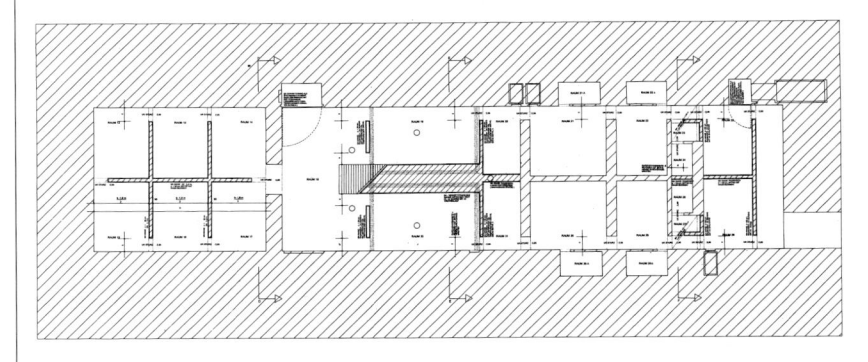

267
Wettbewerbsentwurf Auswärtiges Amt
Berlin
1996
S. Vieths
mit M. Keim

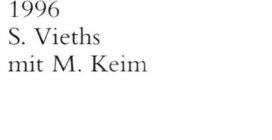

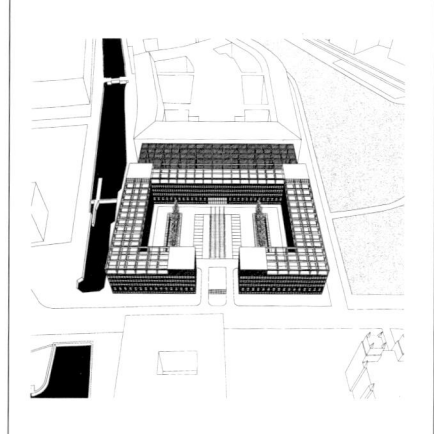

269
Airport Center
Bremen
1996
mit B. v. Glasenapp

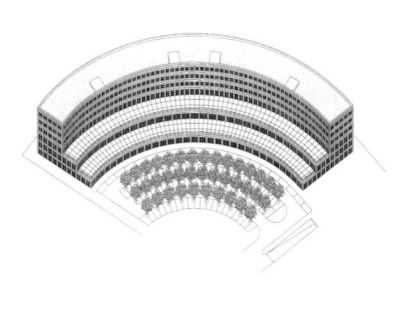

270
Wettbewerbsentwurf Rautenstrauch-Joest-Museum
Köln
1996
S. Vieths
mit M. Keim

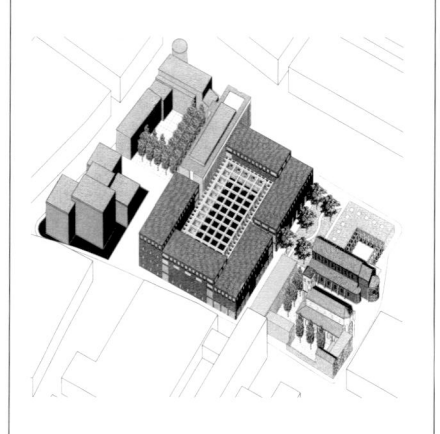

272
Wettbewerbsentwurf Neubau einer katholischen Pfarrkirche
St. Theodor
Köln-Vingst
1997
mit J. Götz, V. Diekmann

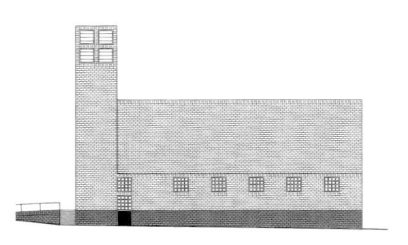

268
Wallraf-Richartz-Museum
Köln Wettbewerbsentwurf
1996-1999
mit S. Vieths, M. Garcon, M. Keim, D. Koralek, P. Pfertner, J. Rogler, A. Steudel, W. van der Bel, M. Yalcin

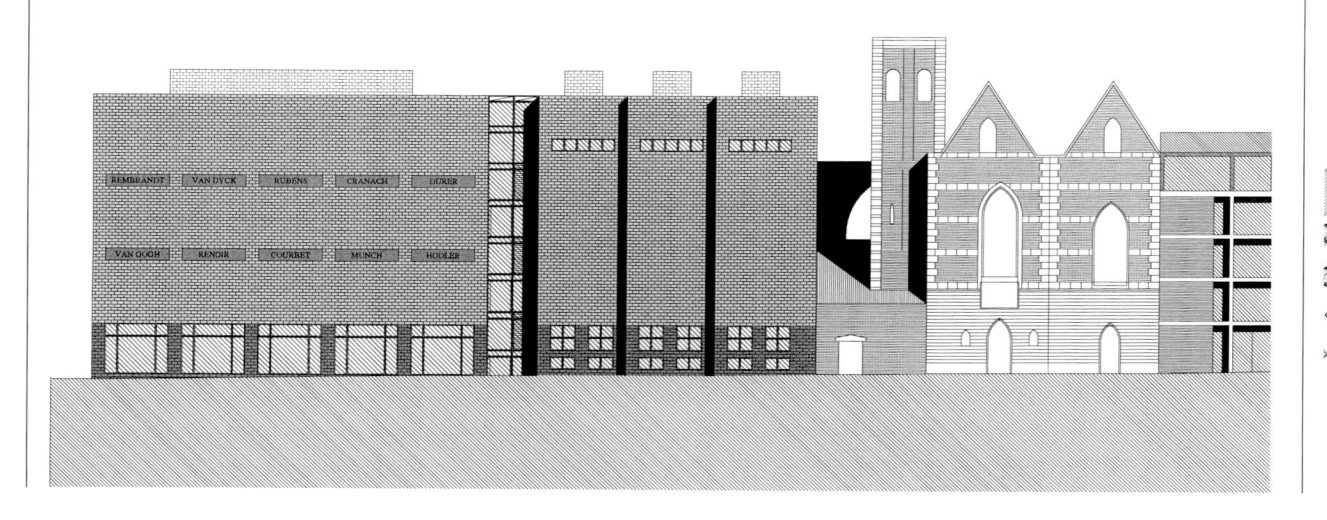

271
Städtebaulicher Ideenwettbewerb Löwen-Brauerei
Trier
1996
mit J. Götz, P. Pfertner

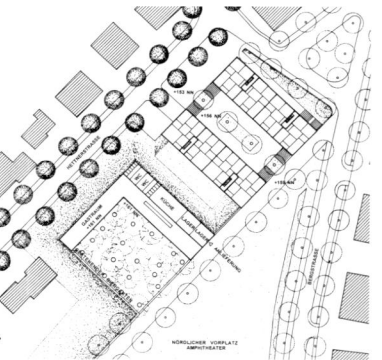

273
Wettbewerbsentwurf Diözesanmuseum/St. Kolumba
Köln
1997
mit J. Götz

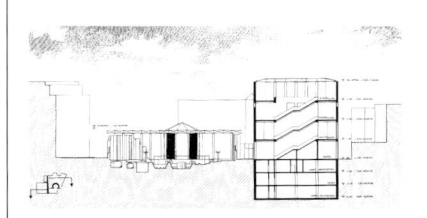

275
Humboldtkolonnaden Spreeuferbrücke
Berlin
1997
mit K.-H. Winkens, T. Scheel

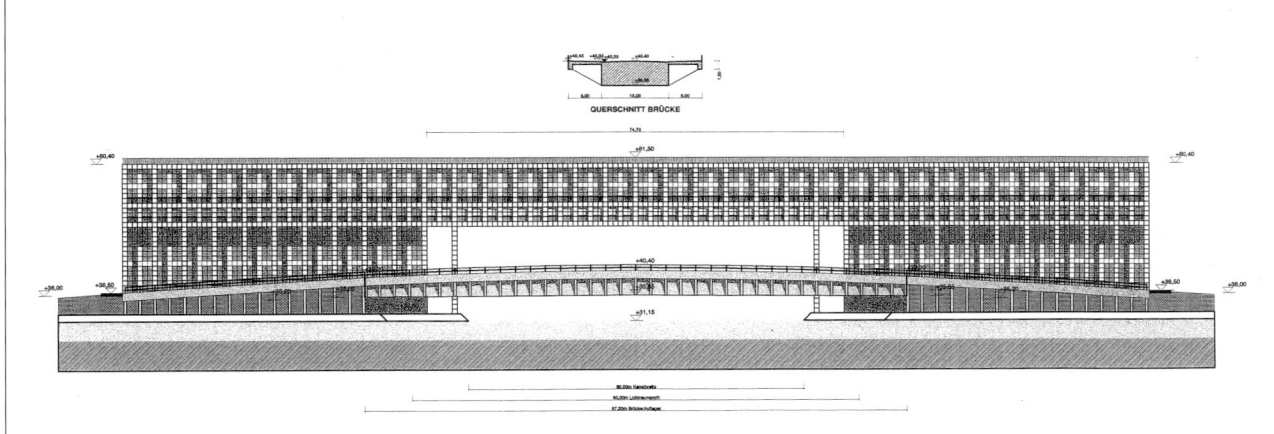

274
Wettbewerbsentwurf Hochhaus Dresdner Bank
Frankfurt a. M.
1997
mit V. Diekmann, M. Keim

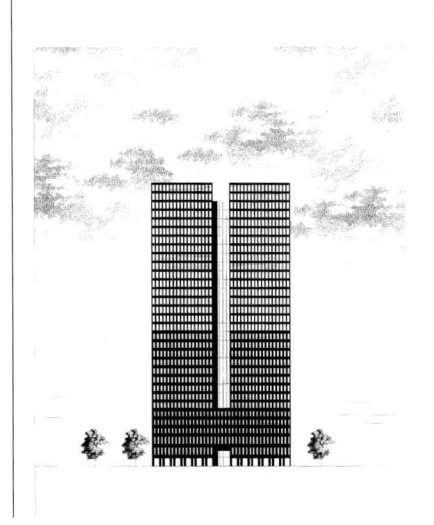

276
Wettbewerbsentwurf Ländervertretung Rheinland-Pfalz
Berlin
1997
mit K.-H. Winkens, T. Scheel, B. Mannarelli

277
Wettbewerbsentwurf Messe
Rimini/Italien
1997
mit K.-H. Winkens, F. Bertossi, J. Lenschow, B. Mannarelli, I. May

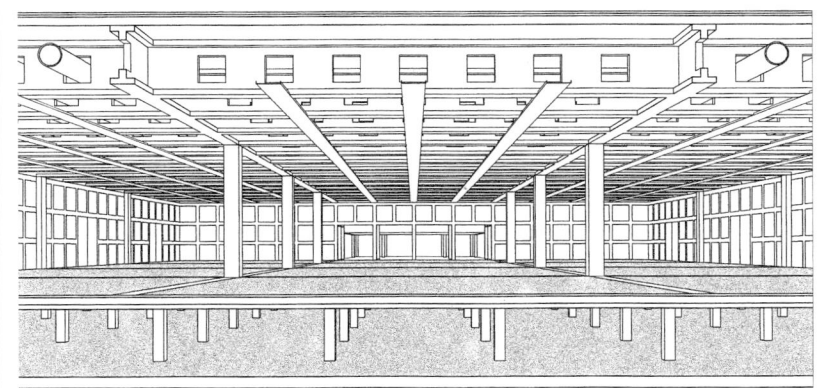

278
Saalbau
Essen
1997
mit V. Diekmann, M. Yalcin,
G. Lohmann

280
Wettbewerbsentwurf Messe
Freiburg i. Br.
1997
mit K.-H. Winkens, J. Lenschow,
B. Schindler, B. Mannarelli

281
Wettbewerbsentwurf Messe
Düsseldorf
1997
mit K.-H. Winkens, T. Scheel,
B. Schindler, B. Mannarelli

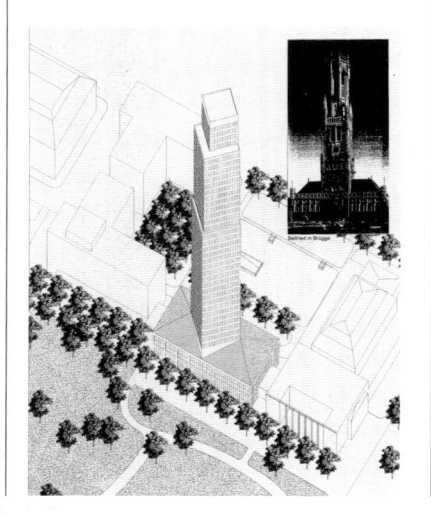

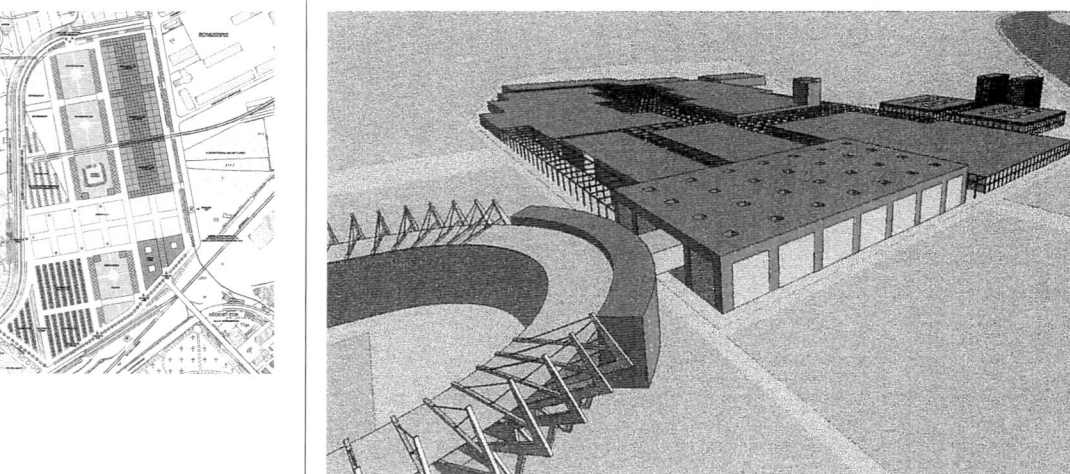

279
Wettbewerbsentwurf Messe
Vicenza/Italien
1997
mit K.-H. Winkens, F. Bertossi,
J. Lenschow, B. Mannarelli

282
Gemeindehaus Utscheid
1997
mit J. Götz, M. Garcon

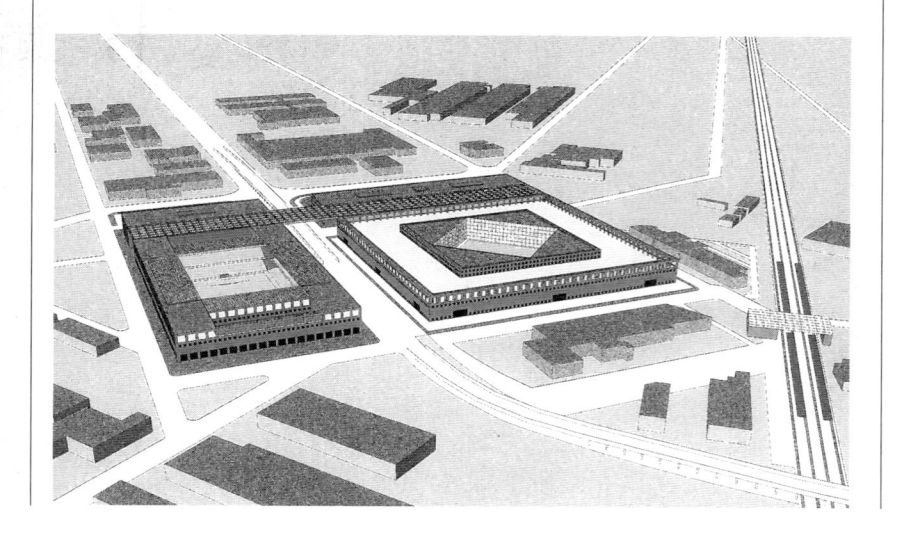

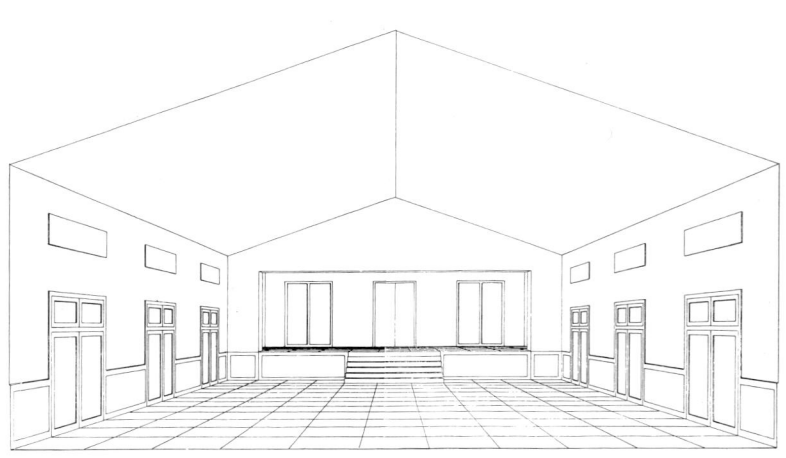

Anhang

Curriculum Vitae

12.7.1926
geboren in Kaisersesch/Eifel

1947
Abitur

1947–1950
Architekturstudium an der
TH Karlsruhe;
Dipl.-Prüfung bei Prof. Eiermann

1950
Eröffnung eines Architekturbüros
in Köln und Berlin

1963
Berufung als Ordinarius an die
TU Berlin

1965 und 1967
Visiting Critic an der Cornell
University, Ithaca

1965–1967
Dekan der Fakultät für Architektur
an der TU Berlin

1969–1975
Professor of Architecture
an der Cornell University, Ithaca

1970
Licensed Architect in New York
State

1971
Member of The American
Institute of Architects AIA

1973 und 1978
Professor of Architecture
an der Harvard University

1974 und 1975
Professor of Architecture
an der University of California,
Los Angeles

1975–1986
Professor of Architecture
(Chairman) an der Cornell
University, Ithaca (emeritiert)

1979 und 1980
Professor für Architektur
an der Hochschule für
Angewandte Kunst in Wien

1982
Accademia die San Luca Rom

1986–1990
Professor für Architektur
an der Kunstakademie Düsseldorf
(emeritiert)

1987
Akademie der Wissenschaften zu
Berlin
Großer BDA-Preis

1988
Ehrenmitglied Bund Deutscher
Architekten BDA Berlin

1989
Prix Rhenan, Strasbourg

1992
Member of The Moscow Branch
of the International Academy
of Architects

1994
BDA-Preis, Bremen

1997
Großes Verdienstkreuz des
Verdienstordens der
Bundesrepublik Deutschland

Bibliographie

In die vorliegende Bibliographie wurde die aus dem ersten Band über das Werk von O. M. Ungers eingearbeitet. Sie wurde unter dem Titel »O. M. Ungers. A Comprehensive Bibliography 1953-1995«, von Gerardo Brown-Manrique herausgegeben und erschien im Verlag Interalia Design Books. Der Nachtrag für den Zeitraum 1995-1997 wurde von

1989

Ahuis H., *Krupp-Gelände-West in Bochum: Der Städtebauliche Workshop 1989*, in »Bauwelt«, 80, 48 (22. Dezember), S. 2282-2289.

Badische Landesbibliothek Karlsruhe, in »Detail«, 29, 1 (Januar/Februar), S. 31-38.

Brüning R., *Das Märkisches Viertel in Berlin wird 25*, in »Bauwelt«, 80, 43 (10. November), S. 2057-2059.

Champenois M., Andreu P., *Aeroport du Kansai; competition for Island Airport, Osaka Bay, Japan*, in »Architecture d'Aujourd'hui«, 261 (Februar), S. 42-53.

Dannemann M., *Fotographische Portraits*, Düsseldorf, Stadtmuseum der Landeshauptstadt Düsseldorf.

Den Ort suchen, den Ort setzen; Günther Behnisch und Oswald Mathias Ungers im Gespräch, in Pehnt W., *Die Erfindung der Geschichte: Aufsätze und Gespräche zur Architektur unseres Jahrhunderts*, München, Prestel-Verlag, S. 171 ff.

Design Heute, Tokyo, S. 51 ff.

»Die Deutschen kommen«, design made in Germany, in »Ambiente«, 11 (November), S. 172.

Dominik H., Maes J., Nebe J. M., *Der Viehmarkt im Brennpunkt von Planung und Interessen*, Trier, Selbstverlag des Trier Forum e.V.; Museum Leverkusen; Ausstellungseröffnung: Freitag, den 27. Januar 1989 Leverkusen, Städtisches Museum.

Einchecken unterm Glasdach. Ost-Terminal umgeplant. Flughafen – Neues Modell nach dem Streit um die Architektur / Baubeginn im Sommer, in »Frankfurter Rundschau«, 108, S. 13.

Fischer V. (Herausgeber), Albus V., Gros J., Thun M., *Design Now: Industry or Art?*, New York, Prestel, S. 116-124, 242-257.

Fischer V. (Herausgeber), *Bodenreform; Teppichboden von Künstlern und Architekten/moquettes par des artists et des architectes/carpets by artists and architects*, Berlin, Ernst & Sohn, S. 38.

Frankfurt: Museen, Architektur, Künstler, Galeristen; Die neuen Museen am Main, in »Pan, Zeitschrift für Kunst und Kultur«, 4 (März), S. 72.

Hotel Berlin, in »Prolegomena, Arbeitsblätter des Instituts für Wohnbau an der Technischen Universität Wien«, 61 (Oktober), S. 36.

IBA, Die jüngsten Wohnbauten: 33 Projekte in Berlin, in »Baumeister«, 86, 12 (Dezember), S. 24-55.

Ironimus, *Architekten sind auch nur Künstler*, Berlin, Ernst & Sohn.

Isasi J., *La torre de la feria: O. M. Ungers en Frankfurt*, in »Arquitectura Viva«, 6 (Juni), S. 18-21.

Kansai International Airport, in »Architectural Design«, 59, 3-4 (März/April), S. 42-61.

Kauhsen B., *Konstantinplatz; O. M. Ungers a Treviri*, in »Arredo Urbano«, 9, 32 (April/Mai), S. 94-105.

Klotz H. (Herausgeber), *Jahrbuch für Architektur 1989*, Braunschweig-Wiesbaden, Friedrich Vieweg & Sohn, S. 127-130, 131-137, 138-142.

Klotz H., *20th Century Architecture: Drawings, Models, Furniture from the Exhibition of the Deutschen Architekturmuseums, Frankfurt am Main*, New York, Rizzoli International.

Klotz H., *Architektur des 20. Jahrhunderts*, Frankfurt am Main, Deutsches Architekturmuseum.

Klotz H., *Architektur des 20. Jahrhunderts*, Stuttgart, Klett-Cotta.

Le Gans M., *Das Bonner Loch: der Bonner Bahnhofsvorplatz*, in »Deutsche Bauzeitung«, 123, 8 (Juni), S. 18-21.

Magistrat der Stadt Marburg (Herausgeber), *Neues Bauen in der alten Stadt: Geplantes und Gebautes; Ausstellung zu Projekten fur die Marburger Altstadt; Skizzen, Entwurfe, Modelle und Objekte*, Marburg, Dr. Wolfgang Hitzeroth Verlag, S. 27-29.

Magnago Lampugnani V., *Il concorso per l'aeroporto internazionale di Kansai, Osaka*, in »Domus«, 705 (Mai), S. 35-51.

Matsui H., *International competition of invitation for new architectural solution of urbanisation at the Piazza Matteotti-La Lizza area in Siena: Un progetto per Siena*, in »Architecture + Urbanism«, 225 (Juni), S. 3-14.

MediaPark Köln, in »Architektur + Wettbewerbe«, 139 (September), S. 66-72.

Messepalast, Areal der ehemaligen Hofstallungen in Wien, Österreich, 1. Stufe, in »Architektur + Wettbewerbe«, 139 (September), S. 28-35.

Miller N., *Architecture on Film*, in »Progressive Architecture«, 70, 6 (Juni), S. 127-128.

Mönninger M., *Ehrentempel als Stadttor. Bonn plant ein neues Bahnhofsportal*, in »Frankfurter Allgemeine Zeitung«, 55, S. 31.

Müller-Schliepe H., *Stadtplanung in Frankfurt am Main*, in »Garten und Landschaft«, 99, 4, S. 53-58.

Museo de Arquitectura, Frankfurt, in »Escala«, 21, 144, S. 15-16.

Museumsneubau nun auch für Hamburg, in »Baumeister«, 86, 6 (Juni), S. 10.

Norweg T., *Das Ausbaukonzept des Flughafens Frankfurt*, in »Bauwelt«, 80, 12 (24. März), S. 492-496.

Oswald Mathias Ungers, in »Architektura ČSR«, 5 (Mai), S. 42 ff.

Oswald Mathias Ungers, lauréat du prix Rhenan d'architecture, Hans Hollein, lauréat du Prix Soprema, in »Techniques et Architecture«, 384 (Juni/Juli), S. 21.

Platz und Verkehr, in »Baumeister«, 86, 2 (Februar), S. 30-43.

Scharfenorth R., *Boden-Kür*, in »Architektur & Wohnen«, 6 (November/Dezember), S. 148-152.

Schwarz H.-P., *Deutsches Architekturmuseum Frankfurt am Main*, Frankfurt am Main, Deutsches Architekturmuseum.

Spitzenheizwerk Messe Frankfurt, in »Bauwelt«, 80, 36 (22. September), S. 1711-1712.

Stadt Speyer (Herausgeber), Fouquet V., *Straße und Platz: Dokumentation, Neugestaltung Maximilianstraße und Domplatz, Speyer; Dokumentation Planung, Band 1*, Mannheim, Edition Quadrat.

Trier: Oswald Mathias Ungers baut Thermenmuseum; Gläserne Vitrine für Mauern aus römischer Zeit, in »Art; Das Kunstmagazin«, 2 (Februar), S. 18.

Ungers O. M., *Archeologia a Treviri: i progetti di O. M. Ungers; Museo delle Terme, Trier, Germany*, in »Casabella«, 53, 558 (Juni), S. 39.

Ungers O. M., *Grands projets, grandes formes/major projects, large constructions*, in »Architecture Intérieure Crée«, 230 (Juni/Juli), S. 116-123, 183.

Ungers O. M., *L'Europe de ville en ville: Grands projets, grandes formes*, in »Architecture Intérieure Crée«, 230 (Juni/Juli), S. 116-123.

Ungers O. M., *Viehmarktplatz Trier Museum, Trier, West Germany, design: 1988*, in »GA Document«, 23 (April), S. 65-67.

Van de ven C. (Herausgeber), *Museumsarchitectuur*, Rotterdam, Uitgeverij 010, S. 164.

Verband Rheinischer Museen (Herausgeber), *Enge und Zwänge am Viehmarkt in Trier; Die Suche nach dem Raum*, in »Rheinische Heimatpflege«, 3 (Juli/September), S. 182.

Wagner K., *Anstifter. Das neue Aus-*

stellungszentrum am Hamburger Delchtormarkt, in »Frankfurter Allgemeine Zeitung«, 201, S. 23.

Weiss K.-D., *Zwischen Ordnung und Konflikt; Oswald Mathias Ungers im Gespräch mit Klaus-Dieter Weiss*, in »Werk, Bauen + Wohnen«, 76-43, 9 (September), S. 4-11.

Wels P., *Das Projekt für die Erweiterung der Museumsbauten auf der Museumsinsel von Oswald Mathias Ungers*, in Kossak E., Markovic M., *Hamburg, Stadt im Fluß*, Hamburg, Ellert & Richter Verlag, S. 156-157.

Worner M., Mollenschott D. (Herausgeber), *Architekturführer Berlin*, Berlin, Dietrich Reimer Verlag, S. 16 (24), 55 (83), 218 (344), 264-265 (423-424).

Zardini M., *Ontologia dello spazio urbano? Tre progetti per Siena*, in »Lotus International«, 61, S. 42-61.

Zweck-Tempel, in »Baumeister«, 86, 8 (August), S. 50-55.

Zwischen individueller Pragmatik und professioneller Utopie; Das Architektenhaus in der Gegenwart, in Schwarz H.-P., *Künstlerhäuser; Eine Architekturgeschichte des Privaten*, Braunschweig-Wiesbaden, Friedrich Vieweg & Sohn, S. 164-192.

1990

1968-1975 Vielfalt in neuen Ansätzen / Diversity in initial attempts, in *Ideen Orte Entwürfe; Architektur und Städtebau in der Bundesrepublik Deutschland / Ideas Places Projects; Architecture and Urban Planning in the Federal Republic of Germany* (Ausstellungskatalog), Berlin, Ernst & Sohn, S. T51.

1975-1990 Internationale Bauausstellung Berlin als Modellversuch / International Architectural Exhibition Berlin as a model project, in *Ideen Orte Entwürfe; Architektur und Städtebau in der Bundesrepublik Deutschland / Ideas Places Projects; Architecture and Urban Planning in the Federal Republic of Germany* (Ausstellungskatalog), Berlin, Ernst & Sohn, S. T61.

1975-1990 Museumsbau – Bewahren als gesellschaftliche Aufgabe / Museum architecture – safekeeping as a social duty, in *Ideen Orte Entwürfe; Architektur und Städtebau in der Bundesrepublik Deutschland / Ideas Places Projects; Architecture and Urban Planning in the Federal Republic of Germany* (Ausstellungskatalog), Berlin, Ernst & Sohn, S. T67.

1975-1990 V. Rationalismus: Abstraktion des Quadrats / V. Rationalism: abstraction of the square, in *Ideen Orte Entwürfe; Architektur und Städtebau in der Bundesrepublik Deutschland / Ideas Places Projects; Architecture and Urban Planning in the Federal Republic of Germany* (Ausstellungskatalog), Berlin, Ernst & Sohn, S. T73.

Abwasserpumpwerk Tiergarten, in *Architekturpreis Berlin 1989*, Berlin, Aedes, Galerie und Architekturforum, S. 86-87.

Alfred-Wegener-Institut für Polarforschung, Bremerhaven, in Joedicke J., Ruhrgas AG, Essen (Herausgeber), *Architektur in Deutschland '89 – Deutscher Architekturpreis '89*, Stuttgart, Karl Krämer, S. 32-39.

BAK; Deutscher Architekturpreis 1989 verliehen, in »Deutsches Architektenblatt«, 22, 2 (1. Februar), S. 224-226.

Beschränkter Realisierungswettbewerb; Haus der Geschichte Baden-Würtemberg, Stuttgart, in »Wettbewerbe Aktuell«, 20, 5 (Mai), S. 315-322.

Bode P. M., *Erfolg für jedermann sichtbar*, in »Art; Das Kunstmagazin«, 3 (März), S. 108-116, 162.

Chramosta W. M., *Wettbewerb Museumsquartier*, in »Architektur & Bauform«, 23, 138, S. 9-13.

Completato un edificio di Ungers a Berlino (Architetture in breve: Argomenti), in »Casabella«, 54, 566 (März), S. 26.

Concurso de ideas en la zona industrial de Hohenäcker, Pforzheim, Republica Federal Alemana, März 1990, in »Arquitectura«, 72, 285 (Juli/August), S. 28-31.

Das Thermenmuseum in Trier – Oswald Mathias Ungers, in Preiß A., Stamm K., Zehnder F. G. (Herausgeber), *Das Museum; Die Entwicklung in den 80er Jahren: Festschrift für Hugo Borger zum 65. Geburtstag – Zeit Zeuge Kunst*, München, Klinkhardt & Biermann, S. 434-439.

Der »Forellenweg« in Salzburg: Viel Lärm um wenig, in »Baumeister«, 87, 6 (Juni), S. 56-62.

Deutsches Architekturmuseum Frankfurt am Main 1984 – Architekt Oswald Mathias Ungers, Köln und Frankfurt am Main, in Schilgen J., *Neue Häuser für die Kunst: Museumsbauten in Deutschland*, Dortmund, Harenburg Edition, S. 68.

Deutsches Architekturmuseum Frankfurt am Main, in Klotz H. (Herausgeber), Hils E., *Von der Urhütte zum Wolkenkratzer*, Frankfurt, Deutsches Architekturmuseum.

Dunster D., *Profile: Oswald Mathias Ungers: the romance of the grid*, in »Architecture Today«, 7 (April), S. 38-43.

Ein Portrait von Oswald Mathias Ungers und sein Wohnhaus in Köln, in »Atrium; Haus & Wohnen International«, 2 (April/Mai/Juni), S. 3.

Estrada Uribe A. J., *La vivienda en la continuidad del movimiento moderno: 1957-1987*, Navarra, Universidad de Navarra (Dissertation).

Fioravanti G., *La composizione contemporanea: una strumentazione disciplinare e didattica per la progettazione architettonica*, Roma, Gangemi Editore, S. 15, 17-18, 21, 28-29, 31 (Nr. 5-6), 35, 44-45, 47, 49-51, 53 (Nr. 11).

Fischer V., *»Honni soit qui mal y pense« (pamphlet gegen den Minderwertigkeitskomplex der deutschen Architekten)*, in »Der Architekt – Zeitschrift des BDA« (Mai), S. 235.

Forg G., *O. M. Ungers: Kubus*, Köln, Galerie Max Hetzler.

Frankfurt – Die Braut des Geldes – kühl und verschwiegen, in »Bunte«, 18 (26. April), S. 59.

Gatehouse, Frankfurt am Main 1983-1986, in *Mies van der Rohe Award for European Architecture*, London, Butterworth Architecture, S. 114-117.

Henzel D., *Architekten Oswald Mathias Ungers*, Stuttgart, IRB Verlag.

Hinweis auf Literatur: Die Thematisierung der Architektur; DVA Stuttgart 1983, in Kind-Barkauskas F. (Herausgeber), *Architektur im Wandel; Beispiele und Meinungen*, Düsseldorf, Beton, S. 10-11.

Hochhaus in Frankfurt am Gleisdreieck, Sohnsstraße ([sic] Solmstraße), in »Baumeister«, 87, 2 (Februar), S. 16.

Hochhäuser: Deutsche Bundesbank in Frankfurt, in »Baumeister«, 87, 2 (Februar), S. 22.

Ideen Orte Entwürfe; Architektur und Städtebau in der Bundesrepublik Deutschland / Ideas Places Projects; Architecture and Urban Planning in the Federal Republic of Germany; 1949-1990, Berlin, Ernst & Sohn, S. T51, T61, T67, S04, A07.

Institut für Wohnbau, Technische Universität Wien (Herausgeber), *Bewohnbare Architektur: Festschrift für Reinhard Gieselmann*, Wien, Picus.

Jesberg P., *Das Frankfurter Museumsufer*, in »DBZ – Deutsche Bauzeitschrift«, 38, 10 (Oktober), S. 1356-1357.

Jesberg P., *Eine neue Dimension des*

Ästhetischen von der Konstruktion zur Dekonstruktion, in Kind-Barkauskas F. (Herausgeber), *Architektur im Wandel; Beispiele und Meinungen*, Düsseldorf, Beton, S. 79-88.

Joedicke J., *Architekturgeschichte des 20. Jahrhunderts; von 1950 bis zur Gegenwart*, Stuttgart-Zürich, Karl Krämer, S. 210-211, 238, 242, 245-247.

Kelly L., *Spiel mit dem Quadrat*, in »Atrium; Haus & Wohnen International«, 2 (April/Mai/Juni), S. 20-27.

Konstantinplatz in Trier, in »Architektur + Wettbewerbe«, 144 (Dezember), S. 25.

Kranz C., *O. M. Ungers – 1951-1984 Bauten und Projekte*, Köln, Fachhochschule Köln.

Lueg G., *'90 Möbeldesign aus Europa*, Köln, Museum für Angewandte Kunst Köln.

Magnago Lampugnani V. (Herausgeber), *Museumsarchitektur in Frankfurt 1980-1990*, München, Prestel, S. 96-103, 104-105, 138-149, 150-151, 197.

Magnago Lampugnani V., *La terminal de la isla: concurso del aeropuerto de Kansai*, in »Arquitectura Viva«, 12 (Mai/Juni), S. 14-18.

Medienzentrum Düsseldorf, Düsseldorf, Philipp Holzmann AG.

Museum für Völkerkunde in Frankfurt, in »Baumeister«, 87, 6 (Juni), S. 40-45.

Neugestaltung Domplatz in Speyer, in »Architektur + Wettbewerbe«, 144 (Dezember), S. 20-21.

O. M. Ungers – Teppichentwürfe, in Vorwerk & Co., *Pressearbeiten für Vorwerk Dialog*, Hameln, Editorial publications of Vorwerk Dialog.

O. M. Ungers Möbel-Collection Vorwerk-Teppich: design O. M. Ungers, in »Casa Vogue«, 217 (März).

Oswald Mathias Ungers – Möbel-Collection »cubo und sfera«, Milano, Sawaya & Moroni.

Pahl J., *Architektur im Raum – Raum in der Architektur*, in Kind-Barkauskas F. (Herausgeber), *Architektur im Wandel; Beispiele und Meinungen*, Düsseldorf, Beton, S. 47-56.

Peters P., *Es gibt keine Wahrheiten in Extremen*, in Kind-Barkauskas F. (Herausgeber), *Architektur im Wandel; Beispiele und Meinungen*, Düsseldorf, Beton, S. 57-63.

Piazza Matteotti und Piazza Gramsci in Siena, Italien, in »Architektur + Wettbewerbe«, 144 (Dezember), S. 44-48.

Plaza Matteotti; La Lizza, Siena, Italia, in »Escala«, 22, 151, S. 25-30, 71.

Postmoderne: 1975-1990; Signale Deutscher Baukunst, Dortmund, Signal Versicherungen.

Primo Piano: »Il Capitolato tecnico come supporto alla progettazione«, in »Casabella«, 54, 566 (März).

Prix Rhénan d'Architecture 89, Strasbourg, Prix Rhénan d'Architecture, S. 8-9, 32-33.

Progetti di aeroporti di Oswald Mathias Ungers, in »Casabella«, 54, 565 (Februar), S. 10-22, 59-60.

Realisierungswettbewerb für die Büroüberbauung der Besucherterrassen A und C des Terminals Mitte am Flughafen Frankfurt Main, in Flughafen Frankfurt Main AG, Frankfurt, O. M. Ungers + Partner.

Richard Meier baut Hypobank in Luxemburg, in »Baumeister«, 87, 2 (Februar), S. 11.

Sawaya & Moroni Contemporary Furniture, in »Casa Vogue«, 218 (April).

Schmid K., *Köln Galerie – Parade Galerie Sophia Ungers*, in »Kunst Intern«, 7 (November/Dezember), S. 14.

Schmid K., *Kooperation als Strategie; Max Hetzler, der Galerist der neuen Generation*, in »Kunst Intern«, 7 (November/Dezember), S. 9-11.

Sonderbriefmarke zum 750-jährigen Jubiläum der Messe Frankfurt, in »Galleria/Zeitschrift der Messe Frankfurt«, 190 (Februar/Mai), S. 7, 14, 43, 52.

Stadt und Verkehr, in »Baumeister«, 87, 8 (August), S. 13-53.

Stefan Polónyi; Festschrift zu seinem sechzigsten Geburtstag, Köln, S. 355.

Steiner D., *Der Salzbuger Forellenweg: Ein kommunalpolitischer Kriminalroman*, in »Bauwelt«, 81, 12 (30. März), S. 601-603.

Straße und Platz Neugestaltung Maximilianstraße und Domplatz, Speyer; Dokumentation Ausführung Band 2, Speyer, Stadtverwaltung Speyer.

Technologiepark Universität Bremen, in »Baumeister«, 87, 12 (Dezember), S. 32-41.

Teppichdesign von Künstlern und Architekten, in *Das Bilderbuch für Vorwerk Dialog*, Hameln, Vorwerk & Co. Teppichwerke KG, S. 43, 60.

Über 30.000 Aussteller, mehr als 2,4 Millionen Besucher und eine Gesamthallenfläche von ca. 260 000 m^2 – das ist die Messe Frankfurt heute, in »Frankfurter Allgemeine Zeitung« (11. Mai).

Unger's Collection, in »Casa Vogue«, 215 (Januar), S. 57 ff.

Ungers O. M., *Forms as Symbols*, in »Casabella«, 54, 565 (Februar), S. 10, 22.

Ungers O. M., Noebel W. A., *Messe Leipzig – Entwicklungsvorschlag*, Berlin, O. M. Ungers + Partner.

Verpackung für die Phantasie: Wurfelgedanken/Wrapping for imagination: cubic thoughts, in »Daidalos«, 35 (15. März), S. 110-115.

Volkmann K.-H., *Vorstellung der Ausgezeichneten Arbeite*, in Joedicke J., Ruhrgas AG, Essen (Herausgeber), *Architektur in Deutschland '89 – Deutscher Architekturpreis '89*, Stuttgart, Karl Krämer, S. 8-10.

Werner Strodthoff: 20 Jahre Bauen in Nordrhein-Westfalen, in *20 Jahre Architektenkammer Nordrhein-Westfalen*, Düsseldorf, Architektenkammer Nordrhein-Westfalen, S. 19 ff.

Wert und Design; Wilkens Tafelsilber-Objekte, Bremen, Wilkens.

Wettbewerb Erweiterung Messegelände Berlin, in »Bauwelt«, 81, 12 (30. März), S. 532-533.

Wohlhage K., *Das Objekt und die Stadt; Erinnerungen an eine Berliner Tradition*, in »Arch +«, 105-106 (Oktober), S. 51-58.

Wörner M., Mollenschott D. (Herausgeber), *Architekturführer Berlin*, Berlin, Dietrich Reimer, S. 16 (24), 55 (83), 218 (344), 264-265 (423-424).

Zur Einweihung des Universitäts-Clubhauses Bonn am 20. Oktober 1990, Bonn, Universitätsclub Bonn e.V.

1991

Aicher O., *Berlin wird Hauptstadt*, in »Arch +«, 108 (August), S. 20-25.

Apollonio F., *L'architettura dei concorsi*, in »Parametro«, 186 (September/Oktober), S. 2-3.

Architekten als Designer; Sie entwerfen die bedeutendsten Bauten der Gegenwart ebenso wie die einfachen Dinge des Alltags, in »Vogue«, 10 (Oktober), S. 162.

Auf oder zwischen den Stühlen: Dreizehn Architekten suchen eine Position/Sitting on or between chairs: Thirteen architects in search of a position, in »Daidalos«, 40 (15. Juni), S. 52-79.

Berlin 1991, Sonderheft; Sammlung verschiedener Hefte zum Thema »Berlin«, Berlin, Bauwelt, S. 972-977, 2107, 2210-2229, 2231.

Bode P. M., *Das neue Berlin; Gegen die dritte Zerstörung der geschundenen Stadt*, in »Art; Das Kunstmagazin«, 2 (Februar), S. 52-55.

Bremerhaven; il mare, i commerci, in »Abitare«, 298 (Juli/August), S. 92-99.

Burgard R., Sommer R. (Herausgeber), *Ikonen-Museum der Stadt Frankfurt am Main. Stiftung Dr. Schmidt-Voigt*, Frankfurt am Main, Der Magistrat der Stadt Frankfurt am Main.

Cassarà S., *O. M. Ungers: L'assoluto dell'Architettura*, in »Parametro«, 185 (Juli/August), S. 2-3.

Concorso internazionale per il nuovo Palazzo del Cinema al Lido di Venezia, Milano, Edizioni La Biennale di Venezia-Electa.

Dawson L., *Berlin games*, in »Building Design«, 1023 (22. Februar), S. 16-17.

Di Battista N., *Berlino domani; Idee per il cuore di una metropoli*, in »Domus«, 725 (März), S. 54-63, XXII.

Di Battista N., *Biennale di Venezia: 10 architetti per il nuovo Palazzo del Cinema al Lido*, in »Domus«, 730 (September), S. 54-56.

Die neue Bau-Art Campanile-Projekt, in »Merian«, Frankfurt am Main, 44, 7 (Juli), S. 104.

Ein Kleinod an der Kö, in Achenbach H. (Herausgeber), *Achenbach Art Report 2*, Düsseldorf, Achenbach Art Consulting, S. 4.

Gregotti V., *Libertà al quadrato*, in »Panorama«, 29 (14. Juli), S. 34.

Hall H., Baecker W., *Köln: Seine Bauten 1928-1988*, Köln, J. P. Bachem Verlag, S. 383-387.

Hansen U., *Gesamtkunstwerk; Die HypoBank bekennt Farbe*, in »Capital«, 5 (Mai), S. 132-134, 136.

Hegewisch K., *Oswald Mathias Ungers, Gerhard Richter, Sol LeWitt*, Düsseldorf, HypoBank.

Hohns U., *Das Ungebaute Hamburg; Visionen einer anderen Stadt in architektonischen Entwürfen der letzten hundertfünfzig Jahre*, Hamburg, Junius Verlag, S. 15, 146, 147, 154.

Hypobank, Düsseldorf, in *Annual ufficio 1991-1992; La qualità totale*, Milano, Electa, S. 35.

Internationale Bauausstellung Berlin 1987; Projektübersich, Berlin, Internationale Bauausstellung Berlin 1987, S. 48-49, 100-101, 122-123.

Internationaler eingeschränkter Wettbewerb Postdamer und Leipziger Platz, Berlin, in »Wettbewerbe Aktuell«, 21, 11 (November), S. 727-746.

Interview with O. M. Ungers, in »Archidea« (Herbst), S. 2-7.

Keine Gewalt!: Internationaler Wettbewerb »Potsdamer und Leipziger Platz« in Berlin, in »Bauwelt«, 82, 41 (1. November), S. 2210-2231.

Klassiker von Heute, in »Atrium; Haus & Wohnen International«, 3 (März), S. 42.

Klotz H., Hils E., *Von der Urhutte zum Wolkenkratzer; Geschichte der gebauten Umwelt; 24 Modelle zur Geschichte der Architektur*, München, Prestel.

Köln; Eine Halle für die Kunst, in »Zyma; Art Today«, 4 (September/Oktober), S. 37-38.

Krichbaum J., Magnago Lampugnani V., *Baumeister im Profil; Architektenforum Dresden (1990*, Stuttgart, Verlag Gerd Hatje, S. 161, 172-173, 176-179, 180-183, 190.

Lautenschläger R., *Keine Architektur für Todesstreifen*, in »Profil; Das Architektur-Magazin«, 3 (März), S. 32-35.

Loeckx A., *ERC Waterschei opnieuw ter discussie*, in »Archis«, 7 (Juli), S. 8-9.

Magistrat der Stadt Frankfurt am Main, Burgard R., *Ikonen-Museum der Stadt Frankfurt am Main, Stiftung Dr. Schmidt-Voigt, Abteilung des Museums für Kunsthandwerk*, Frankfurt am Main, Magistrat der Stadt Frankfurt am Main.

Magnago Lampugnani V., Mönninger M., *Berlin Morgen; Ideen für das Herz einer Großstadt*, Stuttgart, Verlag Gerd Hatje.

Mandolesi D., *Berlino: idee per una metropoli*, in »Industria delle costruzioni«, 25, 239 (September), S. 72-75.

Mandolesi D., *Istituto di ricerche a Bremerhaven*, in »Industria delle costruzioni«, 25, 235 (Mai), S. 42-49.

Messehalle 10, in »Messezeitung Herbst« (24. August), S. 5.

Messler N., *Erkenntnisfalle und Illusion: Oswald Mathias Ungers' Bibliothek in Köln-Müngersdorf*, in »Kunst & Antiquitäten«, 6, S. 28-30.

Mönninger M., *Zwölf Architekten entrwerfen »Berlin Morgen« das Herz einer großen Stadt; »Von Vakuum zur Weltstadt«* (inserto speciale), in »Frankfurter Allgemeine Zeitung«, 4 (5. Januar), S. 5.

O. M. Ungers: Urban Islands in a Metropolitan Sea, in Papadakis A. (Herausgeber), Magnago Lampugnani V., *Berlin Tomorrow*, London, Academy Editions, S. 92-96.

O. M. Ungers: Urban Islands in a Metropolitan Sea, in Papadakis A. (Herausgeber), Magnago Lampugnani V., *Berlin Tomorrow*, New York, St. Martin's Press.

Owen G., *Projects: a film palace on the Lido*, in »Progressive Architecture«, 72, 9 (September), S. 142-145.

Palacio Mosrsbroich, Leverkusen (RFA) – Museo en el edificio principal; Arquitecto: O. M. Ungers, Colonia/ RFA, in *Reabilitación de edificios*, Barcelona, Ediciones CEAC, S. 21-22.

Papadakis A., Steele J., *A Decade of Architectural Design*, London, Academy Editions, S. 134-135.

Phillips A., *The Best in lobby design, hotels & offices (A Quarto book)*, London, Batsford, S. 166.

Phillips A., *The Best in lobby design, hotels & offices (A Quarto book)*, Mies-New York, Rotovision, S. 166.

Photographs, Hypobank Düsseldorf and Messe Frankfurt, in »Trockenbau Akustik«, 9 (November), S. 6, 40.

Potsdamer Platz Berlin, in »Wettbewerbe Aktuell«, 21, 11 (November), S. 727-735.

Realisierungswettbewerb Büroüberbauung der Besucherterrassen A und C und des Terminal Mitte am Flughafen Frankfurt am Main, in »Wettbewerbe Aktuell«, 21, 1 (Januar), S. 10-16.

Robertson J., Tigerman S. (Herausgeber), *Der Postmoderne Salon: Architekten über Architekten*, Basel-Berlin-Boston, Birkhäuser Verlag, S. 50-59.

Rumpf P., *Die Friedrichstadtpassagen in Berlin Mitte*, in »Bauwelt«, 82, 1819 (17. Mai), S. 972-977.

Schalhorn K., *Mode und Entwerfen*, in RO; Rosenheimer Hochschulhefte (Oktober), S. 10-19.

Senatsverwaltung für Bau- und Wohnungswesen (Herausgeber), *Berlin: Werkstatt für Architektur; Katalog zum 4. Internationalen Architektur-Salon vom 28.09.-06.10. in Mailand*, Berlin, Senatsverwaltung für Bau- und Wohnungswesen, S. 77-81, 102-112.

Strauven F., *Een zuiver type in een suburbane verhulling: Ungers' bibliotheek in Keulen*, in »Archis«, 12 (Dezember), S. 39-43.

Strodhoff W., *Eine Privatbibliothek in Köln-Müngersdorf*, in »Bauwelt«, 82, 16 (26. April), S. 830-833.

Strodhoff W., *Oswald Mathias Ungers: La biblioteca dell'architetto a Colonia*, in »Domus«, 727 (Mai), S. 38-43.

Sulla nuova monumentalità urbana, in »Industria delle costruzioni«, 25, 233 (März), S. 56-57.

Ungers O. M., *Architekturmodelle und -zeichnungen*, Neuß, Kulturforum Alte Post.

Ungers O. M., Neumeyer F., *Oswald Mathias Ungers: Architektur*

1951-1990, Stuttgart, Deutsche Verlags-Anstalt.
Ungers O. M., Neumeyer F., *Oswald Mathias Ungers: Architetture 1951-1990*, Milano, Electa.
Ungers O. M., *O. M. Ungers: Museumsisland Hamburg, Germany, design: 1986 (Competition); construction: 1991-92*, in »GA Document«, 29 (April), S. 92-95.
Ungers O. M., *Stadtinseln im Meer der Metropole*, in Mönninger M., *Das Neue Berlin: Baugeschichte und Stadtplanung der deutschen Hauptstadt*, Frankfurt am Main-Leipzig, Insel Verlag, S. 214.
Ungers O. M., von Brandt J., *Eenheid in verscheidenheid; Randwyck Noord naar 2000*, Maastricht, Gemeente Maastricht.
Ungers: Rigueur et Diversité, in »D'Architectures; D'A«, 18 (September), S. 44-45.
Von Radziewsky E., Wohman G., Raddatz F. J., *Mit Büchern leben; »Der Bücherwürfel«* , in »Architektur & Wohnen«, 5 (Oktober/November), S. 4, 102-120, 122, 124.
»Was halten Sie von Schinkel?« PAN fragte zeitgenössische Architekten, in »Pan« (25. Oktober), S. 58.
»Who will design the new EC HQ?« Zeichnung: Louis Hellmann aus: élan, in »Bauwelt«, 82, 27 (19. Juli).
Wörner M., Mollenschott D., Hüter K.-H. (Herausgeber), *Architekturführer Berlin*, Berlin, Dietrich Reimer Verlag, S. 16 (24), 55 (83), 218 (344), 264-265 (423-424).
Zikesch B. J., *Die Badische Landesbibliothek in Karlsruhe von Oswald Mathias Ungers – eine Hommage à Friedrich Weinbrenner*, Heidelberg, Ruprecht-Karls-Universität Heidelberg.

1992

80-90 Architektur, Salzburg, Informationszentrum der Landeshauptstadt Salzburg.
AMK-Messehallen Berlin, in *Centrum: Jahrbuch Architektur und Stadt 1992*, Braunschweig-Wiesbaden, Friedrich Vieweg & Sohn, S. 86-91.
Ansprache des Architekten Prof. Oswald Mathias Ungers, in Ungers O. M., *Badische Landesbibliothek; Reden zur Einweihung des Neubaus der Badischen Landesbibliothek in Karlsruhe am 17. Januar 1992*, Karlsruhe, Badische Landesbibliothek, S. 43-51.
Architektur unterwegs, in »Deutsches Architektenblatt«, 24, 10 (1. Oktober), S. 1493-1496.
Banque conceptuelle: Bayrishe Bank (Düsseldorf), in »Architecture Intérieure Créé«, 247 (März/April), S. 146-149.
Beschränkter Realisierungswettbewerb Potsdamer Platz Berlin; Daimler Benz AG, in »Wettbewerbe Aktuell«, 10 (Oktober), S. 50-51.
Bohning I., *Klassizismus und Ungers*, in »Baumeister«, 89, 3 (März), S. 6-7.
Daimler-Benz baut am Potsdamer Platz, in »Deutsches Architektenblatt«, 24, 11 (November), S. 1773-1774.
Daimler-Benz Wettbewerb, in »Bauwelt«, 83, 38 (9. Oktober), S. 2202-2217.
Daimler-Benz-Wettbewerb Potsdamer Platz, Berlin, Daimler-Benz AG Projektgruppe Potsdamer Platz.
Das 2. Internationale Architektur-Forum in Potsdam: »Die Zukunft bauen«, Potsdam, S. 7.
Der Klassizismus und seine Folgen: die Badische Landesbibliothek Karlsruhe, in »Bauwelt«, 83, 14 (10. April), S. 798-803.
Die Fünf Großen: Oswald Mathias Ungers (66), in »Scala«, 5 (September/Oktober), S. 37.

Disziplin Schulbau, in »Leonardo; Magazin für Architektur«, 1 (Februar/März), S. 20-25.
Ein Bank als »Gesamtkunstwerk«, in »Stein«, 6 (Juni), S. 18-20.
Esche J., *Landhaus im Quadrat*, in »Architektur & Wohnen«, 5 (Oktober/November), S. 132-138, 140.
European Qualities, in *Intérieur 92*, Kortrijk, Fondation Intérieur, S. 57.
Friedrichstadtpassagen, Berlin, in »Architektur + Wettbewerbe«, 150 (Juni), S. 17-21.
From the square to the cube: Oswald Mathias Unger's (sic) home library, in »Lotus International«, 72, S. 50-55.
Hafner W., *Steinregion: Rotweiß und rot, Der Sandstein von Main*, in »Stein Time«, 1, 1 (September), S. 60-64.
Hauptsache Kultur: Frankfurter Riesen-Parade, in »Forbes; Das Wirtschaftsmagazin für Europa«, 2 (Februar), S. 92.
Hegewisch K., *Umbau einer Bank in Düsseldorf*, in »Baumeister«, 89, 2 (Februar),S. 21-25, 95.
Hein C., *Berlijn: prijsvraag Potsdamer en Leipziger Platz*, in »Archis«, 1 (Januar), S. 6-7.
Hochhaus am Landtag, Düsseldorf, 1991, in *Centrum: Jahrbuch Architektur und Stadt 1992*, Braunschweig-Wiesbaden, Friedrich Vieweg & Sohn, S. 52-63.
Hochhäuser als Stadtportale, in »Galleria«, 1 (Januar), S. 36.
Hoffmann-Axthelm D., *Mit dem Fernrohr auf dem Leipziger Platz; Kommentar zu den Wettbewerben Daimler-Benz und Sony am Potsdamer Platz*, in »Bauwelt«, 83, 38 (9. Oktober), S. 2196-2201.
Hoffmann-Axthelm D., *Plaza und Piazza (Berlin)*, in »Bauwelt«, 83, 38 (9. Oktober), S. 2196-2226.
Il fascino della semplicità, in »Costruire« (Juli/August), S. 122-125.

Interview mit Kultursenatorin Christina Weiss: »Hamburgs Kunstmeile kommt«, in »Art; Das Kunstmagazin«, 1 (Januar), S. 68.
Jaeger F., *Rekomposition mit höheren Weihen*, in »Deutsche Bauzeitschrift«, 6 (Juni), S. 850-851.
Jaeger F., *Wärmekraftwerk in Köln-Merheim; Maß und Zahl in der Industriebaukunst*, in »Baumeister«, 89, 6 (Juni), S. 17-21.
Jesberg P., *Zwischen Ratio und Phantasie: Über Oswald Mathias Ungers*, in »Deutsche Bauzeitschrift«, 40, 6 (Juni), S. 853-860.
Joas G.-A., *Olympiahalle Berlin*, in »Bauwelt«, 83, 9 (28. Februar), S. 410-411.
Jürgensen K., *Das Haus des Architekten: Wohnhaus Ungers in Köln (1957-59)*, in »Deutsche Bauzeitung«, 126, 9 (September), S. 100-102, 104.
Landeshauptstadt Hannover und Land Niedersachsen Baudezernat, *Weltausstellung EXPO 2000 Hannover*, Hannover, Landeshauptstadt Hannover und Land Niedersachsen Baudezernat.
Lauterschläger R. R., *Museumsarchitektur, Entkernte Villen*, in »VFA Profil«, 2 (Februar), S. 20-24.
Literaturblatt der Bauwelt Nr. 14: Oswald Mathias Ungers Architektur 1951-1990 (Buchbesprechung), in »Bauwelt«, 83, 11 (13. März), S. 13.
Magistrat der Stadt Frankfurt am Main, Dezernat Bau – Hochbauamt: *Frankfurter Architektur Sommer '90*, Frankfurt am Main, Magistrat der Stadt Frankfurt am Main, S. 4-5, 28-31.
Magnago Lampugnani V., *Dall'imago al progetto: l'architettura come scoperta archeologica: Oswald Mathias Ungers*, in »Domus«, 735 (Februar), S. 17-28.
Messehochhaus, in »L'Architecture Tertiaire en Europe et aux Etats Unis«, 24, S. 84-85.

Metz T., *The New Downtown (Frankfurt am Main)*, in »Architectural Record«, 180, 6 (Juni), S. 80-89.
Meyhöfer D., *O. M. Ungers; Architektur für Bücher; Ein Würfel für die Welt des Wissens*, in »Ambiente«, 3 (März), S. 64-71.
Mönninger M., *Berlino: progetti per il Potsdamer/Leipziger Platz*, in »Domus«, 734 (Januar), S. 36-49.
Oechslin W., *Städtebau: In Berlin erfunden, in Berlin desavouiert?*, in »Archithese«, 22, 2 (März/April), S. 34-38.
Oswald Mathias Ungers Architetture 1951-1990; Electa 1991, in »Bollettino della Biblioteca del Dipartimento di Architettura e Analisi della Città«, 1 (Februar), S. 117.
Oswald Mathias Ungers, Germany, in »Design Journal«, 45, S. 55.
Oswald Mathias Ungers; Progettista della Fiera di Francoforte e della nuova Fiera delle Germanie unificate di Berlino, in *Fiere in Italia*, Milano, S. 19-25 und Tafeln 1-8.
Perle an der Kö, in »Beton«, 3 (März), S. 128-130.
Potsdamer Platz, Leipziger Platz, Berlin, in »Architektur + Wettbewerbe«, 150 (Juni), S. 52-61.
Privathäuser: Haus Ungers, Müngersdorf, Belvederestraße 60, 1958 (Oswald Mathias Ungers), in *Der Oberstadtdirektor, Verkehrsamt: Architektur in Köln; Anfänge der Gegenwart*, Köln, Verkehrsamt Stadt Köln.
Proposte per il Potsdamer – Leipziger Platz a Berlino, in »Industria delle costruzioni«, 26, 247 (Mai), S. 76-79.
Rumpf P., *Progetti per l'area della Potsdamerplatz*, in »Domus«, 744 (Dezember), S. 44-55.
Sawaya & Moroni, Mailand; Designer: Oswald Mathias Ungers, in *Euro Design Guide Ambiente; Teil 5: M-Z Shopping*, München, Ambiente, S. 114.

Schreiber M., *Der Turm im Kopf der Hauptstädter*, in »Der Spiegel«, 46, 15 (6. April), S. 266.
Schubert H., *Oswald Mathias Ungers, Deutsches Architekturmuseum Frankfurt am Main*, in *Räume für Kunst; Museumsmodelle; Europäische Museumsarchitektur der Gegenwart*, Hannover, Kestner Gesselshaft, S. 72-73.
Schubert H., *Oswald Mathias Ungers, Deutsches Architekturmuseum Frankfurt/Main*, in *Räume für die Kunst; Eine Ausstellung des Förderkreises der Leipziger Galerie für zeitgenössische Kunst e.V.*, Leipzig, Stadtgeschichtliches Museum Leipzig, S. 54-55.
Secchi B., Merlini C., *Un progetto per Siena; Il concorso internazionale per piazza Matteotti-La Lizza*, Milano, Electa.
Senatsverwaltung für Bau- und Wohnungswesen, *Wettbewerbe kein Allheilmittel*, in »Foyer Berlin; Magazin der Senatsverwaltung für Bau- und Wohnungswesen« (Dezember), S. 31.
Staatliches Hochbauamt Karlsruhe, Ungers O. M., *Die Badische Landesbibliothek Karlsruhe: Architekt Oswald Mathias Ungers*, Stuttgart, Verlag Gerd Hatje.
Stadtportalhäuser, Frankfurt am Main, 1991, in *Centrum: Jahrbuch Architektur und Stadt 1992*, Braunschweig-Wiesbaden, Friedrich Vieweg & Sohn, S. 78-85.
Stadtportalhäuser, in »Deutsche Bauzeitschrift«, 40, 4 (April), S. 448.
Tra Karlsruhe e Babele: O. M. Ungers, biblioteca a Karlsruhe, in »Abitare«, 312 (November), S. 138-145.
Tschanz M., *Nochmals Potsdamer Platz*, in »Archithese«, 22, 2 (März/April), S. 44-56.
Tzonis A., Lefaivre L., *Architecture in Europe Since 1968; Memory and Invention*, New York, Rizzoli International, S. 134-135.

Tzonis A., Lefaivre L., *Architektur in Europa seit 1968*, Frankfurt am Main, Campus Verlag, S. 134-135.
Ungers O. M., *Das Janusgesicht der Architektur*, in *Räume für die Kunst; Eine Ausstellung des Förderkreises der Leipziger Galerie für zeitgenössische Kunst e.V.*, Leipzig, Stadtgeschichtliches Museum Leipzig, S. 60-61.
Ungers O. M., *Das Janusgesicht der Architektur*, in *Räume für Kunst; Museumsmodelle; Europäische Museumsarchitektur der Gegenwart*, Graz, Neue Galerie am Landesmuseum Joanneum, S. 72-73.
Ungers O. M., *Der Genius loci als Thema der Gestaltung*, in Buch L., *Bibliothek; Festschrift der Badischen Landesbibliothek zum Neubau*, Karlsruhe, Badische Landesbibliothek, S. 63-70.
Ungers O. M., *Die Kunst der Ordnung*, in »Deutsche Bauzeitschrift«, 6 (Juni), S. 844-845.
Ungers O. M., Gravagnuolo B., *Oswald Mathias Ungers: Quattro Opere/Four Works*, Milano, Clean Edizioni.
Ungers O. M., Jaeger F., *Badische Landesbibliothek in Karlsruhe*, in »Deutsche Bauzeitschrift«, 40, 6 (Juni), S. 841-852.
Ungers-Stiftung in Köln, in »Pan; Zeitschrift für Kunst und Kultur«, 3 (März), S. 109.
Villa palladienne: vision bucolique, in »Architecture Intérieure Crée«, 249 (August/September), S. 58-61.
Westkunst in Köln; Konstantinplatz, Trier; Festhalle FFM Messe; Hypobank Düsseldorf, in Flagge I. (Herausgeber), *Jahrbuch für Licht und Architektur 1992*, Berlin, Ernst & Sohn Verlag für Architektur, S. 60-61, 98-99, 112-113, 142-143.
Wettbewerb Potsdamer Platz in Berlin, in »Detail«, 32, 5 (Oktober/November), S. 452.

Zohlen G., *Mies resurrexit; Podiumsdiskussion in Berlin*, in »Baumeister«, 89, 5 (Mai), S. 4.
Zum Quadrat: Badische Landesbibliothek Karlsruhe, in »AIT Architektur Innenarchitektur Technischer Ausbau«, 100, 5 (Mai), S. 142-145.

1993

Architektenportraits, in »Bauwelt«, 84, 19 (14. Mai), S. 1015-1019.
Architektur & Wirtschaft Journal Köln, Wiesbaden, VWAT, S. 16-17.
Architektur; Köln: Kubus aus Glas und Klinkern, in »Ambiente«, 10 (Oktober), S. 18.
Berliner Allgemeine: Was ein Gerüst alles bewirkt… O. M. Ungers, Bebauung am Bahnhofsvorplatz Bonn, in »Berliner Morgenpost« (5. Juni), S. 13.
Beschränkter städtebaulicher Ideenwettbewerb Domplatz Magdeburg, in »Wettbewerbe Aktuell«, 23, 693 (Juni), S. 45-47 (52).
Beschränkter städtebaulicher Ideenwettbewerb Domplatz Magdeburg, in »Wettbewerbe Aktuell«, 6 (Juni), S. 45-47.
Bouman O., van Toorn R., *»Ik probeer de fenomenologie van de architectuur te redden«. Interview met Oswald Mathias Ungers*, in »Archis«, 2 (Februar), S. 58-65.
Bücher; Wer liest Was? Prominente Zeitgenossen verraten neugierigen Vogue-Leserinnen ihre aufregendste Lektüre, in »Vogue«, 9 (September), S. 182.
Caldenby C., *Tyskland genom 5 (En spegling av nutid)*, in »Arkitektur: The Swedish Review of Architecture«, 93, 5 (Juli/August), S. 10-31, 71-72.
Cejka J., *Tendenzen zeitgenössicher Architektur*, Stuttgart-Berlin-Köln, W. Kohlhammer GmbH, S. 55-56.
Comments on æsthetics, in »Wohn! Design!«, 5 (Mai), S. 12-22.

Cowan R., *Architecture centres: The German Architecture Museum, Frankfurt*, in »Architectural Review«, 192, 1154 (April), S. 72-73.

Cruickshank D., *Friedrichstraße*, in »Architectural Review«, 192, 1151 (Januar), S. 29-35.

Der Kontrakt des Zeichners; Wettbewerbszeichnungen lesen, in »Baumeister«, 90, 5 (Mai), S. 46-50.

Deutsche Architekturmuseum, in »Daidalos«, 49 (15. September), S. 7.

Deutschen Architektur Museum: DAM Architektur Jahrbuch 1993, München, Prestel, S. 144-152, 180-183.

Die Sammlung von O. M. Ungers, Bedeutende Sammlung zur Architektur, in »Köln; Zeitschrift der Stadt Köln«, 38, S. 39-44.

Die Schachtel; Heizwärmekraftwerk Köln-Merheim, in »Industriebau«, 39, 1 (Januar).

Duttmann M., *Die neue Friedrichstraße*, in »Bauwelt«, 84, 21 (28. Mai), S. 1108-1127.

Euroforum Köln, in »Architektur & Wirtschaft; Journal Köln«, S. 16-17.

Feldmeyer G. G., Sack M. (Einleitung/Aufsatz), *Die Neue Deutsche Architektur*, Stuttgart-Berlin-Köln, W. Kohlhammer GmbH, S. 216-223.

Feldmeyer G. G., Sack M. (introduzione), Mathewson C. C. M. (Aufsatz), *Die Neue Deutsche Architektur*, Stuttgart, W. Kohlhammer GmbH, S. 9, 216-223.

Feldmeyer G. G., Sack M. (introduzione), Mathewson C. C. M. (Aufsatz), *The New German Architecture; From city planning to urban design : rebuilding Germany 1945-1992*, New York, Rizzoli International, S. 9, 216-223.

Feldmeyer G. G., Sack M. (introduzione), *The New German Architecture*, New York, Rizzoli International, S. 216-223.

Frank R., *Domplatz in Magdeburg*, in »Bauwelt«, 84, 27 (16. Juli), S. 1450-1451, 1456.

Goetz J., *Perfektion in Weiß*, in »Wohn! Design!«, 5 (Dezember/Januar), S. 12-20.

Heizwärmekraftwerk in Köln-Merheim, in »Deutsche Bauzeitschrift«, 41, 3 (März), S. 429-431.

Heuser M., *Hochhausmodelle aus Alabastergips von O. M. Ungers*, in »Objekt«, 49 (Februar), S. 17-19.

Hochhaus am Westbahnhof/Highrise at Westbahnhof, in »Archigrad – Architekturmagazin; Planen und Bauen am 50. Breitengrad«, 3, S. 34-43.

Il mobile a Francoforte, in »Domus«, 752 (September).

Il quartiere modello di Forellenweg, in Rocca A., *Salisburgo la verde*, Milano, Electa, S. 99-119.

Interview with O. M. Ungers, in »Corpus«, 1, S. 20-25.

Jaeger F., *Från Modernism till Pluralism*, in »Arkitektur«, 93, 5 (Juli/August), S. 4-9.

Jahrbuch für Licht und Architektur, Köln, Ernst & Sohn, S. 60-61, 98-99, 112-113.

Jahrbuch für Licht und Architektur, Köln, Ernst & Sohn, S. 189-192.

Kollhoff H., *Über Tektonik in der Baukunst*, Braunschweig-Wiesbaden, Friedrich Vieweg & Sohn, S. 37.

Krichbaum J., Magnago Lampugnani V., Schumann U. M., Meseure A., *Architektur im Profil: 35 Projekte für Berlin*, Stuttgart, Verlag Gerd Hatje, S. 182-189, 246-249.

Lewis R. K., *German Ambassador's Residence: A Hilltop Villa*, in »AIA/DC« (August/September), S. 1, 4.

Magdeburgs Staatbaugeschichte, in »Basler Magazin«, 266, 44 (13. November), S. 15.

Mathewson C. C. M., *From City Planning to Urban Design; Rebuilding Germany 1945-1992*, in Feldmeyer G. G., *Die Neue Deutsche Architektur*, Stuttgart, W. Kohlhammer GmbH, S. 32-51.

Mathewson C. C. M., *From City Planning to Urban Design; Rebuilding Germany 1945-1992*, in Feldmeyer G. G., *The New German Architecture; From city planning to urban design: rebuilding Germany 1945-1992*, New York, Rizzoli International, S. 32-51.

Nesbitt L. E., *The German museum building boom: a look back*, in »Newsline«, 5, 3 (Januar/Februar), S. 8.

Nicht Ganz Dicht; Der Kölner Architekt Oswald Mathias Ungers, 66, über vergängliche Neubauten, in »Der Spiegel«, 47, 21 (24. Mai).

Nicht jeden Montag muß Architektur neu erfunden werden, in »Living; Das Kulturmagazin«, 6, 2 (Februar), S. 8-13.

Nicht Kuppel und nicht Glasdach; Persönlichkeiten aus Politik, Wissenschaft und Kultur zum Umbau der Reichstags, in »Der Tagesspiegel« (12. März), S. 13.

Noebel W. A., *Centrale termoelettrica a Colonia di Oswald Mathias Ungers*, in »Casabella«, 57, 600 (April), S. 65-67.

Oswald Mathias Ungers, in »Arkitektur«, 93, 5 (Juli/August), S. (1) 18-21.

Oswald Mathias Ungers: Badische Landesbibliothek Karlsruhe, in »Materia«, 12, S. 24-29.

Pasca V., *La radicalità della geometria/Radical Geometry; Intervista con/Interview With Oswald Mathias Ungers*, in Annual Ufficio 1993-94, Milano, Electa, S. 18-23.

Phillip K. J., *Architektenporträts*, in »Bauwelt«, 84, 19 (14. Mai), S. 1015-1019.

Photograph of the Messehochhaus, in »Fokus: Glas«, 19 (Mai).

Photograph, Messehalle 10, in »Licht und Technik« (April).

Photographs, in »Industriebau« (Januar).

Piva A., *Un difficile equilibrio/A Difficult Balance; The architecture of the Contemporary Museum as a means of communication between the world of art and everyday life*, in »Ottagono«, 28, 108 (September), S. 105-108.

Polónyi S., *Die Tragkonstruktion als architektonischen Dominante*, in Kollhoff H. (Herausgeber), *Über Tektonik in der Baukunst*, Braunschweig-Wiesbaden, Friedrich Vieweg & Sohn, S. 26-37.

Polónyi S., *Interpretare le strutture portanti dell'architettura/Interpreting the Supporting Structure of Architecture*, in »Lotus International«, 79 (Dezember), S. 78-87.

Progetti e Territori '93 (mostra realizzata nell'ambito di »Abitare il Tempo«), Verona, Edizioni Grafiche Zanini, S. 29.

Rationalismus, in *Tendenzen zeitgenössischer Architektur*, Stuttgart, W. Kohlhammer GmbH, S. 55-56.

Räume für Kunst Museumsmodelle; Europäische Museumsarchitektur der Gegenwart, Groningen, Groninger Museum, S. 72-73.

Römer G., *2-Ein Bibliotheksbau zwischen Funktion und Historie – der Neubau für die Badisches Landesbibliothek*, in »Bibliothek; Forschung und Praxis«, 17, 3 (März), S. 341-345.

Sack M., *Introduction*, in Feldmeyer G. G., *Die Neue Deutsche Architektur*, Stuttgart, W. Kohlhammer GmbH, S. 17-31.

Sack M., *Introduction*, in Feldmeyer G. G., *The New German Architecture; From city planning to urban design: rebuilding Germany 1945-1992*, New York, Rizzoli International, S. 17-31.

Schilgen J., *Das neue Frankfurt; Vom Funktionalismus zur Postmodern*, Dortmund, Harenberg Edition, S. 17-23, 78-79.

Schwarz H.-P., *Ein grüner Archipel für Frankfurt? Zur Planung der*

City West/A Green Archipelago for Frankfurt? On Planning City West, in »Archigrad – Architekturmagazin; Planen und Bauen am 50. Breitengrad«, 3, S. 24-27.

Schwarz H.-P., *Ein Planung mit Folgen: Die Messepläne von Speerplan und Oswald Mathias Ungers/ Planning wih results: Trade Fair Plans by Speer and Ungers*, in »Archigrad – Architekturmagazin; Planen und Bauen am 50. Breitengrad«, 3, S. 4-17.

Semerani L., *Dizionario critico illustrato delle voci più utili all'architetto moderno*, Faenza, Gruppo Editoriale Faenza Editrice, S. 111-113.

Stadt- und landschaftsplaneriescher Ideenwettbewerb Weltausstellung Expo 2000, Hannover, in »Wettbewerbe Aktuell«, 1 (Januar), S. 21-32.

Steckweh C., Neitzke P. (Herausgeber), *Centrum; Jahrbuch Architektur und Stadt 1993*, Braunschweig-Wiesbaden, Friedrich Vieweg & Sohn, S. 192-195, 236-237.

Stimmann H., *Berlin: Wiederaufbau ohne Zerstötung*, in »Der Architekt«, 3 (März), S. 158-161, 190.

Torhaus, in »Archigrad – Architekturmagazin; Planen und Bauen am 50. Breitengrad«, 2, S. 51.

Steiner D., *Un programma di salvataggio; La Salisburgo di Johannes Voggenhuber*, in Rocca A., *Salisburgo la verde*, Milano, Electa, S. 8-15.

Ungers O. M., *»Ikonen der Architektur« für Berlin Morgen 1990*, in *Mies-van-der-Rohe-Symposium; Fritz Neumeyer: Ludwig Mies van der Rohe: Hochhaus am Bahnhof Friedrichstraße; Dokumentation des Mies-van-der-Rohe-Symposiums in der Neuen Nationalgalerie, Berlin*, Berlin, Ernst Wasmuth Verlag, S. 27, 31-75.

Ungers O. M., *Il Biba di Brema/The biba of Bremen*, in »Lotus International«, 79 (Dezember), S. 70-77.

Ungers O. M., *The City as a Work of Art*, in Ockman J. (Herausgeber), Eigen E., *Architecture culture, 1943-1968: A Documentary Anthology*, New York, Rizzoli International, S. 361-364.

War das schön... Architektenfußball in Berlin, in »Baumeister«, 90, 5 (November), S. 9.

Wels P., *Architekturzeichnungen*, Hamburg, Junius Verlag, S. 81.

Wettbewerb zur Weltausstellung EXPO 2000 in Hannover entschieden, in »Deutsches Architektenblatt«, 25, 1 (1. Januar), S. 39-41.

Wie aus einem Guss – Zuwachs für ein Wasserschloss; Haus Bitz bei Köln nach Plänen von O. M. Ungers, in »Häuser«, 3 (März), S. 22-29.

1994

Arbeitsgruppe Berlin-Wettbewerbe, Zwoch F., *Hauptstadt Berlin/Capital Berlin; Stadtmitte Spreeinsel/ Central District Spreeinsel; Internationaler Städtebaulicher Ideenwettbewerb 1994/International Competition for Urban Design Ideas 1994*, Berlin, Birkhäuser.

Badische Landesbibliothek/State Library of Baden, Karlsruhe, in Flagge I. (Herausgeber), *Jahrbuch für Licht und Architektur 1993/Annual of Light and Architecture 1993*, Berlin, Ernst & Sohn, S. 189-191, 195.

Badische Landesbibliothek/State Library of Baden, Karlsruhe, in Flagge I. (Herausgeber), *Jahrbuch für Licht und Architektur 1993/Annual of Light and Architecture 1993*, London, Academy Editions, S. 189-191, 195.

Bauausstellung 1995 in Kleinmachnow, in »Bauwelt«, 85, 26 (8. Juli), S. 1458-1459.

Bauplatz Berlin; Hauptstadt muß Berlin erst noch werden, in »Art; Das Kunstmagazin«, 4 (April), S. 26-41.

Berlin 1994 (Stadtbauwelt 121), in »Bauwelt«, 85, 12 (25. März), S. 578-660.

Berlin 1999: Messeerweiterung von O. M. Ungers, in »AIT Architektur Innenarchitektur Technischer Ausbau«, 102, 10 (Oktober), S. 38.

Berlino: i nuovi sviluppi urbanistici e architettonici, in »Domus«, 766 (Dezember), S. 68-72.

Bodenschatz H., *Wettbewerbsgebiet »Spreeinsel«: Vergangenheit, Gegenwart, Zukunft*, in »Bauwelt«, 85, 25 (1. Juli), S. 1414-1435.

Bund Deutscher Architekten BDA der Hansestadt Hamburg (Herausgeber), *Architektur für Hamburg: Geplantes, Gebautes, Ungebautes; 1984-1994-2004*, Hamburg, Bund Deutscher Architekten BDA der Hansestadt Hamburg, S. 132-133.

Bundesbaudirektion Berlin (Herausgeber), *Museumsinsel Berlin; Wettbewerb zum Neuen Museum/ Competition for the Neues Museum*, Stuttgart, Avedition, S. 90-91.

Daimler Benz; Concurso del sector, in »A&V; Monografias de Arquitectura y Vivienda«, 50, S. 36-37.

Denk A., Ungers O. M., *Die Ratio muß die Phantasie kontrollieren*, in »Der Architekt«, 12 (Dezember), S. 697-700.

Flagge I. (Herausgeber), *Annual of Light and Architecture 1993*, New York, St. Martins Press, S. 189-191.

Flagge I. (Herausgeber), *Jahrbuch für Licht und Architektur 1993*, Berlin, Ernst & Sohn, S. 189-191.

Frampton K., *»In nome del padre«/ In the Name of the Father«*, in »Domus«, 766 (Dezember), S. 19-22.

Friedrichstraße, in »Lotus International«, 80, S. 110-117.

Gill T., *Hoofdfdstad Berlijn: Spreeinsel-Prijsvraag/Capital City Berlin: the Spreeinsel Competition*, in »Archis«, 10 (Oktober), S. 2-4.

Hämer H.-W., Riese B., *Beinahe Überrollt... Verkehrsplannung contra Geschichtspark*, in »Stadtforum Berlin«, 17 (November), S. 15.

Hoffmann-Axthelm D., *Un caso extremo de crisis urbana*, in »A&V; Monografias de Arquitectura y Vivienda«, 50, S. 4-9, 113-115.

Im Nächsten Heft, in »Art; Das Kunstmagazin«, 3 (März), S. 138.

Jacob B., *Die Friedrichstadt; Pläne und Projekte für Berlins Mitte*, in Architektenkammer Berlin (Herausgeber), *Architektur in Berlin: Jahrbuch 1993/1994*, Hamburg, Junius Verlag, S. 70-81.

Jensen L. D., *Konkurrencer-fortiden i troldspejlet*, in »Arkitekten«, 96, 14 (Oktober), S. 463-468.

Kapplinger C., *Jenseits des Backsteins*, in »Bauwelt«, 85, 22 (3. Juni), S. 1184.

Kieren M., *Berühmte Lehrer – berühmte Schüler: Egon Eiermann und Oswald Mathias Ungers*, in »Bauwelt«, 85, 38 (7. Oktober), S. 2093, 2118-2143.

Kieren M., *Oswald Mathias Ungers*, London-Zürich, Artemis Studio-Paperback.

Kieren M., *Residenza dell'ambasciatore tedesco a Washington DC*, in »Casabella«, 58, 617 (November), S. 60-66, 71.

Knauf B., Renger R., *Architektur; Poesie nach Plan*, in »Ambiente«, 12 (Dezember), S. 64-70, 72.

Kolb B., *Wintergärten und Glasanbauten im Detail*, München, WekaBaufachverlage, S. 9, 12.

Korte B., *Eine Landschaft der Beschnittenen Bezirke/Un paysage Fait de lieux tailles/A landscape of pruned areas*, in »Anthos; Garten- und Landschaftsgestaltung«, 33, 3, S. 38-40.

La nuova residenza dell'Ambasciatore della Germania a Washington DC/ The German Ambassador's new residence in Washington DC, in »Domus«, 766 (Dezember), S. 5, 7-18.

La radicalità della geometria. Intervista con Oswald Mathias, in Pasca V., *Annual Ufficio 1993-1994*, Milano, Electa, S. 18-24.

Magnago Lampugnani V., *Una nueva simplicidad; Reflexiones ante el cambio de milenio*, in »A&V; Monografias de Arquitectura y Vivienda«, 50, S. 100-103, 119-120.

Miyawaki M. (Herausgeber), *Rebirth of a City of the Arts: Gibellina Nuova, Italy*, in »Space Design«, 361 (Oktober), S. 41-84.

Müller J., *Die größte Baugrube Berlins*, in »Baumeister« (April), S. 12-17.

Nagbøl S., *Berøvende Arkitektur; En oplevelsanalyse af Arkitekturmuseet i Frankfurt am Main*, København, Arkitektens Forlag.

Nayhauß S. G., *Dr. Immo Stabreit; So residiert unser Mann in Washington*, in »Gala; Leute der Woche«, 50 (8. Dezember), S. 38-42.

Neubau Familiengericht und Erweiterung Amtsgericht Tempelhof/Kreuzberg, in »Foyer Berlin; Magazin der Senatsverwaltung für Bau- und Wohnungswesen«, 4, 1 (April), S. 31.

Niederwohrmeier H., *Residenz der Deutschen Botschaft Washington*, in »Bauwelt«, 85, 4041 (28. Oktober), S. 2240-2249.

Oswald Mathias Ungers, Stefan Vieths (2. Preis); Oswald Mathias Ungers, 2. Preis, in Magnago Lampugnani V., Schneider R. (Herausgeber), *Ein Stück Großstadt als Experiment; Planungen am Potsdamer Platz in Berlin*, Stuttgart, Verlag Gerd Hatje, S. 74-77, 92-95.

Oswald Mathias Ungers: »Le Style, c'est l'Homme«, in Bouman O., van Toorn R. (Herausgeber), *The Invisible in Architecture*, London, Academy Editions, S. 52-65, 502.

Oswald Mathias Ungers: »Le Style, c'est l'Homme«, in Bouman O., van Toorn R. (Herausgeber), *The Invisible in Architecture*, New York, St. Martin's Press, S. 52-65, 502.

Potsdamer Platz, in »Lotus International«, 80, S. 100-101, 106.

Potsdamer Platz; El concurso general, in »A&V; Monografias de Arquitectura y Vivienda«, 50, S. 34-35.

Preis: Bremer Institut für Betriebstechnik und angewandte Arbeitswissenschaft (biba), in *Bund Deutscher Architekten im Lande Bremen: BDA-Preis 1994*, Bremen, Bund Deutscher Architekten im Lande Bremen, S. 16-17.

PTS-Werkstatt am Flughafen Frankfurt/Main, in »Umeni/The art«, 42, 3, S. 2541.

Rademacher C., *Kunst: Highlights der Architekturfotografie*, in »VfA Profil«, 7, 2 (Februar), S. 8-9.

Reinsch D., *Architektur: Berlin im Jahre 2010*, in »Architektur & Wohnen«, 5 (Oktober/November), S. 99-114.

Reinsch D., *Diebstahl im Staatsrat: Der Palast der Republik ist weg*, in »Foyer Berlin; Magazin der Senatsverwaltung für Bau- und Wohnungswesen«, 4 (September), S. 16-18.

Ronneberger K., Noller P., *Instant City – Instant Culture; Frankfurt als gemütliches New York*, in »Bauwelt«, 85, 12 (7. Januar), S. 30-35.

Rudeck C., *Architektur; Poesie nach Plan*, in »Ambiente«, 4 (April), S. 20, 22.

Rumpf P., *Das Schiff auf Kurs halten (DAM)*, in »Bauwelt«, 85, 1617 (29. April), S. 930-933.

Sack M., *Architektur; Der Anspruch auf Kunst rangiert vor Bequemlichkeit*, in »Art; Das Kunstmagazin«, 12 (Dezember), S. 24.

Sack M., *Berlin für alle*, in »Die Zeit«, 50 (9. Dezember), S. 57-58.

Stadt Köln (Herausgeber), *Das Neue Köln 1945-1995*, Köln, Stadt Köln, S. 278, 602.

Steele J. (Herausgeber), *Museum Builders*, London, Academy Editions, S. 244-245.

Sullivan A. G., *New Embassies Open in Washington, D.C.*, in »Architecture (AIA)«, 83, 9 (September), S. 28-29.

Una mastaba comercial; Friedrichstadt Passagen, in »A&V; Monografias de Arquitectura y Vivienda«, 50, S. 74-77.

Ungers O. M. + Partner, *Archäologie und Baustelle*, in »Baumeister«, 91, 4 (April), S. 24-25, 96, 101.

Ungers O. M., *Ancora una volta, nessun piano per Berlino/Once Again, no Plan for Berlin*, in »Lotus International«, 80, S. 6-23.

Ungers O. M., *Berlino: quale piano?/ Berlin: what plan?*, in »Domus«, 756 (Januar), S. 81.

Ungers O. M., *»Ordo, pondo et mensura«: criteri architettonici del Rinascimento*, in Millon H., Magnago Lampugnani V. (Herausgeber), *Rinascimento, da Brunelleschi a Michelangelo; La rappresentazione dell'Architettura*, Milano, Bompiani, S. 306-317.

Ungers O. M., *»Ordo, pondo et mensura«*, in Millon H., Magnago Lampugnani V., *The Renaissance from Brunelleschi to Michelangelo: the representation of architecture*, New York, Rizzoli International, S. 307.

Ungers O. M., *»Ordo, pondo et mensura«*, in Millon H., Magnago Lampugnani V., *The Renaissance from Brunelleschi to Michelangelo: the representation of architecture*, London, Thames & Hudson, S. 307.

Ungers O. M., *Und immer noch kein Plan für Berlin*, in Neitzke P., Steckeweh C. (Herausgeber), *Centrum; Jahrbuch Architektur und Stadt 1994*, Wiesbaden, Friedrich Vieweg & Sohn, S. 45-54.

Ungers O. M., *Verband kommunales Unternehmen, Köln, 1993; Johannishaus, Köln, 1994*, in Neitzke P., Steckeweh C. (Herausgeber), *Centrum; Jahrbuch Architektur und Stadt 1994*, Wiesbaden, Friedrich Vieweg & Sohn, S. 160-165.

Von Uthmann J., *Wie der Tempel eines fremden Gottes: neue Residenz des deutschen Botschafters in Washington*, in »Baumeister«, 91, 11 (November), S. 4-5.

Winkler K. (Herausgeber), *Archigrad Nr. 3; Planen und Bauen am 50. Breitengrad*, Frankfurt am Main, Verlag AFW, S. 4-15.

Wörner M., Mollenschott D., Hüter K.-H. (Herausgeber), *Architectural Guide to Berlin; English Supplement*, Berlin, Dietrich Reimer Verlag, S. 16 (24), 55 (83), 218 (344), 264-265 (423-424).

Wörner M., Mollenschott D., Hüter K.-H. (Herausgeber), *Architekturführer Berlin*, Berlin, Dietrich Reimer Verlag, S. 16 (24), 55 (83), 218 (344), 264-265 (423-424).

Wörner M., Mollenschott D., Hüter K.-H. (Herausgeber), *Architekturführer Berlin/Architectural Guide to Berlin, English Supplement*, Berlin, Dietrich Reimer Verlag, S. 16 (24), 55 (83), 218 (344), 264-265 (423-424).

1995

Baumeister Exkursion 2: Hochhäuser in Frankfurt am Main, in »Baumeister«, 92, 2 (Februar).

Berlin, in »Domus Dossier«, 3. Breccia Fratadocchi I., *Dal Reno al Tevere: nuove chiese della diocesi di Colonia*, in »Parametro«, 211 (November/Dezember), S. 58-64.

Bundeskanzleramt Berlin, in »Wettbewerbe Aktuell«, 25, 2 (Februar), S. 27-43.

Caragonne A., *The Texas Rangers: notes from an architectural underground*, Cambridge, MA, The MIT Press, S. 353-356.

Collyer S., *An exercise in futility? The Berlin Spreeinsel competition*, in »Competitions«, 1 (Frühjahr), S. 56-61.
Ehrlinger S., *Letztes Wort beim Kanzler*, in »Deutsche Bauzeitung«, 129, 1 (Januar), S. 14, 16.
Frankfurt Messe, in »ArtFair«, 2, 3 (März-Mai).
Friedrichstraße, in »Architecture d'Aujourd'hui«, 297 (Februar), S. 84-85, 88-89.
Giovannini J., *Unverstandene Botschaft*, in »Architektur & Wohnen«, 1 (Februar/März), S. 100-104.
Goldberger P., *Reimaging Berlin*, in »The New York Times Magazine« (5. Februar), S. 45-53.
Jaeger F., *Familiengerich, Berlin, 1989-1995*, in Centrum: Jahrbuch Architektur und Stadt, S. 156-159.
Kieren M., *Eine Wiesse, ein Haus: ein Versuch mit der Form zu überleben: Oswald Mathias Ungers' Haus in der Eifel*, in »Deutsche Bauzeitung«, 129, 6 (Juni), S. 84-91.
Kleefisch-Jobst U., *Die Planungen in der City West von Frankfurt*, in »Deutsche Bauzeitschrift«, 43, 10 (Oktober), S. 187-190, 193-194.
Novità da Dieter Sieger/News from Dieter Sieger, in »Abitare«, 340 (Mai), S. 66.
Pesch F., *Neues Bauen in historischer Umgebung*, Köln, Rudolf Müller, S. 48, 152-153.
Protasoni S., *Oswald Mathias Ungers [by] Martin Kieren [book review]*, in »Domus«, 772 (Juni), S. 95-96.
Santifaller E., *Kommentar: Sparen mit Sponsoren?*, in »Deutsche Bauzeitung«, 129, 2 (Februar), S. 3.
Schröder T., *Im Dreieck; Lehrter Bahnhofsquartier, Alsenblöcke und Bundeskanzleramt-Wettbewerbe bringen neue Stadtkronen zu Papier*, in »Stadtforum Berlin«, 18 (März), S. 10-11.

Schulz B., *Die Haupstadtkolumne*, in »Baumeister«, 92, 2 (Februar), S. 8.
Stadtquartier Lehrter Bahnhof, Berlin, in »Bauwelt«, 86, 12 (13. Januar), S. 2-3.
Stimmann H. (Herausgeber), *Berlin Mitte; Die Entstehung einer urbane Architektur/Downtown Berlin; Building the Metropolitan Mix*, Basel-Boston, Birkhäuser.
Ungers O. M., *Residence of the German Ambassador in Washington, D.C.; Washington, D.C., 1994*, in »A+U; Architecture + Urbanism«, 294 (März), S. 4-35.
Wefing H., *Kommentar: Sparen mit Sponsoren?*, in »Deutsche Bauzeitung«, 129, 2 (Februar), S. 14-15.
Wettbewerb Bundeskanzleramt; Ein Kommentar, in »Bauwelt«, 86, 12 (13. Januar), S. 62-65.

1996

Architettura nelle capitali, in »Materia«, 22, S. 24-29.
»Bauwelt«, 33, S. 1840.
Behling S., Behling S., *Sol Power. Die Evolution der solaren Architektur*, München, Prestel Verlag.
Bund Deutscher Architekten in collaborazione con Meinhardt von Gerkan (Herausgeber), *Renaissance der Bahnhöfe. Die Stadt im 21. Jahrhundert*, Braunschweig/Wiesbaden, Vieweg Verlag, S. 122-125.
Dal Co F., *O. M. Ungers, Schinkel als Erzieher. Casa Ungers a Köln-Müngersdorf, Kämpchensweg*, in »Casabella«, 635, S. 4-9.
Dawson L., *Ungers in Hamburg*, in »Architectural review«, 200, 1196 (Oktober), S. 9.
de Bruyn G., *Zeitgenössische Architektur in Deutschland 1970-1995*, Bonn, Inter Nationes, S. 126-129.
De Michelis M., *Tendenze dell'architettura europea. Gli anni novanta. Atlante*, Venezia, Marsilio, S. 82-87.

Deutschen Architekturmuseum, Frankfurt am Main (Herausgeber), *Architektur-Jahrbuch 1996*, München, Prestel Verlag, S. 140-143, 170, 173.
Drost U. (Herausgeber), *Schwerin. Zwischen Geschichte und Gegenwart. Ergebnisse des IAAS Institute for Advanced Architectural Studies/Internationalen Städtebauworkshops 1996*, Hamburg, IAAS Press, S. 92-97.
Düttmann M., Zwoch F. (Herausgeber), *Bauwelt Berlin Annual 1996: A chronicle of architecture 1996-2001*, Boston-Berlin, Birkhäuser.
Engelberg M.V., *Zum Wettbewerb für den Neubau Wallraf-Richartz-Museum, Köln 1996*, in »Kunstchronik«, 49, 9-10 (September/Oktober), S. 440-446.
Friedrichstadtpassagen Berlin – Quartier 205/Friedrichstadt passages Berlin – Quartier 205, in »Architektur + Wettbewerbe«, 166 (Juni), S. 22-24.
Garpa, Garten & Park Einrichtungen: Objekt 1997, Escheburg bei Hamburg, Garpa, S. 8, 9.
»Golf Report Köln«, 5, S. 22-23.
Harpprecht K., in »Centrum 1996, Jahrbuch Architektur und Stadt«, S. 246-251.
Holland J. J., Strassel J., *Zur semantische Analyse neuerer öffentlicher Plätze in europäischen Städten*, Hannover, Universität Hannover, S. 51-66, 155.
House Ungers, in »A+U«, 11, S. 96-103.
Katz B., *Souvenirs*, Herausgeber P. Feierabend, Köln, Könemann, S. 102.
Kunstkiste: Erweiterungsbau Kunsthalle Hamburg, in »AIT Architektur Innenarchitektur Technischer Ausbau«, 104, 10 (Oktober), S. 24.
Löwenberg B. F., *Kölner Persönlichkeiten. Menschen mit Engagement, Ideen und Schaffenskraft*, Köln, Edition Cologne, S. 186-187.

Luchsinger C., *Zurück zur Form*, in »Werk, Bauen + Wohnen«, 4 (April), S. 28-45.
Mandolesi D., *Tribunale della famiglia a Berlino/Family court in Berlin*, in »Industria delle costruzioni«, 30, 295 (Mai), S. 32-37.
Meyhofer D., *Das Quadrat in Zeiten fliessender Raume*, in »Deutsche Bauzeitung«, 130, 9 (September), S. 14-15.
Mit Noblesse und Jagdistinkt: Der Kölner Urologe Reiner Speck, in »Art«, 9, S. 32-34, 128.
»Naturwerkstein-Architektur«, 2, S. 23-27.
Nerdinger W., Tafel C., *Germania. Guida all'architettura del Novecento*, Milano, Electa, S. 21, 24, 156, 172, 250, 276, 303 (deutsche Übersetzung: Basel, Birkhäuser Verlag).
Opinioni e progetti/Opinions and projects, in »Casabella«, 60, 630-631 (Januar/Februar), S. 106-117.
Oswald Mathias Ungers. Klares Votum für moderne Kunst, in »Kulturchronik«, 6, S. 40-43.
Oswald Mathias Ungers. m-Ungersdorf. Aforismi sul costruire case, in »Lotus International«, 90, S. 6-33.
Oswald Mathias Ungers. Qualität und Qualitäten, Das »Haus ohne Eigenschaften«, Köln-Müngersdorf 1994-1995, in Masse – Körper – Gewicht, Sulgen, A. Niggli, S. 44-47.
Oswald Mathias Ungers. Rational Experiment, in »Architecture«, Dezember, S. 70-73.
Oswald Mathias Ungers: House Ungers, Cologne, Germany 1994-1995, in »A+U; Architecture + Urbanism«, 11, 314 (November), S. 96-103.
Reyelts H., *Tradiciones alemanas: Ungers y Behnisch, orden formal y expresividad espacial*, in »Arquitectura viva«, 47 (März/April), S. 21-25.

Ruby A., *Wir in Köln: ein Nachruf auf den Wettbewerb zum Neubau des Wallraf-Richartz-Museum*, in »Deutsche Bauzeitung«, 130, 7 (Juli), S. 33.
Rumpf P., *Was gibt es Geheimnisvolleres als die Klarheit: Kunsthalle Hamburg*, in »Bauwelt«, 87, 35 (13. September), S. 1970-1977.
Ryan R., *Rational experiment: Ungers House, Cologne, Germany, O. M. Ungers, architect*, in »Architecture«, 85, 12 (Dezember), S. [70]-73.
Sack M., *Hamburger Kusthalle: Kühl bis an den First*, in »VfA Profil«, 12, S. 12-14.
Schumann U. M., *Qualitat und Qualitaten*, in »Archithese«, 26, 5 (September/Oktober), S. 44-47.
»Stein-Time«, Oktober, S. 48-52, 64.
Stucchi S., *Residenza dell'ambasciatore tedesco a Washington, D.C. / German ambassador's residence Washington, D.C.*, in »Industria delle costruzioni«, 30, 291 (Januar), S. 44-50.
Umzug: das Wallraf-Richartz-Museum in Köln, in »AIT Architektur Innenarchitektur Technischer Ausbau«, 104, 7 (Juli/August), S. 18.
Ungers O. M., *Museumsinsel Hamburg. Erweiterung der Kunsthalle*, Freiburg i. Br., wettbewerbe aktuell Verlagsgesellschaft mbH, S. 85-88.
Van den Heuvel D., *Ungers versus Libeskind: twee interpretaties van de geschiedenis*, in »Architect«, 27, 1 (Januar), S. 12-13.
Wang W., Eichel M., *Kunst-Tempel oder Festung?*, in »Architektur & Wohnen«, 5 (Oktober/November), S. 122-[124],126.
»wettbewerbe aktuell«, 12, S. 85-88.
Wulf R., *Über Dächern von Berlin*, Hamburg, Junius, S. 90-93.
Zabalbeascooa A., *El taller del arquitecto*, Barcelona, G. Gili, S. 164-67, 190.

Zahner W., *Wettbewerb für das neue Wallraf-Richartz-Museum in Köln*, in »Baumeister«, 93, 7 (Juli), S. 77.

1997

»art – Das Kunstmagasin«, 2, S. 16-31.
Broto C., *Rehabilated Buildings. Architectural Design*, Barcelona, Links International, S. 158 ff.
»Bunte«, 44, S. 72.
»Centrum, Jahrbuch Architektur und Stadt«, 1997-1998, S. 138-140, 141, 143.
Claussen C., *Oswald Mathias Ungers. Kunst im Quadrat*, in »Stern«, Heft 3, S. 71.
Denk A., *Pfarrkirche St. Theodor in Köln-Vingst*, in »Bauwelt«, Heft 19 (Mai), S. 980-982.
»Der Spiegel«, 51 (15. Dezember), S. 212.
Deutscher Naturstein Preis 1997 – Dokumentation, Würzburg, Dt. Naturwerkstein-Verband e.V., S. 4-7.
Die Magie der edlen Kiste, in »Der Spiegel«, 8, S. 194-198.
Dünner Geduldsfaden, in »Der Spiegel«, 10, S. 14.
Erzbischöfliches Diözesanmuseum Köln (Herausgeber), *Kolumba. Ein Architekturwettbewerb in Köln 1997*, Köln, Walther König Verlag, S. 194.
Feuerstein G., *Androgynos. Das Mann-Weibliche in Kunst and Architektur*, Stuttgart/London, Edition Axel Menges, S. 192, 193, 203, 204.
Flemming H. T., *Galerie der Gegenwart. Der Ungers-Neubau der Hamburger Kunsthalle*, in »Weltkunst«, 7 (April), S. 707.
Förderverein Deutsches Architektur Zentrum Berlin (Herausgeber), *Neue Architektur, Berlin 1990-2000*, Berlin, jovis Verlagsbüro, S. 57, 66, 115, 172.
Frontiers: Artists & Architects, London, Academy Group Ltd., S. I, VI-XI, 47-51.
Fußroich H., *Architekturführer Köln. Profane Architektur nach 1990*, Köln, J. P. Bachem Verlag.
Gunßer C., *Einfamilienhäuser*, Stuttgart, Deutsche Verlags-Anstalt, S. 148-153.
Haberlik C., Zohlen, G., *Die Baumeister des neuen Berlin. Porträts – Gebäude – Konzepte*, Berlin, Nicholaische Verlagsbuchhandlung, S. 178-185.
»Kunstforum International«, 37, S. 441-449.
»Kunstmagazin«, 33, 4, S. 39.
Hamburger Kunsthalle – Galerie der Gegenwart (Pressevorstellung anläßlich der Einweihung der neuen Kunsthalle), Hamburg, Galerie der Gegenwart.
Heckes K., *Ein schlichter Rahmen für die Kunst. Ungers Neubau der Hamburger Kunsthalle*, in »Der Kunsthandel«, 5, S. 14-15.
Hier wohnt der Architekt, in »Stern«, Heft 46, S. 158 ff.
Kähler G., *»Die ewige Form?« Kunsthalle in Hamburg von Oswald Mathias Ungers*, S. 22-29.
Kähler G., *Der Bau: Kunst-Tempel. Die neue Hamburger Kunsthalle*, in »Der Architekt«, Heft 4, S. 199.
Kieren M. et al., *Houses for Sale*, Köln, Galerie Sophia Ungers.
L'immagine del potere, in »Domus«, 793 (Mai), S. 52-60.
Lore K., *Kraft durch Reduktion*, in »Raum und Wohnen«, 11, S. 60-71.
Lösel A., *Hamburger Allerlei*, in »Stern«, Heft 9 (20. Februar), S. 136.
Magnago Lampugnani V., Schneider R., *An Urban Experiment in Central Berlin. Planning Potsdamer Platz*, Frankfurt am Main, Deutsches Architekturmuseum – Stuttgart, Institut für Auslandsbeziehungen, S. 92-95.
Meyer-Bohe W., *Grundrisse öffentlicher Gebäude. Synoptische Gebäudetypologie*, Berlin, Ernst & Sohn, S. 122-123.
Meyhöfer D., *Gegensatz. Galerie der Gegenwart in Hamburg*, in »Deutsche Bauzeitschrift«, 3, S. 43-48.
»Museumskunde«, vol. 62/1997, 1, S. 1, 4, 5.
Nadler M., *Kunst im Quadrat. Die Galerie der Gegenwart im Erweiterungsbau der Kunsthalle*, in »Zug«, Februar, S. 36-38.
Oswald Mathias Ungers. Gebäude ohne funktionelle Zwänge. Thermen am Forum in Trier, in »Die Bauverwaltung – Bauamt & Gemeindebau«, 10, S. 480-481.
Oswald Mathias Ungers. Kunsthalle Hamburg, in Stein, Keramik & Sanitär, 6-7, S. 9-12.
Redecke S., Stern R. (Herausgeber), *Foreign Affairs. Neue Botschaftsbauten und das Auswärtiges Amt in Berlin*, Berlin, Bauwelt/Bertelsmann Fachzeitschriften GmbH-Birkhäuser Verlag, S. 90.
Rocca A., Zardini M. (Herausgeber), *Fiere e città*, Milano, Triennale di Milano, S. 8-23, 101.
Sager P., *Was die neue Hamburger Kunstkiste alles in sich hat*, in »Die Zeit«, 9, S. 24-34.
Schalhorn K., Schmalscheidt H., *Raum – Haus – Stadt*, Stuttgart, Kohlhammer, S. 26.
Schneede U. M., Leppien R. (Herausgeber), *Die Hamburger Kunsthalle. Bauten und Bilder*, Leipzig, E. A. Seeman.
Stadler R., *Deutscher Natursteinpreis 1997. Fassaden mit massiven Elementen*, in »Naturstein architektur«, 1, S. 30-31.
»Stern«, 46, S. 163-164, 168.
Stimmann H., *»Das steinerne Berlin«, ein Mißverständnis*, in »Der Architekt«, 3, S. 164-169.
Ungers O. M., *Der Bahnhof ist nicht die Stadt*, in Deutsche Bahn – WorkShop 2, Berlin, Deutsche Bahn AG, S. 14.

Ungers O. M., *Die dialektische Stadt*, in Posener, J., Mislin, M. (Herausgeber), *Laßt mir doch, Kinder, hier komme ich wahrscheinlich ne wider her!*, Berlin, jovis Verlagsbüro, S. 193-202.
Ungers O. M., Herstatt C., *Hamburger Kunsthalle – Galerie der Gegenwart*, Ostfilden-Ruit, Gerd Hatje.
Ungers O. M., Kieren M., *Oswald Mathias Ungers*, Bologna, Zanichelli.
Ungers O. M., *Prolog*, in Sawade, J., *Bauten und Projekte 1970-1995*, Herausgeber Wolfgang Schäche, Berlin, Gebr. Mann Verlag, S. 7-9.
Ungers O. M., Vieths S., *Oswald Mathias Ungers. La città dialettica*, Milano, Skira.
»VfA Profil«, 3.
von Goddenthow D. W. (Herausgeber), *Solange ich hoffe, lebe ich*, München, Kösel Verlag, S. 39-40.
»Wettgewerbe aktuell«, 8.
Willkommen in der Galerie der Gegenwart, Hamburg, Hamburger Kunsthalle.
Winter P., *Friedrichstadt Passagen – Quartier 205. Die rationale Ästhetik von Baustelle und Bau*, in Düttmann, M., Zwoch, F. (Herausgeber), *Bauwelt Berlin Annual 1996*, Basel, Birkhäuser Verlag, S. 38-47.

Photographennachweis

Dem Büro O. M. Ungers wird dafür gedankt, daß es freundlicherweise alle Abbildungen zur Verfügung gestellt hat. Besonderer Dank gilt den Photographen Dieter Leistner aus Mainz und Stefan Müller aus Berlin, von dem die meisten Photographien stammen.

Weiter sind zu nennen:
Willi Bosl, Trier
Uwe Dettmar, Frankfurt a. M.
Franz Josef Hering, Werl
Dieter Klein
Grimm Kraege, Köln
Christoph Lison, Frankfurt a. M.
Tom Lingnau
Frank Schumacher, Köln
Magnus Müller – Werkfotos
Hans-Joachim Wuthenow, Berlin.

Der Verlag steht den Anspruchsberechtigten für eventuell nicht identifiziertes Bildmaterial zur Verfügung